CARREIRAS TRIBUNAIS

Abril EDUCAÇÃO

TRT

AlfaCon
Concursos Públicos

247

www.alfaconcursos.com.br

Capa: Alexandre Rossa

Diagramação: Alexandre Rossa
Eduardo Niehues

Conselho Editorial

Autores

Direito do Trabalho	-	Marcel Rizzo
Direito Processual Civil	-	Thállius Moraes
Direito Processual do Trabalho	-	Thállius Moraes

Ficha Catalográfica

F657t

FLORES, Pablo Jamilk (Org.) - **Carreiras Tribunais**. Cascavel: Editora AlfaCon, 2014.

264 p. 20.5x27.5 cm

ISBN: 978-85-8339-045-9

1. Direito do Trabalho. 2. Direito Processual Civil. 3. Direito Processual do Trabalho

CDU: 811.134.3

Proteção de direitos

AlfaCon Concursos Públicos

Endereço: rua Jacarezinho, 800, Cascavel-PR.

www.alfaconcursos.com.br/apostilas

Apresentação

No material didático **AlfaCon**, você encontra os principais conteúdos elaborados especialmente para os que almejam a estabilidade profissional das carreiras tribunais. Nossos autores, especialistas em concursos públicos, oferecem os itens exigidos em edital, além de questões comentadas que irão ajudar você a compreender melhor as questões aplicadas pelas bancas avaliadoras, como FCC, FGV e CESPE/UNB.

A obra contempla o conteúdo prescrito nos principais editais dessa carreira, como também fornece subsídios para a compreensão das leis e dos regimentos internos, o que fará toda a diferença na hora de realizar a prova.

Dominar os conteúdos específicos é essencial para alcançar a aprovação. Por isso, a obra **Carreiras Tribunais: Foco no TRT** traz os principais assuntos: Direito do Trabalho, Direito Processual Civil e Direito do Trabalho.

Desfrute de seu material o máximo possível.

Bons estudos e rumo à sua aprovação!

AlfaCon
Concursos Públicos

2014

SUMÁRIO

Direito do Trabalho 05
Direito Processual Civil 139
Direito Processual do Trabalho 195

AlfaCon
Concursos Públicos

DIREITO DO TRABALHO

ÍNDICE

CAPÍTULO 01 7

Fontes e Princípios de Direito do Trabalho 7

Surgimento do Direito do Trabalho e sua Natureza Jurídica 7

Fontes Formais e Fontes Materiais 7

Princípios de Direito do Trabalho 9

CAPÍTULO 02 13

Relação de Trabalho e Relação de Emprego 13

Relações de Trabalho 13

Relação de Emprego 16

Direitos Constitucionais dos Trabalhadores 17

CAPÍTULO 03 25

Contrato Individual de Trabalho 25

Características do Contrato de Trabalho 25

Classificação do Contrato de Trabalho 25

Sujeitos da Relação de Emprego 26

Segurança e Saúde no Trabalho 38

Relações Triangulares de Trabalho 41

Contrato por Prazo Determinado (CLT) 45

Alteração do Contrato de Trabalho 47

Alteração das Cláusulas e o ***Jus Variandi*** ***47***

Alteração do Cargo 47

Transferência de Empregados 48

Suspensão e Interrupção do Contrato de Trabalho 49

Hipóteses de Interrupção 49

Hipóteses de Suspensão 51

Dano Moral da Relação de Emprego 53

CAPÍTULO 04 54

Duração do Trabalho 54

Jornada de Trabalho 54

Empregados Excluídos da Limitação de Jornada 60

Prorrogação da Jornada de Trabalho 61

Trabalho Noturno 63

CAPÍTULO 05 65

Pausas no Trabalho 65

Intervalo Intrajornada 65

Pausas Específicas na Jornada 66

Intervalo Interjornada 67

Descanso Semanal Remunerado 67

Feriados Civis e Religiosos 69

Férias 69

CAPÍTULO 06 77

Remuneração 77

Salário e Gorjeta 77

Gorjeta 77

Parcelas Salariais 78

Parcelas Não Salariais 91

Da Forma, do Tempo e do Local de Pagamento 92

Sistema de Proteção ao Salário 93

Equiparação Salarial 95

Substituição de Empregados 98

CAPÍTULO 07 99
Término do Contrato de Trabalho 99
Término do Contrato 99
Procedimentos na Rescisão 99
Resilição 100
Resolução 101
Rescisão 105
Demais Formas 105
Comissão de Conciliação Prévia 107
CAPÍTULO 08 109
Estabilidades e FGTS 109
Estabilidade no Emprego 109
Estabilidade da Gestante 110
Estabilidade do Dirigente Sindical 111
Empregado Público 113
FGTS 114
Aviso Prévio 117
Prescrição e a Decadência 120
Decadência 120
Prescrição 120
CAPÍTULO 09 124
Direito Coletivo do Trabalho 124
Organização Sindical Brasileira 124
Convenção e Acordo Coletivo 130
Greve 135

CAPÍTULO 01

Fontes e Princípios de Direito do Trabalho

Neste capítulo, será brevemente visto o histórico do Direito do Trabalho para mostrar de onde veio e porque existe a matéria que irá iniciar o estudo. Na sequência, serão estudadas as fontes de Direito do Trabalho, aprofundando o estudo de onde provêm as normas trabalhistas. Por fim, serão estudados os princípios mais importantes de Direito do Trabalho, os quais permeiam todo o estudo da matéria e auxiliam o aluno a entender a razão da legislação trabalhista.

Surgimento do Direito do Trabalho e sua Natureza Jurídica

É importante estudar resumidamente o histórico do Direito do Trabalho para entender, de forma fácil, o porquê de ele ter sido criado e porque existe ainda hoje, compreendendo-se, então, sua principiologia.

Na Europa, após a eclosão da Revolução Industrial, no século 18, houve a substituição do regime feudalista pelo regime capitalista, o que transformou completamente a organização da sociedade e o modo de produção de bens.

As pessoas, que antes estavam intimamente ligadas aos feudos, foram expulsas das fazendas e migraram para as cidades em busca de trabalho remunerado nas novas indústrias que se instalavam, formando pequenas vilas ao seu redor. A produção começou a ser feita em grande escala para ser vendida ao máximo de consumidores possível, superando limites territoriais do Estado produtor.

Como não existia Direito do Trabalho, os capitalistas exigiam o máximo que podiam de seus operários: os salários eram baixos, as jornadas de trabalho eram de sol a sol (podiam chegar a 16 horas), o ambiente era insalubre e perigoso, não havia repousos regulares nem folgas semanais, crianças, desde muito novas, já trabalhavam e acidentes do trabalho eram comuns.

As condições eram tão precárias que os trabalhadores começaram a se revoltar, fazendo greves, manifestações, quebrando máquinas. As ideias socialistas ganharam força e vários adeptos dentre os operários, sendo que muitos desejavam e pregavam acerca da "Revolução Socialista". A tensão social era muito grande.

Os trabalhadores organizaram-se em sindicatos e passaram, cada vez com mais força, a reivindicar condições melhores. Os conflitos ficavam cada vez mais graves. O Papa Leão XIII publicou, em 1891, a encíclica *Rerum Novarum*, que tratou da "questão social do trabalho" e teve grande repercussão na época.

Os Estados Nacionais buscavam soluções para o problema social enfrentado, de forma a instaurar a "paz social" e evitar a Revolução Socialista. Assim, no Tratado de Versalhes, que pôs fim à 1ª Guerra Mundial, um capítulo foi dedicado exclusivamente para falar sobre o Direito do Trabalho, o qual foi aceito pelas principais potências europeias, de forma a evitar a concorrência desleal entre países, e pelas empresas dentro dos próprios Estados (chamado "dumping" social).

Esse Tratado é o marco do surgimento do Direito do Trabalho, pelo qual foi criada a Organização Internacional do Trabalho (OIT) e, pela primeira vez, criou-se uma legislação sistematizada que tratou de férias, limitação da jornada de trabalho e repouso semanal, sistema de inspeção do trabalho e idade mínima para o trabalho.

Assim, o Estado passou a intervir nas relações entre particulares, criando o Direito do Trabalho. É essa intervenção que causa divergência entre doutrinas acerca da Natureza Jurídica do Direito do Trabalho - se ramo do Direito Público ou do Direito Privado, ou ainda, se categoria especial de Direito Social ou Direito Misto.

As bancas de concursos tendem a considerar que o **Direito do Trabalho é ramo do Direito Privado.**

Fontes Formais e Fontes Materiais

Quando se fala em fontes do Direito, estuda-se de onde surgem as normas jurídicas, de onde vêm as leis, regulamentos etc. A CLT dispõe a respeito do tema no art. 8º, mas confunde alguns conceitos:

> ***Art. 8º*** *- As autoridades administrativas e a Justiça do Trabalho, na falta de disposições legais ou contratuais, decidirão, conforme o caso, pela jurisprudência, por analogia, por equidade e outros princípios e normas gerais de direito, principalmente do direito do trabalho, e, ainda, de acordo com os usos e costumes, o direito comparado, mas sempre de maneira que nenhum interesse de classe ou particular prevaleça sobre o interesse público.*
>
> ***Parágrafo único*** *- O direito comum será fonte subsidiária do direito do trabalho, naquilo em que não for incompatível com os princípios fundamentais deste.*

Fontes Materiais

São os **fatos** que condicionam o surgimento de um direito. São os acontecimentos na vida da sociedade que demandam respostas jurídicas. No caso do Direito do Trabalho, as fontes materiais são os conflitos entre capital e trabalho; por exemplo, o grave conflito social vivido após a Revolução Industrial, que foi solucionado com a criação do ramo trabalhista.

Fontes Formais

As fontes formais são a **exteriorização da regra jurídica**, ou seja, como ela aparece para o mundo - as Leis são o exemplo mais fácil de visualizar. Em geral, elas devem ter caráter geral e impessoal. Existem as fontes formais heterônomas e as autônomas.

Fontes Formais Heterônomas

São aquelas **criadas por agentes externos**, não pelos destinatários das regras. Em geral, é o Estado quem as cria.

São fontes formais heterônomas:

Constituição e as Emendas Constitucionais

A Constituição é o que embasa todas as outras fontes, servindo de parâmetro de validade para o Direito brasileiro, sendo a mais importante fonte formal.

Leis, Medidas Provisórias e Decretos

As leis ordinárias, complementares ou delegadas são a maior parte das fontes formais, uma vez que elas regulam a maior partes das relações humanas, externando as regras jurídicas aplicáveis às mais diversas situações.

Os decretos expedidos pelo Presidente da República servem para regulamentar uma lei, muitas vezes ampliando ou diminuindo seu alcance, de forma que têm caráter geral, sendo considerados fonte formal.

Sentenças Normativas

Emanadas em dissídios coletivos, criam direitos e são aplicáveis às diversas relações de trabalho abrangidas pelo acórdão, não se restringindo a um trabalhador.

Sentença Arbitral

Segundo comando do CPC, sentença arbitral é título executivo judicial, de forma que tem força obrigatória. No Direito do Trabalho, a arbitragem serve, basicamente, para resolver conflitos coletivos, fazendo o papel da sentença normativa, de forma que o laudo arbitral terá caráter geral.

Convenções e Tratados Internacionais

Depois de ratificados pelo Congresso Nacional, são considerados fontes formais, pois passam a integrar o ordenamento brasileiro, seja como lei federal, seja com status de emenda constitucional ou status supralegal.

Princípios de Direito

Tem-se entendido atualmente que os princípios são fontes do Direito, uma vez que, em diversas situações, são utilizados para resolver conflitos, tendo caráter de norma jurídica não escrita.

Súmulas Vinculantes do STF

A doutrina tem considerado as súmulas vinculantes do STF fontes formais heterônomas, dado seu caráter geral e obrigatório.

Fontes Formais Autônomas

Os **destinatários criam as normas** jurídicas que lhes são aplicáveis, com sua própria autonomia.

São fontes formais autônomas:

Convenção Coletiva de Trabalho e Acordo Coletivo do Trabalho

As convenções coletivas sempre são firmadas entre dois ou mais sindicatos (Sindicato dos Trabalhadores X Sindicato dos Empregadores). Já os acordos coletivos são firmados pelo sindicato dos trabalhadores com uma ou mais empresas (Sindicato X Empresa). Ambos criam regras e direitos para as categorias abrangidas pelo instrumento.

Usos e Costumes

Costumes são a prática reiterada de algum ato, que se acredita obrigatória no âmbito da sociedade, por exemplo, formar fila. Usos são uma prática reiterada dentro de uma relação jurídica individualizada, especialmente num contrato de emprego.

No Direito do Trabalho, os usos geram direitos subjetivos para o empregado, tornando-se uma espécie de cláusula contratual, por exemplo, "se alguém que, durante anos, pôde folgar no sábado e passa a trabalhar nesse dia, terá que ser indenizado por isso".

Um exemplo de costume que se tornou direito é o 13º salário, conhecido também como gratificação de Natal, pois, bem antigamente, era dado espontaneamente por vários empregadores a seus empregados. De tão recorrente, acabou sendo positivado como lei e hoje é direito constitucional de todos os empregados.

Regulamento de Empresa

Ele integra os contratos de trabalhos e a alteração só afeta o contrato dos trabalhadores que ingressaram na empresa após a modificação (súmula 51/TST). Há divergência doutrinária, mas a posição que prevalece é a de fonte autônoma.

***SUM-51** - norma regulamentar. Vantagens e opção pelo novo regulamento. Art. 468 da CLT*

I. As cláusulas regulamentares, que revoguem ou alterem vantagens deferidas anteriormente, só atingirão os trabalhadores admitidos após a revogação ou alteração do regulamento.

II. Havendo a coexistência de dois regulamentos da empresa, a opção do empregado por um deles tem efeito jurídico de renúncia às regras do sistema do outro.

Contrato de Trabalho

Nem todos os autores consideram o contrato de trabalho como fonte, pois "cria direitos" somente para uma pessoa, e não de forma geral. A FCC e a Vunesp já se manifestaram e o consideram fonte formal autônoma.

Jurisprudência

Denominam-se jurisprudência as reiteradas decisões judiciais acerca de uma matéria. "Embora polêmica," a tendência atual é considerá-la fonte, até mesmo porque muitas súmulas do TST praticamente criam direitos; por exemplo, a súmula 291. Essa é a posição de Maurício Godinho Delgado[1].

Não São Fontes

Equidade

Apesar de constar no art. 8º da CLT, entende-se atualmente que ela não é fonte. A equidade pode ter dois significados:

> É entendida como um método de interpretação e alcance da norma, atenuando o rigor de uma regra jurídica, para evitar que a lei sirva para que sejam cometidas injustiças.

> É forma de criar uma regra jurídica com base em critérios de justiça abstratos, sem ter como base a legislação positivada (lei, decretos etc.). Mas, nesse caso, criam normas para um caso concreto, válido entre partes específicas, e não de caráter geral e impessoal.

Doutrina

Não é fonte apesar de ser muito importante para a solução de casos concretos. Não vincula ninguém, é somente a opinião de algum jurista.

Analogia

Não é fonte apesar de constar em textos de lei como fonte supletiva.

É, na verdade, método de integração das normas jurídicas, em que se utiliza uma norma existente para resolver um caso semelhante, mas que não esteja no âmbito de aplicação daquela norma; por exemplo, súmula 229/TST.

***SUM-229** - Sobreaviso. Eletricitários. Por aplicação analógica do art. 244, § 2º, da CLT, as horas de sobreaviso dos eletricitários são remuneradas à base de 1/3 sobre a totalidade das parcelas de natureza salarial.*

Hierarquia Entre as Fontes

Em princípio, a pirâmide de hierarquia entre fontes é, resumidamente, a seguinte:

1 DELGADO, Maurício Godinho. Curso de Direito do Trabalho, 11ª Ed. São Paulo LTR, 2012. P. 168

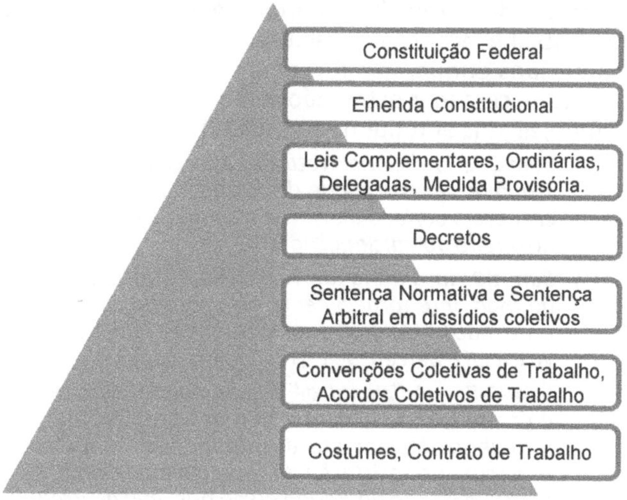

Acontece que, como será melhor detalhado, existe o princípio da norma mais favorável, de forma que, no Direito do Trabalho, tal pirâmide é flexível, muitas vezes aplicando-se uma Convenção ou mesmo uma disposição do contrato de trabalho em detrimento de uma norma de hierarquia superior.

Tal orientação, além de decorrer do princípio da norma mais favorável, é expressa na Constituição, uma vez que, antes de listar os direitos constitucionais dos trabalhadores, o artigo 7º afirma que estes podem ter "outros (direitos) que visem à melhoria de sua condição social".

Por exemplo, a CF determina que a jornada de trabalho é, em regra, de 44 horas semanais, mas as partes podem acordar que seja de 35 horas e isso não viola a Constituição.

Princípios de Direito do Trabalho

Os princípios são ideias que surgem da prática e reflexão jurídica e estão na base de toda uma construção jurídica; por exemplo, o princípio da boa-fé. Os princípios podem ter três funções específicas:

Informativa, pois inspira o legislador e, muitas vezes vincula-o na criação de normas jurídicas.

Interpretativa, tendo em vista que os princípios orientam a forma de interpretar uma lei para que ela possa cumprir satisfatoriamente seu papel.

Normativa, uma vez que, quando a lei for omissa, os princípios podem ser utilizados para resolver os conflitos postos em juízo.

Há diversos princípios gerais que regem todos os ramos do Direito; por exemplo, princípio da boa-fé, da razoabilidade/proporcionalidade, da ampla defesa, de não se beneficiar da própria torpeza, princípio da igualdade. Em cada ramo do Direito, eles são moldados pelos princípios específicos de cada área, sendo que, para o Direito do Trabalho, são vários, e muitos nem são considerados por todos os autores. Os mais tradicionalmente citados são:

Princípio da Proteção

Também conhecido como princípio tutelar, ele orienta que as normas trabalhistas. Em geral, existem para proteger a parte mais fraca da relação de emprego, que é o empregado. Assim, este princípio visa a corrigir, por meio de normas jurídicas, uma desigualdade de fato existente entre o empregador e o empregado - lembre-se da super exploração existente na época da Revolução Industrial. Apesar de repercutir em todos os outros princípios, usualmente este princípio é divido pela doutrina em 3 subprincípios:

Princípio do *"In dúbio pro operário"*

Também conhecido como *"in dúbio pro mísero"*, significa que, se uma norma pode ser interpretada de duas formas, utiliza-se a que for mais benéfica para o empregado. Isso evita, por exemplo, que uma empresa escreva um contrato de forma dúbia propositalmente.

Este princípio não se aplica ao Processo do Trabalho. Cada parte tem que provar os fatos que lhe cabe provar. Quando a prova é divida (por exemplo, há elementos que indicam que o trabalhador prestava horas extras e há elementos que indicam que ele não prestava), então, o juiz deve analisar todo o conjunto probatório e decidir.

Princípio da Norma mais Favorável

Age em 3 frentes. A primeira é na fase legislativa de criação de novas normas, por exemplo, por meio do comando constitucional do art. 7º, *caput*, o qual determina que:

> ***Art. 7º*** *São direitos dos trabalhadores urbanos e rurais, além de outros que visem à melhoria de sua condição social:*

A segunda frente é interpretativa. Atuando em conjunto com o princípio do *"in dúbio pro operário"*, informa que a interpretação mais favorável ao empregado é a que deverá prevalecer.

Por fim, como critério de hierarquia, é aplicado quando existem duas normas regulando, ao mesmo tempo, o contrato de um trabalhador, ocasião em que se deve aplicar aquela norma que seja mais favorável ao empregado. Como exposto anteriormente, a hierarquia entre as fontes no Direito do Trabalho obedece a esse critério.

Contudo, há exceções ao princípio ora tratado. Por exemplo, o artigo 623 da CLT, que, segundo entendimento predominante, foi recepcionado pela Constituição Federal, dispõe que o sindicato não pode firmar Convenção ou Acordo Coletivo que contrarie as políticas salariais do governo caso existentes. O objetivo é ajudar na política de contenção da inflação.

> ***Art. 623.*** *Será nula de pleno direito disposição de Convenção ou Acordo que, direta ou indiretamente, contrarie proibição ou norma disciplinadora da política econômico-financeira do Governo ou concernente à política salarial vigente, não produzindo quaisquer efeitos perante autoridades e repartições públicas, inclusive para fins de revisão de preços e tarifas de mercadorias e serviços.*

O artigo 620, da CLT, evidencia tal princípio:

> ***Art. 620.*** *As condições estabelecidas em Convenção quando mais favoráveis, prevalecerão sobre as estipuladas em Acordo.*

A respeito do tema ACT x CCT, é necessário fazer uma observação acerca da forma como é aplicado o princípio da norma mais favorável. Quando ocorre o confronto Acordo Coletivo x Convenção Coletiva, em que cada um deles é, em parte, melhor que o outro, surgem 3 teorias para solucionar "o que é o mais benéfico" - teoria da acumulação, teoria do conglobamento e teoria do conglobamento mitigado.

A Teoria da Acumulação, minoritária, informa que se deve pinçar em cada instrumento as disposições mais benéficas. Essa teoria é a menos aceita.

Já a **Teoria do Conglobamento**, majoritária, informa que se deve escolher o instrumento mais benéfico em sua totalidade, sem mesclar os documentos. Essa é a teoria que deve ser marcada como correta quando estiver em debate ACT x CCT.

Por fim, a Teoria do Conglobamento Mitigado foi adotada expressamente pela lei para regular os contratos dos trabalhadores contratados ou transferidos para trabalhar no exterior. Essa teoria informa que se aplicam ao contrato as disposições mais benéficas em relação a cada matéria, ou seja, comparam-se institutos inteiros.

Em um exemplo hipotético, poderiam ser aplicadas da legislação nacional as disposições acerca das férias e do salário, mas da legislação estrangeira poderiam ser aplicadas as disposições quanto a repouso semanal e dispensa do empregado.

Lei 7064/1982 - Dispõe sobre a situação de trabalhadores contratados ou transferidos para prestar serviços no exterior.

> ***Art. 3º*** *- A empresa responsável pelo contrato de trabalho do empregado transferido assegurar-lhe-á, independentemente da observância da legislação do local da execução dos serviços:*
>
> *II. A aplicação da legislação brasileira de proteção ao trabalho, naquilo que não for incompatível com o disposto nesta Lei, quando mais favorável do que a legislação territorial, no conjunto de normas e em relação a cada matéria.*

Princípio da Condição mais Benéfica

Este princípio **atua no plano do próprio contrato de trabalho**, ou seja, informa que, a partir do momento em que uma regra adere ao contrato de trabalho, ela só pode ser alterada para melhor. Assim, alterações posteriores na legislação ou no regulamento da empresa, se piores, não afetam os contratos dos trabalhadores atuais, somente dos futuros trabalhadores.

Não importa se as condições haviam sido estipuladas por escrito ou verbalmente, elas só podem mudar para melhor.

Fique Ligado

Quanto às Convenções e Acordos Coletivos, o TST alterou recentemente seu posicionamento consubstanciado na súmula 277, de forma que as cláusulas normativas (aquelas que criam direitos) integram os contratos de trabalho, vigorando até que outra convenção ou acordo coletivo as revogue ou altere. Mesmo após o prazo de vigência do ACT ou do CCT, não havendo nova negociação coletiva, as cláusulas normativas continuam operando efeitos nos contratos de trabalho. Somente deixam de operar efeitos as cláusulas obrigacionais e as cláusulas de garantia.

Anteriormente, o TST entendia que as condições estipuladas em ACT ou CCT somente valeriam no prazo de vigência dos instrumentos coletivos, de forma que essa questão tem grandes chances de ser objeto de prova.

> ***Sum-277*** *- Convenção Coletiva de Trabalho ou Acordo Coletivo de Trabalho. Eficácia. Ultratividade. As cláusulas normativas dos acordos coletivos ou convenções coletivas integram os contratos individuais de trabalho e somente poderão ser modificadas ou suprimidas mediante negociação coletiva de trabalho*

Outra exceção ao princípio são os adicionais que os empregados recebem, chamados também de salário-condição, uma vez que tais parcelas são pagas em razão de uma condição mais gravosa em que é desenvolvido o trabalho. Exemplificando, os adicionais por trabalho noturno, insalubre e perigoso somente são devidos enquanto existentes as condições que os justificam; cessadas estas, não serão mais pagos. Nesse sentido, alguns entendimentos do TST:

> ***Sum-265*** *- Adicional Noturno. Alteração de Turno de Trabalho. Possibilidade de Supressão. A transferência para o período diurno de trabalho implica a perda do direito ao adicional noturno.*
>
> ***Sum-80*** *- Insalubridade. A eliminação da insalubridade mediante fornecimento de aparelhos protetores aprovados pelo órgão competente do Poder Executivo exclui a percepção do respectivo adicional.*
>
> ***Sum-248*** *- Adicional de Insalubridade. Direito Adquirido. A reclassificação ou a descaracterização da insalubridade, por ato da autoridade competente, repercute na satisfação do respectivo adicional, sem ofensa a direito adquirido ou ao princípio da irredutibilidade salarial.*
>
> ***OJ-Sdi1-172*** *- Adicional de Insalubridade ou Periculosidade. Condenação. Inserção em Folha de Pagamento. Condenada ao pagamento do adicional de insalubridade ou periculosidade, a empresa deverá inserir, mês a mês e enquanto o trabalho for executado sob essas condições, o valor correspondente em folha de pagamento.*

Princípio da Irrenunciabilidade de Direitos

O Direito do Trabalho não é questão de escolha pelas partes. Assim sendo, o trabalhador, em regra, não pode renunciar aos seus direitos. Quando fizer isso durante o contrato, poderá acionar o empregador na Justiça, desde que o seu direito não esteja prescrito.

Tal princípio está insculpido na CLT

> ***Art. 9º*** *- Serão nulos de pleno direito os atos praticados com o objetivo de desvirtuar, impedir ou fraudar a aplicação dos preceitos contidos na presente Consolidação.*
>
> ***Art. 444*** *- As relações contratuais de trabalho podem ser objeto de livre estipulação das partes interessadas em tudo quanto não contravenha às disposições de proteção ao trabalho, aos contratos coletivos que lhes sejam aplicáveis e às decisões das autoridades competentes.*

É muito comum, na Justiça do Trabalho, haver acordos entabulados pelas partes em que não se reconhece o vínculo de emprego, antes de ser publicada a sentença. É predominante, na doutrina e jurisprudência, que esses acordos não violam tal princípio, uma vez que não há sentença declarando o vínculo, ou seja, ainda não se tem certeza se o trabalhador era mesmo empregado ou não, se tinha ou não direito ao que estava pedindo - ele poderia ter exagerado muito.

De qualquer forma, no Direito do Trabalho, a renúncia, de forma geral, é vedada, e a transação é exceção, tendo algumas súmulas detalhado o tema.

> ***Sum-276*** *- aviso prévio. Renúncia pelo empregado. O direito ao aviso prévio é irrenunciável pelo empregado. O pedido de dispensa de cumprimento não exime o empregador de pagar o respectivo valor, salvo comprovação de haver o prestador dos serviços obtido novo emprego.*
>
> ***Oj-sdc-30*** *- estabilidade da gestante. Renúncia ou transação de direitos constitucionais. Impossibilidade. Nos termos do art. 10, II, "b", do ADCT, a proteção à maternidade foi erigida à hierarquia constitucional, pois retirou do âmbito do direito potestativo do empregador a possibilidade de despedir arbitrariamente a empregada em estado gravídico. Portanto,*

a teor do artigo 9º da CLT, torna-se nula de pleno direito a cláusula que estabelece a possibilidade de renúncia ou transação, pela gestante, das garantias referentes à manutenção do emprego e salário.

Um exemplo dado por Maurício Godinho Delegado[2] a respeito de renúncia válida é a renúncia à estabilidade pelo dirigente sindical que solicita ou aceita livremente ser transferido para local fora da base territorial.

> ***Art. 543*** *- O empregado eleito para cargo de administração sindical ou representação profissional, inclusive junto a órgão de deliberação coletiva, não poderá ser impedido do exercício de suas funções, nem transferido para lugar ou mister que lhe dificulte ou torne impossível o desempenho das suas atribuições sindicais.*
>
> ***§ 1º*** *- O empregado perderá o mandato se a transferência for por ele solicitada ou voluntariamente aceita.*

Princípio da Continuidade da Relação de Emprego

A relação de emprego foi pensada para que o trabalhador se integrasse em uma empresa e lá permanecesse por longo período, evitando-se a rotação de mão de obra. Desse princípio decorre que a regra no Direito do Trabalho seja o contrato por prazo indeterminado. O contrato por prazo determinado é exceção.

Esse princípio é inferido de algumas disposições constitucionais.

> ***Art. 7º. I*** *- Relação de emprego protegida contra despedida arbitrária ou sem justa causa, nos termos de lei complementar, que preverá indenização compensatória, dentre outros direitos;*
>
> ***XXI.*** *Aviso prévio proporcional ao tempo de serviço, sendo no mínimo de trinta dias, nos termos da lei;*
>
> ***Sum-212*** *despedimento. Ônus da prova. O ônus de provar o término do contrato de trabalho, quando negados a prestação de serviço e o despedimento, é do empregador, pois o princípio da continuidade da relação de emprego constitui presunção favorável ao empregado.*

Essa súmula significa que, em uma eventual ação, o empregado provou que, de alguma forma, trabalhou para a empresa. Assim, é ônus do empregador provar que tal trabalho não se constituiu numa relação de emprego, mesmo que ele tenha negado a prestação do serviço.

Esse princípio também inspira a redação do artigo 10 da CLT:

> ***Art. 10*** *- Qualquer alteração na estrutura jurídica da empresa não afetará os direitos adquiridos por seus empregados.*

Isso significa que, se houver sucessão entre empregadores, isso não afetará o emprego, ou seja, o sucessor, via de regra, passa a responder pelos créditos dos trabalhadores da empresa sucedida.

Princípio da Inalterabilidade Contratual Lesiva

Estampado no artigo 468 da CLT, determina que as alterações nos contratos sejam sempre de comum acordo, e, mesmo assim, que não resultem, direta ou indiretamente, em prejuízo para o empregado.

> ***Art. 468*** *- Nos contratos individuais de trabalho só é lícita a alteração das respectivas condições por mútuo consentimento, e ainda assim desde que não resultem, direta ou indiretamente, prejuízos ao empregado, sob pena de nulidade da cláusula infringente desta garantia.*
>
> ***Parágrafo único*** *- Não se considera alteração unilateral a determinação do empregador para que o respectivo empregado reverta ao cargo efetivo, anteriormente ocupado, deixando o exercício de função de confiança.*

Entretanto, não se pode ignorar que o empregador tem o poder de gestão de seu negócio, e, em função disso, pode fazer pequenos ajustes nos contratos de trabalho, de forma unilateral, desde que não prejudique o empregado - tal poder é chamado de *jus variandi*. Por exemplo, pode-se alterar, em poucos minutos, para fazer coincidir com o horário do ônibus, o horário de início do turno de trabalho.

Desse princípio decorrem várias interpretações jurisprudenciais pertinentes, consolidadas em Súmulas e Orientações Jurisprudenciais, que serão estudadas no tópico "Alteração do Contrato de Trabalho".

Princípio da Primazia da Realidade

Significa que importa o que ocorre na prática, sendo irrelevante o nome dado à situação. Desse modo, havendo provas de que o contido em documentos não correspondeu à realidade, pode o juiz dar nova qualificação jurídica aos fatos. Por exemplo, se uma pessoa é contratada como autônoma, mas estão presentes todos os requisitos da relação de emprego, está configurada a fraude e, então, o juiz reconhecerá o vínculo de emprego e condenará a empresa a pagar todos os direitos sonegados.

Outro exemplo: se os empregados fazem hora extra, mas a empresa não os deixa anotar no ponto o verdadeiro horário trabalhado, e isso for provado, então, ela pagará todas as horas extras.

Tal princípio foi previsto expressamente pela CLT:

> ***Art. 9º*** *- Serão nulos de pleno direito os atos praticados com o objetivo de desvirtuar, impedir ou fraudar a aplicação dos preceitos contidos na presente Consolidação.*

Princípio da Intangibilidade Salarial

Na relação de emprego, em geral, o empregado só dispõe da sua força de trabalho; assim, após o mês laborado, espera receber seu salário, que tem caráter alimentar. Como o trabalhador não pode viver sem seu salário, o sistema jurídico o protege não só contra abusos do empregador, mas também contra interferências de credores do empregado e de credores da empresa.

O estudo de tais proteções será aprofundado no capítulo referente à remuneração, mas, basicamente, elas impedem descontos indevidos no salário por parte do empregador, assegurando, de qualquer forma, no mínimo 30% pagos em dinheiro; fixam limites temporais para pagamento do salário, bem como que seja pago em moeda nacional; impedem a penhora do salário em razão de dívida do empregado, salvo a pensão alimentícia; em caso de falência, os créditos trabalhistas são preferenciais a outros.

Princípio da Irredutibilidade Salarial

Do princípio da intangibilidade salarial, derivou o princípio de irredutibilidade de salário, que está albergado na Constituição Federal.

A regra geral é que o salário não pode ser reduzido, contudo, é possível a redução desde que negociada

2 DELGADO, Maurício Godinho. Curso de Direito do Trabalho, 11ª Ed. São Paulo LTR, 2012. P. 213

pelo sindicato. A ideia aqui é: durante uma crise, melhor preservar os empregos e temporariamente reduzir os salários, do que a empresa "fechar as portas" ou demitir alguns empregados, privilegia-se, assim, o princípio da continuidade da relação de emprego. Passada a crise, os salários e a jornada voltam ao normal.

> **Art. 7º. VI** - *Irredutibilidade do salário, salvo o disposto em convenção ou acordo coletivo;*

Princípio da Alteridade

Esse princípio informa que quem assume os riscos do empreendimento é o empregador, não podendo repassar tais riscos para os empregados. Assim, mesmo que o negócio esteja dando prejuízo, esse é um problema do empregador, que não pode diminuir salários e benefícios em razão disso. Esse princípio é previsto expressamente na CLT:

> **Art. 2º** - *Considera-se empregador a empresa, individual ou coletiva, que, assumindo os riscos da atividade econômica, admite, assalaria e dirige a prestação pessoal de serviço.*

Ligada a esse princípio e também ao princípio da intangibilidade salarial, utiliza-se, por vezes, a expressão "caráter forfetário" do salário. Isso significa dizer que, em razão do insucesso do empreendimento, não pode o empregador deixar de pagar os salários dos empregados - os riscos são do empregador, nunca do empregado.

Exercícios Comentados

01. (FCC) Na ausência de disposições legais ou contratuais, são formas de integração do Direito do Trabalho:

a) Analogia, equidade, princípios de Direito e do Direito do Trabalho.

b) Analogia, equidade, os costumes e pareceres do Ministério Público do Trabalho.

c) Analogia, equidade, jurisprudência e sentença normativa.

d) Princípios e normas gerais de Direito, jurisprudência e sentença normativa.

e) Princípios e normas gerais de Direito, equidade e sentença normativa.

RESPOSTA. ***"A". Note que o enunciado da questão não pergunta "quais as fontes de Direito do Trabalho", ele indaga sobre as formas de integração. Conforme lição de Maurício Godinho Delgado, integração jurídica é "o processo de preenchimento das lacunas normativas verificadas no sistema jurídico em face de um caso concreto, mediante o recurso a outras fontes normativas que possam ser especificamente aplicáveis".***

Ainda que analogia e equidade não sejam fontes, elas são usadas para integrar o Direito. É que a CLT não foi muito técnica na época em que foi editada, dando a entender que elas são fontes.

02. (FCC) Vigendo Convenção Coletiva que fixa jornada de 6 (seis) horas e sendo celebrado Acordo Coletivo reduzindo referida jornada em 15 (quinze) minutos, os empregados das empresas que subscreverem o Acordo deverão trabalhar, por dia,

a) 5h45m, pela aplicação dos princípios da irrenunciabilidade de direitos e primazia da realidade.

b) 5h45m, pela aplicação do princípio da norma mais benéfica ao trabalhador.

c) 6h, uma vez que as condições estabelecidas na Convenção Coletiva prevalecem sobre as do Acordo Coletivo por força da hierarquia das normas.

d) 6h, uma vez que as condições estabelecidas em Convenção Coletiva se destinam a toda a categoria profissional, não se admitindo que os empregados de determinadas empresas sejam excepcionados.

e) 8h, jornada fixada na Constituição Federal, que não pode ser derrogada por norma de hierarquia inferior.

RESPOSTA. ***"B". A questão aparentemente adota a teoria da acumulação, mas não é o que ocorre. Ela informa que a ACT reduz "referida jornada", ou seja, reduz aquela jornada de 6 horas da CCT, e assim, passa a ser mais benéfica para o trabalhador. No conjunto, a ACT é mais benéfico, pois resulta na jornada de 5h45m.***

Seria um caso diferente se houvesse uma ACT reduzindo a jornada legal de 8 horas em 15 minutos e uma CCT reduzindo a jornada legal para 6 horas. Nesse caso, aplicar-se-ia a CCT, pois é mais benéfica em seu conjunto, não se falando em acumulação de institutos.

Anotações

CAPÍTULO 02

Relação de Trabalho e Relação de Emprego

Relações de Trabalho

O Direito do Trabalho estuda especialmente a Relação de Emprego, mas existem diversas outras formas de trabalho que não configuram o vínculo empregatício. Tal relação de emprego tem farta regulamentação legal, sendo que, neste capítulo, serão abordados as diferenças entre as principais relações de trabalho, bem como os Direitos Constitucionais previstos no art. 7º, dirigidos aos empregados.

Relação de trabalho é qualquer vínculo jurídico pelo qual uma pessoa física executa serviços para outrem, mediante um pagamento ajustado.

A diferenciação entre o que é uma relação de emprego e o que é uma relação de trabalho é um dos temas centrais estudados pelo Direito do Trabalho, uma vez que com, base principalmente na relação de emprego, é que foi pensado e constituído o sistema estatal de proteção, que dá ao trabalhador empregado diversa gama de direitos.

Fique Ligado

Relação de trabalho é o gênero, do qual a relação de emprego é uma espécie, sendo que existem diversas relações de trabalho. A relação de emprego exige requisitos essenciais - trabalho prestado por pessoa física, com onerosidade, pessoalidade, não eventualidade e subordinação jurídica. Tais requisitos serão detalhados a seguir, mas antes, é necessário expor o que não é uma relação de emprego. Dentre as diversas formas de relação de trabalho, serão analisadas as mais importantes delas.

Adverte-se que é normal os termos "trabalhador" e "empregado" serem utilizados no mesmo sentido, bem como "relação de emprego" e "relação de trabalho".

Trabalho Autônomo

O autônomo é aquele que trabalha por conta própria, sem subordinação jurídica ou dependência do tomador do seu serviço. São exemplos de autônomos: jardineiros, pintores e eletricistas que trabalhem por conta própria. Profissionais liberais (médicos, dentistas, advogados) também, muitas vezes, trabalham como autônomos.

Qualquer trabalhador autônomo poderia ser contratado como empregado; por exemplo, uma pessoa que seja dona de uma mansão pode contratar um jardineiro para ser seu empregado. Ainda, é possível um escritório de advocacia ou uma grande empresa contratar um advogado como empregado.

A legislação trata especificamente de alguns trabalhos que são realizados autonomamente; por exemplo, o representante comercial (Lei 4.886/1965) e o corretor de seguros (Lei 4.594/1964). Nota-se que, mesmo nesses casos, é possível o reconhecimento do vínculo de emprego se estiverem presentes os seus pressupostos.

Trabalho Eventual

O trabalhador eventual é aquele esporádico, que não tem ligação fixa com um empreendimento, sendo, muitas vezes, aquele trabalhador que faz "bicos". É um exemplo o garçom que é chamado alguns finais de semana, sem dias certos, sem que tenha uma expectativa de quando ele vá trabalhar. Outro exemplo seria o fotógrafo que é chamado em uma ou outra ocasião para registrar eventos esporádicos de uma empresa.

Trabalho Voluntário

Trabalho voluntário é o trabalho não remunerado, prestado por pessoa física à entidade pública ou entidade privada, que tenha objetivos cívicos, culturais, educacionais, científicos, recreativos ou de assistência social, inclusive mutualidade.

As despesas que um voluntário tiver em razão da prestação de serviços podem ser reembolsadas.

A Lei 9.608/1998 dispõe que:

> ***Art. 1º*** *Considera-se serviço voluntário, para fins desta Lei, a atividade não remunerada, prestada por pessoa física a entidade pública de qualquer natureza, ou a instituição privada de fins não lucrativos, que tenha objetivos cívicos, culturais, educacionais, científicos, recreativos ou de assistência social, inclusive mutualidade.*
>
> ***Parágrafo único.*** *O serviço voluntário não gera vínculo empregatício, nem obrigação de natureza trabalhista previdenciária ou afim.*

Trabalho Religioso

O trabalho religioso causa grandes divergências na doutrina e na jurisprudência, mas a posição que prevalece é que ele não gera vínculo de emprego entre determinado ministro de confissão religiosa (padre, pastor, rabino) e a ordem religiosa (igreja, templo, mesquista). A ideia aqui é que a missão vocacional é o motivo determinante de tal contratação.

Algumas decisões mais recentes têm reconhecido o vínculo quando existem metas, prazos e subordinação jurídica.

Observa-se que as ordens religiosas podem contratar empregados como qualquer outra entidade (por exemplo, a secretária e a zeladora da paróquia).

Trabalho do Estagiário

A lei define o estágio da seguinte forma:

> ***Art. 1º -*** *Estágio é ato educativo escolar supervisionado, desenvolvido no ambiente de trabalho, que visa à preparação para o trabalho produtivo de educandos que estejam frequentando o ensino regular em instituições de educação superior, de educação profissional, de ensino médio, da educação especial e dos anos finais do ensino fundamental, na modalidade profissional da educação de jovens e adultos.*

Condições Gerais

O estágio pode ser obrigatório ou não obrigatório. Ambos devem fazer parte do projeto pedagógico do curso, sendo que o estágio obrigatório é aquele tido como requisito para a aprovação e obtenção de diploma. O não obrigatório é opcional, acrescido à carga horária regular do curso.

As atividades de extensão, de monitorias e de iniciação científica na educação superior, desenvolvidas pelo estudante, somente poderão ser equiparadas ao estágio em caso de previsão no projeto pedagógico do curso.

A relação de estágio envolve, obrigatoriamente, **3 partes:** a Instituição de Ensino, a Parte Concedente de Estágio e o Estagiário. Obrigatoriamente, devem assinar o Termo de Compromisso de Estágio o educando (ou seu representante ou assistente legal), a parte concedente do estágio e a instituição de ensino.

Há, ainda, a figura do Agente de Integração (CIEE, PROE, IEL etc.), a que as partes podem recorrer se quiserem, o qual tem a função de cadastrar estagiários, identificar oportunidades de estágio e ajudar na formação e na celebração do contrato.

Nada pode ser cobrado do estagiário por esse serviço e, se os Agentes de Integração indicarem o estagiário para serviço incompatível com seu programa curricular de estudo, serão civilmente responsáveis. Os Agentes de Integração não podem ser representantes de nenhuma das partes.

O estágio **não cria vínculo de emprego** desde que efetuado sob as seguintes condições:

> Matrícula e frequência regular do educando em curso de educação superior, de educação profissional, de ensino médio, da educação especial e nos anos finais do ensino fundamental, na modalidade profissional da educação de jovens e adultos e atestados pela instituição de ensino.

> Celebração de termo de compromisso entre o educando, a parte concedente do estágio e a instituição de ensino.

> Compatibilidade entre as atividades desenvolvidas no estágio e aquelas previstas no termo de compromisso.

A SDI-1 editou a OJ 366,que se refere ao estágio na administração pública:

__OJ-sdi1-366-TST.__ Estagiário. Desvirtuamento do contrato de estágio. Reconhecimento do vínculo empregatício com a administração pública direta ou indireta. Período posterior à constituição federal de 1988. Impossibilidade. Ainda que desvirtuada a finalidade do contrato de estágio celebrado na vigência da Constituição Federal de 1988, é inviável o reconhecimento do vínculo empregatício com ente da Administração Pública direta ou indireta, por força do art. 37, II, da CF/1988, bem como o deferimento de indenização pecuniária, exceto em relação às parcelas previstas na Súmula nº 363 do TST, se requeridas.

O estagiário deve encaminhar, e a Instituição de Ensino tem o dever de cobrar, no máximo a cada 6 meses, relatório das atividades.

O estágio pode durar no máximo 2 anos, salvo para as pessoas com deficiência, que não têm limitação.

O estagiário poderá inscrever-se como contribuinte facultativo no Regime Geral da Previdência Social.

Parte concedente de estágio

Podem ser parte concedente de estágio as pessoas jurídicas de direito privado e os órgãos da administração pública direta, autárquica e fundacional de qualquer dos Poderes da União, dos Estados, do Distrito Federal e dos Municípios, bem como profissionais liberais de nível superior devidamente registrados em seus respectivos conselhos de fiscalização profissional.

A parte concedente deve indicar um funcionário de seu quadro para orientar até, no máximo, 10 estagiários simultaneamente.

Deve, ainda, contratar, em favor do estagiário seguro contra acidentes pessoais. No caso de estágio obrigatório, tal seguro pode ser contratado pela instituição de ensino.

Aplica-se ao estagiário a legislação relacionada à saúde e segurança no trabalho, sendo sua implementação de responsabilidade da parte concedente do estágio.

A lei limita a quantidade de estagiários em cada parte concedente, da seguinte forma:

__Art. 17.__ O número máximo de estagiários em relação ao quadro de pessoal das entidades concedentes de estágio deverá atender às seguintes proporções:

I. De 1 (um) a 5 (cinco) empregados: 1 (um) estagiário;

II. De 6 (seis) a 10 (dez) empregados: até 2 (dois) estagiários;

III. De 11 (onze) a 25 (vinte e cinco) empregados: até 5 (cinco) estagiários;

IV. Acima de 25 (vinte e cinco) empregados: até 20% (vinte por cento) de estagiários.

§ 1º Para efeito desta Lei, considera-se quadro de pessoal o conjunto de trabalhadores empregados existentes no estabelecimento do estágio.

§ 2º Na hipótese de a parte concedente contar com várias filiais ou estabelecimentos, os quantitativos previstos nos incisos deste artigo serão aplicados a cada um deles.

§ 3º Quando o cálculo do percentual disposto no inciso IV do caput deste artigo resultar em fração, poderá ser arredondado para o número inteiro imediatamente superior.

§ 4º Não se aplica o disposto no caput deste artigo aos estágios de nível superior e de nível médio profissional.

§ 5º Fica assegurado às pessoas portadoras de deficiência o percentual de 10% (dez por cento) das vagas oferecidas pela parte concedente do estágio.

Remuneração

No caso de **estágio facultativo, é obrigatória** a remuneração do estagiário por meio de bolsa ou outra forma de contraprestação. Não existe mais estágio não obrigatório sem remuneração. Ainda, é obrigatória a concessão de auxílio-transporte.

Já o **estágio obrigatório pode ser não remunerado**, Nesse caso, o auxílio-transporte é facultativo.

Jornada de Trabalho e Férias

A jornada dos estagiários é regulamentada da seguinte forma:

> 4 horas diárias e 20 horas semanais, no caso de estudantes de educação especial e dos anos finais do ensino fundamental, na modalidade profissional de educação de jovens e adultos;

> 6 horas diárias e 30 horas semanais, no caso de estudantes do ensino superior, da educação profissional de nível médio e do ensino médio regular.

Se o curso alternar teoria e prática, nos períodos em que não estão programadas aulas presenciais, poderá haver jornada de até 40 horas semanais, desde que isso esteja previsto no projeto pedagógico do curso e da instituição de ensino.

A jornada é reduzida à metade no período de avaliações periódicas ou finais.

É assegurado ao estagiário, sempre que o estágio tenha duração igual ou superior a 1 (um) ano, período de recesso de 30 (trinta) dias, a ser gozado preferencialmente durante suas férias escolares. Tal recesso será remunerado se o estágio for remunerado. Se o período for inferior a 1 ano, é obrigatória a concessão parcial das férias.

Trabalho em Regime Estatutário

Estudado profundamente pelo Direito Administrativo, é aquele vínculo em que existe uma relação jurídico-administrativa entre o trabalhador e um ente público. Regida por um estatuto específico, não é uma relação contratual regida pela CLT. O trabalhador ocupa um cargo público e foi contratado mediante aprovação em concurso público.

Trabalho Avulso

Segundo definição de Maurício Godinho Delgado, avulso é aquele trabalhador que "oferta sua força de trabalho, por curtos períodos de tempo, a distintos tomadores, sem se fixar especificamente a qualquer deles[1]".

A Constituição, no artigo 7º, XXXIV, concedeu aos avulsos os mesmos direitos previstos para os empregados.

> ***Art. 7º. XXXIV.*** *Igualdade de direitos entre o trabalhador com vínculo empregatício permanente e o trabalhador avulso.*

Existem duas espécies de trabalhadores avulsos: os avulsos portuários e os avulsos em serviços de movimentação de cargas em geral. Nenhum deles tem vínculo empregatício com seus tomadores de serviços.

A respeito do trabalhador avulso, a SDI-1 editou a seguinte OJ:

→ **Avulsos portuários**

Os navios chegam aos portos brasileiros e necessitam de trabalhadores para fazer diversos serviços, por exemplo, descarregar as cargas. Como é inviável o navio ter empregados em cada porto, surgiu o trabalhador avulso, que presta serviços a diversos tomadores, sem se ligar permanentemente com nenhum deles.

Aqui existem 3 figuras fundamentais: o Trabalhador Avulso, o Órgão Gestão de Mão de Obra (OGMO) e o Operador Portuário.

O OGMO não é empregador da mão de obra avulsa, mas é o responsável por gerenciá-la: cadastra os trabalhadores; monta as escalas de trabalho; arrecadando e repassa aos respectivos beneficiários os valores devidos pelos operadores portuários relativos à remuneração do trabalhador portuário avulso e aos correspondentes encargos fiscais, sociais e previdenciários; aplica penalidades previstas na lei ou no acordo ou convenção coletiva etc.

O Operador Portuário é a pessoa jurídica, pré-qualificada pela administração do porto, responsável pela direção e coordenação das operações portuárias que efetuar. É o operador portuário que efetua a requisição da mão de obra de acordo com a operação portuária que será realizada.

→ **Avulsos em serviços de movimentação de cargas em geral**

Nas entradas das cidades médias e grandes, é muito comum ver placas em que se lê "ponto de chapas". Nesses lugares, trabalhadores esperam por caminhoneiros que chegam à cidade para descarregar, sendo que angariam os "chapas" para ajudá-los no descarregamento da mercadoria. Como havia muita informalidade nessa prestação, editou-se a Lei 12.023/2009, que passou a caracterizar como avulsos os referidos trabalhadores. A intermediação do Sindicato é obrigatória, sendo que a este cabe elaborar a escala de trabalho e as folhas de pagamento dos trabalhadores avulsos, com a indicação do tomador do serviço e dos trabalhadores que participaram da operação.

Note que, no caso do trabalhador avulso portuário, a intermediação obrigatória é feita pelo OGMO. Enquanto tal órgão não existe, a intermediação é feita pelo sindicato mesmo. O trabalhador não precisa ser associado ao sindicato para fazer parte da escala de trabalho. É possível que a empresa tomadora dos serviços tenha seus empregados contratados para fazer tal serviço, não precisando, assim, do trabalhador avulso intermediado pelo sindicato.

As empresas tomadoras do trabalho avulso respondem solidariamente pela efetiva remuneração do trabalho contratado e são responsáveis pelo recolhimento dos encargos fiscais e sociais, bem como das contribuições ou de outras importâncias devidas à Seguridade Social, no limite do uso que fizerem do trabalho avulso intermediado pelo sindicato.

Trabalho em Cooperativas

As cooperativas de trabalho são uma realidade no Brasil em diversos campos (por exemplo, cooperativas de catadores e recicladores de lixo). Foi promulgada recentemente a Lei 12.690/2012, que regula especificamente as cooperativas de trabalho, sendo importante sua leitura.

A CLT dispõe acerca dos cooperados:

> ***Parágrafo único -*** *Qualquer que seja o ramo de atividade da sociedade cooperativa, não existe vínculo empregatício entre ela e seus associados, nem entre estes e os tomadores de serviços daquela.*

Fique Ligado

Apesar da disposição legal, pelo princípio da primazia da realidade, havendo os requisitos da relação de emprego, é possível o reconhecimento do vínculo entre os cooperados e os tomadores do serviço quando caracterizada a fraude, ou seja, a cooperativa é só uma forma de burlar o vínculo empregatício, sendo tal orientação adotada pela nova lei.

Dispõe a nova legislação:

> ***Art. 4º*** *A Cooperativa de Trabalho pode ser:*
>
> *I. De produção, quando constituída por sócios que contribuem com trabalho para a produção em comum de bens e a cooperativa detém, a qualquer título, os meios de produção; e*
>
> *II. De serviço, quando constituída por sócios para a prestação de serviços especializados a terceiros, sem a presença dos pressupostos da relação de emprego.*
>
> ***Art. 5º*** *A Cooperativa de Trabalho não pode ser utilizada para intermediação de mão de obra subordinada.*
>
> ***Art. 6º*** *A Cooperativa de Trabalho poderá ser constituída com número mínimo de 7 (sete) sócios.*

Ainda, a lei impôs aos cooperados limitação da jornada de trabalho em 8 horas diárias e 44 horas semanais, repouso semanal remunerado, retiradas em

1 DELGADO, Maurício Godinho. Curso de Direito do Trabalho, 11ª Ed. São Paulo LTR, 2012. P. 342

dinheiro não inferior ao mínimo, adicional de retirada para o trabalho noturno superior à do diurno, adicional sobre a retirada para as atividades insalubres ou perigosas, seguro de acidente de trabalho.

Fique Ligado

É importante salientar que o contratante da cooperativa responde solidariamente pelas normas de saúde e segurança no trabalho quando o serviço é prestado em seu estabelecimento ou em local por ele indicado.

Parceria Rural e Agrícola

Na parceria rural e na parceria agrícola, há uma sociedade entre duas pessoas, em que uma entra com seu trabalho, enquanto outra com a propriedade em que se desenvolverá o trabalho - propriedade rural, no primeiro caso, e com um lote de animais, no segundo.

O resultado da produção é divido entre os parceiros, assim como os ônus. É ampla a possibilidade de combinarem a forma de utilização de maquinário, implementos agrícolas e outras despesas, não sendo possível o pagamento periódico àquele que ingressar com o trabalho.

A verdadeira parceria rural não gera vínculo de emprego, mas, de qualquer forma, não pode haver subordinação do parceiro trabalhador ao parceiro proprietário. A pessoalidade até pode existir, apesar de ser forte indício de fraude, mas nunca a subordinação.

Relação de Emprego

A relação de emprego não é elegível pelas partes, ou seja, não se pode escolher ser ou não qualificado como empregado - tal ideia é inspiração direta do princípio da irrenunciabilidade das normas trabalhistas. É o modo como o trabalho desenvolve-se que é determinante para saber se ocorre uma relação de emprego ou outra relação de trabalho.

É muito comum, em uma ação trabalhista, o empregado requerer reconhecimento do vínculo e ganhar uma decisão favorável quando verificada a fraude, não importando se, por exemplo, era denominado de cooperado ou se foi obrigado a abrir uma pessoa jurídica para prestar serviços (famoso PJ).

Pressupostos da Relação de Emprego

A relação de emprego tem **5 pressupostos:**

> Trabalho prestado por pessoa física;
> Com pessoalidade;
> Onerosidade;
> Não eventualidade;
> Sob subordinação jurídica;

Tais requisitos são extraídos dos artigos 2º e 3º, da CLT:

> ***Art. 2º** - Considera-se empregador a empresa, individual ou coletiva, que, assumindo os riscos da atividade econômica, admite, assalaria e dirige a **prestação pessoal de serviço** (pessoalidade).*
>
> ***Art. 3º** - Considera-se empregado toda **pessoa física** que prestar serviços de natureza não eventual a empregador, **sob a dependência** (subordinação jurídica) deste e **mediante salário** (onerosidade).*

Trabalho prestado por pessoa física

A pessoa jurídica não pode ser empregada, isso nunca vai ocorrer. Às vezes, a pessoa é obrigada a abrir uma pessoa jurídica para prestar serviços, mas note que isso é fraude trabalhista. Existe o vínculo de emprego, tanto que ele pode ser reconhecido em juízo.

No caso de contratação entre duas pessoas jurídicas, caracteriza-se uma relação civil, não uma relação de trabalho. O trabalhador da empresa contratada poderá ter uma relação de trabalho com a empresa contratante, como ocorre na terceirização válida.

Por exemplo, a Rede de Ensino Alfa contrata a empresa Gelada para instalar ar-condicionado nas salas de aulas. Os empregados da empresa Gelada têm uma relação de trabalho com a Rede de Ensino Alfa, mas a relação entre as duas empresas não é de trabalho, é uma relação civil.

Pessoalidade

O contrato de emprego é *intuitu personae* para o empregado, ou seja, é ele quem deve realizar as obrigações do contrato, não podendo repassar suas tarefas para outras pessoas.

Não descaracteriza a pessoalidade as substituições previstas na legislação, por exemplo, para cobrir férias ou licença, contratando um trabalhador temporariamente. Ainda, eventuais substituições consentidas, por exemplo, um vendedor que, em um dia, pede para um amigo ficar no seu lugar e o empregador aceita.

Onerosidade

O contrato de emprego é oneroso, ou seja, o empregado trabalha para receber uma remuneração. A principal obrigação do empregado é trabalhar e a principal obrigação do empregador é remunerar o empregado pelo serviço prestado.

Isso não significa dizer que se o empregado não recebe quando deveria, inexiste a onerosidade - há um inadimplemento contratual aqui -, como ocorre quando o empregador deixa de pagar os salários. Não significa que o contrato deixou de ser oneroso.

Ainda, não há que se cogitar que, em caso de trabalho escravo, por não ser remunerado, não poderia ser reconhecido como vínculo de emprego e gerar as indenizações específicas, após a pessoa ser resgatada dessa condição. Nesse caso, há onerosidade, mesmo contra a vontade do trabalhador, pois estava sujeito ao seu patrão e não tinha capacidade para exprimir validamente sua vontade.

Não eventualidade

Não eventual é o trabalho que é permanente, ou seja, que existe uma previsibilidade, uma expectativa da prestação do serviço, independentemente da quantidade de dias ou horas trabalhados em uma semana.

Quatro teorias tentam explicar a não eventualidade: Teoria da Descontinuidade, Teoria do Evento, Teoria dos Fins do Empreendimento e Teoria da Fixação Jurídica ao Tomador. As três últimas atuam em conjunto, como se verá a seguir.

→ **Teoria da Descontinuidade**

O trabalho deveria ser contínuo, ou seja, sem interrupções significativas na prestação.

A CLT rejeitou a Teoria da Descontinuidade. Para os trabalhadores regidos pela CLT, não é a quantidade de dias ou horas na semana que caracteriza a "não eventualidade".

Essa teoria é válida para os trabalhadores domésticos. Atualmente, considera-se doméstico aquele que trabalha em 3 ou mais dias da semana para a mesma família. A diarista seria aquela que trabalha 2 dias ou menos por semana.

→ **Teoria do Evento**

Essa teoria informa que é eventual o trabalho necessário para um evento ou acontecimento específico, que tem duração certa no tempo e não é periódico.

Por exemplo, uma empresa que atua no setor de recepção de eventos realizará alguns jantares em que necessita de um tradutor de inglês e contrata uma pessoa somente para essas ocasiões. Sob a visão de tal teoria, esse trabalhador é eventual. Observe que se tais eventos passarem a ser a rotina da empresa, o serviço do tradutor deixará de ser eventual.

→ **Teoria dos Fins do Empreendimento**

Como o nome sugere, eventual seria aquele trabalhador que é contratado para um serviço que não é habitualmente necessário na empresa - e, por consequência, não é executado por longo período de tempo - (por exemplo, a manutenção do telhado e calhas de uma empresa qualquer).

→ **Teoria da Fixação Jurídica ao Tomador**

Por fim, informa tal teoria que ocorre a eventualidade quando o trabalhador, ainda que atue de forma profissional e permanentemente em um ramo de serviço, não se fixa a uma fonte única de trabalho, mas a várias fontes no decorrer do tempo.

Seria o exemplo de um garçom que está sempre atuando, mas sempre para empresas diferentes, sem períodos fixos em cada uma delas, não havendo expectativa de quando tornará a prestar serviços a determinada organização.

Subordinação Jurídica

A doutrina tradicional, há muitos anos, assentou que subordinação jurídica é a possibilidade que o empregador tem de comandar a prestação do serviço, de gerenciar a forma que o serviço será prestado, podendo, para tanto, fiscalizá-lo e aplicar as penalidades quando houver infrações, dentro dos limites impostos pelo ordenamento jurídico. Tal poder surge do contrato firmado entre as partes, em que o empregado põe à disposição do patrão sua força de trabalho em troca da remuneração.

A CLT fala em "dependência", pois foi escrita em uma época em que o conceito de subordinação jurídica não era tão bem desenvolvido, mas tal vocábulo é tradicionalmente interpretado como "subordinação jurídica", tanto que foi utilizado no art. 6º, Parágrafo Único, do referido código.

Note que, para a doutrina moderna, a subordinação que caracteriza a relação de emprego é jurídica, ou seja, não é técnica, nem econômica.

Subordinação técnica seria aquela em que o empregado depende dos conhecimentos e do sistema produtivo que o empregador possui para realizar a produção, isto é, depende dos meios fornecidos pelo empregador para trabalhar. Tal teoria é completamente ultrapassada e não é mais aceita. É fácil visualizar sua fragilidade quando um empregado é contratado justamente por ser especialista em uma área de que o empregador precisa.

A subordinação econômica pressupunha que o empregado depende de seu salário para viver, advindo daí sua principal vinculação ao empregador. Apesar de, muitas vezes, ser verdadeira tal dependência econômica, tal teoria é ultrapassada, uma vez que não é esse o motivo que faz o trabalhador estar subordinado ao empregador - ele pode ser empregado e ter outras fontes de renda ou ainda, uma pessoa pode depender economicamente de outra sem ser sua empregada.

***Art. 6º** Não se distingue entre o trabalho realizado no estabelecimento do empregador, o executado no domicílio do empregado e o realizado a distância, desde que estejam caracterizados os pressupostos da relação de emprego.*

***Parágrafo único.** Os meios telemáticos e informatizados de comando, controle e supervisão se equiparam, para fins de subordinação jurídica, aos meios pessoais e diretos de comando, controle e supervisão do trabalho alheio.*

Não são Pressupostos da Relação de Emprego

Exclusividade na prestação do serviço

A exclusividade não é pressuposto da relação de emprego. Uma pessoa pode manter 10 vínculos de emprego com empregadores diferentes se quiser e se tiver tempo para desempenhar suas funções em todos eles. Tal tema é recorrente em provas, portanto, preste atenção.

Alteridade

Alguns doutrinadores elencam como pressuposto da relação de emprego a alteridade, que significa que é o empregador quem assume os riscos do empreendimento.

Realmente, é o empregador quem assume os riscos, mas, tradicionalmente, alteridade é vista como princípio do Direito do Trabalho, por isso, mesmo havendo opiniões contrárias, a "alteridade" não é considerada como requisito da relação de emprego.

Fique Ligado

Até hoje, quando as bancas tradicionais cobraram a palavra "alteridade" na prova, havia outra informação que tornava a assertiva incorreta, de forma que elas não dizem expressamente que "alteridade" é requisito. Portanto, cuidado com essa palavra.

Finalidade lucrativa do empregador

Apesar de a finalidade lucrativa na contratação ser a regra nas empresas, isso não é pressuposto ou requisito da relação de emprego. Observa-se que há empregados que trabalham sem gerar lucro de qualquer espécie (por exemplo, os empregados domésticos ou, ainda, os empregados de instituições filantrópicas e associações).

Note que isso não tem relação com a onerosidade, cuja característica é a expectativa de o empregado ser remunerado pelo seu serviço.

Direitos Constitucionais dos Trabalhadores

A distinção entre relação de trabalho e relação de emprego é fundamental, pois, uma vez caracterizada esta última, uma gama de direitos surge para proteger tal relação. Assim, os direitos sociais, previstos no artigo 7º, da Constituição, beneficiam especialmente aos empregados e têm sido colocados como tópico à parte nos editais de concurso, merecendo um estudo separado.

Fique Ligado

A maioria dos direitos constitucionais, como têm farta regulamentação infraconstitucional, será estudada no decorrer da apostila, de forma que, neste capítulo, serão tratadas somente as linhas gerais, o que servirá como introdução à matéria.

Art. 7º São direitos dos trabalhadores urbanos e rurais, além de outros que visem à melhoria de sua condição social:

O *caput* do artigo 7º demonstra que os direitos listados em seus incisos são o mínimo assegurado aos trabalhadores, especialmente pela expressão "além de outros que visem à melhoria de sua condição social", ou seja, lei infraconstitucional pode aumentar tais direitos, bem como criar outros.

I. Relação de emprego protegida contra despedida arbitrária ou sem justa causa, nos termos de lei complementar, que preverá indenização compensatória, dentre outros direitos;

Ainda não foi editada tal Lei Complementar pelo Congresso, de forma que não há ampla proteção contra a despedida arbitrária ou sem justa causa. Somente temos algumas estabilidades provisórias no emprego, como a da gestante, do membro e suplente da CIPA, do dirigente sindical eleito e seus suplentes, do acidentado afastado por mais de 15 dias etc.

Fique Ligado

Dos direitos elencados no artigo 7º, somente este exige Lei Complementar para a regulamentação, os outros necessitam somente de Lei Ordinária.

Isso ocorre porque tal regulação causará mais impacto nas empresas, de forma que o legislador constituinte preferiu a Lei Complementar, que tem *quorum* de aprovação superior.

A indenização compensatória, atualmente, é a multa de 40% sobre os depósitos do FGTS, prevista no artigo 10, I, do ADCT, bem como no artigo 18, da Lei 8.036/1990.

II. Seguro-desemprego, em caso de desemprego involuntário;

O seguro-desemprego é um benefício previdenciário e tem dupla função: de prover sustento ao trabalhador enquanto busca nova ocupação, bem como ajudar na sua qualificação e recolocação profissional.

O trabalhador tem direito ao benefício, nunca inferior a um salário mínimo, no caso de perda involuntária do emprego - dispensa sem justa causa e rescisão indireta do contrato-, desde que cumpra os requisitos da lei previdenciária.

Havendo dispensa por justa causa, com culpa recíproca, ou, ainda, no caso de término normal do contrato por prazo determinado, não haverá pagamento de seguro-desemprego.

Caso o trabalhador possua renda própria suficiente para manter-se, consiga novo emprego ou recuse um emprego oferecido, o seguro deixará de ser pago.

III. Fundo de garantia do tempo de serviço;

O Fundo de Garantia por Tempo de Serviço, previsto pela Lei 8.036/1990, tem natureza jurídica multidimensional, pois, além de ser efetivo direito trabalhista, assume funções diversas (por exemplo, servir de financiamento para programas habitacionais, de infraestrutura e saneamento básicos).

Ele constitui-se de depósitos mensais de 8% efetuados sobre a remuneração, suportado pelo empregador, com o objetivo de garantir ao trabalhador algum dinheiro caso perca seu emprego involuntariamente.

Tanto empregados urbanos como empregados rurais têm direito ao FGTS, inclusive os avulsos.

O empregado aprendiz também tem direito ao FGTS, mas a alíquota é reduzida a 2% do salário.

IV. Salário mínimo , fixado em lei, nacionalmente unificado, capaz de atender a suas necessidades vitais básicas e às de sua família com moradia, alimentação, educação, saúde, lazer, vestuário, higiene, transporte e previdência social, com reajustes periódicos que lhe preservem o poder aquisitivo, sendo vedada sua vinculação para qualquer fim;

O salário mínimo é o menor valor que se pode pagar para um trabalhador, mas a interpretação atual é que esse mínimo refere-se a uma jornada de 44 horas, de forma que, se o empregado trabalha menos de 44 horas, terá assegurado o salário mínimo hora, conforme OJ 358, da SDI-1.

Pela Lei Maior, o salário mínimo deve ter o mesmo valor em todo o território nacional, deve ser reajustado periodicamente para não perder o poder aquisitivo, e não pode ser vinculado a nada.

Apesar de a Constituição determinar que seja fixado por lei, a Lei 12.382/2011 permitiu que, entre 2012 e 2015, o governo fixe-o por meio de decreto presidencial, seguindo a fórmula estabelecida na referida lei.

V. Piso salarial proporcional à extensão e à complexidade do trabalho;

O piso salarial é regulamentado pela Lei Complementar 103/2000, a qual faculta aos Estados e ao Distrito Federal aprovar lei de iniciativa do Poder Executivo, fixando o piso para "os empregados que não tenham piso salarial definido em lei federal, convenção ou acordo coletivo de trabalho". Mesmo os empregados domésticos podem ser beneficiados pelo piso estadual, caso conste na lei instituidora.

Assim, havendo piso estadual para os trabalhadores da indústria de laticínio fixando o valor em R$ 1.000,00, e concomitantemente havendo Convenção ou Acordo Coletivo fixando em R$ 800,00, prevalecerá o acordo ou convenção. Também, não pode o Estado fixar piso havendo lei federal (salário profissional), por exemplo, no caso dos médicos e engenheiros.

VI. Irredutibilidade do salário, salvo o disposto em convenção ou acordo coletivo;

O salário é irredutível, e não pode a empresa diminuí-lo unilateralmente, nem mesmo se o empregado individualmente concordar, conforme artigo 468, da CLT. Somente é possível essa redução por meio de negociação coletiva.

A lógica é que, durante uma crise, é melhor temporariamente reduzir o salário de todos os empregados, do que alguns deles perderem o emprego, ou, até mesmo, a empresa vir a fechar as portas.

VII. Garantia de salário, nunca inferior ao mínimo, para os que percebem remuneração variável;

Como visto, os que trabalham menos de 44 horas podem receber menos que o valor nominal do salário mínimo, desde que respeitado o mínimo hora. Isso não ocorre para aqueles que tenham remuneração variável, ou seja, ganhem por produção ou por comissão.

Se a produção do trabalhador for inferior a um salário mínimo, a empresa o pagará da mesma forma, sendo vedado descontar em meses subsequentes essa diferença, conforme Lei 8.716/1993.

VIII. *Décimo terceiro salário com base na remuneração integral ou no valor da aposentadoria;*

O 13º salário é também chamado de gratificação natalina em razão de sua origem. Seu pagamento consiste na mesma remuneração devida em dezembro, devendo ser paga até o dia 20 desse mês ou na remuneração do último mês de contrato no caso de rompimento antecipado. Note que ela é calculada com base na remuneração, não no salário, de forma que usa a média anual das gorjetas na base de cálculo.

O 13º é pago em duas frações: a primeira entre fevereiro e novembro, e a segunda em dezembro. O empregador é obrigado a pagar fracionadamente, mas não é obrigado a pagar a 1ª parcela a todos os empregados no mesmo mês.

O empregado pode requerer que sua antecipação seja paga junto com as férias, mas deve fazê-lo até janeiro, caso em que o empregador será obrigado a pagar a 1ª parcela dessa forma.

IX. *Remuneração do trabalho noturno superior à do diurno;*

A CLT determina que, para o trabalhador urbano que atue em horário noturno, haverá um adicional de no mínimo, 20% sobre a hora diurna, o qual terá caráter salarial. A hora noturna para o trabalhador urbano é entre as 22:00 e as 05:00, com a hora noturna ficta, de 52 minutos e 30 segundos.

Para o trabalhador rural, o adicional noturno é de 25%, sendo que a hora noturna, na lavoura, é entre as 21:00 e as 05:00 e, na pecuária, é entre as 20:00 e as 04:00. Não há hora noturna ficta para o rurícola.

X. *Proteção do salário na forma da lei, constituindo crime sua retenção dolosa;*

O salário é protegido pela legislação de diversas formas, sendo as principais: a determinação de periodicidade máxima de pagamento em 30 dias; obrigatoriedade de seu pagamento até no máximo o 5º dia útil do mês seguinte ao da prestação do serviço; caráter impenhorável para dívidas do empregado; obrigatoriedade que seja pago em moeda nacional e com um mínimo de 30% em espécie, sendo que o restante pode ser pago em utilidades.

XI. *Participação nos lucros, ou resultados, desvinculada da remuneração, e, excepcionalmente, participação na gestão da empresa, conforme definido em lei;*

A Lei Complementar 10.101/2000 regulamentou a participação nos lucros, determinando que será a negociação coletiva que irá instituí-la, não integrando a remuneração, nem se aplicando o princípio da habitualidade. O pagamento não pode ser efetuado em períodos menores de 6 meses, nem mais de duas vezes ao ano.

Mesmo o trabalhador dispensado antes da data da distribuição de lucros tem direito a receber proporcionalmente, pois também contribuiu para o sucesso da empresa.

XII. *Salário-família pago em razão do dependente do trabalhador de baixa renda nos termos da lei;*

Apesar do nome, ele não é salário, é um benefício previdenciário pago aos segurados de baixa renda, em razão de filhos menores de 14 anos ou dependentes inválidos em qualquer idade.

Se o pai e a mãe forem empregados que cumprem as condições - baixa renda e com filhos menores de 14 anos ou inválidos - ambos recebem o benefício, sendo que este será pago por filho, cumulativamente.

XIII. *Duração do trabalho normal não superior a oito horas diárias e quarenta e quatro semanais, facultada a compensação de horários e a redução da jornada, mediante acordo ou convenção coletiva de trabalho;*

A jornada constitucional de 8 horas diárias e 44 horas semanais pode ser flexibilizada para haver compensação de jornada ou banco de horas. É a súmula 85, do TST, que resolve grande parte das discussões sobre o tema.

Por acordo escrito entre empregado e empresa, somente é possível instituir compensação de jornada, ou seja, significa o empregado trabalha um pouco mais durante a semana para não ter expediente no sábado. As horas extras habituais descaracterizam o acordo, devendo haver o pagamento do adicional.

O banco de horas somente poderá ser adotado por Convenção Coletiva ou Acordo Coletivo, o qual consiste no empregado ter uma "conta corrente" de horas de trabalho, que podem ser compensadas no decorrer de um ano.

XIV. *Jornada de seis horas para o trabalho realizado em turnos ininterruptos de revezamento, salvo negociação coletiva;*

O turno ininterrupto ocorre quando o empregado alterna seu turno de trabalho periodicamente, podendo ser semanal, quinzenal, mensal, semestral etc. Como tal situação é muito desgastante, a Constituição compensa fixando jornada de 6 horas diárias.

Para configurar esse regime de trabalho, basta a alternância de horários noturnos e diurnos, não é necessário que o empregado atue em todos os turnos da empresa. Dessa forma, mesmo que a empresa funcione 24 horas, se os empregados tiverem turno fixo, a jornada será normal, de 8 horas.

As pausas para almoço ou o descanso semanal remunerado não descaracterizam o turno de revezamento, sendo devidas ao empregado da mesma forma. O labor noturno no turno de revezamento deverá respeitar as disposições do trabalho noturno - hora noturno ficta e adicional de no mínimo 20%.

Ocorre que a própria norma constitucional permite que, mediante negociação coletiva, a jornada desse trabalhador volte a ser de 8 horas, sem que isso gere direito a horas extras.

XV. *Repouso semanal remunerado, preferencialmente aos domingos;*

A duração mínima do RSR será de 24 horas, sendo concedido preferencialmente aos domingos. Trabalhadores urbanos e rurais, até os avulsos e os domésticos, têm direito a tal descanso.

Se o empregado chegar atrasado ao trabalho ou faltar qualquer dia da semana, sem justificativa, perderá a remuneração do descanso daquela semana - o dia de repouso será garantido, mas não será remunerado.

Fique Ligado

O descanso é concedido preferencialmente aos domingos, mas não obrigatoriamente.

Caso haja trabalho em um domingo, é necessário haver folga compensatória em outro dia da semana, sob pena de pagar-se em dobro o domingo não compensado, além de pagar o próprio descanso semanal remunerado.

O descanso deve ser concedido dentro da semana de trabalho, ou seja, após 6 dias de trabalho seguidos, o 7º é para ser descansado. Se o empregado trabalhar 7 dias e descansar no 8º, o empregador será punido pagando tal dia em dobro (dois dias de salário), além de pagar o próprio DSR.

> ***XVI.*** *Remuneração do serviço extraordinário superior, no mínimo, em cinquenta por cento à do normal;*

Quando o empregado trabalha mais de 8 horas em um dia, ou 44 na semana, deverá receber o pagamento da hora normal, acrescida de, no mínimo, 50%, salvo no caso de compensação de jornada.

Quando o empregado trabalha em horas extras habitualmente, elas passam a integrar o salário do empregado e, então, começam a refletir em outras verbas (por exemplo, no cálculo do repouso semanal remunerado e das férias).

Isso não significa dizer que elas integrem definitivamente o contrato de trabalho, pois, se não houver mais o trabalho em horas extraordinárias, o empregador deixará de pagá-las, somente haverá necessidade de indenizar o empregado em um mês de horas suprimidas para cada ano trabalhado com horas extras (súmula 291/TST).

> ***XVII.*** *Gozo de férias anuais remuneradas com, pelo menos, um terço a mais do que o salário normal;*

As férias foram criadas para que o trabalhador descanse do serviço, bem como que tenha um convívio social ampliado, de forma que, inclusive, receberá 1/3 a mais para poder melhor usufruir seu recesso. Assim, para não tornar inútil tal disposição, não pode o empregado arrumar outro trabalho durante suas férias, somente poderá trabalhar para outra pessoa caso já possua contrato firmado anteriormente.

Em regra, a cada 12 meses de trabalho, o empregado terá direito às férias. Nos contratos com mais de 25 horas semanais, será de 30 dias. Nos contratos a tempo parcial, cuja duração é de menos de 25 horas semanais, será de 8 a 18 dias de férias.

A cada certo número de faltas, o empregado perderá uma quantidade certa de dias de férias, no caso daqueles que tenham originalmente 30 dias de repouso. Não pode haver o desconto direito, isto é, para cada falta do empregado descontar um dia de férias. Já para os trabalhadores do regime de tempo parcial, se faltarem mais de 7 vezes, terão reduzido à metade seu período de férias.

> ***XVIII.*** *Licença à gestante, sem prejuízo do emprego e do salário, com a duração de cento e vinte dias;*

A licença maternidade é de 120 dias (não é 4 meses).

A empregada pode requerer a licença entre o 28º dia antes do parto e a ocorrência deste. Além dos 120 dias de afastamento, por motivo de saúde, a ausência da empregada pode ser aumentada em até mais 2 semanas antes e mais 2 semanas depois do parto.

No caso de parto antecipado, a empregada tem direito à licença maternidade de 120 dias da mesma forma, mas não se deve confundir parto antecipado com aborto.

A empregada que adote um filho também tem licença maternidade de 120 dias.

> ***XIX.*** *Licença-paternidade, nos termos fixados em lei;*

A licença paternidade é de 5 dias, sendo que o artigo 10, §1º, do ADCT, revogou o artigo 473, III, da CLT. Mesmo no caso de o empregado homem adotar um filho, sua licença será de somente 5 dias.

Há entendimentos jurisprudenciais e doutrinários concedendo ao homem adotante o mesmo direito da mulher, mas, nos concursos, vale a posição tradicional de 5 dias apenas.

> ***XX.*** *Proteção do mercado de trabalho da mulher, mediante incentivos específicos, nos termos da lei;*

Como a mulher enfrentou e ainda enfrenta maiores dificuldades para conseguir emprego, bem como historicamente tem salário inferior ao dos homens, a Lei Maior garante a proteção de seu mercado de trabalho, com incentivos específicos (por exemplo, a Lei 9.029/1995, a qual trata da discriminação, e a Lei 9.799/1999, a qual inseriu os artigos 373-A e seguintes da CLT).

> ***XXI.*** *Aviso prévio proporcional ao tempo de serviço, sendo no mínimo de trinta dias, nos termos da lei;*

O aviso prévio é de, no mínimo, 30 dias, devido tanto pelo empregado à empresa, para que ela admita ou treine outro empregado na função, quanto para a empresa ao empregado, para dar-lhe a chance de procurar outro emprego. Não há forma prescrita na lei para o aviso prévio, podendo ser dado verbalmente ou por escrito, mas a forma escrita é recomendada para fins de prova judicial.

Como é norma de ordem pública, o aviso prévio é irrenunciável pelo empregado, tendo o empregador que pagá-lo sempre, salvo no caso de o trabalhador encontrar outro emprego, uma vez que estará atingido o objetivo da lei.

O aviso prévio é calculado com base nas verbas salariais do empregado, ou seja, as gorjetas e as parcelas indenizatórias não o integram. As horas extras habituais integram o aviso prévio, não só por previsão legal, mas por serem parcelas salariais.

A Lei 12.506/2011 regulamentou proporcionalidade prevista na Constituição, que consistirá em um acréscimo de 3 dias por ano de serviço prestado na mesma empresa, até o máximo de 60 dias, perfazendo um total de até 90 dias.

A forma de cálculo deverá ser a seguinte: até um ano de contrato, o empregado terá direito a 30 dias de aviso prévio - mínimo constitucional; ao completar um ano de contrato, o empregado terá direito a 33 dias de aviso prévio, somando-se mais 3 dias para cada ano completo de contrato. Assim, um empregado com 5 anos de contrato terá um aviso prévio de 45 dias.

Fique Ligado

Por um tempo, houve divergência na forma desse cálculo, inclusive havendo provas que cobraram entendimento diverso, mas a tendência é que as bancas adotem esse posicionamento, até mesmo porque é o atual posicionamento do Ministério do Trabalho e Emprego, conforme nota técnica 184/2011.

O aviso proporcional é aplicável somente aos empregados, ou seja, caso o trabalhador com 10 anos de serviço peça demissão, deverá avisar a empresa com 30 dias de antecedência tão-somente. Esse posicionamento é o que tende a prevalecer nos concursos.

A lei nova opera efeitos imediatos, respeitando o ato jurídico perfeito. Assim, se o empregador já havia concedido aviso prévio ao empregado, estando este terminado ou em curso quando a lei entrou em vigor, não haverá proporcionalidade, pois se aplica à lei antiga.

Por fim, apesar de a Lei 12.506/2011 falar em "empresa", a proporcionalidade do aviso prévio beneficia aos empregados domésticos, pois a eles também foi garantida proporcionalidade pela Constituição.

> ***XXII.*** *Redução dos riscos inerentes ao trabalho, por meio de normas de saúde, higiene e segurança;*

A segurança e a medicina no trabalho é um dos pilares do Direito do Trabalho, sendo que as disposições sobre essa matéria são, em regra, inegociáveis; nem Convenção ou Acordo Coletivo podem afastá-las. A legislação tem várias disposições a respeito, inclusive podendo o Ministério do Trabalho e Emprego expedir Normas Regulamentares sobre o tema.

> ***XXIII.*** *Adicional de remuneração para as atividades penosas, insalubres ou perigosas, na forma da lei;*

Insalubres são aquelas atividades ou operações que, por sua natureza, condições ou métodos de trabalho, exponham os empregados a agentes nocivos à saúde, acima dos limites de tolerância fixados em razão da natureza e da intensidade do agente e do tempo de exposição aos seus efeitos.

O adicional de insalubridade será de 10, 20 ou 40%, calculado sobre o salário mínimo. Para caracterizar o trabalho insalubre, é necessária perícia técnica, realizada por médico ou engenheiro habilitados, e tal atividade deve constar em lista elaborada pelo MTE. Caso a insalubridade seja extirpada, por exemplo, pelo fornecimento e efetivo uso de equipamentos de proteção individual, deixará de ser pago o adicional ao empregado.

Atividades ou operações perigosas são aquelas que, por sua natureza ou métodos de trabalho, impliquem risco acentuado em virtude de exposição permanente do trabalhador a inflamáveis, explosivos, energia elétrica, e, ainda, roubos ou outras espécies de violência física nas atividades profissionais de segurança pessoal ou patrimonial.

Antigamente, a legislação tratava de forma diferente o eletricitário, o que não ocorre mais.

O trabalho em condições de periculosidade assegura ao empregado um adicional de 30%, calculado sobre o salário sem os acréscimos resultantes de gratificações, prêmios ou participações nos lucros da empresa.

Fique Ligado

Há duas expressões que a prova pode usar para usar cobrar a base de cálculo do adicional de periculosidade:

> Calculado sobre o salário-base ou salário básico (definição doutrinária)

> Calculado sobre o salário sem os acréscimos resultantes de gratificações, prêmios ou participações nos lucros da empresa (definição da CLT).

Ambos estão corretos, pois, no fundo, querem dizer a mesma coisa.

Fique Ligado

Se houver trabalho em condições perigosas e insalubres, o empregado deve optar por um dos dois adicionais, não podendo acumular ambos.

Aposentadoria

> ***XXIV.*** *Aposentadoria;*

A aposentadoria é tema estudado pelo Direito Previdenciário, sendo que a diretriz básica é dada pelo artigo 201, §7º, da CF, nos seguintes termos:

> ***Art. 201. § 7º*** *É assegurada aposentadoria no regime geral de previdência social, nos termos da lei, obedecidas as seguintes condições:*
>
> *I. Trinta e cinco anos de contribuição, se homem, e trinta anos de contribuição, se mulher;*
>
> *II. Sessenta e cinco anos de idade, se homem, e sessenta anos de idade, se mulher, reduzido em cinco anos o limite para os trabalhadores rurais de ambos os sexos e para os que exerçam suas atividades em regime de economia familiar, nestes incluídos o produtor rural, o garimpeiro e o pescador artesanal.*
>
> ***§ 8º*** *Os requisitos a que se refere o inciso I do parágrafo anterior serão reduzidos em cinco anos, para o professor que comprove exclusivamente tempo de efetivo exercício das funções de magistério na educação infantil e no ensino fundamental e médio.*

Existem outras formas de aposentadoria, por exemplo, a por invalidez.

> ***XXV.*** *A assistência gratuita aos filhos e dependentes desde o nascimento até 5 (cinco) anos de idade em creches e pré-escolas;*

Essa disposição constitucional é um direito dos empregados, contudo, não será provida pela empresa, é o próprio Estado que tem o dever de manter creches e pré-escolas.

> ***XXVI.*** *Reconhecimento das convenções e acordos coletivos de trabalho;*

O reconhecimento das Convenções e Acordos Coletivos de trabalho pela Constituição é importante, pois privilegia a autocomposição, dando aos sindicatos a possibilidade de melhor ajustarem as condições de trabalho à realidade e aos anseios de determinado setor ou empresa.

Contudo, o poder da negociação coletiva não é ilimitado, sendo o princípio da adequação setorial negociada que permeia esse tema, demonstrando até onde a criatividade dos entes coletivos pode operar. A negociação coletiva não pode servir para rebaixar as condições de trabalho determinadas pela lei. Ela pode fazer a transação quando os empregados cedem em alguns pontos para ganhar outros, mas não pode prever somente renúncia a direitos.

Também não é qualquer norma que a negociação entre os sindicatos pode alterar, há normas de indisponibilidade absoluta (por exemplo, as de segurança e medicina no trabalho, normas antidiscriminatórias, o padrão mínimo constitucional etc.).

XVII. Proteção em face da automação, na forma da lei;

A automação é quando a empresa muda sua tecnologia, de forma que passa a precisar de menos trabalhadores para realizar a mesma produção, ou até mesmo aumentar a produção.

Ainda não há legislação que preveja verdadeira proteção contra a automação.

XVIII. Seguro contra acidentes de trabalho, a cargo do empregador, sem excluir a indenização a que este está obrigado, quando incorrer em dolo ou culpa;

Os acidentes do trabalho ainda ocorrem em número elevado no Brasil, de forma que há um seguro obrigatório pago pelas empresas, ligado ao sistema previdenciário, para custear os benefícios decorrentes de acidentes e doenças no trabalho. Além desse seguro, quando o empregador contribuir para o acidente com dolo ou culpa, deverá indenizar o empregado, tanto por danos morais como por danos materiais.

A jurisprudência tem aplicado o artigo 927, Parágrafo Único, do Código Civil, que prevê responsabilidade objetiva nos casos em que a atividade normalmente causar risco aos direitos de outrem, mas ainda não há definição clara do que seriam essas atividades.

XXIX. Ação, quanto aos créditos resultantes das relações de trabalho, com prazo prescricional de cinco anos para os trabalhadores urbanos e rurais, até o limite de dois anos após a extinção do contrato de trabalho;

O empregado pode cobrar os últimos 5 anos de contrato, contados do ajuizamento da ação, mas tem até dois anos para ajuizar a reclamação após o fim do contrato. Os direitos anteriores aos 5 anos do ajuizamento da ação estarão prescritos. Caso o trabalhador demore mais de 2 anos para ajuizar a ação após o término do seu contrato, todos os seus direitos estarão prescritos.

Algumas ações não prescrevem, por exemplo, a de requerer a anotação da CTPS para fins de comprovar tempo de serviço para a aposentadoria, conforme artigo 11, §1º, da CLT.

O Código Civil, atualmente, dispõe que a prescrição pode ser declarada de ofício pelo juiz; contudo, tal entendimento não se aplica aos processos trabalhistas, segundo o posicionamento majoritário do TST.

Sendo dever do réu arguir a prescrição, não pode fazê-la a qualquer momento, deve requerê-la nas instâncias ordinárias, ou seja, na contestação, ou até no máximo no Recurso Ordinário.

XXX. Proibição de diferença de salários, de exercício de funções e de critério de admissão por motivo de sexo, idade, cor ou estado civil;

XXXI. Proibição de qualquer discriminação no tocante a salário e critérios de admissão do trabalhador portador de deficiência;

XXXII. Proibição de distinção entre trabalho manual, técnico e intelectual ou entre os profissionais respectivos;

O princípio da não discriminação é encontrado em diversas passagens da Constituição. Contudo, esta preferiu tratar do tema de maneira específica, no âmbito da relação de emprego, nos três incisos supracitados.

Para o mesmo trabalho, é necessário pagar o mesmo salário, de forma que a legislação prevê a possibilidade de pedido de equiparação salarial. Também é possível a instituição de plano de carreira na empresa, que deverá prever critérios para promoção de antiguidade e merecimento, sem utilizar parâmetros discriminatórios. À pessoa com deficiência é assegurado o trabalho em iguais condições, mas como a discriminação é comum, a Lei 8.213/1991 instituiu cotas para as empresas contratarem pessoas com deficiência ou reabilitadas pelo INSS (entre 2 e 5% dos funcionários da empresa).

- De 100 até 200 funcionários, 2%;
- De 201 a 500 funcionários , 3%;
- De 501 a 1000 funcionários , 4%;
- De 1001 em diante funcionários, 5%.

Não é discriminatório a empresa restringir a contratação em razão de deficiência específica, que impeça o exercício de tal função, como um cego para a função de motorista.

XXXIII. Proibição de trabalho noturno, perigoso ou insalubre a menores de dezoito e de qualquer trabalho a menores de dezesseis anos, salvo na condição de aprendiz, a partir de quatorze anos;

O menor é protegido pela legislação em razão de sua condição de pessoa em desenvolvimento físico e psicológico. Além das vedações constantes na Constituição, a CLT concede-lhes outras proteções (por exemplo, o intervalo de 15 minutos antes do trabalho extraordinário).

O Brasil ratificou a Convenção 182, da OIT, que trata das piores formas de trabalho infantil. Assim, todos os serviços listados no decreto são vedados a menores de 18 anos, por exemplo, o trabalho doméstico.

XXXIV. Igualdade de direitos entre o trabalhador com vínculo empregatício permanente e o trabalhador avulso.

Existem duas espécies de trabalhadores avulsos: os avulsos portuários e os avulsos em serviços de movimentação de cargas em geral. Ambos têm os mesmos direitos constitucionais dos empregados urbanos.

Parágrafo único*. São assegurados à categoria dos trabalhadores domésticos os direitos previstos nos incisos IV, VI, VII, VIII, X, XIII, XV, XVI, XVII, XVIII, XIX, XXI, XXII, XXIV, XXVI, XXX, XXXI e XXXIII e, atendidas as condições estabelecidas em lei e observada a simplificação do cumprimento das obrigações tributárias, principais e acessórias, decorrentes da relação de trabalho e suas peculiaridades, os previstos nos incisos I, II, III, IX, XII, XXV e XXVIII, bem como a sua integração à previdência social.*

A Emenda Constitucional 72/2013 alterou radicalmente o tratamento dado aos domésticos desde 1988, quando da promulgação da Constituição Federal. Como o empregador doméstico também, como regra, não tem conhecimento jurídico, nem assessoria especializada, alguns dos direitos concedidos pela EC 72/2013 são condicionados ao legislador infraconstitucional "simplificar" o cumprimento das obrigações.

→ **Antes da EC 72/2013, os domésticos já tinham direito à:**

- *IV.* *salário mínimo , fixado em lei, nacionalmente unificado, capaz de atender a suas necessidades vitais básicas e às de sua família com moradia, alimentação, educação, saúde, lazer, vestuário, higiene, transporte e previdência social, com reajustes periódicos que lhe preservem o poder aquisitivo, sendo vedada sua vinculação para qualquer fim;*
- *VI.* *irredutibilidade do salário, salvo o disposto em convenção ou acordo coletivo;*
- *VIII.* *décimo terceiro salário com base na remuneração integral ou no valor da aposentadoria;*
- *XV.* *repouso semanal remunerado, preferencialmente aos domingos;*
- *XVII.* *gozo de férias anuais remuneradas com, pelo menos, um terço a mais do que o salário normal;*
- *XVIII.* *licença à gestante, sem prejuízo do emprego e do salário, com a duração de cento e vinte dias;*
- *XIX.* *licença-paternidade, nos termos fixados em lei;*
- *XXI.* *aviso prévio proporcional ao tempo de serviço, sendo no mínimo de trinta dias, nos termos da lei;*
- *XXIV.* *aposentadoria;*

Integração à previdência social.

→ **Com a EC 72/2013, foram acrescidos os seguintes direitos:**

- *VII.* *garantia de salário, nunca inferior ao mínimo, para os que percebem remuneração variável;*
- *X.* *proteção do salário na forma da lei, constituindo crime sua retenção dolosa;*
- *XIII.* *duração do trabalho normal não superior a oito horas diárias e quarenta e quatro semanais, facultada a compensação de horários e a redução da jornada, mediante acordo ou convenção coletiva de trabalho;*
- *XVI.* *remuneração do serviço extraordinário superior, no mínimo, em cinquenta por cento à do normal;*
- *XXII.* *redução dos riscos inerentes ao trabalho, por meio de normas de saúde, higiene e segurança;*
- *XXVI.* *reconhecimento das convenções e acordos coletivos de trabalho;*
- *XXX.* *proibição de diferença de salários, de exercício de funções e de critério de admissão por motivo de sexo, idade, cor ou estado civil;*
- *XXXI.* *proibição de qualquer discriminação no tocante a salário e critérios de admissão do trabalhador portador de deficiência;*
- *XXXIII.* *proibição de trabalho noturno, perigoso ou insalubre a menores de dezoito e de qualquer trabalho a menores de dezesseis anos, salvo na condição de aprendiz, a partir de quatorze anos;*

Também com a EC 72/2013, mas observada a simplificação do cumprimento das obrigações tributárias, principais e acessórias, são direitos dos domésticos:

- *I.* *relação de emprego protegida contra despedida arbitrária ou sem justa causa, nos termos de lei complementar, que preverá indenização compensatória, dentre outros direitos;*
- *II.* *seguro-desemprego, em caso de desemprego involuntário;*
- *III.* *fundo de garantia do tempo de serviço;*
- *IX.* *remuneração do trabalho noturno superior à do diurno;*
- *XII.* *salário-família pago em razão do dependente do trabalhador de baixa renda nos termos da lei;*
- *XXV.* *assistência gratuita aos filhos e dependentes desde o nascimento até 5 (cinco) anos de idade em creches e pré-escolas;*
- *XXVIII.* *seguro contra acidentes de trabalho, a cargo do empregador, sem excluir a indenização a que este está obrigado, quando incorrer em dolo ou culpa;*

Fique Ligado

Não há igualdade de direitos constitucionais, ainda, com os empregados urbanos e rurais. Se houvesse, os domésticos estariam no caput do art. 7º, não no parágrafo único, em que são listados quais direitos a eles se aplicam.

Exercícios Comentados

01. *(FCC) O trabalho autônomo:*

a) ***É vedado para os serviços de consultoria e de contabilidade, por expressa vedação legal.***

b) ***Se realiza, em regra, necessariamente com subordinação, porém, sem os demais requisitos da relação de emprego previstos na Convenção Coletiva de Trabalho.***

c) ***Não pode ser pactuado com cláusula rígida de pessoalidade, em razão da autonomia inerente ao próprio contrato.***

d) ***Se realiza, em regra, necessariamente com pessoalidade, porém, sem os demais requisitos da relação de emprego previstos na Convenção Coletiva de Trabalho.***

e) ***Pode ser contratado sem infungibilidade quanto ao prestador, mesmo em se tratando de serviço pactuado com pessoa física.***

RESPOSTA. ***"E". O trabalho autônomo pode ou não exigir pessoalidade do prestador de serviço. Por exemplo, pode-se contratar um arquiteto e estipular, no contrato, que seja ele próprio que desenvolva tal atividade, não podendo repassar para ninguém. Ainda, é possível contratar esse mesmo arquiteto, mas ele utilizar-se de sua equipe para concluir o projeto contratado.***

Fungível é algo que pode ser substituído, logo, infungível é aquilo que não pode ser trocado. Assim, elaborar um contrato sem infungibilidade quanto ao prestador é o mesmo que dizer que o prestador de serviços é fungível, ou seja, pode haver a troca de quem presta o serviço, não havendo prejuízo ao pacto.

A questão "brincou" com o que se chama de "negação da negação", que pode confundir muita gente na hora da prova, mas está correta a assertiva.

02. *(FCC) Quanto à relação de emprego e às relações de trabalho "lato sensu", é INCORRETO afirmar:*

a) Trabalho autônomo é aquele em que o trabalhador exerce as suas atividades por conta e risco próprios, sem subordinação com o seu contratante.

b) Trabalho eventual é aquele prestado ocasionalmente, para realização de determinado evento, em que o trabalhador, em regra, desenvolve atividades não coincidentes com os fins normais da empresa contratante, não se fixando a uma fonte de trabalho.

c) Trabalho temporário é aquele prestado por pessoa física a uma empresa, por prazo curto, para atender à necessidade transitória de substituição de seu pessoal regular e permanente ou o acréscimo extraordinário de serviços, com intermediação de empresa de trabalho temporário.

d) Trabalho avulso é aquele em que o trabalhador presta serviços de curta duração para distintos beneficiários, com intermediação de terceira entidade com quem mantém vínculo de emprego nos termos da CLT, mas não se igualando em direitos com os trabalhadores com vínculo empregatício permanente.

e) Relação de emprego é aquela em que pessoa física presta serviços de natureza não eventual e de forma pessoal a empregador, sob a dependência e subordinação deste, mediante salário.

RESPOSTA. "D". A letra D é incorreta por dois motivos. Primeiro, a CLT não regulamenta o trabalho dos avulsos, tal regulamentação é feita pela Lei 12.023/2009, no caso do avulso em atividades de movimentação de mercadoria, e pelas Leis 9.719/1998 e 8.630/1993, no caso dos avulsos portuários. Segundo, a Constituição determina somente que os avulsos têm igualdade de direitos em relação aos empregados.

O interessante desta questão é a definição de trabalho eventual exposto pela FCC. Simplesmente juntaram-se, em uma frase, as três teorias principais, de forma que fica fácil lembrar todas elas.

Na letra E, a banca falou em "dependência e subordinação". Ela fez isso, uma vez que a CLT fala em dependência, mas a doutrina tradicional, há vários anos, assentou que essa dependência é jurídica, ou seja, a CLT está exigindo a subordinação jurídica.

→ **Onde lia-se:**

Além de saber os pressupostos da relação de emprego, é necessário que o candidato saiba o que não são, sendo os mais comuns utilizados pelas bancas a alteridade, exclusividade e finalidade lucrativa do empregador – nenhum destes três são pressupostos da relação de emprego, como será detalhado a seguir.

Não são pressupostos da relação de emprego

Exclusividade na prestação do serviço

A exclusividade não é pressuposto da relação de emprego. Uma pessoa pode manter 10 vínculos de emprego com empregadores diferentes se quiser e se tiver tempo para desempenhar suas funções em todos eles. Tal tema é recorrente em provas, portanto, preste atenção.

Alteridade

Alteridade significa que é o empregador quem assume os riscos do empreendimento.

De fato os riscos do negócio são do empregador, que não pode repassá-los aos trabalhadores – e se o fizer, tal ato será inválido –, mas as bancas já firmaram o posicionamento mais tradicional, de que a alteridade não é pressuposto do vínculo de emprego. A alteridade é, na verdade, Princípio de Direito do Trabalho.

Finalidade lucrativa do empregador

Apesar de a finalidade lucrativa na contratação ser a regra nas empresas, isso não é pressuposto ou requisito da relação de emprego. Observe-se que há empregados que trabalham sem gerar lucro de qualquer espécie, por exemplo, os empregados domésticos, ou ainda, os empregados de instituições filantrópicas e associações.

Note que isso não tem relação com a onerosidade, cuja característica é a expectativa de o empregado ser remunerado pelo seu serviço.

→ **Leia-se**

Além de saber os pressupostos da relação de emprego, é necessário que o candidato saiba o que não são, sendo os mais comuns utilizados pelas bancas a alteridade, exclusividade e finalidade lucrativa do empregador – nenhum destes três são pressupostos da relação de emprego, como será detalhado a seguir:

Alteridade

Alteridade significa que é o empregador quem assume os riscos do empreendimento.

De fato os riscos do negócio são do empregador, que não pode repassá-los aos trabalhadores – e se o fizer, tal ato será inválido.

O posicionamento mais tradicional é de que a alteridade não é pressuposto do vínculo de emprego, mas na verdade Princípio de Direito do Trabalho.

Contudo, bancas examinadores já colocaram a alteridade como pressuposto da relação de emprego, de forma que você deve ficar atento à questão.

Não são pressupostos da relação de emprego

Exclusividade na prestação do serviço

A exclusividade não é pressuposto da relação de emprego. Uma pessoa pode manter 10 vínculos de emprego com empregadores diferentes se quiser e se tiver tempo para desempenhar suas funções em todos eles. Tal tema é recorrente em provas, portanto, preste atenção.

Finalidade lucrativa do empregador

Apesar de a finalidade lucrativa na contratação ser a regra nas empresas, isso não é pressuposto ou requisito da relação de emprego. Observe-se que há empregados que trabalham sem gerar lucro de qualquer espécie, por exemplo, os empregados domésticos, ou ainda, os empregados de instituições filantrópicas e associações.

Note que isso não tem relação com a onerosidade, cuja característica é a expectativa de o empregado ser remunerado pelo seu serviço.

Anotações

CAPÍTULO 03

Contrato Individual de Trabalho

Neste capítulo, serão estudados temas muito cobrados em provas, quais sejam as características gerais dos contratos de trabalho, sua formação, alteração, suspensão e interrupção, bem como serão abordados detalhadamente cada as características das partes presentes nestes contratos.

Acerca de terminologia, é necessário estabelecer que a CLT, os julgados e os doutrinadores, de forma corriqueira, usam os termos "contrato de emprego" e "contrato de trabalho", e os termos "trabalhador" e "empregado" de formas sinônimas, o que será feito no decorrer deste estudo. Portanto, cuidado para interpretar tais termos de forma correta.

Características do Contrato de Trabalho

Para aferir-se a validade do contrato de trabalho e sua capacidade de gerar efeitos válidos, deve-se levar em consideração os elementos clássicos dos contratos, quais sejam a capacidade das partes, a licitude do objeto contratado, se a contratação tem forma obrigatória ou se não é proibida por lei, e a validade da manifestação de vontade das partes.

Apesar de ser necessária a análise de tais elementos, na seara laboral, nem sempre a falta de um deles faz com que o contrato deixe de produzir efeitos, uma vez que, se tal ocorresse, a proteção ao trabalhador nada valeria.

A capacidade plena para ser empregado, de forma geral, tem início aos 18 anos, quando diversas restrições impostas pelas leis trabalhistas deixam de aplicar-se ao contrato. Entretanto, a partir dos 16 anos ou dos 14, no caso do aprendiz, já existe a capacidade para o trabalho, desde que respeitadas as restrições legais.

> ***Art. 402.*** *Considera-se menor para os efeitos desta Consolidação o trabalhador de quatorze até dezoito anos.*

Acontece que, mesmo que descumprido tal comando legal, não é possível regressar ao *status quo*, não se pode devolver o trabalho ao menor que laborou em desacordo com a lei. Assim, mesmo o caso de trabalho prestado por uma criança de 10 anos gerará efeitos jurídicos, tendo ela direito a todas as parcelas pecuniárias devidas a qualquer trabalhador.

A forma contratual, como se detalhará no tópico específico, em geral, pode ser escrita ou verbal, tácita ou expressa, mas há casos em que a lei determina a forma escrita (no contrato de aprendiz, por exemplo). Nesses casos, o desrespeito à lei faz com que o contrato seja considerado por tempo indeterminado.

Quanto ao objeto, é necessário que ele seja lícito. Para a corrente dominante, não se cogita que um contrato cujo objeto é ilícito gere vínculo de emprego. Neste ponto, é necessário diferenciar o trabalho ilícito do trabalho proibido, que será detalhado no tópico seguinte.

Por fim, é necessária a manifestação de vontade válida, sem os vícios de consentimento elencados pela lei civil, entretanto, se houve vício na manifestação de vontade do trabalhador, como no caso do trabalho escravo, a ele são assegurados todos os direitos - seria absurdo pensar o contrário.

Outro caso é a pré-contratação de horas extras pelos bancários, que é considerada nula, presumindo-se o vício de consentimento. Afinal, nesses casos, o empregado não tem a real opção de dizer não. É o que se extrai da súmula 199/TST.

> ***Sum-199:*** *Bancário. Pré-Contratação de Horas Extras I - A contratação do serviço suplementar, quando da admissão do trabalhador bancário, é nula. (...).*

Por outro lado, o TST não aceita que se presuma o vício de consentimento para descontos no salário, pactuados no ato da admissão (por exemplo, de adesão ao plano de saúde):

> ***OJ-Sdi1-160:*** *Descontos Salariais. Autorização no Ato da Admissão. Validade. É inválida a presunção de vício de consentimento resultante do fato de ter o empregado anuído expressamente com descontos salariais na oportunidade da admissão. É de se exigir demonstração concreta do vício de vontade.*

Trabalho Ilícito e Trabalho Proibido

O objeto da relação de emprego deve ser lícito, ou seja, não há como reconhecer vínculo de emprego com um traficante de drogas ou com o bicheiro. Mesmo que presentes todos os pressupostos da relação de emprego, se o objeto for ilícito, não será reconhecido o vínculo de emprego. Neste sentido, tende a jurisprudência e a doutrina:

> ***OJ-Sdi1-199:*** *Jogo do Bicho. Contrato de Trabalho. Nulidade. Objeto Ilícito. É nulo o contrato de trabalho celebrado para o desempenho de atividade inerente à prática do jogo do bicho, ante a ilicitude de seu objeto, o que subtrai o requisito de validade para a formação do ato jurídico.*

Situação diferente ocorre quando, ainda que proibido pela legislação para determinadas pessoas ou casos especiais, o objeto do contrato é lícito. Por exemplo, o contrato com uma criança de 10 anos pode gerar vínculo de emprego, e ela poderia cobrar todos os direitos sonegados. Outro exemplo, o policial militar que tenha sido contratado para segurança particular pode ter o vínculo de emprego reconhecido, mesmo que seu estatuto profissional proíba tal situação.

> ***Sum-386:*** *Policial Militar. Reconhecimento de Vínculo Empregatício com Empresa Privada. Preenchidos os requisitos do art. 3º da CLT, é legítimo o reconhecimento de relação de emprego entre policial militar e empresa privada, independentemente do eventual cabimento de penalidade disciplinar prevista no Estatuto do Policial Militar.*

Classificação do Contrato de Trabalho

O contrato de trabalho é classificado da seguinte forma: de direito privado, consensual, sinalagmático, comutativo, oneroso e de trato sucessivo.

> **De direito privado:** dois particulares que realizam o contrato, tutelando interesses particulares.

> **Consensual**: é necessário o livre acordo entre as partes para sua formação válida, sem formacidades.

> **Sinalagmático**: no contrato entre o trabalhador e o empregador há direitos e obrigações recíprocas, ou seja, existe esse caráter de reciprocidade.

> **Comutativo**: existe uma equivalência de obrigações. A obrigação do empregado é trabalhar e a do empregado é pagar o salário.

> **Oneroso**: não é gratuito para nenhuma das partes. Ambas têm suas obrigações para cumprir.
> **De trato sucessivo:** o contrato de emprego tende a se arrastar no tempo, não se extinguindo com o cumprimento da obrigação em um único ato.

Natureza Jurídica da Relação de Emprego

Existem basicamente duas vertentes teóricas que tentam explicar a natureza jurídica do contrato: os acontratualistas e os contratualistas.

→ **Acontratualistas**

Tal vertente, segundo Maurício Godinho Delgado, subdivide-se em duas teorias - a Teoria da Relação de Trabalho e a Teoria Institucionalista. Entendem ambos os grupos que a manifestação de vontade não é importante na formação da relação de emprego.

Uma vez que não levam em conta a liberdade que as pessoas têm de contratar, os adeptos de tais teorias são amplamente minoritários, mas podem ser importantes, por exemplo, para reconhecer o vínculo de emprego no caso do trabalho escravo, após o resgate do trabalhador.

→ **Contratualistas**

Os contratualistas também podem ser divididos em dois grupos - os contratualistas tradicionais e os contratualistas modernos. Ambos consideram importante a manifestação da vontade das partes, decorrente de sua liberdade.

A teoria contratualista tradicional entende que o contrato de emprego pode ser comparado a uma das categorias do Direito Civil - e este é seu maior defeito. Já teoria contratualista moderna vislumbra, nessa específica relação, uma nova forma de contratação, em que a subordinação jurídica desponta como a principal característica. Tal subordinação decorre do contrato, ou seja, apesar de haver fatores econômicos e sociais extrínsecos ao contrato que compelem o empregado a buscar um emprego, é o próprio contrato que faz com que ele se ligue a determinado empregador e, portanto, esteja a ele subordinado.

Tipos de Contrato de Trabalho

A CLT permite que o contrato seja tácito ou expresso; verbal ou por escrito; por tempo determinado ou indeterminado; comum ou especial. Dispõe o texto celetista:

> ***Art. 442*** *- Contrato individual de trabalho é o acordo tácito ou expresso, correspondente à relação de emprego.*
>
> ***Art. 443*** *- O contrato individual de trabalho poderá ser acordado tácita ou expressamente, verbalmente ou por escrito e por prazo determinado ou indeterminado.*

Tácito ou Expresso

Tácito seria o contrato em que não houve ajuste expresso acerca da contração, surgindo o contrato da própria reiteração na prestação de serviços, sem que haja oposição do tomador.

Dá-se como exemplo o caso da contratação de um trabalhador rural que venha com sua família para uma fazenda, e algum membro da família comece a prestar serviços em favor do proprietário rural, sem oposição deste, e sem uma contratação expressa. Esse contrato será sempre verbal, pois se não há ajuste prévio entre as partes, não há que se falar em registro de contrato.

Expresso é o contrato em que as partes previamente combinaram a prestação do serviço e o pagamento, sendo a absoluta maioria dos casos do cotidiano.

O contrato expresso pode ser escrito ou verbal.

Escrito ou Verbal

É o contrato registrado em algum documento, sendo o mais comum a anotação da CTPS. Mas, além da carteira de trabalho, pode haver a assinatura de um contrato, com cláusulas detalhadas (por exemplo, no caso de jogadores profissionais de futebol ou, ainda, de empregados de alto escalão);

É o contrato em que as partes ajustam sem documento escrito. Apesar de a CLT exigir a anotação em CTPS, a falta de anotação não invalida o contrato, mesmo ajustado verbalmente. Algumas espécies de emprego pressupõem o registro, como o contrato do aprendiz ou do contrato de trabalho temporário, sob pena de ser descaracterizada a situação especial e serem aplicadas as disposições relativas aos vínculos empregatícios de forma geral.

Prazo Determinado ou Indeterminado

Ainda, o contrato pode ser por tempo determinado e indeterminado, sendo este último a regra, visto que privilegia o princípio da continuidade da relação de emprego.

O prazo determinado é exceção, e sua característica é ter uma data exata ou aproximada de quando irá encerrar o vínculo. O contrato de experiência, por exemplo, tem uma data limite certa, já o contrato de safra depende do final da colheita, de forma que só há uma previsão do término. Serão detalhados esses contratos em tópico específico.

Ainda, fala-se em contrato de equipe. No Direito Brasileiro, ele só é previsto pela lei para o trabalho indígena, de forma a preservar a continuidade da vida comunitária dos indígenas.

Como não há previsão legal na CLT, não sendo o caso de trabalho indígena, a contratação de uma equipe de empregados equivale a um feixe de contratos individuais com cada um dos integrantes, ou seja, cada trabalhador é considerado um empregado, e não a própria equipe.

Assim, no caso da contratação de um grupo musical como empregados, apesar de serem efetivamente uma equipe, cada integrante do grupo tem um vínculo com o empregador separado dos demais.

Comum ou Especial

Diz-se "comum" o contrato quando o empregado não está sujeito a uma regulamentação específica; por outro lado, "especial" é o contrato que tem regulamentação especial (por exemplo, o aeronauta ou o advogado empregado).

Sujeitos da Relação de Emprego

Empregado

O artigo 3º, da CLT, assim conceitua o empregado:

> ***Art. 3º*** *- Considera-se empregado toda pessoa física que prestar serviços de natureza não eventual a empregador, sob a dependência deste e mediante salário.*

Desse artigo se extraem quatro, dos cinco, requisitos da relação de emprego - trabalho prestado por pessoa física, oneroso, não eventual e subordinado. A pessoalidade está prevista no artigo 2º. Note, contudo, que esse é o "empregado genérico", pois há várias leis que tratam de casos especiais, com disposições específicas para cada segmento. De qualquer forma, o empregado regulado pela CLT é base para as outras legislações.

→ Trabalho manual, técnico e intelectual

Tanto a CLT como a Constituição impedem a discriminação entre trabalho manual, técnico e intelectual, de forma que tais características, por si só, não impedem o reconhecimento de vínculo com nenhuma categoria de trabalhador. Tome-se, como exemplo, o do advogado, cuja autonomia e intelectualidade são extremamente grandes e, ainda assim, pode ser empregado.

> ***Art. 3º, CLT. Parágrafo único*** *- Não haverá distinções relativas à espécie de emprego e à condição de trabalhador, nem entre o trabalho intelectual, técnico e manual.*

Art. 7º, da Constituição.

> ***XXXII.*** *Proibição de distinção entre trabalho manual, técnico e intelectual ou entre os profissionais respectivos;*

Por outro lado, não violam o comando constitucional as regulamentações específicas de profissões específicas, tais como as leis do trabalho doméstico e trabalho rural, o Estatuto da OAB etc.

→ Trabalho em domicílio e Teletrabalhador

Há muito que a Consolidação das Leis do Trabalho reconhece aos trabalhadores em domicílio os mesmos direitos dos que trabalham na planta empresarial.

O teletrabalhador - aquele que presta serviços a distância, com suporte das tecnologias avançadas de informação, comunicação e computação - até recentemente era tratado somente pela doutrina e jurisprudência. Porém, desde 2011, a Consolidação expressamente reconhece que esse trabalhador é empregado, caso apresente os requisitos da relação de emprego.

> ***Art. 6º*** *Não se distingue entre o trabalho realizado no estabelecimento do empregador, o executado no domicílio do empregado e o realizado a distância, desde que estejam caracterizados os pressupostos da relação de emprego.*
>
> ***Parágrafo único.*** *Os meios telemáticos e informatizados de comando, controle e supervisão se equiparam, para fins de subordinação jurídica, aos meios pessoais e diretos de comando, controle e supervisão do trabalho alheio.*

Ainda, a CLT assegura ao trabalhador em domicílio o salário mínimo, preste esse serviço dentro de sua residência ou em oficina de família.

> ***Art. 83*** *- É devido o salário mínimo ao trabalhador em domicílio, considerado este como o executado na habitação do empregado ou em oficina de família, por conta de empregador que o remunere.*

→ Admissão e Carteira de Trabalho

A fase pré-contratual, antes de alguém ser admitido no emprego, já é de alguma forma regulamentada, inclusive, sendo possível a configuração de dano moral, a depender do que ocorra nas tratativas da contratação - (por exemplo, um gerente da empresa sugerir o "teste do sofá" para contratar uma empregada).

Fique Ligado

É muito comum o empregador desejar que os empregados já tenham experiência no serviço, para que não tenham que lhes ensinar tudo. Dessa forma, a CLT determinou que é de 6 meses o tempo máximo de experiência exigível na função que o trabalhador vai desempenhar.

> ***Art. 442-A.*** *Para fins de contratação, o empregador não exigirá do candidato a emprego comprovação de experiência prévia por tempo superior a 6 (seis) meses no mesmo tipo de atividade.*

Ainda, a Lei 9.029/1995 proibiu as condutas discriminatórias, tanto na admissão no emprego como na sua manutenção. Tal lei foi mais incisiva ainda quanto à exigência de exames de gravidez ou esterilização para admissão e permanência no emprego, criminalizando tais condutas.

Lei 9.029/1995.

> ***Art. 1º*** *Fica proibida a adoção de qualquer prática discriminatória e limitativa para efeito de acesso a relação de emprego, ou sua manutenção, por motivo de sexo, origem, raça, cor, estado civil, situação familiar ou idade, ressalvadas, neste caso, as hipóteses de proteção ao menor previstas no inciso XXXIII do art. 7º da Constituição Federal.*

Caso constatada a discriminação vedada pela lei, ela prevê, como sansões administrativas, multa e proibição de contratar financiamentos públicos. Prevê, ainda, para os empregados dispensados de forma discriminatória:

> ***Art. 4º.*** *O rompimento da relação de trabalho por ato discriminatório, nos moldes desta Lei, além do direito à reparação pelo dano moral, faculta ao empregado optar entre:*
>
> ***I.*** *A readmissão com ressarcimento integral de todo o período de afastamento, mediante pagamento das remunerações devidas, corrigidas monetariamente, acrescidas dos juros legais;*
>
> ***II.*** *A percepção, em dobro, da remuneração do período de afastamento, corrigida monetariamente e acrescida dos juros legais.*

A Carteira de Trabalho e Previdência Social (CTPS) é registro do contrato e de várias situações no seu decorrer (por exemplo, a concessão de férias, a remuneração e seus aumentos posteriores), sendo obrigatória para qualquer espécie de emprego, urbano ou rural, por tempo determinado ou indeterminado, mesmo no contrato de experiência.

Ao admitir um empregado, o empregador deve requerer sua CTPS, sendo que tem 48 horas para proceder às anotações e devolvê-la ao empregado.

> ***§ 1º*** *As anotações concernentes à remuneração devem especificar o salário, qualquer que seja sua forma de pagamento, seja ele em dinheiro ou em utilidades, bem como a estimativa da gorjeta.*
>
> ***§ 2º*** *- As anotações na Carteira de Trabalho e Previdência Social serão feitas:*
>
> ***a)*** *Na data-base;*
>
> ***b)*** *A qualquer tempo, por solicitação do trabalhador;*
>
> ***c)*** *No caso de rescisão contratual; ou*
>
> ***d)*** *Necessidade de comprovação perante a Previdência Social.*
>
> ***§ 4º*** *É vedado ao empregador efetuar anotações desabonadoras à conduta do empregado em sua Carteira de Trabalho e Previdência Social.*

Se, em uma determinada localidade, não houver posto para a emissão do documento, então, é tolerado o prazo de 30 dias sem o registro, mas, dentro desse prazo, a empresa é obrigada a deixar o empregado comparecer ao posto mais próximo. De qualquer forma, nesse caso, no ato da admissão, o empregador fornecerá atestado contendo a data da admissão, a natureza do trabalho, o salário e a forma de seu pagamento. Se, na época em que o trabalhador deixar a empresa, ele ainda não possuir a CTPS, então, o empregador lhe fornecerá outro atestado, em que conste o histórico da relação empregatícia.

Art. 13 - A Carteira de Trabalho e Previdência Social é obrigatória para o exercício de qualquer emprego, inclusive de natureza rural, ainda que em caráter temporário, e para o exercício por conta própria de atividade profissional remunerada.

§ 1º - O disposto neste artigo aplica-se, igualmente, a quem:

I. Proprietário rural ou não, trabalhe individualmente ou em regime de economia familiar, assim entendido o trabalho dos membros da mesma família, indispensável à própria subsistência, e exercido em condições de mútua dependência e colaboração;

II. Em regime de economia familiar e sem empregado, explore área não excedente do módulo rural ou de outro limite que venha a ser fixado, para cada região, pelo Ministério do Trabalho e Previdência Social.

§ 2º - A Carteira de Trabalho e Previdência Social e respectiva Ficha de Declaração obedecerão aos modelos que o Ministério do Trabalho e Previdência Social adotar.

§ 3º - Nas localidades onde não for emitida a Carteira de Trabalho e Previdência Social poderá ser admitido, até 30 (trinta) dias, o exercício de emprego ou atividade remunerada por quem não a possua, ficando a empresa obrigada a permitir o comparecimento do empregado ao posto de emissão mais próximo.

§ 4º - Na hipótese do § 3º:

I. O empregador fornecerá ao empregado, no ato da admissão, documento do qual constem a data da admissão, a natureza do trabalho, o salário e a forma de seu pagamento;

II. Se o empregado ainda não possuir a carteira na data em que for dispensado, o empregador lhe fornecerá atestado de que conste o histórico da relação empregatícia.

As anotações da CTPS servem de prova perante a Justiça do Trabalho e perante o INSS, mas tais anotações têm valor de prova relativo (*juris tantum*), ou seja, cabe prova em contrário.

Art. 40 - As Carteiras de Trabalho e Previdência Social regularmente emitidas e anotadas servirão de prova nos atos em que sejam exigidas carteiras de identidade e especialmente:

I. Nos casos de dissídio na Justiça do Trabalho entre a empresa e o empregado por motivo de salário, férias ou tempo de serviço;

II. Perante a Previdência Social, para o efeito de declaração de dependentes;

III. Para cálculo de indenização por acidente do trabalho ou moléstia profissional.

SUM-12 Carteira Profissional. As anotações apostas pelo empregador na carteira profissional do empregado não geram presunção "juris et de jure", mas apenas "juris tantum".

Não se pode anotar na CTPS informações desabonadoras (por exemplo, que o empregado foi demitido por justa causa ou que ele não é um bom empregado). Tais espécies de registros podem gerar indenização por dano moral.

Exercício Comentado

No que diz respeito à emissão de Carteira de Trabalho e Previdência Social (CTPS), julgue os itens subsequentes.

01. ***De acordo com a legislação atual, sindicatos representantes da categoria profissional dos empregados podem solicitar a emissão de CTPS.***

ERRADO. ***Pegadinha da banca. Somente o empregado, pessoalmente, pode requerer a carteira, e, em regra, a carteira será entregue ao empregado. Porém, mediante solicitação da diretoria dos sindicatos, eles podem entregar a carteira ao empregado filiado. Ainda, mediante convênio, podem emitir a CPTS, mas nunca requerê-la.***

→ **Sócio-Empregado**

Em princípio, é plenamente possível que um empregado seja sócio da empresa em que trabalha, uma vez que a personalidade da empresa não se confunde com a das pessoas que a compõem, sendo o caso mais claro o de empregos que possuem ações de Sociedades Anônimas.

Contudo, com esteio na doutrina de Maurício Godinho Delgado[1] excesso de espaçamento, vislumbra-se que há situações que não permitem a uma pessoa ser sócia e empregada ao mesmo tempo da mesma pessoa jurídica, sendo o caso da sociedade em nome coletivo (art. 1.039-1.044 do Código Civil), da sociedade em comum (art. 986-990, do Código Civil) e da comandita simples, uma vez que nessas sociedades há responsabilização solidária dos sócios pelas obrigações sociais, o que torna ilógico uma pessoa cobrar da sociedade algo que ela mesma está sujeita a pagar.

Nesses casos, para concluir se uma pessoa é ou não sócia, é necessário verificar se há a *affectio societatis*, com a autonomia que lhe é peculiar, ou se há subordinação jurídica, que, se presente, configura a tentativa de burlar direitos do emprego.

Empregado Doméstico

Empregado doméstico é aquela pessoa física, que com pessoalidade, onerosidade e subordinação jurídica, presta serviços de natureza contínua à pessoa ou à família, no âmbito residencial dessas, sem finalidade lucrativa, regidos pela Lei 5.859/1972.

Dispõe a lei do trabalhador doméstico:

Art. 1º Ao empregado doméstico, assim considerado aquele que presta serviços de natureza contínua e de finalidade não lucrativa à pessoa ou à família no âmbito residencial destas, aplica-se o disposto nesta lei.

Dos 5 pressupostos da relação de emprego celetista, somente um é alterado. Em vez de "não eventual", diz-se que o trabalho do doméstico é de "**natureza contínua**", tendo a lei optado pela teoria da continuidade, ou seja, trabalho sem interrupções significativas na prestação.

Isso significa que, para caracterização do vínculo doméstico, é necessário investigar quantos dias na semana uma pessoa trabalha, sendo que, atualmente, a doutrina e jurisprudência majoritárias entendem que, até 2 dias na semana, é diarista, e que 3 dias ou mais já configura o vínculo de emprego.

Há, ainda, outros 3 elementos que são essenciais para caracterizar o vínculo doméstico: serviços prestado à pessoa ou à família, no âmbito residencial dessas, sem finalidade lucrativa.

1 DELGADO, Maurício Goldinho. Curso de Direito do Trabalho, 11ª Ed. São Paulo LTR 2012. P. 366

A finalidade não lucrativa impede que o trabalho do doméstico gere lucro; o fruto do trabalho não pode ser a produção de bens ou serviços para serem comercializados. Por exemplo, não pode um doméstico ter, como rotina de trabalho, a fabricação de salgadinhos para seu patrão vender em sua loja. Poderia, contudo, confeccionar salgadinhos para as festas de aniversários e confraternizações da família.

Prestar serviços à pessoa ou à família significa dizer que uma pessoa jurídica nunca contratará uma empregada doméstica; nunca uma empresa terá uma doméstica. Uma república estudantil e qualquer outra união informal de pessoas que contrate uma doméstica podem ser equiparadas à família.

Âmbito residencial não é somente a moradia, é qualquer unidade familiar que não tenha como fim produção, mas convivência, como é o caso de uma casa de campo ou sítio, desde que o "caseiro" não trabalhe em atividade produtiva.

Fique Ligado

Note que doméstico não é só aquela pessoa que limpa sua casa, cozinha, e guarda coisas em gavetas que você nunca imaginou que existiam! Diversos serviços, em teoria, podem ser doméstico. Um jardineiro, um enfermeiro, um motorista etc, desde que prestados sob as condições acima, serão regidos por essas disposições especiais.

Direitos dos Trabalhadores Domésticos

A CLT excluiu de seu âmbito de aplicação o trabalho doméstico, de forma que, via de regra, a Consolidação não se aplica aos domésticos, sendo que a Constituição de 1988 estende aos empregados domésticos vários direitos antes sonegados.

A Emenda Constitucional 72/2013 deu novos parâmetros para os direitos dos domésticos, mas ainda os igualou aos empregados urbanos e rurais - se a prova afirmar isso estará errado.

Como o empregador doméstico, em regra, não tem formação jurídica nem assessoria especializada para contratar empregados, o legislador se preocupou com tal fato e determinou que, para alguns dos direitos, seja observada a simplificação do cumprimento das obrigações tributárias, principais e acessórias, por exemplo:

Dispõe o atual artigo 7º, Parágrafo Único, que:

> ***Art. 7º Parágrafo Único:*** *São assegurados à categoria dos trabalhadores domésticos os direitos previstos nos incisos IV, VI, VII, VIII, X, XIII, XV, XVI, XVII, XVIII, XIX, XXI, XXII, XXIV, XXVI, XXX, XXXI e XXXIII e, atendidas as condições estabelecidas em lei e observada a simplificação do cumprimento das obrigações tributárias, principais e acessórias, decorrentes da relação de trabalho e suas peculiaridades, os previstos nos incisos I, II, III, IX, XII, XXV e XXVIII, bem como a sua integração à previdência social.*

Mesmo com a nova redação do Parágrafo Único, ampliando ainda mais os direitos, não há igualdade de direitos com os empregados urbanos e rurais, essa pode ser uma pegadinha futura das bancas!

Jornada de Trabalho / Horas Extras / Adicional noturno

Atualmente, os domésticos têm direito à jornada de 8 horas diárias e 44 horas semanais, bem como os direitos dais derivados, tais como hora extra e adicional noturno:

O adicional de hora extra de, no mínimo, 50%, previsto no inciso XVI, do art. 7º, NÃO precisa daquela "simplificação" comentada acima.

Já o adicional noturno necessita que o legislador infraconstitucional torne a vida do empregador mais fácil, determinando que o pagamento de referido adicional observará a simplificação do cumprimento das obrigações tributárias, principais e acessórias.

FGTS e Seguro-Desemprego

Antes da EC 72/2013, o FGTS do doméstico era opcional, ou seja, o empregador pagava se queria.

Atualmente, a Constituição dá direito ao FGTS, de forma que não é mais opcional, mas ainda falta regulamentação.

Assim como o FGTS, o seguro-desemprego passou a ser direito do doméstico, mas, nesse caso, também o legislador infraconstitucional facilitou para o empregador, determinando que tais direitos observarão a simplificação do cumprimento das obrigações tributárias, principais e acessórias.

Salário Família

Antes, os domésticos não tinham direito ao salário família, que é um benefício previdenciário pago aos segurados de baixa em razão de filhos menores de 14 anos.

Atualmente, este é um direito dos domésticos, o qual também necessita da simplificação do cumprimento das obrigações tributárias, principais e acessórias.

Salário *in* natura e Descontos no salário

Atualmente, a Lei das Domésticas (Lei 5.859/1972) proíbe que haja descontos no salário do doméstico em razão do fornecimento de alimentação, vestuário, higiene ou moradia. No caso da moradia, se o empregado morar em outra casa que não a da família que ele presta serviços, será lícito o desconto, desde que previamente combinado tal disposição.

De qualquer forma, o fornecimento de tais utilidades não será considerado parcela salarial, nem se incorporará à remuneração para qualquer efeito.

> ***Art. 2º-A.*** *É vedado ao empregador doméstico efetuar descontos no salário do empregado por fornecimento de alimentação, vestuário, higiene ou moradia.*
>
> *§ 1º Poderão ser descontadas as despesas com moradia de que trata o caput deste artigo quando essa se referir a local diverso da residência em que ocorrer a prestação de serviço, e desde que essa possibilidade tenha sido expressamente acordada entre as partes.*
>
> *§ 2º As despesas referidas no caput deste artigo não têm natureza salarial nem se incorporam à remuneração para quaisquer efeitos.*

Estabilidade Gestante e Licença Maternidade/Paternidade

A CF concedeu aos domésticos a licença paternidade, que é de 5 dias, conforme o art. 10, §1º, do ADCT, e concedeu licença à gestante de 120 dias (não é de 4 meses), sem prejuízo do salário e emprego. Ambos são direitos dos domésticos.

A estabilidade gestante também é direito das domésticas, desde a confirmação da gravidez até cinco meses após o parto.

Lei 5.859/1972. Art. 4º-A. É vedada a dispensa arbitrária ou sem justa causa da empregada doméstica gestante desde a confirmação da gravidez até 5 (cinco) meses após o parto.

Imóvel de Família x Ação Trabalhista de Doméstico

Talvez, a única vantagem de um trabalhador doméstico sobre os demais empregados brasileiros é que a ele não é oponível a impenhorabilidade do bem de família, de forma que, em uma execução trabalhista, para o empregado celetista, não se pode vender o imóvel caracterizado como tal, mas para o empregado doméstico pode, mesmo que seja o único imóvel da pessoa ou família.

Representação na Justiça do Trabalho

Ainda, mesmo sendo matéria de processo do trabalho, é oportuno comentar que, em uma eventual ação trabalhista, qualquer pessoa da família pode ser o representante do reclamado, conforme posicionamento do TST:

> ***SUM-377 PREPOSTO. EXIGÊNCIA DA CONDIÇÃO DE EMPREGADO.*** *Exceto quanto à reclamação de empregado doméstico, ou contra micro ou pequeno empresário, o preposto deve ser necessariamente empregado do reclama-do. Inteligência do art. 843, § 1º, da CLT e do art. 54 da Lei Complementar nº 123, de 14 de dezembro de 2006.*

Empregado Rural

> Caracterização

Tal como o empregado celetista, o empregado rural tem os mesmos 5 pressupostos para caracterização de sua relação de emprego - seu trabalho é prestado por pessoa física, com pessoalidade, onerosidade, não eventualidade e com subordinação jurídica. Entretanto, para diferenciar as duas figuras, outros elementos são necessários.

É empregado rural aquele empregado vinculado a um empregador rural e labore em área rural, ou seja, essa caracterização depende da verificação da qualidade do empregador. Tal conceito é extraído dos artigos 2º e 3º, da Lei 5.889/73, Estatuto do Trabalhador Rural, que revogou tacitamente a CLT, a qual conceituava tal espécie de outra forma.

> ***Lei 5.889/73 Art. 2º*** *Empregado rural é toda pessoa física que, em propriedade rural ou prédio rústico, presta serviços de natureza não eventual a empregador rural, sob a dependência deste e mediante salário.*
>
> ***Art. 3º*** *- Considera-se empregado, rural, para os efeitos desta Lei, a pessoa física ou jurídica, proprietário ou não, que explore atividade agroeconômica, em caráter permanente ou temporário, diretamente ou através de prepostos e com auxílio de empregados.*
>
> ***§ 1º*** *Inclui-se na atividade econômica, referida no "caput" deste artigo, a exploração industrial em estabelecimento agrário não compreendido na Consolidação das Leis do Trabalho.*

O artigo 2º cita o imóvel rural ou prédio rústico, ligando tais critérios ao local de prestação do serviço. Imóvel rural não demanda maiores dúvidas, sendo aquele situado no campo, em região fora da cidade. Já prédio rústico seria um espaço em que se desenvolve atividade rural, em plena área urbana, sendo que os trabalhadores de tal empresa serão considerados rurais.

Para aqueles casos em que há uma indústria anexa a um imóvel rural, foi criada a figura da indústria rural, prevista no artigo 3º, §1º, da Lei Rural, sendo o caso da indústria pertencente à usina de cana de açúcar. Recentemente, o TST editou a OJ 419, que dispõe:

> ***OJ-Sdi-1. 419.*** *Enquadramento. Empregado que exerce atividade em Empresa Agroindustrial. Definição pela Atividade Preponderante da Empresa. Considera-se rurícola empregado que, a despeito da atividade exercida, presta serviços a empregador agroindustrial (art. 3º, § 1º, da Lei nº 5.889, de 08.06.1973), visto que, neste caso, é a atividade preponderante da empresa que determina o enquadramento.*

Isso significa dizer que o TST pacificou o entendimento de que, para se enquadrar um trabalhador como rural, o que importa é se ele presta serviços a empregador rural, não sendo relevante qual atividade desempenha.

Assim, prestado o serviço para empregador rural, em propriedade rural ou prédio rústico, ou ainda estabelecimento agroindustrial (caso das usinas de cana de açúcar), seja ele datilógrafo, pintor, operador de caldeira de usina de açúcar, auxiliar de escritório ou ocupante de qualquer outro emprego, será considerado rural.

Essa OJ significa que o TST entende, atualmente, que NÃO se aplica mais o §5º, do artigo 2º, do Decreto 73.626/1974, o qual restringia a incidência da conceituação dada pelo Estatuto do Trabalhador Rural. Maurício Godinho Delgado, entende, inclusive que tal disposição do decreto é inconstitucional.

Confirma o critério de que rurícola é quem presta serviço a empregador rural, independentemente da atividade. Esse é o caso, por exemplo, da questão do motorista em área rural, que é considerado rurícola.

> ***OJ-Sdi1-315*** *Motorista. Empresa. Atividade Predominantemente Rural. Enquadramento como Trabalhador Rural é considerado trabalhador rural o motorista que trabalha no âmbito de empresa cuja atividade é preponderantemente rural, considerando que, de modo geral, não enfrenta o trânsito das estradas e cidades.*

Uma exceção a tal critério são as empresas de reflorestamento. Apesar de serem enquadradas como urbanas, seus empregados que atuem no campo são considerado rurícolas.

> ***OJ-SDI1-38*** *Empregado que exerce Atividade Rural. Empresa de Reflorestamento. Prescrição Própria Do Rurícola. (Lei Nº 5.889/73, Art. 10 E Decreto Nº 73.626/74, Art. 2º, § 4º) O empregado que trabalha em empresa de reflorestamento, cuja atividade está diretamente ligada ao manuseio da terra e de matéria-prima, é rurícola e não industriário, nos termos do Decreto n.º 73.626, de 12.02.1974, art. 2º, § 4º, pouco importando que o fruto de seu trabalho seja destinado à indústria. Assim, aplica-se a prescrição própria dos rurícolas aos direitos desses empregados.*

→ **Empregador Rural**

A CLT, via de regra, não se aplica aos empregados rurais, por determinação expressa da consolidação. Define o Estatuto do Trabalhador Rural o empregador rural da seguinte forma:

> ***Art. 3º*** *- Considera-se empregador rural, para os efeitos desta Lei, a pessoa física ou jurídica, proprietário ou não, que explore atividade agroeconômica, em caráter permanente ou temporário, diretamente ou através de prepostos e com auxílio de empregados.*

§ 2º - Sempre que uma ou mais empresas, embora tendo cada uma delas personalidade jurídica própria, estiverem sob direção, controle ou administração de outra, ou ainda quando, mesmo guardando cada uma sua autonomia, integrem grupo econômico ou financeiro rural, serão responsáveis solidariamente nas obrigações decorrentes da relação de emprego.

Art. 4º *- Equipara-se ao empregador rural, a pessoa física ou jurídica que, habitualmente, em caráter profissional, e por conta de terceiros, execute serviços de natureza agrária, mediante utilização do trabalho de outrem.*

Note que é a exploração de atividade agroeconômica o principal caracterizador do empregador rural, seja em imóvel rural, seja em prédio rústico ou, ainda, em indústria rural.

→ Grupo Econômico Rural

O grupo econômico, para o Estatuto Rural, tem um conceito mais elástico que o conceito da CLT:

Art. 3º. § 2º *Sempre que uma ou mais empresas, embora tendo cada uma delas personalidade jurídica própria, estiverem sob direção, controle ou administração de outra, ou ainda quando, mesmo guardando cada uma sua autonomia, integrem grupo econômico ou financeiro rural, serão responsáveis solidariamente nas obrigações decorrentes da relação de emprego.*

Em razão da expressão "mesmo guardando cada uma sua autonomia", caracteriza-se o grupo econômico mesmo não havendo uma "empresa-mãe" que controle as demais. A simples coordenação entre empregadores rurais é suficiente para configurar o grupo e a consequente responsabilidade solidária. Essa coordenação é vista como uma rede de produtores intimamente ligada, em que um depende do outro para continuar a sua atividade, cada um cuidando de uma parte do processo produtivo.

→ Consórcio de Empregadores Rurais

Para tentar acabar com a informalidade que sempre existiu no trabalho camponês, evitando o aliciamento de trabalhadores por meio dos "gatos", passou-se a fomentar a figura do consórcio de empregadores rurais, formado sempre por empregadores pessoas físicas, que terão um representante que contratará e fará a gestão da mão de obra.

Por sua vez, os trabalhadores prestarão serviços para todos os que fizerem parte do consórcio. Assim, todos os empregadores que fizerem parte do consórcio serão solidariamente responsáveis pelos créditos de todos os trabalhadores.

Não há lei tratando desse consórcio. Existe somente a Portaria 1.964/1999, do Ministério do Trabalho e Emprego, e a Circular nº 56/1999, do INSS.

→ Contrato de Safra

O Estatuto Rural trata, brevemente, do contrato de safra, que é uma espécie de contrato temporário, sem data final pré-determinada; somente há uma previsão do término, pois depende do final da safra. O safrista, após terminar a colheita de uma variedade agrícola (do algodão por exemplo), ele normalmente busca trabalho em outra região, em que a safra esteja começando.

Art. 14. *Expirado normalmente o contrato, a empresa pagará ao safrista, a título de indenização do tempo de serviço, importância correspondente a 1/12 (um doze avos) do salário mensal, por mês de serviço ou fração superior a 14 (quatorze) dias.*

Parágrafo único. *Considera-se contrato de safra o que tenha sua duração dependente de variações estacionais da atividade agrária.*

Já o decreto regulamentador dispõe que:

Art. 19. *Considera-se safreiro ou safrista o trabalhador que se obriga à prestação de serviços mediante contrato de safra.*

Parágrafo único. *Contrato de safra é aquele que tenha sua duração dependente de variações estacionais das atividades agrárias, assim entendidas as tarefas normalmente executadas no período compreendido entre o preparo do solo para o cultivo e a colheita.*

Não é possível que sejam celebrados vários contratos de safra um em sequência do outro entre as mesmas partes, isso caracteriza fraude trabalhista. Há que, necessariamente, ter um espaçamento entre um e outro, senão, está-se diante de um contrato por tempo indeterminado. Ainda, o TST já julgou inválida a celebração de um contrato de experiência juntamente com um contrato de safra. No caso, findo o contrato de experiência, manteve-se o vínculo até o final da safra. O TST entendeu que o segundo contrato (de safra), por não obedecer ao disposto no art. 452, da CLT, foi considerado por prazo indeterminado.

→ Trabalhador Rural por Pequeno Prazo

O contrato de trabalhador rural por pequeno prazo é uma inovação de 2008, sendo que somente pode utilizar tal modalidade do produtor rural pessoa física. Tal contratação, somados todos os períodos de trabalho, não pode exceder 2 meses no prazo de 1 ano, sob pena de convolar-se em contratação por tempo indeterminado.

É assegurada igualdade de direitos entre o empregado contratado por pequeno prazo e os que sejam empregados contratados por tempo indeterminado, inclusive quanto à remuneração.

Ainda, as parcelas devidas a tal empregado devem ser calculadas dia a dia e pagas, mediante recibo, diretamente a ele.

Tal trabalhador deve ser incluído na GFIP (Guia de Recolhimento do Fundo de Garantia do Tempo de Serviço e Informações à Previdência Social), documento que permite ao INSS identificar qual trabalhador está recebendo referida contribuição. Se a inclusão não for feita, tal contratação considera-se inexistente.

Art. 14-A. *O produtor rural pessoa física poderá realizar contratação de trabalhador rural por pequeno prazo para o exercício de atividades de natureza temporária.*

§ 1º *A contratação de trabalhador rural por pequeno prazo que, dentro do período de 1 (um) ano, superar 2 (dois) meses fica convertida em contrato de trabalho por prazo indeterminado, observando-se os termos da legislação aplicável.*

§ 2º *A filiação e a inscrição do trabalhador de que trata este artigo na Previdência Social decorrem, automaticamente, da sua inclusão pelo empregador na Guia de Recolhimento do Fundo de Garantia do Tempo de Serviço e Informações à Previdência Social - GFIP, cabendo à Previdência Social instituir mecanismo que permita a sua identificação.*

§ 3º *O contrato de trabalho por pequeno prazo deverá ser formalizado mediante a inclusão do trabalhador na GFIP, na forma do disposto no § 2º deste artigo:*

I. Mediante a anotação na Carteira de Trabalho e Previdência Social e em Livro ou Ficha de Registro de Empregados; ou

II. Mediante contrato escrito, em 2 (duas) vias, uma para cada parte, onde conste, no mínimo:

a) Expressa autorização em acordo coletivo ou convenção coletiva;

b) Identificação do produtor rural e do imóvel rural onde o trabalho será realizado e indicação da respectiva matrícula;

c) Identificação do trabalhador, com indicação do respectivo Número de Inscrição do Trabalhador - NIT.

§ 4º A contratação de trabalhador rural por pequeno prazo só poderá ser realizada por produtor rural pessoa física, proprietário ou não, que explore diretamente atividade agroeconômica.

§ 5º A contribuição do segurado trabalhador rural contratado para prestar serviço na forma deste artigo é de 8% (oito por cento) sobre o respectivo salário-de-contribuição definido no inciso I do caput do art. 28 da Lei nº 8.212, de 24 de julho de 1991.

§ 6º A não inclusão do trabalhador na GFIP pressupõe a inexistência de contratação na forma deste artigo, sem prejuízo de comprovação, por qualquer meio admitido em direito, da existência de relação jurídica diversa.

§ 7º Compete ao empregador fazer o recolhimento das contribuições previdenciárias nos termos da legislação vigente, cabendo à Previdência Social e à Receita Federal do Brasil instituir mecanismos que facilitem o acesso do trabalhador e da entidade sindical que o representa às informações sobre as contribuições recolhidas.

§ 8º São assegurados ao trabalhador rural contratado por pequeno prazo, além de remuneração equivalente à do trabalhador rural permanente, os demais direitos de natureza trabalhista.

§ 9º Todas as parcelas devidas ao trabalhador de que trata este artigo serão calculadas dia a dia e pagas diretamente a ele mediante recibo.

§ 10. O Fundo de Garantia do Tempo de Serviço - FGTS deverá ser recolhido e poderá ser levantado nos termos da Lei nº 8.036, de 11 de maio de 1990.

→ Direitos do Trabalhador Rural

A Constituição deu aos rurícolas os mesmos direitos dos empregados urbanos, mas alguns desses direitos são regulados de forma diferente em relação aos direitos dos celetistas.

O intervalo intrajornada do rurícola é regulado pelos usos e costumes da região, mas a jurisprudência atual do TST entende que é preciso respeitar o mínimo de 1 hora. O intervalo interjornada, entre um dia e outro, também é de 11 horas, assim como para os celetistas.

***Art. 5º** Em qualquer trabalho contínuo de duração superior a seis horas, será obrigatória a concessão de um intervalo para repouso ou alimentação observados os usos e costumes da região, não se computando este intervalo na duração do trabalho. Entre duas jornadas de trabalho haverá um período mínimo de onze horas consecutivas para descanso.*

***Sum-437** Intervalo Intrajornada Para Repouso E Alimentação. Aplicação Do Art. 71 da CLT.*

I. Após a edição da Lei nº 8.923/94, a não concessão ou a concessão parcial do intervalo intrajornada mínimo, para repouso e alimentação, a empregados urbanos e rurais, implica o pagamento total do período correspondente, e não apenas daquele suprimido, com acréscimo de, no mínimo, 50% sobre o valor da remuneração da hora normal de trabalho (art. 71 da CLT), sem prejuízo do cômputo da efetiva jornada de labor para efeito de remuneração.

Quando o serviço for intermitente, ou seja, realizar-se em horários separados e variados durante o dia, as pausas no trabalho não são consideradas tempo de serviço. Seria o caso do empregado que acordasse bem cedo e ordenhasse as vacas, trazendo o leite até a casa, e, então, ficasse até o almoço sem serviço; no período da tarde, conduz esse a boiada pelo pasto e terminasse ao fim da tarde.

À noite, alimentasse os porcos e encerrasse o serviço do dia. Essas pausas não são serviço e não são remuneradas.

***Art. 6º** Nos serviços, caracteristicamente intermitentes, não serão computados, como de efeito exercício, os intervalos entre uma e outra parte da execução da tarefa diária, desde que tal hipótese seja expressamente ressalvada na Carteira de Trabalho e Previdência Social.*

O trabalho noturno é regulado de forma diferenciada da CLT, o que costuma ser objeto de prova:

> Na lavoura, aquele prestado entre as 21:00 e as 05:00.

> Na pecuária, aquele prestado entre as 20:00 e as 04:00.

O adicional é de 25% nos dois casos, calculado sobre a remuneração.

Não há redução legal da jornada de trabalho no trabalho rural.

Fique Ligado

A CLT considera noturno o trabalho prestado entre as 22:00 e as 05:00, com adicional de 20%, além de haver redução da hora noturna.

***Art. 7º** - Para os efeitos desta Lei, considera-se trabalho noturno o executado entre as vinte e uma horas de um dia e as cinco horas do dia seguinte, na lavoura, e entre as vinte horas de um dia e as quatro horas do dia seguinte, na atividade pecuária.*

***Parágrafo único.** Todo trabalho noturno será acrescido de 25% (vinte e cinco por cento) sobre a remuneração normal.*

***Art. 8º** Ao menor de 18 anos é vedado o trabalho noturno.*

Os descontos no salário são vedados de forma geral, sendo sempre calculados com base no salário mínimo, desde que autorizados previamente. Pode haver o desconto:

> Em razão de fornecimento de moradia, em até 20%;

> Em razão de fornecimento de alimentação, em até 25%;

> E dos adiantamentos do salário.

No caso de desconto em razão de moradia, o valor será rateado entre os ocupantes da "república". De qualquer forma, não é possível colocar mais de uma família na mesma moradia.

O fornecimento de moradia e de meios de subsistência básicos não integra a remuneração do empregado rural, quando feito por escrito e comunicado ao sindicato dos trabalhadores. Assim, tais parcelas não são consideradas salário *in natura*.

Fique Ligado

Tais parcelas de descontos, na CLT, são invertidas, 25% para a habitação e 20% para a alimentação. Para não esquecer, associe que os imóveis são mais caros na cidade, assim, o desconto na CLT é maior para essa parcela.

> ***Art. 9º*** *Salvo as hipóteses de autorização legal ou decisão judiciária, só poderão ser descontadas do empregado rural as seguintes parcelas, calculadas sobre o salário mínimo:*
>
> *I. Até o limite de 20% (vinte por cento) pela ocupação da morada;*
>
> *II. Até o limite de 25% (vinte por cento) pelo fornecimento de alimentação sadia e farta, atendidos os preços vigentes na região;*
>
> *III. Adiantamentos em dinheiro.*
>
> *§ 1º As deduções acima especificadas deverão ser previamente autorizadas, sem o que serão nulas de pleno direito.*
>
> *§ 2º Sempre que mais de um empregado residir na mesma morada, o desconto, previsto na letra "a" deste artigo, será dividido proporcionalmente ao número de empregados, vedada, em qualquer hipótese, a moradia coletiva de famílias.*
>
> *§ 3º Rescindido ou findo o contrato de trabalho, o empregado será obrigado a desocupar a casa dentro de trinta dias.*
>
> *§ 4º O Regulamento desta Lei especificará os tipos de morada para fins de dedução.*
>
> *§ 5º A cessão pelo empregador, de moradia e de sua infra estrutura básica, assim, como, bens destinados à produção para sua subsistência e de sua família, não integram o salário do trabalhador rural, desde que caracterizados como tais, em contrato escrito celebrado entre as partes, com testemunhas e notificação obrigatória ao respectivo sindicato de trabalhadores rurais.*

Quando o empregador possuir cultura secundária, o empregado terá direito a parte do resultado. Tal parcela não pode servir de base para totalizar o salário mínimo devido ao empregado.

> ***Art. 12.*** *Na regiões em que se adota a plantação subsidiária ou intercalar (cultura secundária), a cargo do empregado rural, quando autorizada ou permitida, será objeto de contrato em separado.*
>
> ***Parágrafo único.*** *Embora devendo integrar o resultado anual a que tiver direito o empregado rural, a plantação subsidiária ou intercalar não poderá compor a parte correspondente ao salário mínimo na remuneração geral do empregado, durante o ano agrícola.*

Ainda, aos trabalhadores rurais é concedido o salário-família.

> ***Sum-344 salário-família.*** *Trabalhador rural. O salário-família é devido aos trabalhadores rurais somente após a vigência da Lei nº 8.213, de 24.07.1991.*

→ Prescrição

A prescrição do direito dos trabalhadores rurais, atualmente, é igual a dos empregados urbanos, ou seja, de 5 anos, até o limite de 2 anos após a extinção do contrato. Mas, até a emenda constitucional 28/2000, só existia a prescrição bienal. Dispõe a Lei Maior:

> ***Art. 7º*** *São direitos dos trabalhadores urbanos e rurais, além de outros que visem à melhoria de sua condição social:*
>
> ***XXIX.*** *Ação, quanto aos créditos resultantes das relações de trabalho, com prazo prescricional de cinco anos para os trabalhadores urbanos e rurais, até o limite de dois anos após a extinção do contrato de trabalho.*

Para preservar a segurança jurídica, o TST editou as seguintes OJs.

> ***OJ-SDI1-417 Prescrição.*** *Rurícola. Emenda Constitucional nº 28, de 26.05.2000. Contrato de Trabalho em Curso. Não há prescrição total ou parcial da pretensão do trabalhador rural que reclama direitos relativos a contrato de trabalho que se encontrava em curso à época da promulgação da Emenda Constitucional nº 28, de 26.05.2000, desde que ajuizada a demanda no prazo de cinco anos de sua publicação, observada a prescrição bienal.*
>
> ***OJ-SDI1-271*** *Rurícola. Prescrição. Contrato de Emprego Extinto. Emenda Constitucional nº 28/2000. Inaplicabilidade O prazo prescricional da pretensão do rurícola, cujo contrato de emprego já se extinguira ao sobrevir a Emenda Constitucional nº 28, de 26/05/2000, tenha sido ou não ajuizada a ação trabalhista, prossegue regido pela lei vigente ao tempo da extinção do contrato de emprego.*

Assim, a prescrição quinquenal se aplica ao trabalhador rural que continuou laborando, mesmo que contratado anteriormente à mudança constitucional, mas somente após passados 5 anos da vigência.

Desse modo, no caso de um empregado rural contratado em 1990, temos duas hipóteses, considerando que ele ajuizou a ação dentro do prazo prescricional de 2 anos, vigente desde 1988:

- Se saiu do emprego em 20/05/2002, poderia ajuizar a ação até 20/05/2004 (prazo bienal) e cobrar os créditos desde 1990, sem prescrição quinquenal;
- Se saiu do emprego em 20/01/2008, poderia ajuizar a ação até 21/01/2010 (prazo bienal), mas somente poderia cobrar os créditos dos últimos 5 anos a contar do ajuizamento, ou seja, se ajuizou a ação em 21/01/2009, pode cobrar seus direitos até 21/01/2004;

Por outro lado, se o contrato extinguiu-se antes da referida emenda, então, não há prescrição quinquenal de forma alguma.

Aprendiz

O contrato de aprendizagem é uma espécie de contrato de emprego por tempo determinado, registrado em carteira, celebrado por escrito, em que se asseguram ao aprendiz todos os direitos trabalhistas e previdenciários, com algumas peculiaridades e exceções previstas na legislação.

Três figuras fazem parte de tal contrato: o aprendiz, a empresa contratante e a entidade que promove o programa de aprendizagem. Tais entidades, em princípio, são os órgãos dos serviços nacionais de aprendizagem, o famoso Sistema S (Senai, Sesc, Senar, Senat e Setrascoop) mas, caso elas não suportem a demanda, é possível a entidades sem fins lucrativos e a escolas técnicas de formação oferecerem os cursos.

> ***Art. 430.*** *Na hipótese de os Serviços Nacionais de Aprendizagem não oferecerem cursos ou vagas suficientes para atender à demanda dos estabelecimentos, esta poderá ser suprida por outras entidades qualificadas em formação técnico-profissional metódica, a saber:*
>
> *I. Escolas Técnicas de Educação;*

II. *Entidades sem fins lucrativos, que tenham por objetivo a assistência ao adolescente e à educação profissional, registradas no Conselho Municipal dos Direitos da Criança e do Adolescente.*

A aprendizagem alterna a teoria em sala de aula e a prática no cotidiano da empresa ou na própria entidade gestora do programa, sendo-lhe assegurado o salário mínimo hora.

Fique Ligado

A idade para ser aprendiz é entre 14 e 24 anos, salvo para as pessoas com deficiência, que pode exceder 24 anos. O tempo máximo de duração do contrato é de 2 anos, salvo também para as pessoas com deficiência o, que pode exceder tal período.

O aprendiz que não tiver concluído o ensino médio deverá frequentar a escola. Se naquela localidade não houver ensino médio, então, é possível a aprendizagem sem a frequência à escola, desde que o aprendiz tenha concluído o ensino fundamental.

A CLT informa que:

> ***Art. 428.*** *Contrato de aprendizagem é o contrato de trabalho especial, ajustado por escrito e por prazo determinado, em que o empregador se compromete a assegurar ao maior de 14 (quatorze) e menor de 24 (vinte e quatro) anos inscrito em programa de aprendizagem formação técnico-profissional metódica, compatível com o seu desenvolvimento físico, moral e psicológico, e o aprendiz, a executar com zelo e diligência as tarefas necessárias a essa formação.*
>
> ***§ 1º*** *A validade do contrato de aprendizagem pressupõe anotação na Carteira de Trabalho e Previdência Social, matrícula e frequência do aprendiz na escola, caso não haja concluído o ensino médio, e inscrição em programa de aprendizagem desenvolvido sob orientação de entidade qualificada em formação técnico-profissional metódica.*
>
> ***§ 2º*** *Ao menor aprendiz, salvo condição mais favorável, será garantido o salário mínimo hora.*
>
> ***§ 3º*** *O contrato de aprendizagem não poderá ser estipulado por mais de 2 (dois) anos, exceto quando se tratar de aprendiz portador de deficiência.*
>
> ***§ 4º*** *A formação técnico-profissional a que se refere o caput deste artigo caracteriza-se por atividades teóricas e práticas, metodicamente organizadas em tarefas de complexidade progressiva desenvolvidas no ambiente de trabalho.*
>
> ***§ 5º*** *A idade máxima prevista no caput deste artigo não se aplica a aprendizes portadores de deficiência.*
>
> ***§ 6º*** *Para os fins do contrato de aprendizagem, a comprovação da escolaridade de aprendiz portador de deficiência mental deve considerar, sobretudo, as habilidades e competências relacionadas com a profissionalização.*
>
> ***§ 7º*** *Nas localidades onde não houver oferta de ensino médio para o cumprimento do disposto no § 1º deste artigo, a contratação do aprendiz poderá ocorrer sem a frequência à escola, desde que ele já tenha concluído o ensino fundamental.*

A jornada de trabalho do aprendiz é de 6 horas, sendo vedada a prorrogação e a compensação de jornada. Ela pode ser de 8 horas se o aprendiz tiver completado o ensino fundamental e em tais horas for contado o tempo de aprendizagem teórica.

> ***Art. 432.*** *A duração do trabalho do aprendiz não excederá de seis horas diárias, sendo vedadas a prorrogação e a compensação de jornada.*
>
> ***§ 1º*** *O limite previsto neste artigo poderá ser de até oito horas diárias para os aprendizes que já tiverem completado o ensino fundamental, se nelas forem computadas as horas destinadas à aprendizagem teórica.*

As empresas devem obrigatoriamente contratar entre 5 e 15% de aprendizes, em cada estabelecimento, em atividades que demandem formação profissional. Entende-se por tais atividades aquelas em que não seja obrigatória a formação em cursos técnicos ou superiores, nem sejam de direção ou chefia. As micro e pequenas empresas, bem como as participantes do SIMPLES, não precisam contratar aprendizes.

> ***Art. 429.*** *Os estabelecimentos de qualquer natureza são obrigados a empregar e matricular nos cursos dos Serviços Nacionais de Aprendizagem número de aprendizes equivalente a cinco por cento, no mínimo, e quinze por cento, no máximo, dos trabalhadores existentes em cada estabelecimento, cujas funções demandem formação profissional.*
>
> ***§ 1º-A.*** *O limite fixado neste artigo não se aplica quando o empregador for entidade sem fins lucrativos, que tenha por objetivo a educação profissional.*
>
> ***§ 1º*** *As frações de unidade, no cálculo da percentagem de que trata o caput, darão lugar à admissão de um aprendiz.*
>
> ***§ 2º*** *Os estabelecimentos de que trata o caput ofertarão vagas de aprendizes a adolescentes usuários do Sistema Nacional de Atendimento Socioeducativo (Sinase) nas condições a serem dispostas em instrumentos de cooperação celebrados entre os estabelecimentos e os gestores dos Sistemas de Atendimento Socioeducativo locais.*

Existe um caso em que o contrato de aprendizagem não gera vínculo de emprego com a empresa tomadora do serviço, mas sim com a entidade promotora do programa e aprendizagem, que é quando o aprendiz é contratado pela própria entidade que promove o programa, sendo a prática vivenciada em mais de uma empresa.

> ***Art. 431.*** *A contratação do aprendiz poderá ser efetivada pela empresa onde se realizará a aprendizagem ou pelas entidades mencionadas no inciso II do art. 430, caso em que não gera vínculo de emprego com a empresa tomadora dos serviços.*

Não se aplicam ao contrato de aprendizagem os artigos 479 e 480, da CLT, ou seja, em caso de rescisão antecipada sem justa causa, não é necessário que a empresa pague metade do salários a que o aprendiz teria direito, bem como não é necessário que o aprendiz indenize a empresa por eventuais prejuízos causados pela saída antecipada, a seu pedido.

> ***Art. 433.*** *O contrato de aprendizagem extinguir-se-á no seu termo ou quando o aprendiz completar 24 (vinte e quatro) anos, ressalvada a hipótese prevista no § 5o do art. 428 desta Consolidação, ou ainda antecipadamente nas seguintes hipóteses:*
>
> *I.* *Desempenho insuficiente ou inadaptação do aprendiz;*
>
> *II.* *Falta disciplinar grave;*
>
> *III.* *Ausência injustificada à escola que implique perda do ano letivo; ou*
>
> *IV.* *A pedido do aprendiz.*
>
> ***§ 2º*** *Não se aplica o disposto nos arts. 479 e 480 desta Consolidação às hipóteses de extinção do contrato mencionadas neste artigo.*

Por fim, os depósitos para o FGTS do aprendiz são de 2% sobre a remuneração e são suportados exclusivamente pela empresa empregadora.

Empregado Público

O empregado público é aquele que, aprovado em um concurso de provas ou provas e títulos, passa a ocupar emprego público, mantendo relação contratual com o Estado - diferentemente, portanto, de cargo público, que é ocupado por servidor público, cuja relação com o Estado é jurídico-administrativa, e não contratual.

→ **Dispensa e Estabilidade**

Apesar de ser contratado por concurso público, nem sempre o empregado tem estabilidade.

Os empregados públicos dos órgãos da administração direta (municípios, estados e União), das fundações e das autarquias possuem estabilidade.

Por outro lado, os empregados públicos das empresas públicas e sociedades de economia mista não gozam de estabilidade, mesmo que tenham trabalhado vários anos na mesma companhia.

Ainda não foi alterada OJ 247, da SDI-1, que diz ser possível à Empresa Pública e à Sociedade de Economia Mista dispensarem empregados mesmo sem motivar o ato, contudo, no Recurso Extraordinário nº. 589998/PI, o STF decidiu que é necessária tal motivação, quando da despedida unilateral, de forma que tal OJ deve ser alterada ou cancelada em breve.

De qualquer forma, o TST já entendia que a Empresa Brasileira de Correios (ECT) tinha que motivar o ato de qualquer forma.

> ***Art. 173 da CF.***
>
> *II. A sujeição ao regime jurídico próprio das empresas privadas, inclusive quanto aos direitos e obrigações civis, comerciais, trabalhistas e tributários;*
>
> ***Sum-390 Estabilidade.*** *Art. 41 Da Cf/1988. Celetista. Administração Direta, Autárquica Ou Fundacional. Aplicabilidade. Empregado De Empresa Pública E Sociedade De Economia Mista. Inaplicável*
>
> *I. O servidor público celetista da administração direta, autárquica ou fundacional é beneficiário da estabilidade prevista no art. 41 da CF/1988.*
>
> *II. Ao empregado de empresa pública ou de sociedade de economia mista, ainda que admitido mediante aprovação em concurso público, não é garantida a estabilidade prevista no art. 41 da CF/1988.*
>
> ***OJ-sdi1-247 servidor público.*** *Celetista concursado. Despedida imotivada. Empresa pública ou sociedade de economia mista. Possibilidade.*
>
> *I. A despedida de empregados de empresa pública e de sociedade de economia mista, mesmo admitidos por concurso público, independe de ato motivado para sua validade;*
>
> *II. A validade do ato de despedida do empregado da Empresa Brasileira de Correios e Telégrafos (ECT) está condicionada à motivação, por gozar a empresa do mesmo tratamento destinado à Fazenda Pública em relação à imunidade tributária e à execução por precatório, além das prerrogativas de foro, prazos e custas processuais.*

→ **Contratação por tempo determinado (art. 37, IX, da CF)**

Determina a Constituição:

> ***Art. 37. IX.*** *A lei estabelecerá os casos de contratação por tempo determinado para atender a necessidade temporária de excepcional interesse público;*

Para que a União, estados e municípios façam uso de tal contratação, é necessário que tenham aprovado a lei antes da excepcionalidade, ou seja, sem previsão em lei, tal contratação é irregular.

Em tal tipo de contratação, mesmo que seja sem amparo de lei ou em desacordo com ela, e, portanto, irregular, a pessoa não é considerada empregado público.

Já está bem claro que o contrato temporário, para atender interesse público excepcional, nunca é modalidade de emprego público.

Há, no caso, uma relação jurídico-administrativa com o Estado, e, por isso, a competência para julgar eventual ação é da Justiça Civil ou da Justiça Federal, mas não da Justiça do Trabalho. Mesmo que a pessoa alegue contratação irregular e deseje receber FGTS e verbas rescisórias, isso não desloca a competência para a seara laboral.

A OJ 205, da SDI-1, que entendia que a competência era da Justiça do Trabalho, foi cancelada pelo TST em razão de julgamento do STF na medida cautelar em Ação Direta de Inconstitucionalidade 3.395-6/DF, que justamente entendeu incompetente.

A mesma lógica aplica-se aos cargos comissionados. Não se trata de empregados públicos, sendo suas ações julgadas pela Justiça Comum.

Empregador

A CLT tem uma redação pouco técnica ao conceituar o empregador, dispondo que:

> ***Art. 2º*** *- Considera-se empregador a empresa, individual ou coletiva, que, assumindo os riscos da atividade econômica, admite, assalaria e dirige a prestação pessoal de serviço.*
>
> ***§ 1º*** *- Equiparam-se ao empregador, para os efeitos exclusivos da relação de emprego, os profissionais liberais, as instituições de beneficência, as associações recreativas ou outras instituições sem fins lucrativos, que admitirem trabalhadores como empregados.*

A rigor, empresa é uma organização de bens e pessoas destinadas a produção e circulação de bens e serviços (essa definição quem dá é o Direito Comercial), sendo que a doutrina, há muito tempo, critica tal conceituação, mas é necessário gravá-la para a prova. Assim:

→ **Empregador é a empresa**

Para a CLT, empregador é a empresa, individual ou coletiva, que, assumindo os riscos da atividade econômica, admite, assalaria e dirige a prestação pessoal de serviço.

→ **Empregador por equiparação**

Equipara-se ao empregador, para efeitos da relação de emprego (não é para todos os efeitos legais), os profissionais liberais, as instituições de beneficência, as associações recreativas ou outras instituições sem fins lucrativos, que admitirem trabalhadores como empregados.

→ **Conceito doutrinário**

A doutrina tem um conceito bem simples. Contratou empregado é empregador.

Grupo Econômico

Conceitua a Consolidação o grupo econômico no art. 2º, §2º, da seguinte forma:

> ***Art. 2º. § 2º*** *- Sempre que uma ou mais empresas, tendo, embora, cada uma delas, personalidade jurídica própria, estiverem sob a direção, controle ou administração de outra, constituindo grupo*

industrial, comercial ou de qualquer outra atividade econômica, serão, para os efeitos da relação de emprego, solidariamente responsáveis a empresa principal e cada uma das subordinadas.

Interpretando tal disposição, tem-se que o grupo econômico para fins trabalhistas:

> É Informal. Não exige formalização, constituição em cartório ou contrato entre as empresas, pode ser informal e, existindo somente na prática, todos os seus efeitos passam a operar.

> Exige a presença de uma "empresa-mãe", que possua várias empresas ligadas a ela.

> Não precisam ter o mesmo ramo de atividade. Não é o ramo da atividade econômica que caracteriza o grupo econômico.

Esquema do Grupo Econômico

No exemplo, a empresa Gigante S/A controla outras 3 empresas, de ramos distintos, havendo grupo econômico entre todas elas:

→ **Empregador Único**

Formado o grupo econômico, esse grupo é considerado um empregador único, assim, haverá:

> **Solidariedade passiva**: Todas as empresas do grupo respondem solidariamente pelos créditos trabalhistas de empregado de qualquer das empresas do grupo. Ou seja, se o empregado da Mineração Ltda. não consegue receber os créditos de uma ação trabalhistas, as outras empresas são chamadas a pagar.

> **Solidariedade ativa**: Existe a possibilidade de o empregado de uma empresa do grupo prestar serviços às outras. Por exemplo, o empregado registrado pela Alimentos Ltda. pode trabalhar, ao mesmo tempo, para todas as outras empresas.

→ **Contrato único com todo o grupo**

No caso da Gigante S/A, um funcionário contratado pela empresa Alimentos LTDA., pode prestar serviço a outra empresa do grupo e isso será um contrato de trabalho só, um registro único em CTPS.

Pode haver, entretanto, dois registros, um por cada empresa, desde que as partes assim o convencionem.

É o que se extrai da jurisprudência sumulada do TST:

SUM-129 CONTRATO DE TRABALHO. GRUPO ECONÔMICO. *A prestação de serviços a mais de uma empresa do mesmo grupo econômico, durante a mesma jornada de trabalho, não caracteriza a coexistência de mais de um contrato de trabalho, salvo ajuste em contrário.*

→ **Acionamento da responsabilidade solidária**

Como informado, existe a responsabilidade solidária entre todas as empresas do grupo.

Para o grupo inteiro vir a responder na Ação Trabalhista, NÃO é necessário que todas as empresas estejam no processo desde a fase de conhecimento.

O empregado pode ajuizar a ação contra sua empregadora direta, por exemplo, contra a Informática Ltda., e, lá na fase de execução, incluir no processos as outras 3 empresas do grupo.

Isso não viola o direito de ampla defesa, pois considera-se que todo o grupo é um único empregador. Essa interpretação é corroborada pelo cancelamento da súmula 205/TST.

→ **Outras características**

Para fins do pedido de equiparação salarial, o TST tem majoritamente entendido que não é possível apontar empregado de outra empresa do grupo econômico, por exemplo, o empregado registrado pela Mineração não pode querer equiparação salarial com o empregado da Informática, ainda que façam o mesmo trabalho.

Já se cobrou em prova que é possível a CTPS ser anotada por uma empresa do grupo, e a "baixa" ser realizada por outra, considerando-se correto tal procedimento. Ainda, já foi objeto de prova que os sindicatos, associações e entidades beneficentes não podem fazer parte de grupo econômico.

Sucessão de Empresas

A sucessão de empresas, chamada também de sucessão de empregadores, não afeta os contratos dos empregados. Se a regra para o empregado é a pessoalidade, para o empregador é o contrário, é a impessoalidade.

As famosas cláusulas de não responsabilização só valem entre as partes contratantes, não têm o condão de afastar a responsabilidade pelos créditos. Assim, o sucessor que responda por créditos trabalhistas antigos poderá cobrá-los de quem lhe vendeu a empresa, mas não poderá alegar tal cláusula como excludente de sua responsabilidade perante os trabalhadores.

A redação sem muita técnica da CLT, ao conceituar o empregador como a "empresa", ajuda em tal aspecto. Não importa, por exemplo, se houve alteração do dono do negócio ou das pessoas que figuram no contrato social.

Art. 10 *- Qualquer alteração na estrutura jurídica da empresa não afetará os direitos adquiridos por seus empregados.*

Art. 448 *- A mudança na propriedade ou na estrutura jurídica da empresa não afetará os contratos de trabalho dos respectivos empregados.*

O sucessor passa a responder por todas as obrigações passadas, presentes e futuras, mesmo na reclamação de um empregado dispensado antes que ocorra tal negociação.

O sucedido, segundo a doutrina e jurisprudência mais atual, é responsável subsidiário pelos créditos das pessoas que lhe prestaram serviços. Tal conclusão é embasada principalmente pela interpretação dos artigos 159 e 1003, Parágrafo Único, ambos do novo Código Civil. Assim, se a sucessora não tem como pagar os créditos dos empregados, estes podem redirecionar a execução em face do antigo sócio/dono.

A lei não conceitua quais são os requisitos para a caracterização da sucessão, mas os mais aceitos pela doutrina e jurisprudência são a transferência da unidade produtiva e a continuidade da prestação de serviços.

Transferência da Unidade

A transferência da unidade pode ser de uma filial ou agência ou do próprio empreendimento inteiro. Não seria o caso, contudo, da venda de um maquinário isolado, pois aqui não há essa conotação de unidade produtiva, mas sim de mero bem material componente dessa unidade.

Um caso clássico de sucessão é o exposto na seguinte OJ da SDI-1:

> ***OJ-SDI1-261 Bancos.*** *Sucessão trabalhista. As obrigações trabalhistas, inclusive as contraídas à época em que os empregados trabalhavam para o banco sucedido, são de responsabilidade do sucessor, uma vez que a este foram transferidos os ativos, as agências, os direitos e deveres contratuais, caracterizando típica sucessão trabalhista.*

Segundo Maurício Godinho Delgado, a sucessão também se aplica às privatizações realizadas pelo Estado, bem como a troca de concessionária de serviço público. Porém, o TST firmou o entendimento de que, extinto o contrato antes da alteração da concessão, responde somente a primeira concessionária:

> ***OJ-Sdi1-225 Contrato de Concessão de Serviço Público.*** *Responsabilidade Trabalhista Celebrado contrato de concessão de serviço público em que uma empresa (primeira concessionária) outorga a outra (segunda concessionária), no todo ou em parte, mediante arrendamento, ou qualquer outra forma contratual, a título transitório, bens de sua propriedade:*
>
> *I. Em caso de rescisão do contrato de trabalho após a entrada em vigor da concessão, a segunda concessionária, na condição de sucessora, responde pelos direitos decorrentes do contrato de trabalho, sem prejuízo da responsabilidade subsidiária da primeira concessionária pelos débitos trabalhistas contraídos até a concessão;*
>
> *II. No tocante ao contrato de trabalho extinto antes da vigência da concessão, a responsabilidade pelos direitos dos trabalhadores será exclusivamente da antecessora.*

Por outro lado, havendo arrematação em hasta pública, aquele que comprou não será responsabilizado pelos créditos trabalhistas. Primeiro, pois o valor da venda será utilizado para o pagamento dos créditos dos trabalhadores. Segundo, porque a arrematação em hasta pública é considerada aquisição originária, de forma que não há vínculo com a posse e propriedade anteriores. Por fim, é uma questão prática, uma vez que, se houvesse tal responsabilização, a venda em hasta pública seria ainda mais difícil, prejudicando os próprios trabalhadores que esperam a alienação para pagamentos em seu favor.

No tocante à recuperação extrajudicial, tem-se que é possível operar-se a sucessão e consequente responsabilização do sucessor, por expressa previsão legal (art. 161, §1º, e art. 163, §1º da Lei de Falências).

Já na recuperação judicial, o STF julgou a ADI 3.934/DF, em que ficou assentado que o art. 60 da Lei de Falências é constitucional, de forma que a aquisição de empresa, nessas condições, inibe a sucessão trabalhista, não havendo responsabilidade do sucessor pelos créditos trabalhistas anteriores à sucessão.

> ***Art. 60.*** *Se o plano de recuperação judicial aprovado envolver alienação judicial de filiais ou de unidades produtivas isoladas do devedor, o juiz ordenará a sua realização, observado o disposto no art. 142 desta Lei.*
>
> ***Parágrafo único.*** *O objeto da alienação estará livre de qualquer ônus e não haverá sucessão do arrematante nas obrigações do devedor, inclusive as de natureza tributária, observado o disposto no § 1º do art. 141 desta Lei.*

Salienta-se que, na falência, não haverá responsabilização pelo adquirente, por expressa determinação legal, iniciando-se um novo contrato para os empregados que continuarem prestando serviços. Dispõe a Lei 11.101/2005:

> ***Art. 141.*** *Na alienação conjunta ou separada de ativos, inclusive da empresa ou de suas filiais, promovida sob qualquer das modalidades de que trata este artigo:*
>
> *II. O objeto da alienação estará livre de qualquer ônus e não haverá sucessão do arrematante nas obrigações do devedor, inclusive as de natureza tributária, as derivadas da legislação do trabalho e as decorrentes de acidentes de trabalho.*
>
> *§ 2º Empregados do devedor contratados pelo arrematante serão admitidos mediante novos contratos de trabalho e o arrematante não responde por obrigações decorrentes do contrato anterior.*

Ainda, quando uma empresa em liquidação extrajudicial é comprada por outra, ocorre a sucessão, conforme jurisprudência consolidada da SDI-1:

> ***OJ-SDI1-408 Juros de Mora.*** *Empresa em Liquidação Extrajudicial. Sucessão Trabalhista. É devida a incidência de juros de mora em relação aos débitos trabalhistas de empresa em liquidação extrajudicial sucedida nos moldes dos arts. 10 e 448 da CLT. O sucessor responde pela obrigação do sucedido, não se beneficiando de qualquer privilégio a este destinado.*

Continuidade

O outro requisito, continuidade na prestação de serviços, não é requisito absoluto, ou seja, pode ocorrer a sucessão mesmo que não sejam aproveitados os empregados que prestavam serviços até então. Se houve tal continuidade, não há dúvidas acerca da sucessão, respondendo o sucessor por todos os créditos.

Entretanto, quando não há a continuidade, ainda assim pode haver tal sucessão. Pense no caso de uma farmácia que feche as portas e dispense todos os empregados. Se, pouco tempo depois, outra pessoa compra todos os móveis e estoque, abre outra farmácia no mesmo local, ela adquiriu a unidade produtiva e, assim, poderá responder pelos créditos dos antigos empregados. Não se pode aproveitar os bônus sem arcar com os ônus.

Questão pacificada pelo TST foi a eventual responsabilidade de comprador de empresa pertencente a grupo econômico, por débitos de empresa não adquirida. O TST entendeu que, salvo no caso de má-fé ou fraude, não há responsabilidade.

Tome-se, como exemplo, novamente o grupo EBX. Se alguém compra a empresa OGX, e os empregados da empresa MPX não conseguem receber seu pagamento, em princípio, o comprador não tem responsabilidade por esses créditos.

> ***OJ-SDI1-411 Sucessão Trabalhista.*** *Aquisição de Empresa Pertencente a Grupo Econômico. Responsabilidade Solidária do Sucessor por Débitos Trabalhistas de Empresa não adquirida. Inexistência. O sucessor não responde solidariamente por débitos trabalhistas de empresa não adquirida, integrante do mesmo grupo econômico da empresa sucedida, quando, à época, a empresa devedora direta era solvente ou idônea economicamente, ressalvada a hipótese de má-fé ou fraude na sucessão.*

No caso dos empregadores domésticos, não há sucessão, uma vez que a CLT não se aplica a eles, nem sequer são empresas, além disso, tal relação liga-se à pessoa ou família. Assim, se uma pessoa muda de casa e o novo morador "aproveita" o serviço da empregada doméstica do antigo morador, estabelece-se um novo contrato, rompendo-se o vínculo anterior, não tendo esse novo empregador nenhuma responsabilidade pelos créditos decorrentes do contrato anterior.

Segurança e Saúde no Trabalho

A preocupação com saúde e segurança do trabalhador, e consequentemente com o meio ambiente de trabalho, foi uma das primeiras questões trabalhistas, sendo que nossa Constituição enaltece sua importância direta ou indiretamente em várias partes do seu texto, especialmente no seu art. 7º.

> ***Art. 7º. XXII.*** *Redução dos riscos inerentes ao trabalho, por meio de normas de saúde, higiene e segurança;*

→ Normas de Segurança e Medicina do Trabalho

A CLT dispõe sobre algumas normas de segurança e medicina no trabalho, mas a tendência moderna é deixar que matérias técnicas sejam reguladas não por leis, mas por atos expedidos pela autoridade técnica competente.

É o Ministério do Trabalho e Emprego que tem a incumbência de editar tais atos, por meio das Normas Regulamentadoras (NR), sendo que tanto as empresas como os empregados têm como obrigação cumprir as normas de proteção ao trabalho.

As empresas são obrigadas a treinar os empregados, adotar técnicas que eliminem ou reduzam a ocorrência de acidentes do trabalho, tanto que podem ter interditados a máquina ou todo o estabelecimento em caso de grave risco de acidente do trabalho.

> ***Art. 157*** *- Cabe às empresas:*
>
> ***I.*** *Cumprir e fazer cumprir as normas de segurança e medicina do trabalho;*
>
> ***II.*** *Instruir os empregados, através de ordens de serviço, quanto às precauções a tomar no sentido de evitar acidentes do trabalho ou doenças ocupacionais;*
>
> ***III.*** *Adotar as medidas que lhes sejam determinadas pelo órgão regional competente;*
>
> ***IV.*** *Facilitar o exercício da fiscalização pela autoridade competente.*

Além disso, a empresa deve fornecer gratuitamente equipamentos de proteção individual (EPI) e obrigar seu uso - não se pode dizer que o empregado não usava por vontade própria.

> ***Art. 166*** *- A empresa é obrigada a fornecer aos empregados, gratuitamente, equipamento de proteção individual adequado ao risco e em perfeito estado de conservação e funcionamento, sempre que as medidas de ordem geral não ofereçam completa proteção contra os riscos de acidentes e danos à saúde dos empregados.*
>
> ***Art. 167*** *- O equipamento de proteção só poderá ser posto à venda ou utilizado com a indicação do Certificado de Aprovação do Ministério do Trabalho.*

O empregado deve obedecer às normas de segurança e medicina e utilizar os EPIs, sendo que se não o fizer, poderá ser dispensado por justa causa.

> ***Art. 158*** *- Cabe aos empregados:*
>
> ***I.*** *Observar as normas de segurança e medicina do trabalho, inclusive as instruções de que trata o item II do artigo anterior;*
>
> ***II.*** *Colaborar com a empresa na aplicação dos dispositivos deste Capítulo.*
>
> ***Parágrafo único*** *- Constitui ato faltoso do empregado a recusa injustificada:*
>
> ***a)*** *À observância das instruções expedidas pelo empregador na forma do item II do artigo anterior;*
>
> ***b)*** *Ao uso dos equipamentos de proteção individual fornecidos pela empresa.*

Dentro das empresas, existe a comissão interna de prevenção de acidentes (CIPA), que tem representantes indicados pelo empregador e eleitos pelos empregados. Um representante do empregador será o presidente da CIPA e um representante eleito pelos empregados será o vice.

> ***Art. 163*** *- Será obrigatória a constituição de Comissão Interna de Prevenção de Acidentes (CIPA), de conformidade com instruções expedidas pelo Ministério do Trabalho, nos estabelecimentos ou locais de obra nelas especificadas.*
>
> ***Parágrafo único*** *- O Ministério do Trabalho regulamentará as atribuições, a composição e o funcionamento das CIPA (s).*
>
> ***Art. 164*** *- Cada CIPA será composta de representantes da empresa e dos empregados, de acordo com os critérios que vierem a ser adotados na regulamentação de que trata o parágrafo único do artigo anterior.*
>
> ***§ 1º*** *- Os representantes dos empregadores, titulares e suplentes, serão por eles designados.*
>
> ***§ 2º*** *- Os representantes dos empregados, titulares e suplentes, serão eleitos em escrutínio secreto, do qual participem, independentemente de filiação sindical, exclusivamente os empregados interessados.*
>
> ***§ 3º*** *- O mandato dos membros eleitos da CIPA terá a duração de 1 (um) ano, permitida uma reeleição.*
>
> ***§ 4º*** *- O disposto no parágrafo anterior não se aplicará ao membro suplente que, durante o seu mandato, tenha participado de menos da metade do número de reuniões da CIPA.*
>
> ***§ 5º*** *- O empregador designará, anualmente, dentre os seus representantes, o Presidente da CIPA e os empregados elegerão, dentre eles, o Vice-Presidente.*

Fique Ligado

Nota-se que somente o eleito pelos empregados terá estabilidade no emprego, o designado pelo empregador poderá ser dispensado sem justa causa.

> ***Art. 165*** *- Os titulares da representação dos empregados nas CIPA (s) não poderão sofrer despedida arbitrária, entendendo-se como tal a que não se fundar em motivo disciplinar, técnico, econômico ou financeiro.*
>
> ***Parágrafo único*** *- Ocorrendo a despedida, caberá ao empregador, em caso de reclamação à Justiça do Trabalho, comprovar a existência de qualquer dos motivos mencionados neste artigo, sob pena de ser condenado a reintegrar o empregado.*

Proteção ao Trabalho da Mulher

Como a Lei Maior adotou a igualdade de direitos e deveres entre homens e mulheres, discute-se se as disposições da CLT, diferenciando o trabalho da mulher teriam sido recepcionadas pela nova Constituição, ou seja, se são compatíveis ou não com esse diploma. É que a própria Lei Maior determina a proteção do mercado de trabalho da mulher, mediante incentivos específicos:

> ***Art. 7º. XX.*** *Proteção do mercado de trabalho da mulher, mediante incentivos específicos, nos termos da lei;*

O STF já se posicionou favoravelmente afirmando que a diferenciação é possível quando justificável, quando não seja até mesmo desvantajosa para a mulher competir no mercado de trabalho. Dessa forma, serão tratados aqueles que se destacam e que têm sido cobrados nas provas.

A discriminação entre homens e mulheres na hora da contratação é vedada, somente podendo haver quando a natureza da atividade exigir (por exemplo, a contratação de um segurança homem para ficar dentro do banheiro masculino em uma boate). Também é vedado criar empecilhos para a ascensão funcional da mulher dentro da empresa, participação em cursos, treinamentos. As condições de trabalho e salário também devem ser as mesmas.

Não se podem exigir exames de gravidez ou esterilização da mulher visando a "selecionar as que não engravidarão". Se a atividade puder causar danos ao feto, em razão de agente químico, por exemplo, poderá ser restringida a contração para tal atividade (mas nunca para a empresa de forma geral).

> ***Art. 377*** *- A adoção de medidas de proteção ao trabalho das mulheres é considerada de ordem pública, não justificando, em hipótese alguma, a redução de salário.*
>
> ***Art. 373-A.*** *Ressalvadas as disposições legais destinadas a corrigir as distorções que afetam o acesso da mulher ao mercado de trabalho e certas especificidades estabelecidas nos acordos trabalhistas, é vedado:*
>
> *I. Publicar ou fazer publicar anúncio de emprego no qual haja referência ao sexo, à idade, à cor ou situação familiar, salvo quando a natureza da atividade a ser exercida, pública e notoriamente, assim o exigir;*
>
> *II. Recusar emprego, promoção ou motivar a dispensa do trabalho em razão de sexo, idade, cor, situação familiar ou estado de gravidez, salvo quando a natureza da atividade seja notória e publicamente incompatível;*
>
> *III. Considerar o sexo, a idade, a cor ou situação familiar como variável determinante para fins de remuneração, formação profissional e oportunidades de ascensão profissional;*
>
> *IV. Exigir atestado ou exame, de qualquer natureza, para comprovação de esterilidade ou gravidez, na admissão ou permanência no emprego;*
>
> *V. Impedir o acesso ou adotar critérios subjetivos para deferimento de inscrição ou aprovação em concursos, em empresas privadas, em razão de sexo, idade, cor, situação familiar ou estado de gravidez;*
>
> *VI. Proceder o empregador ou preposto a revistas íntimas nas empregadas ou funcionárias.*
>
> ***Parágrafo único.*** *O disposto neste artigo não obsta a adoção de medidas temporárias que visem ao estabelecimento das políticas de igualdade entre homens e mulheres, em particular as que se destinam a corrigir as distorções que afetam a formação profissional, o acesso ao emprego e as condições gerais de trabalho da mulher.*

À mulher é devido um intervalo para descanso de 15 minutos antes de começar a prestar horas extras, o qual não integra a jornada de trabalho, não sendo remunerado, sendo constitucional tal diferenciação. Se não for concedido, então, deverá ser pago como hora extra com adicional de 50%.

> ***Art. 384*** *- Em caso de prorrogação do horário normal, será obrigatório um descanso de 15 (quinze) minutos no mínimo, antes do início do período extraordinário do trabalho.*

A quantidade de peso com que a mulher lida no trabalho também é diferenciada. Ela pode atuar em serviços que demandem esforço contínuo superior a 20 quilos ou esforço superior a 25 quilos para situações ocasionais.

> ***Art. 390*** *- Ao empregador é vedado empregar a mulher em serviço que demande o emprego de força muscular superior a 20 (vinte) quilos para o trabalho continuo, ou 25 (vinte e cinco) quilos para o trabalho ocasional.*
>
> ***Parágrafo único*** *- Não está compreendida na determinação deste artigo a remoção de material feita por impulsão ou tração de vagonetes sobre trilhos, de carros de mão ou quaisquer aparelhos mecânicos.*

Quanto à licença maternidade, ela é de 120 dias.

Fique Ligado

A licença-maternidade é de 120 dias, não é 4 meses. Se a assertiva afirmar que é de 4 meses, estará errada.

Não confunda licença-maternidade com a estabilidade que a gestante tem, desde a confirmação da gravidez, até 5 meses após o parto.

A empregada pode requerer a licença entre o 28º dia antes do parto e a ocorrência deste. Além dos 120 dias de afastamento, por motivo de saúde a ausência da empregada, pode ser aumentada em até mais 2 semanas antes e mais 2 semanas depois do parto.

Mesmo no caso de parto antecipado, a mulher tem direito aos 120 dias de licença, contudo, não confunda parto antecipado com aborto. O aborto (o feto faleceu), desde que não seja criminoso, dará a mulher o direito a 2 semanas remuneradas de afastamento. Como o aborto ainda é crime no Brasil, quando crime induzido, a mulher não terá direito às 2 semanas de licença - essa posição é controversa, mas deve ser considerada correta em concursos. As bancas costumam chamar de "aborto espontâneo" aquele que dá direito às 2 semanas de afastamento.

Uma observação quanto à licença gestante é que, de forma geral, o empregador deve pagar os salários, sendo esse valor abatido das contribuições previdenciárias devidas pelo empregador. No caso da doméstica, ela receberá, desde o primeiro dia, benefício previdenciário, não recebendo salários do empregador durante o período.

> ***Art. 392.*** *A empregada gestante tem direito à licença-maternidade de 120 (cento e vinte) dias, sem prejuízo do emprego e do salário.*
>
> ***§ 1º*** *A empregada deve, mediante atestado médico, notificar o seu empregador da data do início do afastamento do emprego, que poderá ocorrer entre o 28º (vigésimo oitavo) dia antes do parto e ocorrência deste.*
>
> ***§ 2º*** *Os períodos de repouso, antes e depois do parto, poderão ser aumentados de 2 (duas) semanas cada um, mediante atestado médico.*
>
> ***§ 3º*** *Em caso de parto antecipado, a mulher terá direito aos 120 (cento e vinte) dias previstos neste artigo.*
>
> ***§ 4º*** *É garantido à empregada, durante a gravidez, sem prejuízo do salário e demais direitos:*
>
> *I. Transferência de função, quando as condições de saúde o exigirem, assegurada a retomada da função anteriormente exercida, logo após o retorno ao trabalho;*
>
> *II. Dispensa do horário de trabalho pelo tempo necessário para a realização de, no mínimo, seis consultas médicas e demais exames complementares.*

Atualmente, a mulher que adota uma criança tem licença de 120 dias, igual a mulher que gerou uma criança, mas deverá ser apresentado o termo judicial de guarda à adotante.

O curioso é que, se o homem adota uma criança, ele se afasta pelo mesmo prazo da licença-paternidade, 5 dias. É ridículo, mas, atualmente, é nossa legislação.

Fique Ligado

Uma última observação é que para as servidoras públicas federais adotantes (Lei 8.112/1990), a regra é um pouco diferente, pois o prazo varia com a idade da criança. É importante estudar os dois assuntos em paralelo, pois ambos costumam ser cobrados no concurso, e o candidato pode se confundir.

> ***Art. 392-A.*** *À empregada que adotar ou obtiver guarda judicial para fins de adoção de criança será concedida licença-maternidade nos termos do art. 392, observado o disposto no seu § 5º.*
>
> ***§ 4º*** *A licença-maternidade só será concedida mediante apresentação do termo judicial de guarda à adotante ou guardiã.*
>
> ***Art. 393*** *- Durante o período a que se refere o art. 392, a mulher terá direito ao salário integral e, quando variável, calculado de acordo com a média dos 6 (seis) últimos meses de trabalho, bem como os direitos e vantagens adquiridos, sendo-lhe ainda facultado reverter à função que anteriormente ocupava.*
>
> ***Art. 395*** *- Em caso de aborto não criminoso, comprovado por atestado médico oficial, a mulher terá um repouso remunerado de 2 (duas) semanas, ficando-lhe assegurado o direito de retornar à função que ocupava antes de seu afastamento.*

Se o emprego que a mulher ocupa é prejudicial ao feto, ela poderá romper o pacto, sem que se configure falta de sua parte. Assim, não terá que dar aviso prévio ao empregador, mas também não receberá indenização alguma.

> ***Art. 394*** *- Mediante atestado médico, à mulher grávida é facultado romper o compromisso resultante de qualquer contrato de trabalho, desde que este seja prejudicial à gestação.*
>
> ***Art. 396*** *- Para amamentar o próprio filho, até que este complete 6 (seis) meses de idade, a mulher terá direito, durante a jornada de trabalho, a 2 (dois) descansos especiais, de meia hora cada um.*
>
> ***Parágrafo único*** *- Quando o exigir a saúde do filho, o período de 6 (seis) meses poderá ser dilatado, a critério da autoridade competente.*

Por fim, os estabelecimentos com mais de 30 mulheres com idades superiores a 16 anos deverão conter locais para amamentação, com berçário, saleta da amamentação, cozinha dietética e instalação sanitária.

> ***Art. 389*** *- Toda empresa é obrigada:*
>
> ***§ 1º*** *- Os estabelecimentos em que trabalharem pelo menos 30 (trinta) mulheres com mais de 16 (dezesseis) anos de idade terão local apropriado onde seja permitido às empregadas guardar sob vigilância e assistência os seus filhos no período da amamentação.*
>
> ***§ 2º*** *- A exigência do § 1º poderá ser suprida por meio de creches distritais mantidas, diretamente ou mediante convênios, com outras entidades públicas ou privadas, pelas próprias empresas, em regime comunitário, ou a cargo do SESI, do SESC, da LBA ou de entidades sindicais.*
>
> ***Art. 400*** *- Os locais destinados à guarda dos filhos das operárias durante o período da amamentação deverão possuir, no mínimo, um berçário, uma saleta de amamentação, uma cozinha dietética e uma instalação sanitária.*

Exercício Comentado

01. Considere as seguintes assertivas a respeito da proteção ao trabalho da mulher:

I. A adoção de medidas de proteção ao trabalho das mulheres é considerada de ordem pública, não justificando, em hipóteses alguma, a redução de salário.

II. Em caso de parto antecipado, a mulher terá direito a 12 semanas de licença-maternidade.

III. À empregada que adotar ou obtiver guarda judicial para fins de adoção de criança de 7 anos de idade será concedida licença-maternidade de 120 dias.

IV. Os locais destinados à guarda dos filhos das operárias, durante o período da amamentação, deverão possuir, no mínimo, um berçário, uma saleta de amamentação, uma cozinha dietética e uma instalação sanitária.

De acordo com a Consolidação das Leis do Trabalho está correto o que consta APENAS em:

a) III e IV.
b) I, II e III.
c) I e IV.
d) I, III e IV.
e) II, III e IV.

RESPOSTA. "D". O único item errado é o II, pois, em caso de parto antecipado, a licença é de 120 dias da mesma forma. Mas é importante notar que a questão é de 2011, sendo que tais assuntos ainda são cobrados.

Proteção ao Trabalho do Menor

Tanto a CLT como a CF consideram, para fins trabalhista, a pessoa entre 14 e 18 anos como menor. Aqueles que possuem menos de 14 anos são absolutamente incapazes para o direito do trabalho. Ao menor de 18 anos é basicamente proibido o trabalho noturno, perigoso, insalubre ou que prejudique sua formação moral ou física.

> ***Art. 402.*** *Considera-se menor para os efeitos desta Consolidação o trabalhador de quatorze até dezoito anos.*
>
> ***Art. 403.*** *É proibido qualquer trabalho a menores de dezesseis anos de idade, salvo na condição de aprendiz, a partir dos quatorze anos.*
>
> ***Parágrafo único.*** *O trabalho do menor não poderá ser realizado em locais prejudiciais à sua formação, ao seu desenvolvimento físico, psíquico, moral e social e em horários e locais que não permitam a frequência à escola.*
>
> ***Art. 404*** *- Ao menor de 18 (dezoito) anos é vedado o trabalho noturno, considerado este o que for executado no período compreendido entre as 22 (vinte e duas) e as 5 (cinco) horas.*
>
> ***Art. 405*** *- Ao menor não será permitido o trabalho:*
>
> ***I.*** *Nos locais e serviços perigosos ou insalubres, constantes de quadro para esse fim aprovado pelo Diretor Geral do Departamento de Segurança e Higiene do Trabalho;*
>
> ***II.*** *Em locais ou serviços prejudiciais à sua moralidade.*
>
> *3º Considera-se prejudicial à moralidade do menor o trabalho:*
>
> ***a)*** *Prestado de qualquer modo, em teatros de revista, cinemas, boates, cassinos, cabarés, dancings e estabelecimentos análogos;*
>
> ***b)*** *Em empresas circenses, em funções de acrobata, saltimbanco, ginasta e outras semelhantes;*
>
> ***c)*** *Consistente na venda, a varejo, de bebidas alcoólicas.*

Além dessas proibições da CLT, o Brasil ratificou a Convenção nº. 182, da Organização Internacional do Trabalho, que trata do trabalho infantil, sendo que o decreto presidencial que a regulamenta inclui, dentre várias outras proibições, o trabalho doméstico infantil e o trabalho nas ruas e praças públicas.

Fique Ligado

Quanto às crianças que trabalham desde cedo na televisão, como alguns apresentadores, que desde os 5 anos já tinham seu próprio programa? Isso não viola a Constituição, que somente permite o trabalho para os maiores de 14 anos?

Essa é uma questão estranha, até surreal, mas na televisão, pode.... o Estatuto da Criança e do Adolescente permite ao Juiz Civil da Infância e do Adolescente liberar a participação de criança e adolescente em espetáculos públicos e seus ensaios, bem como em certames de beleza.

Note que é o Juiz Civil, não o trabalhista, quem concederá tal autorização.

> ***Art. 149.*** *Compete à autoridade judiciária disciplinar, através de portaria, ou autorizar, mediante alvará:*
>
> ***II.*** *A participação de criança e adolescente em:*
>
> ***a)*** *Espetáculos públicos e seus ensaios;*
>
> ***b)*** *Certames de beleza.*

Se for verificado pela autoridade competente o trabalho de menor em condições que lhe prejudiquem a moral ou a saúde, então, a autoridade obrigará o menor a deixar a atividade, sendo que a empresa deve envidar esforços para alterar a função do menor para alguma compatível com sua condição de pessoa em formação. Podem, ainda, os responsáveis do menor requererem a extinção do vínculo de emprego.

> ***Art. 407*** *- Verificado pela autoridade competente que o trabalho executado pelo menor é prejudicial à sua saúde, ao seu desenvolvimento físico ou a sua moralidade, poderá ela obrigá-lo a abandonar o serviço, devendo a respectiva empresa, quando for o caso, proporcionar ao menor todas as facilidades para mudar de funções.*
>
> ***Parágrafo único*** *- Quando a empresa não tomar as medidas possíveis e recomendadas pela autoridade competente para que o menor mude de função, configurar-se-á a rescisão do contrato de trabalho, na forma do art. 483.*
>
> ***Art. 408*** *- Ao responsável legal do menor é facultado pleitear a extinção do contrato de trabalho, desde que o serviço possa acarretar para ele prejuízos de ordem física ou moral*

Direito do Menor

O menor só pode prestar horas extras em dois casos. Até mais duas horas por dia, em razão de acordo de compensação de jornada, ou até 12 horas, em razão de motivo de força maior e, nesse caso, quando o trabalho do menor for imprescindível, da mesma forma, com acréscimo de 50%.

Em ambos os casos, o menor terá 15 minutos de descanso antes de iniciar o labor extraordinário.

Quando o menor tiver dois empregos, somam-se as horas trabalhadas nos dois empregos para efeito de jornada de trabalho, ou seja, ele não pode trabalhar 8 horas por dia em um e 4 em outro, pois estaria sendo extrapolado o limite de 8 horas diárias e 44 semanais.

> ***Art. 414*** *- Quando o menor de 18 (dezoito) anos for empregado em mais de um estabelecimento, as horas de trabalho em cada um serão totalizadas.*

Tal como as mulheres, não poderá trabalhar em serviço que demande esforço contínuo superior a 20 quilos ou esforço ocasional superior a 25 quilos.

> ***Art. 405. § 5º*** *Aplica-se ao menor o disposto no art. 390 e seu parágrafo único.*

O menor pode emitir recibos de que recebeu salário, mas não pode, sem assistência de seus responsáveis, assinar Termo de Rescisão do Contrato de Trabalho (TRCT).

> ***Art. 439*** *- É lícito ao menor firmar recibo pelo pagamento dos salários. Tratando-se, porém, de rescisão do contrato de trabalho, é vedado ao menor de 18 (dezoito) anos dar, sem assistência dos seus responsáveis legais, quitação ao empregador pelo recebimento da indenização que lhe for devida.*

Por fim, contra o trabalhador menor de 18 anos não corre prazo prescricional, ou seja, se é contratado sem registro para trabalhar aos 10 anos, e é dispensado aos 18 anos, poderá cobrar verbas dos 8 anos de contrato, diversamente do empregado maior, que só poderia cobrar os últimos 5 anos de contrato.

> ***Art. 440*** *- Contra os menores de 18 (dezoito) anos não corre nenhum prazo de prescrição.*

Relações Triangulares de Trabalho

Trabalho Temporário

A rigor, trabalho temporário é a única forma lícita de intermediação de mão de obra, mas é comum tratarem tal contratação como uma espécie de terceirização.

É a Lei 6.019/1974 que regulamenta o trabalho temporário, prevendo 3 figuras: a empresa de trabalho temporário, o empregado desta empresa e a empresa cliente, contratante do trabalho temporário.

Tal contratação só é permitida em duas ocasiões: necessidade transitória de substituição dos empregados permanentes e acréscimo extraordinário de serviços.

Necessidade transitória pode ser a substituição de uma empregada gestante, de um afastamento por acidente de trabalho, em razão de férias de um funcionário etc.

Acréscimo extraordinário de serviços é aquele que ocorre em determinadas épocas do ano, por exemplo, na época do natal, da páscoa, de férias escolares, em alguns setores. Se a empresa está crescendo e tal aumento de necessidade de serviço passa a ser permanente, deve-se contratar funcionários permanentes.

> ***Art. 2º*** *- Trabalho temporário é aquele prestado por pessoa física a uma empresa, para atender à necessidade transitória de substituição de seu pessoal regular e permanente ou à acréscimo extraordinário de serviços.*

A empresa de trabalho temporário é sempre urbana, não pode atuar no trabalho rural. Ainda, ela deve estar registrada junto ao Ministério do Trabalho e Emprego.

> ***Art. 4º*** *- Compreende-se como empresa de trabalho temporário a pessoa física ou jurídica urbana, cuja atividade consiste em colocar à disposição de outras empresas, temporariamente, trabalhadores, devidamente qualificados, por elas remunerados e assistidos.*
>
> ***Art. 5º*** *- O funcionamento da empresa de trabalho temporário dependerá de registro no Departamento Nacional de Mão de Obra do Ministério do Trabalho e Previdência Social.*

A empresa cliente não poderá manter o contrato de trabalho temporário por mais de 3 meses com o mesmo empregado, salvo são autorização especial do Ministério do Trabalho. Por exemplo, num caso de acidente do trabalho, se o acidentado não voltar dentro de 3 meses, pode a empresa pedir ao MTE a prorrogação de tal contrato, em vez de chamar outro trabalhador.

> ***Art. 10*** *- O contrato entre a empresa de trabalho temporário e a empresa tomadora ou cliente, com relação a um mesmo empregado, não poderá exceder de três meses, salvo autorização conferida pelo órgão local do Ministério do Trabalho e Previdência Social, segundo instruções a serem baixadas pelo Departamento Nacional de Mão de Obra.*

Tanto o contrato entre a empresa de trabalho temporário e a empresa cliente como o contrato entre a empresa de trabalho temporário e seus empregados deverão ser celebrados por escrito. Inclusive, pode a fiscalização do trabalho exigir a apresentação de tais contratos.

Ainda, não pode haver empecilho ou cláusula contratual para impedir que o empregado temporário seja contratado definitivamente pela empresa cliente. Também, não é possível cobrar do trabalhador qualquer quantia em razão da intermediação.

> ***Art. 9º*** *- O contrato entre a empresa de trabalho temporário e a empresa tomadora de serviço ou cliente deverá ser obrigatoriamente escrito e dele deverá constar expressamente o motivo justificador da demanda de trabalho temporário, assim como as modalidades de remuneração da prestação de serviço.*
>
> ***Art. 11*** *- O contrato de trabalho celebrado entre empresa de trabalho temporário e cada um dos assalariados colocados à disposição de uma empresa tomadora ou cliente será, obrigatoriamente, escrito e dele deverão constar, expressamente, os direitos conferidos aos trabalhadores por esta Lei.*
>
> ***Parágrafo único.*** *Será nula de pleno direito qualquer cláusula de reserva, proibindo a contratação do trabalhador pela empresa tomadora ou cliente ao fim do prazo em que tenha sido colocado à sua disposição pela empresa de trabalho temporário.*
>
> ***Art. 15*** *- A Fiscalização do Trabalho poderá exigir da empresa tomadora ou cliente a apresentação do contrato firmado com a empresa de trabalho temporário, e, desta última o contrato firmado com o trabalhador, bem como a comprovação do respectivo recolhimento das contribuições previdenciárias.*
>
> ***Art. 18*** *- É vedado à empresa do trabalho temporário cobrar do trabalhador qualquer importância, mesmo a título de mediação, podendo apenas efetuar os descontos previstos em Lei.*
>
> ***Parágrafo único.*** *A infração deste artigo importa no cancelamento do registro para funcionamento da empresa de trabalho temporário, sem prejuízo das sanções administrativas e penais cabíveis.*

É assegurado aos trabalhadores temporários, além de todos os direitos constitucionais, o salário equitativo com os funcionários da empresa que sejam de mesma categoria.

Ainda, possuem direito à indenização por dispensa sem justa causa ou término normal do contrato, correspondente a 1/12 (um doze avos) do pagamento recebido. Alguns doutrinadores entendem que tal indenização foi substituída pelo FGTS. Não é permitida a contratação de estrangeiros com visto provisório no país, (por exemplo, visto de turista).

> ***Art. 17*** *- É defeso às empresas de prestação de serviço temporário a contratação de estrangeiros com visto provisório de permanência no País.*

A empresa cliente é, em princípio, responsável subsidiária pelos créditos trabalhistas do empregado temporário, mas, no caso de falência da empresa de trabalho temporário, tal responsabilidade passa a ser solidária.

> ***Art. 16*** *- No caso de falência da empresa de trabalho temporário, a empresa tomadora ou cliente é solidariamente responsável pelo recolhimento das contribuições previdenciárias, no tocante ao tempo em que o trabalhador esteve sob suas ordens, assim como em referência ao mesmo período, pela remuneração e indenização previstas nesta Lei.*

Esquema da contratação por meio da Lei de Trabalho Temporário:

Terceirização

A terceirização pode ser classificada genericamente como a transferência pela empresa principal da execução de um serviço para uma empresa contratada, cujos empregados atuarão em favor da empresa principal.

No Brasil, não há lei, ainda, regulamentando a terceirização de forma geral, mas a súmula 331/TST criou parâmetros balizadores do que é uma terceirização lícita, havendo quatro hipóteses: o trabalho temporário, as atividades de vigilância, as atividades de conservação e limpeza e as atividades-meio.

Dispõe a súmula:

> ***Sum-331*** *Contrato de Prestação de Serviços. Legalidade.*
>
> *I. A contratação de trabalhadores por empresa interposta é ilegal, formando-se o vínculo diretamente com o tomador dos serviços, salvo no caso de trabalho temporário (Lei nº 6.019, de 03.01.1974).*
>
> *II. A contratação irregular de trabalhador, mediante empresa interposta, não gera vínculo de emprego com os órgãos da Administração Pública direta, indireta ou fundacional (art. 37, II, da CF/1988).*
>
> *III. Não forma vínculo de emprego com o tomador a contratação de serviços de vigilância (Lei nº 7.102, de 20.06.1983) e de conservação e limpeza, bem como a de serviços especializados ligados à atividade-meio do tomador, desde que inexistente a pessoalidade e a subordinação direta.*
>
> *IV. O inadimplemento das obrigações trabalhistas, por parte do empregador, implica a responsabilidade subsidiária do tomador dos serviços quanto àquelas obrigações, desde que haja participado da relação processual e conste também do título executivo judicial.*
>
> *V. Os entes integrantes da Administração Pública direta e indireta respondem subsidiariamente, nas mesmas condições do item IV, caso evidenciada a sua conduta culposa no cumprimento das obrigações da Lei n.º 8.666, de 21.06.1993, especialmente na fiscalização do cumprimento das obrigações*

contratuais e legais da prestadora de serviço como empregadora. A aludida responsabilidade não decorre de mero inadimplemento das obrigações trabalhistas assumidas pela empresa regularmente contratada.

VI. A responsabilidade subsidiária do tomador de serviços abrange todas as verbas decorrentes da condenação referentes ao período da prestação laboral.

1º Caso de terceirização lícita: São as duas hipóteses que autorizam o trabalho temporário, respeitadas as disposições da lei que o regula. Como visto em tópico próprio, tal contratação decorre de acréscimo extraordinário de serviços ou da substituição transitório de algum funcionário.

2º Caso lícito de terceirização: É a contratação de atividades de vigilância, autorizada pela Lei 7.102/1983. Vigilante é aquele guarda armado, sendo que tal serviço pode ser terceirizado por qualquer pessoa física ou jurídica.

3º Caso de terceirização lícita: São os serviços de conservação e limpeza, que também podem ser contratados por qualquer pessoa física ou jurídica.

4º Caso de terceirização lícita: É possível a terceirização de atividades-meio do tomador.

Exceto no caso do trabalho temporário, os empregados da empresa contratada não podem prestar serviços de natureza pessoal, nem ser subordinados diretamente à empresa principal.

A súmula dá a impressão de que tal vedação é somente para as atividades-meio, mas não é; os serviços de vigilância, conservação e limpeza também não podem ter tais características, sob pena de serem considerados irregulares, e formar-se o vínculo de emprego diretamente com a empresa principal.

→ **Atividade-Fim X Atividade-Meio**

Tal diferenciação é muito criticada por vários juristas, mas é o posicionamento atual do TST, estampado na súmula 331, e foi construída com base na "teoria do foco", a qual prega que, para as empresas serem mais produtivas, elas precisam focar sua atenção e seu capital nas atividades centrais, repassando para outras empresas atividades periféricas.

Assim, atividades-fim são aquelas ligadas ao fim principal da empresa, compondo a essência de sua existência. Uma fábrica de móveis tem como finalidade a produção dos móveis: assim, não pode terceirizar o processo produtivo da fabricação dos bens que comercializa.

Por outro lado, as atividades-meio seriam aquelas periféricas, que não são o objetivo principal da empresa. (por exemplo, o transporte dos trabalhadores, a alimentação, a entrega de produtos a clientes etc.).

Assim, aquela empresa de fabricação de móveis pode terceirizar o transporte de seus trabalhadores, a alimentação deles, a entrega dos móveis a clientes etc.

→ **Responsabilidade pelos créditos trabalhistas**

Quando a empresa terceirizada não paga os créditos trabalhistas de seus empregados, as empresas contratantes podem ser chamadas a pagar. Tal responsabilidade de pagamento abrange todas as verbas decorrentes da condenação judicial - verbas trabalhistas, previdenciárias, custas processuais etc.

De qualquer forma, a empresa tomadora deve estar elencada no polo passivo da ação, para ter direito à ampla defesa, ou seja, ela deve fazer parte da ação desde o seu início, não podendo ser incluída somente quando da execução da sentença.

No caso da terceirização lícita, permitida pela legislação, a empresa contratante responde de forma subsidiária, ou seja, primeiro, executam-se os bens da empregadora direta e, após atinge-se o patrimônio da empresa principal. Quanto ao setor público, há algumas especificidades tratadas na sequência.

Note que a jurisprudência não tem considerado relevante o fato de ter ou não havido desconsideração da personalidade jurídica da empresa contratada, não havendo benefício de ordem nesse sentido, de forma que, no caso de não haver pagamento, é possível tanto a execução ser direcionada contra a empresa tomadora do serviço como em face dos bens dos sócios da empresa terceirizada.

No caso de terceirização ilícita, contra o ordenamento vigente, o setor público e o setor privado têm tratamentos diferenciados.

Na terceirização realizada pelo setor privado, a irregularidade na contratação gera o vínculo diretamente com a tomadora do serviço. Exemplificando:

A empresa Metalúrgica S/A terceiriza a entrega dos bens produzidos para a empresa Entrega Rápida, a qual tem como empregado Sr. Fernando. Em princípio, Fernando é empregado da Entrega Rápida, todavia, se seu serviço tem pessoalidade (não pode ser substituído por outro trabalhador) ou é subordinado à Metalúrgica (desta recebe constantes ordens diretas, tem seu trabalho fiscalizado, é punido pela tomadora em caso de deslizes durante o labor etc.), então, em uma ação trabalhista, poderá ser reconhecido o vínculo diretamente com a Metalúrgica.

Uma questão pacificada pelo TST foi a do empregado de empresas de processamentos de dados que prestam serviços a bancos. O TST editou a seguinte súmula:

> ***Sum-239 Bancário.*** *Empregado de Empresa de Processamento de Dados. É bancário o empregado de empresa de processamento de dados que presta serviço a banco integrante do mesmo grupo econômico, exceto quando a empresa de processamento de dados presta serviços a banco e a empresas não bancárias do mesmo grupo econômico ou a terceiros.*

Essa súmula trata do caso em que o próprio banco criou uma empresa de processamento de dados - que pode prestar serviços somente ao banco ou a terceiros, e o empregado é vinculado a essa empresa. Não é o caso de uma empresa de processamento de dados completamente alheia ao banco, que seria uma terceirização de atividade-meio como outra qualquer.

Já no âmbito da terceirização realizada pelo Setor Público, a questão da responsabilização é tratada de forma diferente.

Na Ação Declaratória de Constitucionalidade nº 16 (ADC), o STF decidiu, com efeito vinculante, que o artigo 71, da Lei 8.666/1993, é constitucional, de forma que a Administração Pública somente será responsabilizada pelos créditos trabalhistas dos empregados no caso de ser reconhecida sua culpa *in* vigilando, ou seja, se não fiscalizou adequadamente o contrato, sendo que não se presume tal culpa devido ao mero não pagamento pela empresa dos direitos do empregado. Assim, o TST modificou a súmula 331 para adequar-se a tal orientação, e eventual descumprimento de tal decisão por algum juiz ou tribunal trabalhista pode ensejar uma reclamação diretamente ao STF.

Como a Constituição exige o concurso público para ingressar nos quadros do serviço público, a contratação irregular não gera vínculo com a administração. Para não haver enriquecimento sem causa, bem como para preservar os princípios trabalhistas, é prevista responsabilidade subsidiária do ente público em havendo culpa na fiscalização do contrato. Ainda, com base no princípio da isonomia, havendo terceirizados e efetivos laborando na mesma função, entende o TST que os terceirizados têm direitos às mesmas verbas trabalhistas asseguradas ao efetivos. Assim, em 2011, foi editada a seguinte orientação jurisprudencial:

> ***OJ-SDI1-383 Terceirização.*** *Empregados da Empresa Prestadora de Serviços e da Tomadora. Isonomia. ART. 12, "A", DA LEI Nº 6.019, DE 03.01.1974. A contratação irregular de trabalhador, mediante empresa interposta, não gera vínculo de emprego com ente da Administração Pública, não afastando, contudo, pelo princípio da isonomia, o direito dos empregados terceirizados às mesmas verbas trabalhistas legais e normativas asseguradas àqueles contratados pelo tomador dos serviços, desde que presente a igualdade de funções. Aplicação analógica do art. 12, "a", da Lei nº 6.019, de 03.01.1974.*

Fique Ligado

Mesmo que não esteja expresso na OJ, ela concede isonomia entre empregados da empresa terceirizada e empregados públicos, mas não concede tal equiparação com empregados ou servidores públicos quando há uma contratação direta, sem concurso. Nesses casos, entende-se que somente é devido o pagamento dos salários e o FGTS (sem a multa de 40%).

> ***Sum-363 Contrato Nulo. Efeitos.*** *A contratação de servidor público, após a CF/1988, sem prévia aprovação em concurso público, encontra óbice no respectivo art. 37, II e § 2º, somente lhe conferindo direito ao pagamento da contraprestação pactuada, em relação ao número de horas trabalhadas, respeitado o valor da hora do salário mínimo, e dos valores referentes aos depósitos do FGTS.*

Exercício Comentado

01. ***Analise as seguintes proposições sobre terceirização à luz dos diplomas legais e súmula de jurisprudência do TST e responda:***

I. Em regra é ilegal a contratação de trabalhador por empresa interposta, formando-se o vínculo de emprego diretamente com o tomador de serviços como forma de proibir-se o "merchandage".

II. Não forma vínculo de emprego com o tomador a contratação indireta de serviços de vigilância, limpeza e conservação, bem como qualquer tipo de serviços especializados relacionados com a atividade finalística da empresa tomadora.

III. Em razão obrigatoriedade de realização de concursos públicos pelos órgãos da Administração Pública, a terceirização irregular não gera vínculo diretamente com a administração pública.

IV. O inadimplemento das obrigações trabalhistas, por parte do empregador, implica na responsabilidade subsidiaria do tomador dos serviços quanto àquelas obrigações, mas quanto aos órgãos da administração direta e indireta, é necessário demonstrar sua culpa in vigilando, não caracterizando tal culpa o mero inadimplemento de verbas trabalhistas.

V. É licita a terceirização no caso de trabalho temporário regido pela Lei 6.019/74, sendo que fica assegurado ao trabalhador terceirizado o "salário equitativo" em relação ao percebido pelos empregados da mesma categoria da empresa tomadora.

a) Estão corretas todas as assertivas.
b) Estão corretas apenas as assertivas I, II e IV.
c) Estão corretas apenas as assertivas III e V.
d) Está incorreta apenas a assertiva IV.
e) Está incorreta apenas a assertiva II.

RESPOSTA. ***"E". A alternativa II está errada, pois a contratação em atividade-fim não é permitida, de forma que o vínculo de emprego forma-se diretamente com a empresa principal.***

O detalhe da alternativa I é que o termo merchandage é uma palavra francesa que, justamente, significa intermediação de mão de obra, proibida pela legislação.

Empreitada e Subempreitada

Empreitada é um contrato do Direito Civil que tem influência em algumas situações trabalhistas. Por ele, uma pessoa contrata com outra o resultado de um serviço, ou seja, não é a prestação do serviço que importa, mas sim o resultado acabado.

Apesar de não haver limitação prévia das hipóteses de empreitada, a mais comum é na construção civil. Quando uma pessoa contrata um mestre de obras para construir sua casa, ele faz um contrato civil com tal pessoa, e esse mestre de obras é o empreiteiro, que contratará os trabalhadores necessários ao cumprimento do contrato. Ainda, pode ocorrer a contratação de um pedreiro para fazer somente um pequeno reparo, sendo também esse um contrato de empreitada, caso não haja os requisitos da relação de emprego. Em tese, é possível a qualquer um contratar, em vez de uma empreitada, vários empregados para construir sua casa.

Note que os trabalhadores contratados pelo mestre de obras, no caso da empreitada, não são empregados do dono da obra, serão empregados do próprio mestre, que os gerenciará com o fim de entregar a casa pronta ao futuro morador.

Tal empreiteiro pode fazer subempreitadas, ou seja, contratar outros empreiteiros para atuar na obra (por exemplo, um para fazer a fundação, outro para fazer a tubulação e sistemas elétricos, e assim por diante).

Os empregados do subempreiteiro, por expressa previsão legal, podem ajuizar ação contra o empreiteiro principal, sendo que a jurisprudência majoritária do TST entende que tal responsabilidade é solidária, ou seja, podem ser executados conjuntamente os bens tanto do contratante direto do trabalhador (subempreiteiro) como o empreiteiro principal. Note, porém, que tal responsabilidade não pode ser dirigida ao dono da obra.

> ***Art. 455*** *- Nos contratos de subempreitada responderá o subempreiteiro pelas obrigações derivadas do contrato de trabalho que celebrar, cabendo, todavia, aos empregados, o direito de reclamação contra o empreiteiro principal pelo inadimplemento daquelas obrigações por parte do primeiro.*
>
> ***Parágrafo único*** *- Ao empreiteiro principal fica ressalvada, nos termos da lei civil, ação regressiva contra o subempreiteiro e a retenção de importâncias a este devidas, para a garantia das obrigações previstas neste artigo.*

Fique Ligado

Não há lei, no Brasil, que responsabilize o dono da obra pelos créditos trabalhistas dos empregados do empreiteiro e subempreiteiros.

A exceção são as incorporadoras e construtoras, que respondem sim, uma vez que estão atuando em seus negócios habituais, não se esquivando da responsabilidade pelo pagamento.

> ***Oj-Sdi1-191 Contrato de Empreitada.*** *Dono da Obra de Construção Civil. Responsabilidade. Diante da inexistência de previsão legal específica, o contrato de empreitada de construção civil entre o dono da obra e o empreiteiro não enseja responsabilidade solidária ou subsidiária nas obrigações trabalhistas contraídas pelo empreiteiro, salvo sendo o dono da obra uma empresa construtora ou incorporadora.*

A CLT foi pensada de forma a proteger a parte mais fraca na relação de emprego, o empregado, mas há outras figuras que atraem a proteção da Justiça Especializada. Mesmo antes da Emenda Constitucional 45, que conferiu à Justiça do Trabalho competência para julgar controvérsias surgidas da relação de trabalho *latu senso*, já era possível ao pequeno empreiteiro, pessoa física, ajuizar ação na Justiça do Trabalho para cobrar eventual pagamento não realizado.

> ***Art. 652 a)*** *Conciliar e julgar:*
>
> ***III.*** *Os dissídios resultantes de contratos de empreitadas em que o empreiteiro seja operário ou artífice;*

Entende-se, majoritariamente, que tal artigo confere vantagem do foro da Justiça do Trabalho somente ao pequeno empreiteiro, em obras pequenas, que atue sem empregados. Tal interpretação calca-se na expressão "empreiteiro operário ou artífice", ou seja, é um "quase empregado".

Mesmo com ampliação da competência da Justiça do Trabalho, tal artigo ainda é importante, pois assegura que a ação seja julgada pela Justiça do Trabalho, espantando a hipótese de se equiparar a ação de cobrança de honorários de profissional liberal com a ação do empreiteiro contra o dono da obra. É que o STJ e o próprio TST têm entendido que as cobranças de honorários de profissionais liberais devem ser feitas na Justiça Civil.

> ***SUM-363/STJ.*** *Compete à Justiça estadual processar e julgar a ação de cobrança ajuizada por profissional liberal contra cliente.*

Esquema geral na empreitada:

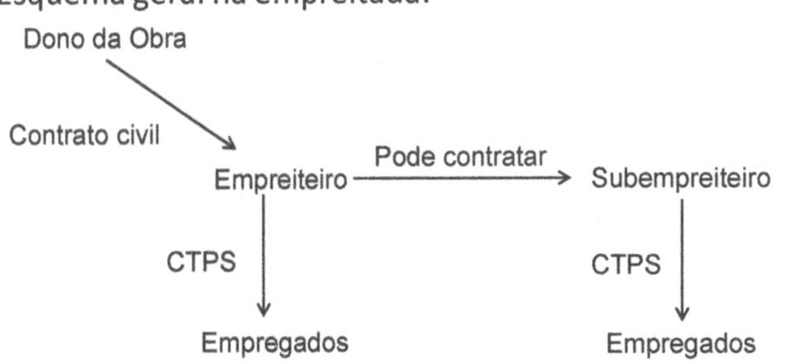

Contrato por Prazo Determinado (CLT)

→ Situações permitidas

A regra é o contrato sem determinação de prazo, sendo que a CLT elenca algumas exceções:

> ***Art. 443 - § 1º*** *- Considera-se como de prazo determinado o contrato de trabalho cuja vigência dependa de termo prefixado ou da execução de serviços especificados ou ainda da realização de certo acontecimento suscetível de previsão aproximada.*
>
> *§ 2º - O contrato por prazo determinado só será válido em se tratando:*
>
> *a) De serviço cuja natureza ou transitoriedade justifique a predeterminação do prazo;*
>
> *b) De atividades empresariais de caráter transitório;*
>
> *c) De contrato de experiência.*

A alínea "a" ocorre quando uma empresa precisar repor o quadro normal em razão de algum afastamento transitório (férias de funcionários, doença, licença maternidade) ou em razão de aumento de demanda em algumas épocas do ano (Natal, dia dos namorados, Páscoa).

Na alínea "b", a própria empresa é transitória, não funcionando permanentemente (por exemplo, uma que fabrique velas e somente opere na época dos feriados de *Corpus Christi* e do Natal).

Outro exemplo é a contratação de empregados para as feiras agropecuárias.

Por fim, o contrato de experiência é aquele que, celebrado por escrito, serve para empresa e empregado conhecerem-se mutuamente e decidirem se efetivam o vínculo sem determinação de tempo. Note que aqui há uma legítima expectativa de que tal contrato transmutará em tempo indeterminado.

→ Prazo e Prorrogações do Contrato

O prazo é de no máximo 2 anos, salvo no contrato de experiência, que é de 90 dias.

> ***Art. 445 -*** *O contrato de trabalho por prazo determinado não poderá ser estipulado por mais de 2 (dois) anos, observada a regra do art. 451.*
>
> ***Parágrafo único.*** *O contrato de experiência não poderá exceder de 90 (noventa) dias.*

Esses contratos somente podem ser prorrogados uma vez, sob pena de se tornarem de prazo indeterminado. Assim, o contrato de experiência, por exemplo, poderia ser de 30 dias + 60 dias, 45 dias + 45 dias, mas não poderia ser de 30 dias + 30 dias + 30 dias. Na última situação, foi respeitado o prazo máximo de 90 dias, mas foi prorrogado duas vezes, o que também não é permitido.

> ***Art. 451*** *- O contrato de trabalho por prazo determinado que, tácita ou expressamente, for prorrogado mais de uma vez passará a vigorar sem determinação de prazo.*

Ainda, um trabalhador que foi contratado por prazo determinado não pode ser novamente contratado dessa forma dentro de um prazo de 6 meses. Somente é possível outra contratação dentro desse prazo se a contratação envolveu serviços especializados ou da realização de certos acontecimentos.

- 1º contrato 01/05/2012 - 30/07/2012
- 2º contrato 01/09/2012 - 30/10/2012

Em princípio, a situação acima é irregular e o segundo contrato será considerado como de prazo indeterminado. Entretanto, por "certos acontecimentos", provas de concurso já validaram a seguinte situação:

- 1º contrato 01/11/2011 - 15/01/2012 (período de Ano Novo)
- 2º contrato 15/02/2012 - 29/02/2012 (Carnaval)

O "certo acontecimento", no caso, foi a necessidade de serviço novamente no Carnaval, o que possibilitou a contração, mesmo não respeitado o período de 6 meses.

Art. 452 - Considera-se por prazo indeterminado todo contrato que suceder, dentro de 6 (seis) meses, a outro contrato por prazo determinado, salvo se a expiração deste dependeu da execução de serviços especializados ou da realização de certos acontecimentos.

Também, há que se ressaltar que a doutrina e jurisprudência não permitem que ocorram sucessivos contratos de experiência, mesmo que respeitados os 6 meses, pois já não há mais finalidade de conhecer o trabalho do empregado em tal contratação. Somente seria possível outro contrato de experiência entre mesma empresa e empregado se fosse para função diferente da contratada anteriormente. Pelo mesmo motivo, não pode um trabalhador ser contratado por prazo determinado no carnaval e, algum tempo depois, na mesma função, ser contratado por experiência. O empregador já o conhece, não se justificando tal contratação.

→ Estabilidade

Em regra, não há estabilidade no contrato por prazo determinado (por exemplo, o dirigente sindical não é estável se foi contratado por prazo determinado).

Fique Ligado

O TST, recentemente, alterou esse posicionamento tradicional para dois casos: o da gestante e o do acidentado.

No contrato por prazo determinado, mesmo no contrato de experiência, haverá estabilidade para a gestante, desde a confirmação da gravidez até 5 meses após o parto.

Sum-244 Gestante. *Estabilidade Provisória*

III. *A empregada gestante tem direito à estabilidade provisória prevista no art. 10, inciso II, alínea b, do ADCT, mesmo na hipótese de admissão mediante contrato por tempo determinado.*

Também, haverá estabilidade para o empregado acidentado afastado por mais de 15 dias do trabalho, pelo prazo mínimo de 12 meses após a cessação do benefício previdenciário. Como a doença ocupacional é equiparada ao acidente do trabalho, a mesma situação ocorre com esta.

SUM-378 III. *O empregado submetido a contrato de trabalho por tempo determinado goza da garantia provisória de emprego, decorrente de acidente de trabalho, prevista no art. 118 da Lei nº 8.213/1991.*

→ Término do Contrato por Prazo Determinado

Há duas hipóteses para o término do contrato por prazo determinado. A primeira é ele ser cumprido integralmente e chegar ao termo final do contrato. Assim, ele se encerra naturalmente e não há indenizações de nenhuma espécie, somente o pagamento das verbas rescisórias: saldo de salário, férias + 1/3 proporcionais ao tempo trabalhado e 13º salário proporcional ao tempo trabalhado, além de ser possível o saque do FGTS.

Apesar de haver pagamento do FGTS e de o trabalhador poder sacá-lo após o término normal do contrato, não há que se falar em multa de 40%, pois não foi uma despedida arbitrária ou sem justa causa; ocorreu o término normal do contrato.

A segunda hipótese é o término antecipado do contrato, que pode ocorrer por vontade do empregador, caso em que ele é obrigado a pagar, a título de indenização, metade da remuneração a que o trabalhador teria direito até o fim do contrato. Note que, em regra, não há aviso prévio, pois ele é um instituto dos contratos por prazo indeterminado.

Art. 479 - Nos contratos que tenham termo estipulado, o empregador que, sem justa causa, despedir o empregado será obrigado a pagar-lhe, a título de indenização, e por metade, a remuneração a que teria direito até o termo do contrato.

Parágrafo único *- Para a execução do que dispõe o presente artigo, o cálculo da parte variável ou incerta dos salários será feito de acordo com o prescrito para o cálculo da indenização referente à rescisão dos contratos por prazo indeterminado.*

Se ocorrer término antecipado do contrato por vontade do funcionário, ele também deve indenizar o empregador pelos prejuízos que causar, mas tal indenização tem como limite a quantia que o próprio empregado receberia caso tivesse sido dispensado. Nesse caso, ele não poderá retirar o FGTS.

Art. 480 - Havendo termo estipulado, o empregado não se poderá desligar do contrato, sem justa causa, sob pena de ser obrigado a indenizar o empregador dos prejuízos que desse fato lhe resultarem.

§ 1º - A indenização, porém, não poderá exceder àquela a que teria direito o empregado em idênticas condições.

→ Cláusula Assecuratória de Direito Recíproco

É possível que as partes convencionem o direito de ambas rescindirem o contrato por prazo determinado antecipadamente, caso em que tal rescisão será tratada como se fosse a rescisão do contrato por tempo indeterminado.

Dessa forma, havendo tal cláusula e encerrado antecipadamente o vínculo por vontade do empregado, este não pagará a indenização do artigo 480, da CLT. Mas terá que dar Aviso Prévio ao seu empregador, sob pena de não receber o último mês de serviço. Receberá normalmente as verbas rescisórias, férias +1/3 proporcionais e 13º salário proporcional. Não poderá, todavia, sacar o FGTS. Se o empregador encerrar o vínculo antecipadamente na vigência dessa cláusula, terá que dar o Aviso Prévio ou indenizá-lo, além de providenciar o pagamento das outras verbas rescisórias e da multa de 40% sobre o FGTS. Não pagará, entretanto, a indenização do art. 479, da CLT.

Art. 481 - Aos contratos por prazo determinado, que contiverem cláusula assecuratória do direito recíproco de rescisão antes de expirado o termo ajustado, aplicam-se, caso seja exercido tal direito por qualquer das partes, os princípios que regem a rescisão dos contratos por prazo indeterminado.

Contrato por Prazo Determinado (Lei 9.601/98)

A Lei 9.601/1998 trouxe uma nova modalidade de contrato por prazo determinado, cujo objetivo era fomentar a contratação pelas empresas, diminuindo o desemprego. Tal lei tem suas especificidades, sendo que, se a prova não indicar que a questão trata dessa lei, ela estará se referindo ao contrato regulado pela CLT.

São dois requisitos básicos para a contratação por prazo determinado conforme essa lei:

- Negociação coletiva, ou seja, convenção ou acordo coletivo, em que o sindicato dos empregados autoriza tal contratação;
- As contratações devem representar um aumento no número de trabalhadores já existentes nos quadros da empresa.

Note que pode haver contratação em qualquer atividade. O prazo máximo é de 2 anos também, mas pode haver várias prorrogações. (Por exemplo, 2 meses + 2 meses + 8 meses + 4 meses).

No caso de término antecipado do contrato, tal lei afasta expressamente a aplicação dos artigos 479 e 480, da CLT. Valerá o que for negociado no ACT ou CCT.

A lei prevê expressamente a estabilidade da gestante, do representante dos empregados eleito para a CIPA, do empregado acidentado e do dirigente sindical, mas tal estabilidade vale durante o prazo do contrato.

O novo posicionamento do TST é que, no caso da gestante e do acidentado, haverá estabilidade, mesmo nos contratos a termo. A mesma lógica deverá ser aplicada nessa espécie de contrato.

Alteração do Contrato de Trabalho

Alteração das Cláusulas e o *Jus Variandi*

Quanto à alteração nos contratos dos empregados, já se tratou um pouco do tema quando analisado o princípio da inalterabilidade lesiva dos contratos.

Somente pode haver alteração no contrato se forem respeitadas duas condições:

> Concordância do empregado;

> Não resulte em prejuízo direto ou indireto.

Veja que a mera concordância não tem o condão de permitir uma alteração prejudicial, tendo em vista que o empregado é subordinado e entende-se que tal manifestação de vontade não é válida.

> ***Art. 468*** *- Nos contratos individuais de trabalho só é lícita a alteração das respectivas condições por mútuo consentimento, e ainda assim desde que não resultem, direta ou indiretamente, prejuízos ao empregado, sob pena de nulidade da cláusula infringente desta garantia.*

Pequenas alterações unilaterais podem ser efetuadas pelo empregador, pois ele tem necessidade de gerir seu negócio, isso se chama *jus variandi*. Seria o exemplo de mudar, em alguns minutos, o horário de trabalho para fazer coincidir com a linha de ônibus, alterar a sede da empresa para outro local dentro da mesma cidade, passar a exigir a utilização de uniforme.

Tal artigo, reflexo do princípio da inalterabilidade, gerou diversas interpretações consubstanciadas em súmulas e OJs do TST:

> ***Sum-265 Adicional Noturno.*** *Alteração de Turno de Trabalho. Possibilidade de Supressão. A transferência para o período diurno de trabalho implica a perda do direito ao adicional noturno.*

No caso da súmula 265, o empregador, via de regra, pode mudar o empregado que trabalha à noite para a manhã mesmo sem sua concordância, mas não pode, sem a concordância do empregado, mudá-lo da manhã para a noite. As razões disso vêm da Medicina do Trabalho, que demonstra que o trabalho noturno é mais prejudicial ao ser humano.

> ***Sum-29 Transferência.*** *Empregado transferido, por ato unilateral do empregador, para local mais distante de sua residência, tem direito a suplemento salarial correspondente ao acréscimo da despesa de transporte.*

O empregador pode mudar o local de atuação, mas, se isso gerar maiores despesas, o empregado deverá ser indenizado. Pense em uma empresa que atue na zona leste de São Paulo e mude um empregado para a zona oeste; claro que haverá maiores gastos.

> ***OJ-SDI1-159 Data de Pagamento.*** *Salários. Alteração. Diante da inexistência de previsão expressa em contrato ou em instrumento normativo, a alteração de data de pagamento pelo empregador não viola o art. 468, desde que observado o parágrafo único, do art. 459, ambos da CLT.*

Por previsão legal, o salário pode ser pago até o dia 5 do mês seguinte à prestação do serviço. Se uma empresa paga sempre no dia 30, mas precisa mudar a data por qualquer motivo que seja, salvo se expressamente combinado em contrário, tal alteração é possível, desde que respeitado o limite do 5º dia do mês subsequente.

Quando ocorre a diminuição do número de alunos, permite-se a redução da carga horária do professor, desde que permaneça inalterado o valor da hora-aula.

> ***OJ-SDI1-244 Professor.*** *Redução da Carga Horária. Possibilidade. A redução da carga horária do professor, em virtude da diminuição do número de alunos, não constitui alteração contratual, uma vez que não implica redução do valor da hora-aula.*

Salvo no caso do trabalho doméstico, em regra, o fornecimento habitual de alimentação tem natureza salarial e integra o contrato dos empregados. Mas pode a negociação coletiva prever tal parcela com caráter indenizatório ou, ainda, a legislação permite que o empregador adira ao PAT, que não tem natureza salarial.

PAT (Programação de Alimentação ao Trabalhador) é um programa do Governo que o empregador pode aderir; então, seus empregados, especialmente os que ganham até 5 salários mínimos, receberão alimentação de qualidade dentro dos padrões impostos pelo governo, e não terá caráter salarial.

Se o empregado já recebia a alimentação como salário *in natura*, mesmo que alterada a natureza por meio de negociação coletiva ou por adesão ao PAT, isso não afetará os contratos dos empregados, que continuarão a receber a verba com natureza salarial.

> ***OJ-SDI1-413 Auxílio-Alimentação.*** *Alteração da Natureza Jurídica. Norma Coletiva ou Adesão ao Pat. A pactuação em norma coletiva conferindo caráter indenizatório à verba "auxílio-alimentação" ou a adesão posterior do empregador ao Programa de Alimentação do Trabalhador — PAT — não altera a natureza salarial da parcela, instituída anteriormente, para aqueles empregados que, habitualmente, já percebiam o benefício, a teor das Súmulas nos 51, I, e 241 do TST.*

A alteração do turno de revezamento para o turno fixo também é possível, mesmo unilateralmente, pois ela é benéfica para a saúde do empregado.

> ***Sum-391 Petroleiros.*** *Lei nº 5.811/1972. Turno Ininterrupto de Revezamento. Horas Extras e Alteração da Jornada para Horário Fixo.*
>
> *I. A Lei nº 5.811/1972 foi recepcionada pela CF/88 no que se refere à duração da jornada de trabalho em regime de revezamento dos petroleiros.*
>
> *II. A previsão contida no art. 10 da Lei nº 5.811/1972, possibilitando a mudança do regime de revezamento para horário fixo, constitui alteração lícita, não violando os arts. 468 da CLT e 7º, VI, da CF/1988.*

Alteração do Cargo

A perda do cargo de confiança, por previsão legal, não é considerada alteração lesiva. Por exemplo, o empregado que era supervisor de vendas em um mercado e passa a ser gerente ao cargo de supervisor.

Art. 468. ***Parágrafo único*** *- Não se considera alteração unilateral a determinação do empregador para que o respectivo empregado reverta ao cargo efetivo, anteriormente ocupado, deixando o exercício de função de confiança.*

Ocorre que, pelo princípio da estabilidade financeira, o TST entende que, se o cargo de confiança foi exercido por mais de 10 anos, pode o empregador reverter o empregado ao cargo original, mas não pode deixar de pagar a gratificação se não houver justo motivo.

Fique Ligado

Mesmo que o empregado tenha trabalhado mais de 10 anos em uma função de confiança, a exemplo do cargo de gerente, o empregado pode ser revertido ao cargo anterior, só não poderá perder a remuneração, salvo se der motivo para a reversão.

Sum-372 Gratificação de Função. *Supressão ou Redução. Limites.*

I. Percebida a gratificação de função por dez ou mais anos pelo empregado, se o empregador, sem justo motivo, revertê-lo a seu cargo efetivo, não poderá retirar-lhe a gratificação tendo em vista o princípio da estabilidade financeira.

II. Mantido o empregado no exercício da função comissionada, não pode o empregador reduzir o valor da gratificação.

Nota-se, ainda, que o rebaixamento de função não é possível. No exemplo citado, não pode o empregado que era supervisor de vendas ser rebaixado para empacotador; isso é uma alteração lesiva vedada pela legislação.

Caso haja extinção da função exercida pelo empregado, então, é possível aproveitá-lo em outra, compatível com sua qualificação, e desde que não se diminua seu salário.

A doutrina e a jurisprudência entendem que, se existente o quadro de carreira homologado pelo MTE, não pode o empregado recusar promoção.

Transferência de Empregados

Dispõe a CLT:

Art. 469 *- Ao empregador é vedado transferir o empregado, sem a sua anuência, para localidade diversa da que resultar do contrato, não se considerando transferência a que não acarretar necessariamente a mudança do seu domicílio.*

§ 1º *- Não estão compreendidos na proibição deste artigo: os empregados que exerçam cargo de confiança e aqueles cujos contratos tenham como condição, implícita ou explícita, a transferência, quando esta decorra de real necessidade de serviço.*

§ 2º *- É licita a transferência quando ocorrer extinção do estabelecimento em que trabalhar o empregado.*

§ 3º *- Em caso de necessidade de serviço o empregador poderá transferir o empregado para localidade diversa da que resultar do contrato, não obstante as restrições do artigo anterior, mas, nesse caso, ficará obrigado a um pagamento suplementar, nunca inferior a 25% (vinte e cinco por cento) dos salários que o empregado percebia naquela localidade, enquanto durar essa situação.*

SUM- 43 Transferência. *Presume-se abusiva a transferência de que trata o § 1º do art. 469 da CLT, sem comprovação da necessidade do serviço.*

A transferência de empregado é uma forma de alteração contratual e, assim, em regra, depende da anuência do empregado. Contudo, não é considerada transferência aquela alteração que não cause a mudança de domicílio do empregado, ou seja, ele pode continuar dentro da mesma cidade ou região metropolitana de fácil acesso.

Não é necessária concordância do empregado nos seguintes casos:

> Ocupantes de cargo de confiança. Mesmo nesse caso, é necessário demonstrar a real necessidade; a transferência não pode ser um mero capricho ou ser usada para punir um empregado;

> Quando o emprego implícita ou explicitamente tenha este caráter. O caráter implícito seria aquele que decorre da própria atividade (por exemplo, o empregado de um circo). O caráter explícito é quando o contrato prevê expressamente tal condição (por exemplo, um engenheiro contratado para vistoriar várias obras no Brasil inteiro). De qualquer forma, também é necessário demonstrar a real necessidade do serviço;

> Extinção do estabelecimento. Se a empresa fechou as portas em Brasília, pode transferir o empregado para Salvador, por exemplo, e, se o empregado se recusar a mudar de cidade, alguns autores consideram que tal situação equipara-se a um pedido de demissão, outros consideram que se equipara a uma dispensa por justa causa;

> Transferência provisória decorrente da necessidade do serviço. Não há critério muito claro do que seja a transferência provisória, mas pode-se considerar aquela em que há expectativa de retorno à cidade de origem. De qualquer forma, é necessário que haja real necessidade de serviço.

No caso da transferência provisória, é devido pagamento de um adicional de 25% sobre os salários do empregado durante todo o período da transferência. Tal adicional tem caráter salarial, refletindo em outras verbas.

Fique Ligado

Mesmo no caso de ocupantes de cargo de confiança ou se existir cláusula contratual que preveja a transferência do empregado, será devido o adicional de transferência de 25% da mesma forma.

Ao retornar para sua cidade de origem, ou se a transferência tornar-se definitiva, o adicional não será mais devido.

OJ-SDI1-113 Adicional de Transferência. *Cargo de Confiança ou Previsão Contratual de Transferência. Devido. Desde que a Transferência seja Provisória. O fato de o empregado exercer cargo de confiança ou a existência de previsão de transferência no contrato de trabalho não exclui o direito ao adicional. O pressuposto legal apto a legitimar a percepção do mencionado adicional é a transferência provisória.*

A par deste adicional de 25% nas transferências provisórias, há, ainda, previsão de uma ajuda de custo, sem caráter salarial, paga uma única vez em razão dos gastos da mudança. Tal ajuda de custo é devida em todas as transferências, provisórias ou definitivas.

Art. 470 *- As despesas resultantes da transferência correrão por conta do empregador.*

→ **Transferência para o exterior**

As transferências para o exterior são reguladas pela Lei 7.064/1982, a qual determina, basicamente, que serão aplicadas as disposições legais mais favoráveis ao empregado em relação a cada matéria. É isso que se chama de teoria do conglobamento mitigada.

De qualquer forma, ainda que a lei do país de execução do serviço considere o trabalho como autônomo, deverá ser contado como tempo de serviço o período que o empregado estiver lá, inclusive sendo devido os depósitos para o FGTS.

Salienta-se que foi cancelada a súmula 207, do TST, sendo que, atualmente, aplica-se a Lei 7.064 a qualquer empregado transferido ou contratado no Brasil para prestar serviços fora.

Suspensão e Interrupção do Contrato de Trabalho

Interrupção do contrato de trabalho significa que o empregado não prestará serviços ao empregador, mas continuará recebendo salários, e esse período contará como tempo de serviço. O empregado não cumpre sua principal obrigação (trabalhar), mas o empregador deve cumprir a sua (pagar salários).

Suspensão do contrato de trabalho significa que tanto o empregado não prestará serviços como o empregador não pagará salários, e tal período não contará como tempo de serviço. Nem o empregado nem o empregador cumprem suas obrigações principais (trabalhar e pagar salários).

Fique Ligado

Suspensão = sem salário. Grave assim para não confundir os dois conceitos.

De qualquer forma, ao empregado afastado são assegurados todos os direitos concedidos à categoria.

> ***Art. 471*** *- Ao empregado afastado do emprego, são asseguradas, por ocasião de sua volta, todas as vantagens que, em sua ausência, tenham sido atribuídas à categoria a que pertencia na empresa.*

Nos contratos por prazo determinado, a regra é que a suspensão ou interrupção do contrato não prorroga o termo final. Todavia, se as partes acordarem, o tempo de afastamento não é computado na contagem do prazo para a terminação do contrato, ou seja, prorroga-se automaticamente o contrato em quantos dias o empregado ficar afastado.

> ***Art. 472. § 2º*** *- Nos contratos por prazo determinado, o tempo de afastamento, se assim acordarem as partes interessadas, não será computado na contagem do prazo para a respectiva terminação.*

Hipóteses de Interrupção

O artigo 473, da CLT, elenca algumas hipóteses de interrupção do contrato de trabalho, mas outras hipóteses podem ser encontradas em diversos textos legais e na própria Constituição.

Fique Ligado

Tais assuntos são bastante cobrados em prova, e é necessário decorar as hipóteses, de forma que listamos abaixo as previsões legais de interrupção, fazendo comentários quando pertinentes ao estudo.

> ***Art. 473*** *- O empregado poderá deixar de comparecer ao serviço sem prejuízo do salário:*

→ **Falecimento (2 dias de afastamento)**

> ***Art. 473. I*** *- Até 2 (dois) dias consecutivos, em caso de falecimento do cônjuge, ascendente, descendente, irmão ou pessoa que, declarada em sua carteira de trabalho e previdência social, viva sob sua dependência econômica;*

Além do cônjuge citado no dispositivo, o falecimento do companheiro (fruto de uma união estável) também tem o condão de causar essa interrupção de 2 dias.

→ **Casamento (3 dias de afastamento)**

> ***Art. 473. II*** *- Até 3 (três) dias consecutivos, em virtude de casamento.*

Exclusivamente para os professores, a CLT dispõe o seguinte:

> ***Art. 320. § 3º*** *- Não serão descontadas, no decurso de 9 (nove) dias, as faltas verificadas por motivo de gala (casamento) ou de luto em consequência de falecimento do cônjuge, do pai ou mãe, ou de filho.*

→ **Licença-paternidade (5 dias de afastamento)**

> ***Art. 10*** *- das disposições transitórias constitucionais.*
>
> ***§ 1º*** *- Até que a lei venha a disciplinar o disposto no art. 7º, XIX, da Constituição, o prazo da licença-paternidade a que se refere o inciso é de cinco dias*

Fique Ligado

Cuidado! o inciso III da CLT foi revogado.

Tal licença também é concedida ao pai que adota uma criança.

→ **Doação de Sangue (1 dia de afastamento)**

> ***Art. 473. IV*** *- Por um dia, em cada 12 (doze) meses de trabalho, em caso de doação voluntária de sangue devidamente comprovada;*

→ **Alistamento Eleitoral (até 2 dias de afastamento)**

> ***Art. 473. V*** *- Até 2 (dois) dias consecutivos ou não, para o fim de se alistar eleitor, nos termos da lei respectiva.*

→ **Vestibular (nos dias de prova)**

> ***Art. 473. VII*** *- Nos dias em que estiver comprovadamente realizando provas de exame vestibular para ingresso em estabelecimento de ensino superior.*

→ **Exigências do Serviço Militar**

> ***Art. 473. VI*** *- No período de tempo em que tiver de cumprir as exigências do Serviço Militar referidas na letra "c" do art. 65 da Lei nº 4.375, de 17 de agosto de 1964 (Lei do Serviço Militar).*
>
> ***Art 65.*** *(Lei 4.375/64) Constituem deveres do Reservista:*
>
> *c) Apresentar-se, anualmente, no local e data que forem fixados, para fins de exercício de apresentação das reservas ou cerimônia cívica do Dia do Reservista;*

Esse caso não tem relação com o serviço militar obrigatório. O tratado aqui é esse comparecimento quando um reservista é convocado.

→ **Comparecimento em Juízo**

> ***Art. 473. VIII.*** *Pelo tempo que se fizer necessário, quando tiver que comparecer a juízo.*
>
> ***Art. 822*** *- As testemunhas não poderão sofrer qualquer desconto pelas faltas ao serviço, ocasionadas pelo seu comparecimento para depor, quando devidamente arroladas ou convocadas.*
>
> ***SUM-155 Ausência ao Serviço.*** *As horas em que o empregado falta ao serviço para comparecimento necessário, como parte, à Justiça do Trabalho não serão descontadas de seus salários (ex-prejulgado nº 30).*

Além da testemunha, é o caso do jurado também.

→ **Participação de Representante Sindical em Reunião de Organismo Internacional**

> ***Art. 473. IX.*** *Pelo tempo que se fizer necessário, quando, na qualidade de representante de entidade sindical, estiver participando de reunião oficial de organismo internacional do qual o Brasil seja membro.*

→ **Acidente do Trabalho ou Doença Profissional nos Primeiros 15 Dias**

> ***Art. 60. (Lei 8.213/1991) § 3º*** *Durante os primeiros quinze dias consecutivos ao do afastamento da atividade por motivo de doença, incumbirá à empresa pagar ao segurado empregado o seu salário integral.*

Cuidado, em caso de acidente ou doença, a empresa paga o salário nos primeiros 15 dias de afastamento, sendo, portanto, interrupção do contrato. Contudo, se o empregado ficar afastado mais de 15 dias, ou seja, do 16º dia para frente, é o INSS quem paga o empregado para ele ficar "encostado", de forma que, do 16º para frente, o afastamento passa a ser suspensão do contrato.

→ **Redução de Jornada no Aviso Prévio**

> ***Art. 488*** *- O horário normal de trabalho do empregado, durante o prazo do aviso, e se a rescisão tiver sido promovida pelo empregador, será reduzido de 2 (duas) horas diárias, sem prejuízo do salário integral.*
>
> ***Parágrafo único*** *- É facultado ao empregado trabalhar sem a redução das 2 (duas) horas diárias previstas neste artigo, caso em que poderá faltar ao serviço, sem prejuízo do salário integral, por 1 (um) dia, na hipótese do inciso I, e por 7 (sete) dias corridos, na hipótese do inciso II do art. 487 desta Consolidação.*

A CLT faculta ao empregado sair 2 horas mais cedo ou ter 7 dias seguidos para procurar outro emprego e, como o salário é mantido, tal período configura interrupção da jornada. O trabalhador rural tem 1 dia por semana, e tal período também é de interrupção.

→ **Férias e Descanso Semanal Remunerado**

> ***Art. 5º, da CF.***
>
> ***XV.*** *Repouso semanal remunerado, preferencialmente aos domingos;*
>
> ***XVII.*** *Gozo de férias anuais remuneradas com, pelo menos, um terço a mais do que o salário normal;*

A respeito das férias e do descanso semanal remunerado, é tamanha sua importâncias e cobranças em concursos que serão tratados de forma aprofundada em tópicos próprios quando se analisar a duração da jornada.

→ **Aborto não criminoso (2 semanas)**

> ***Art. 395*** *- Em caso de aborto não criminoso, comprovado por atestado médico oficial, a mulher terá um repouso remunerado de 2 (duas) semanas, ficando-lhe assegurado o direito de retornar à função que ocupava antes de seu afastamento.*

Se o aborto não criminoso é interrupção ou suspensão, o empregador paga os salários, mas é reembolsado pela previdência social, somente ficando a cargo do empregador o pagamento do FGTS, sendo que conta tempo de serviço. A posição que prevalece é que é interrupção.

→ **Licença-maternidade (120 dias)**

> ***Art. 5º, da CF. XVIII*** *- Licença à gestante, sem prejuízo do emprego e do salário, com a duração de cento e vinte dias;*

Se a licença maternidade é interrupção ou suspensão, o empregador paga os salários, mas é reembolsado pela previdência social, somente ficando a cargo do empregador o pagamento do FGTS, sendo que conta tempo de serviço. A posição que prevalece é que é interrupção.

> ***Art. 392. § 4º*** *É garantido à empregada, durante a gravidez, sem prejuízo do salário e demais direitos:*
>
> ***II.*** *Dispensa do horário de trabalho pelo tempo necessário para a realização de, no mínimo, seis consultas médicas e demais exames complementares.*

A gestante pode se afastar para realizar pelo menos 6 consultas médicas e exames complementares, sem prejuízo do salário.

→ **Participação em Comissão de Conciliação Prévia**

> ***Art. 625-B 2º:*** *O representante dos empregados desenvolverá seu trabalho normal na empresa afastando-se de suas atividades apenas quando convocado para atuar como conciliador, sendo computado como tempo de trabalho efetivo o despendido nessa atividade.*

→ **Prontidão e Sobreaviso**

> ***SUM-229 Sobreaviso.*** *Eletricitários. Por aplicação analógica do art. 244, § 2º, da CLT, as horas de sobreaviso dos eletricitários são remuneradas à base de 1/3 sobre a totalidade das parcelas de natureza salarial.*
>
> ***Art. 244. § 2º:*** *Considera-se de "sobreaviso" o empregado efetivo, que permanecer em sua própria casa, aguardando a qualquer momento o chamado para o serviço. Cada escala de "sobreaviso" será, no máximo, de vinte e quatro horas. As horas de "sobreaviso", para todos os efeitos, serão contadas à razão de 1/3 (um terço) do salário normal.*
>
> ***§ 3º*** *Considera-se de "prontidão" o empregado que ficar nas dependências da estrada, aguardando ordens. A escala de prontidão será, no máximo, de doze horas. As horas de prontidão serão, para todos os efeitos, contadas à razão de 2/3 (dois terços) do salário-hora normal.*

Quando o empregado está de prontidão ou sobreaviso, aguarda ordens para ir trabalhar a qualquer momento e recebe parte do salário, sendo tal caso interrupção do contrato. A CLT prevê expressamente tal condição para os trabalhadores das estradas de ferro, mas, por analogia, isso pode ser aplicado a qualquer empregado.

→ ***Lockout***

Lei 7.783/1989, que trata sobre a Greve:

> ***Art. 17.*** *Fica vedada a paralisação das atividades, por iniciativa do empregador, com o objetivo de frustrar negociação ou dificultar o atendimento de reivindicações dos respectivos empregados (lockout).*
>
> ***Parágrafo único.*** *A prática referida no caput assegura aos trabalhadores o direito à percepção dos salários durante o período de paralisação.*

O *Lockout* é quando o empregador fecha a empresa para dificultar ou impedir organização dos empregados; seria uma espécie de greve da empresa. O Direito brasileiro não permite tal prática, sendo que o empregador deve pagar os salários dos empregados durante o período do *lockout*.

→ **Participação no Conselho Curador do FGTS**

Decreto 99.684/1990.

> ***Art. 65. § 6°:*** *As ausências ao trabalho dos representantes dos trabalhadores no Conselho Curador, decorrentes das atividades desse órgão, serão abonadas, computando-se como jornada efetivamente trabalhada para todos os fins e efeitos legais.*

→ **Licença Remunerada Voluntariamente Concedida**

Sempre que o empregador conceder uma licença remunerada para o empregado, ou quando o contrato de emprego, ou ACT ou CCT transformar uma pausa que era sem remuneração, em remunerada, tal período será de interrupção.

Por exemplo, para segurar pessoas talentosas na sua firma, um empresário decide que o repouso para alimentação passará a ser remunerado. Esse período será considerado interrupção, apesar de a regra geral é que seja suspensão.

Hipóteses de Suspensão

→ **Encargo Público e Serviço Militar Obrigatório**

Os encargos públicos, de forma geral, suspendem o contrato de trabalho (por exemplo, eleição para prefeito da cidade, escolha como Ministro ou Secretário de Estado, Deputado Federal e Senador etc.).

O serviço militar obrigatório, aquele prestado após completar 18 anos, é considerado suspensão do contrato, mas há divergência doutrinária a respeito, uma vez que o empregador não paga os salários, mas tem que continuar depositando o FGTS, e ainda conta como tempo de serviço.

Imediatamente após cumprido o encargo público ou findo o serviço militar, caso o empregado deseje retornar ao seu posto de trabalho, deve comunicar ao empregador, no prazo máximo de 30 dias, por telegrama ou carta registrada.

Nos contratos por prazo determinado, pode-se combinar que os períodos não contem para calcular a terminação do contrato.

> ***Art. 472*** *- O afastamento do empregado em virtude das exigências do serviço militar, ou de outro encargo público, não constituirá motivo para alteração ou rescisão do contrato de trabalho por parte do empregador.*
>
> ***§ 1º*** *- Para que o empregado tenha direito a voltar a exercer o cargo do qual se afastou em virtude de exigências do serviço militar ou de encargo público, é indispensável que notifique o empregador dessa intenção, por telegrama ou carta registrada, dentro do prazo máximo de 30 (trinta) dias, contados da data em que se verificar a respectiva baixa ou a terminação do encargo a que estava obrigado.*
>
> ***§ 2º*** *- Nos contratos por prazo determinado, o tempo de afastamento, se assim acordarem as partes interessadas, não será computado na contagem do prazo para a respectiva terminação.*

Fique Ligado

Esse prazo de 30 dias que o empregado tem para avisar o empregador de que deseja reatar a relação de emprego não tem relação com o prazo de 90 dias do art. 132 da CLT, o qual regula que, se o empregado retornar em 90 dias, o período de trabalho anterior contará para férias.

→ **Mandado Sindical**

Quando o empregado é eleito para cargo de mandado sindical, temporariamente ele para de prestar serviços à empresa, sendo que esta para de pagar-lhe os salários.

→ **Suspensão Disciplinar**

O empregador pode suspender o empregador, por motivo disciplinar, sem pagamento de salário. Note que essa suspensão não pode exceder 30 dias, sob pena de implicar rescisão indireta do contrato de trabalho.

> ***Art. 474*** *- A suspensão do empregado por mais de 30 (trinta) dias consecutivos importa na rescisão injusta do contrato de trabalho.*

Se a suspensão for considerada ilegal ou abusiva pela Justiça do Trabalho, então, o juiz condenará a empresa a pagar por tal período, ou seja, haverá a conversão em interrupção.

→ **Greve**

Durante a greve, não há prestação de serviço e pagamento de salário ou FGTS, nem conta-se o tempo de serviço, sendo, então, suspensão do contrato.

> ***Lei 7.783/1989. Art. 2º*** *Para os fins desta Lei, considera-se legítimo exercício do direito de greve a suspensão coletiva, temporária e pacífica, total ou parcial, de prestação pessoal de serviços a empregador.*

Mas se, nas negociações, ficar acertado que os empregados irão repor as horas e receber por isso, então, tal lapso temporal converte-se em interrupção.

A Lei de Greve costuma ser cobrada em provas; portanto, é importante sua leitura integral, sendo que na parte de Direito Coletivo é que se estudará com detalhes o tema.

→ **Acidente do Trabalho ou Doença Profissional por mais de 15 dias**

> **Lei 8.213/1991.** ***Art. 60.*** *O auxílio-doença será devido ao segurado empregado a contar do décimo sexto dia do afastamento da atividade, e, no caso dos demais segurados, a contar da data do início da incapacidade e enquanto ele permanecer incapaz.*

É controvertido se o afastamento após o 15º dia é suspensão do contrato, pois o empregado não recebe salário, recebe benefício previdenciário (auxílio-doença acidentário), e somente haverá pagamento de FGTS. Como o empregado não recebe salário, prevalece a posição de que é suspensão.

→ **Eleição para Cargo de Direção de Sociedade Anônima**

O TST sumulou a questão, informando que se trata de suspensão.

> ***Sum-269 Diretor Eleito.*** *Cômputo do Período como Tempo de Serviço. O empregado eleito para ocupar cargo de diretor tem o respectivo contrato de trabalho suspenso, não se computando o tempo de serviço desse período, salvo se permanecer a subordinação jurídica inerente à relação de emprego.*

→ **Intervalos Intrajornada e Interjornada**

Todos os intervalos não remunerados são hipóteses de suspensão (por exemplo, o intervalo de almoço e o intervalo entre dois dias de serviço).

→ **Prisão provisória do Empregado**

O empregado, quando é recolhido à prisão, considera-se dispensado com justa causa, uma vez que é inviável o cumprimento do contrato. Entretanto, no caso de prisão provisória, o TST tem entendido que é caso de suspensão do contrato de trabalho, pois, em pouco tempo o empregado retornará ao seu posto.

Fique Ligado

Já foi cobrado, diversas vezes, em prova se a condenação criminal do empregado extingue o vínculo ou suspende o vínculo. Não suspende, nem extingue. A mera condenação criminal não altera o contrato de trabalho. É o recolhimento à prisão que extingue o contrato, por justa causa do empregado. Se falar só em condenação, o contrato permanece em vigor normalmente.

→ Violência Doméstica

No caso de violência doméstica, para garantir a integridade física e moral da mulher, pode o juiz determinar que está se afaste do local de trabalho por um período de 6 meses, sem prejuízo do emprego. Como a lei não fala em pagamento de salário, é caso de suspensão do contrato.

Lei Maria da Penha

> ***Art. 9º § 2º*** *O juiz assegurará à mulher em situação de violência doméstica e familiar, para preservar sua integridade física e psicológica:*
>
> ***II.*** *Manutenção do vínculo trabalhista, quando necessário o afastamento do local de trabalho, por até seis meses.*

→ Suspensão prévia ao Inquérito para Apuração de Falta Grave

O empregado que possui a estabilidade decenal e o dirigente sindical necessitam de um inquérito para apuração de falta grave para serem dispensados. O empregador pode suspender o empregado por 30 dias e, dentro desse prazo, deve ajuizar o inquérito, de forma que, durante tal período, o empregado não recebe salários, sendo, então, caso de suspensão.

Ocorre que, se o inquérito for julgado improcedente, o empregador deverá pagar os salários do período, convertendo-se, então, o período em interrupção do contrato.

> ***Art. 494*** *- O empregado acusado de falta grave poderá ser suspenso de suas funções, mas a sua despedida só se tornará efetiva após o inquérito e que se verifique a procedência da acusação.*
>
> ***Parágrafo único*** *- A suspensão, no caso deste artigo, perdurará até a decisão final do processo.*
>
> ***Art. 495*** *- Reconhecida a inexistência de falta grave praticada pelo empregado, fica o empregador obrigado a readmiti-lo no serviço e a pagar-lhe os salários a que teria direito no período da suspensão.*

→ Qualificação Profissional

Existe a possibilidade de suspender-se o contrato de trabalho pelo período de 2 a 5 meses, para a qualificação profissional do empregado, mediante previsão em convenção ou acordo coletivo e adesão formal do funcionário. Tal prazo pode ser elastecido pela própria ACT ou CCT, caso em que o empregador arcará com o valor da bolsa de qualificação profissional.

Durante a suspensão, não haverá pagamento de salário, por isso, é hipótese de suspensão, mas poderá haver uma ajuda compensatória mensal, sem caráter salarial, cujo valor esteja previsto no ACT ou na CCT.

Esse período de qualificação não pode ser utilizado pelo mesmo empregado dentro dos próximos 16 meses de contrato.

Caso o empregado seja dispensado durante o curso ou nos 3 meses seguintes ao retorno ao trabalho, o empregador deverá pagar multa em valor estabelecido no ACT ou na CCT, sendo, no mínimo, de 100% o valor da última remuneração.

Se não for ministrado o curso ou o empregado permanecer trabalhando, desconsidera-se o período de suspensão, devendo, então, o empregador pagar todos os salários e encargos do período.

> ***Art. 476-A*** *O contrato de trabalho poderá ser suspenso, por um período de dois a cinco meses, para participação do empregado em curso ou programa de qualificação profissional oferecido pelo empregador, com duração equivalente à suspensão contratual, mediante previsão em convenção ou acordo coletivo de trabalho e aquiescência formal do empregado, observado o disposto no art. 471 desta Consolidação.*
>
> *§ 1º Após a autorização concedida por intermédio de convenção ou acordo coletivo, o empregador deverá notificar o respectivo sindicato, com antecedência mínima de quinze dias da suspensão contratual.*
>
> *§ 2º O contrato de trabalho não poderá ser suspenso em conformidade com o disposto no caput deste artigo mais de uma vez no período de dezesseis meses.*
>
> *§ 3º O empregador poderá conceder ao empregado ajuda compensatória mensal, sem natureza salarial, durante o período de suspensão contratual nos termos do caput deste artigo, com valor a ser definido em convenção ou acordo coletivo.*
>
> *§ 4º Durante o período de suspensão contratual para participação em curso ou programa de qualificação profissional, o empregado fará jus aos benefícios voluntariamente concedidos pelo empregador.*
>
> *§ 5º Se ocorrer a dispensa do empregado no transcurso do período de suspensão contratual ou nos três meses subsequentes ao seu retorno ao trabalho, o empregador pagará ao empregado, além das parcelas indenizatórias previstas na legislação em vigor, multa a ser estabelecida em convenção ou acordo coletivo, sendo de, no mínimo, cem por cento sobre o valor da última remuneração mensal anterior à suspensão do contrato.*
>
> *§ 6º Se durante a suspensão do contrato não for ministrado o curso ou programa de qualificação profissional, ou o empregado permanecer trabalhando para o empregador, ficará descaracterizada a suspensão, sujeitando o empregador ao pagamento imediato dos salários e dos encargos sociais referentes ao período, às penalidades cabíveis previstas na legislação em vigor, bem como às sanções previstas em convenção ou acordo coletivo.*
>
> *§ 7º O prazo limite fixado no caput poderá ser prorrogado mediante convenção ou acordo coletivo de trabalho e aquiescência formal do empregado, desde que o empregador arque com o ônus correspondente ao valor da bolsa de qualificação profissional, no respectivo período.*

→ Aposentadoria por Invalidez

Quando o empregado é aposentado por invalidez, tem seu contrato suspenso, podendo retornar ao trabalho caso tenha capacidade novamente. Pode o empregador, em vez de permitir o retorno, indenizar o trabalhador pela rescisão do contrato.

Se o trabalhador for estável quando aposentado por invalidez, a indenização será paga em dobro.

Se o empregador tiver admitido substituto no lugar do aposentado, e desde que avisado previamente esse substituto, quando do retorno do aposentado, poderá dispensar o novo empregado sem pagar-lhe indenização.

O prazo da suspensão é de 5 anos, e é regulado pela lei previdenciária. Há discussão a respeito de se o empregado pode ou não retornar ao trabalho após os 5 anos; há súmula do STF e do TST conflitantes sobre o tema, mas, no concurso, prevalece a posição do TST, que informa que pode retornar mesmo após os 5 anos, até por ser mais recente, sendo que a súmula 217, do STF, foi publicada ainda na vigência de lei anterior.

> ***Art. 475*** *- O empregado que for aposentado por invalidez terá suspenso o seu contrato de trabalho durante o prazo fixado pelas leis de previdência social para a efetivação do benefício.*
>
> *§ 1º - Recuperando o empregado a capacidade de trabalho e sendo a aposentadoria cancelada, ser-lhe-á assegurado o direito à função que ocupava ao tempo da aposentadoria, facultado, porém, ao empregador, o direito de indenizá-lo por rescisão do contrato de trabalho, nos termos dos arts. 477 e 478, salvo na hipótese de ser ele portador de estabilidade, quando a indenização deverá ser paga na forma do art. 497.*

§ 2º - Se o empregador houver admitido substituto para o aposentado, poderá rescindir, com este, o respectivo contrato de trabalho sem indenização, desde que tenha havido ciência inequívoca da interinidade ao ser celebrado o contrato.

SUM-160/TST Aposentadoria por invalidez. *Cancelada a aposentadoria por invalidez, mesmo após cinco anos, o trabalhador terá direito de retornar ao emprego, facultado, porém, ao empregador, indenizá-lo na forma da lei.*

Recentemente, o TST sumulou acerca de quando o contrato é suspenso, em razão de aposentadoria por invalidez ou afastamento por doença ocupacional; Mantém o plano de saúde:

Sum-440 Auxílio-Doença Acidentário. *Aposentadoria por Invalidez. Suspensão do Contrato de Trabalho. Reconhecimento do Direito à Manutenção de Plano de Saúde ou de Assistência Médica. Assegura-se o direito à manutenção de plano de saúde ou de assistência médica oferecido pela empresa ao empregado, não obstante suspenso o contrato de trabalho em virtude de auxílio-doença acidentário ou de aposentadoria por invalidez.*

Dano Moral da Relação de Emprego

A melhor conceituação doutrinária considera o dano moral aquele que afeta os direitos da personalidade da pessoa, de forma que se arbitra uma quantia em dinheiro para compensar a dor sofrida, e não "monetariazando" os sentimentos humanos. Não é necessário provar-se o dano em si, mas é necessário demonstrar o evento que causa o prejuízo, sendo que o dano moral será presumido. Entretanto, meros aborrecimentos cotidianos não configuram dano moral, de forma que é a jurisprudência que sedimenta quais situações geram dano moral ou não.

O **dano moral,** em geral, ocorre durante o contrato de trabalho; contudo, há situações pré-contratuais que podem gerá-lo, como abusos cometidos no processo de seleção no emprego, bem como pós-contratuais, como na formação de lista negra ou anotação de informações desabonadoras na CTPS do empregado.

Algumas situações recorrentes no dia a dia já têm uma certa pacificação na doutrina e jurisprudência, fixando critérios para quais eventos causam o dano moral, os quais podem ser objeto de prova: assédio moral ou sexual no trabalho; agressões físicas ou verbais; discriminação; acidente do trabalho ou doença ocupacional; limitação de uso do banheiro.

Revista íntima realizada por pessoa do sexo oposto também gera dano moral. Por outro lado, a revista em bolsas, quando realizada de forma não discriminatória, não tem gerado dano moral.

Quando a empresa fornece e-mail para o empregado trabalhar, pode controlar o conteúdo transmitido; não gera dano moral tal conduta, diferentemente de a empresa bisbilhotar o e-mail pessoal do empregado.

Por fim, existe ainda o dano moral coletivo, que ocorre quando a conduta empresarial viola frontalmente direitos trabalhistas de toda uma coletividade, como ocorre no caso do trabalho análogo ao de escravo - não é só o trabalhador que foi lesado, toda a comunidade o foi, pela repulsa a tal conduta.

Recentemente, o TST sumulou a questão da correção monetária e juros, da quantia fixada a título de danos morais. Pelo entendimento da corte, os juros contam-se desde o ajuizamento da ação, mas a correção monetária conta-se desde a data da decisão que fixa a quantia.

Sum-439 Danos Morais. *Juros de Mora e Atualização Monetária. Termo Inicial. Nas condenações por dano moral, a atualização monetária é devida a partir da data da decisão de arbitramento ou de alteração do valor. Os juros incidem desde o ajuizamento da ação, nos termos do art. 883 da CLT.*

Exercícios Comentados

01. ***Karina e Mariana residem no pensionato de Ester, local em que dormem e realizam as suas refeições, já que Gabriela, proprietária do pensionato, contratou Abigail para exercer as funções de cozinheira. Jaqueline reside em uma república estudantil que possui como funcionária Helena, responsável pela limpeza da república, além de cozinhar para os estudantes moradores. Abigail e Helena estão grávidas. Neste caso:***

a) ***Nenhuma das empregadas são domésticas, mas ambas terão direito a estabilidade provisória decorrente da gestação.***

b) ***Ambas são empregadas domésticas e terão direito a estabilidade provisória decorrente da gestação.***

c) ***Somente Helena é empregada doméstica, mas ambas terão direito a estabilidade provisória decorrente da gestação.***

d) ***Somente Abigail é empregada doméstica, mas ambas terão direito a estabilidade provisória decorrente da gestação.***

e) ***Ambas são empregadas domésticas, mas não terão direito a estabilidade provisória decorrente da gestação.***

RESPOSTA. ***"C". Note que não é a atividade em si que determina se uma pessoa é doméstica, mas sim os requisitos elencados pela lei. Abigail não é doméstica, pois sua atividade gera lucro, o que não pode ocorrer, ao contrário de Helena, que somente serve às necessidades da república. De qualquer modo, ambas possuem estabilidade gestante.***

02. ***Considere as seguintes assertivas a respeito da proteção ao trabalho da mulher:***

I. ***A adoção de medidas de proteção ao trabalho das mulheres é considerada de ordem pública, não justificando, em hipóteses alguma, a redução de salário.***

II. ***Em caso de parto antecipado, a mulher terá direito a 12 semanas de licença-maternidade.***

III. ***À empregada que adotar ou obtiver guarda judicial para fins de adoção de criança de 7 anos de idade será concedida licença-maternidade de 120 dias.***

IV. ***Os locais destinados à guarda dos filhos das operárias, durante o período da amamentação, deverão possuir, no mínimo, um berçário, uma saleta de amamentação, uma cozinha dietética e uma instalação sanitária.***

De acordo com a Consolidação das Leis do Trabalho está correto o que consta apenas em:

a) ***III e IV.***

b) ***I, II e III.***

c) ***I e IV.***

d) ***I, III e IV.***

e) ***II, III e IV.***

RESPOSTA. ***"D". O único item errado é o II, pois em caso de parto antecipado, a licença é de 120 dias da mesma forma. É importante notar que a questão é de 2011, sendo que tais assuntos ainda são cobrados, mesmo que com baixa frequência.***

CAPÍTULO 04

Duração do Trabalho

Uma das primeiras preocupações do Direito do Trabalho foi com a duração do trabalho, tema amplamente cobrado em provas e que tem grande detalhamento na legislação brasileira. Quando se estuda a duração do trabalho, aborda-se a jornada de trabalho, ou seja, o trabalho efetivo do empregado, que tem um padrão geral previsto na Constituição, mas possui diversas variações, tanto previstas em lei, como em súmulas e orientações jurisprudenciais do TST.

Jornada de Trabalho

A limitação da jornada de trabalho foi uma das primeiras conquistas dos empregados, sendo que nossa Constituição e a CLT regulam várias questões. Tal instituto está ligado à saúde e segurança do trabalhador, pois longas jornadas contribuem para a ocorrência de mais doenças ocupacionais e acidentes do trabalho, diminuição do convício familiar e social etc.

De forma geral, a jornada máxima é de 8 horas diárias e 44 semanais, conforme previsão na Lei Maior:

> ***Art. 7º XIII.*** *Duração do trabalho normal não superior a oito horas diárias e quarenta e quatro semanais, facultada a compensação de horários e a redução da jornada, mediante acordo ou convenção coletiva de trabalho;*

Considera-se jornada de trabalho o tempo que o empregado está à disposição da empresa, aguardando ou executando ordens, conforme previsão na CLT.

> ***Art. 4º*** *- Considera-se como de serviço efetivo o período em que o empregado esteja à disposição do empregador, aguardando ou executando ordens, salvo disposição especial expressamente consignada.*

Se o empregador voluntariamente conceder uma pausa no serviço, tal como um lanche de 10 minutos durante a tarde, tal período considera-se como à disposição do empregador, ou seja, será remunerado e acrescido à jornada, de forma que pode ensejar no pagamento de horas extras.

> ***Sum-118*** *Jornada de Trabalho. Horas Extras. Os intervalos concedidos pelo empregador na jornada de trabalho, não previstos em lei, representam tempo à disposição da empresa, remunerados como serviço extraordinário, se acrescidos ao final da jornada.*

Registro de Jornada

Para as empresas com até 10 funcionários, não há obrigatoriedade de registrar-se a entrada e a saída dos funcionários, de forma que a prova da jornada de trabalho é do empregado. Contudo, para as empresas com mais de 10 funcionários, a CLT obriga que o empregador mantenha registro manual, mecânico ou eletrônico da entrada e saída dos empregados.

O horário que estiver anotado no cartão ponto presume-se verdadeiro, mas tal presunção é relativa (*juris tantum*), cabendo prova em contrário.

> ***Art. 74.§2º*** *- Para os estabelecimentos de mais de dez trabalhadores será obrigatória a anotação da hora de entrada e de saída, em registro manual, mecânico ou eletrônico, conforme instruções a serem expedidas pelo Ministério do Trabalho, devendo haver pré-assinalação do período de repouso.*
>
> ***Sum-338*** *Jornada de Trabalho. Registro. Ônus da prova.*
>
> *I. É ônus do empregador que conta com mais de 10 (dez) empregados o registro da jornada de trabalho na forma do art. 74, § 2º, da CLT. A não-apresentação injustificada dos controles de frequência gera presunção relativa de veracidade da jornada de trabalho, a qual pode ser elidida por prova em contrário.*
>
> *II. A presunção de veracidade da jornada de trabalho, ainda que prevista em instrumento normativo, pode ser elidida por prova em contrário.*
>
> *III. Os cartões de ponto que demonstram horários de entrada e saída uniformes são inválidos como meio de prova, invertendo-se o ônus da prova, relativo às horas extras, que passa a ser do empregador, prevalecendo a jornada da inicial se dele não se desincumbir.*

O item III da súmula acima é questão recorrente em provas. É considerado inválido cartão ponto uniforme, também chamado de horário britânico (todo dia a pessoa anota 08:00 - 11:00 / 13:00 - 18:00), pois é impossível fazer esse horário, todos os dias, durante anos, presumindo-se que tal prática não corresponde à realidade.

Dessa forma, foi criada uma margem de até 5 minutos na entrada e até 5 minutos na saída, totalizando 10 minutos diários, em que não se penaliza um empregado por estar atrasado, nem é necessário que a empresa pague esse período como hora extra. Mas se tal período for ultrapassado, então, haverá penalidade - empregado será considerado faltoso e a empresa deverá pagar todo o período como extra.

> ***Art. 58*** *- A duração normal do trabalho, para os empregados em qualquer atividade privada, não excederá de 8 (oito) horas diárias, desde que não seja fixado expressamente outro limite.*
>
> ***§1º*** *Não serão descontadas nem computadas como jornada extraordinária as variações de horário no registro de ponto não excedentes de cinco minutos, observado o limite máximo de dez minutos diários.*
>
> ***SUM-366*** *Cartão de Ponto. Registro. Horas extras. Minutos que antecedem e sucedem a jornada de trabalho. Não serão descontadas nem computadas como jornada extraordinária as variações de horário do registro de ponto não excedentes de cinco minutos, observado o limite máximo de dez minutos diários. Se ultrapassado esse limite, será considerada como extra a totalidade do tempo que exceder a jornada normal.*

Nem a Convenção ou Acordo Coletivo podem alterar tal disposição, pois está prevista em lei, sendo norma cogente:

> ***OJ-SDI1-372*** *Minutos que antecedem e sucedem a jornada de trabalho. Lei nº 10.243, de 19.06.2001. Norma Coletiva. Flexibilização. Impossibilidade. A partir da vigência da Lei nº 10.243, de 19.06.2001, que acrescentou o § 1º ao art. 58 da CLT, não mais prevalece cláusula prevista em convenção ou acordo coletivo que elastece o limite de 5 minutos que antecedem e sucedem a jornada de trabalho para fins de apuração das horas extras.*

Uma discussão pacificada pelo TST foi o descolamento entre a portaria e o local de trabalho. Imagine uma empresa do tamanho da Usina de Itaipu, em que já dentro da empresa o empregado demora 30 minutos para chegar até o local em que "bate o ponto"; não seria razoável que o empregado despendesse 1 hora por dia somente no trânsito dentro da empresa, sem ser remunerado por isso.

Então, o TST fixou que até 10 minutos diários não se configura tempo à disposição, mas se ultrapassar esse tempo, então, todo o período será contado na jornada. É basicamente o mesmo critério adotado para anotação do cartão ponto.

> ***Sum-429*** *Tempo à Disposição do Empregador. Art. 4º da CLT. Período de Deslocamento Entre a Portaria e o Local de Trabalho. Considera-se à disposição do empregador, na forma do art. 4º da CLT, o tempo necessário ao deslocamento do trabalhador entre a portaria da empresa e o local de trabalho, desde que supere o limite de 10 (dez) minutos diários.*

Prontidão e Sobreaviso

A CLT trata, ainda, da prontidão e do sobreaviso, os quais originalmente foram pensados para tratar do caso dos ferroviários, mas que, por analogia, podem ser aplicados a outras espécies de empregados. Prontidão ocorre quando o empregado aguarda na empresa ordens a qualquer momento, mas não está efetivamente trabalhando, de forma que receba 2/3 de seus salários, o que durará no máximo 12 horas. A regra é que o empregado que está à disposição na empresa considera-se em serviço, conforme tratado, sendo tal prática exceção.

Sobreaviso ocorre quando o empregado aguarda ordens a qualquer momento, mas também não está efetivamente trabalhando, de forma que recebe 1/3 de seus salários, o que durará no máximo 24 horas.

> ***Art. 244. §2º*** *Considera-se de sobreaviso o empregado efetivo, que permanecer em sua própria casa, aguardando a qualquer momento o chamado para o serviço. Cada escala de sobreaviso será, no máximo, de vinte e quatro horas, As horas de sobreaviso, para todos os efeitos, serão contadas à razão de 1/3 (um terço) do salário normal.*
>
> ***§3º*** *Considera-se de "prontidão" o empregado que ficar nas dependências da estrada, aguardando ordens. A escala de prontidão será, no máximo, de doze horas. As horas de prontidão serão, para todos os efeitos, contadas à razão de 2/3 (dois terços) do salário-hora normal.*

O TST já estendeu aos eletricitários as disposições do sobreaviso:

> ***SUM-229*** *Sobreaviso. Eletricitários. Por aplicação analógica do art. 244, § 2º, da CLT, as horas de sobreaviso dos eletricitários são remuneradas à base de 1/3 sobre a totalidade das parcelas de natureza salarial.*

Nota-se, contudo, que o simples fornecimento e utilização de aparelhos de telecomunicação não caracteriza, por si só, o sobreaviso.

> ***Sum-428*** *Sobreaviso. Aplicação Analógica do Art. 244, § 2º, da CLT.*
>
> *I. O uso de instrumentos telemáticos ou informatizados fornecidos pela empresa ao empregado, por si só, não caracteriza regime de sobreaviso.*
>
> *II. Considera-se em sobreaviso o empregado que, à distancia e submetido a controle patronal por instrumentos telemáticos ou informatizados, permanecer em regime de plantão ou equivalente, aguardando a qualquer momento o chamado para o serviço durante o período de descanso.*

Prontidão e Sobreaviso

Além da jornada padrão de 8 horas durante a semana e mais 4 horas no sábado, as necessidades produtivas foram criando variações na jornada. A jornada 12 x 36 é uma das mais utilizadas nos setores de saúde, sendo que ela pode, excepcionalmente, ser instituída por meio de negociação coletiva, sendo que os feriados trabalhados serão pagos em dobro. Recentemente o, TST sumulou o assunto:

> ***Sum-444****. Jornada de Trabalho. Norma Coletiva. Lei. Escala de 12 por 36. Validade. É valida, em caráter excepcional, a jornada de doze horas de trabalho por trinta e seis de descanso, prevista em lei ou ajustada exclusivamente mediante acordo coletivo de trabalho ou convenção coletiva de trabalho, assegurada a remuneração em dobro dos feriados trabalhados. O empregado não tem direito ao pagamento de adicional referente ao labor prestado na décima primeira e décima segunda horas.*

Outra jornada que é utilizada é a 24 x 72. De qualquer forma, é necessário conceder intervalo de almoço, adicional noturno, hora noturna reduzida etc. Nessas jornadas, segundo entendimento do TST, já se consideram compensados os domingos e feriados, não havendo pagamento em dobro ou pagamento de horas extras.

Outra jornada utilizada no ramo da saúde é a 6 x 12, em que o empregado labora seis horas diárias, mas tem um plantão de 12 horas em qualquer dia da semana.

A "semana espanhola", modalidade em que o empregado trabalha 40 horas em uma semana e 48 horas na outra, também é permitida.

> ***OJ-SDI1-323*** *Acordo de Compensação de Jornada. "Semana Espanhola". Validade. É válido o sistema de compensação de horário quando a jornada adotada é a denominada "semana espanhola", que alterna a prestação de 48 horas em uma semana e 40 horas em outra, não violando os arts. 59, § 2º, da CLT e 7º, XIII, da CF/1988 o seu ajuste mediante acordo ou convenção coletiva de trabalho.*

A jornada 5 x 1, em que o empregado trabalha 5 dias e folga no sexto, tem sido permitida, mas é necessário o pagamento do que exceder o limite de 44 horas semanais, bem como os domingos laborados e não compensados.

Exercício Comentado

01. Ana, Bruna, Camila e Doralice são empregadas da empresa Meninas. Hoje, a variação diária de horário no registro de ponto das empregadas foi a seguinte: Ana: 7 minutos; Bruna: 16 minutos; Camila: 5 minutos e Doralice: 4 minutos. Nesses casos, não serão descontadas e nem computadas como jornada extraordinária as variações de horário no registro de ponto APENAS de:

a) Ana e Bruna.
b) Bruna.
c) Camila e Doralice.
d) Doralice.
e) Ana, Camila e Doralice.

RESPOSTA. ***"E". Se você pensou em responder C, é porque caiu na pegadinha. Note que a variação máxima da jornada é de 10 minutos, 5 na entrada e 5 na saída. Muita atenção na leitura das alternativas.***

Turnos Ininterruptos de Revezamento

A Constituição prevê, ainda, a jornada nos turnos ininterruptos de revezamento, uma vez que há empresas que não podem parar, seja pela demanda, seja porque as máquinas deterioram-se quando não utilizadas; assim, funcionam 24 horas seguidas ou períodos próximos disso.

> ***Art. 7º XIV*** *- jornada de seis horas para o trabalho realizado em turnos ininterruptos de revezamento, salvo negociação coletiva;*

Quem trabalha em turnos de revezamento, periodicamente, tem seu horário de trabalho alterado (pode ser semanal, quinzenal, mensal etc.), e isso é prejudicial à saúde e ao convício familiar e social; para compensar tais inconvenientes, a Constituição fixou, nesse caso, a jornada em 6 horas. Para configurar esse regime de trabalho, basta a alternância de horários noturnos e diurnos, não é necessário que o empregado atue em todos os turnos da empresa.

> ***OJ-SDI1-360:*** *Turno Ininterrupto de Revezamento. Dois Turnos. Horário Diurno e Noturno. Caracterização. Faz jus à jornada especial prevista no art. 7º, XIV, da CF/1988 o trabalhador que exerce suas atividades em sistema de alternância de turnos, ainda que em dois turnos de trabalho, que compreendam, no todo ou em parte, o horário diurno e o noturno, pois submetido à alternância de horário prejudicial à saúde, sendo irrelevante que a atividade da empresa se desenvolva de forma ininterrupta.*

Ocorre que a própria norma constitucional permite que, mediante negociação coletiva, a jornada desse trabalhador volte a ser de 8 horas, sem que isso gere direito a horas extras, conforme posicionamento abonado pelo TST:

> ***SUM-423:*** *Turno Ininterrupto de Revezamento. Fixação de Jornada de Trabalho Mediante Negociação Coletiva. Validade. Estabelecida jornada superior a seis horas e limitada a oito horas por meio de regular negociação coletiva, os empregados submetidos a turnos ininterruptos de revezamento não têm direito ao pagamento da 7ª e 8ª horas como extras.*

Contudo, não pode ser a norma coletiva retroativa, ou seja, regularizar situações passadas, conforme recente OJ do TST:

> ***OJ-SDI-1-420****: Turnos Ininterruptos de Revezamento. Elastecimento da Jornada de Trabalho. Norma Coletiva com Eficácia Retroativa. Invalidade. É inválido o instrumento normativo que, regularizando situações pretéritas, estabelece jornada de oito horas para o trabalho em turnos ininterruptos de revezamento.*

Por outro lado, havendo redução do trabalho de 8 para 6 horas diárias, o empregado horista submetido ao turno terá como divisor 180. Do contrário, o valor da hora de seu salário seria diminuído, o que não é permitido. Horista é empregado cuja remuneração é fixada por hora.

> ***OJ-SDI1-396*** *Turnos Ininterruptos de Revezamento. Alteração da Jornada de 8 para 6 Horas Diárias. Empregado Horista. Aplicação do Divisor 180. Para o cálculo do salário hora do empregado horista, submetido a turnos ininterruptos de revezamento, considerando a alteração da jornada de 8 para 6 horas diárias, aplica-se o divisor 180, em observância ao disposto no art. 7º, VI, da Constituição Federal, que assegura a irredutibilidade salarial.*

Mesmo para o horista, a jornada de 6 horas aplica-se, salvo negociação coletiva.

> ***OJ-SDI1-275*** *Turno Ininterrupto de Revezamento. Horista. Horas Extras e Adicional. Devidos. Inexistindo instrumento coletivo fixando jornada diversa, o empregado horista submetido a turno ininterrupto de revezamento faz jus ao pagamento das horas extraordinárias laboradas além da 6ª, bem como ao respectivo adicional.*

Nota-se que a concessão dos intervalos intrajornada (almoço) e do repouso semanal remunerado não descaracteriza o turno ininterrupto, pois é a empresa que não para, o empregado necessita de tais pausas, sendo seu direito como é dos demais empregados.

> ***SUM-360*** *Turnos Ininterruptos de Revezamento. Intervalos Intrajornada e Semanal. A interrupção do trabalho destinada a repouso e alimentação, dentro de cada turno, ou o intervalo para repouso semanal, não descaracteriza o turno de revezamento com jornada de 6 (seis) horas previsto no art. 7º, XIV, da CF/1988.*

Além disso, mesmo que a empresa funcione 24 horas por dia, os empregados só terão direito a 6 horas diárias de jornada se participarem dos turnos, ou seja, se João sempre trabalha no turno da manhã e Paulo trabalha sempre no turno da noite, suas jornadas serão normais, de 44 horas semanais e 8 diárias.

Salienta-se que se aplica ao turno ininterrupto a hora noturna reduzida (52 minutos e 30 segundos trabalhados = 1 hora).

> ***OJ-SDI1-395*** *Turno Ininterrupto de Revezamento. Hora Noturna Reduzida. Incidência. O trabalho em regime de turnos ininterruptos de revezamento não retira o direto à hora noturna reduzida, não havendo incompatibilidade entre as disposições contidas nos arts. 73, § 1º, da CLT e 7º, XIV, da Constituição Federal.*

Frise-se, ainda, que, no regime de revezamento, também é devida a soma do repouso semanal de 24 horas, com as 11 horas de intervalo entre dois dias de trabalho, somando 35 horas de descanso.

> ***SUM-110*** *Jornada de Trabalho. Intervalo. No regime de revezamento, as horas trabalhadas em seguida ao repouso semanal de 24 horas, com prejuízo do intervalo mínimo de 11 horas consecutivas para descanso entre jornadas, devem ser remuneradas como extraordinárias, inclusive com o respectivo adicional.*

Por fim, conforme lição de Maurício Godinho Delgado, aplica-se o adicional noturno para os empregados inseridos no turno de revezamento, uma vez que a Constituição não os discriminou.

Exercício Comentado

01. ***Considere que Jacinto esteja sujeito ao turno ininterrupto de revezamento e tenha trabalhado das 16 horas às 22 horas do sábado e retornado ao trabalho na segunda-feira seguinte para cumprir jornada das 6 horas às 12 horas. Nessa situação, Jacinto não tem direito ao pagamento de hora extra.***

ERRADO. ***Questão bem elaborada do CESPE. Note que o empregado parou de trabalhar no sábado, às 22:00, e retornou segunda-feira, às 06:00. Entre os dois dias de trabalho houve um período de 32 horas, ou seja, usufruiu do descanso semanal, mas não foi respeitada a soma desse descanso de 24 horas, com o período de descanso de 11 horas entre duas jornadas de trabalho. Assim, conforme súmula 110, são devidas 3 horas extras.***

Horas *In itinere*

A regra geral é que o tempo gasto pelo empregado entre sua moradia e seu trabalho não seja considerado como tempo de trabalho ou tempo à disposição da empresa.

Esse tempo de deslocamento, quando computado na jornada de trabalho, é chamado de horas *in itinere*, e, para tanto, são necessários 2 requisitos:

→ O local em que está instalado a empresa for de difícil acesso ou não por transporte público;
→ O empregador fornecer a condução.

O motivo dessa norma é que, se o empregador não fornecesse a condução, o empregado dificilmente conseguiria ir trabalhar, de forma que, antes de iniciar o trabalho, o empregado já precisa se submeter à organização empresarial, utilizando-se da condução fornecida pelo empregador, nos horários por esse disponibilizados.

> ***Art. 58 §2º*** *O tempo despendido pelo empregado até o local de trabalho e para o seu retorno, por qualquer meio de transporte, não será computado na jornada de trabalho, salvo quando, tratando-se de local de difícil acesso ou não servido por transporte público, o empregador fornecer a condução.*

Quanto ao §3º, do artigo 58, apesar de ter uma redação abrangendo somente as microempresas e empresas de pequeno porte, tem-se admitido que qualquer empresa, mediante negociação coletiva, fixe o tempo médio gasto (por exemplo, as usinas de cana de açúcar). Porém, se a questão utilizar o texto exato da lei, ela deverá ser considerada correta.

Assim, havendo negociação coletiva que preveja o tempo médio em 1 hora para todos os empregados, tanto aquele que gastar 1 hora e meia, como aquele que gastar 30 minutos, receberão a mesma 1 hora fixada na convenção. Tal parágrafo também permite que seja alterada a forma e natureza da remuneração, ou seja, em vez de ter natureza salarial, poderá ser considerada indenizatória, ou seja, não será considerado como hora extra tal período.

> *§3º Poderão ser fixados, para as microempresas e empresas de pequeno porte, por meio de acordo ou convenção coletiva, em caso de transporte fornecido pelo empregador, em local de difícil acesso ou não servido por transporte público, o tempo médio despendido pelo empregado, bem como a forma e a natureza da remuneração.*

O TST sedimentou que, se o horário da empresa não for compatível com os horários de ônibus, também será caracterizado como jornada de trabalho o tempo gasto pelo empregado. Por exemplo, uma fábrica inicia sua operação às 03:00, mas o primeiro ônibus chega somente às 07:00.

Contudo, a mera insuficiência de transporte não gera o pagamento das horas *in itinere*, uma vez que é o Poder Público, e não o empregador, o responsável por manter um transporte público bem aparelhado.

Ademais, se somente parte do trajeto não for servido por transporte público, então o pagamento será parcial e somente sobre a parte em que o transporte é inexistente.

Fique Ligado

Horário incompatível → há horas in itinere.
Transporte insuficiente → não há horas in itinere
Transporte público parcial → paga a parte que não tem transporte.
Cobrança pelo transporte fornecido → não faz diferença

> ***SUM-90*** *Horas "In itinere". Tempo de Serviço*
>
> *I. O tempo despendido pelo empregado, em condução fornecida pelo empregador, até o local de trabalho de difícil acesso, ou não servido por transporte público regular, e para o seu retorno é computável na jornada de trabalho.*
>
> *II. A incompatibilidade entre os horários de início e término da jornada do empregado e os do transporte público regular é circunstância que também gera o direito às horas "in itinere".*
>
> *III. A mera insuficiência de transporte público não enseja o pagamento de horas "in itinere".*
>
> *IV. Se houver transporte público regular em parte do trajeto percorrido em condução da empresa, as horas "in itinere" remuneradas limitam-se ao trecho não alcançado pelo transporte público.*
>
> *V. Considerando que as horas "in itinere" são computáveis na jornada de trabalho, o tempo que extrapola a jornada legal é considerado como extraordinário e sobre ele deve incidir o adicional respectivo.*

Por fim, é importante observar que, mesmo se o empregador cobrar do empregado certa quantia pelo fornecimento do transporte, haverá a obrigação de pagar as horas in itinere.

> ***SUM-320:*** *Horas "In itinere". Obrigatoriedade de Cômputo na Jornada de Trabalho. O fato de o empregador cobrar, parcialmente ou não, importância pelo transporte fornecido, para local de difícil acesso ou não servido por transporte regular, não afasta o direito à percepção das horas "in itinere".*

Trabalho em Regime de Tempo Parcial

A CLT permite a contratação de jornada em tempo parcial, considerada aquela que não exceda 25 horas semanais, sendo que um dos objetivos de tal lei foi fomentar a criação de empregos em razão da redução da jornada.

Assim, a CLT veda a prestação de hora extra nessa modalidade de contratação, pois atenta contra a intenção da lei.

O salário será proporcional às horas trabalhadas, tendo como base o salário dos empregados que cumprirem as mesmas funções em tempo integral. De qualquer forma, é permitido pagamento em valor inferior ao mínimo legal, desde que respeitado o valor-hora do salário mínimo.

No caso dos empregados já contratados em tempo integral, para a conversão em tempo parcial, é necessário que façam o pedido para a empresa e que haja previsão em convenção ou acordo coletivo, uma vez que ocorrerá a redução de jornada e de salário.

> ***Art. 58-A.*** *Considera-se trabalho em regime de tempo parcial aquele cuja duração não exceda a vinte e cinco horas semanais.*
>
> *§1º O salário a ser pago aos empregados sob o regime de tempo parcial será proporcional à sua jornada, em relação aos empregados que cumprem, nas mesmas funções, tempo integral.*
>
> *§2º Para os atuais empregados, a adoção do regime de tempo parcial será feita mediante opção manifestada perante a empresa, na forma prevista em instrumento decorrente de negociação coletiva.*
>
> ***Art. 59. §4º*** *Os empregados sob o regime de tempo parcial não poderão prestar horas extras.*
>
> ***OJ-SDI1-358*** *Salário Mínimo e Piso Salarial Proporcional à Jornada Reduzida. Possibilidade. Havendo contratação para cumprimento de jornada reduzida, inferior à previsão constitucional de oito horas diárias ou quarenta e quatro semanais, é lícito o pagamento do piso salarial ou do salário mínimo proporcional ao tempo trabalhado.*

Exercício Comentado

01. ***Julgue os itens subsequentes.***

I. A jornada em tempo parcial é aquela que não exceda 25 horas semanais, já computadas o limite de 2 horas extras diárias.

II. Em regra, o tempo gasto pelo empregado no trajeto de ida e volta de sua casa até chegar a empresa não é computado na jornada de trabalho, salvo se o empregador fornecer a condução, não cobrar por ela, e a empresa for situada em local de difícil acesso ou não servida por transporte público.

III. No regime de revezamento, as horas trabalhadas em seguida ao repouso semanal de 24 horas, com prejuízo do intervalo mínimo de 11 horas consecutivas para descanso entre jornadas, devem ser remuneradas como extraordinárias, inclusive com o respectivo adicional.

IV. Estabelecida jornada superior a seis horas e limitada a 8 horas, por meio de regular negociação coletiva, os empregados submetidos a turnos ininterruptos de revezamento têm direito ao pagamento da 7ª e 8ª horas como extras, inclusive com o respectivo adicional.

V. A interrupção do trabalho para repouso e alimentação, dentro de cada turno, ou o descanso semanal, não descaracterizam o turno de revezamento com jornada de 6 horas previsto no art. 7.º, XIV, da CF.

Estão certos apenas os itens:

a) I, III e IV.
b) I, II e V.
c) III e V.
d) II, III e V.
e) III e IV.

RESPOSTA. "C". Quanto ao item I, a jornada é de, no máximo, 25 horas no trabalho em tempo parcial, mas não é permitida nenhuma hora extra, conforme o art. 58-e 59 da CLT - as bancas cobram esses detalhes - prazos, limites contados em horas e dias, exceções - é necessário reler várias vezes a matéria para memorizar.

O que está errado no item II é que o fato de o empregador cobrar pelo fornecimento do transporte não descaracteriza as horas in itinere, conforme súmula 320/TST.

O item III refere-se à súmula 110 do TST e o item V à súmula 360, ambas do TST. Já o item IV está errado, pois contraria a súmula 423 do TST. Isso demonstra que tão importante quanto a legislação, é necessário ler as súmulas e OJs, pois, muitas vezes, elas são copiadas na prova ou alteram-se algumas palavras.

Casos Especiais de Limitação

Motoristas

Os motoristas eram o exemplo mais citado como os que não estão sujeitos a controle de horário, mas, recentemente, foi aprovada nova lei regulamentando a categoria, conferindo-lhes direito ao controle de jornada. A lei traz várias inovações, sendo importante sua leitura integral, especialmente dos artigos acrescentados à CLT (235-A a 235-H), pois, em breve, começará a ser cobrada nas provas.

> ***Lei 12.619/2012*** *- Regula a Profissão do Motorista*
>
> ***Art. 2º*** *São direitos dos motoristas profissionais, além daqueles previstos no Capítulo II do Título II e no Capítulo II do Título VIII da Constituição Federal:*
>
> *V. Jornada de trabalho e tempo de direção controlados de maneira fidedigna pelo empregador, que poderá valer-se de anotação em diário de bordo, papeleta ou ficha de trabalho externo, nos termos do § 3º do art. 74 da Consolidação das Leis do Trabalho - CLT, aprovada pelo Decreto-Lei nº 5.452, de 1º de maio de 1943, ou de meios eletrônicos idôneos instalados nos veículos, a critério do empregador.*

Em resumo, a lei concede jornada de 8 horas diárias e 44 semanais, mas permite alteração por meio de ACT ou CCT, inclusive adoção da jornada 12 x 36; permite 2 horas extras diárias; concede adicional noturno, bem como redução da hora noturna; intervalo de 1 hora para refeição; e, ainda, 11 horas de descanso, a cada 24 horas na estrada, e 35 horas de descanso semanais (11 horas + 24 horas do repouso semanal remunerado).

Quando tiver que esperar a carga ou descarga, alfândega ou fiscalização da mercadoria, tal período não será considerado como hora extraordinária, todavia, será paga indenização com base no salário-hora normal, acrescido de 30%.

Nas viagens que durarem mais de 24 horas, são obrigatórias pausas de 30 minutos a cada 4 horas, podendo ser fracionadas.

Nas viagens que durarem mais de 1 semana, completada a viagem, haverá um descanso de 36 horas para cada semana trabalhada, que será gozado quando do retorno do motorista ou em um dos destinos, se forem oferecidas boas condições pela empresa.

Professores

Os professores têm uma jornada de trabalho diferenciada, conforme regulação da CLT.

> ***Art. 318*** *- Num mesmo estabelecimento de ensino não poderá o professor dar, por dia, mais de 4 (quatro) aulas consecutivas, nem mais de 6 (seis), intercaladas.*
>
> ***Art. 319*** *- Aos professores é vedado, aos domingos, a regência de aulas e o trabalho em exames*
>
> ***Art. 322*** *- No período de exames e no de férias escolares, é assegurado aos professores o pagamento, na mesma periodicidade contratual, da remuneração por eles percebida, na conformidade dos horários, durante o período de aulas.*
>
> ***§1º*** *- Não se exigirá dos professores, no período de exames, a prestação de mais de 8 (oito) horas de trabalho diário, salvo mediante o pagamento complementar de cada hora excedente pelo preço correspondente ao de uma aula.*
>
> ***§2º*** *No período de férias, não se poderá exigir dos professores outro serviço senão o relacionado com a realização de exames.*
>
> ***§3º*** *- Na hipótese de dispensa sem justa causa, ao término do ano letivo ou no curso das férias escolares, é assegurado ao professor o pagamento a que se refere o caput deste artigo.*

Quando a jornada legal é ultrapassada, também há direito ao pagamento de horas extras.

> ***OJ-SDI1-206*** *Professor. Horas Extras. Adicional de 50%. Excedida a jornada máxima (art. 318 da CLT), as horas excedentes devem ser remuneradas com o adicional de, no mínimo, 50% (art. 7º, XVI, CF/1988).*

Note-se que, por meio de negociação coletiva, pode-se pactuar que, no caso de o professor ficar sem lecionar entre uma e outra turma, tais "janelas" serão consideradas como tempo à disposição até o limite de 1 hora por dia, ou seja, se ficar esperando um período de 1 hora e meia entre uma aula e outra, receberá como se tivesse lecionado 1 hora.

***PN-31* Professor (JANELAS).** *Os tempos vagos (janelas) em que o professor ficar à disposição do curso serão remunerados como aula, no limite de 1 (uma) hora diária por unidade.*

Bancários

A categoria dos bancários costuma ser cobrada em provas, não só por suas disposições especiais, mas também por haver diversas súmulas e OJs tratando do tema.

→ Jornada de Trabalho

Eles possuem jornada de 6 horas diárias e 30 semanais, com 15 minutos de intervalo não computado na jornada, não trabalhando nos sábados nem nos domingos, mas não possuem dois repousos semanais remunerados, uma vez que o sábado é um dia útil não trabalhado. A jornada, obrigatoriamente, deve ser exercida entre as 07:00 e às 22:00.

> ***Art. 224*** *- A duração normal do trabalho dos empregados em bancos, casas bancárias e Caixa Econômica Federal será de 6 (seis) horas contínuas nos dias úteis, com exceção dos sábados, perfazendo um total de 30 (trinta) horas de trabalho por semana.*
>
> ***§1º*** *- A duração normal do trabalho estabelecida neste artigo ficará compreendida entre 7 (sete) e 22 (vinte e duas) horas, assegurando-se ao empregado, no horário diário, um intervalo de 15 (quinze) minutos para alimentação.*
>
> ***OJ-SDI1-178*** *Bancário. Intervalo de 15 Minutos. Não Computável na Jornada de Trabalho. Não se computa, na jornada do bancário sujeito a seis horas diárias de trabalho, o intervalo de quinze minutos para lanche ou descanso.*

A jornada do bancário sujeito a 6 horas de trabalho diário poderá ser prorrogada em até 2 horas, entretanto, caso o bancário exerça reiteradamente horas extras, sendo sua jornada habitual superior a 6 horas, então, terá direito a 1 hora de intervalo.

> ***Art. 225*** *- A duração normal de trabalho dos bancários poderá ser excepcionalmente prorrogada até 8 (oito) horas diárias, não excedendo de 40 (quarenta) horas semanais, observados os preceitos gerais sobre a duração do trabalho.*

→ Enquadramento

Como a categoria tem várias vantagens, os empregados que trabalham para os bancos ou em atividade semelhante desejam ser bancários, por outro lado, os bancos tentam enquadrá-los como celetistas normais. Assim, há várias interpretações jurisprudenciais sobre o enquadramento como bancário.

Os empregados de empresas de crédito e financeiras são equiparados aos bancários, tendo os mesmos direitos.

Contudo, os empregados de cooperativas de crédito (Sicredi, Sicoob etc.) e das distribuidoras e corretoras de valores mobiliários não são equiparados aos bancários, sendo-lhes aplicadas as disposições gerais da CLT.

> ***SUM-55:*** *Financeiras. As empresas de crédito, financiamento ou investimento, também denominadas financeiras, equiparam-se aos estabelecimentos bancários para os efeitos do art. 224 da CLT.*
>
> ***SUM-119:*** *Jornada de Trabalho. Os empregados de empresas distribuidoras e corretoras de títulos e valores mobiliários não têm direito à jornada especial dos bancários.*
>
> ***OJ-SDI1-379:*** *Empregado de Cooperativa de Crédito. Bancá-Rio. Equiparação. Impossibilidade. Os empregados de cooperativas de crédito não se equiparam a bancário, para efeito de aplicação do art. 224 da CLT, em razão da inexistência de expressa previsão legal, considerando, ainda, as diferenças estruturais e operacionais entre as instituições financeiras e as cooperativas de crédito. Inteligência das Leis nºs 4.594, de 29.12.1964, e 5.764, de 16.12.1971.*

Os empregados pertencentes à categoria profissional diferenciada (aquelas que têm condições de vida singulares ou regulação própria - advogados, engenheiros, aviadores, motoristas, vigilantes armados) nunca serão bancários, pois serão aplicadas as disposições pertinentes à sua categoria.

> ***SUM-117*** *Bancário. Categoria Diferenciada. Não se beneficiam do regime legal relativo aos bancários os empregados de estabelecimento de crédito pertencentes a categorias profissionais diferenciadas.*

Com relação aos vigilantes, inclusive, há súmula específica:

> ***SUM-257*** *Vigilante. O vigilante, contratado diretamente por banco ou por intermédio de empresas especializadas, não é bancário.*

É muito comum que os próprios bancos criem empresas de processamento de dados para lhes prestar serviços. Sendo esse o caso, se a empresa de processamento trabalha exclusivamente para o banco, seus empregados serão bancários. Por outro lado, se tal empresa presta serviços para empresas não bancárias, sejam elas pertencentes ao grupo ou não, então, seus empregados não serão bancários.

> ***SUM-239*** *Bancário. Empregado de Empresa de Processamento de Dados. É bancário o empregado de empresa de processamento de dados que presta serviço a banco integrante do mesmo grupo econômico, exceto quando a empresa de processamento de dados presta serviços a banco e a empresas não bancárias do mesmo grupo econômico ou a terceiros.*

A CLT, no artigo 226, estende a jornada de 6 horas dos bancários a alguns empregados dos setores administrativos, entretanto, a doutrina majoritária interpreta restritivamente tal rol, impedindo que, por exemplo, beneficiem um pedreiro ou um encanador contratado como empregado do banco.

> ***Art. 226*** *- O regime especial de 6 (seis) horas de trabalho também se aplica aos empregados de portaria e de limpeza, tais como porteiros, telefonistas de mesa, contínuos e serventes, empregados em bancos e casas bancárias.*
>
> ***Parágrafo único*** *- A direção de cada banco organizará a escala de serviço do estabelecimento de maneira a haver empregados do quadro da portaria em função, meia hora antes e até meia hora após o encerramento dos trabalhos, respeitado o limite de 6 (seis) horas diárias.*

Outro ponto importante é a questão dos cargos de gerência e cargos de confiança, havendo duas espécies de gerentes - o gerente geral da agência e os gerentes do art. 224, §2, da CLT.

O gerente geral, aquele que comanda uma agência com ampla liberdade, como se fosse o empregador, é regulado pelo art. 62, da CLT, ou seja, não está sujeito a horário, nem receberá horas extras, mesmo que trabalhe mais de 8 horas.

Já os gerentes, chefes, diretores ou ocupantes do cargo de confiança estarão sujeitos à jornada de 8 horas diárias, desde que recebem uma gratificação de, no mínimo, 1/3 a mais do que o salário de seu cargo efetivo. Assim, serão extras as horas laboradas após a 8ª.

Mas não basta o banco chamar o empregado de gerente/chefe ou, ainda, dizer que a pessoa tem um cargo de confiança - prática comum, diga-se de passagem -, é necessário que o gerente ou chefe tenham poderes e efetivamente comandem uma equipe ou que o exercente de cargo de confiança tenha efetivamente uma fidúcia, uma confiança especial.

Art. 224. §2º - As disposições deste artigo não se aplicam aos que exercem funções de direção, gerência, fiscalização, chefia e equivalentes, ou que desempenhem outros cargos de confiança, desde que o valor da gratificação não seja inferior a 1/3 (um terço) do salário do cargo efetivo.

***SUM-287** Jornada de Trabalho. Gerente Bancário. A jornada de trabalho do empregado de banco gerente de agência é regida pelo art. 224, § 2º, da CLT. Quanto ao gerente-geral de agência bancária, presume-se o exercício de encargo de gestão, aplicando-se-lhe o art. 62 da CLT.*

***SUM-102** Bancário. Cargo de Confiança:*

I. A configuração, ou não, do exercício da função de confiança a que se refere o art. 224, § 2º, da CLT, dependente da prova das reais atribuições do empregado, é insuscetível de exame mediante recurso de revista ou de embargos.

II. O bancário que exerce a função a que se refere o § 2º do art. 224 da CLT e recebe gratificação não inferior a um terço de seu salário já tem remuneradas as duas horas extraordinárias excedentes de seis.

III. Ao bancário exercente de cargo de confiança previsto no artigo 224, § 2º, da CLT são devidas as 7ª e 8ª horas, como extras, no período em que se verificar o pagamento a menor da gratificação de 1/3.

IV. O bancário sujeito à regra do art. 224, § 2º, da CLT cumpre jornada de trabalho de 8 (oito) horas, sendo extraordinárias as trabalhadas além da oitava.

V. O advogado empregado de banco, pelo simples exercício da advocacia, não exerce cargo de confiança, não se enquadrando, portanto, na hipótese do § 2º do art. 224 da CLT.

VI. O caixa bancário, ainda que caixa executivo, não exerce cargo de confiança. Se perceber gratificação igual ou superior a um terço do salário do posto efetivo, essa remunera apenas a maior responsabilidade do cargo e não as duas horas extraordinárias além da sexta.

VII. O bancário exercente de função de confiança, que percebe a gratificação não inferior ao terço legal, ainda que norma coletiva contemple percentual superior, não tem direito às sétima e oitava horas como extras, mas tão somente às diferenças de gratificação de função, se postuladas.

Como se depreende da súmula, o caixa do banco, por não ter uma fidúcia especial, não é cargo de confiança e, mesmo que receba a gratificação de 1/3, terá direito à 7ª e à 8ª horas extras. Não basta receber a gratificação de 1/3 para estar excluído da jornada de 6 horas, é necessário ser efetivamente gerente/chefe ou exercente de cargo de confiança; caso contrário, o banco pagará o período trabalhado após a 6ª hora.

***SUM-109** Gratificação de Função. O bancário não enquadrado no § 2º do art. 224 da CLT, que receba gratificação de função, não pode ter o salário relativo a horas extraordinárias compensado com o valor daquela vantagem.*

Quanto ao divisor mensal dos bancários, recentemente o TST alterou a súmula 124, a qual atualmente dispõe o seguinte:

***SUM-124** Bancário. Salário-Hora. Divisor.*

I. O divisor aplicável para o cálculo das horas extras do bancário, se houver ajuste individual expresso ou coletivo no sentido de considerar o sábado como dia de descanso remunerado, será:

a) 150, para os empregados submetidos à jornada de seis horas, prevista no caput do art. 224 da CLT;

b) 200, para os empregados submetidos à jornada de oito horas, nos termos do § 2º do art. 224 da CLT.

II. Nas demais hipóteses, aplicar-se-á o divisor:

a) 180, para os empregados submetidos à jornada de seis horas prevista no caput do art. 224 da CLT;

b) 220, para os empregados submetidos à jornada de oito horas, nos termos do § 2º do art. 224 da CLT.

Empregados em Serviços de Telefonia

Eles têm, em regra, jornada de 6 horas diárias ou de 7 horas diárias se tiverem horários variáveis, mas, nesse caso, terão descanso de 20 minutos remunerados a cada 3 horas trabalhadas.

À telefonista de mesa da empresa que não é propriamente do ramo de telefonia aplicam-se tais disposições.

***SUM-178** Telefonista. Art. 227, E Parágrafos, da Clt. Aplicabilidade. É aplicável à telefonista de mesa de empresa que não explora o serviço de telefonia o disposto no art. 227, e seus parágrafos, da CLT*

Ainda, o TST cancelou a OJ 273, da SDI-1, o que abre caminho para se entender que o operador de telemarketing tem direito à jornada reduzida de 6 horas dos telefonistas, além de haver previsão na NR 17, do MTE.

***OJ-SDI1-273** "Telemarketing". Operadores. Art. 227 da CLT. Inaplicável (Cancelada). A jornada reduzida de que trata o art. 227 da CLT não é aplicável, por analogia, ao operador de televendas, que não exerce suas atividades exclusivamente como telefonista, pois, naquela função, não opera mesa de transmissão, fazendo uso apenas dos telefones comuns para atender e fazer as ligações exigidas no exercício da função.*

Minas e Subsolo

A jornada é de 6 horas diárias e 36 semanais, mas, a cada 3 horas de trabalho ininterrupto, é necessária uma pausa de 15 minutos, que estará incluída na jornada de trabalho e será remunerada.

Médicos e Engenheiros

Quanto aos médicos e engenheiros, o TST pacificou que eles não têm jornada reduzida pela lei, mas sim valor mínimo para uma jornada de 4 horas, no caso dos médicos, e de 6 horas, no caso dos engenheiros.

***SUM-370** Médico e Engenheiro. Jornada de Trabalho. Leis nºs 3.999/1961 E 4.950-A/1966. Tendo em vista que as Leis nº 3.999/1961 e 4.950-A/1966 não estipulam a jornada reduzida, mas apenas estabelecem o salário mínimo da categoria para uma jornada de 4 horas para os médicos e de 6 horas para os engenheiros, não há que se falar em horas extras, salvo as excedentes à oitava, desde que seja respeitado o salário mínimo/horário das categorias.*

Empregados Excluídos da Limitação de Jornada

Há 3 espécies de trabalhadores excluídos da limitação constitucional da jornada de 8 horas diárias e 44 semanais: os domésticos; os que trabalham em serviço externo incompatível com o controle de jornada; e os gerentes, chefes e diretores de departamento e filial.

Serviço Externo Incompatível com Controle de Jornada

A CLT dispõe que os empregados que trabalham externamente, cujo controle da jornada de trabalho não é realizado, não receberão horas extras, adicional noturno, nem terão intervalos intrajornada.

> ***Art. 62*** *- Não são abrangidos pelo regime previsto neste capítulo:*
>
> *I. Os empregados que exercem atividade externa incompatível com a fixação de horário de trabalho, devendo tal condição ser anotada na Carteira de Trabalho e Previdência Social e no registro de empregados;*

Não basta a atividade ser externa, é necessário que não haja o controle de jornada. Se a empresa realiza o controle da jornada, o empregado terá todos os direitos advindos da limitação da jornada. (Por exemplo, um vendedor externo, mas que deve comunicar o empregador após cada visita - o empregador controla o desenvolvimento do trabalho).

Fique Ligado

Os motoristas, que eram o exemplo mais citado, agora têm controle de jornada, concedido pela Lei 12.619/2012, de forma que a OJ 332 possivelmente será cancelada.

> ***OJ-SDI1-332:*** *Motorista. Horas Extras. Atividade Externa. Controle de Jornada por Tacógrafo. Resolução nº 816/1986 do Contran. O tacógrafo, por si só, sem a existência de outros elementos, não serve para controlar a jornada de trabalho de empregado que exerce atividade externa.*

Tal condição deve ser anotada na CTPS do empregado, mas a falta de anotação é somente uma falta administrativa, não obrigando o pagamento de horas extras, uma vez que o princípio da primazia da realidade é uma via de mão dupla, podendo, eventualmente beneficiar o empregador. De qualquer forma, é obrigação do empregado provar que era fiscalizado na sua jornada.

Maurício Godinho Delgado entende que, se não controlada a jornada do teletrabalhador (aquele que trabalha a distância, graças aos avanços na comunicação e computação), ele também será enquadrado em tal hipótese da CLT, pois subordinação e fiscalização do trabalho não se confundem[1].

Gerentes, Chefes e Diretores de Departamentos e Filiais.

Os gerentes, chefes e diretores de departamentos e filiais não são submetidos a controle de horário; mas, para isso ocorrer validamente, é necessário que estejam presentes dois requisitos:

> Exerçam poderes de mando e gestão, algumas vezes assumindo até mesmo o papel do próprio empregador no comando da empresa (por exemplo, podem contratar e admitir funcionários em nome da empresa, adverti-los, ordenar pagamentos etc.);

> Recebam gratificação de, no mínimo, 40% sobre o salário de seu cargo efetivo.

> ***Art. 62*** *- Não são abrangidos pelo regime previsto neste capítulo:*
>
> *II. Os gerentes, assim considerados os exercentes de cargos de gestão, aos quais se equiparam, para efeito do disposto neste artigo, os diretores e chefes de departamento ou filial.*
>
> ***Parágrafo único*** *- O regime previsto neste capítulo será aplicável aos empregados mencionados no inciso II deste artigo, quando o salário do cargo de confiança, compreendendo a gratificação de função, se houver, for inferior ao valor do respectivo salário efetivo acrescido de 40% (quarenta por cento).*

Note-se que o exercício da gerência ou diretoria é incompatível com o controle de jornada; assim, se, na prática, gerentes e diretores forem submetidos a rígidos horários, mesmo que recebam os 40% de gratificação, terão direito a horas extras, mas tal ônus probatório será do empregado.

Prorrogação da Jornada de Trabalho

Como visto, a jornada de trabalho prevista na Constituição é de 8 horas diárias e 44 horas semanais. Por outro lado, a própria Constituição prevê a possibilidade de trabalho suplementar, desde que com o adicional de, no mínimo, 50%.

> ***Art. 7º. XVI.*** *Remuneração do serviço extraordinário superior, no mínimo, em cinquenta por cento à do normal;*

As questões envolvendo a remuneração do trabalho extraordinário serão tratadas no capítulo referente à remuneração e ao salário. Por hora, é importante entender quando a jornada pode ser prorrogada, as formas de prorrogação e quais os seus efeitos.

Por ser medida de segurança e saúde no trabalho, além da limitação da jornada normal, existe limitação da jornada suplementar, sendo que a CLT prevê 5 modalidades distintas de prorrogação lícita do trabalho.

A CLT, por ser antiga, fixa percentuais menores que o da Constituição, mas eles não foram recepcionados por ela, ou seja, o adicional de hora extra mínimo é 50%, podendo o acordo ou a convenção coletiva, ou mesmo a própria empresa, por liberalidade, aumentá-lo, mas nunca diminuí-lo.

Acordo de Prorrogação

É possível que empregado e empregador celebrem acordo individual para prorrogar a jornada de trabalho em, no máximo, 2 horas diárias. O empregado não é obrigado a celebrar tal acordo, mas há doutrinadores que entendem que, após ter consentido, é obrigado a prestar as horas extras, posição que já foi considerada correta pela banca examinadora CESPE.

> ***Art. 59*** *- A duração normal do trabalho poderá ser acrescida de horas suplementares, em número não excedente de 2 (duas), mediante acordo escrito entre empregador e empregado, ou mediante contrato coletivo de trabalho.*

Além do acordo individual, ainda é possível a instituição do acordo de prorrogação por meio de negociação coletiva.

Caso não haja acordo de prorrogação, individual ou coletivo, ou o empregado labore mais de 2 horas extras por dia, será considerada ilícita tal prática, gerando penalidade administrativa para a empresa e, de qualquer forma, a empresa pagará as horas extras.

> ***SUM-376*** *Horas Extras. Limitação. Art. 59 Da CLT. Reflexos.*
>
> *I. A limitação legal da jornada suplementar a duas horas diárias não exime o empregador de pagar todas as horas trabalhadas.*

[1] DELGADO, Maurício Godinho. Curso de Direito do Trabalho, 11ª Ed. São Paulo LTR, 2012 P. 904

Compensação de Jornada e Banco de Horas

A compensação de jornada e o banco de horas ocorrem quando o empregado trabalha mais em alguns dias, para não trabalhar em outros. Logo, como as horas trabalhadas a mais serão compensadas, não se pagam como horas extraordinárias - será paga somente a hora normal de trabalho. A própria Constituição permite tal prática.

> ***Art. 7º. XIII.*** *Duração do trabalho normal não superior a oito horas diárias e quarenta e quatro semanais, facultada a compensação de horários e a redução da jornada, mediante acordo ou convenção coletiva de trabalho.*

Existem duas modalidades de compensar a jornada - a simples compensação de jornada e o banco de horas, este introduzido no ordenamento jurídico brasileiro em 2001.

Compensação de Jornada

Na compensação de jornada, o empregado trabalha um pouco a mais de segunda a sexta-feira para folgar no sábado, de forma que a compensação ocorre em pouco tempo, na mesma semana ou, no máximo, em 15 dias. De qualquer forma, não poderá a jornada ser prorrogada por mais de 2 horas por dia.

Tal prática é benéfica para o empregado, de forma que pode ser realizada por acordo escrito, sem a intervenção dos sindicatos. Somente será considerada inválida se algum instrumento coletivo proibir que empregados e empresas celebrem esse acordo.

Quando a empresa não atende os requisitos da compensação, por exemplo, faz acordo verbal em vez de escrito, a compensação passa a ser inválida, sendo, então, consideradas extras as horas. Ocorre que o empregado folgou em razão das horas trabalhadas a mais, então, ele somente terá direito ao adicional de 50% sobre essas horas. Pensar diferente seria fazer o empregado receber a hora normal + 50% e, ainda, receber a folga compensatória.

Por exemplo, o empregado trabalha de segunda a quinta-feira uma hora a mais ou segunda e terça-feira duas horas a mais para folgar no sábado. Se o acordo é invalidado, ele já folgou os sábados, somente tendo direito ao adicional calculado sobre 4 horas por semana.

Contudo, caso seja ultrapassada a jornada semanal de 44 horas, o que ultrapassar deverá ser pago como extra - paga-se a própria hora de trabalho mais o adicional de 50%. Seria o caso de o empregado trabalhar 2 horas a mais por dia; somente o sábado compensado não quita todas as horas trabalhadas a mais.

Mas essa prática de horas extras habituais descaracteriza o acordo. Se foi combinado que a pessoa trabalharia 1 hora a mais de segunda a quinta-feira para folgar no sábado, mas o empregado todos os dias trabalha 2 horas ou mais, está sendo desrespeitado o acordo.

Nesse caso, sendo o acordo inválido, ocorre o mesmo efeito citado - o empregador tem que pagar o adicional de 50% das horas destinadas à compensação e, ainda, pagar como horas extras o que exceder da jornada semanal de 44 horas.

> ***SUM-85*** *Compensação de Jornada*
>
> *I. A compensação de jornada de trabalho deve ser ajustada por acordo individual escrito, acordo coletivo ou convenção coletiva.*
>
> *II. O acordo individual para compensação de horas é válido, salvo se houver norma coletiva em sentido contrário.*
>
> *III. O mero não atendimento das exigências legais para a compensação de jornada, inclusive quando encetada mediante acordo tácito, não implica a repetição do pagamento das horas excedentes à jornada normal diária, se não dilatada a jornada máxima semanal, sendo devido apenas o respectivo adicional.*
>
> *IV. A prestação de horas extras habituais descaracteriza o acordo de compensação de jornada. Nesta hipótese, as horas que ultrapassarem a jornada semanal normal deverão ser pagas como horas extraordinárias e, quanto àquelas destinadas à compensação, deverá ser pago a mais apenas o adicional por trabalho extraordinário.*
>
> *V. As disposições contidas nesta súmula não se aplicam ao regime compensatório na modalidade "banco de horas", que somente pode ser instituído por negociação coletiva.*

Por fim, a compensação semanal da jornada pode ser adotada no caso do trabalho do menor de 18 anos, mas deve haver permissão em convenção ou acordo coletivo, conforme se extrai do artigo 413, I, da CLT.

Banco de Horas

Note que o item V, da súmula 85 do TST, informa que ela não se aplica ao banco de horas.

No banco de horas, também chamado de compensação anual, a compensação é realizada anualmente. (Por exemplo, o empregado trabalha de fevereiro até julho, 1 hora a mais por dia, e folga em agosto 8 dias).

Essa prática é benéfica para a empresa, pois ela pode ajustar a força de trabalho de acordo com a sazonalidade da demanda, se vende mais em determinados meses do que em outros. Mas é prejudicial ao empregado, pois ele trabalha a mais por longos períodos e sem muito controle, de forma que somente pode ser implementada mediante acordo coletivo ou convenção coletiva de trabalho.

A CLT determina que, nesse caso, não seja ultrapassado o limite de 10 horas diárias, nem seja ultrapassada, no período de um ano, a soma das jornadas semanais de trabalho.

Contudo, caso o vínculo acabe antes de o empregado ter compensado todas as horas trabalhadas a mais, as receberá como horas extras no ato da rescisão do contrato.

> ***Art. 59. §2º*** *Poderá ser dispensado o acréscimo de salário se, por força de acordo ou convenção coletiva de trabalho, o excesso de horas em um dia for compensado pela correspondente diminuição em outro dia, de maneira que não exceda, no período máximo de um ano, à soma das jornadas semanais de trabalho previstas, nem seja ultrapassado o limite máximo de dez horas diárias.*
>
> *§3º Na hipótese de rescisão do contrato de trabalho sem que tenha havido a compensação integral da jornada extraordinária, na forma do parágrafo anterior, fará o trabalhador jus ao pagamento das horas extras não compensadas, calculadas sobre o valor da remuneração na data da rescisão.*

Conclusão de Serviços Inadiáveis ou cuja Inexecução Possa Acarretar Prejuízos

Quando, ao fim da jornada, o empregado está concluindo uma tarefa que não pode deixar para depois, mesmo sem haver acordo prévio, é obrigado a estender sua jornada para concluir o serviço.

É um exemplo o caso de uma telefonista que está atendendo a um cliente. Ela não poderá desligar o telefone "na cara dele" somente porque são 18:00; deverá concluir o atendimento. Outro exemplo é o de guarda de produtos perecíveis, que irão estragar se não acondicionados. Esse tempo extra será remunerado com o adicional de 50%.

A jornada nesses casos será estendida em, no máximo, 4 horas, ou seja, a duração total do trabalho será de no máximo 12 horas.

Ocorrendo tal fato, deverá ser comunicado o MTE em 10 dias:

> ***Art. 61*** *- Ocorrendo necessidade imperiosa, poderá a duração do trabalho exceder do limite legal ou convencionado, seja para fazer face a motivo de força maior, seja para atender à realização ou conclusão de serviços inadiáveis ou cuja inexecução possa acarretar prejuízo manifesto.*
>
> ***§1º*** *- O excesso, nos casos deste artigo, poderá ser exigido independentemente de acordo ou contrato coletivo e deverá ser comunicado, dentro de 10 (dez) dias, à autoridade competente em matéria de trabalho, ou, antes desse prazo, justificado no momento da fiscalização sem prejuízo dessa comunicação.*
>
> ***§2º*** *- Nos casos de excesso de horário por motivo de força maior, a remuneração da hora excedente não será inferior à da hora normal (acréscimo de 50%). Nos demais casos de excesso previstos neste artigo (além do acréscimo de 50%) o trabalho não poderá exceder de 12 (doze) horas, desde que a lei não fixe expressamente outro limite.*

Força Maior

Força maior é acontecimento inevitável e que não depende da vontade do empregador (por exemplo, um incêndio ou uma enchente). Ocorrendo tal evento, os empregados são obrigados a trabalhar, independentemente de acordo prévio, e sem limite de tempo (pode ultrapassar 10, 12, 14 horas de trabalho, as quais serão remuneradas com acional mínimo de 50%). Também é necessária comunicação ao MTE em 10 dias da ocorrência de tais horas extras.

É o que se interpreta do artigo 61, §2º, citado acima.

Recuperação de Horas (Paralisação da Empresa)

Também chamado de recuperação de horas, esse é o caso em que um acidente ou um evento de força maior faz a empresa fechar as portas por um período (por exemplo, ocorreu um incêndio na empresa e, durante 15 dias, os empregados não puderam trabalhar).

Após a reabertura, a empresa poderá exigir de seus empregados, independentemente de acordo, o trabalho suplementar em até 2 horas diárias, remuneradas com adicional mínimo de 50%, por até 45 dias em um ano.

Nesse caso, é necessária a autorização prévia do MTE e não simplesmente comunicação.

Fique Ligado

A diferença entre a recuperação de horas e a força maior, citada acima, é que, na força maior, os empregados trabalham na ocorrência do evento até que se resolva o problema. Já a recuperação de horas trata do caso em que a empresa paralisou as atividades, precisando recuperá-las posteriormente.

> ***Art. 61. §3º*** *- Sempre que ocorrer interrupção do trabalho, resultante de causas acidentais, ou de força maior, que determinem a impossibilidade de sua realização, a duração do trabalho poderá ser prorrogada pelo tempo necessário até o máximo de 2 (duas) horas, durante o número de dias indispensáveis à recuperação do tempo perdido, desde que não exceda de 10 (dez) horas diárias, em período não superior a 45 (quarenta e cinco) dias por ano, sujeita essa recuperação à prévia autorização da autoridade competente.*

Fique Ligado

Na prorrogação da jornada para conclusão de serviços inadiáveis ou cuja inexecução possa causar prejuízo e na força maior, há comunicação ao MTE em 10 dias, pois é uma surpresa, não tendo como o empregador se antecipar a tais acontecimentos.

Já na recuperação de horas, é necessária autorização prévia, pois o problema já ocorreu e a empresa irá recuperar o "trabalho perdido", não havendo surpresa.

Prorrogação da Jornada em Atividades Insalubres

A CLT determina que, nas atividades insalubres, é necessária a inspeção e autorização prévia do Ministério do Trabalho e Emprego para que possa ocorrer a prorrogação da jornada de trabalho. Tal artigo é plenamente válido, e isso é demonstrado pelo cancelamento da súmula 349, do TST, que tinha entendimento diverso.

> ***Art. 60*** *- Nas atividades insalubres, (...) quaisquer prorrogações só poderão ser acordadas mediante licença prévia das autoridades competentes em matéria de higiene do trabalho, as quais, para esse efeito, procederão aos necessários exames locais e à verificação dos métodos e processos de trabalho, quer diretamente, quer por intermédio de autoridades sanitárias federais, estaduais e municipais, com quem entrarão em entendimento para tal fim.*

Trabalho Noturno

O ser humano, biologicamente, tem hábitos diurnos, ou seja, acostuma-se mais facilmente ao trabalho durante o dia, de forma que o labor noturno lhe é prejudicial, sendo que a legislação tenta evitar sua ocorrência, tanto que é direito constitucional a remuneração noturna superior à diurna.

> ***Art. 7º IX.*** *Remuneração do trabalho noturno superior à do diurno;*

Assim, para o trabalho noturno, haverá necessidade de se pagar um adicional de 20% sobre a hora diurna, além de existir a hora noturna ficta, que significa que, a cada 52 minutos e 30 segundos trabalhados à noite, considera-se como 1 hora.

O horário noturno, para o empregado urbano, é das 22:00 às 05:00.

Para o trabalhador rural da lavoura, o horário noturno é das 21:00 às 05:00, e para o trabalhador rural da pecuária, é das 20:00 às 04:00. Para os rurícolas, não há hora noturna ficta, mas o adicional é de 25%.

Fique Ligado

Para ajudar a lembrar do horário noturno do trabalhador rural, pense assim: pecuária está ligada a criação de bois e vacas. O boi tem 4 patas. Associe, então, as 4 patas do boi com o fim do horário noturno na pecuária (04h00).

Anotações

CAPÍTULO 05

Pausas no Trabalho

Neste capítulo, serão tratadas as principais pausas na jornada de trabalho, as quais são importantes para a saúde e segurança no trabalho, sendo que a legislação brasileira trata de diversas pausas, tema muito cobrado em provas.

As pausas no trabalho servem para evitar o cansaço excessivo do trabalhador, o que reduz a quantidade de acidentes do trabalho e doenças ocupacionais, até mesmo aumentando a produtividade, sendo medida de segurança e saúde no trabalho.

A legislação trata de várias pausas no trabalho, algumas remuneradas (interrupção do contrato), outras não remuneradas (suspensão do contrato). A regra é que as pausas não remuneradas são determinadas por lei, de forma que, se o empregador conceder pausa, sem previsão em lei ou negociação coletiva, esse período será remunerado, conforme entendimento consubstanciado na súmula 118 do TST:

> ***SUM-118:*** *Jornada de Trabalho. Horas Extras. Os intervalos concedidos pelo empregador na jornada de trabalho, não previstos em lei, representam tempo à disposição da empresa, remunerados como serviço extraordinário, se acrescidos ao final da jornada.*

Intervalo Intrajornada

Esse intervalo serve para repouso e alimentação e, em regra, deve ser concedido próximo ao meio da jornada, para que ele cumpra seu papel. De forma geral, tal intervalo não é remunerado e não integra a jornada de trabalho. Ele deve ser concedido da seguinte forma:

→ Jornada de até 4 horas
  > Não há pausa prevista pela legislação.

→ Jornada entre 4 horas e 6 horas
  > A pausa é de 15 minutos.

→ Jornada de mais de 6 horas
  > A pausa é de, no mínimo, 1 hora e, no máximo, 2 horas, salvo acordo individual ou coletivo ampliando para mais de 2 horas o intervalo.

Se o empregador dispuser de refeitório em condições aprovadas pelo Ministério do Trabalho e Emprego e os empregados não prestarem horas extras, é possível que esse tempo seja reduzido. Por exemplo, para uma empresa em local distante, em que os empregados almocem lá mesmo, 1 hora de repouso pode ser muito, de forma que, fazendo 40 minutos de intervalo, os empregados podem ir embora mais cedo.

Note que somente o MTE pode autorizar essa redução. Convenção ou Acordo Coletivo não são instrumentos válidos para fazer essa redução no intervalo de, no mínimo, 1 hora de descanso durante a jornada, somente há exceção para os empregados que atuem diretamente no setor de transporte coletivo de passageiros, em razão de recente previsão legal.

> ***Art. 71*** *- Em qualquer trabalho contínuo, cuja duração exceda de 6 (seis) horas, é obrigatória a concessão de um intervalo para repouso ou alimentação, o qual será, no mínimo, de 1 (uma) hora e, salvo acordo escrito ou contrato coletivo em contrário, não poderá exceder de 2 (duas) horas.*
>
> ***§1º*** *- Não excedendo de 6 (seis) horas o trabalho, será, entretanto, obrigatório um intervalo de 15 (quinze) minutos quando a duração ultrapassar 4 (quatro) horas.*
>
> ***§2º*** *- Os intervalos de descanso não serão computados na duração do trabalho.*
>
> ***§3º*** *O limite mínimo de uma hora para repouso ou refeição poderá ser reduzido por ato do Ministro do Trabalho, Indústria e Comércio, quando ouvido o Serviço de Alimentação de Previdência Social, se verificar que o estabelecimento atende integralmente às exigências concernentes à organização dos refeitórios, e quando os respectivos empregados não estiverem sob regime de trabalho prorrogado a horas suplementares.*
>
> ***§4º*** *- Quando o intervalo para repouso e alimentação, previsto neste artigo, não for concedido pelo empregador, este ficará obrigado a remunerar o período correspondente com um acréscimo de no mínimo 50% (cinquenta por cento) sobre o valor da remuneração da hora normal de trabalho.*
>
> ***§5º*** *Os intervalos expressos no caput e no § 1º poderão ser fracionados quando compreendidos entre o término da primeira hora trabalhada e o início da última hora trabalhada, desde que previsto em convenção ou acordo coletivo de trabalho, ante a natureza do serviço e em virtude das condições especiais do trabalho a que são submetidos estritamente os motoristas, cobradores, fiscalização de campo e afins nos serviços de operação de veículos rodoviários, empregados no setor de transporte coletivo de passageiros, mantida a mesma remuneração e concedidos intervalos para descanso menores e fracionados ao final de cada viagem, não descontados da jornada.*

Exercício Comentado

01. Assinale a opção correta no que se refere ao acordo intrajornada.

a) A ausência de intervalo intrajornada acarreta apenas multa administrativa imposta pela fiscalização do trabalho.

b) O intervalo de descanso será computado na duração do trabalho.

c) O intervalo mínimo intrajornada pode ser transigido em acordo escrito ou contrato coletivo.

d) Mediante acordo escrito ou contrato coletivo, a duração do intervalo intrajornada pode ser superior a duas horas.

RESPOSTA. ***"D". Lembre-se que intervalo intrajornada, em regra, tem mínimo 1 hora e máximo 2, mas pode ser reduzido ou ampliado. A seguir, esquema para ajudar na memorização:***

→ Redução no intervalo intrajornada para menos de 1 hora:
  > ***Autorização do MTE (nunca do sindicato).***
  > ***Não haver trabalho em horas extras.***
  > ***Exceção: trabalhadores do setor rodoviário e de transporte coletivo.***

→ Ampliação do intervalo intrajornada para mais de 2 horas:
  > ***Acordo escrito entre empregado e empresa***
  > ***Acordo coletivo ou Convenção Coletiva.***

Recentemente o TST acumulou várias de suas Orientações Jurisprudenciais sobre intervalo intrajornada na súmula 437:

> ***SUM-437*** *Intervalo Intrajornada para Repouso e Alimentação. Aplicação do Art. 71 da CLT (conversão das Orientações Jurisprudenciais nº. os 307, 342, 354, 380 e 381 da SBDI-1)*

I. *Após a edição da Lei nº 8.923/94, a não concessão ou a concessão parcial do intervalo intrajornada mínimo, para repouso e alimentação, a empregados urbanos e rurais, implica o pagamento total do período correspondente, e não apenas daquele suprimido, com acréscimo de, no mínimo, 50% sobre o valor da remuneração da hora normal de trabalho (art. 71 da CLT), sem prejuízo do cômputo da efetiva jornada de labor para efeito de remuneração.*

II. *É inválida cláusula de acordo ou convenção coletiva de trabalho contemplando a supressão ou redução do intervalo intrajornada porque este constitui medida de higiene, saúde e segurança do trabalho, garantido por norma de ordem pública (art. 71 da CLT e art. 7º, XXII, da CF/1988), infenso à negociação coletiva.*

III. *Possui natureza salarial a parcela prevista no art. 71, § 4º, da CLT, com redação introduzida pela Lei nº 8.923, de 27 de julho de 1994, quando não concedido ou reduzido pelo empregador o intervalo mínimo intrajornada para repouso e alimentação, repercutindo, assim, no cálculo de outras parcelas salariais.*

IV. *Ultrapassada habitualmente a jornada de seis horas de trabalho, é devido o gozo do intervalo intrajornada mínimo de uma hora, obrigando o empregador a remunerar o período para descanso e alimentação não usufruído como extra, acrescido do respectivo adicional, na forma prevista no art. 71, caput e § 4º da CLT.*

Trabalhadores do Setor de Transporte Coletivo

Conforme previsão legal, para os trabalhadores que atuem diretamente no transporte coletivo de passageiros - motoristas, passageiros, fiscais etc., sempre por meio de convenção ou acordo coletivo, é possível que o intervalo seja concedido de forma fracionada e ao final de cada viagem (quando o ônibus estiver parado). Nesse caso, os intervalos serão concedidos após a primeira hora de trabalho e antes da última hora, sendo que tais intervalos serão considerados como efetiva jornada de trabalho e serão remunerados.

Desrespeito ao Intervalo

Conforme visto no §4º, do artigo 71, fora as exceções legais, se o intervalo não for concedido integralmente, será pago todo o período como hora extra. Por exemplo, o empregado sai para almoçar às 11:00 e retorna às 11:40. Ele receberá 1 hora extra nesse dia em razão da supressão de 20 minutos.

Nota-se que esse pagamento é considerado parcela salarial, refletindo no cálculo de outras parcelas, conforme entendimento do Tribunal Superior do Trabalho exposto no item III, da súmula 437.

No caso do empregado sujeito a 6 horas de trabalho, em princípio, ele tem somente 15 minutos de intervalo, mas se trabalhar em horas extras habituais, ser-lhe-á devido o intervalo, de no mínimo, 1 hora e, no máximo, 2 horas, o que, não sendo observado, gera direito ao pagamento de horas extras de todo o período, conforme entendimento do Tribunal Superior do Trabalho, exposto no item IV, da súmula citada.

Por fim, o TST sedimentou que o trabalhador rural tem direito ao intervalo mínimo de 1 hora durante a jornada, sendo que a não concessão gera o pagamento de horas extras, de todo o período.

Pausas Específicas na Jornada

Câmeras Frigoríficas

Para os trabalhadores em câmeras frigoríficas, a cada 1 hora e 40 minutos de trabalho, é concedida uma pausa de 20 minutos, incluída na jornada de trabalho e remunerada. Esse descanso serve para a recuperação térmica do empregado.

O TST estendeu esse descanso de 20 minutos a todos os que trabalham em ambientes artificialmente frios, conforme recente súmula:

> ***SUM-438:*** *Intervalo para recuperação térmica do empregado. Ambiente artificialmente frio. Horas extras. Art. 253 da CLT. Aplicação analógica. O empregado submetido a trabalho contínuo em ambiente artificialmente frio, nos termos do parágrafo único do art. 253 da CLT, ainda que não labore em câmara frigorífica, tem direito ao intervalo intrajornada previsto no caput do art. 253 da CLT.*

Atividade Contínua de Digitação

Nos serviços de mecanografia (datilografia, escrituração e cálculo), bem como para o digitador, é devida uma pausa de 10 minutos a cada 90 minutos trabalhados.

> ***Art. 72*** *- Nos serviços permanentes de mecanografia (datilografia, escrituração ou cálculo), a cada período de 90 (noventa) minutos de trabalho consecutivo corresponderá um repouso de 10 (dez) minutos não deduzidos da duração normal de trabalho.*

> ***SUM-346:*** *Digitador. Intervalos Intrajornada. Aplicação Analógica Do Art. 72 da CLT. Os digitadores, por aplicação analógica do art. 72 da CLT, equiparam-se aos trabalhadores nos serviços de mecanografia (datilografia, escrituração ou cálculo), razão pela qual têm direito a intervalos de descanso de 10 (dez) minutos a cada 90 (noventa) de trabalho consecutivo.*

Minas e Subsolo

A jornada é de 6 horas diárias e 36 semanais, mas, a cada 3 horas de trabalho ininterrupto, é necessária uma pausa de 15 minutos, que estará incluída na jornada de trabalho e será remunerada.

Amamentação

Às gestante são assegurados, até o sexto mês após o nascimento do bebê, 2 períodos de 30 minutos cada para amamentar sua criança, sendo que tais períodos serão incluídos na jornada de trabalho, devendo ser remunerados.

O período de 6 meses pode ser prorrogado se o estado de saúde da criança exigir.

> ***Art. 396*** *- Para amamentar o próprio filho, até que este complete 6 (seis) meses de idade, a mulher terá direito, durante a jornada de trabalho, a 2 (dois) descansos especiais, de meia hora cada um.*

> ***Parágrafo único*** *- Quando o exigir a saúde do filho, o período de 6 (seis) meses poderá ser dilatado, a critério da autoridade competente.*

Antes da Prorrogação da Jornada

No caso do trabalho dos menores de 18 anos e das mulheres, é necessária a concessão de 15 minutos de intervalo não remunerado antes de iniciar o trabalho em horas suplementares. A não concessão gera direito ao pagamento de horas extras.

Essa discriminação positiva para a mulher tem sido considerada constitucional pelo TST, em razão de aspectos fisiológicos, pois a mulher tende a ter menos força física que o homem, e aspectos sociais, uma vez que ela costumam ter dupla jornada, em casa e no trabalho.

Intervalo Interjornada

Interjornada é o intervalo existente entre dois dias de trabalho, sendo de, no mínimo, 11 horas, conforme previsto na CLT.

> ***Art. 66*** *- Entre 2 (duas) jornadas de trabalho haverá um período mínimo de 11 (onze) horas consecutivas para descanso.*

Caso esse intervalo não seja respeitado, o empregado terá direito ao pagamento das horas suprimidas; contudo, não é de todo o período. Por exemplo, se o empregado parou de trabalhar às 23:00 e, no outro dia, começou às 07:00, terá direito a 4 horas extras, com o respectivo adicional.

> ***OJ-SDI1-355:*** *Intervalo Interjornadas. Inobservância. Horas Extras. Período Pago como sobrejornada. Art. 66 da CLT. Aplicação Analógica do § 4º do Art. 71 da CLT. O desrespeito ao intervalo mínimo interjornadas previsto no art. 66 da CLT acarreta, por analogia, os mesmos efeitos previstos no § 4º do art. 71 da CLT e na Súmula nº 110 do TST, devendo-se pagar a integralidade das horas que foram subtraídas do intervalo, acrescidas do respectivo adicional.*

Descanso Semanal Remunerado

O descanso semanal remunerado (DSR), também chamado de repouso semanal remunerado (RSR), tem previsão na Constituição e na legislação infraconstitucional, com duração mínima de 24 horas, e é concedido preferencialmente aos domingos.

Trabalhadores urbanos e rurais, até os avulsos e os domésticos, têm direito a tal descanso. Mesmo nos turnos ininterruptos de revezamento, ele é devido. Maurício Godinho Delegado ensina que, nas jornadas 12 x 36 ou 24 x 72 horas, os descansos semanais bem como os intervalos interjornada já fazem parte da própria escala. Os feriados não estão incluídos automaticamente na escala, de forma que, se trabalhados, serão pagos em dobro. Nesse sentido, também a súmula 444, do TST:

"Jornada de trabalho. Norma coletiva. Lei. Escala de 12 por 36. Validade. É valida, em caráter excepcional, a jornada de doze horas de trabalho por trinta e seis de descanso, prevista em lei ou ajustada exclusivamente mediante acordo coletivo de trabalho ou convenção coletiva de trabalho, assegurada a remuneração em dobro dos feriados trabalhados. O empregado não tem direito ao pagamento de adicional referente ao labor prestado na décima primeira e décima segunda horas."

> ***Art. 7º, da CF XV*** *- Repouso semanal remunerado, preferencialmente aos domingos;*
>
> ***Art. 67*** *- Será assegurado a todo empregado um descanso semanal de 24 (vinte e quatro) horas consecutivas, o qual, salvo motivo de conveniência pública ou necessidade imperiosa do serviço, deverá coincidir com o domingo, no todo ou em parte.*
>
> ***Parágrafo único*** *- Nos serviços que exijam trabalho aos domingos, com exceção quanto aos elencos teatrais, será estabelecida escala de revezamento, mensalmente organizada e constando de quadro sujeito à fiscalização.*

Note que, se o empregado não trabalhar 2 dias na semana, no sábado e no domingo, por exemplo, ele não tem 2 dias de repouso semanal remunerado. Ocorre, na verdade, um dia útil não trabalhado. Isso tem relevância uma vez que algumas parcelas integram o cálculo do DRS (por exemplo, as horas extras habituais), mas elas não integrarão o dia útil não trabalhado.

Remuneração do DSR

O empregado pode perder o direito à remuneração do repouso semanal. Para isso não ocorrer, ele deve cumprir 2 requisitos:

→ Frequência

> Isso significa que não pode faltar injustificadamente nenhum dia na semana anterior;

→ Pontualidade

> Ele não pode chegar atrasado nenhum dia sequer.

Se a falta ou o atraso forem justificados por lei, regulamento da empresa ou por negociação coletiva (acordo ou convenção coletiva), não poderá haver nenhum desconto do trabalhador.

Quanto aos atestados médicos, o TST pacificou que o atestado apresentado pelo empregado, para ser aceito, deve obedecer a gradação legal, a qual, atualmente é: médicos mantidos pela empresa ou conveniados; médicos mantidos pelo sindicato da categoria; sistema público de saúde; médico particular; por fim, previdência social quando o afastamento for superior a 15 dias.

> ***SUM-15*** *Atestado Médico. A justificação da ausência do empregado motivada por doença, para a percepção do salário-enfermidade e da remuneração do repouso semanal, deve observar a ordem preferencial dos atestados médicos estabelecida em lei.*
>
> ***SUM-282*** *Abono de Faltas. Serviço Médico da Empresa. Ao serviço médico da empresa ou ao mantido por esta última mediante convênio compete abonar os primeiros 15 (quinze) dias de ausência ao trabalho.*

A jurisprudência no TST é forte no sentido de que, havendo serviço médico na empresa ou conveniado, ela não é obrigada a aceitar atestado de médico particular do empregado, podendo descontar a remuneração do descanso daquela semana.

Observa-se que pode o empregador abonar a falta, não descontando a remuneração daquela semana; entretanto, nesse caso, não poderá, posteriormente, descontá-la - a punição deve ser imediata.

De qualquer forma, o empregado, se faltar ou chegar atrasado, perde direito à remuneração, não ao repouso em si, ou seja, será descontado no seu contracheque o valor do DRS, mas ele descansará efetivamente um dia na semana.

E como é remunerado o DSR? É a Lei 605/1949 que responde:

> ***Art. 7º*** *A remuneração do repouso semanal corresponderá:*
>
> *a) Para os que trabalham por dia, semana, quinzena ou mês, à de um dia de serviço, computadas as horas extraordinárias habitualmente prestadas;*
>
> *b) Para os que trabalham por hora, à sua jornada normal de trabalho, computadas as horas extraordinárias habitualmente prestadas;*
>
> *c) Para os que trabalham por tarefa ou peça, o equivalente ao salário correspondente às tarefas ou peças feitas durante a semana, no horário normal de trabalho, dividido pelos dias de serviço efetivamente prestados ao empregador;*

d) Para o empregado em domicílio, o equivalente ao quociente da divisão por 6 (seis) da importância total da sua produção na semana.

§2º - Consideram-se já remunerados os dias de repouso semanal do empregado mensalista ou quinzenalista cujo cálculo de salário mensal ou quinzenal, ou cujos descontos por falta sejam efetuados na base do número de dias do mês ou de 30 (trinta) e 15 (quinze) diárias, respectivamente.

O empregado que recebe por quinzena ou mês já tem o seu DSR incluído no pagamento (o contracheque não precisa indicar tal pagamento separado). A regra é essa: qualquer parcela salarial em que a base de cálculo seja quinzena ou mês já englobará o DSR.

Em razão disso, foi editada a súmula 225/TST, pois a gratificação por tempo de serviço, bem com a de produtividade, são calculadas tendo o mês como referência - se essas verbas refletissem no DSR, ocorreria *bis in idem*.

SUM-225: *Repouso Semanal. Cálculo. Gratificações por Tempo de Serviço e Produtividade. As gratificações por tempo de serviço e produtividade, pagas mensalmente, não repercutem no cálculo do repouso semanal remunerado.*

Da mesma forma, o adicional de insalubridade já remunera o DSR, bem como os feriados, não se falando em pagamento em separado. Tal raciocínio vale também para o adicional de periculosidade.

OJ-SDI1-103: *Adicional de Insalubridade. Repouso Semanal e Feriados. O adicional de insalubridade já remunera os dias de repouso semanal e feriados.*

Sob essa perspectiva, o adicional noturno pago habitualmente reflete no DRS, uma vez que sua base de cálculo é a hora noturna, não a quinzena ou o mês.

Para o professor que recebe por hora-aula, o simples pagamento das horas não remunera o descanso, sendo devido acréscimo de 1/6 a título de DSR:

SUM-351: *Professor. Repouso Semanal Remunerado. Art. 7º, § 2º, DA LEI Nº 605, DE 05.01.1949 E ART. 320 DA CLT. O professor que recebe salário mensal à base de hora-aula tem direito ao acréscimo de 1/6 a título de repouso semanal remunerado, considerando-se para esse fim o mês de quatro semanas e meia.*

Mesmo o empregado comissionista, ainda que pracista, tem direito ao DSR. Pracista seria aquele que tem uma determinada praça, uma determinada localização geográfica onde vende os produtos do empregador.

SUM-27: *Comissionista. É devida a remuneração do repouso semanal e dos dias feriados ao empregado comissionista, ainda que pracista.*

Por fim, quanto às gorjetas, elas compõem a remuneração, não o salário, portanto, não integram a base de cálculo do DSR.

SUM-354: *Gorjetas. Natureza Jurídica. Repercussões. As gorjetas, cobradas pelo empregador na nota de serviço ou oferecidas espontaneamente pelos clientes, integram a remuneração do empregado, não servindo de base de cálculo para as parcelas de aviso-prévio, adicional noturno, horas extras e repouso semanal remunerado.*

Dia de concessão do DSR

Conforme visto, o DSR é concedido preferencialmente aos domingos, mas não obrigatoriamente. Caso haja trabalho em um domingo, é necessário haver folga compensatória em outro dia da semana, sob pena de pagar-se em dobro o domingo não compensado, além de pagar o próprio descanso semanal remunerado.

SUM-146 *Trabalho em Domingos e Feriados, Não Compensado. O trabalho prestado em domingos e feriados, não compensado, deve ser pago em dobro, sem prejuízo da remuneração relativa ao repouso semanal.*

Fique Ligado

Supondo que o empregado ganha R$ 100,00 por dia. Se ele trabalha do Domingo, sem folga compensatória em outro dia da semana, ele receberá pelo domingo trabalhado R$ 300,00 (R$ 100,00 do próprio dia de trabalho, mais R$ 200,00 em razão seu repouso semanal suprimido, que será pago em dobro). Isso que quer dizer a súmula 146, do TST.

É importante frisar que o descanso deve ser concedido dentro da semana de trabalho, ou seja, após 6 dias de trabalho seguidos, o 7º é para ser descansado. Se o empregado trabalhar 7 dias e descansar no 8º, o empregador será punido pagando tal dia em dobro (dois dias de salário).

OJ-SDI1-410 *Repouso Semanal Remunerado. Concessão Após o Sétimo dia Consecutivo de Trabalho. Art. 7º, XV, Da CF. Violação. Viola o art. 7º, XV, da CF a concessão de repouso semanal remunerado após o sétimo dia consecutivo de trabalho, importando no seu pagamento em dobro.*

Dessa forma, tem-se que, se o empregado descansou no domingo, dia 01, mas irá trabalhar no próximo domingo, dia 08, sua folga compensatória será no meio da semana, entre os dias 02 e 07, do contrário, estará violado o DRS do empregado.

E quando o trabalho pode ser licitamente realizado aos domingos? Em regra, a CLT determina que é necessária autorização do Ministério do Trabalho e Emprego, exceto para os que trabalham no setor teatral. Havendo motivo de força maior, também pode haver trabalho aos domingos sem autorização prévia do MTE.

Tal autorização pode ser em caráter permanente ou transitório. Será permanente nas atividades que, por sua natureza ou pela conveniência pública, devem ser exercidas aos domingos, sendo que o MTE expedirá portarias para regulamentar tais atividades.

Nos demais casos, será transitória, não podendo exceder cada autorização, o período de 60 dias. Em ambos os casos, deverá haver escala para que os trabalhadores possam folgar alguns domingos.

Bem observa Maurício Godinho Delegado que tais autorizações são dadas para a atividade, e não para a empresa, ou seja, um posto de gasolina autorizado a funcionar atuará aos domingos com seus frentistas, caixas, lavadores, mas o setor do escritório não trabalhará nesses dias.

Art. 67. Parágrafo único *- Nos serviços que exijam trabalho aos domingos, com exceção quanto aos elencos teatrais, será estabelecida escala de revezamento, mensalmente organizada e constando de quadro sujeito à fiscalização.*

Art. 68 *- O trabalho em domingo, seja total ou parcial, na forma do art. 67, será sempre subordinado à permissão prévia da autoridade competente em matéria de trabalho.*

Parágrafo único *- A permissão será concedida a título permanente nas atividades que, por sua natureza ou pela conveniência pública, devem ser exercidas aos domingos, cabendo ao Ministro do Trabalho, Indústria e Comércio, expedir instruções em que sejam especificadas tais atividades. Nos demais casos, ela será dada sob forma transitória, com discriminação do período autorizado, o qual, de cada vez, não excederá de 60 (sessenta) dias.*

As atividades de comércio em geral tem autorização legal para funcionar aos domingos, nas seguintes condições:

A cada 3 semanas, o empregado deve ter folga no domingo;

Observada a legislação municipal (que pode impedir a abertura do comércio aos domingos):

> ***Lei 10.101/2001 Art. 6º*** *Fica autorizado o trabalho aos domingos nas atividades do comércio em geral, observada a legislação municipal, nos termos do art. 30, inciso I, da Constituição.*
>
> ***Parágrafo único.*** *O repouso semanal remunerado deverá coincidir, pelo menos uma vez no período máximo de três semanas, com o domingo, respeitadas as demais normas de proteção ao trabalho e outras a serem estipuladas em negociação coletiva.*

Feriados Civis e Religiosos

Aos feriados, as disposições são basicamente as mesmas quanto ao repouso semanal. Havendo trabalho nesses dias, é devida folga compensatória ou sua remuneração em dobro, além do pagamento do próprio feriado. A forma de remuneração é a mesma.

Uma especificidade é que os feriados remunerados não foram citados pela Constituição; são regulados somente por lei. Outra, é em relação às atividades do comércio em geral. Nos domingos, o comércio pode abrir, respeitada a legislação municipal. No caso dos feriados, além de ser respeitada legislação municipal, é necessária a existência de Convenção Coletiva autorizando tal prática, conforme Lei 10.101/2001.

> ***Art. 6º-A:*** *É permitido o trabalho em feriados nas atividades do comércio em geral, desde que autorizado em convenção coletiva de trabalho e observada a legislação municipal, nos termos do art. 30, inciso I, da Constituição.*

Férias

Direito constitucional dos trabalhadores, as férias são o período mais longo que o empregado ficará sem trabalhar, mas receberá salários, sendo, portanto, interrupção do contrato de trabalho. Elas também têm como objetivo preservar a saúde do trabalhador, evitando o cansaço extremo, bem como conceder-lhe oportunidade para um convívio social e familiar mais intenso, de forma que, ao retornar ao trabalho, terá energia e disposição renovadas. Dispõe a Constituição:

> ***Art. 7º. XVII:*** *Gozo de férias anuais remuneradas com, pelo menos, um terço a mais do que o salário normal;*

Como o empregador está pagando para o empregado descansar e poder voltar "renovado", não pode o empregado laborar para outro empregador no seu período de férias, salvo se já tinha contrato anteriormente firmado, conforme previsão da CLT. Caso não houvesse a restrição, as férias não iriam cumprir seu objetivo fundamental e o empregador iria pagá-las desnecessariamente.

> ***Art. 138*** *- Durante as férias, o empregado não poderá prestar serviços a outro empregador, salvo se estiver obrigado a fazê-lo em virtude de contrato de trabalho regularmente mantido com aquele.*

O direito às férias pode ser classificado em dois períodos distintos: período aquisitivo e período concessivo (também chamado de período de fruição das férias).

Período Aquisitivo

Em regra, a cada 12 meses de trabalho, o empregado terá direito às férias.

As férias mantêm sempre uma noção de proporcionalidade. Assim, os que têm jornada de 44 horas, têm direito a 30 dias de férias, mas, a cada certo número de faltas, o empregado perderá uma quantidade certa de dias de férias. Não pode haver o desconto direito (não é possível para cada falta do empregado descontar um dia de férias). Já os trabalhadores do regime de tempo parcial, aqueles com jornada de até 25 horas semanais, terão entre 8 e 18 dias de férias, dependendo da quantidade de horas semanais que trabalharem.

Estes, se tiverem até 7 faltas, não perderão nenhum dia de férias, mas se tiverem 8 faltas ou mais, terão direito somente a metade das férias.

Essas questões são reiteradamente objeto de prova. Por isso, apresenta-se a seguinte tabela, para melhor memorização:

Jornada Normal	
Até 5 faltas	*30 dias corridos*
De 6 a 14 faltas	*24 dias corridos*
De 15 a 23 faltas	*18 dias corridos*
De 24 a 32 faltas	*12 dias corridos*
33 ou mais faltas	*O empregado perderá o direito às férias daquele período aquisitivo*
Perceba que, após 5º falta, a cada acúmulo de 9 dias de faltas, o empregado perde 6 dias de férias	

Jornada em Tempo Parcial	
Jornada igual ou inferior a 5h semanais	*8 dias de férias*
Superior a 5 e inferior a 10h semanais	*10 dias de férias*
Superior a 10 e inferior a 15h semanais	*12 dias de férias*
Superior a 15 e inferior a 20h semanais	*14 dias de férias*
Superior a 20 e inferior a 22h semanais	*16 dias de férias*
Superior a 22 e até 25h semanais	*18 dias de férias*
Se tiver mais de 7 faltas, terá suas férias reduzida pela metade	

Dispõe a CLT:

> ***Art. 129*** *- Todo empregado terá direito anualmente ao gozo de um período de férias, sem prejuízo da remuneração.*
>
> ***Art. 130*** *- Após cada período de 12 (doze) meses de vigência do contrato de trabalho, o empregado terá direito a férias, na seguinte proporção:*
>
> *I. 30 (trinta) dias corridos, quando não houver faltado ao serviço mais de 5 (cinco) vezes;*
>
> *II. 24 (vinte e quatro) dias corridos, quando houver tido de 6 (seis) a 14 (quatorze) faltas;*
>
> *III. 18 (dezoito) dias corridos, quando houver tido de 15 (quinze) a 23 (vinte e três) faltas;*
>
> *IV. 12 (doze) dias corridos, quando houver tido de 24 (vinte e quatro) a 32 (trinta e duas) faltas.*
>
> *§1º - É vedado descontar, do período de férias, as faltas do empregado ao serviço.*
>
> *§2º - O período das férias será computado, para todos os efeitos, como tempo de serviço.*
>
> ***Art. 130-A.*** *Na modalidade do regime de tempo parcial, após cada período de doze meses de vigência do contrato de trabalho, o empregado terá direito a férias, na seguinte proporção:*
>
> *I. Dezoito dias, para a duração do trabalho semanal superior a vinte e duas horas, até vinte e cinco horas;*
>
> *II. Dezesseis dias, para a duração do trabalho semanal superior a vinte horas, até vinte e duas horas;*

III. *Quatorze dias, para a duração do trabalho semanal superior a quinze horas, até vinte horas;*

IV. *Doze dias, para a duração do trabalho semanal superior a dez horas, até quinze horas;*

V. *Dez dias, para a duração do trabalho semanal superior a cinco horas, até dez horas;*

VI. *Oito dias, para a duração do trabalho semanal igual ou inferior a cinco horas.*

***Parágrafo único**. O empregado contratado sob o regime de tempo parcial que tiver mais de sete faltas injustificadas ao longo do período aquisitivo terá o seu período de férias reduzido à metade.*

Exercício Comentado

01.** **De acordo com a Consolidação das Leis do Trabalho, na modalidade do regime de tempo parcial, após cada período de doze meses de vigência do contrato de trabalho, o empregado terá direito a dezesseis dias de férias, para a duração do trabalho semanal superior a:

a)** **cinco horas, até dez horas.

b)** **dez horas, até quinze horas.

c)** **quinze horas, até vinte horas.

d)** **vinte horas, até vinte e duas horas.

e)** **vinte e duas horas, até vinte e cinco horas.

RESPOSTA. ***"D". Tal item mostra como as bancas cobram esse tipo de decoreba - não adianta reclamar, estude. Releia a tabela acima algumas vezes para memorizá-la.***

Note que as faltas que tolhem direito de férias são aquelas injustificadas, ao passo que, se houver justificativas, ou a empresa abonar a falta, não haverá prejuízo para o empregado. Nesse sentido, determina a CLT.

***Art. 131** - Não será considerada falta ao serviço, para os efeitos do artigo anterior, a ausência do empregado:*

I. *Nos casos referidos no art. 473;*

II. *Durante o licenciamento compulsório da empregada por motivo de maternidade ou aborto, observados os requisitos para percepção do salário-maternidade custeado pela Previdência Social;*

III. *Por motivo de acidente do trabalho ou enfermidade atestada pelo Instituto Nacional do Seguro Social - INSS, excetuada a hipótese do inciso IV do art. 133; (quando o empregado fica afastado recebendo auxílio doença, por mais de 60 dias, ainda que descontínuos)*

IV. *Justificada pela empresa, entendendo-se como tal a que não tiver determinado o desconto do correspondente salário;*

V. *Durante a suspensão preventiva para responder a inquérito administrativo ou de prisão preventiva, quando for impronunciado ou absolvido; e*

VI. *Nos dias em que não tenha havido serviço, salvo na hipótese do inciso III do art. 133. (por deixar de trabalhar, recebendo salário, em virtude de paralisação da empresa por mais de 30 dias).*

***SUM-89** Falta ao Serviço. Se as faltas já são justificadas pela lei, consideram-se como ausências legais e não serão descontadas para o cálculo do período de férias.*

***SUM-46** Acidente de Trabalho. As faltas ou ausências decorrentes de acidente do trabalho não são consideradas para os efeitos de duração de férias e cálculo da gratificação natalina.*

Exercício Comentado

01.O** **empregado, no período aquisitivo de férias, faltou quatro dias seguidos em razão de falecimento da sua mãe, oito dias seguidos para celebrar seu casamento e de lua de mel, dois dias para doação voluntária de sangue. No período concessivo respectivo, ele terá direito a usufruir de:

a)** **24 dias de férias.

b)** **30 dias de férias.

c)** **18 dias de férias.

d)** **16 dias de férias.

e)** **Somente 15 dias de férias em razão do excesso de faltas.

RESPOSTA. **"A". O falecimento do cônjuge, ascendente, descendente, irmão ou pessoa que, declarada em sua carteira de trabalho e previdência social, viva sob sua dependência econômica dá direito a 2 dias de folga, mas o empregado faltou 4.**

O casamento dá direito a 3 dias de folga, mas o empregado faltou 8.

A doação de sangue dá um dia de folga, mas o empregado faltou 2.

A questão não falou que a empresa abonou as faltas, de forma que parte delas foram injustificadas, as quais somadas totalizaram 8. Quando o empregado falta entre 5 e 14 dias, terá descontado 6 dias de férias. 30 - 6 = 24 dias de férias.

Como a questão não falou qual o tipo de contrato de trabalho, presume-se que é em tempo integral. Quando a questão versar sobre contrato em tempo parcial, deveria dizê-lo expressamente.

Perda do Direito de Férias

Em razão da noção de proporcionalidade das férias, a legislação elenca fatores que fazem o empregado não ter mais direito a férias naquele período aquisitivo. Nesses casos, o empregado ficou, por algum motivo, sem trabalhar, de forma que, ao regressar ao trabalho, inicia-se um novo período aquisitivo. São eles:

→ Deixar o emprego e não ser readmitido dentro de 60 dias.

Esse é o caso em que o empregado pede demissão e volta a trabalhar para o mesmo empregador. Se esse retorno ocorrer com mais de 60 dias, então, o empregado não aproveita o trabalho prestado anteriormente, iniciando-se novo período aquisitivo.

→ Permanecer de licença, com percepção de salários, por mais de 30 dias.

Essa é a licença remunerada que a empresa concede ao empregado, porém, não pode fazer isso sempre, substituindo as férias por tal licença - isso seria fraude trabalhista. Essas são ocasiões excepcionais, (por exemplo, o empregado pede e a empresa concede licença remunerada por 40 dias para tratar de um parente).

Tal licença, apesar de tirar o direito às férias, com elas não se confunde, de forma que não é devido o pagamento do 1/3 a mais, concedido pela CF.

→ Deixar de trabalhar, com percepção de salários, por mais de 30 dias, em razão de paralisação da empresa.

A lógica é basicamente a mesma da citada acima, mas, nesse caso, a empresa deve comunicar o MTE e o sindicato dos empregados, com, no mínimo, 15 dias de antecedência. Aqui, também não se pagará o terço constitucional, devido somente no caso de férias.

Um exemplo seria quando a empresa vai modernizar seus maquinários e precisa ficar fechada por longo tempo para a troca. Se isso durar mais de 30 dias, os empregados perdem o direito às férias daquele período aquisitivo, o qual será iniciado novamente quando do retorno da atividade.

→ Receber da Previdência Social prestações de acidente do trabalho ou de auxílio-doença, por 6 meses ou mais, ainda que descontínuos.

Quando sofre acidente do trabalho, tem doença ocupacional ou recebe auxílio - doença por enfermidade não ligada ao trabalho, sendo afastado do trabalho, se for por até 6 meses, dentro de um período aquisitivo, o empregado aproveita o período aquisitivo anterior.

Contudo, se tal período superar 6 meses, mesmo que esparsos, intercalados, então, o empregado perderá o direito às férias e, quando regressar ao trabalho, iniciará novo período aquisitivo.

→ O empregado, após cumprir o serviço militar obrigatório, retornar ao seu emprego anterior após mais de 90 dias da baixa.

Após o término do serviço militar obrigatório, o empregado tem direito a retornar à empresa em que trabalhava, e deve fazer isso em até 90 dias após a baixa para aproveitar o período de trabalhado anterior no seu período aquisitivo de férias. Não confunda esse período de 90 dias com o prazo de 30 dias para o empregado notificar o empregador de que pretende reatar o vínculo de empregado anterior.

Suponha que o empregado foi contratado em 01 de janeiro de 2010 na empresa X e, em 30 de junho, teve seu contrato suspenso, pois foi prestar o serviço militar. Terminou seu serviço militar em 30 de junho de 2011. Ele tem 30 dias, a partir da baixa, para notificar o empregador de que quer reatar o vínculo (art. 472, §1º, da CLT), se não o fizer nesse prazo, o empregador não é obrigado a aceitá-lo novamente. Feito isso, caso retorne em até 90 dias a partir da baixa, aproveitará o período entre 01 de janeiro e 30 de junho de 2010 para aquisição de férias, ou seja, terá que trabalhar somente mais 6 meses para garantir seus 30 dias de férias.

Dispõe a CLT:

> ***Art. 133*** *- Não terá direito a férias o empregado que, no curso do período aquisitivo:*
>
> *I. Deixar o emprego e não for readmitido dentro de 60 (sessenta) dias subsequentes à sua saída;*
>
> *II. Permanecer em gozo de licença, com percepção de salários, por mais de 30 (trinta) dias;*
>
> *III. Deixar de trabalhar, com percepção do salário, por mais de 30 (trinta) dias, em virtude de paralisação parcial ou total dos serviços da empresa; e*
>
> *IV. Tiver percebido da Previdência Social prestações de acidente de trabalho ou de auxílio-doença por mais de 6 (seis) meses, embora descontínuos.*
>
> ***§1º*** *- A interrupção da prestação de serviços deverá ser anotada na Carteira de Trabalho e Previdência Social.*
>
> ***§2º*** *- Iniciar-se-á o decurso de novo período aquisitivo quando o empregado, após o implemento de qualquer das condições previstas neste artigo, retornar ao serviço.*
>
> ***§3º*** *- Para os fins previstos no inciso III deste artigo a empresa comunicará ao órgão local do Ministério do Trabalho, com antecedência mínima de 15 (quinze) dias, as datas de início e fim da paralisação total ou parcial dos serviços da empresa, e, em igual prazo, comunicará, nos mesmos termos, ao sindicato representativo da categoria profissional, bem como afixará aviso nos respectivos locais de trabalho.*
>
> ***Art. 132*** *- O tempo de trabalho anterior à apresentação do empregado para serviço militar obrigatório será computado no período aquisitivo, desde que ele compareça ao estabelecimento dentro de 90 (noventa) dias da data em que se verificar a respectiva baixa.*

Exercício Comentado

01. De acordo com a Consolidação das Leis do Trabalho, o tempo de trabalho anterior à apresentação do empregado para serviço militar obrigatório:

a) Será computado no período aquisitivo das férias, desde que ele compareça ao estabelecimento dentro de 30 dias da data em que se verificar a respectiva baixa.

b) Será computado no período aquisitivo das férias, desde que ele compareça ao estabelecimento dentro de 90 dias da data em que se verificar a respectiva baixa.

c) Será sempre computado no período aquisitivo das férias, independentemente de prazo para o comparecimento ao estabelecimento, tratando-se de direito previsto em lei e na Carta Magna.

d) Não será computado no período aquisitivo de férias, havendo dispositivo constitucional expresso neste sentido.

e) Será computado no período aquisitivo das férias, desde que ele compareça ao estabelecimento dentro de 15 dias da data em que se verificar a respectiva baixa.

RESPOSTA. **"B". Essa questão "derrubou" muita gente neste concurso, pois muitos confundiram o prazo de 30 dias para o empregado avisar ao empregador que pretende reatar o vínculo com o prazo de 90 dias que o empregado tem para efetivamente regressar ao trabalho.**

Para memorizar, imagine um jovem que em razão do serviço militar obrigatório tenha mudado para Brasília, estando com sua relação de emprego suspensa. Após o término do serviço militar, o que demora mais, um simples aviso ao empregador ou o retorno à sua cidade natal? O retorno claro, de forma que esse prazo é dilatado.

Período Concessivo

Quando completar os 12 meses de trabalho, o empregado passa a ter direito a férias e, então, começa o período concessivo, o qual resulta num lapso temporal de 12 meses em que o empregador deve conceder férias ao empregado.

Em regra, é a empresa que escolhe quando irá conceder férias ao empregado, a exceção é o empregado estudante, menor de 18 anos, o qual terá direito de fazer suas férias coincidirem com as férias escolares.

Os membros da família que trabalhem para a mesma empresa têm direito de tirarem férias juntos, desde que isso não cause prejuízo para o serviço.

> ***Art. 136*** *- A época da concessão das férias será a que melhor consulte os interesses do empregador.*
>
> ***§1º*** *- Os membros de uma família, que trabalharem no mesmo estabelecimento ou empresa, terão direito a gozar férias no mesmo período, se assim o desejarem e se disto não resultar prejuízo para o serviço.*
>
> ***§2º*** *- O empregado estudante, menor de 18 (dezoito) anos, terá direito a fazer coincidir suas férias com as férias escolares.*

As férias devem ser concedidas em um único período de 30 dias, mas, em casos excepcionais, permite-se que sejam fracionadas em 2 períodos, um deles não poderá ser inferior a 10 dias.

Maurício Godinho Delegado ensina que essa excepcionalidade está ligada ao interesse do empregado, ou seja, quando convier ao empregado, as férias poderão ser fracionadas em 2 períodos. Há outra corrente que leciona que os motivos de força maior ou a necessidade de serviço é que autorizam essa bipartição. O TST entende de forma ampla tal possibilidade de fracionamento, acolhendo as duas posições.

Uma situação em que a doutrina e jurisprudência têm divergência é a seguinte: se o empregado faltou 30 vezes sem justificativa, ele terá somente 12 dias de férias. Nesse caso, poderia fracionar suas férias individuais, um período com 10 dias e o outro com 2 dias? Em razão da literalidade da lei, tem-se entendido que sim, pois um dos períodos tem pelo menos 10 dias. Se fracionar irregularmente as férias (mais de 2 períodos ou todos os períodos inferiores a 10 dias), terá que pagar em dobro as férias, sendo esse posicionamento forte no âmbito do TST.

Fique Ligado

De qualquer forma, aos menores de 18 anos e aos maiores de 50 anos não é possível fracionar as férias individuais em dois períodos, elas serão sempre concedidas de uma única vez. Ocorrendo esse fracionamento, também é devido pagamento de dobro das férias.

O trabalhador submetido a regime de trabalho em tempo parcial (jornada de até 25 horas semanais) poderá ter suas férias fracionadas, desde que respeitado o mínimo de 10 dias para um dos períodos.

O fracionamento no caso de férias coletivas é tratado de forma diferente, os dois períodos deverão ter, no mínimo, 10 dias, conforme se verá adiante. Apesar de o empregador escolher a época das férias, ele deve comunicar o empregado com pelo menos 30 dias de antecedência, de forma que o obreiro possa programar suas férias, sendo que o empregado deve dar recibo dessa comunicação.

> ***Art. 134*** *- As férias serão concedidas por ato do empregador, em um só período, nos 12 (doze) meses subsequentes à data em que o empregado tiver adquirido o direito.*
>
> ***§1º*** *- Somente em casos excepcionais serão as férias concedidas em 2 (dois) períodos, um dos quais não poderá ser inferior a 10 (dez) dias corridos.*
>
> ***§2º*** *- Aos menores de 18 (dezoito) anos e aos maiores de 50 (cinquenta) anos de idade, as férias serão sempre concedidas de uma só vez.*
>
> ***Art. 135*** *- A concessão das férias será participada, por escrito, ao empregado, com antecedência de, no mínimo, 30 (trinta) dias. Dessa participação o interessado dará recibo.*
>
> ***§1º*** *- O empregado não poderá entrar no gozo das férias sem que apresente ao empregador sua Carteira de Trabalho e Previdência Social, para que nela seja anotada a respectiva concessão.*
>
> ***§2º*** *- A concessão das férias será, igualmente, anotada no livro ou nas fichas de registro dos empregados.*

As férias são de 30 dias corridos, mas o início delas não poderá coincidir com feriados ou com o repouso semanal remunerado. Os domingos e feriados que vierem no meio do período de férias não se somam ao final - o empregado os "perde" mesmo. Por outro lado, se o empregado estiver gozando férias e ficar doente, o período continua normalmente.

> ***PN-100*** *Férias. Início do Período de Gozo. O início das férias, coletivas ou individuais, não poderá coincidir com sábado, domingo, feriado ou dia de compensação de repouso semanal.*

Quando as férias são concedidas fora do período concessivo, os dias que o ultrapassarem serão remunerados em dobro, conforme posicionamento pacífico do TST, além de poder ser aplicada multa administrativa. Inclusive, o terço constitucional será pago em dobro, pois integra as férias.

> ***Art. 137*** *- Sempre que as férias forem concedidas após o prazo de que trata o art. 134, o empregador pagará em dobro a respectiva remuneração.*
>
> ***§1º*** *- Vencido o mencionado prazo sem que o empregador tenha concedido as férias, o empregado poderá ajuizar reclamação pedindo a fixação, por sentença, da época de gozo das mesmas.*
>
> ***§2º*** *- A sentença dominará pena diária de 5% (cinco por cento) do salário mínimo da região, devida ao empregado até que seja cumprida.*
>
> ***§3º*** *- Cópia da decisão judicial transitada em julgado será remetida ao órgão local do Ministério do Trabalho, para fins de aplicação da multa de caráter administrativo.*
>
> ***SUM-81*** *FÉRIAS. Os dias de férias gozados após o período legal de concessão deverão ser remunerados em dobro.*

Ainda, para o empregado poder gozar suas férias adequadamente - viajar com a família, participar de eventos culturais etc., ele precisa de dinheiro, e, então, o empregador é obrigado a pagar as férias com o terço constitucional até, no máximo, 2 dias antes de o empregado deixar de trabalhar. Caso pague fora do prazo, deverá pagar as férias do empregado em dobro.

> ***Art. 145*** *- O pagamento da remuneração das férias e, se for o caso, o do abono referido no art. 143 serão efetuados até 2 (dois) dias antes do início do respectivo período.*
>
> ***Parágrafo único*** *- O empregado dará quitação do pagamento, com indicação do início e do termo das férias.*
>
> ***OJ-SDI1-386*** *Férias. Gozo na Época própria. Pagamento fora do Prazo. Dobra Devida. Arts. 137 E 145 da CLT. É devido o pagamento em dobro da remuneração de férias, incluído o terço constitucional, com base no art. 137 da CLT, quando, ainda que gozadas na época própria, o empregador tenha descumprido o prazo previsto no art. 145 do mesmo diploma legal.*

Fique Ligado

As férias são pagas em dobro quando:

Passa o período Concessivo sem que o empregado tire férias.

O empregado recebe o pagamento das férias fora do prazo legal, que é até dois dias antes da efetiva folga.

Pense na seguinte situação: Alberto, Bruno, Caio, Daniel e Ernani entraram na empresa na mesma data, em 01/01/2008. Dessa forma, para os empregados:

01/01/2008 31/12/2008	01/01/2009 31/12/2009	01/01/2010 31/12/2010
1º Período aquisitivo	1º período concessivo	2º período concessivo
	2º período aquisitivo	3º período aquisitivo

Em 30/05/2009, a empresa informou aos cinco funcionários a data de suas férias referente ao 1º período aquisitivo:

Alberto terá férias entre 01/08/2009 e 30/08/2009. A empresa paga as férias com o terço constitucional em 28/07/2009. Aqui, não há nenhuma irregularidade.

Bruno terá férias entre 01/08/2009 e 30/08/2009. A empresa paga as férias com o terço constitucional em 31/07/2009. As férias de Bruno deverão ser pagas em dobro, pois foi desrespeitado o prazo de pagamento das férias, que é de até 2 dias antes de o empregado gozá-las.

Caio terá férias entre 17/12/2009 e 15/01/2010. A empresa paga as férias com o terço constitucional em 14/12/2009. Note que, nesse caso, 15 dias de suas férias foram concedidos após o 1º período concessivo, de forma que esses 15 dias "irregulares" deverão ser remunerados em dobro.

Daniel terá férias entre 01/03/2010 e 30/03/2010. Note que todo o período concessivo foi desrespeitado, de forma que Caio deverá receber a totalidade de suas férias em dobro.

Quanto a Ernani, a empresa informa-lhe que não pode ficar sem seu serviço, de forma que não lhe concede férias. Aqui, a empresa também deverá pagar em dobro as férias. O efeito é o mesmo que em relação a Daniel, conforme posicionamento do TST. Ocorre que Ernani poderá ajuizar ação na Justiça do Trabalho, pedindo a fixação de suas férias, sendo que o juiz condenará a empresa a conceder-lhe férias, sob pena de multa diária de 5% do salário mínimo.

Salienta-se que, quanto aos domésticos, o TST tem entendido que se aplicam as disposições da CLT no tocante às férias, de forma que eles terão direito a receber o valor dobrado das férias em caso de concessão fora do período concessivo ou não concessão das férias. Poderão, ainda, ter suas férias fracionadas ou requerer o abono de férias, tratado a seguir.

Remuneração das Férias e Abono de Férias

A remuneração das férias é aquela que o empregado recebe no momento em que for sair de férias, ou seja, se no período aquisitivo ganhava R$ 1.000,00, mas estava ganhando R$ 1.200,00 no momento do afastamento, receberá R$ 1.200,00 + o 1/3 concedido pela CF, resultando em 1.600,00 reais.

O que o empregado receber de salário-utilidade (moradia, alimentação) também deverá ser pago nas férias. Por exemplo, recebe habitualmente alimentação. Se continuar recebendo durante as férias, terá direito somente ao cálculo do terço constitucional sobre a parcela; por outro lado, se deixar de receber a alimentação durante as férias, então, deverá receber o equivalente em dinheiro, acrescido do terço.

Além disso, os adicionais por trabalho extraordinário, noturno, insalubre ou perigoso serão computados no salário que servirá de base ao cálculo da remuneração das férias e do terço constitucional. As gorjetas, por fazerem parte da remuneração do empregado, também integram o cálculo das férias.

A gratificação semestral não integra o cálculo das férias, conforme súmula 253, do TST.

> ***Art. 142*** *- O empregado perceberá, durante as férias, a remuneração que lhe for devida na data da sua concessão.*
>
> ***§1º*** *- Quando o salário for pago por hora com jornadas variáveis, apurar-se-á a média do período aquisitivo, aplicando-se o valor do salário na data da concessão das férias.*
>
> ***§2º*** *- Quando o salário for pago por tarefa tomar-se-á por base a media da produção no período aquisitivo do direito a férias, aplicando-se o valor da remuneração da tarefa na data da concessão das férias.*
>
> ***§3º*** *- Quando o salário for pago por percentagem, comissão ou viagem, apurar-se-á a média percebida pelo empregado nos 12 (doze) meses que precederem à concessão das férias.*
>
> ***§4º*** *- A parte do salário paga em utilidades será computada de acordo com a anotação na Carteira de Trabalho e Previdência Social.*
>
> ***§5º*** *- Os adicionais por trabalho extraordinário, noturno, insalubre ou perigoso serão computados no salário que servirá de base ao cálculo da remuneração das férias.*
>
> ***§6º*** *- Se, no momento das férias, o empregado não estiver percebendo o mesmo adicional do período aquisitivo, ou quando o valor deste não tiver sido uniforme será computada a média duodecimal recebida naquele período, após a atualização das importâncias pagas, mediante incidência dos percentuais dos reajustamentos salariais supervenientes.*
>
> ***SUM-149*** *Tarefeiro. Férias. A remuneração das férias do tarefeiro deve ser calculada com base na média da produção do período aquisitivo, aplicando-se-lhe a tarifa da data da concessão.*

Exercício Comentado

01. **Simone é empregada da empresa COPAS e recebe gratificação semestral; Janina é empregada da empresa OURO e recebe adicional de periculosidade; e Nair é empregada do restaurante ESPADAS e recebe gorjeta cobrada diretamente na nota de serviço. Nesses casos, incorporam-se ao cálculo das férias as verbas recebidas por**

a) **Simone, Janina e Nair.**
b) **Simone e Janina, apenas.**
c) **Janina e Nair, apenas.**
d) **Janina, apenas.**
e) **Nair, apenas.**

RESPOSTA. **"C". As férias são pagas com base na remuneração, assim, incluem as parcelas salariais e as gorjetas.**

O adicional de periculosidade integra o salário, de forma que se computa no cálculo das férias.

A gorjeta, não importa se é cobrada na nota de serviço ou paga diretamente ao empregado pelos clientes, será considerada no cálculo das férias.

Quanto à gratificação semestral, ela não integra o cálculo das férias, pois isso seria bis in idem, ou seja, pagar duas vezes. Como as férias são efetivo tempo de serviço, já fazem parte do cômputo da gratificação semestral - os seis meses trabalhados para ter esse direito incluem o mês o que empregado estiver de férias. Assim, quando se calculam as férias, a gratificação semestral não faz parte da base de cálculo, se o fizesse, haveria o duplo pagamento (a gratificação levaria em conta o período de férias e o cálculo das férias levaria em conta a gratificação), o que não é permitido pela legislação.

Abono de Férias

De forma geral, as férias são direitos indisponíveis, mas a CLT permite ao empregado "vender" 1/3. Isso se chama abono de férias.

O empregado tem até 15 dias antes de terminar o período aquisitivo para requerer tal abono. Respeitado esse prazo, a empresa não pode negar. Caso não respeitado tal prazo, a empresa só concede o abono se quiser.

Nota-se que, se o empregado for submetido a trabalho em regime parcial (jornada de até 25 horas semanais), não terá direito a esse abono de férias, não podendo vender nenhum dia de férias. Isso ocorre porque suas férias já são diminuídas (entre 8 e 18 dias por ano).

Além desse abono resultante da "venda de 10 dias de férias", como é chamado popularmente a venda de 1/3 das férias tratada no art. 143, da CLT, a empresa poderá pagar ao funcionário outro abono, seja por mera liberalidade, seja por força de Convenção ou Acordo Coletivo, ou do próprio contrato com o empregado. Esse outro abono, se seu valor não superar 20 dias de salário, não integrará a remuneração do empregado.

E poderá ser pago normalmente ao empregado em regime de tempo parcial, pois, aqui, não há perda de dias de férias.

> ***Art. 143*** *- É facultado ao empregado converter 1/3 (um terço) do período de férias a que tiver direito em abono pecuniário, no valor da remuneração que lhe seria devida nos dias correspondentes.*
>
> ***§1º*** *- O abono de férias deverá ser requerido até 15 (quinze) dias antes do término do período aquisitivo.*
>
> ***§2º*** *- Tratando-se de férias coletivas, a conversão a que se refere este artigo deverá ser objeto de acordo coletivo entre o empregador e o sindicato representativo da respectiva categoria profissional, independendo de requerimento individual a concessão do abono.*
>
> ***§ 3º*** *O disposto neste artigo não se aplica aos empregados sob o regime de tempo parcial.*
>
> ***Art. 144.*** *O abono de férias de que trata o artigo anterior, bem como o concedido em virtude de cláusula do contrato de trabalho, do regulamento da empresa, de convenção ou acordo coletivo, desde que não excedente de vinte dias do salário, não integrarão a remuneração do empregado para os efeitos da legislação do trabalho.*

Assim, o empregado que receba R$ 900,00 e requeira o abono de férias terá 20 dias de descanso e receberá R$ 1.500,00 (900,00 de salário + R$ 300,00 do 1/3 constitucional + 300,00 do abono resultante 1/3 de férias vendidas).

Férias Coletivas

As férias coletivas podem ser concedidas para toda a empresa ou para estabelecimentos ou setores específicos. É ato unilateral da empresa ou pode ser previsto em Acordo Coletivo de Trabalho.

A empresa deve comunicar com antecedência mínima de 15 dias ao MTE e ao Sindicato dos Empregados, bem como afixar, nos locais de trabalho, o início e o fim das férias coletivas, indicando, inclusive, qual o setor ou os estabelecimentos que serão abrangidos.

As férias coletivas poderão ser fracionadas em 2 períodos e nenhum deles terá menos de 10 dias de duração. Nesse caso, não há necessidade de nenhuma causa excepcional para o fracionamento. Há divergência doutrinária nesse ponto, mas entende-se que, se na empresa houver trabalhadores com menos de 18 ou mais de 50 anos, eles também serão afetados por tal fracionamento, não se aplicando às férias coletivas o art. 134, §2º, da CLT. Nesse sentido, leciona Maurício Godinho Delegado.

O mesmo ocorre com o empregado menor de 18 anos estudante. Irá ter férias junto com os demais empregados da empresa, mesmo que não seja o seu período escolar de férias.

No mesmo sentido, o empregado que trabalhe em tempo parcial gozará das férias coletivas, até mesmo porque terá mais dias de férias do que se as gozasse individualmente.

Quanto ao abono de férias, será aplicado o que for decidido em Acordo Coletivo, independentemente de requerimento individual, ou seja, o empregado não terá faculdade de querer ou não vender 1/3 das férias, é a própria negociação coletiva que decide.

Se o empregado ainda não tinha terminado seu período aquisitivo, ele gozará de férias proporcionais e, depois de terminadas as férias coletivas, será iniciado novo período aquisitivo.

Nesses casos, é comum a empresa conceder ao empregado licença remunerada para o resto dos dias, porque ela não deixará ele sozinho na empresa, visto que isso até contraria a lógica produtiva. Assim, esse empregado receberá as férias proporcionais mais o terço constitucional, mas, nos dias em que ficar de licença remunerada, somente receberá o valor do salário, sem acréscimo de 1/3.

Por fim, nas empresas com mais de 300 empregados, é possível proceder à anotação na CTPS dos trabalhadores por meio de carimbo.

> ***Art. 139*** *- Poderão ser concedidas férias coletivas a todos os empregados de uma empresa ou de determinados estabelecimentos ou setores da empresa.*
>
> ***§1º*** *- As férias poderão ser gozadas em 2 (dois) períodos anuais desde que nenhum deles seja inferior a 10 (dez) dias corridos.*
>
> ***§2º*** *- Para os fins previstos neste artigo, o empregador comunicará ao órgão local do Ministério do Trabalho, com a antecedência mínima de 15 (quinze) dias, as datas de início e fim das férias, precisando quais os estabelecimentos ou setores abrangidos pela medida.*
>
> ***§3º*** *- Em igual prazo, o empregador enviará cópia da aludida comunicação aos sindicatos representativos da respectiva categoria profissional, e providenciará a afixação de aviso nos locais de trabalho.*
>
> ***Art. 140*** *- Os empregados contratados há menos de 12 (doze) meses gozarão, na oportunidade, férias proporcionais, iniciando-se, então, novo período aquisitivo.*

__Art. 141__ - Quando o número de empregados contemplados com as férias coletivas for superior a 300 (trezentos), a empresa poderá promover, mediante carimbo, anotações de que trata o art. 135, § 1º.

__§1º__ - O carimbo, cujo modelo será aprovado pelo Ministério do Trabalho, dispensará a referência ao período aquisitivo a que correspondem, para cada empregado, as férias concedidas.

__§2º__ - Adotado o procedimento indicado neste artigo, caberá à empresa fornecer ao empregado cópia visada do recibo correspondente à quitação mencionada no parágrafo único do art. 145.

__§3º__ - Quando da cessação do contrato de trabalho, o empregador anotará na Carteira de Trabalho e Previdência Social as datas dos períodos aquisitivos correspondentes às férias coletivas gozadas pelo empregado.

__Art. 143__. É facultado ao empregado converter 1/3 (um terço) do período de férias a que tiver direito em abono pecuniário, no valor da remuneração que lhe seria devida nos dias correspondentes.

__§2º__ - Tratando-se de férias coletivas, a conversão a que se refere este artigo deverá ser objeto de acordo coletivo entre o empregador e o sindicato representativo da respectiva categoria profissional, independendo de requerimento individual a concessão do abono.

Rescisão do Contrato de Trabalho e Férias

A rigor, as férias devem ser concedidas durante o curso do contrato de trabalho, no período concessivo. Caso isso não tenha ocorrido, elas devem ser concedidas da mesma forma, mas com pagamento em dobro. Se as férias não foram concedidas em tempo algum, após a extinção do contrato de trabalho, o empregado pode requerer a indenização das férias não gozadas, o que também resultará no seu pagamento dobrado.

Dessa forma, tem-se que o pagamento das férias gozadas, bem como o terço constitucional a ela vinculado, têm natureza salarial.

Se as férias foram gozadas fora do período concessivo, elas serão pagas de forma dobrada. Assim, o seu valor é salarial, mas o valor da dobra terá caráter indenizatório.

De outra banda, o pagamento pela indenização das férias, como o nome diz, tem caráter indenizatório, bem como o terço constitucional a ela vinculado. Nota-se que o terço constitucional é um acessório ao direito às férias, tendo, assim, o mesmo caráter que as férias assumirem. Também tem caráter indenizatório, por expressa previsão legal, o abono de férias, seja aquele resultante da "venda dos 10 dias", seja aquele concedido espontaneamente pela empresa desde que não supere 20 dias de salário do empregado (arts. 143 e 144, da CLT).

Isso tem relevância, pois sobre parcelas indenizatórias não serão pagos valores a título de FGTS, nem contribuições previdenciárias. Por isso, a Lei 8.212/91 exclui do salário de contribuição tais parcelas, que são indenizatórias e não salariais.

__Art. 28. - Lei 8212/1991 §9º__ Não integram o salário-de--contribuição para os fins desta Lei, exclusivamente:

__d)__ As importâncias recebidas a título de férias indenizadas e respectivo adicional constitucional, inclusive o valor correspondente à dobra da remuneração de férias de que trata o art. 137 da Consolidação das Leis do Trabalho-CLT;

__e)__ As importâncias:

__6)__ recebidas a título de abono de férias na forma dos Arts. 143 e 144 da CLT;

__OJ-SDI1-195:__ Férias Indenizadas. FGTS. Não-Incidência. Não incide a contribuição para o FGTS sobre as férias indenizadas.

De qualquer modo, o terço constitucional, independentemente se salarial ou indenizatório, é devido sempre, sejam as férias gozadas ou indenizadas, integrais ou proporcionais, conforme pacífico entendimento do TST.

__SUM-328:__ Férias. Terço Constitucional. O pagamento das férias, integrais ou proporcionais, gozadas ou não, na vigência da CF/1988, sujeita-se ao acréscimo do terço previsto no respectivo art. 7º, XVII.

Após o rompimento do contrato, as férias podem ser classificadas em três: férias vencidas, férias simples e férias proporcionais.

Férias Vencidas e Férias Simples

As férias vencidas, aquelas que já ultrapassaram o período aquisitivo e o período concessivo, serão pagas em dobro, como visto, com o terço constitucional em dobro também. O empregado já tinha adquirido o direito, de forma que não faz diferença se pediu demissão ou se foi dispensado por justa causa.

As férias simples, aquelas cujo o período aquisitivo o emprego já tinha completado, mas que ainda estavam dentro do período concessivo, serão pagas de forma simples, com o terço constitucional. Aqui, também, o empregado já tinha adquirido o direito, de forma que não faz diferença se pediu demissão ou se foi dispensado por justa causa.

__Art. 146__ - Na cessação do contrato de trabalho, qualquer que seja a sua causa, será devida ao empregado a remuneração simples ou em dobro, conforme o caso, correspondente ao período de férias cujo direito tenha adquirido.

__Parágrafo único__ - Na cessação do contrato de trabalho, após 12 (doze) meses de serviço, o empregado, desde que não haja sido demitido por justa causa, terá direito à remuneração relativa ao período incompleto de férias, de acordo com o art. 130, na proporção de 1/12 (um doze avos) por mês de serviço ou fração superior a 14 (quatorze) dias.

Férias Proporcionais

Férias proporcionais são aquelas em que o período aquisitivo está incompleto, sendo que o empregado ainda não adquiriu o direito de gozar férias. Quando devidas, as férias proporcionais serão pagas a cada mês trabalhado integralmente ou fração superior a 15 dias. Aqui faz diferença a modalidade da rescisão contratual.

Se houver dispensa sem justa causa, o empregado terá direito a receber férias proporcionais, acrescidas do terço constitucional. O mesmo vale para o contrato por prazo determinado que dure menos de um ano, haverá pagamento de férias proporcionais com mais um terço, por exemplo, o contrato de experiência em que dure somente os 90 dias.

__Art. 147__ - O empregado que for despedido sem justa causa, ou cujo contrato de trabalho se extinguir em prazo predeterminado, antes de completar 12 (doze) meses de serviço, terá direito à remuneração relativa ao período incompleto de férias, de conformidade com o disposto no artigo anterior.

Se pedir demissão, da mesma forma terá direito às férias proporcionais, conforme posicionamento pacífico do TST. Apesar da redação da CLT, mesmo nos contratos vigentes há menos de um ano, se o empregado pedir demissão, terá direito às férias proporcionais.

SUM-171: Férias Proporcionais. Contrato de trabalho. Extinção. Salvo na hipótese de dispensa do empregado por justa causa, a extinção do contrato de trabalho sujeita o empregador ao pagamento da remuneração das férias proporcionais, ainda que incompleto o período aquisitivo de 12 (doze) meses (art. 147 da CLT).

SUM-261: Férias Proporcionais. Pedido de demissão. Contrato vigente há menos de um ano. O empregado que se demite antes de complementar 12 (doze) meses de serviço tem direito a férias proporcionais.

Entretanto, se for dispensado sem justa causa, não terá direito às férias proporcionais, pois foi ele que deu causa à rescisão antecipada, conforme art. 146, Parágrafo Único, citado acima.

E nos casos de culpa recíproca, em que tanto o empregado como o empregador cometeram faltas graves? Eles dividem a culpa. O empregador pagará 50% das férias proporcionais (e, além disso, do aviso prévio, do 13º salário e multa do FGTS, que normalmente é 40% sobre os depósitos, no caso de culpa recíproca será de 20%).

SUM-14 Culpa Recíproca. Reconhecida a culpa recíproca na rescisão do contrato de trabalho (art. 484 da CLT), o empregado tem direito a 50% (cinquenta por cento) do valor do aviso prévio, do décimo terceiro salário e das férias proporcionais.

Conforme súmula 7, do TST, o valor das férias não concedidas no tempo correto será remunerada com base no valor do remuneração na época da reclamação (caso o empregado tenha entrado com uma ação pedindo que o Poder Judiciário fixa-se as férias dele, com o contrato ainda em vigência) ou será remunerada com base na remuneração na época da dispensa (caso o empregado tenha saído da empresa com férias pendentes, por exemplo, não recebeu férias em 2008, quando ganhava R$ 1.000,00, e saiu da empresa em 2012, quando ganhava R$ 2.000,00, suas férias serão pagas com base neste última remuneração).

SUM-7: Férias. A indenização pelo não deferimento das férias no tempo oportuno será calculada com base na remuneração devida ao empregado na época da reclamação ou, se for o caso, na da extinção do contrato.

Quanto aos professores, há uma regra específica. A eles é devido o pagamento dos salários durante as férias escolares, de forma que, se dispensados sem justa causa antes de terminar o ano letivo ou no curso das férias escolares, têm direito ao pagamento dos salários referentes a recesso letivo, bem como o direito ao aviso prévio.

SUM-10 Professor. Dispensa sem justa causa. Término do ano letivo ou no curso de férias escolares. Aviso prévio. O direito aos salários assegurados (artigo 322, caput e parágrafo 3º da CLT) não exclui o direito também ao aviso prévio, na hipótese de dispensa sem justa causa ao término do ano letivo ou no curso das férias escolares.

Prescrição das férias

Prescrição é a perda da capacidade de ajuizar ação cobrando o que lhe é devido. Como visto, após o período aquisitivo, inicia o prazo concessivo, quando o empregador tem 12 meses para conceder as férias. As férias só podem ser cobradas pelo empregado após o período concessivo, de forma que a prescrição leva em conta essa data.

» **Ex.:** A pessoa foi contratada em 01/01/2004 e completou seu primeiro período aquisitivo em 31/12/2004, o período concessivo durou até 31/12/2005, mas a empresa nunca lhe concedeu, nem pagou essas férias. Em 30/06/2009, a pessoa é dispensada e ,em 30/06/2010, ajuíza ação trabalhista requerendo o que não foi pago.

Conforme regra constitucional, de 5 anos para trás, qualquer direito está prescrito. Assim, o empregado somente poderá cobrar o que a empresa não pagou de 30/06/2005 para frente. Como o período concessivo das primeiras férias terminou somente em 31/12/2005 (dentro do prazo em que pode ser cobrado), o direito de cobrar as férias em dobro daquele período não está prescrito.

Exercício Comentado

Com base na Constituição Federal de 1988 e na Consolidação das Leis do Trabalho (CLT), julgue os itens seguintes acerca dos direitos dos trabalhadores urbanos e rurais.

01. A prescrição do direito de reclamar a concessão das férias ou o pagamento da respectiva remuneração é contada a partir do término do período concessivo ou, se for o caso, da cessação do contrato de trabalho.

CERTO. Como as férias somente podem ser cobradas após o período concessivo, enquanto vigente o contrato de trabalho, o prazo prescricional de 5 anos, para cada período de férias, inicia após o término do período concessivo. Assim, um empregado com 10 anos de serviço, e que nunca tenha tirado férias, não poderá cobrar todas elas, algumas prescreveram durante o contrato. Contudo, ao ser dispensado, inicia-se o prazo bienal e quinquenal, conforme explicado no exemplo acima.

Anotações

CAPÍTULO 06

Remuneração

Ao iniciar o trabalho, o empregado deseja, ao fim do mês sua remuneração, receber o chamado salário. Normalmente, ele depende dos pagamentos da empresa para viver, de forma que a lei é bastante protetiva nesse tópico, o qual é muito cobrado nas provas que exigem conhecimento de Direito do Trabalho.

Salário e Gorjeta

Na relação de emprego, o empregado cede sua força de trabalho em troca do pagamento, usualmente chamado de salário. Leia o que a CLT dispõe a respeito:

> ***Art. 457*** *- Compreendem-se na remuneração do empregado, para todos os efeitos legais, além do salário devido e pago diretamente pelo empregador, como contraprestação do serviço, as gorjetas que receber.*
>
> ***§ 1º*** *- Integram o salário não só a importância fixa estipulada, como também as comissões, percentagens, gratificações ajustadas, diárias para viagens e abonos pagos pelo empregador.*
>
> ***§ 2º*** *- Não se incluem nos salários as ajudas de custo, assim como as diárias para viagem que não excedam de 50% (cinquenta por cento) do salário percebido pelo empregado.*
>
> ***§ 3º*** *- Considera-se gorjeta não só a importância espontaneamente dada pelo cliente ao empregado, como também aquela que for cobrada pela empresa ao cliente, como adicional nas contas, a qualquer título, e destinada a distribuição aos empregados.*

Conforme diretriz exposta, temos que: Remuneração = salário + gorjetas.

Salário é "o conjunto de parcelas contraprestativas pagas pelo empregador ao empregado em função do contrato de trabalho". Diz-se conjunto de parcelas, pois o salário não é um valor unitário, mas sim várias parcelas que se integram.

Gorjeta

Gorjeta é o que os clientes dão espontaneamente pelo serviço prestado ou o que é cobrado na nota de serviço. O mais comum são os famosos 10% pagos nos bares e restaurantes, mas as gorjetas podem ocorrer em outras ocasiões (por exemplo, dar R$ 5,00 para o empacotador do mercado que ajudou a levar as compras até o carro). Gorjeta, então, é paga por terceiros, não diretamente pelo empregador. Assim:

Note que as gorjetas não integram o salário, mas sim a remuneração, de forma que não refletirão no cálculo de parcelas salariais. O valor estimado das gorjetas deve ser anotado na CTPS do trabalhador.

> ***Art. 29. § 1º*** *As anotações concernentes à remuneração devem especificar o salário, qualquer que seja sua forma de pagamento, seja ele em dinheiro ou em utilidades, bem como a estimativa da gorjeta.*

As gorjetas, por integrarem a remuneração e não o salário, servirão de base de cálculo para as parcelas pagas com base na remuneração, que é o caso de férias + 1/3, 13º salário e FGTS.

Por outro lado, como base de cálculo o salário não usará as gorjetas na conta, não sendo usadas no cálculo de aviso-prévio, adicional noturno, horas extras e DSR.

> ***SUM-354:*** *Gorjetas. Natureza Jurídica. Repercussões. As gorjetas, cobradas pelo empregador na nota de serviço ou oferecidas espontaneamente pelos clientes, integram a remuneração do empregado, não servindo de base de cálculo para as parcelas de aviso-prévio, adicional noturno, horas extras e repouso semanal remunerado.*

Salienta-se, ainda, que não pode o empregado ser remunerado exclusivamente à base de gorjetas, ainda que elas sejam superiores ao salário mínimo. Do contrário, ele seria remunerado pelos clientes, não pelo empregador - o empregado tem direito a receber pelo menos o salário mínimo, mais as gorjetas, se houver.

Fique Ligado

Para melhor entender tal súmula, que as bancas adoram, darei um exemplo com as férias, mas que também serve para os outros casos. Pense na empresa ABC, que paga uma gratificação semestral aos seus empregados, dentre eles o João. O João, nos meses Janeiro, Fevereiro, Março, Abril, Maio e Junho, estava empregado na empresa ABC, e, em Abril, ele tirou 30 dias de férias. Em Julho, ele recebeu uma gratificação semestral de R$ 1.000,00, calculada com base nos salários de Janeiro a Junho. Viu que a gratificação semestral levou em conta, no cálculo, o mês de Abril, no qual João estava de férias? Dessa forma, nas férias do próximo ano, não se usa os R$ 1.000,00 recebidos como gratificação semestral em Julho no cálculo das férias. É isso que diz a súmula, pois seria bis in idem, o que não é permitido pelo Direito.

Vários termos relacionados ao salário são usados, sendo que abordaremos os principais.

O salário pode ser subdividido em duas partes: salário-base e sobre-salário.

Salário-Base

É parcela fixa do salário, sendo a principal parcela componente do deste, aquela paga diretamente pelo empregador, em dinheiro ou *in natura*, mas sem o acréscimo das outras parcelas salariais variáveis (adicionais, gratificações, diárias).

Sobre-Salário

É o nome que se dá às parcelas variáveis do salário (adicionais, gratificações, diárias), que integram o salário-base para formar o salário do empregado. Elas estão listadas especialmente no art. 457, §§ 1º e 2º.

Salário Mínimo

O salário mínimo é previsto na Constituição, sendo o menor valor que se pode pagar para um trabalhador. A interpretação atual é que esse mínimo refere-se a uma jornada de 44 horas, de forma que, se o empregado trabalha menos de 44 horas, terá assegurado o salário mínimo hora. Nesse sentido:

> ***OJ-SDI1-358:*** *Salário mínimo e piso salarial proporcional à jornada reduzida. Possibilidade. Havendo contratação para cumprimento de jornada reduzida, inferior à previsão constitucional de oito horas diárias ou quarenta e quatro semanais, é lícito o pagamento do piso salarial ou do salário mínimo proporcional ao tempo trabalhado.*

Contudo, aos professores que trabalharem na jornada máxima prevista na CLT (4 aulas seguidas ou 6 intercaladas), é devido o salário mínimo, não podendo haver proporcionalidade, mesmo que seja menos de 44 horas semanais, uma vez que sua jornada é especial.

> ***OJ-SDI1-393*** *Professor. Jornada de trabalho especial. Art. 318 da CLT. Salário mínimo. Proporcionalidade. A contraprestação mensal devida ao professor, que trabalha no limite máximo da jornada prevista no art. 318 da CLT, é de um salário mínimo integral, não se cogitando do pagamento proporcional em relação a jornada prevista no art. 7º, XIII, da Constituição Federal.*

Pela Lei Maior, o salário mínimo deve ter o mesmo valor em todo o território nacional, deve ser reajustado periodicamente para não perder o poder aquisitivo e não pode ser vinculado a nada.

> ***Art. 7º. IV** - Salário mínimo , fixado em lei, nacionalmente unificado, capaz de atender a suas necessidades vitais básicas e às de sua família com moradia, alimentação, educação, saúde, lazer, vestuário, higiene, transporte e previdência social, com reajustes periódicos que lhe preservem o poder aquisitivo, sendo vedada sua vinculação para qualquer fim;*

A lógica dessa vedação da vinculação para qualquer fim é seguinte: se o aluguel de sua casa fosse de um salário mínimo ou o valor da passagem do ônibus fosse uma percentagem do mínimo, quando ele subisse, automaticamente subiria o seu aluguel e o valor da passagem. Além de causar inflação, "as pessoas torceriam" para que o salário mínimo não subisse. É por isso que não se pode vinculá-lo para nenhum fim.

Mas os ritos processuais são regulados por salário mínimo (por exemplo, o Rito Sumário é até 2 salários mínimos, o Rito Sumaríssimo é entre 2 e 40 salários mínimo e o Rito Ordinário é mais de 40 salários mínimos). Segundo a doutrina e jurisprudência, tal vinculação não viola a Constituição.

Ainda sobre o tema, entende o TST que pode ser fixado salário profissional em múltiplos do salário mínimo. Contudo, após a súmula vinculante nº. 4, o STF tem se posicionado contra tal prática, o que tem sido seguido pelo TST nos julgados recentes, sendo provável o cancelamento da OJ 71, da SDI-2:

> ***OJ-SDI2-71:** Ação Rescisória. Salário profissional. Fixação. Múltiplo de salário mínimo. ART. 7º, IV, da CF/88. A estipulação do salário profissional em múltiplos do salário mínimo não afronta o art. 7º, inciso IV, da Constituição Federal de 1988, só incorrendo em vulneração do referido preceito constitucional a fixação de correção automática do salário pelo reajuste do salário mínimo.*

Piso Salarial

O piso salarial, também direito constitucional, é um valor mínimo a ser pago para determinadas categorias, que, segundo a Lei Complementar 103/2000, pode ser estabelecido por Lei Estadual ou do Distrito Federal, fixando o piso para "os empregados que não tenham piso salarial definido em lei federal, convenção ou acordo coletivo de trabalho".

Mesmo os empregados domésticos podem ser beneficiados pelo piso estadual, caso constem na lei instituidora.

Assim, havendo piso estadual para os trabalhadores da indústria de laticínio que fixe o valor em R$ 1.000,00, e, concomitantemente, havendo Convenção ou Acordo Coletivo que fixe R$ 800,00, prevalecerá o acordo ou convenção.

Também não pode o estado fixar piso havendo lei federal (salário profissional), por exemplo, no caso dos médicos e engenheiros.

> ***CF. Art. 7º. V** - Piso salarial proporcional à extensão e à complexidade do trabalho;*

Salário Profissional

Salário profissional é valor estabelecido por lei para determinadas categorias (por exemplo, os médicos, cirurgiões-dentistas, engenheiros, técnicos em radiologia etc.).

> ***SUM-358:** Radiologista. Salário Profissional. Lei nº 7.394, de 29.10.1985. O salário profissional dos técnicos em radiologia é igual a 2 (dois) salários mínimos e não a 4 (quatro).*

Salário Normativo

Salário normativo é aquele fixado por meio de Convenção Coletiva, Acordo Coletivo ou Sentença Normativa, estabelecendo, para determinada categoria ou empresa, o valor mínimo para o salário dos empregados, podendo haver diferenciação por cargos ou por tempo de serviço, mas não se pode discriminar por sexo ou idade.

> ***OJ-SDC-25:** Salário Normativo. Contrato de experiência. Limitação. Tempo de serviço. Possibilidade. Não fere o princípio da isonomia salarial (art. 7º, XXX, da CF/88) a previsão de salário normativo tendo em vista o fator tempo de serviço.*
>
> ***OJ-SDC-26:** Salário Normativo. Menor empregado. ART. 7º, XXX, DA CF/88. VIOLAÇÃO. Os empregados menores não podem ser discriminados em cláusula que fixa salário mínimo profissional para a categoria.*

Salário Complessivo

O salário complessivo não é uma classificação, é uma prática proibida por lei.

Ele ocorre quando a empresa paga o valor sem especificar o que é cada parcela, de forma que o empregado não saberá exatamente se está correto o pagamento.

Seria salário complessivo, vedado por lei, se a empresa pagasse da seguinte forma: salário do mês = R$ 800,52.

O correto é especificar cada parcela salarial: Salário-base = R$ 500,00; adicional noturno = R$ 100,52; horas extras = R$ 200,00.

> ***SUM-91** Salário Complessivo. Nula é a cláusula contratual que fixa determinada importância ou percentagem para atender englobadamente vários direitos legais ou contratuais do trabalhador.*

Parcelas Salariais

As parcelas salariais podem ser definidas por lei, a exemplo dos Arts. 457, §1º e 458, da CLT, ou são consideradas salariais em razão das condições de seu pagamento.

A regra geral é que, se uma parcela é paga em razão do contrato de trabalho e é uma contraprestação pelo trabalho desempenhado pelo empregado, então, será salário, não importa o nome dado ou se tal parcela é paga em dinheiro ou em utilidades.

Se a parcela salarial é paga com habitualidade, então, gerará reflexos em outras parcelas, como ocorre com a hora extra habitual.

As parcelas que comumente compõem o salário são o salário *in natura* (salário-utilidade), as comissões, percentagens, gratificações, abonos e diárias para viagem que excedam 50% do salário.

Salário *In Natura*

Salário *in natura*, também chamado de salário-utilidade, é a parte do salário que não é paga em dinheiro, mas em utilidades, bens de consumo, sendo mais comum o fornecimento de alimentação e moradia.

Mas não é qualquer utilidade fornecida que caracteriza o salário, dois requisitos são necessários:

→ Que sejam fornecidos **habitualmente,** isto é, não basta que o empregado receba um único mês;

→ Que sejam fornecidos **pelo trabalho** e não para o trabalho. Em outras palavras, se a utilidade é fornecida para atrair o empregado para a empresa, caracterizando contraprestação pelo serviço, então, será salário. De outra banda, se a utilidade é fornecida para o empregado trabalhar, se é utilizada para o cumprimento do contrato de trabalho, então, não será salário.

→ Parte da doutrina considera que a gratuidade no fornecimento é requisito para se definir como salarial ou não salarial o fornecimento de uma utilidade. Assim, seria salário somente quando o empregado não contribui financeiramente, não havendo onerosidade na concessão. Esse requisito é controvertido, mas o TST o tem utilizado, especialmente no caso de fornecimento de alimentação.

Utilidades que Integram o Salário *In Natura*

A CLT dispõe o seguinte:

> ***Art. 458*** *- Além do pagamento em dinheiro, compreende-se no salário, para todos os efeitos legais, a alimentação, habitação, vestuário ou outras prestações "in natura" que a empresa, por força do contrato ou do costume, fornecer habitualmente ao empregado. Em caso algum será permitido o pagamento com bebidas alcoólicas ou drogas nocivas.*
>
> ***§ 1º*** *Os valores atribuídos às prestações "in natura" deverão ser justos e razoáveis, não podendo exceder, em cada caso, os dos percentuais das parcelas componentes do salário-mínimo (arts. 81 e 82).*
>
> ***§ 3º*** *- A habitação e a alimentação fornecidas como salário-utilidade deverão atender aos fins a que se destinam e não poderão exceder, respectivamente, a 25% (vinte e cinco por cento) e 20% (vinte por cento) do salário-contratual.*
>
> ***§ 4º*** *- Tratando-se de habitação coletiva, o valor do salário-utilidade a ela correspondente será obtido mediante a divisão do justo valor da habitação pelo número de co-habitantes, vedada, em qualquer hipótese, a utilização da mesma unidade residencial por mais de uma família.*

A alimentação representará, no máximo, 20% do salário contratual, enquanto que a moradia representará no máximo, 25% do salário contratual. Isso para o empregado urbano. Exemplo de tal fornecimento de alimentação com caráter salarial é o vale-alimentação fornecido por força do contrato, conforme súmula 241, do TST.

Para o empregado rural, os valores invertem-se máximo de 25% pelo fornecimento de alimentação e 20% pelo fornecimento da habitação.

Fique Ligado

Para memorizar, pense que os imóveis na cidade são mais caros, então, para o empregado urbano, é maior a percentagem para a habitação.

> ***SUM-241:*** *Salário-utilidade. Alimentação. O vale para refeição, fornecido por força do contrato de trabalho, tem caráter salarial, integrando a remuneração do empregado, para todos os efeitos legais.*

Note que, ao fornecer moradia, o empregador não pode alocar várias famílias na mesma moradia; cada família deve ser alocada em casa separada. Se os empregados, em vez de levarem suas famílias para o local de trabalho, forem sozinhos (caso do cortador de cana que vá para outro estado sem a família), então, pode o empregador fazer uma "república" com os empregados, mas terá que ratear o valor entre todos os ocupantes.

Em geral, diz-se que as empresas "descontam no salário" o valor da utilidade fornecida, mas, na verdade, ocorre o seguinte: a pessoa foi contratada para receber R$ 1.500,00, mas a empresa paga ao fim do mês R$ 1.000,00 em dinheiro, R$ 150,00 a título de alimentação, R$ 150,00 a título de moradia e R$ 200,00 por fornecimento de um carro. Não é efetivamente um desconto, mas a forma como se paga o salário.

No caso de fornecimento de alimentação, se a empresa cobrar do empregado qualquer valor, ainda que seja ínfimo, o TST tem entendido majoritariamente que não será salário *in natura*, uma vez que essa onerosidade no fornecimento retira o caráter salarial da utilidade concedida. Tal posicionamento foi adotado pela SDI-1 no julgamento do E-RR - 824-14.2011.5.18.0012.

Os valores atribuídos às parcelas pagas *in natura* não podem ser arbitrários - para o fornecimento de alimentação e moradia, há percentual máximo, nos demais casos, devem ser justos e razoáveis, não podendo o empregador considerar R$ 800,00 pelo fornecimento de um carro que usualmente seria alugado por R$ 200,00, por exemplo.

Se o empregado receber o salário mínimo, os valores devem respeitar limites fixados em lei; mas, se ele receber valor superior ao mínimo, então, o desconto deve apurar o valor real da utilidade.

> **SUM-258:** *Salário-utilidade. Percentuais. Os percentuais fixados em lei relativos ao salário "in natura" apenas se referem às hipóteses em que o empregado percebe salário mínimo, apurando-se, nas demais, o real valor da utilidade.*

De qualquer forma, o empregado deve receber, no mínimo, 30% do salário em dinheiro, não podendo o empregador pagar todo o salário com utilidades.

> ***OJ-SDC-18:*** *Descontos autorizados no salário pelo trabalhador. Limitação máxima de 70% do salário base. Os descontos efetuados com base em cláusula de acordo firmado entre as partes não podem ser superiores a 70% do salário base percebido pelo empregado, pois deve-se assegurar um mínimo de salário em espécie ao trabalhador.*

Caso a empresa conceda as utilidades referidas "por fora" ou a *latere*, para os que gostam de latim, pode o empregado ajuizar ação requerendo os reflexos em outras verbas - lembre-se que não se trata de desconto salarial, mas sim de efetivo pagamento de salário. É que, se ele receber R$ 1.000,00 de salário e mais R$ 500,00 de vale-alimentação fora do contracheque, seu salário real é R$ 1,500,00, e suas férias, por exemplo, deveriam ser calculadas e pagas com base em R$ 1.500,00, mas como estão fora do contracheque, foram pagas com base em R$ 1.000,00.

Utilidades que não Integram o Salário *In Natura*

Conforme referido, no art. 458, §2º, a CLT expressamente exclui do salário algumas parcelas. Isso ocorre para estimular o empregador a concedê-las, pois, não sendo salário, não refletem no cálculo das parcelas salariais (DSR e aviso-prévio, por exemplo).

> ***Art. 458*** *- § 2º Para os efeitos previstos neste artigo, não serão consideradas como salário as seguintes utilidades concedidas pelo empregador:*
>
> *I. vestuários, equipamentos e outros acessórios fornecidos aos empregados e utilizados no local de trabalho, para a prestação do serviço;*
>
> *II. educação, em estabelecimento de ensino próprio ou de terceiros, compreendendo os valores relativos a matrícula, mensalidade, anuidade, livros e material didático;*
>
> *III. transporte destinado ao deslocamento para o trabalho e retorno, em percurso servido ou não por transporte público;*

IV. *assistência médica, hospitalar e odontológica, prestada diretamente ou mediante seguro-saúde;*

V. *seguros de vida e de acidentes pessoais;*

VI. *previdência privada;*

VIII. *o valor correspondente ao vale-cultura.*

O vestuário, se for concedido para o trabalho, não integrará o salário, diferentemente de caso em que o empregador fornecer roupas e calçados sem pertinência com o serviço. No caso de uma vendedora em um shopping, que necessite usar as roupas da marca, se a empresa fornecê-las não será salário, pois é uniforme de trabalho.

A educação fornecida pelo empregador e os valores relativos à matrícula, mensalidade, anuidade, livros e material didático também não integram o salário. Inclui-se aqui qualquer modalidade de educação fornecida - ensino básico, ensino superior, cursos técnicos, cursos de informática, inglês etc.

O transporte fornecido também não é salário, não havendo diferença se o empregador cobre ou se o forneça gratuitamente ou, ainda, se o trecho é servido ou não por transporte público.

Fique Ligado

Não confunda o fato de o transporte fornecido não ser salário com o fato de as horas in itinere, quando devidas, serem consideradas parte da jornada de trabalho e serem remuneradas por isso.

A assistência médica e odontológica também não integram o salário, nem os seguros de vida ou de acidentes pessoais. O mesmo ocorre com a previdência privada, paga pelo empregador na totalidade ou em parte.

Também o vale-cultura, no valor de R$ 50,00, fornecido segundo as regras impostas pelo Governo, não tem caráter salarial.

Além das parcelas excluídas expressamente pela lei, quando a utilidade é fornecida **para o trabalho**, ela não integrará o salário. Os casos mais comuns são o fornecimento de habitação, energia elétrica e carro. Se são indispensáveis para a realização do trabalho, não serão considerados salário (por exemplo, um vendedor que percorra grandes distâncias de carro, mesmo que a empresa permita que ele utilize o carro fornecido em atividades particulares, não será salário, pois é uma ferramenta de trabalho).

Ainda, imagine um empregado que trabalhe na construção de uma usina hidrelétrica, bem distante de qualquer cidade. Se a empresa não fornecer habitação e energia elétrica, tem como alguém trabalhar? Não! Por isso, sendo indispensável, tais fornecimentos são consideradas ferramentas de trabalho para o trabalho, sem caráter remuneratório. Neste sentido, a súmula 367, do TST.

> ***SUM-367:*** *Utilidades "in natura". Habitação. Energia elétrica. Veículo. Cigarro. Não integração ao salário.*
>
> *I.* *A habitação, a energia elétrica e veículo fornecidos pelo empregador ao empregado, quando indispensáveis para a realização do trabalho, não têm natureza salarial, ainda que, no caso de veículo, seja ele utilizado pelo empregado também em atividades particulares.*
>
> *II.* *O cigarro não se considera salário utilidade em face de sua nocividade à saúde.*

O fornecimento de EPIs também não é salário de forma alguma.

A alimentação fornecida, em regra, tem natureza salarial, contudo, em dois casos, é possível que ela seja considerada indenizatória:

→ Adesão do empregador ao Programa de Alimentação do Trabalho (PAT), programa do Governo pelo qual os empregados, especialmente os que ganham até 5 salários mínimos, receberão alimentação de qualidade dentro dos padrões impostos pelo Governo, e tal não terá caráter salarial;

→ Por meio de negociação coletiva (acordo ou convenção coletiva).

Não pode, entretanto, a adesão ao PAT ou norma coletiva mudarem uma situação já estabelecida, ou seja, se durante vários anos a empresa forneceu alimentação (com caráter salarial, portanto) e adere ao programa governamental ou negocia com o sindicato obreiro que essa alimentação não terá caráter salarial, os empregados submetidos ao regime antigo já têm tal parcela integrada ao salário, não podendo o empregador deixar de pagá-la, nem alterar-lhe a natureza.

> ***OJ-SDI1-413:*** *Auxílio-alimentação. Alteração da natureza jurídica. Norma coletiva ou adesão ao pat. A pactuação em norma coletiva conferindo caráter indenizatório à verba "auxílio-alimentação" ou a adesão posterior do empregador ao Programa de Alimentação do Trabalhador — PAT — não altera a natureza salarial da parcela, instituída anteriormente, para aqueles empregados que, habitualmente, já percebiam o benefício, a teor das Súmulas nos 51, I, e 241 do TST.*

Não pode o empregador pagar parte do salário com cigarro, bebida alcoólica ou drogas ilícitas, pois são nocivas ao empregado, conforme se extrai da parte final do art. 458, da CLT, e item II, da súmula 367/TST. Se o fizer, a parte paga com essas substâncias considera-se não paga.

Por fim, fornecimento de ajuda alimentação em razão do trabalho em horas extras, se previsto em norma coletiva, terá caráter indenizatório, e não salarial.

> ***OJ-SDI1-123:*** *Bancários. Ajuda alimentação. A ajuda alimentação prevista em norma coletiva em decorrência de prestação de horas extras tem natureza indenizatória e, por isso, não integra o salário do empregado bancário.*

Comissões e Percentagens

Comissão é quando o empregado ganha determinado valor ao concluir determinada produção. Por exemplo, recebe R$ 300,00 para cada produto vendido ou produzido.

Percentagem é quando o empregado recebe um percentual do que vender ou produzir, por exemplo, o vendedor de tênis que recebe 2% por cada venda.

Usualmente, tais expressões são usadas como sinônimos, não se prendendo a lei e a jurisprudência aos termos mais técnicos. De qualquer forma, ambas serão parcelas salariais.

Quando o empregado recebe comissões ou percentagens, tem o salário variável, ou seja, seu salário pode mudar de um mês para outro a depender de quanto venda ou produza, por isso, diz-se que o empregado sujeito a tal regime recebe **salário-produção**.

Se receber puramente a base de comissões ou percentagens (sempre variáveis), é chamado de comissionista puro. Se receber uma parte fixa e uma parte variável, é chamado de comissionista misto. Em qualquer dos dois casos, caso as vendas ou produção não alcancem o salário mínimo, o empregador deverá pagá-lo mesmo assim. Também não pode o empregador reduzir o valor da comissão ou a percentagem devida ao empregado.

Ao comissionista asseguram-se todos os direitos trabalhistas. Além do salário mínimo, também terá direito à férias, 13º, DSR, horas extras etc. A garantia do salário mínimo, inclusive, é direito constitucional.

> ***Art. 7º. VII.*** *Garantia de salário, nunca inferior ao mínimo, para os que percebem remuneração variável;*

O DSR e as férias são calculadas de uma forma um pouco diferente dos demais empregados.

O DSR do comissionista é calculado da seguinte forma: divide-se por seis o total de comissões recebidas na semana, esse será o valor do reflexo das comissões no DSR.

Já o cálculo das horas extras respeita a súmula 340, do TST, a qual determina que, como o empregado também está recebendo comissões ao trabalhar em horário suplementar, somente lhe será devido o adicional de 50%.

> ***SUM-340:*** *Comissionista. Horas Extras. O empregado, sujeito a controle de horário, remunerado à base de comissões, tem direito ao adicional de, no mínimo, 50% (cinquenta por cento) pelo trabalho em horas extras, calculado sobre o valor-hora das comissões recebidas no mês, considerando-se como divisor o número de horas efetivamente trabalhadas.*

Para aqueles que não têm contato com a matéria, segue um exemplo prático para compreender melhor a súmula: se o empregado recebeu R$ 2.400,00 reais de comissão em mês um e prestou 20 horas extras, teremos:

- R$ 2.400,00 / 240 horas trabalhadas = R$10,00 por hora.
- 50% de R$ 10,00 = R$ 5,00. Este é o adicional de hora extra.
- R$ 5,00 x 20 horas extras trabalhadas naquele mês = R$ 100,00
- R$ 100,00 serão o pagamento das horas extras do empregado, naquele mês, sendo que seu salário total será R$ 2.500,00.

Se o empregado recebe parte fixa e parte variável, a parte variável será calculada conforme a súmula 340/TST e a parte fixa será paga de acordo com a hora normal mais 50%.

> ***OJ-SDI1-397:*** *Comissionista Misto. Horas extras. Base de cálculo. Aplicação da súmula n.º 340 do TST. O empregado que recebe remuneração mista, ou seja, uma parte fixa e outra variável, tem direito a horas extras pelo trabalho em sobrejornada. Em relação à parte fixa, são devidas as horas simples acrescidas do adicional de horas extras. Em relação à parte variável, é devido somente o adicional de horas extras, aplicando-se à hipótese o disposto na Súmula n.º 340 do TST.*

Assim, exemplificando, se ele recebe R$ 880,00 fixos e, em determinado mês, recebeu R$ 1.520,00 reais de comissão, tendo trabalhado 20 horas extras, teremos:

→ **Parte fixa:**

- R$ 880,00 / 220 (divisor mensal da jornada de 44 horas) = R$ 4,00.
- R$ 4,00 x 50% = R$ 2,00 - hora normal + hora extra = R$ 6,00 por hora extra da parte fixa.

→ **Parte variável:**

- R$ 2.400,00 reais / 240 horas trabalhadas = 10,00 por hora.
- R$ 10,00 reais x 50% = 5,00 por hora extra da parte variável.
- Hora extra parte fixa (R$ 6,00) + hora extra parte variável (R$ 5,00) = R$ 11,00 esse é valor da hora extra daquele mês.
- 20 horas extras trabalhadas no mês x R$ 11,00 = R$ 220,00
- Receberá R$ 220,00 a título de horas extras, sendo que seu salário total no mês será de R$ 2.620,00.

Por razões humanitárias, o TST entende que o cortador de cana que recebe por produção, se trabalhar em horas extras, deverá receber a própria hora normal mais os 50% (como é calculada a parte fixa do salário). Isso para desestimular o empregador a exigir trabalho extraordinário nessa atividade, que, por sua natureza, é extenuante.

Enquanto o salário, de forma geral, é pago até, no máximo, o 5º dia útil do mês subsequente, as comissões podem ser pagas após ultimada a transação, ou seja, após o empregador aceitar a negociação. Isso não significa dizer que deve haver o efetivo pagamento pelo cliente; se ele não pagar, o empregado recebe sua comissão da mesma forma, pois os riscos do negócio são do empregador.

Tanto é assim que é vedada a inclusão da cláusula *star del credere*, a qual faz o empregado solidariamente responsável pelo inadimplemento do comprador, tendo que ressarcir o empregador. Nem os representantes comerciais autônomos podem sujeitar-se a tal cláusula, quem diria os empregados subordinados!

Uma exceção ao pagamento das comissões é no caso de insolvência do cliente, quando o empregador poderá estornar as comissões que tiver pago ao empregado. Isso é previsto na Lei 3.207/1957.

> ***Art. 466*** *- O pagamento de comissões e percentagens só é exigível depois de ultimada a transação a que se referem.*
>
> ***§1º*** *- Nas transações realizadas por prestações sucessivas, é exigível o pagamento das percentagens e comissões que lhes disserem respeito proporcionalmente à respectiva liquidação.*
>
> ***§2º*** *- A cessação das relações de trabalho não prejudica a percepção das comissões e percentagens devidas na forma estabelecida por este artigo.*

Gratificações Ajustadas

A gratificação, em princípio, é paga espontaneamente pelo empregador em situações ocasionais, quando não terá caráter salarial.

Mas, no caso de a gratificação ser ajustada, ou seja, combinada, sendo paga habitualmente, então, será considerada salário. Além do acordo bilateral, a gratificação pode ser instituída por negociação coletiva ou por lei.

O divisor de águas para saber se a gratificação tem natureza salarial ou não é a habitualidade. Se habitual, integra o salário para todos os efeitos, mesmo que concedida espontaneamente, configurando-se o ajuste tácito.

Se a gratificação for paga uma única vez, não terá caráter salarial, nem repercutirá no cálculo de outras verbas. Nesses casos, considera-se que houve mera liberalidade do empregador e não ajuste tácito à parcela.

Essa interpretação decorre do fato de a CLT, no art. 457, §1º, falar em "gratificações ajustadas", surgindo as seguintes súmulas:

> ***Súmula 207/STF*** *- As gratificações habituais, inclusive a de natal, consideram-se tacitamente convencionadas, integrando o salário.*
>
> ***SUM-152:*** *Gratificação. Ajuste Tácito. O fato de constar do recibo de pagamento de gratificação o caráter de liberalidade não basta, por si só, para excluir a existência de ajuste tácito.*

A gratificação é um valor pago ao empregado em razão de algum fato relevante para a empresa; não leva em consideração a conduta pessoal do empregado (como o fazem os prêmios), nem é retribuição por um serviço mais gravoso que o normal (como são os adicionais).

As gratificações pagas habitualmente terão caráter salarial, integrando o salário, mas, como são pagas em periodicidade superior à mensal, têm embutidas em seu cálculo as parcelas pagas com base no mês ou com base em tempo inferior a um mês (casos de aviso-prévio, horas extras, DSR e férias). Por outro lado, nas parcelas em que a base não seja o mês, haverá repercussão, uma vez que estas não estão embutidas no cálculo da gratificação. Nesse sentido, a súmula 253, do TST, a qual as bancas adoram, afirma que:

> ***SUM-253:*** *Gratificação Semestral. Repercussões. A gratificação semestral não repercute no cálculo das horas extras, das férias e do aviso prévio, ainda que indenizados. Repercute, contudo, pelo seu duodécimo na indenização por antiguidade e na gratificação natalina.*

Fique Ligado

Para melhor entender tal súmula, que as bancas adoram, darei um exemplo com as férias, mas que também serve para os outros casos. Pense na empresa ABC, que paga uma gratificação semestral aos seus empregados, dentre eles o João. O João, nos meses Janeiro, Fevereiro, Março, Abril, Maio e Junho, estava empregado na empresa ABC, e em Abril, ele tirou 30 dias de férias. Em Julho, ele recebeu uma gratificação semestral de R$ 1.000,00, calculada com base nos salários de Janeiro a Junho. Viu que a gratificação semestral levou em conta, no cálculo, o mês de Abril, no qual João estava de férias? Dessa forma, nas férias do próximo ano, não se usa os R$ 1.000,00 recebidos como gratificação semestral em Julho no cálculo das férias. É isso que diz a súmula, pois seria bis in idem, o que não é permitido pelo Direito.

Um exemplo de gratificação habitual, que integra o salário para todos os efeitos, é a gratificação por tempo de serviço, conforme posicionamento do TST.

> ***SUM-203:*** *Gratificação por tempo de serviço. Natureza salarial. A gratificação por tempo de serviço integra o salário para todos os efeitos legais.*

Quando a norma coletiva e o regulamento da empresa concedem uma gratificação a mesmo título, como comumente ocorre com a gratificação por tempo de serviço, o empregado deve escolher a que lhe é mais vantajosa, não podendo acumular as duas.

> ***SUM-202*** *Gratificação por tempo de serviço. Compensação. Existindo, ao mesmo tempo, gratificação por tempo de serviço outorgada pelo empregador e outra da mesma natureza prevista em acordo coletivo, convenção coletiva ou sentença normativa, o empregado tem direito a receber, exclusivamente, a que lhe seja mais benéfica.*

13º Salário

O 13º salário é previsto na Constituição, sendo direito de todos os trabalhadores - urbanos, rurais, domésticos, temporários e, inclusive, trabalhadores avulsos. Historicamente, era uma gratificação paga por costume ao fim do ano, conhecida como gratificação natalina, mas foi absorvida pela legislação, sendo parcela salarial específica atualmente.

> ***Art. 7º VIII.*** *Décimo terceiro salário com base na remuneração integral ou no valor da aposentadoria;*

Seu pagamento consiste na mesma remuneração devida em dezembro, devendo ser paga até o dia 20 do referido mês ou na remuneração do último mês de contrato, no caso de rompimento antecipado. Note que ela é calculada com base na remuneração, não no salário, de forma que usa a média anual das gorjetas na base de cálculo.

O 13º é pago em duas frações. A primeira entre fevereiro e novembro e a segunda em dezembro. O empregador é obrigado a pagar fracionadamente, mas não é obrigado a pagar a 1ª parcela a todos os empregados no mesmo mês.

O empregado pode requerer que sua antecipação seja paga junto com as férias, mas deve fazê-lo até janeiro, caso em que o empregador será obrigado a pagar a 1ª parcela dessa forma.

> ***Lei 4.749/1962. Art. 2º*** *- Entre os meses de fevereiro e novembro de cada ano, o empregador pagará, como adiantamento da gratificação referida no artigo precedente, de uma só vez, metade do salário recebido pelo respectivo empregado no mês anterior.*
>
> ***§ 1º*** *- O empregador não estará obrigado a pagar o adiantamento, no mesmo mês, a todos os seus empregados.*
>
> ***§ 2º*** *- O adiantamento será pago ao ensejo das férias do empregado, sempre que este o requerer no mês de janeiro do correspondente ano.*

O 13º salário proporcional é devido nas rescisões antecipadas, na razão de 1/12 para cada mês trabalhado mais de 15 dias. Se o trabalhador for dispensado por justa causa, não terá direito ao 13º proporcional.

Se pedir demissão da empresa, ou no término normal do contrato temporário, terá direito ao 13º proporcional aos meses trabalhados.

> ***SUM-157:*** *Gratificação. A gratificação instituída pela Lei nº 4.090, de 13.07.1962, é devida na resilição contratual de iniciativa do empregado*

No caso de culpa recíproca, é devido 50% do 13º salário, conforme exposto na súmula 14, do TST.

> ***SUM-14:*** *Culpa Recíproca. Reconhecida a culpa recíproca na rescisão do contrato de trabalho (art. 484 da CLT), o empregado tem direito a 50% (cinquenta por cento) do valor do aviso prévio, do décimo terceiro salário e das férias proporcionais.*

Adicionais

Os adicionais são pagos ao empregado para compensar uma situação mais gravosa que o normal, tal como ocorre com o trabalho executado à noite, que é mais gravoso que o trabalho executado durante o dia (por isso, paga-se adicional noturno).

Os mais comuns são o adicional noturno, de horas extras, de periculosidade, de insalubridade e de transferência. Todos os adicionais são salário-condição, ou seja, somente serão pagos enquanto o empregado estiver sujeito às condições mais gravosas. Cessadas tais condições, extingue-se o pagamento dos adicionais.

A Constituição trata de alguns adicionais, inclusive do adicional de penosidade, mas este ainda não foi regulamentado por lei infraconstitucional, de forma que somente será devido se for voluntariamente concedido pela empresa ou acordado por meio de negociação coletiva.

Art. 7º. IX. Remuneração do trabalho noturno superior à do diurno.

XVI. Remuneração do serviço extraordinário superior, no mínimo, em cinquenta por cento à do normal;

XXIII. Adicional de remuneração para as atividades penosas, insalubres ou perigosas, na forma da lei;

Adicional de Horas Extras

Quando o empregado trabalha em horas extras habitualmente, elas passam a integrar o salário do empregado e, então, começam a refletir em outras verbas (por exemplo, no cálculo do repouso semanal remunerado e das férias). Isso não significa dizer que elas integrem definitivamente o contrato de trabalho, pois, se não houver mais o trabalho em horas extraordinárias, o empregador deixará de pagá-las; somente haverá necessidade de indenizar o empregado na forma da súmula 291/TST.

É assim uma vez que o trabalho extraordinário é prejudicial à saúde do empregado, então, permite-se que seja extinto, mesmo que cause redução salarial. Se não fosse desse modo, o empregador não permitiria que o funcionário parasse de trabalhar em horas extras, pois teria que pagá-las da mesma forma, o que não é razoável.

Essa possibilidade de poder-se deixar de pagar as horas extras faz com que sejam consideradas salário-condição, ou seja, o empregado só recebe enquanto sujeito a determina condição.

SUM-376: *Horas Extras. Limitação. Art. 59 da CLT. Reflexos.*

Ii. O valor das horas extras habitualmente prestadas integra o cálculo dos haveres trabalhistas, independentemente da limitação prevista no "caput" do art. 59 da CLT.

SUM-291 *Horas Extras. Habitualidade. Supressão. Indenização. A supressão total ou parcial, pelo empregador, de serviço suplementar prestado com habitualidade, durante pelo menos 1 (um) ano, assegura ao empregado o direito à indenização correspondente ao valor de 1 (um) mês das horas suprimidas, total ou parcialmente, para cada ano ou fração igual ou superior a seis meses de prestação de serviço acima da jornada normal. O cálculo observará a média das horas suplementares nos últimos 12 (doze) meses anteriores à mudança, multiplicada pelo valor da hora extra do dia da supressão.*

As parcelas em que as horas extras habituais geram reflexos são basicamente repouso semanal remunerado, férias, 13º salário, aviso prévio, adicional noturno, adicional de insalubridade, adicional de periculosidade, FGTS, gratificação semestral e indenização por antiguidade.

Em regra, primeiro, calcula-se o salário com os adicionais e, posteriormente, com base nesse valor agregado do salário normal com os adicionais, calcula-se o valor da hora extra. Conforme entendimento do TST:

SUM-264: *Hora Suplementar. Cálculo. A remuneração do serviço suplementar é composta do valor da hora normal, integrado por parcelas de natureza salarial e acrescido do adicional previsto em lei, contrato, acordo, convenção coletiva ou sentença normativa.*

→ Divisor mensal e horas extras

Para se apurar o valor das horas extras, é necessário saber o divisor mensal. Assim, para uma jornada de 44 horas semanais, o divisor é 220. Para a jornada de 40 horas semanais, o divisor é 200. Para uma jornada de 30 horas semanais, o divisor é 180.

Fique Ligado

Por exemplo, uma pessoa com jornada de 44 horas semanais, que ganhe R$ 880,00, o valor da hora normal de seu salário é R$ 4,00. Como eu cheguei neste valor? O divisor de quem trabalha 44 horas semanais não é 220? Então, divide-se 880 por 220; você terá o valor da hora normal. Acrescenta o adicional de hora extra de 50%, então, chegamos ao valor da hora extra de R$ 6,00 (R$ 4,00 + 2,00). Agora ficou mais fácil de compreender o divisor, não é? É para isso que ele serve.

SUM-431: *Salário Hora. Empregado Sujeito ao Regime Geral de Trabalho (Art. 58, Caput, da CLT). 40 Horas Semanais. Cálculo. Aplicação do divisor 200. Para os empregados a que alude o art. 58, caput, da CLT, quando sujeitos a 40 horas semanais de trabalho, aplica-se o divisor 200 para o cálculo do valor do salário hora.*

Mesmo nos turnos ininterruptos de revezamento, reduzida a jornada para 6 horas, o divisor será 180.

OJ-SDI1-396: *Turnos ininterruptos de revezamento. Alteração da jornada de 8 para 6 horas diárias. Empregado horista. Aplicação do divisor 180. Para o cálculo do salário hora do empregado horista, submetido a turnos ininterruptos de revezamento, considerando a alteração da jornada de 8 para 6 horas diárias, aplica-se o divisor 180, em observância ao disposto no art. 7º, VI, da Constituição Federal, que assegura a irredutibilidade salarial.*

No caso dos bancários, eles não trabalham no sábado. Em princípio, o sábado é dia útil não trabalhado, entretanto, acordo individual ou negociação coletiva podem considerá-lo como dia de descanso semanal remunerado. Tal diferenciação é importante, para saber o divisor mensal do empregado. Conforme recente súmula 124, do TST:

SUM-124: *Bancário. Salário-Hora. Divisor.*

I. O divisor aplicável para o cálculo das horas extras do bancário, se houver ajuste individual expresso ou coletivo no sentido de considerar o sábado como dia de descanso remunerado, será:

a) 150, para os empregados submetidos à jornada de seis horas, prevista no caput do art. 224 da CLT;

b) 200, para os empregados submetidos à jornada de oito horas, nos termos do § 2º do art. 224 da CLT.

II. Nas demais hipóteses, aplicar-se-á o divisor:

a) 180, para os empregados submetidos à jornada de seis horas prevista no caput do art. 224 da CLT;

b) 220, para os empregados submetidos à jornada de oito horas, nos termos do § 2º do art. 224 da CLT.

→ Repouso semanal remunerado e horas extras

Quanto ao reflexo no repouso semanal remunerado (RSR), há previsão na Lei 605/1949 e em súmula do TST. Tem-se que se o empregado recebe R$ 600,00 de salário, esse valor já engloba seu repouso semanal remunerado, mas, se habitualmente ele ganha R$ 200,00 por mês de horas suplementares, esse valor extra será considerado no cálculo do RSR - deixará de usar como base de cálculo R$ 600,00 e usará R$ 800,00.

> ***Art. 7º:*** *A remuneração do repouso semanal corresponderá:*
>
> ***a)*** *Para os que trabalham por dia, semana, quinzena ou mês, à de um dia de serviço, computadas as horas extraordinárias habitualmente prestadas;*
>
> ***SUM-172:*** *Repouso Remunerado. Horas Extras. Cálculo. Computam-se no cálculo do repouso remunerado as horas extras habitualmente prestadas.*

Ocorre que esse valor do RSR já majorado (acrescido das horas extras) não será utilizado no cálculo de outras parcelas, pois as horas extras habituais também refletem nelas. Para exemplificar, as horas extras refletem no cálculo das férias. O RSR também reflete no cálculo das férias. Assim, se utilizar-se o valor do RSR já aumentado pelas horas extras para calcular as férias, essas horas irão incidir duas vezes, caracterizando o *bis in idem*, o que é vedado pela legislação. Nesse sentido, entende o TST:

> ***OJ-SDI1-394:*** *Repouso Semanal Remunerado - RSR. Integração das horas extras. Não repercussão no cálculo das férias, do décimo terceiro salário, do aviso prévio e dos depósitos do FGTS. A majoração do valor do repouso semanal remunerado, em razão da integração das horas extras habitualmente prestadas, não repercute no cálculo das férias, da gratificação natalina, do aviso prévio e do FGTS, sob pena de caracterização de "bis in idem".*

→ Gratificação semestral e horas extras

A gratificação semestral não é prevista na CLT, mas se o empregador pagá-la, as horas extras habituais integrarão seu cálculo. Para que não ocorra *bis in idem*, a gratificação semestral não irá gerar reflexos no pagamento da hora extra. É a mesma lógica exposta acima.

> ***SUM-115:*** *Horas Extras. Gratificações Semestrais. O valor das horas extras habituais integra a remuneração do trabalhador para o cálculo das gratificações semestrais.*
>
> ***SUM-253:*** *Gratificação Semestral. Repercussões. A gratificação semestral não repercute no cálculo das horas extras, das férias e do aviso prévio, ainda que indenizados. Repercute, contudo, pelo seu duodécimo na indenização por antiguidade e na gratificação natalina.*

→ FGTS e horas extras

Ainda, o montante devido a título de FGTS deverá ser calculado considerando o valor das horas extras habituais, inclusive sobre a multa de 40%, quando da dispensa sem justa causa.

> ***SUM-63:*** *Fundo de Garantia. A contribuição para o Fundo de Garantia do Tempo de Serviço incide sobre a remuneração mensal devida ao empregado, inclusive horas extras e adicionais eventuais.*

→ Adicional noturno e horas extras

Em relação ao adicional noturno laborado em horas extras, há um duplo desgaste do empregado, de forma que ele recebe os dois adicionais. Primeiro, calcula-se o salário do empregado com o adicional noturno. Depois, já com o valor do adicional noturno acrescido à remuneração é que se calcula o valor das horas extras.

> ***OJ-SDI1-97:*** *Horas Extras. Adicional Noturno. Base de cálculo. O adicional noturno integra a base de cálculo das horas extras prestadas no período noturno.*

→ Adicional de insalubridade e periculosidade e horas extras

Tal como o adicional noturno, os adicionais de insalubridade e periculosidade integram a base de cálculo das horas extras, ou seja, primeiro calcula-se o salário com a periculosidade/insalubridade e, com esse valor, chega-se ao valor da hora extra devida ao empregado.

> ***SUM-132:*** *Adicional de Periculosidade. Integração.*
>
> ***I.*** *O adicional de periculosidade, pago em caráter permanente, integra o cálculo de indenização e de horas extras.*
>
> ***OJ-SDI1-47:*** *Hora Extra. Adicional de Insalubridade. Base de Cálculo. A base de cálculo da hora extra é o resultado da soma do salário contratual mais o adicional de insalubridade.*

→ Indenização por antiguidade e horas extras

Quando o empregado estava sujeito à estabilidade decenal, havia uma indenização por antiguidade. Essa indenização levava em conta as horas extras habituais no seu cálculo.

> ***SUM-24:*** *Serviço Extraordinário. Insere-se no cálculo da indenização por antiguidade o salário relativo a serviço extraordinário, desde que habitualmente prestado.*

→ Pré-contratação de horas extras

De forma geral, a pré-contratação de horas extras, logo na admissão no emprego, é considerada válida, exceto para os bancários, em razão das disposições especiais da CLT.

> ***SUM-199:*** *Bancário. Pré-Contratação de Horas Extras. I - A contratação do serviço suplementar, quando da admissão do trabalhador bancário, é nula. Os valores assim ajustados apenas remuneram a jornada normal, sendo devidas as horas extras com o adicional de, no mínimo, 50% (cinquenta por cento), as quais não configuram pré-contratação, se pactuadas após a admissão do bancário.*

→ Horas extras reconhecidas em ação trabalhista

Quando um empregado faz horas extras, mas não as recebe, ele pode ajuizar uma ação trabalhista para receber as horas não pagas, mesmo que tenha recebido parte delas durante o contrato.

Havendo prova das horas extras, documental ou testemunhal, somente quanto uma parte do período (por exemplo, entre janeiro e junho de 2010), se o julgador se convencer de que a jornada suplementar continuou após esse intervalo, mesmo não havendo outras provas da prestação, poderá estender a condenação a todo o período.

> ***OJ-SDI1-233*** *Horas Extras. Comprovação de Parte do Período Alegado. A decisão que defere horas extras com base em prova oral ou documental não ficará limitada ao tempo por ela abrangido, desde que o julgador fique convencido de que o procedimento questionado superou aquele período.A questão da forma de pagamento das horas extras reconhecidas por meio de ação trabalhista, quando o empregador já havia pago parte delas durante o contrato, foi pacificada pelo TST, o qual entende que o empregador somente pagará as sonegadas de forma global, para evitar o enriquecimento sem causa do empregado.*
>
> ***OJ-SDI1-415*** *Horas Extras. Reconhecimento em juízo. Critério de dedução/abatimento dos valores comprovadamente pagos no curso do contrato de trabalho. A dedução das horas extras comprovadamente pagas daquelas reconhecidas em juízo não pode ser limitada ao mês de apuração, devendo ser integral e aferida pelo total das horas extraordinárias quitadas durante o período imprescrito do contrato de trabalho.*

Fique Ligado

Para exemplificar a questão, veja a seguinte situação: A empresa foi condenada a pagar a 1 hora extra por dia, de segunda à sexta-feira. Assim, em média, serão 22 dias de trabalho com as horas extras. Ocorre que a empresa pagou algumas horas durante o contrato e constam, nos recibos, 20 horas extras pagas em Janeiro, 25 pagas em Fevereiro, 5 pagas em Março e 30 pagas em Abril. Para os 4 meses, a empresa foi condenada a pagar 88 horas extras (22 x 4), mas como houve pagamentos no contrato, estes serão abatidos de forma global, segundo a OJ em comento, ou seja, somam-se todas (o que resulta em 80 horas pagas) e abate-se da condenção. Assim, a empresa ainda deve pagar 8 horas extras ao empregado (88 - 80).

Adicional de Insalubre

Trabalho insalubre é aquele exposto a fatores químicos, físicos ou biológicos, acima dos limites de tolerância, de forma que agride a saúde do funcionário.

> **Art. 189** - *Serão consideradas atividades ou operações insalubres aquelas que, por sua natureza, condições ou métodos de trabalho, exponham os empregados a agentes nocivos à saúde, acima dos limites de tolerância fixados em razão da natureza e da intensidade do agente e do tempo de exposição aos seus efeitos.*
>
> **Art. 190** - *O Ministério do Trabalho aprovará o quadro das atividades e operações insalubres e adotará normas sobre os critérios de caracterização da insalubridade, os limites de tolerância aos agentes agressivos, meios de proteção e o tempo máximo de exposição do empregado a esses agentes.*

A empresa deve primeiro tentar eliminar a insalubridade ou periculosidade do ambiente de trabalho, preferencialmente com medidas de proteção coletiva, e, se não for possível, fornecer equipamentos de proteção individual. Caso as medidas não sejam plenamente eficazes, deverá ser pago adicional por tais condições.

> **Art. 191** - *A eliminação ou a neutralização da insalubridade ocorrerá:*
>
> *I. Com a adoção de medidas que conservem o ambiente de trabalho dentro dos limites de tolerância;*
>
> *II. Com a utilização de equipamentos de proteção individual ao trabalhador, que diminuam a intensidade do agente agressivo a limites de tolerância.*
>
> **Parágrafo único** - *Caberá às Delegacias Regionais do Trabalho, comprovada a insalubridade, notificar as empresas, estipulando prazos para sua eliminação ou neutralização, na forma deste artigo.*

O empregado também deve estar ciente de trabalha em local insalubre, de forma que deve haver avisos visuais, bem como indicações do que deve ser feito em caso de contato acidental com os agentes insalubres.

> **Art. 197** - *Os materiais e substâncias empregados, manipulados ou transportados nos locais de trabalho, quando perigosos ou nocivos à saúde, devem conter, no rótulo, sua composição, recomendações de socorro imediato e o símbolo de perigo correspondente, segundo a padronização internacional.*
>
> **Parágrafo único** - *Os estabelecimentos que mantenham as atividades previstas neste artigo afixarão, nos setores de trabalho atingidas, avisos ou cartazes, com advertência quanto aos materiais e substâncias perigosos ou nocivos à saúde.*

Quando a atividade for insalubre, o empregado deverá receber adicional de 10, 20 ou 40% se a insalubridade for de grau mínimo, médio ou máximo, respectivamente.

> **Art. 192** - *O exercício de trabalho em condições insalubres, acima dos limites de tolerância estabelecidos pelo Ministério do Trabalho, assegura a percepção de adicional respectivamente de 40% (quarenta por cento), 20% (vinte por cento) e 10% (dez por cento) do salário-mínimo da região, segundo se classifiquem nos graus máximo, médio e mínimo.*

A base de cálculo do adicional de insalubridade é uma novela. O STF editou a súmula vinculante nº. 4, que determina o seguinte:

> ***Súmula Vinculante nº 4:*** *Salvo nos casos previstos na constituição, o salário mínimo não pode ser usado como indexador de base de cálculo de vantagem de servidor público ou de empregado, nem ser substituído por decisão judicial.*

Assim, em princípio, não pode o salário mínimo servir como base de cálculo do adicional, de forma que o TST alterou a súmula 228, passando a entender que deve se utilizar o salário-base do trabalhador ou outro critério mais vantajoso previsto em Convenção ou Acordo coletivo. Ocorre que a súmula vinculante também proíbe que o judiciário invente uma base de cálculo - que foi o que o TST fez ao utilizar o salário-base.

Desse modo, foram opostas reclamações junto ao STF, o qual suspendeu a aplicação da súmula 228 do TST e decidiu que, até que venha a ser editada nova lei, superando a inconstitucionalidade, será utilizado o salário mínimo mesmo.

Em resumo, é inconstitucional, mas, por enquanto, o adicional de insalubridade será calculado com base no valor do salário mínimo. Essa é a interpretação do TST e do próprio STF.

Mesmo nas atividades intermitentes, é devido o adicional de insalubridade. Atividade intermitente é aquela realizada diariamente, mas em períodos espaçados.

> ***SUM-47:*** *Insalubridade. O trabalho executado em condições insalubres, em caráter intermitente, não afasta, só por essa circunstância, o direito à percepção do respectivo adicional.*

Quando a atividade é perigosa, o empregado deverá receber adicional de 30%, calculado sobre o salário do empregado, sem os acréscimos resultantes de gratificações, prêmios ou participação nos lucros.

Se o empregado trabalha em condições perigosas e insalubres, ele deverá optar por qual adicional receberá, não podendo acumular ambos.

> **Art. 193** - *São consideradas atividades ou operações perigosas, na forma da regulamentação aprovada pelo Ministério do Trabalho, aquelas que, por sua natureza ou métodos de trabalho, impliquem o contato permanente com inflamáveis ou explosivos em condições de risco acentuado.*
>
> *§ 1º - O trabalho em condições de periculosidade assegura ao empregado um adicional de 30% (trinta por cento) sobre o salário sem os acréscimos resultantes de gratificações, prêmios ou participações nos lucros da empresa.*
>
> ***§ 2º*** *- O empregado poderá optar pelo adicional de insalubridade que porventura lhe seja devido.*

Tais adicionais são salário-condição, sendo devidos somente enquanto durar a situação, de forma que, se eliminada a periculosidade ou insalubridade, o empregado deixará de receber o adicional. Tal procedimento é lícito e não viola o princípio da irredutibilidade salarial.

Art. 194 - O direito do empregado ao adicional de insalubridade ou de periculosidade cessará com a eliminação do risco à sua saúde ou integridade física, nos termos desta Seção e das normas expedidas pelo Ministério do Trabalho.

***SUM-80:** Insalubridade. A eliminação da insalubridade mediante fornecimento de aparelhos protetores aprovados pelo órgão competente do Poder Executivo exclui a percepção do respectivo adicional.*

***SUM-248:** Adicional de Insalubridade. Direito Adquirido. A reclassificação ou a descaracterização da insalubridade, por ato da autoridade competente, repercute na satisfação do respectivo adicional, sem ofensa a direito adquirido ou ao princípio da irredutibilidade salarial.*

Enquanto recebido pelo empregado, ele integra o salário para todos os fins, repercutindo em outras verbas, mas já remunera os finais de semana e feriados, não se falando em pagamento separado.

***SUM-139:** Adicional de Insalubridade. Enquanto percebido, o adicional de insalubridade integra a remuneração para todos os efeitos legais.*

***OJ-SDI1-103:** Adicional de Insalubridade. Repouso semanal e feriados. O adicional de insalubridade já remunera os dias de repouso semanal e feriados.*

Contudo, somente fornecer os EPIs não basta para deixar de pagar o adicional; é necessário que, efetivamente elimine-se o agente insalubre e, para isso, o empregado deve necessariamente usar os equipamentos.

***SUM-289:** Insalubridade. Adicional. Fornecimento do Aparelho de Proteção. Efeito. O simples fornecimento do aparelho de proteção pelo empregador não o exime do pagamento do adicional de insalubridade. Cabe-lhe tomar as medidas que conduzam à diminuição ou eliminação da nocividade, entre as quais as relativas ao uso efetivo do equipamento pelo empregado.*

Para ser configurada a insalubridade, são necessários dois requisitos:

→ Perícia técnica atestando que a atividade é insalubre;

→ Que a atividade seja considerada insalubre pelo Ministério do Trabalho e Emprego, por meio de portaria.

Tanto é assim que, se o MTE inclui uma determinada atividade no rol das atividades insalubres, é a partir dessa inclusão que o empregado terá direito a receber o adicional, ainda que anteriormente já estivesse sujeito a tal condição.

***Art. 196** - Os efeitos pecuniários decorrentes do trabalho em condições de insalubridade ou periculosidade serão devidos a contar da data da inclusão da respectiva atividade nos quadros aprovados pelo Ministro do Trabalho, respeitadas as normas do artigo 11.*

***OJ-SDI1-4** Adicional de Insalubridade. Lixo Urbano.*

I. Não basta a constatação da insalubridade por meio de laudo pericial para que o empregado tenha direito ao respectivo adicional, sendo necessária a classificação da atividade insalubre na relação oficial elaborada pelo Ministério do Trabalho.

II. A limpeza em residências e escritórios e a respectiva coleta de lixo não podem ser consideradas atividades insalubres, ainda que constatadas por laudo pericial, porque não se encontram dentre as classificadas como lixo urbano na Portaria do Ministério do Trabalho.

Tanto o médico como o engenheiro do trabalho poderão realizar a perícia e atestar a insalubridade.

***OJ-SDI1-165:** Perícia. Engenheiro ou Médico. Adicional de insalubridade e periculosidade. Válido. ART. 195 DA CLT. O art. 195 da CLT não faz qualquer distinção entre o médico e o engenheiro para efeito de caracterização e classificação da insalubridade e periculosidade, bastando para a elaboração do laudo seja o profissional devidamente qualificado.*

Note que, apesar de a perícia ser obrigatória, caso seja impossível sua realização, o juiz julgará com as provas que tiver.

***OJ-SDI1-278:** Adicional de Insalubridade. Perícia. Local de Trabalho Desativado. A realização de perícia é obrigatória para a verificação de insalubridade. Quando não for possível sua realização, como em caso de fechamento da empresa, poderá o julgador utilizar-se de outros meios de prova.*

Porém, em eventual reclamação trabalhista, se a parte indicar um agente insalubre, mas a perícia constatar outro, o juiz condenará a pagar insalubridade.

***SUM-293:** Adicional de Insalubridade. Causa de Pedir. Agente Nocivo Diverso do Apontado na Inicial. A verificação mediante perícia de prestação de serviços em condições nocivas, considerado agente insalubre diverso do apontado na inicial, não prejudica o pedido de adicional de insalubridade.*

Não só o empregado, mas também o sindicato da categoria, pode requerer, em juízo, tanto o pagamento, caso a empresa negue o direito, como as diferenças devidas, quando a empresa pague a menor (por exemplo, paga 10%, mas deveria pagar 40%).

***OJ-SDI1-121:** Substituição Processual. Diferença do adicional de insalubridade. Legitimidade. O sindicato tem legitimidade para atuar na qualidade de substituto processual para pleitear diferença de adicional de insalubridade.*

Após conseguir o provimento jurisdicional, a empresa deve inserir no contracheque, mês a mês, o valor do adicional. Isso ocorre para evitar o salário complessivo - não pode a empresa simplesmente lançar o valor sem especificar o que é.

***OJ-SDI1-172:** Adicional de Insalubridade ou Periculosidade. Condenação. Inserção em Folha de Pagamento. Condenada ao pagamento do adicional de insalubridade ou periculosidade, a empresa deverá inserir, mês a mês e enquanto o trabalho for executado sob essas condições, o valor correspondente em folha de pagamento.*

Por fim, e para não ser surpreendido na prova, algumas situações são reiteradamente objeto de discussão na Justiça do Trabalho, de forma que o TST aprovou os seguintes verbetes:

→ **Atividade a céu aberto**

OJ-SDI1-173: adicional de insalubridade. Atividade a céu aberto. Exposição ao sol e ao calor.

I. Ausente previsão legal, indevido o adicional de insalubridade ao trabalhador em atividade a céu aberto por sujeição à radiação solar (art. 195 da CLT e Anexo 7 da NR 15 da Portaria Nº 3.214/78 do MTE).

II. Tem direito à percepção ao adicional de insalubridade o empregado que exerce atividade exposto ao calor acima dos limites de tolerância, inclusive em ambiente externo com carga solar, nas condições previstas no Anexo 3 da NR 15 da Portaria Nº 3.214/78 do MTE.

A OJ acima significa que a atividade a céu aberto não dá direito à insalubridade em razão da radiação solar, mas pode dar direito em razão do calor no ambiente trabalho. O item II é recente, sendo maior a possibilidade de sua cobrança em futuras provas.

→ **Limpeza em residências e escritórios**

A limpeza de residências e escritórios e a respectiva coleta de lixo não é atividade insalubre, uma vez que não é classificada como lixo urbano por NR do MTE.

> ***OJ-SDI1-4: adicional de insalubridade. Lixo urbano.***
>
> ***II.*** *A limpeza em residências e escritórios e a respectiva coleta de lixo não podem ser consideradas atividades insalubres, ainda que constatadas por laudo pericial, porque não se encontram dentre as classificadas como lixo urbano na Portaria do Ministério do Trabalho.*

→ **Óleos minerais**

> ***OJ-SDI1-171: adicional de insalubridade. Óleos minerais. Sentido do termo "manipulação".*** *Para efeito de concessão de adicional de insalubridade não há distinção entre fabricação e manuseio de óleos minerais - Portaria nº 3214 do Ministério do Trabalho, NR 15, Anexo XIII.*

A OJ acima significa que tanto quem trabalha manuseando óleos minerais (um mecânico, por exemplo) como quem trabalha em sua fabricação do óleo têm direito ao adicional de insalubridade

Adicional de Periculosidade

O adicional de periculosidade também tem previsão constitucional e é devido em razão da exposição do trabalhador a:

→ Explosivos, inflamáveis e energia elétrica.

→ Roubos ou outras espécies de violência física nas atividades profissionais de segurança pessoal ou patrimonial.

> Neste caso, se o vigilante recebe adicional por força de ACT ou CCT, não os receberá cumulativamente, os valores serão compensados ou descontados.

Base de Cálculo

Dispõe a CLT que o adicional de 30% será calculado sobre o salário-base, sem acréscimos de gratificações, prêmios ou outras parcelas.

Nota-se que salário-base = parcelas pagas em dinheiro + salário *in natura*.

> ***Art. 193.*** *São consideradas atividades ou operações perigosas, na forma da regulamentação aprovada pelo Ministério do Trabalho e Emprego, aquelas que, por sua natureza ou métodos de trabalho, impliquem risco acentuado em virtude de exposição permanente do trabalhador a:*
>
> ***I.*** *inflamáveis, explosivos ou energia elétrica;*
>
> ***II.*** *roubos ou outras espécies de violência física nas atividades profissionais de segurança pessoal ou patrimonial.*
>
> ***§ 1º*** *- O trabalho em condições de periculosidade assegura ao empregado um adicional de 30% (trinta por cento) sobre o salário sem os acréscimos resultantes de gratificações, prêmios ou participações nos lucros da empresa.*
>
> ***§ 2º*** *- O empregado poderá optar pelo adicional de insalubridade que porventura lhe seja devido.*
>
> ***§ 3º*** *Serão descontados ou compensados do adicional outros da mesma natureza eventualmente já concedidos ao vigilante por meio de acordo coletivo.*

Fique Ligado

Há duas expressões que as bancas podem usar para falar da base de cálculo do adicional de periculosidade, quais sejam:

> ***É calculado sobre o salário-base (definição doutrinária)***
>
> ***É calculado sobre o salário sem os acréscimos resultantes de gratificações, prêmios ou participações nos lucros da empresa (definição da CLT).***

As duas formas são corretas, pois, no fundo, dizem a mesma coisa.

Eletricitários

A Lei 7.369/1985 foi revogada, de forma que, atualmente, o adicional de 30% para os eletricitários também é calculado sobre o salário-base.

Dessa forma, a tendência é que a súmula 191/TST seja revogada, pois está baseada em legislação não mais em vigor.

Periculosidade e hora extra / trabalho noturno

Tanto para os eletricitários como para os empregados sujeitos a produtos inflamáveis e explosivos, se prestarem horas extras ou trabalho noturno, primeiro, calcula-se o salário com o adicional de periculosidade, e este valor é que será utilizado para calcular o valor da hora extra e do adicional noturno.

> ***OJ-SDI1-259 adicional noturno. Base de cálculo. Adicional de periculosidade. Integração.*** *O adicional de periculosidade deve compor a base de cálculo do adicional noturno, já que também neste horário o trabalhador permanece sob as condições de risco.*
>
> ***TST/SÚMULA-132 adicional de periculosidade. Integração. I*** *- O adicional de periculosidade, pago em caráter permanente, integra o cálculo de indenização e de horas extras.*

Sobreaviso e periculosidade

Ainda, somente é pago o adicional de periculosidade quando o empregado está em risco, de forma que, se estiver de sobreaviso em sua casa, o risco desapareceu, não sendo devido o adicional de periculosidade.

> ***TST/SÚMULA-132 adicional de periculosidade. Integração. II*** *- Durante as horas de sobreaviso, o empregado não se encontra em condições de risco, razão pela qual é incabível a integração do adicional de periculosidade sobre as mencionadas horas.*

Exposição eventual ou por tempo extremamente reduzido

A CLT diz que a exposição tem que ser permanente, mas até onde o contato é permanente? É a súmula 364 que explica. Exposição permanente ou intermitente, paga o adicional. Exposição ao risco eventual ou, ainda, que habitual e seja por tempo extremamente reduzido não dará direito ao empregado ao adicional.

> ***TST/SÚMULA-364 adicional de periculosidade. Exposição eventual, permanente e intermitente.*** *Tem direito ao adicional de periculosidade o empregado exposto permanentemente ou que, de forma intermitente, sujeita-se a condições de risco. Indevido, apenas, quando o contato dá-se de forma eventual, assim considerado o fortuito, ou o que, sendo habitual, dá-se por tempo extremamente reduzido.*

Eventual é aquele que não ocorre com frequência, por exemplo, o empregado não eletricista que, de vez em quando, vai à sala de máquinas em que há um quadro elétrico.

Habitual por tempo extremamente reduzido é quando o empregado passa perto da fonte de perigo, todos os dias, mas por poucos segundos, por exemplo, o empregado que passa todo dia na frente de um tanque combustível, mas que trabalhe bem longe dele.

Pagamento proporcional ao tempo de exposição

Note que foi cancelado o item II da súmula 364/TST, ao passo que não se pode mais pagar o adicional proporcionalmente ao tempo de exposição, por exemplo, é proibido pagar adicional de 15% em razão de o empregado somente estar exposto ao risco por 4 horas diárias.

> ***TST/SÚMULA-361 adicional de periculosidade. Eletricitários.*** *Exposição intermitente. O trabalho exercido em condições perigosas, embora de forma intermitente, dá direito ao empregado a receber o adicional de periculosidade de forma integral, porque a Lei nº 7.369, de 20.09.1985, não estabeleceu nenhuma proporcionalidade em relação ao seu pagamento.*

No mesmo sentido, a súmula 361, do TST, não permite tal proporcionalidade.

Pagamento espontâneo do adicional de periculosidade e perícia

Se a empresa pagar voluntariamente, é desnecessária a perícia, ainda que ela pague em percentual inferior ao de 30% ao estabelecido em lei, pois ela terá confessado que é o ambiente é perigoso.

> ***OJ-SDI1-406: adicional de periculosidade. Pagamento espontâneo. Caracterização de fato incontroverso. Desnecessária a perícia de que trata o art. 195 da CLT.*** *O pagamento de adicional de periculosidade efetuado por mera liberalidade da empresa, ainda que de forma proporcional ao tempo de exposição ao risco ou em percentual inferior ao máximo legalmente previsto, dispensa a realização da prova técnica exigida pelo art. 195 da CLT, pois torna incontroversa a existência do trabalho em condições perigosas.*

→ **Situações que são consideradas perigosas:**

Há algumas situações que um dia geraram dúvidas se haveria ou não o pagamento de adicional, mas que foram pacificadas pelo TST e podem ser objeto de prova, sendo que para o TST, haverá pagamento de adicional de periculosidade para.

- Empregados que operam bomba de gasolina;
- Empregado que trabalhe em prédio em que estejam instalados tanques de líquido inflamável;
- Cabistas, instaladores e reparadores de linhas telefônicas;
- Radiação ionizante.

Citem-se as súmulas e OJs a respeito:

> ***TST/SÚMULA-39: periculosidade.*** *Os empregados que operam em bomba de gasolina têm direito ao adicional de periculosidade (Lei nº 2.573, de 15.08.1955).*

> ***OJ-SDI1-385: adicional de periculosidade. Devido. Armazenamento de líquido inflamável no prédio. Construção vertical.*** *É devido o pagamento do adicional de periculosidade ao empregado que desenvolve suas atividades em edifício (construção vertical), seja em pavimento igual ou distinto daquele onde estão instalados tanques para armazenamento de líquido inflamável, em quantidade acima do limite legal, considerando-se como área de risco toda a área interna da construção vertical.*

> ***OJ-SDI1-347: adicional de periculosidade. Sistema elétrico de potência. Lei nº 7.369, De 20.09.1985, Regulamentada pelo decreto nº 93.412, De 14.10.1986. Extensão do direito aos cabistas, instaladores e reparadores de linhas e aparelhos em empresa de telefonia.*** *É devido o adicional de periculosidade aos empregados cabistas, instaladores e reparadores de linhas e aparelhos de empresas de telefonia, desde que, no exercício de suas funções, fiquem expostos a condições de risco equivalente ao do trabalho exercido em contato com sistema elétrico de potência.*

> ***OJ-SDI1-324: adicional de periculosidade. Sistema elétrico de potência. Decreto nº 93.412/86, Art. 2º, § 1º.*** *É assegurado o adicional de periculosidade apenas aos empregados que trabalham em sistema elétrico de potência em condições de risco, ou que o façam com equipamentos e instalações elétricas similares, que ofereçam risco equivalente, ainda que em unidade consumidora de energia elétrica.*

A radiação ionizante e substâncias radioativas causaram dúvidas se eram perigosas ou insalubres, até mesmo para os técnicos do governo, sendo que, atualmente, é considerada perigosa, gerando adicional de 30%.

> ***OJ-SDI1-345: adicional de periculosidade. Radiação ionizante ou substância radioativa. Devido.*** *A exposição do empregado à radiação ionizante ou à substância radioativa enseja a percepção do adicional de periculosidade, pois a regulamentação ministerial (Portarias do Ministério do Trabalho nºs 3.393, de 17.12.1987, e 518, de 07.04.2003), ao reputar perigosa a atividade, reveste-se de plena eficácia, porquanto expedida por força de delegação legislativa contida no art. 200, "caput", e inciso VI, da CLT. No período de 12.12.2002 a 06.04.2003, enquanto vigeu a Portaria nº 496 do Ministério do Trabalho, o empregado faz jus ao adicional de insalubridade.*

Exercício Comentado

01. Carlus trabalha em um posto de abastecimento de combustíveis. Exerce as funções de frentista, cuja atividade principal é abastecer os veículos com combustível direto da bomba. Recebe salário base e vale refeição. Pelo exercício das suas funções, nos termos da legislação aplicável à matéria, Carlus faz jus ao pagamento do adicional de:

a) Penosidade no valor correspondente a 40% sobre o salário mínimo.

b) Insalubridade no percentual de 10%, 20% ou 40% do salário mínimo.

c) Periculosidade no percentual de 30% do salário contratual.

d) Periculosidade no percentual 10%, 20% ou 40% do salário mínimo

e) Penosidade no percentual de 30% do salário contratual.

RESPOSTA ***"C". Para resolver a questão, é necessário ter em mente que o adicional de periculosidade é de 30%, calculado sobre o salário-base, o qual é composto do valor pago em dinheiro mais o que for pago como salário-utilidade. Ainda, conforme súmula 39, do TST, o frentista de posto tem direito ao referido adicional.***

Tendo em vista que o vale-refeição caracteriza salário-utilidade, e que a questão informa que o empregado recebe o salário-base mais o vale-refeição, mesmo pecando na redação, pois o vale-refeição é parte do salário-base, a soma dos dois é salário contratual do empregado.

Adicional Noturno

A regra pela CLT é que o trabalho noturno tenha um adicional de no mínimo 20% sobre a hora diurna, o que terá caráter salarial.

Enquanto pago, o adicional noturno integra as verbas salariais, contudo, por ser salário-condição, havendo transferência para o horário diurno, deixará de haver o seu pagamento. Entende-se que, como o trabalho diurno é mais benéfico que o noturno, mesmo que haja redução salarial, a transferência é lícita.

> ***SUM-265:*** *Adicional Noturno. Alteração de turno de Trabalho. Possibilidade de Supressão. A transferência para o período diurno de trabalho implica a perda do direito ao adicional noturno.*

A CLT prevê ainda a redução da hora noturna, de forma que para cada 52 minutos e 30 segundos trabalhados se considera que a pessoa trabalhou 1 hora. Isso é chamado também de hora noturna ficta.

A hora noturna, para o empregado celetista, estende-se das 22:00 às 05:00 do dia seguinte.

> ***Art. 73.*** *(...) O trabalho noturno terá remuneração superior a do diurno e, para esse efeito, sua remuneração terá um acréscimo de 20 % (vinte por cento), pelo menos, sobre a hora diurna.*
>
> ***§ 1º*** *A hora do trabalho noturno será computada como de 52 minutos e 30 segundos.*
>
> ***§ 2º*** *Considera-se noturno, para os efeitos deste artigo, o trabalho executado entre as 22 horas de um dia e as 5 horas do dia seguinte.*

Fique Ligado

Note que o intervalo entre as 22:00 e as 05:00 resulta num período de 7 horas. Ainda, como um empregado labora com a redução noturna, quando tiver trabalhado 7 horas, consideram-se 8 horas (52 minutos e 30 segundos x 8 = 7 horas de trabalho real).

Isso é proposital, pois o desgaste noturno é maior, de forma que, se prorrogada a jornada para além das 05:00, mesmo nesse período já considerado diurno, haverá o pagamento do adicional e a redução da hora noturna. Essa é a regra - quando prorrogado o trabalho noturno, aplicam-se as disposições do trabalho noturno. O TST entende que é necessário que a jornada se estenda por todo o período noturno, ou seja, comece às 22:00 ou antes disso.

> ***SUM-60*** *Adicional Noturno. Integração no Salário e Prorrogação em Horário Diurno. II - Cumprida integralmente a jornada no período noturno e prorrogada esta, devido é também o adicional quanto às horas prorrogadas. Exegese do art. 73, § 5º, da CLT.*

Na prorrogação do horário noturno, aplicam-se as disposições do trabalho noturno, por exemplo, o empregado começa a trabalhar às 22 horas e para somente às 7 horas. Entre 05 horas e 07 horas, ele recebe adicional noturno? Recebe!

É divergente na jurisprudência do TST se, nas prorrogações do horário noturno, é devido somente o adicional noturno, ou se é devida, além dele, a hora noturna ficta. Maurício Godinho Delgado defende que ambos são aplicáveis, pois a CLT não restringiu, e é nesse sentido que tendem as decisões.

Por outro lado, quanto aos horários mistos, que é quando o empregado começa a trabalhar no horário diurno, às 18:00, por exemplo, e termina no horário noturno, ao adentrar neste período, às 22:00, passarão a aplicar-se as disposições sobre o horário noturno.

Note que, nesse caso, não se aplicam as normas do trabalho para o período antes das 22:00 horas. Também se considera horário misto quando o empregado começa à noite, mas, após às 22:00 (por exemplo, começa às 03:00). Mesmo na jornada 12 x 36, aplica-se o horário misto, caso ela se desenvolva durante todo o horário noturno e prorrogue para além dele.

> ***Art. 73. § 4º:*** *Nos horários mistos, assim entendidos os que abrangem períodos diurnos e noturnos, aplica-se às horas de trabalho noturno o disposto neste artigo e seus parágrafos.*
>
> ***§ 5º*** *Às prorrogações do trabalho noturno aplica-se o disposto neste capítulo.*
>
> ***OJ-SDI1-388:*** *Jornada 12 x 36. Jornada mista que compreenda a totalidade do período noturno. Adicional noturno. Devido. O empregado submetido à jornada de 12 horas de trabalho por 36 de descanso, que compreenda a totalidade do período noturno, tem direito ao adicional noturno, relativo às horas trabalhadas após as 5 horas da manhã.*

Também, no regime ininterrupto de revezamento, haverá hora noturna reduzida, bem como pagamento de adicional noturno.

> ***OJ-SDI1-395:*** *Turno Ininterrupto de Revezamento. Hora noturna reduzida. Incidência. O trabalho em regime de turnos ininterruptos de revezamento não retira o direito à hora noturna reduzida, não havendo incompatibilidade entre as disposições contidas nos arts. 73, § 1º, da CLT e 7º, XIV, da Constituição Federal.*

Ao vigia noturno, é assegurado o pagamento de adicional e a hora noturna reduzida:

> ***SUM-65:*** *Vigia. O direito à hora reduzida de 52 minutos e 30 segundos aplica-se ao vigia noturno.*
>
> ***SUM-140:*** *VIGIA. É assegurado ao vigia sujeito ao trabalho noturno o direito ao respectivo adicional*

Quando o trabalho é prestado em horário noturno e em condições perigosas ou insalubres, primeiro, aplica-se o adicional de periculosidade/insalubridade ao salário e, com esse resultado, calcula-se o adicional noturno.

> ***OJ-SDI1-259:*** *Adicional Noturno. Base de Cálculo. Adicional de Periculosidade. Integração. O adicional de periculosidade deve compor a base de cálculo do adicional noturno, já que também neste horário o trabalhador permanece sob as condições de risco.*

Quando o trabalho é prestado em horário noturno e em horas extras, primeiro, aplica-se o adicional noturno e, com esse resultado, calcula-se o adicional de horas extras.

> ***OJ-SDI1-97:*** *Horas Extras. Adicional Noturno. Base de Cálculo. O adicional noturno integra a base de cálculo das horas extras prestadas no período noturno.*

Ao menor de 18 anos, é vedado o trabalho noturno, independentemente da atividade - seja rural ou urbana, para o aprendiz ou qualquer outro ramo. Não importa se o menor é emancipado legalmente, pois a lei preserva o menor de 18 anos por razões biológicas.

> ***Art. 404*** *- Ao menor de 18 (dezoito) anos é vedado o trabalho noturno, considerado este o que for executado no período compreendido entre as 22 (vinte e duas) e as 5 (cinco) horas.*

Para os trabalhadores rurais, também há diferenciação. O adicional é de 25%, não há redução da hora noturna e é considerado trabalho noturno rural, na lavoura, o prestado entre as 21:00 e as 05:00 e, na pecuária, entre as 20:00, as 04:00.

Adicional de Transferência

O adicional de transferência é pago em razão de transferência provisória do empregado, desde que acarrete mudança de domicílio. Tal adicional é de, no mínimo, 25% e será calculado sobre todo o complexo salarial do empregado.

Mesmo nos cargos de confiança, ou naqueles contratos que tenham cláusula implícita ou explícita de transferência, é devido o adicional, pois o que gera o direito de receber o adicional é o caráter provisório da transferência.

> ***Art. 469. § 3º*** *- Em caso de necessidade de serviço o empregador poderá transferir o empregado para localidade diversa da que resultar do contrato, não obstante as restrições do artigo anterior, mas, nesse caso, ficará obrigado a um pagamento suplementar, nunca inferior a 25% (vinte e cinco por cento) dos salários que o empregado percebia naquela localidade, enquanto durar essa situação.*
>
> ***OJ-SDI1-113:*** *Adicional de Transferência. Cargo de confiança ou previsão contratual de transferência. Devido. Desde que a transferência seja provisória. O fato de o empregado exercer cargo de confiança ou a existência de previsão de transferência no contrato de trabalho não exclui o direito ao adicional. O pressuposto legal apto a legitimar a percepção do mencionado adicional é a transferência provisória.*

Outras Parcelas Salariais

Abono

O abono, citado no art. 458, §1º, nada mais é do que adiantamento salarial. Assim, se o empregado ganha R$ 1.000,00 por mês, mas, no dia 15, sempre são antecipados R$ 300,00, essa antecipação denomina-se abono salarial.

Fique Ligado

Note que a CLT e leis esparsas usam o termo "abono" em outros contextos, com significados completamente diferentes, como é o caso do abono de férias. Quando trata das férias e utiliza a palavra "abono", a CLT refere-se tanto à possibilidade de o empregado vender 1/3 das férias como a um abono concedido espontaneamente pelo empregador.

Quebra de Caixa

Os funcionários que trabalham nos caixas, nos bancos especialmente, em geral, recebem uma verba mensal chamada de quebra de caixa. Como eles trabalham diretamente com o dinheiro da empresa, pode ocorrer de o caixa estar defasado ao fim do mês, ou seja, há uma diferença entre o que entrou e o que foi retirado do caixa. Isso pode ocorrer por erro no troco, por exemplo, e, então, os funcionários recebem tal adicional mensal, do qual é descontado essa diferença.

Tal parcela tem caráter salarial:

> ***SUM-247:*** *Quebra de Caixa. Natureza Jurídica. A parcela paga aos bancários sob a denominação "quebra de caixa" possui natureza salarial, integrando o salário do prestador de serviços, para todos os efeitos legais.*

Venda de Papéis ou Valores Mobiliários pelo Bancário

Um caso que reforça a ideia de que o grupo econômico é um empregador único é a súmula 93, do TST, a qual inclui na remuneração do bancário os papéis ou valores mobiliários vendidos em horário de trabalho, para outra empresa do grupo econômico.

> ***SUM-93:*** *Bancário. Integra a remuneração do bancário a vantagem pecuniária por ele auferida na colocação ou na venda de papéis ou valores mobiliários de empresas pertencentes ao mesmo grupo econômico, se exercida essa atividade no horário e no local de trabalho e com o consentimento, tácito ou expresso, do banco empregador.*

Prêmios

Os prêmios são valores pagos em razão de o empregado atingir determinada meta, destacar-se na empresa, ser o "funcionário do mês", não ter faltado etc.

A CLT não trata expressamente do prêmio, sendo invenção da empresa ou instituído por meio de negociação coletiva: mas, quando existente, tem nítida natureza salarial.

O empregado que receba habitualmente o prêmio, por exemplo, aquele que bate a meta todos os meses, terá o valor do prêmio refletido em outras verbas, tais como FGTS, aviso-prévio, 13º salário, férias + 1/3 etc.

Quando tal prêmio é instituído na empresa, ele não pode mais ser revogado (salvo se instituído por negociação coletiva), mas o empregado somente o receberá quando cumprir as condições. Trata-se de salário-condição, a que o empregado só tem direito quando atinge determinadas metas.

Assim, o empregado que receba habitualmente o prêmio pela meta batida terá tal valor integrado ao salário, mas, se em um mês não bater a meta, não receberá o valor do prêmio. O prêmio existe no âmbito da empresa, mas o empregado não o conquistou.

Isto é o que se extrai da súmula 209 do STF:

> ***Súmula 209:*** *O salário-produção, como outras modalidades de salário-prêmio, é devido, desde que verificada a condição a que estiver subordinado, e não pode ser suprimido unilateralmente, pelo empregador, quando pago com habitualidade.*

Diárias para Viagem Superiores a 50% do Salário

A verdadeira diária para viagem não tem caráter salarial, mas indenizatório. Quando o empregado viaja representando a empresa, recebe diárias para viagem, as quais cobrirão gastos que o empregado não teria normalmente, como hospedagem, transporte, alimentação etc.

Como o empregado não precisa comprovar os gastos ao empregador, a legislação fixou um limite para que a empresa não pague tudo como diárias. Se tais diárias forem superiores a 50% do salário do empregado, a legislação presume a fraude, considerando todas as diárias pagas como salário.

> ***Art. 457 - § 2º*** *- Não se incluem nos salários as ajudas de custo, assim como as diárias para viagem que não excedam de 50% (cinquenta por cento) do salário percebido pelo empregado.*
>
> ***Sum-101:*** *Diárias de Viagem. Salário. Integram o salário, pelo seu valor total e para efeitos indenizatórios, as diárias de viagem que excedam a 50% (cinquenta por cento) do salário do empregado, enquanto perdurarem as viagens.*

A lógica é a seguinte: se a diária fosse ilimitada, a empresa poderia combinar o pagamento mensal em R$

5.000,00, mas pagar como salário somente R$ 500,00, sendo o restante pago como diárias de viagem.

Como as diárias verdadeiras não têm natureza salarial, não sofrem contribuição para o INSS, nem repercutem no cálculo de férias, DSR, 13º salário, aviso prévio etc. Mas essa fraude era muito comum, e muitas empresas ainda a praticam, de forma que a legislação preferiu estipular um teto para o pagamento de diárias.

Assim, se o salário do empregado é R$ 1.000,00, poderá receber no máximo R$ 500,00 reais de diárias de viagem por mês. Se receber R$ 600,00 de diárias, seu salário, naquele mês, será R$ 1.600,00 reais.

Para verificar se houve ou não a integração, utiliza-se como parâmetro o salário mensal e não o valor do salário de um dia:

> ***SUM-318:*** *Diárias. Base de Cálculo para sua Integração no Salário. Tratando-se de empregado mensalista, a integração das diárias no salário deve ser feita tomando-se por base o salário mensal por ele percebido e não o valor do dia de salário, somente sendo devida a referida integração quando o valor das diárias, no mês, for superior à metade do salário mensal.*

Melhor explicando, se a pessoa recebe R$ 1.000,00 de salário e, em um mês, fez somente uma única viagem e recebeu R$ 400,00 de diárias, mesmo assim, elas não são salariais, pois o parâmetro é o mês, não o dia de salário, para o empregado que recebe por mês.

Parcelas Não Salariais

Ajuda de Custo

Ajuda de custo é o valor pago ao empregado a título de reembolso de gastos feitos em nome da empresa, na execução do trabalho (por exemplo, fotocópias, confecção de panfletos e camisetas para exposição de um produto etc.).

O valor da ajuda de custo pode ser até mesmo superior ao salário do empregado e pode também ser pago mensalmente. O divisor de águas é saber se o valor pago a título da ajuda de custo é efetivamente reembolso de despesas. Tanto é assim que as empresas fiscalizam o efetivo gasto, cobrando as notas fiscais.

Fique Ligado

Para ajudar a lembrar do horário noturno do trabalhador rural, pense assim: pecuária está ligada a criação de bois e vacas. O boi tem 4 patas. Associe então as 4 patas do boi com o fim do horário noturno na pecuária (4 horas).

A despesa decorrente da mudança de domicílio do empregado para prestar serviços ao empregador será por este custeada, conforme artigo 470, da CLT, sendo que esses gastos também são considerados ajuda de custo, portanto, sem natureza salarial.

> ***Art. 470*** *- As despesas resultantes da transferência correrão por conta do empregador.*

Diárias para Viagem Inferiores a 50% do Salário.

Conforme exposto, quando as diárias não excedem 50% do salário do empregado, terão caráter indenizatório; caso contrário, terão caráter salarial, devendo ser utilizadas na base de cálculo de outras parcelas salariais.

Para a diária de viagem, a legislação fixou um limite, porque é um valor ajustado previamente, sem que o empregador fiscalize efetivamente os gastos. Assim, para não haver fraude e a empresa não pagar tudo como diária, a legislação fixou o limite de 50% do salário.

Participação nos Lucros

A participação nos lucros e resultados (PLR) é expressamente prevista na Constituição Federal, sem natureza remuneratória, tendo sido regulada pela Lei 10.101/2000, a qual determina que, para ser instituída, deve haver negociação coletiva ou comissão escolhida pelas partes. Dispõe a CF:

> ***Art. 7º. XI.*** *Participação nos lucros, ou resultados, desvinculada da remuneração, e, excepcionalmente, participação na gestão da empresa, conforme definido em lei;*

Ainda, segundo a citada lei, tal parcela não pode ser paga mensalmente (a periodicidade mínima é de um semestre), sendo que não se aplica à PLR o princípio da habitualidade.

> ***Art. 3º*** *A participação de que trata o art. 2º não substitui ou complementa a remuneração devida a qualquer empregado, nem constitui base de incidência de qualquer encargo trabalhista, não se lhe aplicando o princípio da habitualidade.*
>
> ***§ 2º*** *É vedado o pagamento de qualquer antecipação ou distribuição de valores a título de participação nos lucros ou resultados da empresa em periodicidade inferior a um semestre civil, ou mais de duas vezes no mesmo ano civil.*

Há divergência doutrinária; contudo, o TST tem entendido que, se a PLR é paga mensalmente, mas por previsão em negociação coletiva, não terá caráter salarial, mesmo que contrariando a previsão legal.

Ainda que o empregado tenha saído da empresa antes da distribuição dos lucros, ele terá direito ao PLR proporcional, pois também concorreu com seu trabalho.

> ***OJ-SDI1-390:*** *Participação nos lucros e resultados. Resc-São Contratual anterior à data da Distribuição dos Lucros. Pagamento Proporcional aos meses Trabalhados. Princípio da Isonomia. Fere o princípio da isonomia instituir vantagem mediante acordo coletivo ou norma regulamentar que condiciona a percepção da parcela participação nos lucros e resultados ao fato de estar o contrato de trabalho em vigor na data prevista para a distribuição dos lucros. Assim, inclusive na rescisão contratual antecipada, é devido o pagamento da parcela de forma proporcional aos meses trabalhados, pois o ex-empregado concorreu para os resultados positivos da empresa.*

Exercício Comentado

01. ***Joana, empregada da empresa FA, recebe mensalmente verba correspondente a participação nos lucros empresariais; Débora, empregada da empresa TO, recebe mensalmente ajuda de custo; e Marta, empregada da empresa S, possui seguro de vida e acidentes pessoais pago por sua empregadora. Nestes casos:***

a) ***Nenhuma das empregadas recebe verbas de natureza salarial.***

b) ***Todas as empregadas recebem verbas de natureza salarial.***

c) ***Apenas Joana e Débora recebem verbas de natureza salarial.***

d) ***Apenas Débora e Marta recebem verbas de natureza salarial.***

e) ***Apenas Joana recebe verbas de natureza salarial.***

RESPOSTA ***"A". A FCC apoiou-se nos precedentes do TST para considerar que o pagamento mensal da PLR não tem caráter salarial.***

A ajuda de custo, como visto, é sempre de natureza indenizatória, não importa o valor delas, ou se é paga mensalmente - salvo fraudes, comprovadas. Como a questão não fala em fraude, está correto o entendimento.

Por fim, o pagamento de seguro de vida e de acidentes pessoais, por expressa previsão legal, não tem caráter salarial.

Vale-Transporte

O vale-transporte, previsto pela Lei 7.418/1985, é concedido pelo empregador para custear o transporte entre a residência e o trabalho. Ele tem natureza indenizatória, sendo que o empregador poderá descontar até 6% do salário do empregado e o que exceder deste valor deverá ser pago por aquele.

Empregados urbanos ou rurais, mesmo os empregados domésticos, têm direito ao vale; contudo, somente será devido o vale-transporte ao empregado que efetivamente precisar, sendo que o trabalhador deve informar por escrito tal necessidade. Se vender seus vales, o empregado poderá ser dispensado por justa causa.

Salário-Família

O salário-família também é previsto expressamente pela Constituição, mas seu nome pode confundir: ele não tem natureza salarial! Seu caráter é previdenciário.

> ***Art. 7º. XII.*** *Salário-família pago em razão do dependente do trabalhador de baixa renda nos termos da lei;*

Ele é um benefício previdenciário, pago aos segurados de baixa renda, em razão de filhos menores de 14 anos ou dependentes inválidos em qualquer idade.

Segundo a Constituição, empregados urbanos, rurais e domésticos receberão salário-família, bem como os trabalhadores avulsos.

Se o pai e a mãe forem empregados que cumprem as condições - baixa renda e com filhos menores de 14 anos ou inválidos - ambos recebem o benefício. Além disso, o benefício é pago por filho.

Para receber o benefício, determina a Lei 8.213/1991 o seguintes requisitos:

> ***Art. 67.*** *O pagamento do salário-família é condicionado à apresentação da certidão de nascimento do filho ou da documentação relativa ao equiparado ou ao inválido, e à apresentação anual de atestado de vacinação obrigatória e de comprovação de frequência à escola do filho ou equiparado, nos termos do regulamento.*

Por fim, o direito ao recebimento do salário-família coincide com a prova da filiação, quando em curso o contrato de emprego. Se já houver acabado o vínculo empregatício, é a partir do ajuizamento da ação, salvo se o empregador se recusou a receber certidão apresentada anteriormente pelo empregado.

> ***SUM-254*** *Salário-Família. Termo Inicial da Obrigação. O termo inicial do direito ao salário-família coincide com a prova da filiação. Se feita em juízo, corresponde à data de ajuizamento do pedido, salvo se comprovado que anteriormente o empregador se recusara a receber a respectiva certidão.*

Direitos Intelectuais

Os direitos intelectuais, ou seja, aqueles advindos de criação ou invenção do empregado, não são parcelas salariais, pois submetidos à regulamentação própria.

Inclusive, se o empregado é contratado pela empresa para desenvolver um produto, os direitos sobre o produto, em regra, serão da empresa. Por outro lado, se o produto criado não tem relação com o emprego do autor, mas forem utilizados os meios fornecidos pelo empregador, ambos dividirão os lucros. Todavia, se não forem utilizadas as instalações do empregador, será exclusivamente do empregado o lucro advindo. Nesse sentido, a Lei 9.279/1996 supõe o seguinte.

> ***Art. 88.*** *A invenção e o modelo de utilidade pertencem exclusivamente ao empregador quando decorrerem de contrato de trabalho cuja execução ocorra no Brasil e que tenha por objeto a pesquisa ou a atividade inventiva, ou resulte esta da natureza dos serviços para os quais foi o empregado contratado.*
>
> *§ 1º Salvo expressa disposição contratual em contrário, a retribuição pelo trabalho a que se refere este artigo limita-se ao salário ajustado.*
>
> *§ 2º Salvo prova em contrário, consideram-se desenvolvidos na vigência do contrato a invenção ou o modelo de utilidade, cuja patente seja requerida pelo empregado até 1 (um) ano após a extinção do vínculo empregatício.*
>
> ***Art. 89.*** *O empregador, titular da patente, poderá conceder ao empregado, autor de invento ou aperfeiçoamento, participação nos ganhos econômicos resultantes da exploração da patente, mediante negociação com o interessado ou conforme disposto em norma da empresa.*
>
> **Parágrafo único.** *A participação referida neste artigo não se incorpora, a qualquer título, ao salário do empregado.*
>
> ***Art. 90.*** *Pertencerá exclusivamente ao empregado a invenção ou o modelo de utilidade por ele desenvolvido, desde que desvinculado do contrato de trabalho e não decorrente da utilização de recursos, meios, dados, materiais, instalações ou equipamentos do empregador.*
>
> ***Art. 91.*** *A propriedade de invenção ou de modelo de utilidade será comum, em partes iguais, quando resultar da contribuição pessoal do empregado e de recursos, dados, meios, materiais, instalações ou equipamentos do empregador, ressalvada expressa disposição contratual em contrário*

Stock Options

A Lei 6.404/1976, que trata das Sociedades Anônimas, autoriza que a empresa dê a opção de compra de suas ações aos seus empregados ou aos seus administradores, sendo elas negociadas na bolsa de valores com valores variáveis. Assim, pode o empregado auferir ou não ganhos com seu investimento, não havendo caráter salarial em tal parcela.

Da Forma, do Tempo e do Local de Pagamento

O salário pode ser estipulado de três formas:

→ Por tempo trabalhado

Neste caso, importa a quantidade de tempo que o empregado está a disposição do empregador, não importando sua produção.

→ Por produção

Neste caso, não importa o tempo trabalhado pelo empregado, mas sim a sua produção. É devido o salário mínimo, mesmo se a produção não o atingir. Além disso, receberá o adicional de horas extras se sujeito a controle de horário ultrapassar 8 horas diárias ou 44 semanais.

→ Por tarefa

É uma junção dos dois critérios anteriores, em que o empregado recebe pela produção realizada em um determinado período de tempo.

Uma observação é que o TST tem reiteradamente julgado inválida, ainda que por negociação coletiva, a fixação da remuneração por horas trabalhadas, com jornada "móvel e variável", sem que haja um mínimo razoável de horas semanais. Seria o caso de um empregado contratado para trabalhar entre 8 horas diárias e 44 semanais, sendo avisado com pouca antecedência de sua escala, ou seja, poderia, em um mês inteiro, trabalhar e receber somente 8 horas.

Sistema de Proteção ao Salário

O sistema jurídico-trabalhista tem várias formas de proteger o salário do empregado, inclusive norma constitucional expressa, uma vez que ele é o sustento de uma pessoa, de uma família.

> ***Art. 7º. X.*** *Proteção do salário na forma da lei, constituindo crime sua retenção dolosa;*

O salário será sempre pago em moeda brasileira, sendo que, se pago em moeda estrangeira, considera-se não pago.

> ***Art. 463*** *- A prestação, em espécie, do salário será paga em moeda corrente do País.*
>
> **Parágrafo único -** *O pagamento do salário realizado com inobservância deste artigo considera-se como não feito.*

O salário será pago dentro da própria empresa durante o expediente ou logo após seu término, com emissão do recibo por parte do empregado. Caso o empregado seja analfabeto, para dar recibo, utilizará sua impressão digital, e não sendo isso possível, a seu rogo[1].

O salário poderá, ainda, ser pago, com o consentimento do empregado, mediante depósito bancário, em estabelecimento de crédito próximo ao local de trabalho. Nesse caso, o comprovante de depósito vale como recibo. Também é possível o pagamento em cheque.

> ***Art. 464*** *- O pagamento do salário deverá ser efetuado contra recibo, assinado pelo empregado; em se tratando de analfabeto, mediante sua impressão digital, ou, não sendo esta possível, a seu rogo.*
>
> **Parágrafo único.** *Terá força de recibo o comprovante de depósito em conta bancária, aberta para esse fim em nome de cada empregado, com o consentimento deste, em estabelecimento de crédito próximo ao local de trabalho.*
>
> ***Art. 465*** *- O pagamento dos salários será efetuado em dia útil e no local do trabalho, dentro do horário do serviço ou imediatamente após o encerramento deste, salvo quando efetuado por depósito em conta bancária, observado o disposto no artigo anterior.*

O salário poderá ser pago por dia, semana, quinzena ou mês. Se for fixado por mês, deve ser efetuado até o 5º dia útil do mês seguinte, salvo quanto às comissões, percentagens e gratificações, que poderão ser pagas quando ultimada a transação a que se referem. Note que se o dia 5 cair em um sábado, e este não for trabalhado, mesmo assim esta é a data limite, pois o sábado será dia útil não trabalhado.

> ***Art. 459*** *- O pagamento do salário, qualquer que seja a modalidade do trabalho, não deve ser estipulado por período superior a 1 (um) mês, salvo no que concerne a comissões, percentagens e gratificações.*
>
> ***§ 1º*** *Quando o pagamento houver sido estipulado por mês, deverá ser efetuado, o mais tardar, até o quinto dia útil do mês subsequente ao vencido.*

Se o empregador vinha pagando os salários dia 30 e passa a pagar no dia 5 do mês seguinte, tal alteração é lícita, salvo se há cláusula contratual, individual ou coletiva, em sentido contrário. Como a lei permite o pagamento até 5º dia útil, até esta data não há incidência de correção monetária, pois o empregador não está em mora, mas se ele ultrapassar tal data, a correção começa a contar dia 1º.

> **OJ-SDI1-159:** *Data de Pagamento. Salários. Alteração. Diante da inexistência de previsão expressa em contrato ou em instrumento normativo, a alteração de data de pagamento pelo empregador não viola o art. 468, desde que observado o parágrafo único, do art. 459, ambos da CLT.*
>
> ***SUM-381*** *Correção Monetária. Salário. ART. 459 DA CLT. O pagamento dos salários até o 5º dia útil do mês subsequente ao vencido não está sujeito à correção monetária. Se essa data limite for ultrapassada, incidirá o índice da correção monetária do mês subsequente ao da prestação dos serviços, a partir do dia 1º.*

Por fim, se não houver controvérsia sobre verbas rescisórias, elas deverão ser pagas na primeira audiência, do contrário, serão pagas acrescidas de 50%. O TST entende que mesmo o revel (aquele não foi se defendeu no processo) sofrerá tal punição.

De qualquer forma, tal regra não se aplica à União, Estados, DF, Municípios, autarquias e fundações públicas. O TST também entende que tal multa não se aplica à massa falida.

> ***Art. 467.*** *Em caso de rescisão de contrato de trabalho, havendo controvérsia sobre o montante das verbas rescisórias, o empregador é obrigado a pagar ao trabalhador, à data do comparecimento à Justiça do Trabalho, a parte incontroversa dessas verbas, sob pena de pagá-las acrescidas de cinquenta por cento.*
>
> **Parágrafo único.** *O disposto no caput não se aplica à União, aos Estados, ao Distrito Federal, aos Municípios e as suas autarquias e fundações públicas.*
>
> ***SUM-69:*** *Rescisão do Contrato. A partir da Lei nº 10.272, de 05.09.2001, havendo rescisão do contrato de trabalho e sendo revel e confesso quanto à matéria de fato, deve ser o empregador condenado ao pagamento das verbas rescisórias, não quitadas na primeira audiência, com acréscimo de 50% (cinquenta por cento).*

Usualmente, o empregado só dispõe da sua força de trabalho como meio de subsistência. Assim, após ter trabalhado, espera receber seu salário ao fim do mês, que tem caráter alimentar. Como o trabalhador não pode viver sem seu salário, o Direito do Trabalho o protege contra vários agentes:

Contra credores do empregado: para evitar que suas dívidas o impossibilitem de viver com dignidade, de forma que seu salário é impenhorável, salvo no caso de pensão alimentícia.

> ***CPC. Art. 649.*** *São absolutamente impenhoráveis:*
>
> *IV.* *Os vencimentos, subsídios, soldos, salários, remunerações, proventos de aposentadoria, pensões, pecúlios e montepios; as quantias recebidas por liberalidade de terceiro e destinadas ao sustento do devedor e sua família, os ganhos de trabalhador autônomo e os honorários de profissional liberal.*

Contra credores do empregador: no caso de falência do empregador, a Lei de Falências assegura aos empregados créditos privilegiados, limitados a 150 salários mínimos por credor, sendo que os que ultrapassarem este teto serão créditos quirografários (sem

1 Rogo ocorre quando alguém assina pelo empregado na presença de duas testemunhas

preferência alguma). Também são créditos privilegiados os decorrentes de acidente do trabalho, sem limitação prévia.

> ***Lei 11.101/2005*** *- Lei de falências.*
>
> ***Art. 83.*** *A classificação dos créditos na falência obedece à seguinte ordem:*
>
> *I. Os créditos derivados da legislação do trabalho, limitados a 150 (cento e cinquenta) salários-mínimos por credor, e os decorrentes de acidentes de trabalho;*

Ressalta-se que, se o empregado contrair empréstimo nos termos e limites da Lei 10.820/03, a empresa poderá descontar do salário do empregado as parcelas do empréstimo, e o empregado não poderá se opor.

Contra o próprio empregador: para não haver abusos por parte deste, são vedados desconto, salvo nos casos específicos.

Descontos no Salário

É assegurado ao empregado receber, no mínimo, 30% do salário em dinheiro, sendo que o restante poderá ser pago em utilidades ou poderão, excepcionalmente, serem efetuados alguns descontos.

Se o empregador adiantar parte do salário do empregado, ao fim do mês, obviamente, descontará o que tiver adiantado.

Existem também descontos legais, como ocorre com o INSS pago pelo empregado ou o imposto sindical.

Ainda, podem ser efetuados descontos determinados nos Acordos Coletivos ou mas Convenções Coletivas, como contribuição assistencial, contribuição confederativa, taxa assistencial etc. A posição do STF, pela súmula 666, e do TST, pelo precedente normativo 119, é que tais descontos somente podem ser feitos dos empregados sindicalizados:

> ***SÚMULA Nº 666.*** *A Contribuição Confederativa de que trata O Art. 8º, Iv, Da Constituição, só é exigível dos filiados ao sindicato respectivo.*
>
> ***PN-119:*** *da SDC Contribuições Sindicais - Inobservância de Preceitos Constitucionais. "A Constituição da República, em seus arts. 5º, XX e 8º, V, assegura o direito de livre associação e sindicalização. É ofensiva a essa modalidade de liberdade cláusula constante de acordo, convenção coletiva ou sentença normativa estabelecendo contribuição em favor de entidade sindical a título de taxa para custeio do sistema confederativo, assistencial, revigoramento ou fortalecimento sindical e outras da mesma espécie, obrigando trabalhadores não sindicalizados. Sendo nulas as estipulações que inobservem tal restrição, tornam-se passíveis de devolução os valores irregularmente descontados."*

Caso o empregado cause dano à empresa, temos duas situações que possibilitam descontos:

→ No caso de culpa do empregado, desde que haja tenha sido acordada anteriormente tal possibilidade de desconto.

→ No caso de dolo do empregado, em qualquer hipótese. Dolo é quando o empregado tem a intenção de prejudicar o empregador.

> ***Art. 462*** *- Ao empregador é vedado efetuar qualquer desconto nos salários do empregado, salvo quando este resultar de adiantamentos, de dispositivos de lei ou de contrato coletivo.*
>
> ***§ 1º*** *- Em caso de dano causado pelo empregado, o desconto será lícito, desde de que esta possibilidade tenha sido acordada ou na ocorrência de dolo do empregado.*

Havendo autorização prévia e por escrito do empregado, sem vício de consentimento, poderá o empregador descontar os valores referentes a planos de assistência odontológica, médico-hospitalar, de seguro, de previdência privada ou de entidade cooperativa, cultural ou recreativo-associativa. Note que a mera assinatura da autorização no ato da admissão não configura vício de consentimento.

> ***SUM-342:*** *Descontos Salariais. ART. 462 DA CLT. Descontos salariais efetuados pelo empregador, com a autorização prévia e por escrito do empregado, para ser integrado em planos de assistência odontológica, médico-hospitalar, de seguro, de previdência privada, ou de entidade cooperativa, cultural ou recreativo-associativa de seus trabalhadores, em seu benefício e de seus dependentes, não afrontam o disposto no art. 462 da CLT, salvo se ficar demonstrada a existência de coação ou de outro defeito que vicie o ato jurídico.*
>
> ***OJ-SDI1-160:*** *Descontos Salariais. Autorização no Ato da Admissão. Validade. É inválida a presunção de vício de consentimento resultante do fato de ter o empregado anuído expressamente com descontos salariais na oportunidade da admissão. É de se exigir demonstração concreta do vício de vontade.*

Ainda, o TST pacificou que, se o frentista não seguir as recomendações previstas em ACT ou CCT e o cheque aceito for sem fundos, poderá haver desconto no salário.

> ***OJ-SDI1-251:*** *Descontos. Frentista. Cheques Sem Fundos. É lícito o desconto salarial referente à devolução de cheques sem fundos, quando o frentista não observar as recomendações previstas em instrumento coletivo.*

Quanto ao trabalhador rural, a Lei 5.889/1973 tem regra mais restritiva que a CLT determinando que: os descontos serão sempre com base no salário mínimo e se restringem até 25% com alimentação e 20% com moradia, bem como os adiantamentos em dinheiro. Nesse sentido, o art. 9º, do Estatuto do Trabalhador Rural:

> ***Art. 9º*** *Salvo as hipóteses de autorização legal ou decisão judiciária, só poderão ser descontadas do empregado rural as seguintes parcelas, calculadas sobre o salário mínimo:*
>
> ***a)*** *Até o limite de 20% (vinte por cento) pela ocupação da morada;*
>
> ***b)*** *Até o limite de 25% (vinte por cento) pelo fornecimento de alimentação sadia e farta, atendidos os preços vigentes na região;*
>
> ***c)*** *Adiantamentos em dinheiro.*
>
> ***§ 1º*** *As deduções acima especificadas deverão ser previamente autorizadas, sem o que serão nulas de pleno direito.*

Truck System

O *truck* system é vedado pela legislação e consiste em o empregador, por qualquer meio, obrigar o empregado a gastar seu salário comprando bens intermediados pela empresa. Em geral, tal sistema acaba em uma forma de condição análoga à de escravo, pois o empregado acabará devedor da empresa, já que os bens de consumo que ela oferece são absurdamente caros, prendendo o empregado a essa lógica, uma vez que nunca consegue saldar sua "dívida", por mais que trabalhe.

Assim, caso a empresa tenha algum armazém para venda de produtos, não poderá exigir que o empregado o utilize. Ocorre que há lugares, usualmente nas zonas rurais, tão ermos em que, se o empregador não mantiver um armazém, não terá como viabilizar a prestação do serviço. Nesses casos, os preços das mercadorias deverão ser razoáveis, sem intenção de lucro por parte do empregador.

__Art. 462__. § 2º - É vedado à empresa que mantiver armazém para venda de mercadorias aos empregados ou serviços estimados a proporcionar-lhes prestações "in natura" exercer qualquer coação ou induzimento no sentido de que os empregados se utilizem do armazém ou dos serviços.

§ 3º - Sempre que não for possível o acesso dos empregados a armazéns ou serviços não mantidos pela Empresa, é lícito à autoridade competente determinar a adoção de medidas adequadas, visando a que as mercadorias sejam vendidas e os serviços prestados a preços razoáveis, sem intuito de lucro e sempre em benefício das empregados.

§ 4º - Observado o disposto neste Capítulo, é vedado às empresas limitar, por qualquer forma, a liberdade dos empregados de dispor do seu salário.

Equiparação Salarial

A Constituição da República erigiu o princípio da não discriminação como um dos pilares de nossa ordem democrática, sendo um objetivo fundamental da República a promoção do bem-estar de todos, sem discriminação alguma tais diretrizes estão expressas no artigo 7º.

***Art. 7º. XXX.** Proibição de diferença de salários, de exercício de funções e de critério de admissão por motivo de sexo, idade, cor ou estado civil;*

***XXXI.** Proibição de qualquer discriminação no tocante a salário e critérios de admissão do trabalhador portador de deficiência;*

Também, a CLT regula a não discriminação, especialmente quanto aos salários. É raro, mas, caso não tenha sido combinado salário entre a empresa e o empregado ou se não houver provas do que foi combinado, a empresa pagará salário igual ao de outro funcionário que preste serviço equivalente. Essa norma é supletiva e não deve ser confundida com a equiparação salarial, vista a seguir.

***Art. 460** - Na falta de estipulação do salário ou não havendo prova sobre a importância ajustada, o empregado terá direito a perceber salário igual ao daquela que, na mesma empresa, fizer serviço equivalente ou do que for habitualmente pago para serviço semelhante.*

Como não pode haver discriminação de salários para os mesmos serviços, existe a possibilidade de um trabalhador pedir equiparação salarial, mas desde que presentes 6 requisitos: mesmas funções; trabalho de mesmo valor; mesmo empregador; mesma localidade de prestação do serviço; diferença no tempo de serviço inferior a 2 anos; e inexistência de quadro de carreira.

Acerca da terminologia, o empregado que está requerendo a equiparação denomina-se requerente ou paragonado; já o empregado que é apontado como modelo, aquele que possui o maior salário, denomina-se paradigma.

Tais requisitos são extraídos do artigo 461, da CLT, bem como da súmula 6, do TST, que regulam as principais questões sobre a matéria e, reiteradamente, são cobrados em provas.

***Art. 461** - Sendo idêntica a função, a todo trabalho de igual valor, prestado ao mesmo empregador, na mesma localidade, corresponderá igual salário, sem distinção de sexo, nacionalidade ou idade.*

§ 1º - Trabalho de igual valor, para os fins deste Capítulo, será o que for feito com igual produtividade e com a mesma perfeição técnica, entre pessoas cuja diferença de tempo de serviço não for superior a 2 (dois) anos.

§ 2º - Os dispositivos deste artigo não prevalecerão quando o empregador tiver pessoal organizado em quadro de carreira, hipótese em que as promoções deverão obedecer aos critérios de antiguidade e merecimento.

§ 3º - No caso do parágrafo anterior, as promoções deverão ser feitas alternadamente por merecimento e por antiguidade, dentro de cada categoria profissional.

§ 4º - O trabalhador readaptado em nova função por motivo de deficiência física ou mental atestada pelo órgão competente da Previdência Social não servirá de paradigma para fins de equiparação salarial.

***SUM-6:** Equiparação Salarial. ART. 461 DA CLT.*

I. Para os fins previstos no § 2º do art. 461 da CLT, só é válido o quadro de pessoal organizado em carreira quando homologado pelo Ministério do Trabalho, excluindo-se, apenas, dessa exigência o quadro de carreira das entidades de direito público da administração direta, autárquica e fundacional aprovado por ato administrativo da autoridade competente.

II. Para efeito de equiparação de salários em caso de trabalho igual, conta-se o tempo de serviço na função e não no emprego.

III. A equiparação salarial só é possível se o empregado e o paradigma exercerem a mesma função, desempenhando as mesmas tarefas, não importando se os cargos têm, ou não, a mesma denominação.

IV. É desnecessário que, ao tempo da reclamação sobre equiparação salarial, reclamante e paradigma estejam a serviço do estabelecimento, desde que o pedido se relacione com situação pretérita.

V. A cessão de empregados não exclui a equiparação salarial, embora exercida a função em órgão governamental estranho à cedente, se esta responde pelos salários do paradigma e do reclamante.

VI. Presentes os pressupostos do art. 461 da CLT, é irrelevante a circunstância de que o desnível salarial tenha origem em decisão judicial que beneficiou o paradigma, exceto se decorrente de vantagem pessoal, de tese jurídica superada pela jurisprudência de Corte Superior ou, na hipótese de equiparação salarial em cadeia suscitada em defesa, o reclamado produzir prova do alegado fato modificativo, impeditivo ou extintivo do direito à equiparação salarial em relação ao paradigma remoto.

VII. Desde que atendidos os requisitos do art. 461 da CLT, é possível a equiparação salarial de trabalho intelectual, que pode ser avaliado por sua perfeição técnica, cuja aferição terá critérios objetivos.

VIII. É do empregador o ônus da prova do fato impeditivo, modificativo ou extintivo da equiparação salarial.

IX. Na ação de equiparação salarial, a prescrição é parcial e só alcança as diferenças salariais vencidas no período de 5 (cinco) anos que precedeu o ajuizamento.

X. *O conceito de "mesma localidade" de que trata o art. 461 da CLT refere-se, em princípio, ao mesmo município, ou a municípios distintos que, comprovadamente, pertençam à mesma região metropolitana.*

Mesmas Funções

Consideram-se idênticas as funções quando os empregados desempenham exatamente o mesmo serviço, com as mesmas tarefas. Se as funções são similares tão somente, mesmo que com pequenas diferenças, não caberá equiparação.

Também quanto aos cargos de confiança, segundo Maurício Godinho Delegado, cabe a equiparação.

Não faz diferença o "nome da função". Se um auxiliar de produção tem exatamente as mesmas tarefas de um auxiliar de serviços gerais, caberá a equiparação.

Mesmo Valor

Não basta, porém, as funções serem as mesmas, devem ter o mesmo valor, ou seja, serem realizadas com mesma perfeição técnica e mesma produtividade.

Quando o empregado é remunerado por comissão, é o valor das comissões que deverá ser o mesmo, tendo em vista que o salário pago ao fim do mês, como reflete a produtividade individual, poderá, por óbvio, ser diferente. Inclusive no trabalho intelectual, é possível tal equiparação, quando será avaliada a perfeição técnica, utilizando-se critérios objetivos.

Entretanto, caso haja uma regulamentação especial sobre a função que exige habilitação prévia, como ocorre com os auxiliares de enfermagem em contraponto a um simples atendente, conforme entendimento do TST, não caberá a equiparação, tendo em vista que, nesse caso, como a atendente não tem a habilitação obrigatória, não será o trabalho de mesmo valor.

> ***OJ-SDI1-296:*** *Equiparação Salarial. Atendente e Auxiliar de Enfermagem. Impossibilidade. Sendo regulamentada a profissão de auxiliar de enfermagem, cujo exercício pressupõe habilitação técnica, realizada pelo Conselho Regional de Enfermagem, impossível a equiparação salarial do simples atendente com o auxiliar de enfermagem.*

Por outro lado, não sendo a qualificação obrigatória para exercer a função, será possível a equiparação, caso presentes os requisitos, ainda que um empregado possua o curso e outro não. Tal interpretação está estampada na súmula 301, do TST:

> ***SUM-301:*** *Auxiliar de Laboratório. Ausência De Diploma. Efeitos. O fato de o empregado não possuir diploma de profissionalização de auxiliar de laboratório não afasta a observância das normas da Lei nº 3.999, de 15.12.1961, uma vez comprovada a prestação de serviços na atividade.*

Identidade de Empregador

Os paradigma e o paragonado devem prestar serviços à mesma empresa. Não pode o empregado trabalhar em uma empresa e querer que seu salário seja o mesmo de um funcionário de outra.

Contudo, uma discussão ainda viva é a equiparação entre empresas do mesmo grupo econômico. O TST entende que o grupo econômico caracteriza um empregador único (súmula 129/TST), entretanto, para efeitos de equiparação salarial, o Tribunal Superior tem entendimento majoritário de que, por se tratarem de empresas diferentes, não poderão os empregados de uma delas servir de paradigma para a equiparação salarial com empregados de outra - há julgados da SDI-1 tratando do tema. Advirta-se, contudo, que tal posicionamento é criticado por doutrinadores de peso, a exemplo de Maurício Godinho Delgado.

Outro ponto é que, se um órgão público cede um empregado a outro órgão público, mas continua responsável pelo pagamento do salário, caberá a equiparação. Se o salário do empregado cedido for pago pelo órgão em que o cedido trabalha, então, não será possível a equiparação.

Equiparação e Terceirização

A terceirização irregular com a Administração Pública não pode gerar vínculo de emprego com o órgão público, em razão da necessidade de concurso público. Contudo, o posicionamento atual do TST é de que os terceirizados irregulares que façam o mesmo serviço dos concursados, pelo princípio da isonomia, terão os mesmos direitos, inclusive ao salário igual.

> ***OJ-SDI1-383:*** *Terceirização. Empregados da Empresa Prestadora de Serviços e da Tomadora. Isonomia. Art. 12, "A", da lei nº 6.019, de 03.01.1974. A contratação irregular de trabalhador, mediante empresa interposta, não gera vínculo de emprego com ente da Administração Pública, não afastando, contudo, pelo princípio da isonomia, o direito dos empregados terceirizados às mesmas verbas trabalhistas legais e normativas asseguradas àqueles contratados pelo tomador dos serviços, desde que presente a igualdade de funções. Aplicação analógica do art. 12, "a", da Lei nº 6.019, de 03.01.1974.*

No setor privado, a terceirização irregular gera o reconhecimento do vínculo empregatício do terceirizado diretamente com o contratante, e caberá a equiparação com outros empregados - ele será empregado da própria contratante.

Já na terceirização regular, em que a responsabilidade do contratante é subsidiária, não caberá a equiparação, pois os empregados trabalharão para empresas diferentes.

Equiparação no Serviço Público

Entre servidores públicos da Administração Direta, Autárquica e Fundacional, por determinação constitucional, não será permitida a equiparação, uma vez que os vencimentos são previstos taxativamente na lei.

> ***OJ-SDI1-297:*** *Equiparação Salarial. Servidor público da administração direta, autárquica e fundacional. ART. 37, XIII, da CF/1988. O art. 37, inciso XIII, da CF/1988, veda a equiparação de qualquer natureza para o efeito de remuneração do pessoal do serviço público, sendo juridicamente impossível a aplicação da norma infraconstitucional prevista no art. 461 da CLT quando se pleiteia equiparação salarial entre servidores públicos, independentemente de terem sido contratados pela CLT.*

Por outro lado, nas Sociedades de Economia Mista e nas Empresas Públicas, por serem sujeitas ao regime próprio das empresas privadas, conforme artigo 173, §11C, II, da CF, poderá haverá a equiparação.

> ***OJ-SDI1-353*** *Equiparação Salarial. Sociedade de economia mista. Art. 37, XIII, da CF/1988. Possibilidade. À sociedade de economia mista não se aplica a vedação à equiparação prevista no art. 37, XIII, da CF/1988, pois, ao contratar empregados sob o regime da CLT, equipara-se a empregador privado, conforme disposto no art. 173, § 1º, II, da CF/1988.*

Identidade de Localidade

Por mesma localidade, entende-se o mesmo município ou municípios distintos que, comprovadamente, integrem a mesma região metropolitana.

Diferença no Tempo de Serviço Inferior a 2 anos

A diferença entre o tempo de serviço do requerente e do paradigma não pode ser superior a 2 anos. Ocorre que o cálculo desses 2 anos é feito considerando-se o tempo na função e não na empresa.

Assim, se Paulo e Márcio ingressaram na empresa em 2005, como auxiliares de produção, mas Paulo foi promovido a supervisor, em 2006, e Márcio em 2010, não caberá equiparação, pois a diferença de tempo na função é de 4 anos.

Ainda, não é necessário que o requerente e o paradigma estejam a serviço do estabelecimento quando do ajuizamento da ação, desde que o pedido seja referente a situação pretérita.

Desse modo, se Caio e Fernando ingressaram na empresa em 2005, como auxiliares de produção, e Fernando ganhava R$ 100,00 a mais, exercendo as mesmas tarefas, Fernando sai da empresa em 2007, e Caio ajuíza ação em 2008, será procedente o pedido de equiparação, mesmo que Fernando não esteja mais trabalhando.

A doutrina coloca, ainda, a simultaneidade na prestação do serviço como requisito, ou seja, paragonado e paradigma precisam ter trabalhado ao mesmo tempo para a empresa, não podendo ser indicado alguém que já havia saído da empresa quando o requerente foi admitido. Esse é um requisito criado pela doutrina, não está expresso na lei.

Inexistência de Quadro de Carreira

O quadro de carreira é um instrumento que o empregador pode instituir, determinando a progressão dos empregados, sabendo-se de antemão quais as possibilidades de crescimento profissional e salarial dentro da empresa.

Para ser fator que impeça a equiparação salarial, o quadro de carreira deve ser homologado pelo MTE, além de ter como critérios de promoção a antiguidade e o merecimento, alternando-se a ascensão dos empregados entre um e outro.

Se não houver alternância entre promoções por merecimento e antiguidade ou o quadro não for homologado, então será, cabível o pedido de equiparação.

Tal homologação do quadro de carreira pelo MTE não é necessária nas entidades da administração direta, autárquica e fundacional, pois, nesses casos, o quadro será aprovado por ato administrativo ou instituído por lei.

Por fim, o quadro de carreira homologado e que preveja promoções alternadas por antiguidade e merecimento impede o pedido de equiparação salarial. Todavia, não impede o pedido de preterição, reenquadramento e reclassificação.

> ***OJ-SDI1-418:*** *Equiparação Salarial. Plano de cargos e salários. Aprovação por instrumento coletivo. Ausência de alternância de critérios de promoção por antiguidade e merecimento. Não constitui óbice à equiparação salarial a existência de plano de cargos e salários que, referendado por norma coletiva, prevê critério de promoção apenas por merecimento ou antiguidade, não atendendo, portanto, o requisito de alternância dos critérios, previsto no art. 461, § 2º, da CLT.*

Mesmo com regular quadro de carreira, apesar de não caber pedido de equiparação salarial entre dois empregados, caberá pedido de preterição, enquadramento ou dessa reclassificação.

> ***SUM-127:*** *Quadro de Carreira. Quadro de pessoal organizado em carreira, aprovado pelo órgão competente, excluída a hipótese de equiparação salarial, não obsta reclamação fundada em preterição, enquadramento ou reclassificação.*

Preterição ocorre quando a empresa promove irregularmente um empregado em detrimento daquele que teria direito (por exemplo, quando da promoção por antiguidade, um empregado mais novo ascende na corporação). Poderá o empregado pedir judicialmente sua promoção.

Reclassificação ocorre quando a empresa altera seu quadro de carreira, de forma que os empregados têm alteradas suas funções. Como não pode haver rebaixamento funcional, se isso ocorreu, o empregado tem direito a pedir a reclassificação de seu status dentro da empresa para nível compatível com aquele em que já estava anteriormente.

Já o pedido de enquadramento é quando a empresa, na prática, atribui a um empregado serviço exigível somente de quem já esteja em outro nível, ou seja, é uma espécie de progressão de fato, mas sem que o empregado tenha seu salário aumentado por isso. Assim, poderá o empregado requerer que seja nominalmente enquadrado no nível que desempenha na empresa.

Advirta-se que pequenos desvios funcionais somente darão direito ao acréscimo de salário, mas não ao enquadramento em outro nível na carreira.

> ***OJ-SDI1-125:*** *Desvio de Função. Quadro de Carreira. O simples desvio funcional do empregado não gera direito a novo enquadramento, mas apenas às diferenças salariais respectivas, mesmo que o desvio de função haja iniciado antes da vigência da CF/1988*

Exercício Comentado

Marcos foi contratado para o cargo de escriturário de um banco privado. Iniciada sua atividade, Marcos percebeu que o gerente lhe estava repassando tarefas alheias à sua função. A rigor, conforme constava do quadro de carreira da empresa devidamente registrado no Ministério do Trabalho e Emprego, as atribuições que lhe estavam sendo exigidas deveriam ser destinadas ao cargo de tesoureiro, cujo nível e cuja remuneração eram bem superiores. Esta situação perdurou por dois anos, ao fim dos quais Marcos decidiu ajuizar uma ação trabalhista em face do seu empregador. Nela, postulou uma obrigação de fazer - o seu reenquadramento para a função de tesoureiro - e o pagamento das diferenças salariais do período.

01. Diante desta situação jurídica, é correto afirmar que:

a) O pedido está inepto, uma vez que este é um caso típico de equiparação salarial e não houve indicação de paradigma.

b) O pedido deve ser julgado improcedente, uma vez que a determinação das atividades, para as quais o empregado está obrigado, encontra-se dentro do jus variandi do empregador.

c) o pedido deve ser julgado procedente, se for demonstrado, pelo empregado, que as suas atividades correspondiam, de fato, àquelas previstas abstratamente na norma interna da empresa para o cargo de tesoureiro.

d) o pedido deve ser julgado procedente em parte, uma vez que só a partir da decisão judicial que determine o reenquadramento é que o empregado fará jus ao aumento salarial.

RESPOSTA "C". Questão interessante, pois expõe bem a diferença entre pedido de reenquadramento e de equiparação salarial.

No pedido de equiparação, como não há quadro de carreira, é necessário apontar um empregado modelo, o paradigma, que receba mais pelo mesmo trabalho.

O pedido de reenquadramento ocorre quando existe o quadro de carreira e o empregado exerce funções que o quadro prevê para quem está em posição superior na carreira. Aqui não se fala em paradigma, pois a empresa está desrespeitando uma norma abstrata, é necessário provar justamente que as funções exercidas são correspondentes a outra função no quadro homologado.

Trabalhador Readaptado pelo INSS

Quando um empregado perde parte da capacidade de trabalho, sendo impedido de continuar trabalhando na sua função de origem, ele será readaptado e alocado em outra função na empresa. Ocorre que ele não poderá ter redução em seu salário, ainda que passe a desempenhar cargo que seja de menor remuneração. Dessa forma, esse empregado não serve de parâmetro para a equiparação salarial, pois só recebe valor elevado em comparação aos outros em razão de ser readaptado.

Equiparação Salarial em Cadeia

Não é possível a equiparação salarial em cadeia, sendo necessário que o requerente cumpra os requisitos em relação não só ao paradigma imediato, mas também ao empregado originário que serviu de paradigma. Para compreender melhor, siga o seguinte exemplo.

Aldo é contratado em Janeiro de 2000 para a função de auxiliar de serviços gerais, recebendo R$ 1.000,00. Bruno é contratado em Junho de 2001 para a mesma função, recebendo 700,00. Caio é contratado em Março de 2003 para a mesma função, recebendo 700,00.

Bruno consegue equiparação salarial com Aldo e passa a receber R$ 1.000,00 de salário. Posteriormente, Caio pede equiparação salarial com Bruno.

Note que entre Aldo e Bruno a diferença é inferior a 2 anos, mas entre Caio e Aldo a diferença é superior a 2 anos. Assim, a equiparação é indevida, mas a empresa deve alegar isso em sua defesa e provar o fato impeditivo, no caso citado, a diferença superior a 2 anos entre Caio e Aldo.

Para essa equiparação ser concedida, seria necessário que Caio cumprisse os requisitos também em relação a Aldo.

Substituição de Empregados

A empresa precisa continuar seu serviço, independentemente de eventuais afastamentos dos empregados. Assim, quando um empregado se afasta e outro de nível inferior o substitui, pode ocorrer ou não desse substituto ter direito a receber os mesmos salários do substituído. Esse direito ao pagamento do mesmo valor é chamado de salário-substituição.

Na substituição eventual, considerada aquela que ocorre por pouco tempo, questão de dias, o empregado substituto não terá direito a salário igual ao do empregado substituído.

Já na substituição provisória ou interina, aquela que ocorre por período considerável de tempo (por exemplo, para cobrir férias, licença maternidade, longo afastamento por doença etc.), o substituto terá direito a receber os mesmos salários do substituído.

Na substituição definitiva, ou seja, quando um empregado deixou a empresa e ela precisa suprir o cargo com outro empregado, este não haverá direito aos mesmos salários pagos ao empregado anterior.

> ***SUM-159*** *Substituição de Caráter não Eventual e Vacância do Cargo.*
>
> *I. Enquanto perdurar a substituição que não tenha caráter meramente eventual, inclusive nas férias, o empregado substituto fará jus ao salário contratual do substituído.*
>
> *II. Vago o cargo em definitivo, o empregado que passa a ocupá-lo não tem direito a salário igual ao do antecessor.*

Anotações

CAPÍTULO 07

Término do Contrato de Trabalho

Quando o empregado entra na empresa para trabalhar, como regra, é por tempo indeterminado, sendo os contratos a prazo exceção, mas um dia seu contrato irá acabar, sendo que cada modalidade de término do contrato acarreta consequências diferentes, as quais serão abordas neste capítulo, sendo que este tema é um dos mais explorados pelas bancas examinadoras.

Término do Contrato

Via de regra, o contrato de emprego é por tempo indeterminado, mas tal contrato acabará em algum momento. Neste tópico, serão abordados as formas como tal contrato se encerra, analisando-se quais verbas são pagas em cada modalidade, bem como as peculiaridades de cada rescisão.

Além das formas de recisão, serão analisados os procedimentos genéricos no encerramento do contrato, quando se faz a "baixa" na CTPS e se faz o "acerto" do contrato.

A doutrina costuma apontar 4 modalidades de término da relação de emprego: resilição, resolução, rescisão e as outras formas, mas note que o termo "rescisão" é utilizado de forma genérica pela legislação.

As verbas rescisórias correspondem a aviso prévio indenizado, multa de 40% sobre o FGTS, férias vencidas +1/3, férias proporcionais +1/3, 13º salário proporcional e saldo de salário.

Procedimentos na Rescisão

A CLT, no artigo 477 e seus parágrafos, regula os procedimentos na rescisão, determinando que:

> *Art. 477 - §1º - O pedido de demissão ou recibo de quitação de rescisão, do contrato de trabalho, firmado por empregado com mais de 1 (um) ano de serviço, só será válido quando feito com a assistência do respectivo Sindicato ou perante a autoridade do Ministério do Trabalho e Previdência Social.*
>
> *§2º - O instrumento de rescisão ou recibo de quitação, qualquer que seja a causa ou forma de dissolução do contrato, deve ter especificada a natureza de cada parcela paga ao empregado e discriminado o seu valor, sendo válida a quitação, apenas, relativamente às mesmas parcelas.*
>
> *§3º - Quando não existir na localidade nenhum dos órgãos previstos neste artigo, a assistência será prestada pelo Represente do Ministério Público ou, onde houver, pelo Defensor Público e, na falta ou impedimento deste, pelo Juiz de Paz.*
>
> *§4º - O pagamento a que fizer jus o empregado será efetuado no ato da homologação da rescisão do contrato de trabalho, em dinheiro ou em cheque visado, conforme acordem as partes, salvo se o empregado for analfabeto, quando o pagamento somente poderá ser feito em dinheiro.*
>
> *§5º - Qualquer compensação no pagamento de que trata o parágrafo anterior não poderá exceder o equivalente a um mês de remuneração do empregado.*
>
> *§6º - O pagamento das parcelas constantes do instrumento de rescisão ou recibo de quitação deverá ser efetuado nos seguintes prazos:*
>
> *a) Até o primeiro dia útil imediato ao término do contrato; ou*
>
> *b) Até o décimo dia, contado da data da notificação da demissão, quando da ausência do aviso prévio, indenização do mesmo ou dispensa de seu cumprimento.*
>
> *§7º - O ato da assistência na rescisão contratual (§§ 1º e 2º) será sem ônus para o trabalhador e empregador.*
>
> *§8º - A inobservância do disposto no § 6º deste artigo sujeitará o infrator à multa de 160 BTN, por trabalhador, bem assim ao pagamento da multa a favor do empregado, em valor equivalente ao seu salário, devidamente corrigido pelo índice de variação do BTN, salvo quando, comprovadamente, o trabalhador der causa à mora.*

Assim, para os empregados que tenham mais de 1 ano de contrato de trabalho, a homologação da rescisão deverá, obrigatoriamente, ser feita perante o sindicato dos empregados representativo da categoria ou perante o MTE. Na falta destes, tal rescisão será feita perante a Defensoria Pública, Ministério Público ou, em último caso, pelo Juiz de Paz. Isso não vale para os empregados domésticos, que não precisam ter a rescisão homologada pelo sindicato.

Quando o empregado e o empregador comparecerem à entidade sindical, será lavrado o Termo de Rescisão do Contrato de Trabalho (TRCT), o qual deve ser homologado pelo sindicato e conter o que o empregador pagou como "acerto" do contrato. O contido no termo deve especificar exatamente o que está sendo pago (por exemplo, férias em dobro de 2010, férias simples de 2011 e 6/12 de férias proporcionais de 2012 - não seria possível pagar um valor único a título de férias).

O que tiver sido pago poderá ser abatido de eventual condenação judicial favorável ao empregado, mas somente as parcelas especificadas no termo. Tudo o que não estiver no TRCT poderá ser cobrado na justiça pelo empregado.

O pagamento do acerto poderá ser feito em dinheiro ou cheque visado, salvo para o empregado analfabeto, que deverá receber em dinheiro. Em qualquer caso, a assistência do sindicato não poderá ser cobrada do empregado, nem da empresa.

Caso o empregado "deva" algo ao empregador, poderá ser compensado com o que tiver para receber, mas tal compensação não pode exceder um mês de salário do empregado. Dessa forma, caso o empregado receba R$ 1.000,00 de salário, mas tenha pendências no importe de R$ 3.000,00 com a empresa e suas verbas rescisórias somem R$ 5.000,00, o empregador deverá pagar-lhe R$ 4.000,00; o restante deverá cobrar judicial ou extrajudicialmente, ou até mesmo por meio de reconvenção, quando e se o empregado ajuizar ação trabalhista.

Por fim, há prazos preestabelecidos para o empregador quitar as verbas rescisórias do empregado e proceder à rescisão do contrato, os quais se forem descumpridos geram dever de a empresa pagar ao empregado multa no valor de um mês de salário.

Se o empregado cumpriu o aviso prévio trabalhando, o empregador tem até o 1º dia útil seguinte ao seu término para fazer o pagamento.

Caso o empregado tenha se desligado da empresa imediatamente, sem ter cumprido o aviso prévio ou, ainda, se a empresa dispensou o empregado de trabalhar tal período, a empresa deverá pagar as verbas rescisórias até o 10º dia seguinte à notificação da dispensa.

Note que, se a empresa deixar que o empregado cumpra o aviso prévio em casa, deverá pagá-lo até o 10º dia de comunicação da dispensa, conforme entendimento do TST:

> ***OJ-SDI1-14*** *Aviso Prévio cumprido em casa. Verbas Rescisórias. Prazo para pagamento. Em caso de aviso prévio cumprido em casa, o prazo para pagamento das verbas rescisórias é até o décimo dia da notificação de despedida.*

Procedimentos na Rescisão

A modalidade da dispensa é essencial para saber quais dessas parcelas são devidas ao empregado, mas, em qualquer caso, se o empregado já tiver conquistado o direito, receberá o valor, como é o caso do saldo de salário (os dias que o empregado trabalhou no mês, mas ainda não foram pagos), férias vencidas (aquelas cujo o período aquisitivo já completou o período aquisitivo), 13º salário vencido.

Por outro lado, aquelas parcelas que o empregado ainda não conquistou, caso das férias cujo período que não tenha se completado o período aquisitivo, podem ou não ser pagas a depender da forma como findou-se o vínculo, como se verá a seguir.

Dispensa na Véspera da Data-Base

A data-base da categoria é o dia em que começa a vigorar a Convenção Coletiva, o Acordo Coletivo ou a Sentença Normativa, atualizando a regulação coletiva sobre as condições de trabalho.

Como, em geral, o salário é aumentado na data-base, bem como outros direitos podem ter sido negociados, a legislação busca impedir que os empregados sejam dispensados em sua véspera.

Assim, os artigos 9º, da Lei 6.708/1979 e da Lei 7.238/1984 estipulam que o empregado dispensado 30 dias antes da data-base da categoria terá direito a uma indenização equivalente a um mês de salário.

> ***Art. 9º*** *O empregado dispensado, sem justa causa, no período de 30 (trinta) dias que antecede a data de sua correção salarial, terá direito à indenização adicional equivalente a 1 (um) salário mensal, seja ele optante ou não pelo Fundo de Garantia por Tempo de Serviço - FGTS.*

Como o aviso prévio integra o contrato, sua projeção será considerada para efeitos dessa indenização.

> ***SUM-182:*** *Aviso Prévio. Indenização Compensatória. LEI Nº 6.708, DE 30.10.1979. O tempo do aviso prévio, mesmo indenizado, conta-se para efeito da indenização adicional prevista no art. 9º da Lei nº 6.708, de 30.10.1979.*

Ainda, o TST entende que, mesmo que a empresa pague a rescisão já com o salário corrigido, deverá pagar a indenização de um mês de salário.

> ***SUM-314:*** *Indenização Adicional. Verbas Rescisórias. Salário Corrigido. Se ocorrer a rescisão contratual no período de 30 (trinta) dias que antecede à data-base, observado a Súmula nº 182 do TST, o pagamento das verbas rescisórias com o salário já corrigido não afasta o direito à indenização adicional prevista nas Leis nº 6.708, de 30.10.1979 e 7.238, de 28.10.1984.*

Resilição

Resilição ocorre quando o contrato termina por vontade das partes, sem que haja infração de qualquer dos contratantes. Assim, pode ocorrer por ato unilateral do empregador pela dispensa sem justa causa; pode ocorrer por ato unilateral do empregado pelo pedido de demissão; e pode ocorrer pela vontade mútua das partes, também chamado de distrato.

Dispensa Sem Justa Causa

A Constituição garante aos empregados, no artigo 7º, I, a proteção contra dispensa arbitrária ou sem justa causa, mas tal preceito ainda não foi regulamentado por Lei Complementar, de forma que ainda é possível à empresa utilizar tais modalidades de dispensa.

Como a Lei Maior utiliza duas expressões, há quem entenda que dispensa arbitrária seria quando o empregador cessa o vínculo de emprego sem expor nenhum motivo; já dispensa sem justa causa seria quando o empregador expõe o motivo da dispensa, mas esse motivo não é considerado pela lei como infração do trabalhador. Na prática, as duas formas de dispensa geram a mesma situação, sendo ambas tratadas como dispensa sem justa causa pelas bancas examinadoras.

Para desestimular tal prática, existem sanções pecuniárias para a empresa, de forma que o empregado tem direito a receber todas as verbas rescisórias, quais sejam: multa de 40% sobre o FGTS, saque de valores depositados; férias vencidas +1/3; férias proporcionais +1/3; 13º salário proporcional; e saldo de salário. Terá, ainda, direito ao aviso prévio, cumprido ou indenizado, além de seguro-desemprego, se houver satisfeito as exigências da lei previdenciária.

Se o trabalhador tiver estabilidade provisória no emprego (empregada gestante, membro da CIPA, afastado por mais de 15 dias em razão de acidente no trabalho etc.), não poderá ser dispensado sem justa causa.

Salienta-se que tem se formado jurisprudência forte no âmbito da Seção de Dissídios Coletivos do TST no sentido de que a dispensa sem justa causa de um ou alguns funcionários é direito potestativo do empregador; contudo, se a dispensa for coletiva, de uma grande gama de trabalhadores, a questão envolverá obrigatoriamente negociação coletiva.

Dispensa Discriminatória

Apesar de o empregador poder dispensar o empregado sem qualquer justificativa, não pode dispensar por motivo discriminatório, (por exemplo, em razão de ser pessoa com deficiência ou portadora de vírus HIV). Se o fizer, e sendo comprovado tal ato, poderá o empregado pedir reintegração ao emprego ou a remuneração em dobro do período, mas note que não se trata exatamente de uma estabilidade no emprego, pois é necessário comprovar o caráter preconceituoso da dispensa. Dispõe a Lei 9.029/1995:

> ***Art. 4º.*** *O rompimento da relação de trabalho por ato discriminatório, nos moldes desta Lei, além do direito à reparação pelo dano moral, faculta ao empregado optar entre:*
>
> ***I.*** *A readmissão com ressarcimento integral de todo o período de afastamento, mediante pagamento das remunerações devidas, corrigidas monetariamente, acrescidas dos juros legais;*
>
> ***II.*** *A percepção, em dobro, da remuneração do período de afastamento, corrigida monetariamente e acrescida dos juros legais.*

Ainda, caso seja provável a ocorrência da dispensa discriminatória, pode o juiz conceder tutela antecipada para o empregado determinando à empresa que reintegre o funcionário antes de ser julgado o mérito do processo. Contra tal decisão não caberá mandado de segurança, conforme entendimento do TST:

OJ-Sdi2-142: Mandado de Segurança. Reintegração Liminarmente Concedida. Inexiste direito líquido e certo a ser oposto contra ato de Juiz que, antecipando a tutela jurisdicional, determina a reintegração do empregado até a decisão final do processo, quando demonstrada a razoabilidade do direito subjetivo material, como nos casos de anistiado pela Lei nº 8.878/94, aposentado, integrante de comissão de fábrica, dirigente sindical, portador de doença profissional, portador de vírus HIV ou detentor de estabilidade provisória prevista em norma coletiva.

Recentemente, o TST editou súmula presumindo a discriminatória a despedida de empregado com HIV ou outra doença que causa estigma ou preconceito.

SUM-443: *Dispensa Discriminatória. Presunção. Empregado portador de doença grave. Estigma ou Preconceito. Direito à Reintegração. Presume-se discriminatória a despedida de empregado portador do vírus HIV ou de outra doença grave que suscite estigma ou preconceito. Inválido o ato, o empregado tem direito à reintegração no emprego.*

Pedido de Demissão

Quando o empregado pede demissão, ele deve dar o aviso prévio ao empregador, sendo que terá direito às seguintes verbas rescisórias: saldo de salário; 13º salário proporcional; férias vencidas +1/3; férias proporcionais + 1/3.

Note que, mesmo se o contrato tiver durado menos de um ano, o empregado terá direito às parcelas citadas:

SUM-261: *Férias Proporcionais. Pedido de demissão. Contrato vigente há menos de um ano. O empregado que se demite antes de complementar 12 (doze) meses de serviço tem direito a férias proporcionais.*

Aqui, não haverá multa de 40% sobre os depósitos do FGTS, nem direito de sacá-lo. Também não terá direito o empregado ao seguro-desemprego.

Acordo entre Empregado e Empregador

Tendo em vista que a renúncia aos direitos trabalhistas é vedada de forma geral, o acordo entre empresa e empregado resultará em uma dispensa sem justa causa, inclusive no plano de demissão voluntária (PDV), pelo qual a empresa, além de pagar as verbas rescisórias da dispensa sem justa causa, dá alguma vantagem ao empregado, tanto pagando valores em dinheiro, como dando benefícios (plano de saúde por 5 anos, por exemplo).

O que for pago a título de verbas rescisórias no PDV quita o que estiver em seu recibo, ou seja, não dá quitação geral da relação de emprego, de forma que o empregado poderá ajuizar ação trabalhista requerendo o pagamento de outras verbas a que tiver direito.

OJ-SDI1-270: *Programa de Incentivo à Demissão Voluntária. Transação Extrajudicial. Parcelas Oriundas do Extinto Contrato de Trabalho. Efeitos. A transação extrajudicial que importa rescisão do contrato de trabalho ante a adesão do empregado a plano de demissão voluntária implica quitação exclusivamente das parcelas e valores constantes do recibo.*

Todavia, o TST entende que os créditos tipicamente trabalhistas devidos ao empregado não são compensáveis com os valores pagos pela empresa em razão da adesão do empregado ao PDV.

OJ-SDI1-356: *Programa de Incentivo à Demissão Voluntária (PDV). Créditos Trabalhistas Reconhecidos Em Juízo. Compensação. Impossibilidade. Os créditos tipicamente trabalhistas reconhecidos em juízo não são suscetíveis de compensação com a indenização paga em decorrência de adesão do trabalhador a Programa de Incentivo à Demissão Voluntária (PDV).*

Assim, se em razão da adesão PDV a empresa pagou ao empregado R$ 10.000,00 e, em uma ação trabalhista, a empresa é condenada a pagar R$ 20.000,00 de horas extras, tais valores não poderão ser compensados - os dez mil pagos são em razão da adesão ao PDV. Seria situação diferente se, no próprio PDV, a empresa já tivesse pagado as horas extras do empregado, mais os dez mil, assim, as próprias horas extras estariam quitadas, não se falando em compensação.

Resolução

Resolução ocorre quando houve uma infração por uma das partes, que deu causa ao término do vínculo. Assim, pode ocorrer por infração do empregado, gerando a dispensa com justa causa; pode ocorrer por infração do empregador, gerando a rescisão indireta; e pode ocorrer por culpa recíproca das partes.

Dispensa por Justa Causa

O empregado tem o dever de bem cumprir suas funções, sendo que, se cometer infrações, poderá ser punido por isso. A punição da empresa deve ser proporcional à falta, sendo a dispensa por justa causa somente para infrações graves, tipificadas na lei. Faltas leves ou médias deverão ser punidas com advertências ou suspensão, mas não há critério definido do que será aplicado em cada caso.

Deve haver nexo entre a falta do empregado e a punição e, além disso, a punição deve ser imediata, ou seja, assim que souber da conduta do empregado, a empresa deve aplicar a pena; não poderá puni-lo posteriormente, pois estará configurado o perdão tácito pelo empregador.

A punição deve ser uma só, não se pode, pelo mesmo fato, dar uma suspensão e depois dispensar por justa causa. Também não é possível alterar sua decisão para pior - se deu uma advertência, não pode o empregador reconsiderar a punição e mudá-la para suspensão ou dispensa.

Note que somente caberá punição ao empregado quando este agir com dolo ou culpa. Se, por exemplo, uma máquina quebrou enquanto o empregado a operava, mas por problema técnico, não haverá dolo nem culpa, e, a rigor, nem nexo causal.

Note-se que a dispensa por justa causa não poderá ser anotada na CTPS do empregado, por mais grave que seja. Se a empresa o fizer, estará caracterizado o dano moral.

À empregada doméstica aplicam-se as disposições do artigo 482, exceto a negociação habitual e a violação dos segredos da empresa.

Exercício Comentado

01. No tocante às infrações obreiras relacionadas à rescisão do contrato de trabalho com justa causa, o nexo causal entre a falta e a pena aplicada e a imediaticidade da punição são especificamente requisitos:

a) Objetivos.
b) Subjetivos.
c) Circunstanciais.
d) Objetivo e subjetivo, respectivamente.
e) Subjetivo e objetivo, respectivamente.

RESPOSTA "C". A resposta da questão não está na lei, mas sim na doutrina de Maurício Godinho Delgado, cada vez mais utilizada pelas bancas examinadores, especialmente nos concursos de nível superior, o qual classifica os requisitos para punição por justa causa em três: objetivos, subjetivos e circunstanciais. Nota-se que a maior parte da doutrina classifica somente em objetivos e subjetivos.

"Objetivos são os requisitos que concernem à caracterização da conduta obreira que se pretende censurar; subjetivos, os que concernem ao envolvimento (ou não) do trabalhador na respectiva conduta; circunstanciais, os requisitos que dizem respeito à atuação disciplinar do empregador em face da falta e do obreiro envolvidos".

O autor assim subdivide os critérios:

→ **Critérios objetivos:**

> Tipicidade da conduta, ou seja, se a conduta praticada está prevista na lei como falta grave, que possibilite a dispensa por justa causa;

> Natureza da matéria envolvida, que significa que o empregador não pode punir o trabalhador por condutas em sua vida pessoal, que não prejudiquem o serviço (por exemplo, a opção religiosa ou política do empregado);

> Gravidade da conduta, que, segundo o Ministro do TST, seria a dosimetria (dosagem) da pena. Se a conduta não é muito grave, outras penalidades deverão ser aplicadas, como advertência ou suspensão; a dispensa por justa causa é para as condutas mais graves.

→ **Critérios subjetivos:**

> Autoria, ou seja, se foi mesmo o empregado que praticou tal conduta. Se a empresa não souber quem "cometeu o erro", não poderá escolher um para ser punido.

> Dolo ou culpa do empregado. Dolo é quando o empregado age intencionalmente, culpa é quando age com imprudência ou negligência. Imperícia, via de regra, não ocasionará justa causa, pois é a empresa que tem o dever de treinar os trabalhadores e assumir os riscos do negócio.

→ **Critérios circunstanciais:**

> Nexo causal, uma vez que não pode o empregador punir por uma falta anterior (por exemplo, o empregado quebra uma máquina e o empregador perdoa, depois o empregado comete uma falta pequena e é punido com a dispensa, sob a alegação de que anteriormente cometeu falta mais grave);

> Adequação entre a falta e a pena e proporcionalidade da punição, o primeiro ligado à qualidade do ato (por exemplo, se a máquina quebrada era cara ou de difícil substituição), o segundo ligado à quantidade (por exemplo, se o garçom quebrou 1 copo ou se quebrou 10 caixas de copos de cristal).

> Caráter pedagógico da punição. A punição não é só um castigo, é também uma forma de demonstrar ao empregado seu erro. Assim, esse critério liga-se à adequação e proporcionalidade, para proporcionar ao empregado possibilidade de aprimorar-se no serviço;

> Imediaticidade da punição. Quando o empregador descobre a falta, deve punir o empregado, não pode ficar postergando a punição, pois isso caracteriza perdão tácito. Eventual demora que a empresa tenha para descobrir o ocorrido ou sua autoria não lhe retira a capacidade de punição.

Dispõe a CLT sobre os motivos que causam a justa causa pelo empregado, sendo necessário saber as hipóteses e saber o que cada uma significa, pois tal conhecimento tem sido cobrado em provas:

Art. 482 *- Constituem justa causa para rescisão do contrato de trabalho pelo empregador:*

a) Ato de improbidade;

b) Incontinência de conduta ou mau procedimento;

c) Negociação habitual por conta própria ou alheia sem permissão do empregador, e quando constituir ato de concorrência à empresa para a qual trabalha o empregado, ou for prejudicial ao serviço;

d) Condenação criminal do empregado, passada em julgado, caso não tenha havido suspensão da execução da pena;

e) Desídia no desempenho das respectivas funções;

f) Embriaguez habitual ou em serviço;

g) Violação de segredo da empresa;

h) Ato de indisciplina ou de insubordinação;

i) Abandono de emprego;

j) Ato lesivo da honra ou da boa fama praticado no serviço contra qualquer pessoa, ou ofensas físicas, nas mesmas condições, salvo em caso de legítima defesa, própria ou de outrem;

k) Ato lesivo da honra ou da boa fama ou ofensas físicas praticadas contra o empregador e superiores hierárquicos, salvo em caso de legítima defesa, própria ou de outrem;

l) Prática constante de jogos de azar.

Parágrafo único *- Constitui igualmente justa causa para dispensa de empregado a prática, devidamente comprovada em inquérito administrativo, de atos atentatórios à segurança nacional.*

Ato de improbidade

O empregado causa lesão ao patrimônio da empresa ou de terceiros (por exemplo, falsificando atestado médico para faltar ao serviço, furtando a empresa etc).

Incontinência de conduta

Incontinência de conduta está ligado a atos de conotação sexual (comentários inoportunos, pornografia no trabalho, assédio sexual contra outros empregados ou clientes).

Mau procedimento

Mau procedimento é a conduta que causa turbação ao ambiente de trabalho (por exemplo, modo grosseiro de tratar colegas ou utilização de palavrões).

Negociação habitual e Concorrência à Empresa

Negociação habitual é quando um funcionário comercializa produtos dentro da empresa sem permissão do empregador (por exemplo, venda de produtos de beleza ou roupas íntimas).

Concorrência à empresa ocorre quando o empregado faz serviços em nome próprio, como autônomo, mas deveria o prestar em nome da empresa, de forma que o "trabalho autônomo" do empregado concorre com o serviço que ele mesmo presta para a empresa. Seria o caso do técnico em computadores que angaria clientes do empregador e faz parte do serviço como autônomo.

Embriaguez Habitual ou em Serviço

Embriaguez habitual, seja por álcool ou por outros tóxicos, há de ser aquela que cause reflexos negativos no trabalho. Se a embriaguez do empregado não repercute no trabalho, não há que se falar em dispensa.

Apesar de a CLT falar em "embriaguez habitual", a tendência moderna é que, se ficar caracterizada tal conduta como alcoolismo ou dependência química, se considera que o empregado está doente, de forma que deve ser encaminhado para tratamento.

Embriaguez em serviço é quando o empregado chega "alterado" à empresa. Aqui, mesmo uma única ocorrência poderá gerar a dispensa por justa causa.

Violação de Segredo da Empresa

Segredos da empresa são entendidos de modo amplo, desde a quebra de patentes industriais, até a revelação de futuras campanhas da empresa, investimentos e lançamentos de produtos.

Ato de Indisciplina ou de Insubordinação

Indisciplina é quando o empregado descumpre regras gerais dentro da empresa, (por exemplo, fumar em local proibido).

A falta de uso de EPI pode ser encaixada nesse caso, mas a legislação prevê expressamente a possibilidade de dispensa em razão da falta de utilização dos equipamentos.

Insubordinação é quando o empregado descumpre uma ordem específica ou as ordens de serviço que a empresa tenha para determinado grupo de empregados.

Em qualquer dos dois casos, as ordens emanadas pelo empregador devem ser lícitas; do contrário, o descumprimento do empregado não será ato faltoso.

Fique Ligado

A diferença entre a insubordinação e a indisciplina já foi cobrada diversas vezes em prova, por exemplo, informando que o empregado descumpriu regulamento da empresa e foi dispensado. Tal dispensa seria por ato de indisciplina, pois o regulamento é uma norma geral para todos empregados.

Abandono de Emprego

A lei não estabelece um prazo, mas o TST entende que o abandono de emprego é presumido quando o empregado falta mais de 30 dias consecutivos. Também está configurado o abandono quando o empregado tem condutas que apontem nesse sentido (por exemplo, quando muda de cidade sem dar aviso e lá inicia outro emprego).

> ***SUM-32:*** *Abandono de Emprego. Presume-se o abandono de emprego se o trabalhador não retornar ao serviço no prazo de 30 (trinta) dias após a cessação do benefício previdenciário nem justificar o motivo de não o fazer.*

Ato Lesivo da Honra ou da Boa Fama ou Ofensas Físicas

Quando, no cumprimento de suas funções ou dentro da empresa, o empregado comete ato que lese a honra ou boa fama do empregador, de colegas de trabalho ou de terceiros, ou ainda agride-os fisicamente, será dispensado por justa causa.

Contudo, se as ofensas físicas forem em legítima defesa própria ou de outrem, não será ato faltoso do empregado.

Prática Constante de Jogos de Azar

A prática constante de jogos de azar é aquela que causa repercussão negativa no trabalho; do contrário, é somente a vida pessoal do empregado.

Não importa se os jogos são lícitos ou ilícitos, (por exemplo, se o empregado joga no "bicho", mas isso não afeta seu ambiente de trabalho, não há conduta faltosa; por outro lado, se o empregado joga *poker* com amigos e constantemente pessoas vão até a empresa cobrar dívidas, poderá haver a dispensa).

Outros Casos

A CLT, ainda, elenca que os atos atentatórios à segurança nacional são motivo de dispensa por justa causa, entretanto, não só este dispositivo não foi recepcionado pela Constituição, mas também ele foi revogado expressamente pelo artigo 76, da Lei 8.630/1993.

Ainda, foi revogado há pouco tempo o artigo 508, da CLT, que considerava ato faltoso punível com dispensa por justa causa do bancário a abstenção contumaz em pagar suas dívidas.

Rescisão Indireta

Também conhecida como justa causa do empregador, a rescisão indireta ocorre quando a empresa adota condutas que tornem insustentável a continuação da prestação do serviço pelo empregado, de modo que este poderá considerar rescindido o contrato, deixando a empresa.

A rescisão indireta causa efeitos iguais à dispensa sem justa causa, sendo devido a título de verbas rescisórias multa de 40% sobre o FGTS, bem como direito ao saque dos valores depositados; férias vencidas +1/3; férias proporcionais +1/3; 13º salário proporcional; e saldo de salário. O empregado terá, ainda, direito ao aviso prévio indenizado, além de seguro-desemprego, se houver satisfeito as exigências da lei previdenciária.

Existe discussão se ao empregado doméstico aplicam-se as disposições referentes à rescisão indireta, uma vez que a Lei 5.859/1972 somente afirma ser aplicável o artigo 482, nada falando sobre o artigo 483. Segundo Maurício Godinho Delgado, a rescisão indireta aplica-se aos domésticos[1], por medida de justiça e isonomia.

Note que a rescisão indireta será declarada pela Justiça, uma vez que o empregado não tem meios de "punir" o empregador pela sua conduta irregular. Assim, em regra, o funcionário deverá deixar de trabalhar para o empregador.

Entende-se, majoritariamente, que o ato do empregador deve ser grave o suficiente para que o empregado cesse a prestação do serviço, sendo que somente em dois casos é permitido ao empregado continuar trabalhando e ajuizar ação trabalhista requerendo a rescisão indireta, quais sejam quando o empregador descumpre o pactuado ou quando reduz o trabalho do empregado que recebe por peça ou tarefa - essa é a interpretação do §3º, do artigo 483.

Mas, se o empregado ajuizar a ação requerendo a rescisão indireta e perder, o que ocorre? Considera-se que ele pediu demissão, com todas as suas consequências, exceto a exigência de dar aviso prévio ao empregador, pois "a própria ação trabalhista já cumpriu o papel de notificar o empregador da intenção de ruptura contratual".

Para a rescisão indireta, o citado autor também classifica em 3 os critérios aptos a causar a punição: objetivos, subjetivos e circunstanciais. Critérios subjetivos:

→ **Tipicidade da conduta**

É necessário que a legislação preveja a conduta da empresa como falta apta a gerar rescisão indireta;

1 DELGADO, Maurício Godinho. Curso de Direito do Trabalho. 11 ed. São Paulo LTR, 2012 P. 1250

→ **Gravidade da conduta**

Se a conduta é prevista como falta, mas não é grave, há que se falar em rescisão indireta (por exemplo, quando o empregador, em um dia estressado, grita com um funcionário, comportamento que não lhe é habitual, não será um ato lesivo contra a honra suficiente para punir a empresa). Ponto importante para saber a gravidade é se o empregado deixou ou não o trabalho - entende-se que, em regra, ele deve abandonar seu posto, pois a situação ficou insustentável.

Critérios subjetivos:

→ **Autoria**

É a própria empresa quem deve praticar as condutas, contudo, a omissão da empresa também é ato que gera a rescisão indireta (por exemplo, deixar que clientes maltratem empregados sem nada fazer para ajudar);

→ **Dolo ou culpa**

A empresa age com intenção de prejudicar, ou com culpa, negligência, imprudência e imperícia. Se, mesmo sem saber, a empresa compra maquinário perigoso, e este causa danos aos empregados, poderá haver a recisão indireta (por exemplo, uma clínica de radiologia em que o raio-x produza muito mais radiação que o parâmetro aceitável). Uma vez que é a empresa que assume o risco do negócio, as causas externas à sua vontade não lhe tiram a culpa (por exemplo, a falta de pagamento de salários em razão da mudança da política econômica).

Critérios circunstanciais:

→ Nexo causal. Deve haver vinculação direta entre a falta e o pedido de rescisão indireta, assim como na dispensa por justa causa.

→ Adequação entre a falta do empregador e o fundamento utilizado no pedido de rescisão indireta e proporcionalidade. As faltas leves não têm o condão de causar a rescisão indireta. Como o empregado não pode punir a empresa gradualmente, uma sequência de pequenas faltas causa adequação entre as faltas e o pedido de rescisão indireta.

→ Imediaticidade e ausência de perdão tácito. Como o empregado é subordinado à empresa, não podendo puni-la gradualmente, a imediaticidade é atenuada; contudo, não pode o empregado esperar anos e anos para pedir a rescisão indireta por uma conduta da empresa. De qualquer forma, o empregado deve desligar-se da empresa para ajuizar com a ação, salvo quando a legislação lhe permita continuar trabalhando. Se continuar normalmente com o serviço, entende-se que o empregado perdoou a atitude da empresa.

→ **Dispõe a CLT:**

Art. 483 *- O empregado poderá considerar rescindido o contrato e pleitear a devida indenização quando:*

a) *Forem exigidos serviços superiores às suas forças, defesos por lei, contrários aos bons costumes, ou alheios ao contrato;*

b) *For tratado pelo empregador ou por seus superiores hierárquicos com rigor excessivo;*

c) *Correr perigo manifesto de mal considerável;*

d) *Não cumprir o empregador as obrigações do contrato;*

e) *Praticar o empregador ou seus prepostos, contra ele ou pessoas de sua família, ato lesivo da honra e boa fama;*

f) *O empregador ou seus prepostos ofenderem-no fisicamente, salvo em caso de legítima defesa, própria ou de outrem;*

g) *O empregador reduzir o seu trabalho, sendo este por peça ou tarefa, de forma a afetar sensivelmente a importância dos salários.*

§3º - Nas hipóteses das letras "d" e "g", poderá o empregado pleitear a rescisão de seu contrato de trabalho e o pagamento das respectivas indenizações, permanecendo ou não no serviço até final decisão do processo.

Serviços Superiores à Força do Empregado

Aqui, não se trata somente de força física, mas também a exigência de atividades intelectuais (por exemplo, entrega de projetos com prazos absurdamente curtos e pressão e ameaça para que os empregados cumpram-na).

No quesito trabalho físico, a CLT coloca como parâmetro, para mulheres e menores de 18 anos, no máximo 20 quilos de esforço contínuo ou 25 de esforço ocasional (Arts. 390 e 405, §5º). Para os homens, o limite é de 60 quilos (art. 198).

Serviços Defesos por Lei ou Contrários aos Bons Costumes

A empresa não pode determinar que o empregado cumpra ordens ilegais (por exemplo, enganar clientes em uma eventual venda). Também, seria o caso de exigir serviços perigosos ou insalubres de um menor de 18 anos.

As ordens tampouco não podem ser contrárias aos bons costumes (por exemplo, a empresa exigir que a vendedora se ofereça sexualmente para clientes para que eles comprem os produtos da marca).

Serviços Alheios ao Contrato

Seria o caso de uma secretária passar a trabalhar também como entregadora de motofrete, serviço completamente alheio a seu contrato. Note que pequenos desvios não causaram o direito à rescisão indireta, no máximo darão direito ao pedido de desvio de função.

Rigor Excessivo

Rigor excessivo ocorre quando o empregador persegue um empregado, advertindo-o pelas mais pequenas falhas ou até mesmo sem motivo algum, tratando-o sem respeito, humilhando-o perante colegas.

Muitas vezes, tal conduta da empresa é nitidamente discriminatória (por exemplo, com uma mulher grávida, um ex-sindicalista, uma pessoa com deficiência etc).

Perigo de Mal Considerável

Esse perigo não pode ser aquele normal da profissão, há de ser aquele a que o empregador submete o empregado desnecessariamente (por exemplo, a empresa utiliza equipamentos perigosos e sequer fornece EPI).

Se o risco é o normal da profissão, claro que não gerará rescisão indireta (por exemplo, o vigilante armado não pode alegar eventual risco de confronto com ladrões).

Descumprimento do Contrato pelo Empregador

O empregador deve cumprir as normas ajustadas com o empregado, bem como aquelas previstas em lei e em negociação coletiva, sendo que seu descumprimento reiterado acarreta na rescisão indireta.

O descumprimento há que ser grave ou estender-se pelo tempo, tanto que esse é um dos dois casos em que o empregado pode ajuizar a ação requerendo a rescisão indireta e continuar trabalhando.

O atraso salarial, se reiterado, é motivo para rescisão indireta. Há entendimentos de que somente a "mora contumaz", ou seja, atraso de mais de 3 meses de salário, conforme Decreto 368/1968, é que caracteriza a rescisão indireta, mas é minoritário.

O simples pagamento do salário em audiência não faz o empregador purgar a mora e evitar o encerramento do contrato. Conforme entendimento do TST:

> ***SUM-13 MORA.*** *O só pagamento dos salários atrasados em audiência não ilide a mora capaz de determinar a rescisão do contrato de trabalho.*

Outro entendimento que tem se firmado no TST é que a falta de alguns depósitos para o FGTS não é suficiente para caracterizar a rescisão indireta. Por outro lado, a ausência total de depósitos poderia configurar.

Ato Lesivo Contra Honra ou Boa Fama do Empregado ou sua Família

Esses são atos que configuram os crimes de calúnia, injúria ou difamação, mas não é necessário que haja condenação criminal do ofensor. Tais atos podem ser praticados no âmbito da empresa ou fora dela.

Ofensa Física

Quando o empregador agride fisicamente o empregado, salvo se em legítima defesa, sua ou de outrem.

Redução do Trabalho do Empregado com Salário Variável

Quando o empregado recebe salário variável (por peça ou por tarefa), se o empregador lhe reduz o trabalho, por via reflexa reduzirá o salário. Seria o caso de o empregado ter diminuída a base territorial de vendas, de forma que seu salário caia à metade.

Não é o mesmo caso de o empregador reduzir o próprio salário do empregado horista ou o valor da comissão do comissionista - esses casos autorizam a rescisão indireta por descumprimento do contrato pelo empregador. Esse é um dos dois casos em que o empregado pode ajuizar a ação requerendo a rescisão indireta e continuar trabalhando.

Culpa Recíproca

Se tanto a empresa como o empregado cometeram atos que, isoladamente, justificariam a dispensa por justa causa ou a rescisão indireta, a solução jurídica é dividir a culpa.

Assim, o empregado terá direito a 50% das férias proporcionais, 50% do 13º salário proporcional, 50% da indenização do aviso prévio e 20% de multa do FGTS. Também o empregado terá direto a sacar o FGTS, contudo, não receberá o seguro-desemprego.

As parcelas a que o empregado já havia adquirido o direito são pagas normalmente (por exemplo, saldo de salário, férias vencidas e 13º salário vencido).

> ***Art. 484*** *- Havendo culpa recíproca no ato que determinou a rescisão do contrato de trabalho, o tribunal de trabalho reduzirá a indenização à que seria devida em caso de culpa exclusiva do empregador, por metade.*
>
> ***SUM-14*** *CULPA RECÍPROCA. Reconhecida a culpa recíproca na rescisão do contrato de trabalho (art. 484 da CLT), o empregado tem direito a 50% (cinquenta por cento) do valor do aviso prévio, do décimo terceiro salário e das férias proporcionais.*

Rescisão

Rescisão ocorre quando há nulidade do contrato. Note, contudo, que a CLT costuma usar o termo "rescisão" de forma genérica, em qualquer uma das situações.

Seria o caso do contrato de trabalho com a Administração Pública declarado nulo, conforme entendimento do TST:

> ***SUM-363:*** *Contrato Nulo. Efeitos. A contratação de servidor público, após a CF/1988, sem prévia aprovação em concurso público, encontra óbice no respectivo art. 37, II e § 2º, somente lhe conferindo direito ao pagamento da contraprestação pactuada, em relação ao número de horas trabalhadas, respeitado o valor da hora do salário mínimo, e dos valores referentes aos depósitos do FGTS.*

Assim, se o contrato foi declarado nulo, o empregado recebe somente salários combinados em relação às horas efetivamente trabalhadas e os depósitos para o FGTS. Não recebe mais nada, nem mesmo a multa de 40% sobre os depósitos do FGTS.

O outro caso é a contratação para prestar serviços ilícitos: não haverá relação de emprego ante a ilicitude do objeto (caso do empregado da banca de jogo do bicho ou do vendedor de drogas ilícitas).

Demais Formas

As outras formas de término do contrato não têm classificação própria, sendo o caso do término do contrato pela aposentadoria, pela extinção do estabelecimento ou da empresa por motivo de força maior, pela morte do empregado, pela morte do empregador pessoa natural e pela falência da empresa.

Aposentadoria do Empregado

O STF julgou inconstitucional o artigo 453, § 2º, da CLT, que obrigava a extinção do vínculo de emprego caso um empregado com menos de 35 anos de serviço, se homem, e 30 anos, se mulher, requeresse sua aposentadoria.

Logo, o empregado pode se aposentar e continuar trabalhando para a empresa, uma vez que o vínculo entre o empregado e o INSS é diferente do vínculo entre empregado e empregador. Nesse sentido, também se firmou o TST:

> ***OJ-SDI1-361:*** *Aposentadoria Espontânea. Unicidade do contrato de trabalho. Multa de 40% do FGTS sobre todo o período. A aposentadoria espontânea não é causa de extinção do contrato de trabalho se o empregado permanece prestando serviços ao empregador após a jubilação. Assim, por ocasião da sua dispensa imotivada, o empregado tem direito à multa de 40% do FGTS sobre a totalidade dos depósitos efetuados no curso do pacto laboral.*

Assim, se o empregado requerer aposentadoria e a empresa o dispensar, será sem justa causa, com o pagamento de todos os direitos inerentes a tal dispensa.

Força Maior

Se, por motivo de força maior, o estabelecimento em que o empregado trabalhar, ou mesmo a empresa inteira, vier a se extinguir, o vínculo de empregado acabará. A CLT dispõe que:

> ***Art. 502*** *- Ocorrendo motivo de força maior que determine a extinção da empresa, ou de um dos estabelecimentos em que trabalhe o empregado, é assegurada a este, quando despedido, uma indenização na forma seguinte:*

I. Sendo estável, nos termos dos arts. 477 e 478;

II. Não tendo direito à estabilidade, metade da que seria devida em caso de rescisão sem justa causa;

III. Havendo contrato por prazo determinado, aquela a que se refere o art. 479 desta Lei, reduzida igualmente à metade.

Assim, a Consolidação trata de 3 situações: a do empregado com estabilidade decenal, a do empregado não estável e a do empregado contratado por prazo determinado.

Ao empregado com estabilidade decenal seria paga uma indenização de 1 mês de remuneração para cada ano ou fração igual a 6 meses. A estabilidade decenal foi revogada pela Constituição de 1988, substituída pelo regime do FGTS, sendo que somente tem direito a tal estabilidade quem já a havia conquistado anteriormente.

O empregado sem qualquer estabilidade receberá 50% da multa do FGTS.

Já o contratado por prazo determinado terá sua indenização reduzida também em 50%, ou seja, receberá metade da metade da remuneração devida até o fim do contrato.

Falência da Empresa

A falência da empresa é considerada como dispensa sem justa causa, atraindo, inclusive, a necessidade de aviso prévio, bem como a multa de 40% sobre o FGTS, uma vez que o risco do negócio é do empregador.

Contudo, a jurisprudência entende que, na falência, a multa pelo atraso no pagamento das verbas rescisórias, previstas no artigo 477, § 8º, e a multa pelo não pagamento das verbas rescisórias na primeira audiência, prevista no artigo 467, não são aplicáveis.

> ***SUM-388*** *Massa Falida. Arts. 467 E 477 da CLT. Inaplicabilidade. A Massa Falida não se sujeita à penalidade do art. 467 e nem à multa do § 8º do art. 477, ambos da CLT.*

Morte do Empregador

A morte do empregador é tratada pelo direito como se fosse uma dispensa sem justa causa, ou seja, o empregado terá direito a aviso prévio, multa de 40% do FGTS, férias proporcionais +1/3, 13º proporcional, além de poder sacar seu FGTS. Nesse sentido caminha a CLT:

> ***Art. 485*** *- Quando cessar a atividade da empresa, por morte do empregador, os empregados terão direito, conforme o caso, à indenização a que se referem os art. 477 e 497.*

Ocorre que, quando o empregador constituído em empresa individual morre, a CLT faculta ao empregado rescindir seu contrato. Note que, nesse caso, a morte do empregador não fez com que a empresa fechasse, ela continuou operando, por exemplo, pelos sucessores.

Nesse caso, como a relação entre o empregado e a empresa é muito próxima, permite a CLT que o trabalhador cesse o vínculo se não tiver interesse em laborar para o novo dono, ou seja, ele pede demissão, mas sem ter que dar o aviso prévio, se o contrato for por tempo indeterminado, ou sem pagar a indenização do artigo 480, da CLT, se o contrato for por tempo determinado.

Sendo feito pedido de demissão pelo empregado, receberá as férias proporcionais +1/3 e 13º proporcional, mas não se cogita multa de 40% sobre o FGTS, muito menos aviso prévio.

> ***Art. 483.§2º*** *- No caso de morte do empregador constituído em empresa individual, é facultado ao empregado rescindir o contrato de trabalho.*

Morte do Empregado

Quando o empregado morre, obviamente a relação de emprego acaba, de forma que as verbas rescisórias são pagas segundo o comando da lei 6.858/1980, a qual em seu art. 1º define que:

> ***Art. 1º*** *- Os valores devidos pelos empregadores aos empregados e os montantes das contas individuais do Fundo de Garantia do Tempo de Serviço e do Fundo de Participação PIS-PASEP, não recebidos em vida pelos respectivos titulares, serão pagos, em quotas iguais, aos dependentes habilitados perante a Previdência Social ou na forma da legislação específica dos servidores civis e militares, e, na sua falta, aos sucessores previstos na lei civil, indicados em alvará judicial, independentemente de inventário ou arrolamento.*
>
> ***§ 1º*** *- As quotas atribuídas a menores ficarão depositadas em caderneta de poupança, rendendo juros e correção monetária, e só serão disponíveis após o menor completar 18 (dezoito) anos, salvo autorização do juiz para aquisição de imóvel destinado à residência do menor e de sua família ou para dispêndio necessário à subsistência e educação do menor.*
>
> ***§ 2º*** *- Inexistindo dependentes ou sucessores, os valores de que trata este artigo reverterão em favor, respectivamente, do Fundo de Previdência e Assistência Social, do Fundo de Garantia do Tempo de Serviço ou do Fundo de Participação PIS-PASEP, conforme se tratar de quantias devidas pelo empregador ou de contas de FGTS e do Fundo PIS PASEP.*

As verbas rescisórias serão as mesmas de quando o empregado pede demissão - saldo de salário, férias vencidas, e proporcionais, 13º salário proporcional e a família poderá sacar os valores depositados na conta do FGTS. Não haverá, assim, aviso prévio, nem multa de 40% sobre o FGTS.

Contudo, e se o empregado morreu em decorrência de acidente do trabalho, com culpa da empresa? Nesse caso, como a empresa cometeu ato gravíssimo, a rescisão equivale à sem justa causa, quando o empregador estará obrigado a pagar aviso prévio indenizado, multa de 40% sobre o FGTS, bem como a multa do artigo 477, se ultrapassado o prazo de 10 dias no pagamento.

Obrigações legais do empregado

A CLT, ainda, permite ao empregado, quando tiver obrigações legais incompatíveis com a continuação do serviço, suspender o vínculo empregatício ou cessar a relação de emprego. Aqui, também é caso de pedido de demissão sem que o empregado tenha que conceder aviso prévio à empresa.

É um exemplo de tais obrigações legais o exercício de mandado parlamentar pelo empregado.

> ***Art. 483§1º*** *- O empregado poderá suspender a prestação dos serviços ou rescindir o contrato, quando tiver de desempenhar obrigações legais, incompatíveis com a continuação do serviço.*

Fato do Príncipe (*Factum Principis*)

O fato do príncipe é o caso em que medidas adotadas pelo Governo fazem com que o negócio seja inviável, acarretando o encerramento das atividades, sendo que as indenizações aos empregados são suportadas pelo Estado. Dispõe a CLT:

> ***Art. 486*** *- No caso de paralisação temporária ou definitiva do trabalho, motivada por ato de autoridade municipal, estadual ou federal, ou pela promulgação de lei ou resolução que impossibilite a continuação da atividade, prevalecerá o pagamento da indenização, que ficará a cargo do governo responsável.*

Contudo, é raro isso ocorrer na prática, pois, em regra, as mudanças de políticas econômicas ou fiscais é um risco do empreendimento, que é suportado pelo empregador. Cite-se a majoração do imposto de importação de veículos realizada pelo governo federal, que atingiu frontalmente os importadores - para o Direito do Trabalho, é risco da empresa, devendo ela pagar as indenizações dos seus empregados, caso os dispense.

Exercício Comentado

01. ***Conforme a lei e a jurisprudência dominante do Tribunal Superior do Trabalho, em caso de rescisão do contrato de trabalho por.***

a) ***Morte do empregado, é devido aos herdeiros o pagamento do saldo salarial, aviso prévio, levantamento dos depósitos do FGTS, 13º salário e férias vencidas e proporcionais acrescidas de adicional constitucional, dentre outros direitos.***

b) ***Justa causa, é devido ao empregado o pagamento do saldo salarial e das férias vencidas e proporcionais, acrescidas do adicional constitucional, não sendo possível o saque dos depósitos do FGTS, dentre outros direitos.***

c) ***Por morte do empregador em caso de encerramento das atividades da empresa, é devido ao empregado o pagamento do saldo salarial, aviso prévio, 13º salário, férias vencidas e proporcionais acrescidas do adicional constitucional, dentre outros direitos.***

d) ***Culpa recíproca, é devido ao empregado o pagamento do período de aviso prévio integral, além de 50% do 13º salário e das férias vencidas e proporcionais, acrescidas de adicional constitucional, dentre outros direitos.***

e) ***Dispensa indireta, é devido ao empregado o pagamento do saldo salarial, aviso prévio, férias vencidas e proporcionais, acrescidas do adicional constitucional, 13º salário, não sendo possível o saque dos depósitos do FGTS, dentre outros direitos.***

RESPOSTA ***"C". Essa questão resume bem o lecionado nos tópicos acima. A morte do empregador equivale-se à dispensa sem justa causa, de forma que o empregado tem direito às verbas rescisórias citadas na assertiva.***

A alternativa "A" está errada, pois não há aviso prévio em caso de morte do empregado, nem sequer foi a empresa que deu causa à rescisão. Como a questão não fala, presume-se que tenha sido morte sem culpa da empresa.

A alternativa "B" está errada, uma vez que, na dispensa por justa causa o empregado não recebe férias proporcionais, nem 13º proporcional.

A alternativa "D" está errada, tendo em vista que na culpa recíproca, o empregado recebe 50% do aviso prévio, das férias proporcionais, do 13º salário e da multa do FGTS. Contudo, as férias vencidas receberá integralmente, pois já havia adquirido tal direito.

Por fim, a alternativa "E" está errada, em razão de ser possível o saque do FGTS.

Comissão de Conciliação Prévia

As comissões de conciliação prévia foram criadas para tentar desafogar o Poder Judiciário, bem como para privilegiar o princípio do acordo nas lides trabalhistas, sendo uma forma extrajudicial de empresa e empregado resolverem suas pendências trabalhistas. A atuação da Comissão de Conciliação Prévia é considerada espécie de mediação; uma vez que ela não tem poder decisório, as partes devem entrar em acordo.

Não obstante a CLT determinar a obrigatoriedade de toda a demanda trabalhista ser submetida à CCP, o STF julgou deu interpretação conforme a Constituição a tal disposição legal, considerando não obrigatória a utilização da comissão, sendo somente uma opção do empregado a ela submeter-se.

As comissões de conciliação prévia podem ser constituídas na empresa ou serem intersindicais, sendo que, se houver as duas na mesma localidade, o empregado escolherá qual das comissões utilizará.

> ***Art. 625-A****. As empresas e os sindicatos podem instituir Comissões de Conciliação Prévia, de composição paritária, com representante dos empregados e dos empregadores, com a atribuição de tentar conciliar os conflitos individuais do trabalho. Parágrafo único. As Comissões referidas no caput deste artigo poderão ser constituídas por grupos de empresas ou ter caráter intersindical.*
>
> ***Art. 625-D****. Qualquer demanda de natureza trabalhista será submetida à Comissão de Conciliação Prévia se, na localidade da prestação de serviços, houver sido instituída a Comissão no âmbito da empresa ou do sindicato da categoria.*
>
> ***§1º A*** *demanda será formulada por escrito ou reduzida a tempo por qualquer dos membros da Comissão, sendo entregue cópia datada e assinada pelo membro aos interessados.*
>
> ***§2º*** *Não prosperando a conciliação, será fornecida ao empregado e ao empregador declaração da tentativa conciliatória frustrada com a descrição de seu objeto, firmada pelos membros da Comissão, que devera ser juntada à eventual reclamação trabalhista.*
>
> ***§3º*** *Em caso de motivo relevante que impossibilite a observância do procedimento previsto no caput deste artigo, será a circunstância declarada na petição da ação intentada perante a Justiça do Trabalho.*
>
> ***§4º*** *Caso exista, na mesma localidade e para a mesma categoria, Comissão de empresa e Comissão sindical, o interessado optará por uma delas submeter a sua demanda, sendo competente aquela que primeiro conhecer do pedido.*

As comissões no âmbito da empresa terão, no mínimo, 2 e, no máximo, 10 representantes, além de suplentes em mesmo número, sendo metade dos representantes indicados pelo empregador e metade eleitos pelos empregados.

Os representantes dos empregados terão estabilidade provisória até um ano após o final de seu mandato, salvo se cometerem falta grave, e podem ser reeleitos uma única vez. A doutrina entende que os representantes dos empregados nas comissões intersindicais também gozarão de estabilidade provisória, apesar do texto restritivo da CLT.

Como o art. 625-B, §1º não fala quando começa a estabilidade, há dois posicionamentos:

> Que é da eleição, até um ano após o final do mandato.
> Que é do registro da candidatura, até um ano após o final do mandato (por analogia às estabilidades do dirigente sindical e do membro da CIPA).

Tem prevalecido o entendimento que a estabilidade do membro representante dos empregados na CCP inicia com a "eleição", já tendo as bancas de concurso se manifestado nesse sentido.

Fique Ligado

A estabilidade do membro representante dos empregados na CIPA é desde o registro da candidatura até um ano após o final do mandato. Não confundir com a estabilidade do representante do empregado na CCP, que é da eleição.

Os membros da comissão atuarão normalmente em suas funções na empresa, somente se ausentando nos períodos de funcionamento da CCP. Tal ausência é interrupção do contrato de trabalho, ou seja, conta tempo de serviço e é pago o salário mesmo que o empregado não esteja efetivamente trabalhando.

As comissões intersindicais serão reguladas pela ACT ou pelo CCT que a instituir, mas, de qualquer forma, devem ter o mesmo número de representantes dos empregados e dos empregadores.

> ***Art. 625-B.*** *A Comissão instituída no âmbito da empresa será composta de, no mínimo, dois e, no máximo, dez membros, e observará as seguintes normas:*
>
> *I. A metade de seus membros será indicada pelo empregador e outra metade eleita pelos empregados, em escrutínio, secreto, fiscalizado pelo sindicato de categoria profissional;*
>
> *II. Haverá na Comissão tantos suplentes quantos forem os representantes titulares;*
>
> *III. O mandato dos seus membros, titulares e suplentes, é de um ano, permitida uma recondução.*
>
> ***§1º*** *É vedada a dispensa dos representantes dos empregados membros da Comissão de Conciliação Prévia, titulares e suplentes, até um ano após o final do mandato, salvo se cometerem falta, nos termos da lei.*
>
> ***§2º*** *O representante dos empregados desenvolverá seu trabalho normal na empresa afastando-se de suas atividades apenas quando convocado para atuar como conciliador, sendo computado como tempo de trabalho efetivo o despendido nessa atividade.*
>
> ***Art. 625-C.*** *A Comissão instituída no âmbito do sindicato terá sua constituição e normas de funcionamento definidas em convenção ou acordo coletivo.*

Decidindo o empregado utilizar a CCP, após feito o pedido, a comissão terá 10 dias para instalar a sessão. O pedido pode ser feito por escrito ou verbalmente, mas, nesse caso, será reduzido a termo por qualquer membro da comissão. Se for celebrado acordo, será lavrado termo de conciliação, o qual será título executivo extrajudicial, executado perante a Justiça do Trabalho em caso de descumprimento.

A CLT diz que o termo conciliação dará eficácia liberatória geral, exceto no que for ressalvado no próprio termo. Essa regra tem sido aplicada de forma majoritária pelo TST, ou seja, demandando perante a CCP, se o termo não contiver ressalvas, os direitos relativos ao contrato de trabalho não poderão mais ser cobrados na Justiça do Trabalho.

> ***Art. 625-E.*** *Aceita a conciliação, será lavrado termo assinado pelo empregado, pelo empregador ou seu proposto e pelos membros da Comissão, fornecendo-se cópia às partes.*
>
> ***Parágrafo único.*** *O termo de conciliação é título executivo extrajudicial e terá eficácia liberatória geral, exceto quanto às parcelas expressamente ressalvadas.*
>
> ***Art. 625-F.*** *As Comissões de Conciliação Prévia têm prazo de dez dias para a realização da sessão de tentativa de conciliação a partir da provocação do interessado.*
>
> ***Parágrafo único.*** *Esgotado o prazo sem a realização da sessão, será fornecida, no último dia do prazo, a declaração a que se refere o § 2º do art. 625-D.*

A partir do momento em que o empregado demandou perante a CCP, o prazo prescricional será suspenso, sendo que, após os 10 dias para ser instalada a sessão ou após sua efetiva ocorrência, o prazo volta a correr pelo que resta.

> ***Art. 625-G.*** *O prazo prescricional será suspenso a partir da provocação da Comissão de Conciliação Prévia, recomeçando a fluir, pelo que lhe resta, a partir da tentativa frustrada de conciliação ou do esgotamento do prazo previsto no art. 625-F.*

Como antes dessa criação legal já existiam instituto semelhantes em alguns sindicatos, a lei decidiu que a eles também se aplicam suas disposições.

> ***Art. 625-H.*** *Aplicam-se aos Núcleos Intersindicais de Conciliação Trabalhista em funcionamento ou que vierem a ser criados, no que couber, as disposições previstas neste Título, desde que observados os princípios da paridade e da negociação coletiva na sua constituição.*

Para encerrar o estudo sobre a Comissão de Conciliação Prévia, ela não pode ser utilizada para homologar a rescisão do contrato de trabalho, sob pena de ser declarada sua nulidade. Tal procedimento é fraude trabalhista, uma vez que a homologação é feita perante o sindicato obreiro. A CCP é uma via alternativa à judicial, não se confundindo com homologação e confecção do TRCT.

Anotações

CAPÍTULO 08

Estabilidades e FGTS

Neste capítulo, serão estudados as principais estabilidades existentes no emprego, bem como as principais características do Fundo de Garantia por Tempo de Serviço (FGTS). Ainda, será abordado o aviso prévio, que é aquela comunicação necessária para dar fim à relação de emprego. Por fim, serão estudado os casos de prescrição e decadência, bem como as diferenças entre tais institutos.

Estabilidade no Emprego

A CLT, em seu princípio, previa o sistema de estabilidade decenal, que consistia em o empregado ter garantia no emprego caso trabalhasse por 10 anos ou mais para o mesmo empregador. Antes de adquirir a estabilidade, o empregado, caso fosse dispensado sem justa causa, teria direito a 1 mês de salário para cada ano ou fração superior a seis meses trabalhados.

O empregado protegido por tal estabilidade somente poderia ser dispensado mediante inquérito judicial para apuração de falta grave, ou seja, a dispensa não era um direito protestativo do empregador e a falta grave deveria ser comprovada na justiça. Após a ocorrência da falta, o empregador poderia suspender o empregado preventivamente, tendo prazo de 30 dias para ajuizar o inquérito.

Ocorre que em, 1966, foi instituída uma opção ao regime da estabilidade decenal, podendo o empregado escolher ser integrado ao sistema do FGTS. Após 1988, o sistema do FGTS tornou-se obrigatório, sendo que a estabilidade decenal deixou de existir, somente não afetando quem já a havia conquistado.

O sistema do FGTS e o da estabilidade decenal são incompatíveis entre si, não podendo o empregado acumular ambos, o que não ocorre com outras estabilidades, mesmo aquelas previstas em regulamentos da empresa. Conforme sedimentou o TST:

> ***SUM-98 FGTS***. *Indenização. Equivalência. Compatibilidade.*
>
> *I. A equivalência entre os regimes do Fundo de Garantia do Tempo de Serviço e da estabilidade prevista na CLT é meramente jurídica e não econômica, sendo indevidos valores a título de reposição de diferenças.*
>
> *II. A estabilidade contratual ou a derivada de regulamento de empresa são compatíveis com o regime do FGTS. Diversamente ocorre com a estabilidade legal (decenal, art. 492 da CLT), que é renunciada com a opção pelo FGTS.*

A Constituição Federal, além de instituir o regime do FGTS, em art. 7º, inciso I, previu a proteção contra a dispensa arbitrária ou sem justa causa, nos termos de Lei Complementar, a qual até hoje não foi editada.

Dessa forma, atualmente, não há estabilidade geral para os empregados, mas somente estabilidades específicas, sendo as mais importantes: a estabilidade da gestante, do sindicalista, de alguns empregados públicos, do representante dos empregados na CIPA, do representante dos empregados na CCP, dos empregados eleitos diretores de cooperativa, do acidentado afastado por mais de 15 dias e dos membros do Conselho Nacional da Previdência Social e do conselho curador do Fundo de Garantia por Tempo de Serviço.

Quando um empregado detém estabilidade provisória, ele não pode ser dispensado sem justa causa; mas, se isso ocorrer, ele pode requerer, na justiça, a reintegração ao emprego e, não sendo isso possível, a indenização do período que possuía estabilidade. Caso o empregado requeira somente a reintegração, mas já não esteja no período de estabilidade, pode o Poder Judiciário condenar a empresa a pagar os salários do período, sem que isso configure pedido extra petita.

> ***SUM-396***: *Estabilidade Provisória. Pedido de Reintegração. Concessão do Salário Relativo ao Período de Estabilidade já Exaurido. Inexistência de Julgamento "Extra Petita".*
>
> *I. Exaurido o período de estabilidade, são devidos ao empregado apenas os salários do período compreendido entre a data da despedida e o final do período de estabilidade, não lhe sendo assegurada a reintegração no emprego.*
>
> *II. Não há nulidade por julgamento "extra petita" da decisão que deferir salário quando o pedido for de reintegração, dados os termos do art. 496 da CLT.*

Cabe sublinhar que, se o Poder Judiciário conceder tutela antecipada para reintegrar o detentor de estabilidade provisória, tal decisão não pode ser atacada por Mandado de Segurança.

> ***OJ-SDI2-64***: *Mandado de Segurança. Reintegração Liminarmente Concedida. Não fere direito líquido e certo a concessão de tutela antecipada para reintegração de empregado protegido por estabilidade provisória decorrente de lei ou norma coletiva.*

Mesmo se o empregado esperar o término do período de estabilidade acabar, quando, então, somente seria possível a indenização, não há que se falar em abuso de direito por parte do empregado, pois ele tem o prazo prescricional previsto na Constituição para ajuizar a ação, conforme entendimento do TST. Até no caso da gestante dispensada sem que o empregador soubesse da gestação, este terá que indenizar tal período.

> ***OJ-SDI1-399***: *Estabilidade Provisória. Ação trabalhista ajuizada após o término do período de garantia no emprego. Abuso do exercício do direito de ação. Não Configuração. Indenização Devida. O ajuizamento de ação trabalhista após decorrido o período de garantia de emprego não configura abuso do exercício do direito de ação, pois este está submetido apenas ao prazo prescricional inscrito no art. 7º, XXIX, da CF/1988, sendo devida a indenização desde a dispensa até a data do término do período estabilitário.*

A CLT prevê o Inquérito para Apuração de Falta Grave, espécie de ação judicial de que a empresa necessita para dispensar o trabalhador, porém, ele não é necessário para todos os tipos de estabilidade, havendo dúvidas na doutrina a respeito das situações em que é obrigatório.

As duas estabilidades em que é pacífica a necessidade do inquérito são a antiga estabilidade decenal e a estabilidade do dirigente sindical - nesses casos, é certo que o empregador precisa ajuizar o Inquérito para apuração de falta grave.

Por vezes, os instrumentos coletivos criam novas estabilidades (por exemplo, para os empregados prestes a se aposentar).

Desse modo, se o empregado adquirir a estabilidade na vigência do instrumento coletivo, ele não poderá ser dispensado sem justa causa, mesmo que esta cláusula deixe de existir.

Por exemplo, a CCT de 2005 previa estabilidade para os empregados que faltem menos 5 anos para se aposentar. Mesmo se as convenções de 2006 em diante não renovarem tal disposição, o empregado que em 2005, já cumprisse essa diretriz não, poderia mais ser dispensado sem justa causa.

> *OJ-SDI1-41: Estabilidade. Instrumento Normativo. Vigência. Eficácia. Preenchidos todos os pressupostos para a aquisição de estabilidade decorrente de acidente ou doença profissional, ainda durante a vigência do instrumento normativo, goza o empregado de estabilidade mesmo após o término da vigência deste.*

Estabilidade da Gestante

A gestante tem estabilidade desde a confirmação da gravidez até 5 meses após o parto, conforme artigo 10, das disposições transitórias constitucionais.

> ***Art. 10****. Até que seja promulgada a lei complementar a que se refere o art. 7º, I, da Constituição:*
>
> ***II.*** *Fica vedada a dispensa arbitrária ou sem justa causa:*
>
> ***b)*** *Da empregada gestante, desde a confirmação da gravidez até cinco meses após o parto.*

A interpretação é que a estabilidade decorre da gravidez e não do conhecimento pela empresa ou até mesmo pela própria empregada, de forma que não é necessário que a gestante comunique à empresa, sendo que nem norma coletiva pode condicionar a aquisição da estabilidade a eventual comunicação.

Fique Ligado

O TST, recentemente, mudou seu posicionamento, de forma que, atualmente, no contrato por prazo determinado, mesmo no contrato de experiência, haverá estabilidade para a gestante, desde a confirmação da gravidez até 5 meses após o parto.

> *SUM-244: Gestante. Estabilidade Provisória.*
>
> *I. O desconhecimento do estado gravídico pelo empregador não afasta o direito ao pagamento da indenização decorrente da estabilidade (art. 10, II, "b" do ADCT).*
>
> *II. A garantia de emprego à gestante só autoriza a reintegração se esta se der durante o período de estabilidade. Do contrário, a garantia restringe-se aos salários e demais direitos correspondentes ao período de estabilidade.*
>
> *III. A empregada gestante tem direito à estabilidade provisória prevista no art. 10, inciso II, alínea b, do ADCT, mesmo na hipótese de admissão mediante contrato por tempo determinado.*

A CTL foi alterada recentemente e passou a prever que haverá estabilidade para a gestante se a confirmação da gravidez ocorrer, seja no aviso prévio cumprido ou indenizado, conforme art. 391-A, da CLT.

> ***Art. 391-A****. A confirmação do estado de gravidez advindo no curso do contrato de trabalho, ainda que durante o prazo do aviso prévio trabalhado ou indenizado, garante à empregada gestante a estabilidade provisória prevista na alínea b do inciso II do art. 10 do Ato das Disposições Constitucionais Transitórias.*

Fique Ligado

No aviso prévio, cumprido ou indenizado, HAVERÁ estabilidade para a gestante.

Outra questão interessante é que caso a mulher grávida seja dispensada e aborte no 3º mês de gestação, não terá estabilidade até 5 meses após o parto; logo, não será indenizada por todo o período, terá indenização até o 3º mês, mais as 2 semanas de que trata o art. 135, da CLT. O TST já se pronunciou nesse sentido.

Por fim, a estabilidade da gestante é direito constitucional irrenunciável, mesmo que por norma coletiva, não podendo ACT ou CCT afastar a estabilidade. Não significa, por óbvio, que a empregada não possa pedir demissão por vontade própria, mas ela não pode ter sido pressionada ou coagida a isso.

> *OJ-SDC-30: Estabilidade da Gestante. Renúncia ou transação de direitos constitucionais. Impossibilidade. Nos termos do art. 10, II, "b", do ADCT, a proteção à maternidade foi erigida à hierarquia constitucional, pois retirou do âmbito do direito potestativo do empregador a possibilidade de despedir arbitrariamente a empregada em estado gravídico. Portanto, a teor do artigo 9º da CLT, torna-se nula de pleno direito a cláusula que estabelece a possibilidade de renúncia ou transação, pela gestante, das garantias referentes à manutenção do emprego e salário.*

Caso a empregada cometa ato que configure justa causa, o empregador poderá dispensá-la por justa causa, mas a gestante poderá ingressar com ação na Justiça do Trabalho caso entenda injusta a dispensa. Não é necessário Inquérito para Apuração de Falta Grave para dispensa à gestante.

Exercício Comentado

Paula firmou contrato de trabalho, por prazo indeterminado, com uma empresa, onde trabalhou pelo período de três anos. Em 10/10/2008, foi sumariamente demitida sem justa causa e sem receber qualquer valor rescisório ou indenizatório, embora estivesse com dois meses de gestação.

01. Em face dessa situação hipotética, assinale a opção correta.

a) Caso Paula não tenha informado ao empregador, na data da demissão, o seu estado gestacional, ela não fará jus a qualquer indenização decorrente da estabilidade garantida à gestante.

b) Se ajuizar reclamatória trabalhista até o último dia do prazo prescricional, Paula terá garantido o direito de reintegração ao emprego.

c) Caso ajuíze reclamatória trabalhista no último dia do prazo prescricional, Paula terá direito tão somente aos salários e demais direitos correspondentes ao período de estabilidade garantido à gestante.

d) Se for ajuizada reclamatória após o período da estabilidade garantido à gestante, Paula não terá direito a qualquer efeito jurídico referente à estabilidade.

RESPOSTA "C". Para responder a questão corretamente, é necessário perceber que o prazo prescricional é de 2 anos a contar da rescisão do contrato. Assim, se a empregada ajuizar a ação no último dia de seu prazo prescricional, já terá transcorrido o prazo de 5 meses após o parto, período da estabilidade da gestante. De posse dessas informações, a resolução da questão é encontrada na súmula 244, II, do TST - passado o prazo da estabilidade, resta somente pedir a indenização do período, não mais a reintegração no emprego.

A letra A é errada, pois contraria o item I, da súmula 244. A letra D, por sua vez, contraria a OJ 399, do TST. A letra B está errada, pois, após o período de estabilidade, cabe só a indenização, não mais reintegração.

Estabilidade do Dirigente Sindical

A Constituição prevê estabilidade para os dirigentes ou representantes sindicais, desde o registro da candidatura até um ano após o fim do mandato. Essa estabilidade existe para garantir ao empregado que ele efetivamente lute pela sua classe, sem ter medo de ser dispensado.

> ***Art. 8º. VIII.*** *É vedada a dispensa do empregado sindicalizado a partir do registro da candidatura a cargo de direção ou representação sindical e, se eleito, ainda que suplente, até um ano após o final do mandato, salvo se cometer falta grave nos termos da lei.*

A estabilidade abrange não só a impossibilidade de dispensa, mas, segundo a CLT, também a impossibilidade de transferência do dirigente para outra cidade. Se o próprio empregado pedir a transferência ou aceitá-la, ele perderá seu mandato, pois não poderá representar dignamente a classe longe do seu cotidiano.

O TST relativizou a norma contida no §5º, do artigo 543, de forma que, para o dirigente eleito ter direito à estabilidade, é necessário que o empregador seja comunicado pela entidade sindical, tanto do registro da candidatura como da eleição e da posse do empregado eleito dirigente ou suplente, mas essas comunicações devem ser feitas na vigência do contrato de trabalho. Não é mais necessário que a comunicação ocorra em 24 horas, como determina o referido artigo, mas não pode o empregado eleito esperar ser dispensado para comunicar ao empregador.

> ***Art. 543*** *- O empregado eleito para cargo de administração sindical ou representação profissional, inclusive junto a órgão de deliberação coletiva, não poderá ser impedido do exercício de suas funções, nem transferido para lugar ou mister que lhe dificulte ou torne impossível o desempenho das suas atribuições sindicais.*
>
> ***§1º*** *- O empregado perderá o mandato se a transferência for por ele solicitada ou voluntàriamente aceita.*
>
> ***§5º*** *- Para os fins deste artigo, a entidade sindical comunicará por escrito à empresa, dentro de 24 (vinte e quatro) horas, o dia e a hora do registro da candidatura do seu empregado e, em igual prazo, sua eleição e posse, fornecendo, outrossim, a este, comprovante no mesmo sentido.*

Para não haver abuso de direito, se o empregado registrar sua candidatura no prazo do aviso prévio, trabalhado ou indenizado, não terá estabilidade.

Mesmo os suplentes dos dirigentes eleitos detêm estabilidade; contudo, o limite de 7 dirigentes e 7 suplentes imposto pela CLT é válido, de forma que, se o sindicato possuir 30 dirigentes e 30 suplentes, somente 7 dirigentes e 7 suplentes terão direito à estabilidade.

Como a estabilidade existe para melhor representação dos trabalhadores e não como uma garantia pessoal do emprego, se o empregado pertencente à categoria profissional diferenciada for eleito, somente gozará de estabilidade se exercer, na empresa, tal função (por exemplo, se um trabalhador foi eleito dirigente sindical do sindicato dos motoristas, mas na sua empresa exerce outra função, não terá estabilidade).

Por esse mesmo motivo, caso a atividade empresarial seja extinta naquela base territorial, não persistirá a estabilidade, uma vez que ela não é para garantir condição pessoal do empregado.

> ***SUM-369:*** *Dirigente Sindical. Estabilidade Provisória.*
>
> *I.* *É assegurada a estabilidade provisória ao empregado dirigente sindical, ainda que a comunicação do registro da candidatura ou da eleição e da posse seja realizada fora do prazo previsto no art. 543, § 5º, da CLT, desde que a ciência ao empregador, por qualquer meio, ocorra na vigência do contrato de trabalho.*
>
> *II.* *O art. 522 da CLT foi recepcionado pela Constituição Federal de 1988. Fica limitada, assim, a estabilidade a que alude o art. 543, § 3.º, da CLT a sete dirigentes sindicais e igual número de suplentes.*
>
> *III.* *O empregado de categoria diferenciada eleito dirigente sindical só goza de estabilidade se exercer na empresa atividade pertinente à categoria profissional do sindicato para o qual foi eleito dirigente.*
>
> *IV.* *Havendo extinção da atividade empresarial no âmbito da base territorial do sindicato, não há razão para subsistir a estabilidade.*
>
> *V.* *O registro da candidatura do empregado a cargo de dirigente sindical durante o período de aviso prévio, ainda que indenizado, não lhe assegura a estabilidade, visto que inaplicável a regra do § 3º do art. 543 da Consolidação das Leis do Trabalho.*

Como não há previsão legal, e também porque não atuam diretamente na defesa da categoria, não há estabilidade para os membros do conselho fiscal. Também, não há estabilidade para os delegados sindicais, uma vez que não são eleitos, mas sim designados pela diretoria, conforme entendimento do TST:

> ***OJ-SDI1-365:*** *Estabilidade Provisória. Membro de Conselho Fiscal de Sindicato. Inexistência. Membro de conselho fiscal de sindicato não tem direito à estabilidade prevista nos arts. 543, § 3º, da CLT e 8º, VIII, da CF/1988, porquanto não representa ou atua na defesa de direitos da categoria respectiva, tendo sua competência limitada à fiscalização da gestão financeira do sindicato (art. 522, § 2º, da CLT).*
>
> ***OJ-SDI1-369:*** *Estabilidade Provisória. Delegado Sindical. Inaplicável. O delegado sindical não é beneficiário da estabilidade provisória prevista no art. 8º, VIII, da CF/1988, a qual é dirigida, exclusivamente, àqueles que exerçam ou ocupem cargos de direção nos sindicatos, submetidos a processo eletivo.*

Por outro lado, o TST tem garantido estabilidade aos dirigentes e suplentes das Federações e Confederações sindicais, sendo limitado a 2 dirigentes e 2 suplentes indicados por cada sindicato, conforme artigo 538, §4º, da CLT.

O dirigente sindical não pode ser dispensado a não ser que cometa falta grave, entendida como aquela constante do art. 482, da CLT, sendo necessário o ajuizamento do Inquérito para Apuração de Falta Grave - não pode o empregador dispensar diretamente o empregado, segundo pacífico posicionamento da Corte Trabalhista.

É direito do empregador suspender o empregado acusado de cometer falta grave, mas deverá ajuizar o inquérito em 30 dias. Respeitado tal prazo, o empregado permanecerá suspenso até o final julgamento do inquérito.

Sendo improcedente a ação, o empregador será condenado a reintegrar o empregado. Todavia, não sendo aconselhável tal medida em razão do conflito entre as partes, o empregador pagará indenização dobrada, sendo que o direito aos salários será devido até a data da primeira decisão que determinou a conversão.

SUM-379: Dirigente Sindical. Despedida. Falta Grave. Inquérito Judicial. Necessidade. O dirigente sindical somente poderá ser dispensado por falta grave mediante a apuração em inquérito judicial, inteligência dos arts. 494 e 543, §3º, da CLT.

***Art. 493** - Constitui falta grave a prática de qualquer dos fatos a que se refere o art. 482, quando por sua repetição ou natureza representem séria violação dos deveres e obrigações do empregado.*

***Art. 494** - O empregado acusado de falta grave poderá ser suspenso de suas funções, mas a sua despedida só se tornará efetiva após o inquérito e que se verifique a procedência da acusação.*

***Parágrafo único** - A suspensão, no caso deste artigo, perdurará até a decisão final do processo.*

***Art. 495** - Reconhecida a inexistência de falta grave praticada pelo empregado, fica o empregador obrigado a readmiti-lo no serviço e a pagar-lhe os salários a que teria direito no período da suspensão.*

***Art. 496** - Quando a reintegração do empregado estável for desaconselhável, dado o grau de incompatibilidade resultante do dissídio, especialmente quando for o empregador pessoa física, o tribunal do trabalho poderá converter aquela obrigação em indenização devida nos termos do artigo seguinte.*

***SUM-28**: Indenização. No caso de se converter a reintegração em indenização dobrada, o direito aos salários é assegurado até a data da primeira decisão que determinou essa conversão.*

Assim, cometida a falta grave pelo empregado, pode o empregador suspendê-lo e, inclusive, impetrar Mandado de Segurança caso o Poder Judiciário conceda liminar determinando a reintegração do trabalhador. Por outro lado, se a empresa, em vez de suspender o empregado, dispensá-lo, o Poder Judiciário poderá determinar liminarmente a reintegração do empregado, não cabendo Mandado de Segurança de tal decisão. Nesse sentido o posicionamento do TSTé o seguinte:

***OJ-SDI2-137**: Mandado de Segurança. Dirigente Sindical. Art. 494 da CLT. Aplicável. Constitui direito líquido e certo do empregador a suspensão do empregado, ainda que detentor de estabilidade sindical, até a decisão final do inquérito em que se apure a falta grave a ele imputada, na forma do art. 494, "caput" e parágrafo único, da CLT.*

***OJ-SDI2-65:** Mandado de Segurança. Reintegração Liminarmente Concedida. Dirigente Sindical. Ressalvada a hipótese do art. 494 da CLT, não fere direito líquido e certo a determinação liminar de reintegração no emprego de dirigente sindical, em face da previsão do inciso X do art. 659 da CLT.*

Cipeiro

A Comissão Interna de Prevenção de Acidentes é um órgão constituído dentro da empresa com a finalidade de zelar pela segurança e higiene no ambiente de trabalho, sendo que metade dos membros é eleita pelos empregados e metade escolhida pelo empregador. O mandato dos membros eleitos da CIPA é de 1 ano, permitida uma reeleição. A empresa escolherá o presidente, enquanto os trabalhadores escolherão o vice.

A Constituição assegura estabilidade ao cipeiro desde o registro da candidatura até um ano após o final do mandato, mas somente aos empregados eleitos, ou seja, os designados pelo empregador não detêm estabilidade.

***Art. 10**. Até que seja promulgada a lei complementar a que se refere o art. 7º, I, da Constituição:*

II. Fica vedada a dispensa arbitrária ou sem justa causa:

a) Do empregado eleito para cargo de direção de comissões internas de prevenção de acidentes, desde o registro de sua candidatura até um ano após o final de seu mandato;

A estabilidade do membro eleito para a CIPA não é uma vantagem pessoal, é, na verdade, uma forma de assegurar que tal empregado efetivamente lute por um ambiente mais seguro na empresa. Assim, não sendo vantagem pessoal, se a empresa "fechar as portas" não permanece a estabilidade, ou seja, o empregado não terá direito à reintegração, nem à indenização do período restante. Neste sentido, a súmula 339, do TST.

***SUM-339**: CIPA. Suplente. Garantia de Emprego. CF/1988.*

I. O suplente da CIPA goza da garantia de emprego prevista no art. 10, II, "a", do ADCT a partir da promulgação da Constituição Federal de 1988.

II. A estabilidade provisória do cipeiro não constitui vantagem pessoal, mas garantia para as atividades dos membros da CIPA, que somente tem razão de ser quando em atividade a empresa. Extinto o estabelecimento, não se verifica a despedida arbitrária, sendo impossível a reintegração e indevida a indenização do período estabilitário.

Membro da Comissão de Conciliação Prévia

A CLT dispõe que os empregados eleitos para compor a CCP no âmbito da empresa, titulares e suplentes, gozarão de estabilidade até um ano após o mandato.

***Art. 625-B**. A Comissão instituída no âmbito da empresa será composta de, no mínimo, dois e, no máximo, dez membros, e observará as seguintes normas:*

§1º É vedada a dispensa dos representantes dos empregados membros da Comissão de Conciliação Prévia, titulares e suplentes, até um ano após o final do mandato, salvo se cometerem falta, nos termos da lei.

A CLT dá a entender que a estabilidade começa com a eleição, mas existem doutrinadores que entendem que a estabilidade começa com a candidatura, como ocorre com casos parecidos. Quanto às comissões intersindicais, a CLT determina que seu funcionamento será regulado por Convenção ou Acordo Coletivo, mas a doutrina também considera que esses empregados terão estabilidade. As bancas tendem a cobrar que a estabilidade do membro eleito para a CCP começa com a Eleição, como, por exemplo, já o fez a FCC.

Apesar de haver dúvida na doutrina de se é necessário Inquérito para Apuração de Falta Grave para dispensar o representante dos empregados na CCP, algumas bancas já firmaram posicionamento que sim, entendendo que há necessidade.

Acidente com Afastamento Superior a 15 Dias

Quando ocorre um acidente do trabalho, além de emitir a CAT, a empresa deve pagar os 15 primeiros dias do afastamento do empregado. Após esse período, o trabalhador deverá ser encaminhado ao INSS, que, entendendo haver incapacidade, passará a pagar benefício previdenciário ao trabalhador enquanto estiver incapaz.

Neste último caso, (afastamento superior a 15 dias e percepção de benefício previdenciário), o trabalhador passa a ser estável no emprego, não podendo ser dispensado sem justa causa até 12 meses após o término do auxílio-doença acidentário, conforme artigo 118, da Lei 8.213/1991.

> ***Art. 118.*** *O segurado que sofreu acidente do trabalho tem garantida, pelo prazo mínimo de doze meses, a manutenção do seu contrato de trabalho na empresa, após a cessação do auxílio-doença acidentário, independentemente de percepção de auxílio-acidente.*
>
> ***SUM-378:*** *Estabilidade Provisória. Acidente do Trabalho. Art. 118 da Lei nº 8.213/1991. Constitucionalidade. Pressupostos.*
>
> *I. É constitucional o artigo 118 da Lei nº 8.213/1991 que assegura o direito à estabilidade provisória por período de 12 meses após a cessação do auxílio-doença ao empregado acidentado.*
>
> *II. São pressupostos para a concessão da estabilidade o afastamento superior a 15 dias e a consequente percepção do auxílio-doença acidentário, salvo se constatada, após a despedida, doença profissional que guarde relação de causalidade com a execução do contrato de emprego.*
>
> *III. O empregado submetido a contrato de trabalho por tempo determinado goza da garantia provisória de emprego, decorrente de acidente de trabalho, prevista no art. 118 da Lei nº 8.213/1991.*

As doenças ocupacionais são equiparadas ao acidente do trabalho, também gerando direito à estabilidade; contudo, nem sempre elas se manifestam imediatamente (como é o caso da LER ou da silicose).

Assim, não é necessário que o empregado tenha se afastado por período superior a 15 dias ou recebido o auxílio-doença acidentário para adquirir estabilidade por doença do trabalho.

Outro ponto importante é que o início do prazo prescricional para ajuizar a ação em caso de doença ocupacional é quando o empregado teve ciência inequívoca do dano. Nesse sentido, pelas súmulas 278/STJ e 230/STF, esse posicionamento é também adotado pelo TST. Assim, se já havia adquirido a doença o trabalhador, mas foi dispensado em 2010, vindo a descobrir a doença somente em 2013, o prazo prescricional de 2 anos começa a contar em 2013, quando teve ciência da doença.

> ***Súmula 278.*** *O termo inicial do prazo prescricional, na ação de indenização, é a data em que o segurado teve ciência inequívoca da incapacidade laboral.*
>
> ***Súmula 230.*** *A prescrição da ação de acidente do trabalho conta-se do exame pericial que comprovar a enfermidade ou verificar a natureza da incapacidade.*

A estabilidade de 12 meses após a cessação do benefício previdenciário não pode ser diminuída por negociação, conforme entendimento do TST.

> ***OJ-SDC-31*** *Estabilidade do Acidentado. Acordo Homologado. Prevalência. Impossibilidade. Violação do Art. 118 da lei nº 8.213/91. Não é possível a prevalência de acordo sobre legislação vigente, quando ele é menos benéfico do que a própria lei, porquanto o caráter imperativo dessa última restringe o campo de atuação da vontade das partes.*

Os empregados domésticos não têm direito à estabilidade em razão de acidentes do trabalho ou doenças ocupacionais, uma vez que são excluídos pela Lei 8.213/1991. Eles receberão o benefício previdenciário, mas, após regressarem ao trabalho, poderão ser dispensados.

Exercício Comentado

01. Paulo, empregado de uma empresa siderúrgica, sofreu acidente do trabalho, entrando em gozo de auxílio-doença acidentário, a partir do décimo sexto dia de seu afastamento. Durante este período de percepção do benefício previdenciário, ele foi dispensado sem justa causa por seu empregador.

Diante do exposto, assinale a alternativa correta.

a) Paulo tem direito a ser reintegrado, com fundamento na garantia provisória de emprego assegurada ao empregado acidentado.

b) Paulo tem direito a ser readmitido, com fundamento na garantia provisória de emprego assegurada ao empregado acidentado.

c) Paulo tem direito a ser readmitido, em razão da interrupção do contrato de trabalho que se operou a partir do décimo sexto dia de afastamento.

d) Paulo tem direito a ser reintegrado, em razão da suspensão do contrato de trabalho que se operou a partir do décimo sexto dia de afastamento.

RESPOSTA ***"D". Para responder corretamente a questão, é necessário perceber que, durante o recebimento do benefício previdenciário, o empregado terá seu contrato suspenso, não podendo ser dispensado - se o for, será reintegrado em razão da suspensão contratual.***

Após o término do benefício, quando o empregado volta a trabalhar, é que começa a estabilidade provisória de um ano, quando, então, se for dispensado, será reintegrado em razão da estabilidade.

Por fim, reintegração é a determinação judicial para que o empregado retorne ao emprego, o que equivale ao empregado nunca ter sido dispensado, o ato da empresa não tem efeito negativo nenhum para o trabalhador.

Readmissão é quando a empresa, por vontade própria, recontrata o empregado depois de tê-lo dispensado, quando, então, aplica-se a regra do artigo 453, da CLT. Na readmissão é possível que os períodos de trabalho anterior somem-se, por exemplo, para a aquisição de estabilidade por tempo de serviço, seja a antiga estabilidade decenal ou aquelas previstas em regulamentos empresariais e negociações coletivas. No tocante às férias, para que se aproveite o período anterior à readmissão, é necessário que ela ocorra em até 60 dias, conforme artigo 133, I, da CLT.

Empregado Público

Os empregados públicos dos órgãos da administração direta (municípios, estados e União), das fundações e das autarquias possuem estabilidade.

Por outro lado, os empregados das Empresas Públicas e das Sociedades de Economia Mista não têm estabilidade no emprego, mesmo tendo sido admitidos por concurso público, inclusive os empregados da Empresa Brasileira de Correios (ECT).

Quanto à motivação do ato público para a dispensa dos empregados das Empresas Públicas e Sociedades de Economia Mista, o TST tem a OJ 247, da SDI-1, que diz ser não ser necessária a motivação do ato, exceto para a ECT, a qual precisa motivar a dispensa. Ocorre que o STF decidiu, no Recurso Especial nº. 589998, que empresas públicas e sociedades de economia mista PRECISAM motivar o ato de demissão. Não há estabilidade, mas tem que motivar o ato de dispensa, sendo que tal OJ pode ser cancelada em breve.

> ***SUM-390**: Estabilidade. Art. 41 da CF/1988. Celetista. Administração direta, autárquica ou fundacional. Aplicabilidade. Empregado de empresa pública e sociedade de economia mista. Inaplicável*
>
> *I. O servidor público celetista da administração direta, autárquica ou fundacional é beneficiário da estabilidade prevista no art. 41 da CF/1988.*
>
> *II. Ao empregado de empresa pública ou de sociedade de economia mista, ainda que admitido mediante aprovação em concurso público, não é garantida a estabilidade prevista no art. 41 da CF/1988.*
>
> ***OJ-SDI1-247**: Servidor Público. Celetista Concursado. Despedida imotivada. Empresa pública ou sociedade de economia mista. Possibilidade.*
>
> *I. A despedida de empregados de empresa pública e de sociedade de economia mista, mesmo admitidos por concurso público, independe de ato motivado para sua validade;*
>
> *II. A validade do ato de despedida do empregado da Empresa Brasileira de Correios e Telégrafos (ECT) está condicionada à motivação, por gozar a empresa do mesmo tratamento destinado à Fazenda Pública em relação à imunidade tributária e à execução por precatório, além das prerrogativas de foro, prazos e custas processuais.*
>
> ***OJ-SDI1-364**: Estabilidade. Art. 19 d o ADCT. Servidor Público de Fundação Regido Pela CLT. Fundação instituída por lei e que recebe dotação ou subvenção do Poder Público para realizar atividades de interesse do Estado, ainda que tenha personalidade jurídica de direito privado, ostenta natureza de fundação pública. Assim, seus servidores regidos pela CLT são beneficiários da estabilidade excepcional prevista no art. 19 do ADCT.*

Por fim, quanto à estabilidade pré-eleitoral, aquela que proíbe que sejam dispensados ou transferidos funcionários públicos, estatutários ou não, 3 meses antes da eleição até a posse dos eleitos, é aplicável às empresas públicas e sociedades de economia mista, segundo posicionamento do TST.

Diretores de Cooperativas

Os diretores das cooperativas criadas por empregados também têm estabilidade provisória no emprego, pois a Lei 5.764/1971 estende a eles as mesmas garantias dos dirigentes sindicais. Contudo, o TST interpreta que somente os diretores das cooperativas têm essa estabilidade, sendo que os suplentes e membros do conselho fiscal não estão inclusos.

> ***OJ-SDI1-253**: Estabilidade Provisória. Cooperativa. Lei nº 5.764/71. Conselho Fiscal. Suplente. Não Assegurada. O art. 55 da Lei nº 5.764/71 assegura a garantia de emprego apenas aos empregados eleitos diretores de Cooperativas, não abrangendo os membros suplentes.*

Representantes dos Empregados no CNPS

Ainda, os representantes dos empregados no Conselho Nacional da Previdência Social também têm garantia no emprego, desde a nomeação até um ano após o fim do mandato, sendo que somente poderão ser dispensados mediante ajuizamento de inquérito para apuração de falta grave, conforme artigo 3º, da Lei 8.213/1991.

> ***Art. 3º. §7º**: Aos membros do CNPS, enquanto representantes dos trabalhadores em atividade, titulares e suplentes, é assegurada a estabilidade no emprego, da nomeação até um ano após o término do mandato de representação, somente podendo ser demitidos por motivo de falta grave, regularmente comprovada através de processo judicial.*

Representantes no Conselho Curador do FGTS

No mesmo sentido, os representantes dos empregados no Conselho Curador do FGTS têm estabilidade no emprego, desde a nomeação até um ano após o fim do mandato, somente podendo ser dispensados mediante ajuizamento de inquérito para apuração de falta grave, conforme artigo 3º, da Lei 8.036/1990.

> ***Art. 3º. §9º**: Aos membros do Conselho Curador, enquanto representantes dos trabalhadores, efetivos e suplentes, é assegurada a estabilidade no emprego, da nomeação até um ano após o término do mandato de representação, somente podendo ser demitidos por motivo de falta grave, regularmente comprovada através de processo sindical.*

Fique Ligado

O representante dos empregados no CNPS será dispensado mediante "inquérito judicial", enquanto o representante dos empregados no Conselho Curador do FGTS será dispensado mediante "inquérito sindical". Há doutrinadores que lecionam que "o legislador errou", contudo, as bancas podem explorar a literalidade de tais artigos, portanto, cuidado, para provas objetivas, siga o texto de lei.

Pessoa com deficiência

Por fim, quanto à pessoa com deficiência cabe uma observação. A Lei 8.213/1991 dispõe que:

> ***Art. 93. §1º**: A dispensa de trabalhador reabilitado ou de deficiente habilitado ao final de contrato por prazo determinado de mais de 90 (noventa) dias, e a imotivada, no contrato por prazo indeterminado, só poderá ocorrer após a contratação de substituto de condição semelhante.*

O TST tem interpretado tal artigo como uma forma de estabilidade condicional, ou seja, se a empresa não preencher a vaga com outro empregado com deficiência ou reabilitado pelo INSS, não cumprindo a cota legal, o empregado com deficiência dispensado poderá requerer a reintegração ao emprego.

FGTS

Apesar dos tópicos abordados, importante ao aluno ler toda a Lei 8.036/1990, pois ela tem sido cobrada nas provas, desde o depósito e movimentação da conta, até mesmo questões envolvendo a forma de funcionamento do conselho curador.

O Fundo de Garantia por Tempo de Serviço tem natureza jurídica multidimensional, pois, além de ser efetivo direito trabalhista, assume funções diversas, por exemplo, servir de financiamento para programas habitacionais, de infraestrutura e saneamento básicos.

Ele constitui-se de depósitos mensais de 8% efetuados sobre a remuneração, suportado pelo empregador, com o objetivo de garantir ao trabalhador algum dinheiro caso perca seu emprego involuntariamente.

Os empregados urbano, rurais e domésticos possuem garantido na Constituição o direito ao FGTS, contudo, os domésticos, até o momento, dependem de regulamentação para ter assegurado seu direito Constitucional. Os trabalhadores avulsos também possuem direito ao FGTS.

Também é facultativo o depósito do FGTS para os diretores não empregados (por exemplo, o empregado eleito diretor em uma Sociedade Anônima cujo contrato seja suspenso).

O empregado aprendiz também tem direito ao FGTS, mas a alíquota é de 2%.

Depósitos e Base de Cálculo do FGTS

Os depósitos são feitos com base na remuneração, incluindo-se, assim, as gorjetas e as parcelas salariais, tais como gratificações ajustadas, adicionais, percentagens, diárias de viagem superiores a 50% do salário do empregado, férias gozadas, 13º salário, horas extras etc.

O destaque é para o aviso prévio, que, por expressa previsão legal, trabalhado ou indenizado, servirá de base de cálculo para o FGTS.

> ***SUM-63***: *Fundo de Garantia. A contribuição para o Fundo de Garantia do Tempo de Serviço incide sobre a remuneração mensal devida ao empregado, inclusive horas extras e adicionais eventuais.*

> ***SUM-305***: *Fundo de Garantia do Tempo de Serviço. Incidência sobre o aviso prévio. O pagamento relativo ao período de aviso prévio, trabalhado ou não, está sujeito a contribuição para o FGTS.*

Exceto o aviso prévio indenizado, não incidirá FGTS sobre as parcelas indenizatórias, tais como vale-transporte, férias indenizadas, diárias para viagem inferiores a 50% do salário, o abono de férias (a venda de 1/3 das férias pelo empregado), ajudas de custo etc.

No tocante às férias indenizadas, já houve discussão, mas hoje pacificada por meio da OJ 195, da SDI-1:

> ***OJ-SDI1-195***: *Férias Indenizadas. FGTS. Não-Incidência. Não incide a contribuição para o FGTS sobre as férias indenizadas.*

Os depósitos devem ser realizados em conta vinculada ao trabalhador, até, no máximo, o dia 7 de cada mês, e serão corrigidos monetariamente com base nos parâmetros fixados para atualização dos saldos dos depósitos de poupança e capitalização de juros de 3% ao ano - isso quando pagos de maneira regular pelo empregador.

Quando a empresa é condenada judicialmente a depositar o FGTS (por exemplo, em razão de reflexos de horas extras reconhecidas na sentença), a correção aplicável é aquela referente aos débitos trabalhistas, ou seja, 1% ao mês, e não a prevista na Lei 8.036/1990.

> ***OJ-SDI1-302***: *FGTS. Índice de Correção. Débitos Trabalhistas. Os créditos referentes ao FGTS, decorrentes de condenação judicial, serão corrigidos pelos mesmos índices aplicáveis aos débitos trabalhistas.*

Quando o contrato é interrompido, as obrigações do empregador são mantidas, de forma que continuará pagando o FGTS dos empregados.

Por outro lado, quando o contrato é suspenso, em regra, a empresa não continua depositando FGTS, salvo nos seguintes casos:

- > Licença em razão de acidente do trabalho com afastamento superior a 15 dias.
- > Prestação do serviço militar obrigatório.

Além dos casos acima, a lei determina que a empresa continue depositando FGTS, também, no caso de Licença-maternidade e do aborto não criminoso, mas a lei, de maneira equivocada, chama esses dois afastamentos de "suspensão" do contrato, quando a maioria da doutrina os considera como "interrupção".

Também, deverão ser feitos depósitos para o empregado transferido para o exterior, sobre todas as parcelas salariais:

> ***OJ-SDI1-232 FGTS***. *Incidência. Empregado Transferido para o Exterior. Remuneração. O FGTS incide sobre todas as parcelas de natureza salarial pagas ao empregado em virtude de prestação de serviços no exterior.*

Em uma ação trabalhista, o depósito recursal deverá ser efetuado na conta do FGTS vinculada ao autor, salvo se a empresa alega que a relação era de trabalho e não de emprego, quando não existe pagamento de FGTS. Esse é o entendimento do Tribunal Superior do Trabalho extraído da súmula 426:

> ***SUM-426*** *Depósito Recursal. Utilização da guia GFIP. Obrigatoriedade. Nos dissídios individuais o depósito recursal será efetivado mediante a utilização da Guia de Recolhimento do FGTS e Informações à Previdência Social - GFIP, nos termos dos §§ 4º e 5º do art. 899 da CLT, admitido o depósito judicial, realizado na sede do juízo e à disposição deste, na hipótese de relação de trabalho não submetida ao regime do FGTS.*

Saque do FGTS

Se o empregado pedir demissão, não poderá sacar os valores retidos no FGTS, pois o trabalhador deixou voluntariamente seu emprego.

Quando a perda do emprego for involuntária é que se poderá sacar os valores do fundo, sendo o caso de dispensa por justa causa, culpa recíproca, rescisão indireta, encerramento das atividades da empresa ou término normal do contrato a termo.

Existem alguns casos listados na lei que permitem ao trabalhador sacar o fundo, mesmo que nem tenha perdido o emprego, sendo os principais:

- → Aposentadoria do trabalhador;
- → Quando o trabalhador completar 70 anos;
- → Quando o trabalhador ou seus dependentes forem infectados com o vírus HIV ou acometidos de neoplasia maligna;
- → Construção de casa própria;
- → Necessidade pessoal em razão de desastre natural;
- → Em razão da suspensão total do trabalho avulso por mais de 90 dias;
- → Quando o trabalhador fique fora do regime do FGTS por mais de 3 anos;
- → Declaração de nulidade do contrato de trabalho de servidor público admitido sem concurso;
- → Compra de ações de empresas respeitado o regulamento do governo;
- → Morte do trabalhador.

Em caso de morte do trabalhador, poderão sacar o FGTS os dependentes habilitados perante a Previdência Social.

Multa do FGTS

Em caso de dispensa sem justa causa, o empregado terá direito à indenização no valor 40% dos depósitos do FGTS efetuados pelo empregador.

Nos contratos por tempo determinado, caberá a multa de 40%, além do pagamento da indenização do artigo 479, da CLT, conforme entendimento do TST:

__SUM-125__ Contrato de Trabalho. Art. 479 DA CLT. O art. 479 da CLT aplica-se ao trabalhador optante pelo FGTS admitido mediante contrato por prazo determinado, nos termos do art. 30, § 3º, do Decreto nº 59.820, de 20.12.1966.

No caso de culpa recíproca ou motivo de força maior que encerre o funcionamento da empresa, a multa será de 20% sobre o valor dos depósitos.

A multa é calculada sobre o montante do FGTS existente na conta, mas somente do período em que o empregado prestou serviço à empresa. Os depósitos efetuados por empregadores anteriores não servem de base de cálculo para a multa.

E se o trabalhador tiver sacado o FGTS com o contrato em andamento, a multa será calculada como? É como se não houvesse o saque. Simples assim.

Quanto ao aviso prévio indenizado, apesar de servir como base de cálculo do FGTS, não será incluído no cálculo da multa de 40% em razão de falta de previsão legal. Nesse sentido, entende o TST que:

__OJ-SDI1-42__ FGTS. Multa de 40%.

I. É devida a multa do FGTS sobre os saques corrigidos monetariamente ocorridos na vigência do contrato de trabalho. Art. 18, § 1º, da Lei nº 8.036/90 e art. 9º, § 1º, do Decreto nº 99.684/90.

II. O cálculo da multa de 40% do FGTS deverá ser feito com base no saldo da conta vinculada na data do efetivo pagamento das verbas rescisórias, desconsiderada a projeção do aviso prévio indenizado, por ausência de previsão legal.

Prescrição

O FGTS submete-se à prescrição trintenária, conforme definido na Lei 8.036/1990, mas deve se respeitar a prescrição bienal prevista na Constituição. Em outras palavras, o trabalhador pode cobrar os últimos 30 anos de depósitos do FGTS; contudo, deve ajuizar ação dentro de 2 anos contados do término da relação de emprego. Se o empregado demorar mais de 2 anos para ajuizar a reclamação, perderá o direto de ação, inclusive de cobrar o FGTS.

__SUM-362 FGTS__. Prescrição. É trintenária a prescrição do direito de reclamar contra o não-recolhimento da contribuição para o FGTS, observado o prazo de 2 (dois) anos após o término do contrato de trabalho.

Quanto às diferenças de FGTS, a prescrição será a quinquenal, uma vez que, se o principal está prescrito, não pode gerar reflexos em outras verbas. Para exemplificar, se o empregado trabalhava em horas extras habituais, mas elas eram pagas "por fora", poderá cobrar somente as horas extras dos últimos 5 anos; as anteriores estarão prescritas. Como a base de cálculo do FGTS inclui as horas extras habituais, essa condenação gera reflexos, pois, como foram pagas "por fora" o FGTS do período, não as considerou. Assim, as horas extras prescritas (aquelas trabalhadas há mais de 5 anos) não refletirão no cálculo das diferenças devidas a título de FGTS.

Nesse sentido, a súmula 206 do TST:

__SUM-206 FGTS__. Incidência sobre Parcelas Prescritas. A prescrição da pretensão relativa às parcelas remuneratórias alcança o respectivo recolhimento da contribuição para o FGTS.

Conselho Curador do FGTS

As disposições acerca do funcionamento do Conselho Curador têm sido cobradas em prova. Portanto, é necessária sua análise.

O FGTS será regido por normas e diretrizes estabelecidas por um Conselho Curador, composto por representação de trabalhadores, empregadores e órgãos e entidades governamentais, na forma estabelecida pelo Poder Executivo. Atualmente, o Governo indica 12 representantes, e tanto empregados como empregadores indicam 6 representantes no Conselho.

A gestão da aplicação do FGTS será efetuada pelo Ministério da Ação Social, cabendo à Caixa Econômica Federal (CEF) o papel de agente operador.

A Presidência do Conselho Curador será exercida pelo representante do Ministério do Trabalho e da Previdência Social, e a vice-presidência, segundo o decreto 6.827/2009, será do Ministro de Estado das Cidades, sendo que as decisões do Conselho serão tomadas com a presença da maioria simples de seus membros, tendo o Presidente voto de qualidade, ou seja, seu voto prevalece no caso de empate.

O Conselho Curador reunir-se-á, ordinariamente, a cada bimestre, por convocação de seu Presidente. Esgotado esse período, não tendo ocorrido convocação, qualquer de seus membros poderá fazê-la, no prazo de 15 dias. Havendo necessidade, qualquer membro poderá convocar reunião extraordinária, na forma que vier a ser regulamentada pelo Conselho Curador.

Os representantes dos trabalhadores e dos empregadores e seus respectivos suplentes serão indicados pelas respectivas centrais sindicais e confederações nacionais e nomeados pelo Ministro do Trabalho e da Previdência Social. Eles terão mandato de 2 anos, podendo ser reconduzidos uma única vez.

As despesas porventura exigidas para o comparecimento às reuniões do Conselho constituirão ônus das respectivas entidades representadas.

As ausências ao trabalho dos representantes dos trabalhadores no Conselho Curador, decorrentes das atividades desse órgão, serão abonadas, computando-se como jornada efetivamente trabalhada para todos os fins e efeitos legais.

O Ministério da Ação Social é o gestor do Fundo. A Caixa Econômica Federal, o operador. O Conselho Curador é um colegiado tripartite que tem funções diversas. Os 3 entes trabalham de forma interligada, cada um tendo suas competências. Abaixo, estão algumas das seus principais atribuições, mas recomenda-se a leitura dos artigos 5º a 7º, da Lei 8.036/1990.

O Ministério da Ação Social define as metas a serem alcançadas nos programas de habitação popular, saneamento básico e infraestrutura urbana, bem como elabora os orçamentos anuais e plurianuais. O Conselho aprecia e aprova os programas anuais e plurianuais, bem como estabelece as diretrizes e os programas de alocação dos recursos do FGTS. Por sua vez, a CEF define os procedimentos operacionais necessários à execução dos programas e elabora as análises econômicas e jurídicas desses projetos.

O Ministério da Ação Social pratica todos os atos necessários para a gestão da aplicação dos fundos e acompanha a execução dos projetos implementados pela CEF, além de elaborar estudos técnicos nas áreas de habitação popular, saneamento ambiental e infraestrutura.

A CEF elabora as contas do FGTS e encaminha ao Ministério da Ação Social, que, por sua vez, leva-as ao Conselho. De posse das contas, o Conselho pronuncia-se sobre elas e encaminha-as aos órgãos de controle interno do Governo.

O Conselho tem, ainda, funções de dirimir dúvidas quanto à aplicação das normas regulamentares, relativas ao FGTS, nas matérias de sua competência; fixar as normas e valores de remuneração do agente operador e dos agentes financeiros; fixar critérios para parcelamento de recolhimentos em atraso e fixar critério e valor de remuneração para o exercício da fiscalização.

Exercício Comentado

01. *No tocante ao FGTS, considere:*

I. A prescrição da pretensão relativa às parcelas remuneratórias não alcança o respectivo recolhimento da contribuição para o FGTS.

II. Os créditos referentes ao FGTS, decorrentes de condenação judicial, serão corrigidos pelos mesmos índices aplicáveis aos débitos trabalhistas.

III. As decisões do Conselho Curador do FGTS serão tomadas por maioria absoluta dos presentes em reunião ordinária bimestral.

IV. A Presidência do Conselho Curador será exercida pelo representante da Caixa Econômica Federal.

V. O Conselho Curador reunir-se-á ordinariamente, a cada bimestre, por convocação de seu Presidente.

Está correto o que se afirma em:

a) IV e V, apenas.

b) I, II e III.

c) II e III, apenas.

d) II e V apenas.

e) I e II, apenas.

RESPOSTA *"D". O item I está errado, pois, se a parcela principal está prescrita, o respectivo recolhimento para o FGTS estará prescrito também, conforme súmula 206/TST.*

O item II é correto. Se a empresa não pagou o FGTS regularmente e foi condenada a fazê-lo, a correção é a mesma dos débitos trabalhistas, qual seja 1% ao mês.

O item III está errado, uma vez que as decisões do Conselho são tomadas com base na maioria relativa, sendo que, em caso de empate, o voto do presidente é decisivo.

O item IV é incorreto, tendo em vista que a presidência será exercida pelo representante do MTE, ou você acha que o governo iria abrir mão de tal poder?

Por fim, o item V é correto, sendo que as reuniões serão bimestrais, convocadas pelo presidente. Caso a convocação não ocorra, qualquer dos membros podem fazê-lo no prazo de 15 dias.

Aviso Prévio

O aviso prévio é um instituto aplicável aos contratos sem determinação de tempo, para que a parte que recebeu o aviso possa se programar para o fim do vínculo de emprego. Assim, o aviso dado pelo empregado à empresa é para que ela admita ou treine outro empregado na função. Já quando a empresa comunica ao empregado da dispensa, é para lhe dar a chance de procurar outro emprego. Não há forma prescrita na lei para o aviso prévio, podendo ser dado verbalmente ou por escrito, sendo que já foi considerado correto em provas anteriores que o aviso prévio pode ser dado verbalmente.

Como o pré-aviso dará fim ao contrato, ele não é compatível com as garantias no emprego, não podendo o empregador, por exemplo, direcioná-lo à empregada gestante, desde a confirmação da gravidez até 5 meses após o parto.

> *SUM-348: Aviso Prévio. Concessão na Fluência da Garantia de Emprego. Invalidade. É inválida a concessão do aviso prévio na fluência da garantia de emprego, ante a incompatibilidade dos dois institutos.*

Para a contagem, exclui-se o dia do começo e inclui-se o dia do vencimento, conforme entendimento do TST:

> *SUM-380: Aviso Prévio. Início da Contagem. Art. 132 do Código Civil de 2002. Aplica-se a regra prevista no "caput" do art. 132 do Código Civil de 2002 à contagem do prazo do aviso prévio, excluindo-se o dia do começo e incluindo o do vencimento.*

Como é norma de ordem pública, o aviso prévio é irrenunciável pelo empregado, tendo o empregador que pagá-lo sempre, salvo no caso de o trabalhador encontrar outro emprego, uma vez que estará atingido o objetivo da lei.

> *SUM-276: Aviso Prévio. Renúncia pelo Empregado. O direito ao aviso prévio é irrenunciável pelo empregado. O pedido de dispensa de cumprimento não exime o empregador de pagar o respectivo valor, salvo comprovação de haver o prestador dos serviços obtido novo emprego.*

Exercício Comentado

01. *O empregado Vicente de Morais foi dispensado sem justa causa. Sete dias depois, requereu a liberação do cumprimento do aviso prévio, pois já havia obtido um novo emprego. O antigo empregador concordou com o seu pedido, exigindo apenas que ele fosse feito por escrito, junto com a cópia da sua CTPS registrada pelo novo empregador, o que foi realizado por Vicente. Diante dessa situação, o antigo empregador deverá*

a) Integrar o aviso prévio ao pagamento de todas as verbas rescisórias por ele devidas, uma vez que o aviso prévio é irrenunciável.

b) Deduzir o aviso prévio do pagamento de parte das verbas rescisórias devidas, uma vez que o empregado renunciou livremente a esse direito, mas o aviso prévio continuará incidindo sobre as parcelas de natureza salarial.

c) Deduzir o aviso prévio do pagamento de parte das verbas rescisórias devidas, uma vez que o empregado renunciou livremente a esse direito, mas o aviso prévio continuará incidindo sobre as parcelas de natureza indenizatória.

d) Pagar as verbas rescisórias, excluindo o valor equivalente ao dos dias remanescentes do aviso prévio.

RESPOSTA *"D". No caso de renúncia lícita ao aviso prévio, quando o empregado consegue outro emprego, o aviso prévio não opera efeitos, ou seja, não se considera a prorrogação no contrato de trabalho, de forma que não haverá pagamento deste período, nem reflexos em outras verbas, somente os dias efetivamente trabalhados durante o aviso é que serão remunerados.*

Se o empregador conceder o aviso prévio e deixar o funcionário cumpri-lo "em casa", será remunerado da mesma forma, pois não pode haver transação sobre tal parcela. Contudo, se foi o empregado quem pediu demissão, será mais benéfico para ele se a empresa liberá-lo do cumprimento, de forma que não se aplica a súmula 276, também não havendo pagamento do período.

Base de Cálculo do Aviso Prévio

O aviso prévio é calculado com base nas verbas salariais do empregado, ou seja, as gorjetas e as parcelas indenizatórias não o integram.

Fique Ligado

As horas extras habituais integram o aviso prévio sempre, seja aviso prévio cumprido ou aviso prévio indenizado, tema que já foi abordado em provas diversas vezes.

As horas extras habituais integram o aviso prévio, não só por previsão legal, mas por serem parcelas salariais.

> ***Art. 487. §5º*** *O valor das horas extraordinárias habituais integra o aviso prévio indenizado.*
>
> *§6º O reajustamento salarial coletivo, determinado no curso do aviso prévio, beneficia o empregado pré-avisado da despedida, mesmo que tenha recebido antecipadamente os salários correspondentes ao período do aviso, que integra seu tempo de serviço para todos os efeitos legais.*

A gratificação semestral não integra o aviso prévio, conforme súmula 253, do TST, e é importante entender isso, pois essa súmula é "querida" pelas bancas. Tal gratificação é paga a cada 6 meses, e o aviso prévio é efetivo tempo de serviço, ou seja, o aviso prévio faz parte do cômputo da gratificação semestral. Por isso, quando se calcula o aviso, não se utiliza essa gratificação; se o fizesse, haveria bis in idem, o que não é permitido pela legislação. O mesmo raciocínio vale para a exclusão das férias.

> ***SUM-253****: Gratificação Semestral. Repercussões. A gratificação semestral não repercute no cálculo das horas extras, das férias e do aviso prévio, ainda que indenizados. Repercute, contudo, pelo seu duodécimo na indenização por antiguidade e na gratificação natalina.*

Proporcionalidade do Aviso Prévio

O aviso prévio foi elevado à garantia constitucional dos trabalhadores, nos seguintes termos:

> ***Art. 7º. XXI****. Aviso prévio proporcional ao tempo de serviço, sendo no mínimo de trinta dias, nos termos da lei;*

A Lei 12.506/2011 regulamentou tal proporcionalidade nos seguintes termos:

> ***Art. 1º.*** *O aviso prévio, de que trata o Capítulo VI do Título IV da Consolidação das Leis do Trabalho - CLT, aprovada pelo Decreto-Lei nº 5.452, de 1º de maio de 1943, será concedido na proporção de 30 (trinta) dias aos empregados que contem até 1 (um) ano de serviço na mesma empresa.*
>
> ***Parágrafo único****. Ao aviso prévio previsto neste artigo serão acrescidos 3 (três) dias por ano de serviço prestado na mesma empresa, até o máximo de 60 (sessenta) dias, perfazendo um total de até 90 (noventa) dias.*

Algumas discussões surgiram a respeito da proporcionalidade. Primeiro, quanto à forma de calculá-la. Segundo, se é aplicável somente ao trabalhador ou à empresa também. Terceiro, quando aplicar a lei nova. Quarto, se é aplicável aos empregados domésticos.

A forma de cálculo deverá ser a seguinte. Até um ano de contrato, o empregado terá direito a 30 dias de aviso prévio - mínimo constitucional. Ao completar um ano de contrato, terá direito a 33 dias de aviso prévio, somando-se mais 3 dias para cada ano completo de contrato. Assim, um empregado com 5 anos de contrato terá um aviso prévio de 45 dias.

O mínimo constitucional é de 30 dias. A proporcionalidade será de até 60 dias, que, somados, resultarão em 90 dias de aviso prévio quando o empregado completar 20 anos de serviço para a mesma empresa.

Esse é o atual entendimento do Ministério do Trabalho e Emprego, expresso pela Nota Técnica CGRT/SRT/MTE nº 184/2012, posicionamento partilhado por vários doutrinadores. Contudo, o próprio MTE já possuiu entendimento contrário.

Exercício Comentado

01. ***Em Fevereiro de 2012, Artêmis e Hera, empregadas da empresa "XX", receberam aviso prévio de rescisão injustificada de contrato individual de trabalho por prazo indeterminado. Considerando que Artêmis possuía três anos de serviço na empresa "XX" e Hera dez anos, elas terão direito ao Aviso Prévio de:***

a) 30 dias.

b) 45 dias.

c) 33 dias e 51 dias, respectivamente.

d) 36 dias e 57 dias, respectivamente.

e) 39 dias e 60 dias, respectivamente.

RESPOSTA ***"D". Como visto, a FCC cobrou o posicionamento antigo do MTE, contudo, a tendência é que, em concursos futuros, as bancas sigam o entendimento aqui ensinado, de forma que a resposta seria letra E.***

Na referida nota técnica, o MTE entende que o aviso proporcional é aplicável somente aos empregados, ou seja, caso o trabalhador com 10 anos de serviço peça demissão, deverá avisar à empresa com 30 dias de antecedência tão-somente. Esse posicionamento é o que tende a prevalecer nos concursos.

A lei nova opera efeitos imediatos, respeitando o ato jurídico perfeito. Assim, quando o empregador já havia concedido aviso prévio ao empregado, estando esse terminado ou em curso quando a lei entrou em vigor, não haverá proporcionalidade, pois aplica-se a lei antiga. Sobre o tema, o TST já editou súmula:

> ***SUM-441****: Aviso Prévio. Proporcionalidade. O direito ao aviso prévio proporcional ao tempo de serviço somente é assegurado nas rescisões de contrato de trabalho ocorridas a partir da publicação da Lei nº 12.506, em 13 de outubro de 2011.*

Por fim, apesar de a Lei 12.506/2011 falar em "empresa", a proporcionalidade do aviso prévio beneficia aos empregados domésticos, pois a eles foi garantida proporcionalidade pela Constituição.

Aviso Prévio nos Contratos a Termo

Nos contratos por prazo determinado, as partes já sabem quando o vínculo irá terminar, sendo que, se for rescindido o pacto antecipadamente, aplicam-se os artigos 479 e 480, da CLT. Contudo, se o contrato a termo possuir cláusula assecuratória do direito recíproco, permitindo a ambas as partes a rescisão antecipada, ela ocorre nos moldes dos contratos por prazo indeterminado, sendo aplicável o aviso prévio, por Inteligência do artigo 481, da CLT, inclusive nos contratos de experiência, segundo entendimento do TST:

> ***SUM-163****: Aviso Prévio. Contrato de Experiência. Cabe aviso prévio nas rescisões antecipadas dos contratos de experiência, na forma do art. 481 da CLT.*

Fatos Ocorridos no Curso do Aviso Prévio

O período do aviso prévio é tempo de serviço normal, sendo que a obrigação das partes mantém-se a mesma. Se o empregador provocar a rescisão indireta, o empregado poderá deixar de trabalhar e requerer o pagamento da remuneração do período restante.

> ***Art. 490*** *- O empregador que, durante o prazo do aviso prévio dado ao empregado, praticar ato que justifique a rescisão imediata do contrato, sujeita-se ao pagamento da remuneração correspondente ao prazo do referido aviso, sem prejuízo da indenização que for devida.*

Por outro lado, se o empregado cometer falta grave no curso do aviso prévio, perderá a remuneração e os reflexos do prazo que faltar para terminar o aviso prévio, bem como as outras verbas rescisórias (férias proporcionais +1/3 e 13º salário proporcional).

> ***Art. 491*** *- O empregado que, durante o prazo do aviso prévio, cometer qualquer das faltas consideradas pela lei como justas para a rescisão, perde o direito ao restante do respectivo prazo.*

A exceção é o abandono de emprego que, apesar de ser justa causa para a rescisão, não fará com que o empregado perca suas verbas rescisórias - perderá somente a remuneração do próprio aviso prévio.

> ***SUM-73****: Despedida. Justa Causa. A ocorrência de justa causa, salvo a de abandono de emprego, no decurso do prazo do aviso prévio dado pelo empregador, retira do empregado qualquer direito às verbas rescisórias de natureza indenizatória.*

O TST entende que, no período do aviso prévio, o empregado não pode tornar-se estável, conforme entendimento da súmula 369, V, do TST.

> ***SUM-369. V*** *- O registro da candidatura do empregado a cargo de dirigente sindical durante o período de aviso prévio, ainda que indenizado, não lhe assegura a estabilidade, visto que inaplicável a regra do § 3º do art. 543 da Consolidação das Leis do Trabalho.*

Contudo, mesmo a regra sendo a impossibilidade de ficar estável no curso do aviso prévio, a CLT prevê, no art. 391-A, que haverá estabilidade da gestante mesmo se a confirmação ocorrer no aviso prévio, seja cumprido ou indenizado.

Reconsideração do Aviso

Dado o aviso, a rescisão ocorre depois de terminado seu prazo, todavia, quem deu o aviso pode reconsiderar seu ato, cabendo à outra parte aceitar ou não a reconsideração.

Essa reconsideração pode ser expressa ou tácita. Expressa é quando o empregado ou empregador manifestou sua vontade de continuar com o vínculo. Reconsideração tácita ocorre quando, ao término do aviso prévio, o empregado continua trabalhando. Em qualquer dos dois casos, considera-se que o aviso prévio não existiu.

> ***Art. 489*** *- Dado o aviso prévio, a rescisão torna-se efetiva depois de expirado o respectivo prazo, mas, se a parte notificante reconsiderar o ato, antes de seu termo, à outra parte é facultado aceitar ou não a reconsideração.*
>
> ***Parágrafo único*** *- Caso seja aceita a reconsideração ou continuando a prestação depois de expirado o prazo, o contrato continuará a vigorar, como se o aviso prévio não tivesse sido dado.*

Aplicação do Aviso Prévio

Como informado, o aviso prévio devido pelo trabalhador à empresa será sempre de 30 dias, não importa quantos anos permaneceu na firma. Mas a ausência de aviso permite à empresa descontar o prazo.

Por outro lado, a empresa deve avisar previamente o empregado da dispensa sem justa causa. Também, na rescisão indireta e na extinção do estabelecimento ou da empresa, é devido o aviso prévio. Em qualquer dos casos tratados acima, se o empregado receber por tarefa, apurar-se-á a média dos últimos 12 meses de contrato.

> ***Art. 487.§1º*** *- A falta do aviso prévio por parte do empregador dá ao empregado o direito aos salários correspondentes ao prazo do aviso, garantida sempre a integração desse período no seu tempo de serviço.*
>
> ***§2º*** *- A falta de aviso prévio por parte do empregado dá ao empregador o direito de descontar os salários correspondentes ao prazo respectivo.*
>
> ***§3º*** *- Em se tratando de salário pago na base de tarefa, o cálculo, para os efeitos dos parágrafos anteriores, será feito de acordo com a média dos últimos 12 (doze) meses de serviço.*

Redução da jornada

Quando o empregado pede demissão, não tem nenhuma redução da jornada no período do aviso prévio, ao contrário de quando é a empresa a responsável pelo término do vínculo, caso em que o empregado poderá escolher entre a redução no trabalho em 2 horas diárias ou o direito de não trabalhar 7 dias seguidos ao fim do contrato. A proporcionalidade do aviso prévio não alterou essas disposições, sendo que elas valem para empregados urbanos, domésticos e avulsos.

No caso do empregado rural, ele terá 1 dia por semana para procurar outro trabalho.

> ***Art. 488*** *- O horário normal de trabalho do empregado, durante o prazo do aviso, e se a rescisão tiver sido promovida pelo empregador, será reduzido de 2 (duas) horas diárias, sem prejuízo do salário integral.*
>
> ***Parágrafo único*** *- É facultado ao empregado trabalhar sem a redução das 2 (duas) horas diárias previstas neste artigo, caso em que poderá faltar ao serviço, sem prejuízo do salário integral, (...) por 7 (sete) dias corridos.*

Entretanto, não é possível o empregador pagar como horas extras essa redução legal. Se fizer isso, o aviso prévio será considerado nulo, de forma que deverá pagar uma indenização pelo aviso. Contudo, segundo Maurício Godinho Delgado, não caberá nova projeção do aviso no contrato, pois essa indenização limita-se ao pagamento dos 30 dias.

> ***SUM-230****: Aviso Prévio. Substituição pelo pagamento das horas reduzidas da jornada de trabalho. É ilegal substituir o período que se reduz da jornada de trabalho, no aviso prévio, pelo pagamento das horas correspondentes.*

Aviso Prévio Indenizado

Se a empresa era obrigada a dar o aviso prévio, mas não o fez, ela deverá indenizar o período. Mesmo nos casos de extinção do estabelecimento ou da empresa, é devido o aviso prévio integral. No caso de culpa recíproca, haverá pagamento de 50% do aviso prévio indenizado (súmula 14, do TST).

> ***SUM-44****: Aviso Prévio. A cessação da atividade da empresa, com o pagamento da indenização, simples ou em dobro, não exclui, por si só, o direito do empregado ao aviso prévio.*

A CLT determina que o aviso prévio indenizado será sempre incluído no tempo de serviço, ou seja, mesmo que o empregado não trabalhe no aviso prévio. Mas, quais os efeitos dessa integração? O TST entende que tal projeção do aviso prévio é somente para fins econômicos, ou seja, salários, reflexos e verbas rescisórias.

> ***SUM-371**: Aviso Prévio Indenizado. Efeitos. Superveniência de Auxílio-doença no curso deste. A projeção do contrato de trabalho para o futuro, pela concessão do aviso prévio indenizado, tem efeitos limitados às vantagens econômicas obtidas no período de pré-aviso, ou seja, salários, reflexos e verbas rescisórias. No caso de concessão de auxílio-doença no curso do aviso prévio, todavia, só se concretizam os efeitos da dispensa depois de expirado o benefício previdenciário.*

De forma contrária à súmula acima, o mesmo TST afirma que a projeção do aviso prévio indenizado gera dois efeitos: a baixa na CTPS é a referente ao término do aviso prévio, ainda que indenizado, e o início da prescrição bienal para o trabalhador ajuizar a ação trabalhista começa da data final do aviso prévio, ainda que indenizado.

> ***OJ-SDI1-82**: Aviso Prévio. Baixa na CTPS. A data de saída a ser anotada na CTPS deve corresponder à do término do prazo do aviso prévio, ainda que indenizado.*

> ***OJ-SDI1-83**: Aviso Prévio. Indenizado. Prescrição. A prescrição começa a fluir no final da data do término do aviso prévio. Art. 487, § 1º, CLT.*

Note que o aviso prévio, trabalhado ou indenizado, integrará a base de cálculo do FGTS, conforme súmula 305, do TST:

Indenização da Lei 7.238/1984

Como os salários dos empregados costumam ser reajustados na data-base da categoria, ocasião em que são negociadas novas condições de trabalho, a lei tenta desestimular a dispensa perto dessa data.

Assim, a Lei 6.708/1979, substituída pela Lei 7.238/1984, estabelece que, se o empregador for dispensado 30 dias antes da data-base da categoria, receberá uma indenização no valor de sua remuneração, excluído o 13º salário. Mesmo se o empregador pagar a rescisão já com a correção do salário, haverá pagamento da referida indenização.

O aviso prévio, trabalhado ou indenizado, é contado para essa indenização, inclusive, somente começando a correr após terminada eventual estabilidade no emprego, conforme entendimento do TST.

> ***SUM-182**: Aviso Prévio. Indenização Compensatória. Lei nº 6.708, de 30.10.1979. O tempo do aviso prévio, mesmo indenizado, conta-se para efeito da indenização adicional prevista no art. 9º da Lei nº 6.708, de 30.10.1979.*

> ***OJ-SDI1-268**: Indenização Adicional. Leis nºs 6.708/79 e 7.238/84. Aviso Prévio. Projeção. Estabilidade Provisória. Somente após o término do período estabilitário é que se inicia a contagem do prazo do aviso prévio para efeito das indenizações previstas nos artigos 9º da Lei nº 6.708/79 e 9º da Lei nº 7.238/84.*

Prescrição e a Decadência

A prescrição e a decadência são institutos criados para promover a pacificação social e a segurança jurídica, uma vez que, se tais institutos não existissem, haveria direitos eternos - seria possível, por exemplo, um empregado cobrar uma dívida qualquer de uma empresa 60 anos após ter deixado o trabalho, o que não é razoável.

Prescrição ocorre quando uma pessoa tem um direito violado por outrem e permanece inerte, sem buscar reparação. Com a violação perpetrada, nasce o direito de ação, ou seja, a pessoa pode requerer, no Poder Judiciário, a reparação do dano, mas a lei determina prazos para seu exercício. Decorrendo o prazo, a pessoa perderá a pretensão de ver satisfeito seu direito.

Assim, prescrição é perda da pretensão, não se podendo mais exigir judicialmente a satisfação de um direito violado. Tanto é assim que, se alguém pagar uma dívida prescrita, tal pagamento é válido - o credor não poderia mais cobrá-la, mas o devedor pode pagá-la se quiser.

Decadência ocorre quando uma pessoa tem um direito potestativo e não o exerce no prazo que a lei lhe faculta para exercê-lo. Direito potestativo é aquele que a pessoa pode exercer unilateralmente, não dependendo da vontade alheia. Assim, decadência é a perda do próprio direito, em razão da inércia do titular do direito.

A prescrição é sempre criada pela lei, enquanto a decadência pode ser criada por Acordos ou Convenções Coletivas ou até mesmo pelo regulamento da empresa.

A decadência não se interrompe nem se suspende, já a prescrição somente será interrompida uma vez. A diferença entre interrupção e suspensão será vista a seguir.

Decadência

Como a decadência é um prazo para o titular de um direito exercê-lo, a legislação trabalhista não tem muitos exemplos, uma vez que a subordinação inerente ao contrato inibiria o trabalhador de defender seus direitos. Assim, é mais comum as próprias partes criarem prazos decadenciais (por exemplo, o regulamento da empresa prevê prazo para adesão ao plano de demissão voluntário), de forma que escorrido o tempo não mais terá direito o trabalhador de aderir ao direito.

O exemplo mais claro de prazo decadencial no Direito do Trabalho é o prazo de 30 dias para o empregador ajuizar Inquérito para Apuração de Falta Grave, após suspender o empregado que detém estabilidade decenal ou o dirigente sindical. Nesse sentido, a súmula 403, do STF:

> ***Súmula 403**. É de decadência o prazo de trinta dias para instauração do inquérito judicial, a contar da suspensão, por falta grave, de empregado estável.*

Tal posicionamento é seguido pelo TST, na súmula 62:

> ***SUM-62**: Abandono de Emprego. O prazo de decadência do direito do empregador de ajuizar inquérito em face do empregado que incorre em abandono de emprego é contado a partir do momento em que o empregado pretendeu seu retorno ao serviço.*

Prescrição

A Constituição, atualmente, estabelece o mesmo prazo prescricional para os empregados urbanos e rurais, para os trabalhadores avulsos e, ainda que haja silêncio legal, também para os empregados domésticos.

> ***Art. 7º. XXIX**. Ação, quanto aos créditos resultantes das relações de trabalho, com prazo prescricional de cinco anos para os trabalhadores urbanos e rurais, até o limite de dois anos após a extinção do contrato de trabalho.*

A interpretação de tal artigo é que o empregado pode cobrar os últimos 5 anos de contrato, contados do ajuizamento da ação, mas tem até dois anos para ajuizar a reclamação após o fim do contrato. Nesse sentido, pacífico, é o entendimento do TST:

SUM-308: Prescrição Quinquenal.

I. Respeitado o biênio subsequente à cessação contratual, a prescrição da ação trabalhista concerne às pretensões imediatamente anteriores a cinco anos, contados da data do ajuizamento da reclamação e, não, às anteriores ao quinquênio da data da extinção do contrato.

II. A norma constitucional que ampliou o prazo de prescrição da ação trabalhista para 5 (cinco) anos é de aplicação imediata e não atinge pretensões já alcançadas pela prescrição bienal quando da promulgação da CF/1988.

O ajuizamento da ação trabalhista interrompe a prescrição para os pedidos veiculados na ação, mesmo que arquivada. Assim, se o empregado pede, na ação, horas extras e dano moral, mas falta à audiência inicial, sua ação é arquivada. A prescrição, como foi interrompida para esses pedidos, começa a correr do zero. Isso vale tanto para a prescrição bienal como para a quinquenal.

***SUM-268:** Prescrição. Interrupção. Ação Trabalhista Arquivada. A ação trabalhista, ainda que arquivada, interrompe a prescrição somente em relação aos pedidos idênticos.*

Ocorre que, mesmo havendo esse prazo prescricional, algumas ações não prescrevem (por exemplo, a de requerer a anotação da CTPS para fins previdenciários - comprovar tempo de serviço para a aposentadoria, conforme artigo 11, §1º, da CLT).

Se a empresa simulou que o empregado teve vários contratos para poder "forçar" a prescrição bienal dos direitos do empregado, quando começa a contar a prescrição? O TST entende que a prescrição bienal começa a contar do último contrato, contudo, ainda assim, haverá a prescrição quinquenal.

***SUM-156**: Prescrição. Prazo. Da extinção do último contrato começa a fluir o prazo prescricional do direito de ação em que se objetiva a soma de períodos descontínuos de trabalho*

O Código Civil, atualmente, dispõe que a prescrição pode ser declarada de ofício pelo juiz, contudo, tal entendimento não se aplica nos processos trabalhistas, segundo o posicionamento majoritário do TST.

Também, não pode o réu de uma ação arguir a prescrição a qualquer momento, deve fazê-lo nas instâncias ordinárias, ou seja, na contestação ou até no máximo no Recurso Ordinário.

***SUM-153**: PRESCRIÇÃO. Não se conhece de prescrição não arguida na instância ordinária*

Impedimento, Suspensão e Interrupção da Prescrição

Alguns fatores congelam a prescrição por um determinado período.

Impedir a prescrição significa que ela nem começa a correr, os dois casos mais comuns na seara trabalhista são contra o menor e contra o absolutamente incapaz (incapacidade física ou mental).

Contra o trabalhador menor de 18 anos não corre nenhuma prescrição, conforme regra expressa na CLT.

***Art. 440** - Contra os menores de 18 (dezoito) anos não corre nenhum prazo de prescrição.*

O TST tem entendido que essa regra somente se aplica ao menor trabalhador, mas, no caso de menor herdeiro, que figura no polo ativo da ação em razão da morte seu pai ou mãe, os quais eram os empregados cujos direitos foram violados, aplica-se o artigo 198, I, do Código Civil, o qual considera menor absolutamente incapaz aquele com menos de 16 anos.

Esse mesmo artigo do Código Civil determina que não corre nenhuma prescrição contra quem não puder exprimir sua vontade (por exemplo, quem estiver em coma no hospital). Em consonância com tal artigo, foi editada a OJ 375, da SDI-1.

***OJ-SDI1-375**: Auxílio-Doença. Aposentadoria por Invalidez. Suspensão do Contrato de Trabalho. Prescrição. Contagem. A suspensão do contrato de trabalho, em virtude da percepção do auxílio-doença ou da aposentadoria por invalidez, não impede a fluência da prescrição quinquenal, ressalvada a hipótese de absoluta impossibilidade de acesso ao Judiciário.*

A Orientação Jurisprudencial acima significa que, se o empregado está recebendo auxílio doença, estando incapacitado de trabalhar, mas não há impedimento físico de que ele ajuíze uma ação judicial, o prazo prescricional continua correndo, por exemplo, o empregado está "encostado pelo INSS" por Lesão por Esforços Repetitivos (LER), como regra, tem plena capacidade de ajuizar uma ação, correndo a prescrição quinquenal contra ele.

Suspensão do prazo prescricional significa que ele para, mas volta a correr pelo que resta após cessada a causa da suspensão. Exemplos dessa suspensão são o ajuizamento da demanda perante a Comissão de Conciliação Prévia e o recesso forense.

***Art. 625-G**. O prazo prescricional será suspenso a partir da provocação da Comissão de Conciliação Prévia, recomeçando a fluir, pelo que lhe resta, a partir da tentativa frustrada de conciliação ou do esgotamento do prazo previsto no art. 625-F.*

SUM-262. II - O recesso forense e as férias coletivas dos Ministros do Tribunal Superior do Trabalho (art. 177, § 1º, do RITST) suspendem os prazos recursais.

Por fim, interrupção da prescrição é quando o prazo para e, ao cessar o motivo da interrupção, volta a correr desde o início. Como informado acima, o ajuizamento da ação é causa que interrompe a prescrição. O protesto judicial também é medida que causadora da interrupção.

***OJ-SDI1-392**: Prescrição. Interrupção. Ajuizamento de Protesto Judicial. Marco Inicial. O protesto judicial é medida aplicável no processo do trabalho, por força do art. 769 da CLT, sendo que o seu ajuizamento, por si só, interrompe o prazo prescricional, em razão da inaplicabilidade do § 2º do art. 219 do CPC, que impõe ao autor da ação o ônus de promover a citação do réu, por ser ele incompatível com o disposto no art. 841 da CLT.*

Mesmo a ação ajuizada pelo sindicato na condição de substituto processual do empregado interrompe a prescrição, conforme OJ 359, da SDI-1.

***OJ-SDI1-359**: Substituição Processual. Sindicato. Legitimidade. Prescrição. Interrupção. A ação movida por sindicato, na qualidade de substituto processual, interrompe a prescrição, ainda que tenha sido considerado parte ilegítima "ad causam.*

Prescrição Intercorrente

Prescrição intercorrente é aquela que fulmina o direito no curso do processo, em razão de inércia do autor. Em geral, ela ocorre na fase de execução quando não se encontram bens para pagar a dívida da empresa, sendo que os autos são encaminhados para o arquivo provisório. Se, durante muito tempo, a parte não faz nenhum pedido, entende-se que ela abandonou o processo, de forma que haveria prescrição do direito em razão da inércia processual da parte.

Entretanto, o TST entende que não existe prescrição intercorrente na Justiça do Trabalho, uma vez que há o impulso oficial e a execução de ofício pelo juiz - como o juiz sempre pode realizar alguma diligência, mesmo sem pedido da parte, ele não pode extinguir a execução em razão da inércia do autor da ação.

SUM-114 *Prescrição Intercorrente. É inaplicável na Justiça do Trabalho a prescrição intercorrente.*

Prescrição Total e Prescrição Parcial

A tese da prescrição total e parcial foi criada pela doutrina e jurisprudência e serve para regular as lesões que ocorrem enquanto o contrato de trabalho está em curso, sendo que o principal norteador do que seja uma ou outra é a súmula 294, do TST.

SUM-294*: Prescrição. Alteração Contratual. Trabalhador Urbano. Tratando-se de ação que envolva pedido de prestações sucessivas decorrente de alteração do pactuado, a prescrição é total, exceto quando o direito à parcela esteja também assegurado por preceito de lei.*

O empregador não pode suprimir ou diminuir parcelas no contrato de trabalho de forma que prejudique o trabalhador, mas, caso isso ocorra, enquanto vigente o contrato, o trabalhador tem prazo de 5 anos para reclamar do dano que sofreu pela alteração. Esse prazo de 5 anos é utilizado tanto para a prescrição total como para a parcial.

Total é a prescrição que fulmina o próprio direito, não podendo mais o empregado requerer nada relativo àquela parcela contratual;

Parcial é a prescrição que não fulmina o direito, mas sim as parcelas anteriores a 5 anos, podendo o trabalhador requerer o que não for alcançado pela prescrição.

Se o empregador suprimir ou diminuir parcela que é paga sucessivamente e é garantida por lei, a prescrição será parcial, pois entende-se que a lesão renova-se mês a mês.

Por outro lado, se o empregador suprimir ou diminuir direito de caráter sucessivo, mas não tem como base a lei, a prescrição será total, considerando-se que a lesão foi um ato único do empregador.

Pense em um trabalhador contratado em 1990 e cujo contrato foi alterado pelo empregador de forma prejudicial em 200 Suprimindo verba paga mensalmente. Em 2011, ele é dispensado e, logo em seguida, ajuíza ação trabalhista. Ele tem algum direito sobre a verba suprimida em 2000? e a prescrição for parcial, pode requerer as parcelas entre 2011 e 2006. Se a prescrição for total, perdeu qualquer direito a essa parcela, pois passados mais de 5 anos da lesão.

Não confunda prescrição total e parcial com prescrição bienal. Em qualquer uma, o trabalhador tem 2 anos, após o fim do contrato, para ajuizar a ação - se não respeitar tal prazo, todos os seus direitos estão prescritos.

Agora, podemos analisar casos práticos e como o TST os considera -prescrição total ou parcial.

Se o trabalhador ganhava 10% de comissão sobre as vendas, o que foi alterado para 5%, a prescrição é total, pois não é assegurada, por lei, o valor da comissão.

OJ-SDI1-175*: Comissões. Alteração ou Supressão. Prescrição total. A supressão das comissões, ou a alteração quanto à forma ou ao percentual, em prejuízo do empregado, é suscetível de operar a prescrição total da ação, nos termos da Súmula nº 294 do TST, em virtude de cuidar-se de parcela não assegurada por preceito de lei.*

Havendo trabalho em horas extras habituais, é necessário integrá-las ao salário para o cálculo de outras parcelas (DSR e férias, por exemplo). Caso o empregador não faça a integração, considera-se prescrição total, pois não há previsão legal para incorporação das horas extras no salário.

OJ-SDI1-242*: Prescrição Total. Horas Extras. Adicional. Incorporação. Embora haja previsão legal para o direito à hora extra, inexiste previsão para a incorporação ao salário do respectivo adicional, razão pela qual deve incidir a prescrição total.*

Para o bancário, a pré-contratação de horas extras é ilegal, mas, ocorrendo isso, se o empregado não ajuizar ação dentro do prazo de 5 anos de quando foram suprimidas as horas suplementares, opera-se a prescrição total.

SUM-199*: Bancário. Pré-Contratação de Horas Extras. II - Em se tratando de horas extras pré-contratadas, opera-se a prescrição total se a ação não for ajuizada no prazo de cinco anos, a partir da data em que foram suprimidas.*

Em razão de perda salarial em decorrência da mudança de plano econômico (caso do plano Collor), a prescrição é total, tendo o trabalhador 5 anos para ajuizar ação requerendo as diferenças.

OJ-SDI1-243*: Prescrição Total. Planos Econômicos. Aplicável a prescrição total sobre o direito de reclamar diferenças salariais resultantes de planos econômicos.*

Nas empresas em que há planos de cargos e salários, se o trabalhador tiver desempenhado funções mais bem remuneradas que seu cargo, poderá pedir o reenquadramento para receber o salário maior. O reenquadramento é ato único, não se renovando mês a mês, de forma que se opera a prescrição total. Quanto ao pedido de diferenças salariais decorrentes de desvio de função, a prescrição é parcial, pois a lesão renova-se mês a mês.

SUM-275*: Prescrição. Desvio de Função e Reenquadramento*

I. Na ação que objetive corrigir desvio funcional, a prescrição só alcança as diferenças salariais vencidas no período de 5 (cinco) anos que precedeu o ajuizamento.

II. Em se tratando de pedido de reenquadramento, a prescrição é total, contada da data do enquadramento do empregado.

A complementação de aposentadoria pode ser prevista por regulamento da empresa, Convenção ou Acordo Coletivo, e não substitui o benefício previdenciário, sendo que o empregado acumula ambos.

Se há previsão dessa complementação, mas ela jamais foi recebida, a prescrição é total. Se o empregado aposentar-se, mas continuar trabalhando, terá 5 anos para requerer esse pagamento. Contudo, se deixou o trabalho, terá 2 anos - prazo constitucional para ajuizar qualquer reclamação trabalhista.

Se já houve algum pagamento a tal título, mas a empresa suprimiu ou diminuiu o benefício, a prescrição é parcial.

SUM-326*: Complementação de Aposentadoria. Prescrição Total. A pretensão à complementação de aposentadoria jamais recebida prescreve em 2 (dois) anos contados da cessação do contrato de trabalho.*

SUM-327*: Complementação de Aposentadoria. Diferenças. Prescrição Parcial. A pretensão a diferenças de complementação de aposentadoria sujeita-se à prescrição parcial e quinquenal, salvo se o pretenso direito decorrer de verbas não recebidas no curso da* *relação de emprego e já alcançadas pela prescrição, à época da propositura da ação.*

Na equiparação salarial, a prescrição é parcial, assim como as diferenças salariais resultantes de descumprimento do plano de cargos e salários, conforme entendimento do TST:

> ***SUM-6:*** *Equiparação Salarial. ART. 461 da CLT. IX - Na ação de equiparação salarial, a prescrição é parcial e só alcança as diferenças salariais vencidas no período de 5 (cinco) anos que precedeu o ajuizamento.*

> ***OJ-SDI1-404:*** *Diferenças Salariais. Plano de Cargos e Salários. Descumprimento. Critérios de Promoção Não Observados. Prescrição Parcial. Tratando-se de pedido de pagamento de diferenças salariais decorrentes da inobservância dos critérios de promoção estabelecidos em Plano de Cargos e Salários criado pela empresa, a prescrição aplicável é a parcial, pois a lesão é sucessiva e se renova mês a mês.*

Também, é parcial a prescrição no caso de congelamento do pagamento da gratificação semestral, segundo o TST.

> ***SUM-373:*** *Gratificação Semestral. Congelamento. Prescrição Parcial. Tratando-se de pedido de diferença de gratificação semestral que teve seu valor congelado, a prescrição aplicável é a parcial.*

Por fim, para encerrar a matéria de prescrição, não cabe ação rescisória quando a decisão tratar da prescrição total ou parcial, uma vez que não há lei que as regulamente, somente os entendimentos jurisprudenciais.

> ***SUM-409:*** *Ação Rescisória. Prazo Prescricional. Total ou Parcial. Violação do Art. 7º, XXIX, da CF/1988. Matéria Infraconstitucional. Não procede ação rescisória calcada em violação do art. 7º, XXIX, da CF/1988 quando a questão envolve discussão sobre a espécie de prazo prescricional aplicável aos créditos trabalhistas, se total ou parcial, porque a matéria tem índole infraconstitucional, construída, na Justiça do Trabalho, no plano jurisprudencial.*

Anotações

CAPÍTULO 09

Direito Coletivo do Trabalho

Os capítulos anteriores basicamente trataram do Direito Individual do Trabalho, o qual tem ampla normatização e que regula a relação entre o empregado e a empresa diretamente. Neste capítulo, será estudado o Direito Coletivo, que não se atém a um empregado específico, mas sim visa regulamentar a situação de vários empregados e empresas.

O Direito do Trabalho possui dois grandes ramos: Direito Individual do Trabalho e Direito Coletivo do Trabalho. No direito individual, como o empregado individualmente é hipossuficiente, subordinado à empresa, há forte proteção estatal, com princípios e normas que o favorecem.

No direito coletivo, aparece o sindicato dos empregados, que não é hipossuficiente nem subordinado à empresa, de forma que os princípios e normas aplicáveis ao ramo coletivo supõem a equivalência das partes, não havendo benefícios para o sindicato obreiro em detrimento da empresa. Também, há o sindicato de empregadores, representando a categoria econômica.

O sindicato é uma espécie de associação com características especiais atribuídas pela Constituição, bem como por diversos instrumentos internacionais. Sendo associação que congrega interesses privados, ainda que com características especialíssimas, a natureza jurídica do sindicato é de pessoa jurídica de direito privado.

Dentre os princípios que regem a matéria, os de mais destaque são: princípio da liberdade sindical, princípio da liberdade de associação, princípio da autonomia sindical e princípio da obrigatoriedade de participação do sindicato na negociação coletiva.

O princípio da liberdade sindical informa que o sindicato tem ampla liberdade tanto para se constituir como atuar na defesa de sua classe, sem interferência externa. Apesar dos avanços com a Constituição de 1988, tal princípio ainda não é aplicado plenamente no Brasil, tanto que **a convenção nº. 87 da OIT não foi ratificada pelo Brasil**, não operando efeitos em nosso território. A redução da liberdade sindical é expressa especialmente pela unicidade sindical e pela obrigatoriedade de pagamento da contribuição sindical, as quais serão estudadas adiante.

O princípio da liberdade de associação atua em três frentes, dando às pessoas a liberdade de se filiarem ao sindicato; liberdade de não se filiarem e liberdade de se desfiliarem a qualquer momento, sem serem discriminadas ou favorecidas por isso. Tal princípio também não é respeitado plenamente no Brasil, pois o empregado não pode se filiar a qualquer sindicato se decide ser sindicalizado, a lei obriga-o a ingressar no sindicato de sua categoria profissional atuante naquela base territorial. O mesmo principio ocorre com os empregadores, que devem aderir ao sindicato de sua categoria econômica.

Tal princípio orientou a edição da OJ 20, da SDC, cujo teor é o seguinte:

> ***OJ-SDC-20:*** *Empregados Sindicalizados. Admissão Preferencial. Condição Violadora do Art. 8º, V, da CF/88. Viola o art. 8º, V, da CF/1988 cláusula de instrumento normativo que estabelece a preferência, na contratação de mão de obra, do trabalhador sindicalizado sobre os demais.*

O princípio da autonomia sindical informa que os sindicatos não sofrerão intervenção externa de quem quer que seja, podendo organizar-se internamente e atuar dentro dos limites da legalidade. Assim, o Estado não pode fazer nenhuma intervenção arbitrária nos sindicatos (como ocorria antes de 1988), por exemplo, indicando dirigentes.

Na mesma linha, o sindicato patronal não pode intervir na organização interna do sindicato obreiro, por exemplo, financiando o sindicato dos empregados, direta ou indiretamente. Esse princípio orientou a edição da OJ 16, da SDC, cujo teor é o seguinte:

> ***OJ-SDC-16:*** *Taxa de Homologação de Rescisão Contratual. Ilegalidade. É contrária ao espírito da lei (art. 477, § 7º, da CLT) e da função precípua do Sindicato a cláusula coletiva que estabelece taxa para homologação de rescisão contratual, a ser paga pela empresa a favor do sindicato profissional.*

O princípio da obrigatoriedade de participação dos sindicatos na negociação coletiva é expresso no artigo 8º, VI, da Lei Maior, de forma que os instrumentos coletivos serão firmados pelos sindicatos negociantes ou sob sua tutela.

Porém, o artigo 11 da Constituição facultou nas empresas com mais de 200 empregados a eleição de um deles para tratar diretamente com o empregador, mas ainda não há regulamentação infraconstitucional de tal artigo.

> ***Art. 11.*** *Nas empresas de mais de duzentos empregados, é assegurada a eleição de um representante destes com a finalidade exclusiva de promover-lhes o entendimento direto com os empregadores.*

A participação dos sindicatos não é só na mesa redonda de negociação, a eles também foi conferido o direito de participarem nos colegiados públicos, quando seus interesses estiverem em foco. Exemplos desses colegiados são o Conselho Curador do FGTS, bem como o Conselho Nacional da Previdência Social, que possuem, além dos representantes do Governo, representantes dos empregados e empregadores.

> ***Art. 10.*** *É assegurada a participação dos trabalhadores e empregadores nos colegiados dos órgãos públicos em que seus interesses profissionais ou previdenciários sejam objeto de discussão e deliberação.*

Organização Sindical Brasileira

A legislação brasileira adota o sistema confederativo na organização sindical, escalonando a representação dos empregados e empregadores em sindicatos, federações e confederações (sendo que estas são entidades de grau superior).

Existe ainda a Central Sindical, que está fora do sistema confederativo, atua na coordenação geral dos empregados, e engloba várias categorias profissionais.

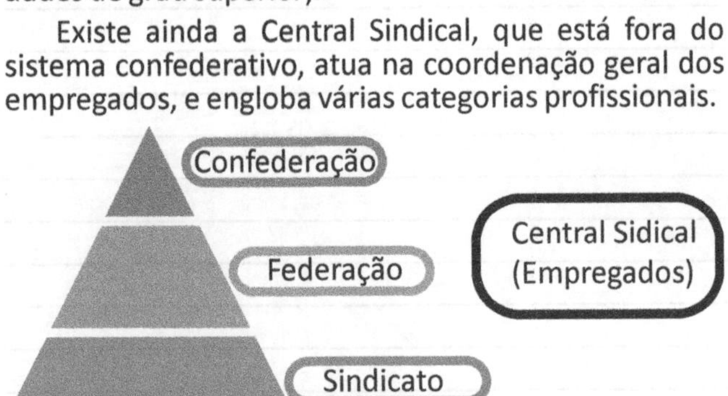

Como a Consolidação das Leis do Trabalho é antiga e pressupunha um sistema diferente do que temos atualmente, várias de suas disposições não foram recepcionadas pela Constituição de 1988, não sendo mais aplicadas, especialmente as que vão de encontro aos princípios citados. As bases fundamentais do sindicalismo brasileiro são expostas no artigo 8º da CF, nos seguintes termos:

> ***Art. 8º*** *É livre a associação profissional ou sindical, observado o seguinte:*
>
> ***I.*** *A lei não poderá exigir autorização do Estado para a fundação de sindicato, ressalvado o registro no órgão competente, vedadas ao Poder Público a interferência e a intervenção na organização sindical;*
>
> ***II.*** *É vedada a criação de mais de uma organização sindical, em qualquer grau, representativa de categoria profissional ou econômica, na mesma base territorial, que será definida pelos trabalhadores ou empregadores interessados, não podendo ser inferior à área de um Município;*
>
> ***III.*** *Ao sindicato cabe a defesa dos direitos e interesses coletivos ou individuais da categoria, inclusive em questões judiciais ou administrativas;*
>
> ***IV.*** *A assembleia geral fixará a contribuição que, em se tratando de categoria profissional, será descontada em folha, para custeio do sistema confederativo da representação sindical respectiva, independentemente da contribuição prevista em lei;*
>
> ***V.*** *Ninguém será obrigado a filiar-se ou a manter-se filiado a sindicato;*
>
> ***VI.*** *É obrigatória a participação dos sindicatos nas negociações coletivas de trabalho;*
>
> ***VII.*** *O aposentado filiado tem direito a votar e ser votado nas organizações sindicais;*
>
> ***VIII.*** *É vedada a dispensa do empregado sindicalizado a partir do registro da candidatura a cargo de direção ou representação sindical e, se eleito, ainda que suplente, até um ano após o final do mandato, salvo se cometer falta grave nos termos da lei.*
>
> ***Parágrafo único.*** *As disposições deste artigo aplicam-se à organização de sindicatos rurais e de colônias de pescadores, atendidas as condições que a lei estabelecer.*

Sindicatos

A legislação brasileira obriga a sindicalização por categorias, sendo que existem 3 delas: categoria econômica, categoria profissional e categoria profissional diferenciada. É o artigo 511, da CLT, que dá as linhas fundamentais do que seja uma ou outra:

> ***Art. 511.*** *É lícita a associação para fins de estudo, defesa e coordenação dos seus interesses econômicos ou profissionais de todos os que, como empregadores, empregados, agentes ou trabalhadores autônomos ou profissionais liberais exerçam, respectivamente, a mesma atividade ou profissão ou atividades ou profissões similares ou conexas.*
>
> ***§1º*** *A solidariedade de interesses econômicos dos que empreendem atividades idênticas, similares ou conexas, constitui o vínculo social básico que se denomina categoria econômica.*
>
> ***§2º*** *A similitude de condições de vida oriunda da profissão ou trabalho em comum, em situação de emprego na mesma atividade econômica ou em atividades econômicas similares ou conexas, compõe a expressão social elementar compreendida como categoria profissional.*
>
> ***§3º*** *Categoria profissional diferenciada é a que se forma dos empregados que exerçam profissões ou funções diferenciadas por força de estatuto profissional especial ou em consequência de condições de vida singulares.*
>
> ***§4º*** *Os limites de identidade, similaridade ou conexidade fixam as dimensões dentro das quais a categoria econômica ou profissional é homogênea e a associação é natural.*

Observa-se que os conselhos profissionais, em geral, ligados a profissionais liberais, tais como a OAB, CREA e CRM, não são sindicatos, eles atuam na fiscalização de determinada profissão, especialmente no tocante à ética profissional e responsabilidade técnica dos profissionais envolvidos. A par desses conselhos, existem sindicatos dessas categorias.

Categoria Econômica

Categoria econômica refere-se aos empregadores e, conforme artigo 511, §1º, da CLT, é formada por empresas que atuem em atividades idênticas, como é o setor de ensino, ou que desempenhem atividades similares, como os bares e restaurantes, ou, ainda, atividades conexas, caso da construção civil, que congrega eletricistas, pedreiros, pintores etc.

Se uma empresa possuir várias atividades distintas, para fins de enquadramento sindical, prevalecerá a sua atividade preponderante.

Categoria Profissional

Categoria profissional refere-se aos empregados e decorre da similitude das condições de vida em razão de os obreiros trabalharem na mesma atividade econômica ou em atividades similares e conexas.

Dessa forma, nota-se que a categoria profissional dos empregados estará ligada à dos empregadores. Em outras palavras, se o empregado atua em um estabelecimento de ensino, sua categoria profissional será a dos empregados nos estabelecimentos de ensino, em regra, não importando a atividade desse trabalhador – pedreiros, secretárias, merendeiras etc. que trabalhem em uma escola serão todos da mesma categoria. Esses são chamados de sindicatos verticais.

Tal como ocorre com a categoria econômica, se a empresa tem várias atividades distintas, para fins de enquadramento sindical, prevalece sua atividade principal. A exceção são os empregados pertencentes à categoria profissional diferenciada, como se verá a seguir.

Categoria Profissional Diferenciada

Categoria profissional diferenciada é aquela que é formada por profissionais com estatuto especial próprio ou sujeitos a condições de vida singulares. Esses são chamados sindicatos horizontais.

Por estatuto profissional próprio entende-se a existência de legislação específica, como as categorias listadas no art. 577 da CLT, os advogados, os motoristas etc.

Não pode Acordo ou Convenção Coletiva, nem sentença normativa, definirem o que é uma categoria diferenciada; é a lei ou o próprio especialíssimo desempenho do trabalho que fará isso.

> ***OJ-SDC-9:*** *Enquadramento Sindical. Incompetência Material da Justiça do Trabalho. O dissídio coletivo não é meio próprio para o Sindicato vir a obter o reconhecimento de que a categoria que representa é diferenciada, pois esta matéria - enquadramento sindical - envolve a interpretação de norma genérica, notadamente do art. 577 da CLT.*

Não há categoria diferenciada para empregadores, eles sempre se associam à sua categoria econômica. Assim, para que o empregado de uma categoria diferenciada tenha direito aos benefícios conseguidos por seu sindicato, é necessário que o sindicato a que a empresa seja associada tenha participado da negociação. Essa é o posicionamento atual do TST:

> ***SUM-374:*** *Norma Coletiva. Categoria Diferenciada. Abrangência. Empregado integrante de categoria profissional diferenciada não tem o direito de haver de seu empregador vantagens previstas em instrumento coletivo no qual a empresa não foi representada por órgão de classe de sua categoria.*

Fundação de Sindicatos

O artigo 8º, I, da CF, determina que o Estado não pode exigir autorização prévia para fundação de um sindicato, mas condiciona sua existência jurídica ao registro no órgão competente.

Assim, a fundação de um novo sindicato segue os padrões gerais do surgimento de qualquer nova associação civil, devendo haver seu registro no Cartório de Registro de Pessoas Jurídicas, quando adquirirá personalidade jurídica. Entretanto, como o sindicato tem características especiais, dentre elas a de respeitar a unicidade sindical, ele também deverá ser registrado no Ministério do Trabalho e Emprego, quando, então, adquirirá **personalidade sindical**.

Essa **personalidade sindical** possibilita a negociação coletiva, confere estabilidade aos dirigentes, insere o sindicato no rateio da contribuição sindical obrigatória e possibilita ingressar em juízo na qualidade de substituto dos empregados.

> ***OJ-SDC-15:*** *Sindicato. Legitimidade "Ad Processum". Imprescindibilidade do Registro no Ministério do Trabalho. A comprovação da legitimidade "ad processum" da entidade sindical se faz por seu registro no órgão competente do Ministério do Trabalho, mesmo após a promulgação da Constituição Federal de 1988.*

Até que venha lei disciplinar de forma diferente, é o MTE quem tem a competência de verificar se a unicidade e a base municipal mínima foram respeitadas, sendo que tal registro limita-se a essa verificação. Nesse sentido, entendem o STF, pela súmula 677.

> ***Súmula 677:*** *Até que lei venha a dispor a respeito, incumbe ao Ministério do Trabalho proceder ao registro das entidades sindicais e zelar pela observância do princípio da unicidade.*

Essa competência do Ministério do Trabalho, conforme posicionamento do STF, é ato vinculado, cabendo somente a verificação dos pressupostos legais, não é ato discricionário, dependente da vontade do órgão. Assim, após o sindicato dar entrada no pedido de reconhecimento, o MTE publicará em Diário Oficial tal pedido e, não havendo impugnação por outra entidade, dará o reconhecimento. Contudo, se algum sindicato impugnar o registro, alegando que já atua perante aquela base territorial defendendo aquela categoria, o Ministério do Trabalho deverá aguardar solução conciliatória das partes ou decisão judicial.

A unicidade sindical determina que não haverá dois sindicatos representantes da mesma categoria na mesma base territorial. Por outro lado, a base mínima de um sindicato será um município.

Na situação hipotética envolvendo um sindicato dos empregados em estabelecimentos de ensino que abranjam as cidades paranaenses de Maringá, Sarandi e Marialva, o SINDENSINO, este sindicato será o único dessa categoria nessas três cidades. Caso os trabalhadores da cidade de Sarandi não queiram mais fazer parte SINDENSINO, eles podem abrir um específico, pois estarão respeitando a base territorial mínima, ocasião em que o âmbito de atuação do SINDENSINO ficará restrito a Maringá e Marialva, em respeito à unicidade sindical.

Respeitada a base territorial mínima, é possível o desmembramento de sindicatos ou a junção de 2 ou vários deles, pois são os trabalhadores interessados que decidem pela formação do sindicato, conforme artigo 8º, II, da CF. Em razão da unicidade sindical, no Brasil, não é possível a criação de sindicatos por empresas (por exemplo, o Sindicato dos Trabalhadores das Casas Bahia), pois, na base territorial, haverá outro sindicato representando a categoria (o sindicato dos trabalhadores do comércio varejista).

Não confunda, todavia, os termos unicidade sindical e unidade sindical. Unidade é uma condição em que, de fato, só há um sindicato representando os trabalhadores, mas, por vontade própria, não por determinação legal, resultado do amadurecimento político da classe, sendo exemplo desse fenômeno a Alemanha.

Convenção nº 87 da OIT

A Organização Internacional do Trabalho tem várias convenções que os Estados podem ou não ratificar. A convenção nº 87 trata da liberdade sindical e prevê que ela deva ser a mais ampla possível, de forma que o Direito Brasileiro não é compatível com tal convenção, uma vez que aqui vigora a unicidade sindical, bem como a base territorial mínima.

Os pontos fortes da Convenção são a impossibilidade de dissolução ou suspensão de um sindicato via administrativa; impossibilidade de intervenção do Estado nos sindicatos; livre elaboração de estatutos e regulamentos administrativos; parâmetros razoáveis que não atrapalhem a um sindicato adquirir personalidade jurídica; e possibilidade de restrição da sindicalização das forças armadas e da polícia.

Como nem todas as disposições da Convenção são compatíveis com nossa Constituição, ela nunca foi ratificada pelo Brasil, não vigorando em nosso território, de forma que não se fala em pluralidade sindical em nossa atual legislação.

Exercícios Comentados

01. ***Considere as seguintes assertivas:***

I. As organizações de trabalhadores e de entidades patronais estão sujeitas à suspensão por via administrativa.

II. Os trabalhadores e as entidades patronais, sem distinção de qualquer espécie, têm o direito, sem autorização prévia, de constituírem organizações da sua escolha.

III. As organizações de trabalhadores e de entidades patronais têm o direito de elaborar os seus estatutos e regulamentos administrativos, mas devem submetê-los a registro em órgão público para a análise da legalidade e adequação aos interesses nacionais.

De acordo com a Convenção nº 87 da Organização Internacional do Trabalho, está correto o que se afirma APENAS em:

a) I.
b) II.
c) III.
d) I e II.
e) II e III.

RESPOSTA ***"B". Os itens I e III contrariam a Convenção 87, e o item II contraria nossa legislação, mas a questão pergunta sobre as próprias cláusulas expressas na Convenção 87, de forma que a II está correta. Nota-se, assim, que é recomendada a leitura integral da Convenção, pois suas disposições podem ser objeto de prova.***

Filiação dos Trabalhadores

A liberdade de filiação no Brasil é garantida, pelo artigo 8º, V, da Constituição, de forma que ninguém é obrigado a filiar-se ou manter-se filiado a sindicato. Assim, a filiação sindical não pode ser motivo que traga privilégios ou prejuízos de qualquer espécie (por exemplo, não pode haver preferência na contratação por ser ou não filiado, diferença no salário, na progressão da carreira etc.).

Ocorre que, se a pessoa decidir ser sindicalizada, não poderá escolher qual entidade a representará, é obrigada a aceitar o sindicato de sua categoria, que como visto, para os empregados, em regra, segue a atividade econômica do empregador, salvo os que exerçam categoria profissional diferenciada.

Aos aposentados, é garantido o direito de filiação também, bem como o de votar e serem votados nos sindicatos, conforme expresso no artigo 8º, VII, da Constituição.

No caso de desmembramento de um sindicato em dois, o novo sindicato não arrasta automaticamente a filiação dos empregados que atuem perante a base territorial no sindicato nascente, é necessário que os trabalhadores, voluntariamente, filiem-se ao novo sindicato.

Organização Interna do Sindicato

Apesar de o Estado não poder intervir na organização interna do sindicato, algumas das disposições celetistas sobre o tema foram recepcionadas pela Constituição, de forma que alguns órgãos internos e procedimentos ainda são necessários a qualquer sindicato. São órgãos do sindicato a Assembleia Geral, a Diretoria e o Conselho Fiscal.

A Assembleia Geral é o principal órgão do sindicato, cabendo-lhe a ele as deliberações sobre temas importantes (por exemplo, a deflagração ou não de greve, a pauta reivindicatória da categoria antes da celebração do ACT ou CCT, a eleição da diretoria). Alguns temas, necessariamente, devem guardar sigilo na votação, conforme artigo 524, da CLT:

> ***Art. 524*** *- Serão sempre tomadas por escrutínio secreto, na forma estatutária, as deliberações da Assembleia Geral concernentes aos seguintes assuntos:*
>
> ***a)*** *Eleição de associado para representação da respectiva categoria prevista em lei;*
>
> ***b)*** *Tomada e aprovação de contas da diretoria;*
>
> ***c)*** *aplicação do patrimônio;*
>
> ***d)*** *Julgamento dos atos da Diretoria, relativos a penalidades impostas a associados;*
>
> ***e)*** *Pronunciamento sobre relações ou dissídio de trabalho.*

A Diretoria é composta de, no mínimo, 3 e, no máximo, 7 membros, com igual número de suplentes, conforme disposição da CLT. Apesar de tal informação já ter sido considerada correta em provas, a rigor, o sindicato pode ter quantos diretores quiser. Ocorre que a estabilidade do dirigente sindical prevista pela lei restringe-se a no máximo 7 dirigentes e 7 suplentes, conforme súmula 369, II, do TST.

A diretoria será eleita perante a Assembleia Geral, com mandato de 3 anos, mas o presidente do sindicato será escolhido pela própria diretoria dentre seus membros, a qual também indicará os delegados sindicais. Esses delegados sindicais não possuem estabilidade, conforme OJ 369, da SDI-1.

O Conselho Fiscal é composto de 3 membros eleitos pela Assembleia Geral e tem a atribuição de fiscalizar as contas do sindicato. Os membros deste conselho não terão estabilidade, conforme OJ 365, do TST.

Fique Ligado

Os diretores eleitos, 7 titulares e 7 suplentes, têm estabilidade. Os membros do conselho fiscal não terão estabilidade.

Fontes de Custeio dos Sindicatos

Existem 4 espécies de pagamentos efetuados para o custeio das atividades sindicais, a contribuição sindical, a contribuição confederativa, a contribuição assistencial e a mensalidade sindical.

Ainda, é possível ao sindicato criar outras formas renda, recebendo doações de seus membros, aplicando o dinheiro que possui, criando outras contribuições (por exemplo, para o fundo de greve). A vedação da CLT ao sindicato: ter atividade econômica ou política não foi recepcionada pela Constituição.

Contribuição Sindical

Antigamente chamada de imposto sindical, é prevista no artigo 8º, IV, da CF e é obrigatória para todos, sindicalizados ou não sindicalizados, tanto para empregados como para empresas, sendo que essa contribuição sindical tem natureza de tributo.

Para os empregados, corresponde a 1 dia de trabalho por ano, que é auferido conforme artigo 582, da CLT. Ela será descontada no salário em março e repassada para o sindicato dos trabalhadores em abril.

> ***Art. 582.*** *Os empregadores são obrigados a descontar, da folha de pagamento de seus empregados relativa ao mês de março de cada ano, a contribuição sindical por estes devida aos respectivos sindicatos.*
>
> *§1º Considera-se um dia de trabalho, para efeito de determinação da importância a que alude o item I do Art. 580, o equivalente:*
>
> ***a)*** *A uma jornada normal de trabalho, se o pagamento ao empregado for feito por unidade de tempo;*
>
> ***b)*** *A 1/30 (um trinta avos) da quantia percebida no mês anterior, se a remuneração for paga por tarefa, empreitada ou comissão.*
>
> *§2º Quando o salário for pago em utilidades, ou nos casos em que o empregado receba, habitualmente, gorjetas, a contribuição sindical corresponderá a 1/30 (um trinta avos) da importância que tiver servido de base, no mês de janeiro, para a contribuição do empregado à Previdência Social.*

Para os empregadores, a contribuição será paga em janeiro e varia de acordo com o capital social da empresa. As instituições que não têm finalidade econômica lucrativa podem requerer isenção do pagamento da contribuição sindical.

> ***Art. 587.*** *O recolhimento da contribuição sindical dos empregadores efetuar-se-á no mês de janeiro de cada ano, ou, para os que venham a estabelecer-se após aquele mês, na ocasião em que requeiram às repartições o registro ou a licença para o exercício da respectiva atividade.*

O valor da contribuição sindical será repartida por todo o sistema confederativo, bem como com as Centrais Sindicais e a Conta Especial Salário e Emprego. A proporção dessa repartição é prevista no artigo 589, da CLT, sendo que o sindicato obreiro indicará a qual Central Sindical será destinado seu montante.

> ***Art. 589.*** *Da importância da arrecadação da contribuição sindical serão feitos os seguintes créditos pela Caixa Econômica Federal, na forma das instruções que forem expedidas pelo Ministro do Trabalho:*

I. Para os empregadores:

a) 5% (cinco por cento) para a confederação correspondente;

b) 15% (quinze por cento) para a federação;

c) 60% (sessenta por cento) para o sindicato respectivo; e

d) 20% (vinte por cento) para a 'Conta Especial Emprego e Salário';

II. Para os trabalhadores:

a) 5% (cinco por cento) para a confederação correspondente;

b) 10% (dez por cento) para a central sindical;

c) 15% (quinze por cento) para a federação;

d) 60% (sessenta por cento) para o sindicato respectivo; e

e) 10% (dez por cento) para a 'Conta Especial Emprego e Salário';

§1º O sindicato de trabalhadores indicará ao Ministério do Trabalho e Emprego a central sindical a que estiver filiado como beneficiária da respectiva contribuição sindical, para fins de destinação dos créditos previstos neste artigo.

§2º A central sindical a que se refere a alínea b do inciso II do caput deste artigo deverá atender aos requisitos de representatividade previstos na legislação específica sobre a matéria.

Quando não houver sindicato, de empregados ou empregadores, os 60% a ele devidos serão repassados à Federação. Assim, como a Federação já receberá 60%, os seus 15% serão repassados para a Confederação.

***Art. 591**. Inexistindo sindicato, os percentuais previstos na alínea c do inciso I e na alínea d do inciso II do caput do art. 589 desta Consolidação serão creditados à federação correspondente à mesma categoria econômica ou profissional.*

I. Para os empregadores: c) 60% (sessenta por cento) para o sindicato respectivo; e

II. Para os trabalhadores: d) 60% (sessenta por cento) para o sindicato respectivo; e

***Parágrafo único**. Na hipótese do caput deste artigo, os percentuais previstos nas alíneas a e b do inciso I e nas alíneas a e c do inciso II do caput do art. 589 desta Consolidação caberão à confederação.*

I. Para os empregadores: a) 5% (cinco por cento) para a confederação correspondente; b) 15% (quinze por cento) para a federação;

II. Para os trabalhadores: a) 5% (cinco por cento) para a confederação correspondente; c) 15% (quinze por cento) para a federação.

Se não houver Confederação, seus percentuais serão repassados à Federação. Se não houver nenhuma entidade representativa ou se o sindicato não indicar qual Central Sindical será beneficiada, os valores serão todos creditados na Conta Especial Emprego e Salário.

***Art. 590**. Inexistindo confederação, o percentual previsto no art. 589 desta Consolidação caberá à federação representativa do grupo.*

§3º Não havendo sindicato, nem entidade sindical de grau superior ou central sindical, a contribuição sindical será creditada, integralmente, à 'Conta Especial Emprego e Salário'.

§4º Não havendo indicação de central sindical, na forma do § 1º do art. 589 desta Consolidação, os percentuais que lhe caberiam serão destinados à 'Conta Especial Emprego e Salário'

Contribuição Confederativa

A contribuição confederativa, fixada pela Assembleia Geral do Sindicato, também é prevista pela Constituição e serve para manter o sistema confederativo, financiando o funcionamento de sindicatos, federações e confederações.

Tal contribuição não tem natureza jurídica de tributo, de forma que somente poderá ser cobrada dos empregados ou das empresas sindicalizados. Tanto o STF, pela súmula 666, como o TST, pela OJ 17, da SDC e PN 119, consideram que viola a liberdade de associação a cobrança da contribuição confederativa de pessoas não sindicalizadas.

***Súmula 666**. A contribuição confederativa de que trata o art. 8º, iv, da constituição, só é exigível dos filiados ao sindicato respectivo.*

***OJ-SDC-17:** Contribuições para Entidades Sindicais. Inconstitucionalidade de sua extensão a não associados. As cláusulas coletivas que estabeleçam contribuição em favor de entidade sindical, a qualquer título, obrigando trabalhadores não sindicalizados, são ofensivas ao direito de livre associação e sindicalização, constitucionalmente assegurado, e, portanto, nulas, sendo passíveis de devolução, por via própria, os respectivos valores eventualmente descontados.*

***PN-119:** Contribuições Sindicais - Inobservância de Preceitos Constitucionais. "A Constituição da República, em seus arts. 5º, XX e 8º, V, assegura o direito de livre associação e sindicalização. É ofensiva a essa modalidade de liberdade cláusula constante de acordo, convenção coletiva ou sentença normativa estabelecendo contribuição em favor de entidade sindical a título de taxa para custeio do sistema confederativo, assistencial, revigoramento ou fortalecimento sindical e outras da mesma espécie, obrigando trabalhadores não sindicalizados. Sendo nulas as estipulações que inobservem tal restrição, tornam-se passíveis de devolução os valores irregularmente descontados."*

Contribuição Assistencial

Contribuição assistencial, também chamada de taxa de reversão, é prevista no artigo 513, da CLT, e é instituída para saldar os custos existentes em razão das negociações coletivas (por exemplo, viagens e hospedagem dos representantes sindicais), além de representar uma bonificação ao sindicato em razão das conquistas para a categoria.

Ela também não tem natureza de tributo, de forma que somente poderá ser cobrada dos que forem filiados ao sindicato. Nesse sentido, entende o TST, conforme orientações citadas acima.

Mensalidade Sindical

Mensalidade sindical pode ser prevista no estatuto do sindicato. Ela tem a mesma característica da mensalidade paga a um clube ou associação qualquer, servindo para custear benefícios que o próprio sindicato mantenha, como médico ou chácara para utilização dos associados, sendo obviamente cobrada somente dos filiados ao sindicato.

Exercício Comentado

01. ***A Constituição Federal consagra o princípio da liberdade de associação profissional ou sindical. Sobre este tema, levando em conta os textos legais e os entendimentos jurisprudenciais pacificados pelo C. TST e pelo E. STF, aponte a alternativa errada:***

a) A Assembleia geral do ente sindical fixará a contribuição que, em se tratando de categoria profissional, será descontada em folha, para custeio do sistema confederativo da representação sindical respectiva, independentemente da contribuição prevista em lei.

b) A contribuição confederativa de que trata o art. 8°, IV, da Constituição, só é exigível dos filiados ao sindicato respectivo.

c) A contribuição assistencial será recolhida, de uma só vez, anualmente, e consistirá na importância correspondente à remuneração de um dia de trabalho, para os empregados, qualquer que seja a forma da referida remuneração.

d) A contribuição sindical será recolhida, de uma só vez, anualmente, e consistirá, para os empregadores, numa importância proporcional ao capital social da firma ou empresa, registrado nas respectivas Juntas Comerciais ou órgãos equivalentes, mediante a aplicação de alíquotas, conforme a tabela progressiva prevista no inc. III, do art. 580 da CLT.

e) Excluem-se da regra de recolhimento da contribuição sindical as entidades ou instituições que comprovarem, através de requerimento dirigido ao Ministério do Trabalho, que não exercem atividade econômica com fins lucrativos.

RESPOSTA ***"C". O erro da alternativa é o termo "contribuição assistencial", o correto seria "contribuição sindical". A contribuição assistencial visa custear os gastos decorrentes da negociação coletiva, mas somente podem ser cobradas de empregados filiados ao sindicato, não tendo caráter de tributo.***

Federações e Confederações

A Federações e Confederações são entidades de grau superior do sistema confederativo.

A Federação é composta por, no mínimo, 5 sindicatos que representem a maioria absoluta de um grupo em atividades ou profissões idênticas, similares ou conexas.

A Confederação é composta por, no mínimo, 3 Federações e terá sede na Capital da República.

Tanto a Federação como a Confederação terão a seguinte estrutura interna:

Diretoria, composta por, no mínimo, 3 membros, sem limitação máxima de diretores, com mandato de 3 anos. O presidente e o vice serão escolhidos pela Diretoria e não pelo Conselho de Representantes;

Conselho fiscal, composto por 3 membros, também com mandado de 3 anos. A atuação do conselho fiscal limita-se à fiscalização da gestão financeira;

Conselho de Representantes, formado por uma delegação de 2 membros de cada sindicato, no caso da Federação, ou 2 membros de cada Federação, no caso da Confederação. Esses representantes terão mandato de 3 anos, e cada delegação terá direito a um voto.

__Art. 533__ - Constituem associações sindicais de grau superior as federações e confederações organizadas nos termos desta Lei.

__Art. 534__ - É facultado aos Sindicatos, quando em número não inferior a 5 (cinco), desde que representem a maioria absoluta de um grupo de atividades ou profissões idênticas, similares ou conexas, organizarem-se em federação.

__Art. 535__ - As Confederações organizar-se-ão com o mínimo de 3 (três) federações e terão sede na Capital da República.

__Art. 538__ - A administração das federações e confederações será exercida pelos seguintes órgãos:

a) Diretoria;

b) Conselho de Representantes;

c) Conselho Fiscal.

§1º - A Diretoria será constituída no mínimo de 3 (três) membros e de 3 (três) membros se comporá o Conselho Fiscal, os quais serão eleitos pelo Conselho de Representantes com mandato por 3 (três) anos.

§2º - Só poderão ser eleitos os integrantes dos grupos das federações ou dos planos das confederações, respectivamente.

§3º - O Presidente da federação ou confederação será escolhido dentre os seus membros, pela Diretoria.

§4º - O Conselho de Representantes será formado pelas delegações dos Sindicatos ou das Federações filiadas, constituída cada delegação de 2 (dois) membros, com mandato por 3 (três) anos, cabendo 1 (um) voto a cada delegação.

§5º - A competência do Conselho Fiscal é limitada à fiscalização da gestão financeira.

Centrais Sindicais

As Centrais Sindicais surgiram por volta de 1980, mas seu reconhecimento jurídico veio somente em 2008, Como exemplos delas estão CUT, UGT, Força Sindical etc. Elas serão entidades exclusivamente dos trabalhadores, sempre de âmbito nacional, e suas atribuições são previstas no artigo 1º, da Lei 11.648/2008:

__Art. 1º__ A central sindical, entidade de representação geral dos trabalhadores, constituída em âmbito nacional, terá as seguintes atribuições e prerrogativas:

I. Coordenar a representação dos trabalhadores por meio das organizações sindicais a ela filiadas; e

II. Participar de negociações em fóruns, colegiados de órgãos públicos e demais espaços de diálogo social que possuam composição tripartite, nos quais estejam em discussão assuntos de interesse geral dos trabalhadores.

Um exemplo de participação nos órgãos citados no inciso II é o Conselho Curador do FGTS. Essa participação de cada Central Sindical será proporcional a sua representatividade, o que será aferido pelo MTE. De qualquer forma, essa proporcionalidade não poderá alterar a característica de paridade dos órgãos de discussão, ou seja, não poderá haver mais representantes de empregados do que de empregadores ou do governo.

A formação das Centrais Sindicais deve respeitar o artigo 2º da citada lei, sob pena de somente existirem como uma associação qualquer, de forma que não participariam dos órgãos tripartite de discussão, bem como não receberiam os 10% da repartição da contribuição sindical.

__Art. 2º__ Para o exercício das atribuições e prerrogativas a que se refere o inciso II do caput do art. 1º desta Lei, a central sindical deverá cumprir os seguintes requisitos:

I. Filiação de, no mínimo, 100 (cem) sindicatos distribuídos nas 5 (cinco) regiões do País;
II. Filiação em pelo menos 3 (três) regiões do País de, no mínimo, 20 (vinte) sindicatos em cada uma;
III. Filiação de sindicatos em, no mínimo, 5 (cinco) setores de atividade econômica; e
IV. Filiação de sindicatos que representem, no mínimo, 7% (sete por cento) do total de empregados sindicalizados em âmbito nacional.

A Centrais Sindicais aceitam a filiação de qualquer espécie de profissão, podendo congregar sindicatos de trabalhadores rurais, do comércio, da indústria, de categorias profissionais diferenciadas etc.

Há discussão doutrinária, mas prevalece o posicionamento de que os dirigentes das Centrais Sindicais não têm estabilidade no emprego, por falta de previsão legal.

A jurisprudência tem firmado o posicionamento de que as Centrais Sindicais não podem atuar na representação e defesa direta das categorias e, por conseguinte, não podem celebrar Acordo ou Convenção Coletiva, ajuizar dissídios coletivos, ação de cumprimento, ação direta de inconstitucionalidade etc.

Convenção e Acordo Coletivo

A Constituição reconheceu aos sindicatos o poder de regular as relações de trabalho por meio de negociação coletiva, celebrando Acordo Coletivo ou Convenção Coletiva, o que é chamado, por Maurício Godinho Delgado, de princípio da autorregulamentação ou princípio da criatividade jurídica da negociação coletiva.

> ***Art. 7º**. São direitos dos trabalhadores urbanos e rurais, além de outros que visem à melhoria de sua condição social:*
> ***XXVI.** Reconhecimento das convenções e acordos coletivos de trabalho;*

Tanto o Acordo Coletivo como a Convenção Coletiva têm natureza jurídica dúplice – contratual e normativa –, pois são negociados e ajustados pelas partes, tal como um contrato, mas estipulam regras gerais e abstratas para diversas pessoas, mesmo os não sindicalizados, tal como uma lei.

Acordo Coletivo

O Acordo Coletivo é celebrado entre o sindicato dos trabalhadores e uma ou mais empresas, estipulando condições de trabalho que se aplicam no âmbito das empresas que fizeram parte do acordo, mesmo para os empregados dessas empresas que não são filiados ao sindicato.

Se os trabalhadores e sua empresa quiserem celebrar Acordo Coletivo, eles cientificarão os sindicatos respectivos, que terão prazo de 8 dias para iniciar a negociação. Assim, será convocada Assembleia Geral com os interessados, filiados ou não ao sindicato, para deliberar e votar sobre o acordo – note que, na Assembleia Geral convocada para deliberar sobre o Acordo Coletivo, votam tanto os sindicalizados como os não sindicalizados.

Após notificado do interesse dos trabalhadores e da empresa, se o sindicato permanecer inerte, os interessados poderão pedir à Federação para que, em 8 dias, inicie as tratativas e, em caso de inércia ou inexistência desta, pedir à Confederação, também no prazo de 8 dias, que inicie a negociação. Havendo desinteresse dos 3 entes, os empregados e a empresa poderão, diretamente, celebrar Acordo Coletivo.

A celebração de Acordo Coletivo sem a presença do sindicato não viola o artigo 8º, VI, da CF, pois foi dada ao sindicato e às entidades de grau superior a oportunidade de participar da negociação, não podendo sua inércia tolher o direito dos trabalhadores de firmarem Acordo Coletivo.

> ***Art. 617** - Os empregados de uma ou mais empresas que decidirem celebrar Acordo Coletivo de Trabalho com as respectivas empresas darão ciência de sua resolução, por escrito, ao Sindicato representativo da categoria profissional, que terá o prazo de 8 (oito) dias para assumir a direção dos entendimentos entre os interessados, devendo igual procedimento ser observado pelas empresas interessadas com relação ao Sindicato da respectiva categoria econômica.*
>
> ***§1º** Expirado o prazo de 8 (oito) dias sem que o Sindicato tenha se desincumbido do encargo recebido, poderão os interessados dar conhecimento do fato à Federação a que estiver vinculado o Sindicato e, em falta dessa, à correspondente Confederação, para que, no mesmo prazo, assuma a direção dos entendimentos. Esgotado esse prazo, poderão os interessados prosseguir diretamente na negociação coletiva até final.*
>
> ***§2º** Para o fim de deliberar sobre o Acordo, a entidade sindical convocará assembleia geral dos diretamente interessados, sindicalizados ou não, nos termos do art. 612.*

Convenção Coletiva

A Convenção Coletiva é celebrada entre o sindicato dos trabalhadores e o sindicato dos empregadores e estipula condições de trabalho para toda a categoria envolvida, atingindo mesmo as empresas que não façam parte do sindicato patronal e os empregados que não sejam sindicalizados.

Não havendo sindicato representando, a categoria profissional ou econômica poderá celebrar a Convenção Coletiva à Federação e, na falta desta, à Confederação.

Aqui, não existe a possibilidade de os interessados celebrarem Convenção Coletiva diretamente; é sempre obrigatória e presença dos sindicatos.

Para a celebração da Convenção Coletiva, é necessária a convocação de Assembleia Geral, em que votarão os empregados filiados à entidade – note que na Assembleia Geral convocada para deliberar sobre a Convenção, votam somente os que fazem parte do sindicato, ao contrário do Acordo Coletivo.

Fique Ligado

No Acordo Coletivo, votam os interessados (filiados ou não ao sindicato) e sua abrangência é a empresa que celebrou o acordo, atingindo todos empregados da empresa (filiados e não filiados). Na Convenção Coletiva, votam somente os filiados ao sindicado, e sua abrangência é toda a categoria, atingindo todos os empregados da categoria (filiados e não filiados também).

Assim, a diferença entre Acordo e Convenção é a presença ou não do sindicato patronal na negociação, bem como a abrangência mais ampla ou mais restrita dos instrumentos, sendo que a Consolidação assim os define:

> ***Art. 611** - Convenção Coletiva de Trabalho é o acordo de caráter normativo, pelo qual dois ou mais Sindicatos representativos de categorias econômicas e profissionais estipulam condições de trabalho aplicáveis, no âmbito das respectivas representações, às relações individuais de trabalho.*

§1º É facultado aos Sindicatos representativos de categorias profissionais celebrar Acordos Coletivos com uma ou mais empresas da correspondente categoria econômica, que estipulem condições de trabalho, aplicáveis no âmbito da empresa ou das acordantes respectivas relações de trabalho.

§2º As Federações e, na falta desta, as Confederações representativas de categorias econômicas ou profissionais poderão celebrar convenções coletivas de trabalho para reger as relações das categorias a elas vinculadas, inorganizadas em Sindicatos, no âmbito de suas representações.

Requisitos Formais da Negociação Coletiva

Tanto a Convenção Coletiva como o Acordo Coletivo cumprem alguns requisitos para serem celebrados validamente e operarem efeitos nas relações de trabalho.

→ Quorum para aprovação de ACT e CCT

Haverá convocação para Assembleia Geral especificamente designada para tratar do ACT ou do CCT, sendo que essa convocação será feita como determinar o estatuto, mas o quorum é previsto na lei. Havendo disposição ou rito específico no estatuto, devem ser seguidos.

***OJ-SDC-35** Edital de Convocação da agt. Disposição estatutária específica. Prazo mínimo entre a publicação e a realização da assembleia. Observância obrigatória. Se os estatutos da entidade sindical contam com norma específica que estabeleça prazo mínimo entre a data de publicação do edital convocatório e a realização da assembleia correspondente, então a validade desta última depende da observância desse interregno.*

O quórum de comparecimento e votação será:

→ Em primeira convocação:
- > Para a Convenção, 2/3 dos filiados ao sindicato;
- > Para o Acordo, 2/3 dos interessados (filiados ou não);

→ Em segunda convocação:
- > Para a Convenção, 1/3 dos filiados ao sindicato;
- > Para o Acordo, 1/3 dos interessados (filiados ou não).

→ Nos sindicatos com mais de 5000 filiados, o quorum de comparecimento e votação para a segunda convocação será de 1/8 dos filiados.

***Art. 612** - Os Sindicatos só poderão celebrar Convenções ou Acordos Coletivos de Trabalho, por deliberação de Assembleia Geral especialmente convocada para esse fim, consoante o disposto nos respectivos Estatutos, dependendo a validade da mesma do comparecimento e votação, em primeira convocação, de 2/3 (dois terços) dos associados da entidade, se tratar de Convenção, e dos interessados, no caso de Acordo, e, em segunda, de 1/3 (um terço) dos mesmos.*

***Parágrafo único.** O "quorum" de comparecimento e votação será de 1/8 (um oitavo) dos associados em segunda convocação, nas entidades sindicais que tenham mais de 5.000 (cinco mil) associados.*

Há vários doutrinadores que sustentam que tais dispositivos não foram recepcionados pela Constituição, inclusive apontando o cancelamento das OJs 13,21 e 24, da SDC, como vitrine dessa interpretação. Contudo, os concursos ainda têm cobrado tais disposições, portanto, é necessário ao candidato conhecê-las.

Cláusulas Obrigatórias no ACT e na CCT

O ACT e a CCT são instrumentos solenes, que devem ser sempre celebrados por escrito, sem rasuras – não existe ACT ou CCT verbal. O instrumento terá uma via para cada um dos envolvidos na negociação, além de uma via destinada ao registro no MTE.

A doutrina costuma classificar as cláusulas existentes em uma negociação coletiva em 3 espécies: obrigacionais, normativas e de garantia. As obrigacionais são direcionadas aos próprios sindicatos contratantes criando obrigações diversas (por exemplo, a liberdade de o dirigente sindical ingressar na empresa a qualquer horário). As normativas são direcionadas aos beneficiários dos instrumentos coletivos, criando direitos para os empregados e empregadores. Por fim, as de garantia são ajustadas para garantir o cumprimento das outras duas citadas (por exemplo, multas pelo descumprimento).

Algumas disposições são de presença obrigatória nos ACT e CCT, as quais estão previstas no artigo 613, da CLT.

***Art. 613** - As Convenções e os Acordos deverão conter obrigatoriamente:*

I. Designação dos Sindicatos convenentes ou dos Sindicatos e empresas acordantes;

II. Prazo de vigência;

III. Categorias ou classes de trabalhadores abrangidas pelos respectivos dispositivos;

IV. Condições ajustadas para reger as relações individuais de trabalho durante sua vigência;

V. Normas para a conciliação das divergências sugeridas entre os convenentes por motivos da aplicação de seus dispositivos;

VI. Disposições sobre o processo de sua prorrogação e de revisão total ou parcial de seus dispositivos;

VII. Direitos e deveres dos empregados e empresas;

VIII. Penalidades para os Sindicatos convenentes, os empregados e as empresas em caso de violação de seus dispositivos.

***Parágrafo único.** As convenções e os Acordos serão celebrados por escrito, sem emendas nem rasuras, em tantas vias quantos forem os Sindicatos convenentes ou as empresas acordantes, além de uma destinada a registro.*

É necessário saber quem são os sindicatos ou as empresas envolvidas na negociação, bem como a categoria que representam, sendo tais informações importantes para saber o campo de abrangência da negociação. Essa importância é vislumbrada, por exemplo, na convenção firmada por uma categoria profissional diferenciada, pois, se um sindicato qualquer não participou da negociação, não se submeterá às condições ajustadas, conforme súmula 374, do TST.

É preciso que conste o prazo de vigência da norma coletiva, que será de no máximo 2 anos. Não confunda o prazo máximo de 2 anos da ACT e CCT com o prazo máximo de 4 anos de vigência da sentença normativa.

Fique Ligado

O atual posicionamento do TST é que, nas Convenções Coletivas e nos Acordos Coletivos, as cláusulas normativas (aquelas que criam direitos) integram os contratos de trabalho, vigorando até que outra convenção ou acordo coletivo as revoguem ou alterem. Mesmo após o prazo de vigência do ACT ou do CCT, não havendo nova negociação coletiva, as cláusulas normativas continuam operando efeitos nos contratos de trabalho.

Anteriormente, o TST entendia que as condições estipuladas em ACT ou CCT somente valeriam no prazo de vigência dos instrumentos coletivos, de forma que essa questão tem grandes chances de ser objeto de prova.

SUM-277 Convenção Coletiva de Trabalho ou Acordo Coletivo de Trabalho. Eficácia. Ultratividade. As cláusulas normativas dos acordos coletivos ou convenções coletivas integram os contratos individuais de trabalho e somente poderão ser modificadas ou suprimidas mediante negociação coletiva de trabalho.

Como a nova súmula 277 é silente acerca das sentenças normativas, tem-se que as condições estipuladas por ela vigorarão até seu prazo máximo, ou seja, ultrapassados os 4 anos de vigência, não sendo firmado ACT ou CCT, as condições de trabalho previstas na sentença normativa deixam de operar efeitos.

***OJ-SDI1-322:** Acordo Coletivo de Trabalho. Cláusula de Termo aditivo prorrogando o acordo para prazo Indeterminado. Inválida. Nos termos do art. 614, § 3º, da CLT, é de 2 anos o prazo máximo de vigência dos acordos e das convenções coletivas. Assim sendo, é inválida, naquilo que ultrapassa o prazo total de 2 anos, a cláusula de termo aditivo que prorroga a vigência do instrumento coletivo originário por prazo indeterminado.*

***PN-120:** Sentença Normativa. Duração. Possibilidade e Limites (positivo). A sentença normativa vigora, desde seu termo inicial até que sentença normativa, convenção coletiva de trabalho ou acordo coletivo de trabalho superveniente produza sua revogação, expressa ou tácita, respeitado, porém, o prazo máximo legal de quatro anos de vigência.*

Também, é mandatório incluir disposições sobre a prorrogação e a revisão total ou parcial da ACT ou CCT, sendo que todos esses procedimentos necessitam de convocação e aprovação da Assembleia Geral, com o mesmo quorum de 2/3 em primeira convocação e 1/3 em segunda convocação. Como é necessária aprovação em Assembleia, não existe prorrogação automática de Acordos ou Convenções Coletivos, não sendo possível que tal procedimento estenda a vigência do instrumento coletivo para além do prazo máximo de 2 anos.

***Art. 615** - O processo de prorrogação, revisão, denúncia ou revogação total ou parcial de Convenção ou Acordo ficará subordinado, em qualquer caso, à aprovação de Assembleia Geral dos Sindicatos convenentes ou partes acordantes, com observância do disposto no art. 612.*

***§1º** O instrumento de prorrogação, revisão, denúncia ou revogação de Convenção ou Acordo será depositado para fins de registro e arquivamento, na repartição em que o mesmo originariamente foi depositado observado o disposto no art. 614.*

***§2º** As modificações introduzidos em Convenção ou Acordo, por força de revisão ou de revogação parcial de suas clausulas passarão a vigorar 3 (três) dias após a realização de depósito previsto no § 1º.*

Os instrumentos coletivos devem prever normas de solução dos conflitos e, para tanto, podem eleger a mediação ou a arbitragem, de acordo com o que está previsto expressamente no artigo 114, §1º, da Constituição. Assim, no direito coletivo, a arbitragem é possível, ao contrário do direito individual.

***Art. 114**. Compete à Justiça do Trabalho processar e julgar:*

***§1º** - Frustrada a negociação coletiva, as partes poderão eleger árbitros*

É forçoso incluir as normas que regularão as condições de trabalho, bem como os direitos e deveres das partes, sendo esses os principais motivos da negociação. Os Acordos e as Convenções, obrigatoriamente, devem prever penalidades em razão do descumprimento do pactuado, inclusive podendo prever multa para os sindicatos convenentes, bem como para os empregadores e para os empregados.

Qual será a penalidade é escolha dos sindicatos, mas a multa não pode ser superior à obrigação principal, conforme entendimento do TST:

***OJ-SDI1-54** Multa. Cláusula Penal. Valor Superior ao Principal. O valor da multa estipulada em cláusula penal, ainda que diária, não poderá ser superior à obrigação principal corrigida, em virtude da aplicação do artigo 412 do Código Civil de 2002 (art. 920 do Código Civil de 1916).*

Ainda que a cláusula ajustada seja mera repetição do texto legal (por exemplo, que a hora extra será de no mínimo 50%), havendo descumprimento, caberá aplicação de multa convencional. Nesse sentido, entende o TST:

***SUM-384** Multa Convencional. Cobrança.*

I. O descumprimento de qualquer cláusula constante de instrumentos normativos diversos não submete o empregado a ajuizar várias ações, pleiteando em cada uma o pagamento da multa referente ao descumprimento de obrigações previstas nas cláusulas respectivas.

II. É aplicável multa prevista em instrumento normativo (sentença normativa, convenção ou acordo coletivo) em caso de descumprimento de obrigação prevista em lei, mesmo que a norma coletiva seja mera repetição de texto legal.

Vigência do ACT e da CCT

Após a assinatura de Acordo Coletivo ou Convenção Coletiva, 2 procedimentos são necessários:

> Depósito junto ao MTE no prazo de 8 dias;

> Afixação nos sindicatos e nas empresas, no prazo de 5 dias. O descumprimento desse prazo é mera irregularidade, sendo que o instrumento valerá da mesma forma;

> Após o depósito no MTE, o ACT ou a CCT começam a vigorar dentro de 3 dias. No caso de revisão, é necessário novo depósito no MTE, que também passará a vigorar no prazo de 3 dias.

***Art. 614** - Os Sindicatos convenentes ou as empresas acordantes promoverão, conjunta ou separadamente, dentro de 8 (oito) dias da assinatura da Convenção ou Acordo, o depósito de uma via do mesmo, para fins de registro e arquivo, no Departamento Nacional do Trabalho, em se tratando de instrumento de caráter nacional ou interestadual, ou nos órgãos regionais do Ministério do Trabalho e Previdência Social, nos demais casos.*

***§1º** As Convenções e os Acordos entrarão em vigor 3 (três) dias após a data da entrega dos mesmos no órgão referido neste artigo.*

***§2º** Cópias autênticas das Convenções e dos Acordos deverão ser afixados de modo visível, pelos Sindicatos convenentes, nas respectivas sedes e nos estabelecimentos das empresas compreendidas no seu campo de aplicação, dentro de 5 (cinco) dias da data do depósito previsto neste artigo.*

***§3º** Não será permitido estipular duração de Convenção ou Acordo superior a 2 (dois) anos.*

Exercício Comentado

01. *Considere as seguintes assertivas a respeito das Convenções Coletivas de Trabalho:*

I. As Federações e na sua falta as Confederações poderão celebrar Convenções Coletivas de Trabalho para reger as relações das categorias a elas vinculadas, ainda que organizadas em sindicatos.

II. As Convenções Coletivas de Trabalho podem ser consideradas negócios jurídicos de caráter normativo, possuindo efeitos erga omnes.

III. Em Convenção Coletiva de Trabalho é facultativa a clausula de penalidades para os sindicatos convenentes, os empregados e as empresas em caso de violação de seus dispositivos.

IV. Não será permitido estipular duração de Convenção Coletiva de Trabalho superior a dois anos.

Está correto o que se afirma SOMENTE em:

a) II e IV.
b) I, II e III.
c) II, III e IV.
d) I, II e IV.
e) III e IV.

RESPOSTA *"A". O item I está incorreto, uma vez que, havendo sindicato, é ele quem celebrará a Convenção Coletiva, não podendo a federação ou a confederação sobrepor a vontade deste. Caso o sindicato não exista, então, será possível à Federação, e, na falta desta, à Confederação celebrarem a Convenção.*

Não confunda essa situação com o caso do Acordo Coletivo, em que se o sindicato não tiver interesse na negociação, os interessados poderão procurar a Federação, e depois a Confederação para assumir as negociações, e havendo desinteresse de todos, fazer o acordo diretamente.

O item II está correto, tendo em vista que as Convenções Coletivas de Trabalho tem natureza dúplice – de contrato, pois negociada entre duas partes, e de lei, porquanto estabeleça regulamentação geral e abstrata, chamado de efeito erga omnes.

O item III está incorreto, pois não é facultativa tal cláusula, é obrigatória. Qual será a penalidade é livre escolha dos sindicatos convenentes, desde que respeitada o limite da própria obrigação principal, por exemplo, a multa pelo não pagamento do salário no prazo legal não pode ser maior que o próprio salário, conforme a citada OJ 54, da SDI-1.

O item IV está correto, pois repete a previsão do artigo 614, §3º, da CLT.

Coexistência entre Acordo e Convenção Coletivos

O art. 620 da CLT aplica o princípio da norma mais favorável também nas negociações coletivas, de forma que as condições previstas em Convenção, se mais favoráveis, prevalecem sobre as previstas no Acordo.

> ***Art. 620****. As condições estabelecidas em Convenção quando mais favoráveis, prevalecerão sobre as estipuladas em Acordo.*

A respeito do tema ACT x CCT, é necessário fazer uma observação acerca da forma como que é aplicado o princípio da norma mais favorável. Quando ocorre o confronto Acordo Coletivo x Convenção Coletiva, em que cada um deles é em parte melhor que o outro, surgem 3 teorias para solucionar "o que é o mais benéfico" – teoria da acumulação, teoria do conglobamento e teoria do conglobamento mitigado:

A **Teoria da Acumulação**, minoritária, informa que se deve pinçar em cada instrumento as disposições mais benéficas. Essa teoria é a menos aceita e menos científica.

Já a **Teoria do Conglobamento**, majoritária, informa que se deve escolher o instrumento mais benéfico em sua totalidade, sem mesclar os documentos. Essa é a teoria que deve ser marcada como correta quando estiver em debate ACT x CCT;

Por fim, a T**eoria do Conglobamento Mitigado** foi adotada expressamente pela lei para regular os contratos dos trabalhadores contratados ou transferidos para trabalhar no exterior. Essa teoria informa que se aplicam ao contrato as disposições mais benéficas em relação a cada matéria, ou seja, comparam-se institutos inteiros.

Em um exemplo hipotético, poderiam ser aplicadas da legislação nacional as disposições acerca de férias e salário, mas da legislação estrangeira poderiam ser aplicadas as disposições quanto a repouso semanal e dispensa do empregado.

> ***Lei 7064/1982*** *- Dispõe sobre a situação de trabalhadores contratados ou transferidos para prestar serviços no exterior.*
>
> ***Art. 3º*** *- A empresa responsável pelo contrato de trabalho do empregado transferido assegurar-lhe-á, independentemente da observância da legislação do local da execução dos serviços:*
>
> *I. A aplicação da legislação brasileira de proteção ao trabalho, naquilo que não for incompatível com o disposto nesta Lei, quando mais favorável do que a legislação territorial, no conjunto de normas e em relação a cada matéria.*

Negociação Coletiva com o Poder Público

Quanto aos empregados públicos de empresas públicas e sociedades de economia mista, tais como a Caixa Econômica Federal e o Banco do Brasil, é possível a celebração de Acordo ou Convenção Coletiva, conforme interpretação do artigo 173, da CF, inclusive o ajuizamento de dissídio coletivo de natureza econômica.

Por outro lado, como aos servidores públicos somente por lei podem ser alterados planos de carreira, salário e benefícios, nos termos do artigo 39, §3º, da Lei Maior, não há possibilidade de celebrar Acordo ou Convenção Coletiva, sendo que o mesmo entendimento aplica-se quanto aos empregados públicos contratados no regime da CLT pela Administração Direta – Municípios, Estados e União.

Nesse sentido caminha o STF, o qual editou a súmula 679.

> ***SÚMULA Nº 679.*** *A fixação de vencimentos dos servidores públicos não pode ser objeto de convenção coletiva.*
>
> ***OJ-SDC-5:*** *Dissídio Coletivo. Pessoa Jurídica de Direito Público. Possibilidade Jurídica. Cláusula de Natureza Social. Em face de pessoa jurídica de direito público que mantenha empregados, cabe dissídio coletivo exclusivamente para apreciação de cláusulas de natureza social. Inteligência da Convenção nº 151 da Organização Internacional do Trabalho, ratificada pelo Decreto Legislativo nº 206/2010.*

Pela OJ 5 percebe-se que o TST adotou posição defendida por Maurício Godinho Delegado, o qual defende que, após a ratificação da convenção 151, da OIT, que trata da negociação coletiva com o Poder Público, é possível a negociação coletiva em relação às cláusulas sociais, e somente não poderá haver negociação nas cláusulas econômicas, pois só a lei pode majorar gastos.

Limites da Negociação Coletiva

Segundo a lição do professor Maurício Godinho Delgado, o princípio da atuação setorial negociada trata do problema de até onde os sindicatos podem ajustar condições de trabalho por meio da negociação coletiva, em desconformidade com a legislação vigente. O renomado autor ensina que os acordos firmados pelas partes prevalecerão em dois casos: quando implementam um padrão geral superior ao previsto na legislação; ou quando transacionam normas de indisponibilidade relativa.

No primeiro caso, é evidente que as condições ajustadas prevalecem, pois são melhores do que a prevista pela própria legislação.

No segundo caso, por normas de indisponibilidade relativa entende-se aquelas que são previstas na lei, não podendo as partes individualmente modificá-las, mas é possível que negociação coletiva altere-as. Se as normas forem de indisponibilidade absoluta, então, nem Acordo ou Convenção Coletiva poderão rebaixar o padrão mínimo legal, pois é o patamar civilizatório mínimo, sendo o caso de normas constitucionais (exceto as ressalvas da própria Lei Maior), normas de segurança e medicina no trabalho, dispositivos antidiscriminatórios, liberdade sindical, dentre outras.

Assim, o TST tem alguns entendimentos já consolidados sobre o que não pode ser negociado pelos sindicatos, uma vez que são normas de indisponibilidade absoluta, listados a seguir:

Segurança e Medicina no Trabalho:

SUM-437: Intervalo Intrajornada para Repouso e Alimentação. Aplicação do Art. 71 da CLT.

I. É inválida cláusula de acordo ou convenção coletiva de trabalho contemplando a supressão ou redução do intervalo intrajornada porque este constitui medida de higiene, saúde e segurança do trabalho, garantido por norma de ordem pública (art. 71 da CLT e art. 7º, XXII, da CF/1988), infenso à negociação coletiva.

***OJ-SDI1-372:** Minutos que antecedem e sucedem a Jornada de Trabalho. Lei Nº 10.243, De 19.06.2001. Norma Coletiva. Flexibilização. Impossibilidade. A partir da vigência da Lei nº 10.243, de 19.06.2001, que acrescentou o § 1º ao art. 58 da CLT, não mais prevalece cláusula prevista em convenção ou acordo coletivo que elastece o limite de 5 minutos que antecedem e sucedem a jornada de trabalho para fins de apuração das horas extras.*

***OJ-SDC-30:** Estabilidade da Gestante. Renúncia ou Transação de Direitos Constitucionais. Impossibilidade. Nos termos do art. 10, II, "b", do ADCT, a proteção à maternidade foi erigida à hierarquia constitucional, pois retirou do âmbito do direito potestativo do empregador a possibilidade de despedir arbitrariamente a empregada em estado gravídico. Portanto, a teor do artigo 9º da CLT, torna-se nula de pleno direito a cláusula que estabelece a possibilidade de renúncia ou transação, pela gestante, das garantias referentes à manutenção do emprego e salário.*

***OJ-SDC-31:** Estabilidade do Acidentado. Acordo homologado. Prevalência. Impossibilidade. Violação do art. 118 da Lei nº 8.213/91. Não é possível a prevalência de acordo sobre legislação vigente, quando ele é menos benéfico do que a própria lei, porquanto o caráter imperativo dessa última restringe o campo de atuação da vontade das partes.*

Liberdade sindical:

***OJ-SDC-16:** Taxa de Homologação de Rescisão Contratual. Ilegalidade. É contrária ao espírito da Lei (Art. 477, § 7º, da CLT) e da função precípua do Sindicato a cláusula coletiva que estabelece taxa para homologação de rescisão contratual, a ser paga pela empresa a favor do sindicato profissional.*

Não discriminação:

***OJ-SDC-20:** Empregados Sindicalizados. Admissão preferencial. Condição violadora do art. 8º, V, da CF/88. Viola o art. 8º, V, da CF/1988 cláusula de instrumento normativo que estabelece a preferência, na contratação de mão de obra, do trabalhador sindicalizado sobre os demais.*

***OJ-SDC-26:** Salário Normativo. Menor empregado. Art. 7º, XXX, da CF/88. Violação. Os empregados menores não podem ser discriminados em cláusula que fixa salário mínimo profissional para a categoria.*

Reajuste salarial:

***SUM-375:** Reajustes salariais previstos em norma coletiva. Prevalência da legislação de política salarial. Os reajustes salariais previstos em norma coletiva de trabalho não prevalecem frente à legislação superveniente de política salarial.*

Exercício Comentado

01. ***Acerca do princípio da adequação setorial negociada, assinale a alternativa incorreta.***

a) É juridicamente válida a redução da duração do trabalho, com respectiva redução salarial, desde que coletivamente negociada, correspondendo a uma transação.

b) É juridicamente inválida a redução meramente contratual das horas de labor com redução salarial.

c) É juridicamente inválida a pura e simples extensão da duração do trabalho para além do montante de horas que decorre da previsão constitucional.

d) É juridicamente válida a ampliação da jornada especial de trabalho em turnos ininterruptos de revezamento, desde que a transação ampliativa se faça por negociação coletiva.

e) É juridicamente válida a redução da duração do trabalho, com respectiva redução salarial, desde que coletivamente negociada, correspondendo a uma renúncia.

RESPOSTA ***"E". Como sabido, a renúncia (perda de direitos) não é permitida no Direito do Trabalho, sendo que a transação (ganha-se em um ponto e perde-se em outro), por negociação coletiva, é permitida, por isso, a alternativa "E" está incorreta.***

Mas é importante notar que, nesta questão, a alternativa "A" e a alternativa "E" somente trocaram o termo "renúncia" por "transação". Considerando que a pergunta pediu a alternativa errada, uma das duas necessariamente estaria correta, e por consequência, a outra estaria incorreta. Quem percebesse isso, ainda que não fizesse a mínima ideia da resposta, teria 50% de chances de acertar. É importante estar atento, pois situações como essa somam pontos importantes para a aprovação.

A alternativa B está correta, pois redução de salário somente é possível por via coletiva. A mera redução da jornada, sem redução do salário, é benéfica para o trabalhador, de forma que pode ser efetuada por acordo individual.

A alternativa D está correta, uma vez que a Constituição previu jornada de 6 horas nos turnos ininterruptos, contudo, ressalvou à negociação coletiva o poder de alterar tal jornada.

Greve

A greve é um direito constitucional fundamental dos trabalhadores, sendo o instrumento de pressão máximo que os empregados têm para buscar suas conquistas frente às empresas. Consiste em verdadeira autotutela permitida pela legislação, deve ser o último recurso – a solução negociada de um conflito é sempre preferível.

A Constituição trata da greve no artigo 9º, e o faz de maneira ampla, não listando quais os direitos ou interesses defensáveis por meio da greve, competindo aos trabalhadores decidirem quando e o porquê da paralisação, sendo que tal direito foi regulamentado pela Lei 7.783/1989, para os trabalhadores do setor privado.

> ***Art. 9º:*** *É assegurado o direito de greve, competindo aos trabalhadores decidir sobre a oportunidade de exercê-lo e sobre os interesses que devam por meio dele defender.*
>
> ***§1º*** *- A lei definirá os serviços ou atividades essenciais e disporá sobre o atendimento das necessidades inadiáveis da comunidade.*
>
> ***§2º*** *- Os abusos cometidos sujeitam os responsáveis às penas da lei.*

A greve é caracterizada como paralisação coletiva dos trabalhadores, temporária, pacífica e voluntária. Como é coletiva, não existe greve de um trabalhador só. Temporária, pois, ao chegar a um acordo, os trabalhadores voltam aos seus postos. Pacífica, porque os trabalhadores não podem utilizar de violência, quebrar a empresa, usar armas, seja contra o empregador, seja contra trabalhadores que não aderiram à greve. Voluntária, uma vez que, se um ou alguns trabalhadores não quiserem aderir à greve, podem continuar trabalhando normalmente.

Essa paralisação do trabalho tem natureza jurídica de suspensão do contrato, pois não haverá prestação do serviço e também não haverá pagamento de salário. Se as partes chegarem a um acordo e decidirem que os trabalhadores irão repor as horas paradas e receber por isso, ocorre a conversão do que era suspensão para interrupção do contrato de trabalho.

Lockout

O ***lockout***, também chamado de greve da empresa, é proibido expressamente pela legislação. Essa prática consiste na empresa fechar temporariamente o estabelecimento para dificultar a organização dos trabalhadores. Exemplo dessa atitude ilícita, segundo os metalúrgicos do ABC paulista, ocorreu em julho de 2012 com a montadora de veículos General *Motors*, durante a crise dos automóveis.

Como é vedada tal conduta, o período em que a empresa permanecer fechada será considerado interrupção no contrato de trabalho, de forma que haverá pagamento de salários.

> ***Art. 17.*** *Fica vedada a paralisação das atividades, por iniciativa do empregador, com o objetivo de frustrar negociação ou dificultar o atendimento de reivindicações dos respectivos empregados (lockout).*
>
> ***Parágrafo único.*** *A prática referida no caput assegura aos trabalhadores o direito à percepção dos salários durante o período de paralisação.*

Competência para Julgar

A Justiça do Trabalho é competente para julgar as questões envolvendo a greve, conforme artigo 114, II, da CF.

> ***Art. 114.*** *Compete à Justiça do Trabalho processar e julgar:*
>
> ***II.*** *As ações que envolvam exercício do direito de greve;*

A jurisprudência interpreta tal artigo de forma ampla, excluindo somente a competência penal da Justiça do Trabalho, incluindo a declaração de abusividade do movimento, conforme súmula 189, do TST, ou, ainda, as ações de interdito proibitório ajuizadas pelo empregador para proteger a posse de seus bens, expressa na súmula vinculante 23, do STF.

> ***SÚMULA Vinculante nº 23.*** *A justiça do trabalho é competente para processar e julgar ação possessória ajuizada em decorrência do exercício do direito de greve pelos trabalhadores da iniciativa privada.*
>
> ***SUM-189:*** *Greve. Competência da Justiça do Trabalho. Abusividade. A Justiça do Trabalho é competente para declarar a abusividade, ou não, da greve.*

Direitos e Deveres dos Grevistas

A Lei de Greve assegura aos trabalhadores diversos direitos, listados no artigo 6º, destacando a faculdade de utilizar meios pacíficos na promoção e divulgação da greve, bem como arrecadar fundos para o movimento.

> ***Art. 6º*** *São assegurados aos grevistas, dentre outros direitos:*
>
> ***I.*** *O emprego de meios pacíficos tendentes a persuadir ou aliciar os trabalhadores a aderirem à greve;*
>
> ***II.*** *A arrecadação de fundos e a livre divulgação do movimento.*
>
> ***§1º*** *Em nenhuma hipótese, os meios adotados por empregados e empregadores poderão violar ou constranger os direitos e garantias fundamentais de outrem.*
>
> ***§2º*** *É vedado às empresas adotar meios para constranger o empregado ao comparecimento ao trabalho, bem como capazes de frustrar a divulgação do movimento.*
>
> ***§3º*** *As manifestações e atos de persuasão utilizados pelos grevistas não poderão impedir o acesso ao trabalho nem causar ameaça ou dano à propriedade ou pessoa.*

Mas, como não há direitos absolutos, a lei impõe deveres aos empregados grevistas. Como algumas máquinas não podem parar sob pena de se estragarem ao ponto de se tornarem inúteis, até mesmo colocando em risco a planta empresarial, como acontece com alguns fornos e caldeiras, é dever dos trabalhadores entrar em acordo com a empresa para manter funcionando tais maquinários.

Durante a greve, não pode a empresa rescindir o contrato dos empregados, nem contratar substitutos. Contudo, a contratação de substitutos será permitida se os trabalhadores não mantiverem funcionando as máquinas que não podem ser desligadas, bem como no caso de declaração de abusividade da greve.

Nos serviços essenciais, os trabalhadores devem manter os serviços inadiáveis da população. Caso não seja respeitada tal regra, o Poder Público poderá contratar substitutos para manter a prestação de tais serviços.

Art. 7º Observadas as condições previstas nesta Lei, a participação em greve suspende o contrato de trabalho, devendo as relações obrigacionais, durante o período, ser regidas pelo acordo, convenção, laudo arbitral ou decisão da Justiça do Trabalho.

***Parágrafo único**. É vedada a rescisão de contrato de trabalho durante a greve, bem como a contratação de trabalhadores substitutos, exceto na ocorrência das hipóteses previstas nos arts. 9º e 14.*

Art. 9º Durante a greve, o sindicato ou a comissão de negociação, mediante acordo com a entidade patronal ou diretamente com o empregador, manterá em atividade equipes de empregados com o propósito de assegurar os serviços cuja paralisação resultem em prejuízo irreparável, pela deterioração irreversível de bens, máquinas e equipamentos, bem como a manutenção daqueles essenciais à retomada das atividades da empresa quando da cessação do movimento.

***Parágrafo único**. Não havendo acordo, é assegurado ao empregador, enquanto perdurar a greve, o direito de contratar diretamente os serviços necessários a que se refere este artigo.*

Respeitados os limites da lei, a participação em greve é direito do emprego, e uma pessoa não pode ser punida por exercer seu direito, conforme a súmula 316, do STF.

***SÚMULA Nº 316**. A simples adesão a greve não constitui falta grave.*

A Constituição determina que os abusos cometidos sujeitam os responsáveis às penas da lei, e o artigo 15, da Lei de Greve, prevê de forma genérica essa responsabilização.

Art. 15 A responsabilidade pelos atos praticados, ilícitos ou crimes cometidos, no curso da greve, será apurada, conforme o caso, segundo a legislação trabalhista, civil ou penal.

Assim, havendo dano causado por qualquer das partes, haverá obrigação de indenizar o lesado. Por exemplo, a deterioração de um maquinário em razão de não ter sido mantido funcionando durante a greve poderá fazer o sindicato dos empregados responder pelos prejuízos causados à empresa.

Havendo possíveis crimes cometidos durante a paralisação, eles serão resolvidos no Juízo Criminal, não na Justiça do Trabalho.

Greve em Serviços Essenciais

A Constituição, ao prever o direito de greve no artigo 9º, determinou que a lei definiria os serviços essenciais bem como a forma de atender as necessidades inadiáveis da comunidade.

Art. 9º. §1º - A lei definirá os serviços ou atividades essenciais e disporá sobre o atendimento das necessidades inadiáveis da comunidade.

A Lei de Greve assim o faz, listando os serviços ou atividades essenciais. Por outro lado, as necessidades inadiáveis da comunidade serão aquelas que, ligadas às atividades ou serviços essenciais, caso paralisadas, coloquem em perigo iminente à sobrevivência, à saúde ou à segurança da população.

Art. 10: São considerados serviços ou atividades essenciais:

I. Tratamento e abastecimento de água; produção e distribuição de energia elétrica, gás e combustíveis;
II. Assistência médica e hospitalar;
III. Distribuição e comercialização de medicamentos e alimentos;
IV. Funerários;
V. Transporte coletivo;
VI. Captação e tratamento de esgoto e lixo;
VII. Telecomunicações;
VIII. Guarda, uso e controle de substâncias radioativas, equipamentos e materiais nucleares;
IX. Processamento de dados ligados a serviços essenciais;
X. Controle de tráfego aéreo;
XI. Compensação bancária.

Destaque-se que, para a legislação brasileira, nem com relação à greve a educação é considerada serviço essencial. Para atender as necessidades inadiáveis da comunidade, é forçoso garantir-se funcionamento mínimo do serviço. Sendo que o percentual não é fixado pela lei, será determinado pelo caso concreto. Caso não mantida tal prestação mínima do serviço, poderá o Poder Público contratar substitutos dos grevistas para fazer esse atendimento.

Art. 11: Nos serviços ou atividades essenciais, os sindicatos, os empregadores e os trabalhadores ficam obrigados, de comum acordo, a garantir, durante a greve, a prestação dos serviços indispensáveis ao atendimento das necessidades inadiáveis da comunidade.

***Parágrafo único**. São necessidades inadiáveis, da comunidade aquelas que, não atendidas, coloquem em perigo iminente a sobrevivência, a saúde ou a segurança da população.*

Art. 12: No caso de inobservância do disposto no artigo anterior, o Poder Público assegurará a prestação dos serviços indispensáveis.

Como a greve em serviços essenciais afeta a sociedade de forma mais gravosa que em outras atividades, é necessária a comunicação do empregador e seu sindicato, bem como dos usuários do serviço, com antecedência de 72 horas.

Art. 13: Na greve, em serviços ou atividades essenciais, ficam as entidades sindicais ou os trabalhadores, conforme o caso, obrigados a comunicar a decisão aos empregadores e aos usuários com antecedência mínima de 72 (setenta e duas) horas da paralisação.

No caso de greve em serviços essenciais e que possa causar lesão ao interesse público, o Ministério Público do Trabalho poderá ajuizar, no TRT ou no TST, o dissídio coletivo de greve, conforme expresso no art. 114, §3º, da Constituição.

Art. 114. Compete à Justiça do Trabalho processar e julgar:

§3º Em caso de greve em atividade essencial, com possibilidade de lesão do interesse público, o Ministério Público do Trabalho poderá ajuizar dissídio coletivo, competindo à Justiça do Trabalho decidir o conflito.

Requisitos para o Início da Greve

Alguns requisitos são necessários para a deflagração da greve:

Negociação Prévia

Como visto, a falta de negociação prévia torna a greve abusiva, sendo a tentativa amigável de resolução do conflito requisito para o início da greve.

Convocação de Assembleia Geral

Como a greve é interesse da categoria inteira, é necessária a convocação de Assembleia Geral, que definirá a pauta reivindicatória, ou seja, o que os trabalhadores querem a ponto de iniciar uma greve, bem como aprovará ou não a paralisação. O quorum de aprovação da greve, ou de sua cessação, será o previsto no estatuto do sindicato, não havendo limitação legal nesse sentido.

Caso não exista sindicato, os próprios trabalhadores farão uma assembleia geral e constituirão uma comissão de negociação, também chamada de comando de greve. Essa comissão representa os trabalhadores, de forma que devem seguir o previsto na Assembleia.

> **Art. 4º:** *Caberá à entidade sindical correspondente convocar, na forma do seu estatuto, assembleia geral que definirá as reivindicações da categoria e deliberará sobre a paralisação coletiva da prestação de serviços.*
>
> *§1º O estatuto da entidade sindical deverá prever as formalidades de convocação e o quorum para a deliberação, tanto da deflagração quanto da cessação da greve.*
>
> *§2º Na falta de entidade sindical, a assembleia geral dos trabalhadores interessados deliberará para os fins previstos no "caput", constituindo comissão de negociação.*
>
> **Art. 5º:** *A entidade sindical ou comissão especialmente eleita representará os interesses dos trabalhadores nas negociações ou na Justiça do Trabalho.*

Comunicação Prévia

Fique Ligado

Para greve nas atividades em geral, é necessária comunicação à empresa e seu sindicato com antecedência mínima de 48 horas.

Para greve nos serviços essenciais, é necessária comunicação com 72 horas de antecedência, não só à empresa e a seu sindicato, mas também aos usuários.

> **Art. 3º. Parágrafo único.** *A entidade patronal correspondente ou os empregadores diretamente interessados serão notificados, com antecedência mínima de 48 (quarenta e oito) horas, da paralisação.*
>
> **Art. 13:** *Na greve, em serviços ou atividades essenciais, ficam as entidades sindicais ou os trabalhadores, conforme o caso, obrigados a comunicar a decisão aos empregadores e aos usuários com antecedência mínima de 72 (setenta e duas) horas da paralisação.*

Manutenção de Maquinários

Como visto, é dever dos trabalhadores entrar em acordo com a empresa para manter funcionando as máquinas que podem se deteriorar em razão da inércia, sendo esse um requisito para a realização regular da greve.

Manutenção dos Serviços Inadiáveis

Também é necessária a manutenção dos serviços inadiáveis da comunidade, em caso de greve em serviços essenciais. Note que a lei não fixa um percentual, sendo avaliado em cada caso.

Greve Abusiva

Apesar de ser direito fundamental, deve-se cumprir os requisitos legais, sob pena de a paralisação ser considerada abusiva. Note que a legislação usa a expressão "greve abusiva" não "greve ilegal", sendo que inclusive o CESPE já considerou errada uma assertiva em razão do termo "ilegal".

Por exemplo, a falta de comunicação prévia da greve ou o uso de violência são fatores que determinam abusividade do movimento, pois são contrários à legislação. Também, será considerado abuso se houver continuidade da paralisação após a celebração de acordo ou a decisão da Justiça do Trabalho. Após a solução do conflito, somente será possível a continuidade do movimento paredista, ou seu reinício, caso a empresa não cumpra com o acordado ou ocorra novo motivo que justifique a greve.

> **Art. 14:** *Constitui abuso do direito de greve a inobservância das normas contidas na presente Lei, bem como a manutenção da paralisação após a celebração de acordo, convenção ou decisão da Justiça do Trabalho.*
>
> ***Parágrafo único.*** *Na vigência de acordo, convenção ou sentença normativa não constitui abuso do exercício do direito de greve a paralisação que:*
>
> *I. Tenha por objetivo exigir o cumprimento de cláusula ou condição;*
>
> *II. Seja motivada pela superveniência de fatos novo ou acontecimento imprevisto que modifique substancialmente a relação de trabalho.*

Sendo a greve considerada abusiva pela Justiça do Trabalho, não há que se falar em vantagens ou benefícios para os grevistas, pois ninguém pode se beneficiar da própria torpeza. Nesse sentido, é entendimento do TST:

> ***OJ-SDC-10:*** *Greve Abusiva não Gera Efeitos. É incompatível com a declaração de abusividade de movimento grevista o estabelecimento de quaisquer vantagens ou garantias a seus partícipes, que assumiram os riscos inerentes à utilização do instrumento de pressão máximo.*

Como é o instrumento de pressão máximo, que causa impactos não só na empresa, mas também na sociedade como um todo, a prévia negociação é obrigatória, sob pena de ser declarada abusividade da greve. Essa é a interpretação do TST quanto ao artigo 3º, da Lei de Greve:

> **Art. 3º:** *Frustrada a negociação ou verificada a impossibilidade de recursos via arbitral, é facultada a cessação coletiva do trabalho.*
>
> ***OJ-SDC-11:*** *Greve. Imprescindibilidade de Tentativa Direta e Pacífica da Solução do Conflito. Etapa Negocial Prévia. É abusiva a greve levada a efeito sem que as partes hajam tentado, direta e pacificamente, solucionar o conflito que lhe constitui o objeto.*

Tendo em vista os transtornos gerados para toda a sociedade, especialmente nos serviços considerados essenciais, a lei obriga a manutenção dos serviços inadiáveis, considerados os relacionados à sobrevivência, à saúde ou à segurança da população. Por exemplo, no caso de greve nos hospitais, é praxe manter-se todo o atendimento de urgência não havendo esse respeito, a greve será abusiva.

> ***OJ-SDC-38:*** *Greve. Serviços Essenciais. Garantia das Necessidades Inadiáveis da População Usuária. Fator Determinante da Qualificação Jurídica do Movimento. É abusiva a greve que se realiza em setores que a lei define como sendo essenciais à comunidade, se não é assegurado o atendimento básico das necessidades inadiáveis dos usuários do serviço, na forma prevista na Lei nº 7.783/89.*

Iniciada a greve, tanto a empresa como os trabalhadores, bem como o MPT, poderão pedir na Justiça a declaração da abusividade ou não da greve.

> **Art. 8º:** *A Justiça do Trabalho, por iniciativa de qualquer das partes ou do Ministério Público do Trabalho, decidirá sobre a procedência, total ou parcial, ou improcedência das reivindicações, cumprindo ao Tribunal publicar, de imediato, o competente acórdão.*

Greve no Setor Público

A Constituição de 1988, no artigo 37, VII, garante o direito de greve aos membros do serviço público, condicionando seu exercício à existência de lei específica. Por lei específica entende-se aquela que não contenha disposições sobre outras matérias que não seja a greve, as famosas emendas oportunistas de Deputados e Senadores.

Há divergência, mas, atualmente, entende-se tal disposição constitucional como norma de eficácia contida, ou seja, tal norma constitucional produz efeitos imediatos, mas legislação infraconstitucional pode restringir seu alcance. A outra corrente a enxerga como norma constitucional de eficácia limitada.

Até hoje, não foi editada a Lei de Greve do Serviço Público, sendo que, após vários mandados de injunção impetrados no STF, o Supremo decidiu que, até que venha a ser editada a lei específica, aplica-se aos servidores públicos a lei do serviço privado, atendendo-se as peculiaridades do segmento.

> ***Art. 37**: A administração pública direta e indireta de qualquer dos Poderes da União, dos Estados, do Distrito Federal e dos Municípios obedecerá aos princípios de legalidade, impessoalidade, moralidade, publicidade e eficiência e, também, ao seguinte:*
>
> ***VII.** O direito de greve será exercido nos termos e nos limites definidos em lei específica;*

Quanto aos empregados públicos, regidos pela CLT, aplica-se a Lei 7.789/1989.

Aos militares (Marinha, Exército, Aeronáutica, Polícia Militar e Corpo de Bombeiros), é vedada a sindicalização e a greve, nos termos do artigo 142, VI, da CF.

> ***Art. 142. IV:** Ao militar são proibidas a sindicalização e a greve.*

Anotações

Referências Bibliográficas

Martins, Sérgio Pinto. Direito do Trabalho, 28ª edição, 2012, editora Atlas.

Dias, Ricardo Rezende. Direito do Trabalho Esquematizado, 3ª edição, 2013, editora MÉTODO.

Delgado, Maurício Godinho. Curso de Direito do Trabalho, 11ª edição, 2012, editora LTr.

Nascimento, Amauri Mascaro. Iniciação ao Direito do Trabalho, 37ª edição, 2012, editora LTr.

Barros, Alice Monteiro de. Curso de Direito do Trabalho, 8ª edição, 2012, editora LTr.

SAAD, Eduardo Gabriel. Consolidação das Leis do Trabalho Comentada. 42ª Ed. São Paulo: LTr, 2009.

www.tst.jus.br

www.stf.jus.br

www.planalto.gov.br/ccivil_03/decreto-lei/del5452

www.planalto.gov.br/ccivil_03/constituicao/constituicao

ÍNDICE

CAPÍTULO 01 142
Princípios Processuais 142
Devido Processo Legal 142
Contraditório e Ampla Defesa 142
Dispositivo e Inquisitivo 142
Motivação das Decisões 142
Isonomia Processual 142
Publicidade 142
Instrumentalidade das Formas 142
Juiz Natural 142
Razoável Duração do Processo 142
Jurisdição 142
Equivalentes Jurisdicionais 143
Órgãos da Jurisdição 143
Principais Características da Jurisdição 143
Princípios da Jurisdição 144
Ação 144
Teorias Sobre o Direito de Ação 144
Requisitos da Ação (de Acordo com o CPC) 144
Tipos de Ação 144
Condições da Ação 145
Elementos da Ação 145
Competência 145
Competência Internacional 146
Espécies de Competência 146
Competência Relativa 147
Competência Absoluta 148
Modificação da Competência 148
Prevenção 148
Conflito de Competência 148
CAPÍTULO 02 149
Partes e Procuradores 149
Capacidade 149
Procuradores 149
Deveres 150
Da Responsabilidade por Dano Processual 150
Despesas e Multas 150
Litisconsórcio 151
Classificações 151
Hipóteses e Regras Gerais 151
Intervenção de Terceiros 152
Assistência 152
Oposição 152
Nomeação à Autoria 152
Denunciação à Lide 152
Chamamento ao Processo 153
CAPÍTULO 03 154
Ministério Público 154
Princípios Institucionais do MP 154
Regras Gerais sobre o Ministério Público 154

Dos Auxiliares da Justiça 154
Escrivão 154
Oficial de Justiça 155
Perito 155
Depositário e Administrador 155
Intérprete 155
Do Juiz 155
Princípios 156
Impedimento e Suspeição 156
CAPÍTULO 04 158
Atos Processuais 158
Dos Atos em Geral 158
Atos das Partes 158
Atos do Juiz 158
Atos do Escrivão ou Chefe de Secretaria 159
Do Tempo e do Lugar dos Atos Processuais 159
Prazos Processuais 160
Classificações dos Prazos 160
Preclusão 161
Contagem dos Prazos 161
Comunicação dos Atos Processuais 161
Cartas 161
Citação 162
Intimação 163
Nulidades 163
Princípios Referentes às Nulidades 164
Da Distribuição e do Registro 164
Do Valor da Causa 164
CAPÍTULO 05 165
Formação, Suspensão e Extinção do Processo 165
Formação do Processo 165
Suspensão do Processo 165
Extinção do Processo 165
Procedimento 166
Procedimento Sumário 166
Procedimento Ordinário 167
Petição Inicial e Rito Sumário 168
Respostas do Réu 169
Contestação 169
Exceções 169
Reconvenção 170
Revelia 170
CAPÍTULO 06 172
Provas 172
Espécies de Prova 172
Da Audiência 175
Da Instrução e Julgamento 175
Sentença 175
Requisitos da Sentença 176
Tipos de Sentença 177
Vícios na Sentença 177
Liquidação da Sentença 177

Coisa Julgada ... 177
CAPÍTULO 07 ... 179
Cumprimento da Sentença ... 179
Tipos de Execução ... 179
Impugnação da Sentença ... 179
Títulos Executivos Judiciais ... 179
Competência para o Cumprimento da Sentença ... 180
Processo de Execução ... 180
Competência para a Execução ... 181
Da Responsabilidade Patrimonial ... 181
Ato Atentatório à Dignidade da Justiça ... 182
Espécies de Execução ... 182
Entrega de Coisa Certa ... 182
Entrega de Coisa Incerta ... 182
Obrigações de Fazer e de Não Fazer ... 182
Execução por Quantia Certa Contra Devedor Solvente ... 182
Expropriação de Bens ... 183
Penhora ... 183
Formas de Expropriação ... 183
Bens Absolutamente Impenhoráveis ... 183
Ordem Preferencial da Penhora ... 183
Substituição da Penhora ... 184
Impenhorabilidade do Bem de Família (Lei 8.009/90) ... 184
Exceções ... 184
Embargos do Devedor ... 185
Suspensão e Extinção da Execução ... 185
CAPÍTULO 08 ... 186
Recursos ... 186
Disposições Gerais ... 186
Efeitos dos Recursos ... 186
Legitimidade para Interpor Recurso ... 186
Recurso Adesivo ... 186
Regras Gerais Sobre os Recursos ... 186
Recursos em Espécie ... 187
Apelação ... 187
Embargos Infringentes ... 187
Agravo ... 187
Embargos de Declaração ... 188
Ação Rescisória ... 189
Hipóteses ... 189
Regras Gerais ... 189
Prazo ... 189
CAPÍTULO 09 ... 191
Processo Cautelar ... 191
Disposições Gerais ... 191
Procedimento Cautelar ... 191
Procedimentos Cautelares Específicos ... 191
Procedimentos Especiais ... 193
Ação de Consignação em Pagamento ... 193
Embargos de Terceiro ... 193
Ação Monitória ... 194

CAPÍTULO 01

Princípios Processuais

Devido Processo Legal

Art. 5º, LIV da CF *- ninguém será privado da liberdade ou de seus bens sem o devido processo legal.*

Esse princípio estabelece que a tutela jurisdicional será prestada de acordo com as normas previamente estabelecidas no ordenamento jurídico.

Trata-se de um supra princípio ou princípio base (serve de norte para todos os demais princípios processuais), a doutrina defende que os demais princípios emanam dele. Ele deve ser observado tanto no momento da elaboração das leis (atividade legislativa), como também no momento da interpretação e aplicação dessas nos casos concretos.

Contraditório e Ampla Defesa

Art. 5º, LV da CF *- aos litigantes, em processo judicial ou administrativo, e aos acusados em geral são assegurados o contraditório e ampla defesa, com os meios e recursos a ela inerentes.*

É a faculdade que as partes possuem de participar do processo e influenciar no convencimento do juiz.

A lei resguarda o direito de saber que existe um processo no qual é parte, assim como de produzir provas e praticar todos os atos que a lei lhe permite objetivando a proteção de seu direito.

Tutelas de Urgência inaudita altera partes – são medidas que visam à proteção do bem ou direito a ser disputado, concedidas antes mesmo da oitiva da outra parte. Nesse caso o contraditório também existe, mas ele é diferido ou postecipado (a parte será ouvida, mas apenas posteriormente). Ex.: concessão de um arresto sobre bens de uma empresa que, possuindo diversas dívidas, fechou suas portas e está dilapidando os seus bens.

Dispositivo e Inquisitivo

Sistema inquisitivo: nesse modelo, o Juiz é quem instaura e conduz a relação processual, sem necessidade de provocação das partes.

Sistema Dispositivo: a parte é quem instaura o processo e produz as provas, limitando a extensão do processo, dependendo de sua provocação para prosseguimento.

No Brasil → Sistema Misto: o processo é iniciado por iniciativa da parte, mas ele é desenvolvido por impulso oficial (ex. juiz pode determinar de ofício provas a respeito dos fatos).

Motivação das Decisões

(ou da fundamentação)

A CF, em seu art. 93, inciso IX, exige que todas as decisões prolatadas em processos judiciais e administrativos sejam fundamentadas, impondo ao julgador que explique suas razões de convencimento.

O juiz é livre para decidir, mas deve explicitar as razões de seu convencimento (essa exigência é importante para que a parte sucumbente possa elaborar seu recurso, para demonstrar a lisura e a imparcialidade do magistrado, gerar pacificação social etc.).

A não fundamentação da decisão acarreta nulidade absoluta.

Fique Ligado

O juiz é livre para formar seu convencimento, mas deve expor as razões que embasaram sua decisão.

Isonomia Processual

Visa garantir às partes a "paridade de armas", equilibrando a relação processual. (ex. o prazo para contrarrazões nos recursos é sempre igual ao prazo para o recurso; as partes no processo podem produzir provas, participar da audiência, assistência judiciária gratuita etc.).

Em razão do grande acúmulo de serviço, existe tratamento diferenciado para a Fazenda Pública e Ministério Público (prazo 4x contestar e 2x recorrer; isenção no recolhimento de preparo, reexame necessário etc.).

Publicidade

Todos os atos praticados em juízo serão públicos, salvo quando prevalecer o interesse social ou a defesa da intimidade das partes.

Assim, qualquer um pode estar presente às audiências, ter acesso aos autos, ler o diário oficial etc., desde que não esteja enquadrada alguma hipótese justificadora da restrição dessa publicidade (processo tramitando em "segredo de justiça").

Instrumentalidade das Formas

O ato processual não é um fim em si mesmo. Ele é um instrumento para que determinado objetivo seja alcançado. Ainda que o ato esteja viciado, caso não tenha causado prejuízo para as partes, ele não será anulado (ex. autor pede citação por oficial de justiça, mas o juiz determina citação por carta com AR, sendo o réu devidamente citado). A formalidade dos atos processuais é importante para garantir a segurança jurídica, mas sempre que determinado ato praticado de forma diversa da exigida pela lei sem cominação de nulidade, e não gerando prejuízo para as partes, alcançando sua finalidade, ele poderá ser aproveitado.

Juiz Natural

O processo será julgado por um juiz previamente estabelecido (de acordo com as regras estabelecidas na leis de organização judiciária, regimentos internos dos tribunais etc.).

A constituição veda a existência de tribunais de exceção (formados após a ocorrência do fato, para julgamento desse).

Art. 5º, XXXVII da CF *- não haverá juízo ou tribunal de exceção.*

Razoável Duração do Processo

A Constituição, no seu art.5º, LXXVIII, afirma: "a todos, no âmbito judicial e administrativo, são assegurados a razoável duração do processo e os meios que garantam a celeridade de sua tramitação" (criação de institutos processuais que garantam celeridade no processo, ex.: procedimento sumário, súmula impeditiva de recursos, julgamento de improcedência liminar etc.).

Jurisdição

É o **poder/dever** que o Estado tem de aplicar a lei ao caso concreto, solucionando os conflitos apresentados, com definitividade, gerando pacificação social.

Diferencia-se dos demais poderes do Estado (Executivo e Legislativo), pois pode apresentar a característica de ser imutável (formar coisa julgada material).

Encontramos duas espécies de jurisdição:

> **Contenciosa**: existe um conflito de interesses (lide).

> **Voluntária (ou graciosa ou administrativa)**: as partes possuem o mesmo objetivo. Apesar de não ser pacífico, prevalece que nessa espécie de jurisdição não existe o conflito de interesse, mas apenas a necessidade de intervenção judicial para que obtenham determinado bem jurídico. Assim, diz-se, também, que não possuem partes e sim interessados. A doutrina predominante também sustenta que, na jurisdição voluntária, não é formada coisa julgada material (não é imutável) (ex.: separações consensuais; execução de testamento; nomeação de tutores etc.).

CPC - art. 1º - a jurisdição civil, contenciosa e voluntária, é exercida pelos juízes, em todo o território nacional, conforme as disposições que este código estabelece.

Equivalentes Jurisdicionais

São formas alternativas de solução dos conflitos, casos em que as partes podem agir sem a intervenção estatal.

Autotutela

Admitida em situações excepcionais apenas. Nesse caso a lei autoriza que a parte exercite diretamente o seu direito. Caracteriza-se principalmente por serem situações em que, naquele momento, o Estado está ausente, (ex.: legítima defesa e desforço imediato no esbulho).

Autocomposição

Pode ocorrer também no curso do processo judicial (reconhecimento jurídico do pedido, transação e renúncia), mas, nesse caso, a homologação judicial formará coisa julgada material. Quando o conflito é resolvido mediante autocomposição, mas é homologado judicialmente, há o exercício da jurisdição.

Arbitragem

As partes submetem a decisão a um determinado sujeito (apenas direitos disponíveis). Prevaleceu a tese de que a arbitragem não contraria o princípio da inafastabilidade da jurisdição (STF).

Órgãos da Jurisdição

Apesar da Jurisdição ser única (una), ela é dividida entre órgãos, através das normas de organização judiciária.

Dentre várias classificações elencadas pela doutrina, podemos destacar:

→ **Jurisdição Civil e Penal:** de acordo com esse critério, a jurisdição será distribuída de acordo com o direito material a que se refere. Na Jurisdição Penal, estão englobadas as causas penais, com pretensão punitiva. A Jurisdição Civil é encontrada por exclusão, isto é, trata-se de todas as causas que não tenham natureza penal.

→ **Jurisdição Comum ou Especial:** (critérios fixados na Constituição Federal):

> **Jurisdição Especial:**

» Justiça do Trabalho (arts 111 a 116)

» Justiça Eleitoral (arts. 118 a 121)

» Justiça Militar (arts. 122 a 125, § 3)

> **Jurisdição Comum** (possui natureza residual, isto é, tudo que não for tratado pela jurisdição especial será de competência da jurisdição comum):

» Justiça Federal (arts. 108 e 109)

» Justiça Estadual (competência residual dentro da Justiça Comum)

→ **Jurisdição Inferior e Superior**

> **Jurisdição Inferior**: trata-se daquela exercida pelos magistrados que conhecem do processo originariamente (desde o início). Na Justiça Estadual ela é exercida, regra geral, pelos Juízes de Direito, distribuídos nas comarcas dentro do Estado. Chamada de primeiro grau de jurisdição (primeiro órgão que analisará esse processo). Cuidado, pois em determinadas hipóteses, a jurisdição originária poderá ser também dos Tribunais (causas que começarão direto nos Tribunais – competência originária).

> **Jurisdição Superior:** exercida em grau recursal, isto é, pelos órgãos que apreciarão os recursos interpostos das decisões proferidas pelos juízes inferiores (ex.: decisão do Juiz de Direito na qual a parte entrou com o recurso de Apelação para o Tribunal de Justiça a que este magistrado está vinculado). Pode ser de segundo grau de jurisdição (ex.: decisão do Juiz de Direito apelada para o Tribunal de Justiça) ou de terceiro grau (Tribunais superiores).

Principais Características da Jurisdição

Caráter substitutivo: a decisão irá substituir a vontade das partes pela vontade da lei, proferida pelo estado (regra geral pelo poder judiciário) nos casos concretos. Não é obrigatória em todos os pronunciamentos judiciais, como quando não há conflito entre as partes – divórcio consensual. Não há substituição, existe apenas uma atuação jurisdicional para dar eficácia ao acordo de vontade entre as partes.

Lide: pode-se dizer que a lide é um conflito de interesses qualificado por uma pretensão resistida. Também não é essencial à jurisdição, pois, como se viu, há casos em que inexiste conflito, mas é necessária a intervenção do poder judiciário para criação dessa situação jurídica.

Inércia: o juiz não pode iniciar um processo de ofício, sendo um ato que deve ser praticado exclusivamente pelo interessado. Há exceções, como o processo de inventário e partilha. Mas, uma vez exercido o direito de ação, boa parte do processo se desenvolve pelo **impulso oficial**, isto é, prática de atos processuais pelo juiz que dará andamento ao processo, sem depender de manifestação das partes.

***Art. 2º, CPC** - nenhum juiz prestará a tutela jurisdicional senão quando a parte ou o interessado a requerer, nos casos e forma legais.*

→ **Definitividade**: apenas as soluções dadas pelo meio jurisdicional é que se tornam imutáveis e definitivas (coisa julgada material).

Princípios da Jurisdição

Investidura: no Brasil dá-se de duas formas a obtenção: mediante concurso público e indicação pelo poder executivo (quinto constitucional).

Territorialidade ou Aderência ao Território: dispõe que a Jurisdição será exercida pelos magistrados no limite de território nacional. Da mesma forma, esse princípio limita o exercício da jurisdição dentro do território nacional (regras de competência territorial). A jurisdição é una, mas ela será exercida mediante as regras de competência fixadas nas normas de organização judiciária. Apesar da Jurisdição ser una, ela será exercida pelos magistrados de forma particionada, obedecendo a regras de competência (ex.: ações trabalhistas na comarca de Cascavel; ações eleitorais na comarca de Londrina etc.).

Indelegabilidade: o poder judiciário não pode transferir a sua função jurisdicional prevista pela Constituição Federal a outros órgãos, salvo nos casos em que essa expressamente prever tal hipótese ou estabelecer a função jurisdicional a outros órgãos (ex.: Senado julgando crime de responsabilidade dependendo do autor).

Inafastabilidade ou indeclinabilidade: o art. 5°, Inciso XXXV, da CF diz que "a lei não excluirá da apreciação do poder judiciário lesão ou ameaça a direito".

Se existirem mecanismos administrativos para solução do conflito, a parte não é obrigada a esgotá-los para depois ingressar na via judicial (exceção: justiça desportiva – precisa de prévio exaurimento na via administrativa para chegar à tutela jurisdicional).

Exercício Comentado

01. ***(CESPE) Uma das características da atividade jurisdicional é a sua inércia, razão pela qual, em nenhuma hipótese, o juiz deve determinar, de ofício, que se inicie o processo.***

ERRADO. ***Embora a inércia seja realmente uma das características da jurisdição, isto é, o juiz não pode iniciar de ofício o processo, necessita para isso de iniciativa das partes, ela não é absoluta. Como se viu, existem exceções, como no caso do inventário, em que o art. 989 do CPC confere expressamente legitimidade ao juiz para dar início a ele, caso nenhum dos legitimados o faça.***

Ação

É o direito público subjetivo de deduzir uma pretensão em juízo, de exigir que o estado solucione determinado conflito de interesses no plano do direito material (direito que todos possuem de invocar a tutela jurisdicional).

Teorias Sobre o Direito de Ação

Civilista (ou imanentista): o direito de ação é considerado o próprio direito material, ele não existe de maneira autônoma (não existe direito de ação se não existir o direito material).

Concreta: diferenciou direito material do direito de ação, mas esse ainda era dependente daquele, não existia sem ele (reconheceu a autonomia do direito de ação, mas ele ainda é dependente do direito material).

Abstrata: o direito de ação é independente do direito material. Ele é abstrato, amplo e genérico, não exigindo nenhum requisito para sua existência.

Eclética (*liebman*): o direito de ação independe do direito material, ele é o direito a um julgamento de mérito, mas depende do preenchimento de certos requisitos formais (condições da ação). É a teoria adotada pelo nosso código de processo civil.

Teoria da asserção (*in statu assertionis ou della prospettazione*): mediante uma cognição sumária, tendo como base o disposto pelo autor na petição inicial; se estiverem presentes as condições da ação, a ação deve ser analisada. Se realmente aquelas condições da ação estão presentes ou não, será analisado posteriormente, ele apenas verifica se, tomando como verdadeiro o disposto pelo autor na sua peça inaugural, estão presentes as condições da ação.

Requisitos da Ação (de Acordo com o CPC)

Nos termos do CPC, para propor ou contestar uma ação, 2 requisitos são necessários:

→ **Interesse**

> Interesse do autor: pode limitar-se à declaração:

» De existência/inexistência de relação jurídica;

» De autenticidade/falsidade de documento.

É admissível a ação declaratória, ainda que tenha ocorrido a violação do direito.

→ **Legitimidade**

> Ninguém pode pleitear direito alheio em nome próprio, salvo quando a lei autorizar.

> De acordo com o CPC, se, no decorrer do processo, se tornar litigiosa relação jurídica de cuja existência ou inexistência depender o julgamento da lide, qualquer das partes poderá requerer que o juiz a declare por sentença.

CPC - Art. 3º - *Para propor ou contestar ação é necessário ter interesse e legitimidade.*

Art. 4º - *O interesse do autor pode limitar-se à declaração:*

I. *da existência ou da inexistência de relação jurídica;*

II. *da autenticidade ou falsidade de documento.*

Parágrafo único. *É admissível a ação declaratória, ainda que tenha ocorrido a violação do direito.*

Art. 5º - *Se, no curso do processo, se tornar litigiosa relação jurídica de cuja existência ou inexistência depender o julgamento da lide, qualquer das partes poderá requerer que o juiz a declare por sentença.*

Art. 6º - *Ninguém poderá pleitear, em nome próprio, direito alheio, salvo quando autorizado por lei.*

Tipos de Ação

Declaratória: objetiva uma declaração sobre determinada relação jurídica, tornando certo aquilo que é incerto, desfazendo eventual dúvida.

Condenatória: além da declaração sobre a existência de uma relação jurídica, ela visa também à condenação do réu.

Constitutiva: verifica e declara a existência das condições aptas a criar, modificar ou extinguir uma relação jurídica, sem estatuir qualquer condenação do réu ao cumprimento de uma prestação (ex.: anulação de negócio jurídico por vício de consentimento).

Executiva: tem por base um título executivo judicial ou extrajudicial, objetivando um adimplemento que não tenha sido cumprido.

Mandamental: busca a ordem do juízo para que se faça ou deixe de fazer alguma coisa.

Condições da Ação

São as exigências mínimas para que a ação seja apreciada.

A falta de qualquer uma delas gera o indeferimento da inicial ou extinção do processo por **carência de ação**, sem análise do mérito (nesse caso, faz apenas coisa julgada formal – imutável apenas dentro do processo). O juiz as analisa de ofício e, na falta de alguma, extinguirá o processo sem julgamento do mérito.

Fique Ligado

Ausência de alguma das condições da ação - Carência da ação (indeferimento da petição inicial ou extinção do processo sem julgamento do mérito).

1) Possibilidade jurídica do pedido:

A lei não pode vedar o pedido formulado (ex.: ação cobrando dívida de jogo).

2) Interesse de agir:

Caracteriza-se pela utilidade da prestação jurisdicional. Por meio do procedimento jurisdicional, o autor terá uma melhora na sua situação fática. A medida deve ser necessária e adequada para obter o bem da vida pretendido.

> **Necessidade**: o autor não pode receber o bem da vida pretendido sem a intervenção jurisdicional.

> **Adequação**: o pedido formulado deve ser apto a resolver o conflito.

3) Legitimidade:

Trata-se da correta distribuição das partes nos polos da relação jurídica (autor e réu).

> **Regra**: sujeito em nome próprio defendendo interesse próprio (legitimação ordinária)

> **Exceção**: em nome próprio, terceiro vem e defende direito alheio (legitimação extraordinária). Depende de previsão legal.

Elementos da Ação

Servem para identificar, individualizar a ação. Diz-se que uma ação é idêntica a outra quando elas possuem as mesmas partes, pedidos e causa de pedir (é relevante para fins de coisa julgada, perempção, litispendência etc.).

1) Partes:

São as pessoas envolvidas na relação jurídica processual.

2) Pedido:

É o bem da vida pretendido com a ação.

CPC - art. 286 - *O pedido deve ser certo ou determinado. É lícito, porém, formular pedido genérico:*

I. nas ações universais, se não puder o autor individuar na petição os bens demandados;

II. quando não for possível determinar, de modo definitivo, as consequências do ato ou do fato ilícito;

III. quando a determinação do valor da condenação depender de ato que deva ser praticado pelo réu.

Pedido certo: indicação clara e precisa de qual a tutela pretendida (ex.: indenização, anulação de contrato, separação etc.) e indicação do gênero do bem da vida pretendido.

Pedido determinado: refere-se à liquidez do pedido (quantidade e qualidade). A determinação pode ser dispensada com autorização legal (pedido genérico).

Embora a lei diga que o pedido deva ser certo ou determinado, a doutrina entende que se trata de requisitos cumulativos e não alternativos; o correto seria "pedido certo e determinado". Mas, em provas objetivas, não é raro a banca exigir apenas a memorização da letra fria da lei, apenas deve-se ter atenção em questões que realmente cobrem esse conhecimento do candidato.

Pedido Implícito: casos em que, mesmo não havendo pedido expresso da parte, a lei permite que o juiz conceda de ofício:

> Despesas e Custas processuais;

> Honorários Advocatícios (Art. 20 CPC);

> Correção Monetária (Art. 404 CC);

> Prestações vincendas e inadimplidas no curso do processo em caso de contratos de trato sucessivo (Art. 290 CPC);

> Juros legais e moratórios (arts. 404 e 406 CC).

3) Causa de pedir:

É a narração dos fatos que motivaram o ingresso da ação (causa de pedir remota) e dos fundamentos jurídicos previstos no ordenamento que amparam o pedido feito (causa de pedir próxima).

Fique Ligado

Ação = direito público, subjetivo, autônomo, abstrato e condicionado.

Público: exercido contra o estado, que tem o poder/dever de realizar a jurisdição.

Subjetivo: qualquer pessoa (autorizada pelo direito) o possui.

Autônomo: ele é desvinculado do direito material; existe autonomamente em relação a ele.

Abstrato: é o direito a um pronunciamento de mérito, seja ele favorável ou não.

Condicionado: para ser exercido, está condicionado ao preenchimento de certas condições (condições da ação).

Exercício Comentado

01. (CESPE) Para propor determinada ação judicial, é necessário que a parte autora detenha legitimidade e interesse de agir e que o pedido deduzido seja juridicamente possível.

CERTO. São as condições da ação (legitimidade, interesse de agir e pedido juridicamente possível), requisitos indispensáveis para a propositura de demandas judiciais.

Competência

A Jurisdição é una e alcança todo o território nacional, mas ela pode ser fracionada para o seu exercício.

Ela é fixada no momento da propositura da ação, sendo irrelevantes modificações posteriores (princípio da "*perpetuatio jurisctionis*"), salvo quando houver modificação da competência absoluta (em razão da matéria ou hierarquia).

Fique Ligado

Fixação da competência → Na propositura da ação.

Art. 86 - CPC *- As causas cíveis serão processadas e decididas, ou simplesmente decididas, pelos órgãos jurisdicionais, nos limites de sua competência, ressalvada às partes a faculdade de instituírem juízo arbitral.*

Art. 87 - CPC *- Determina-se a competência no momento em que a ação é proposta. São irrelevantes as modificações do estado de fato ou de direito ocorridas posteriormente, salvo quando suprimirem o órgão judiciário ou alterarem a competência em razão da matéria ou da hierarquia.*

Competência Internacional

Concorrente

A autoridade judiciária brasileira é competente, sem prejuízo da competência da estrangeira, isto é, a ação pode ser proposta tanto no território nacional como perante autoridade judiciária estrangeira.

A propositura de ação simultaneamente no nosso território e no estrangeiro, não gera litispendência. A sentença proferida no estrangeiro somente terá validade no Brasil após ser homologada pelo STJ, sendo ela executada pela Justiça Federal.

Hipóteses:

> O réu, qualquer que seja a sua nacionalidade, estiver domiciliado no Brasil (Pessoa Jurídica estrangeira com filial, sucursal ou agência no Brasil considera-se aqui domiciliada)

> No Brasil tiver de ser cumprida a obrigação;

> A ação se originar de fato ocorrido ou de ato praticado no Brasil.

Exclusiva

Nessas hipóteses, apenas a autoridade brasileira tem competência para solucionar o conflito.

> Ações relativas a imóveis situados no Brasil;

> Proceder a inventário e partilha de bens, situados no Brasil, ainda que o autor da herança seja estrangeiro e tenha residido fora do território nacional.

Art. 88 - CPC - *É competente a autoridade judiciária brasileira quando:*

I. o réu, qualquer que seja a sua nacionalidade, estiver domiciliado no Brasil;

II. no Brasil tiver de ser cumprida a obrigação;

III. a ação se originar de fato ocorrido ou de ato praticado no Brasil.

Parágrafo único. *Para o fim do disposto no I, reputa-se domiciliada no Brasil a pessoa jurídica estrangeira que aqui tiver agência, filial ou sucursal.*

Art. 89 - CPC - *Compete à autoridade judiciária brasileira, com exclusão de qualquer outra:*

I. conhecer de ações relativas a imóveis situados no Brasil;

II. proceder a inventário e partilha de bens, situados no Brasil, ainda que o autor da herança seja estrangeiro e tenha residido fora do território nacional.

Art. 90 - CPC *- A ação intentada perante tribunal estrangeiro não induz litispendência, nem obsta a que a autoridade judiciária brasileira conheça da mesma causa e das que lhe são conexas."*

Espécies de Competência

→ **Em Razão do Valor da Causa:**

Pode definir a competência para os Juizados Especiais. Trata-se de competência relativa

→ **Em Razão do Território (ou em razão do lugar):**

Também chama de competência "*ratione loci*". Trata-se de competência relativa.

Em regra: domicílio do réu (se ele possuir mais de um, será demandado em qualquer um deles)

Se o domicílio do réu for **incerto ou desconhecido**, ele será demandado onde for **encontrado ou no domicílio do autor.**

Se forem **dois ou mais réus**, com domicílios diversos, serão **demandados em qualquer um deles, à escolha do autor.**

Direitos reais sobre imóveis → Foro da **localização do imóvel**, podendo o autor optar por esse foro ou o de eleição, salvo se a ação versar sobre direito de propriedade, vizinhança, servidão, posse, divisão e demarcação de terras e nunciação de obra nova.

É competente o foro:

> **Da residência da mulher:** para a ação de separação dos cônjuges e a conversão desta em divórcio, e para a anulação de casamento;

> **De domicílio ou da residência do alimentando:** ação em que se pedem alimentos;

> **Do domicílio do devedor:** ação de anulação de títulos extraviados ou destruídos.

É competente o foro do **lugar**:

> **Da sede** - ações em que a pessoa jurídica for ré

> **Da agência ou sucursal** - para obrigações nelas contraídas

> **Sociedade sem personalidade jurídica** - onde exercer suas atividades

> **Onde a obrigação deve ser satisfeita** - para ação que lhe exija o cumprimento

É competente o foro do lugar do **ato** ou **fato**:

> Para ação de **reparação de dano** (mas dano decorrente de delito ou **acidente de veículos** - será competente o foro do domicílio do autor ou do local do fato)

> Para a ação em que for **réu o administrador ou gestor de negócios alheios.**

→ **Em Razão da Função (Competência Funcional):**

Relacionada com a distribuição da competência entre os diversos órgãos que podem atuar no processo.

Classifica-se principalmente pelas fases do procedimento(ex. Em regra a sentença é liquidada pelo próprio juízo que proferiu a sentença genérica), pelo grau de jurisdição (recursos) e pela relação entre a ação principal e as ações acessórias e incidentais (ex. Reconvenção e embargos de terceiro).

Também caracteriza-se a competência funcional em relação aos graus de jurisdição, alguns órgãos podem analisar as ações de maneira recursal ou originariamente (Ações que iniciam diretamente nos Tribunais por exemplo).

→ **Em Razão da Matéria (*Ratione Materiae*)**

Definida em razão da natureza da causa (ex. Justiça do Trabalho, Justiça Militar, etc.) Trata-se de competência absoluta.

→ Em Razão da Pessoa (*Ratione Personae*)

Estabelecido em razão das pessoas envolvidas (ex. Domicílio ou residência do alimentando para ação de alimentos)

Quando a União for autora, o domicílio é o do réu. Quando a União for ré, o autor pode optar entre seu domicílio, o da ocorrência do fato que deu origem à demanda ou o Distrito Federal.

Nos termos da Constituição Federal, nas causas em que for parte a União, Autarquia Federal ou Empresa Pública Federal, a competência será da Justiça Federal (salvo tratar-se de falência, acidente de trabalho ou matérias sujeitas à apreciação da Justiça do Trabalho ou Eleitoral).

> ***Art. 109 - CF*** - *Aos juízes federais compete processar e julgar:*
>
> *I. as causas em que a União, entidade autárquica ou empresa pública federal forem interessadas na condição de autoras, rés, assistentes ou oponentes, exceto as de falência, as de acidentes de trabalho e as sujeitas à Justiça Eleitoral e à Justiça do Trabalho".*
>
> **Art. 94 - CPC** - *A ação fundada em direito pessoal e a ação fundada em direito real sobre bens móveis serão propostas, em regra, no foro do domicílio do réu.*
>
> ***§ 1º*** *Tendo mais de um domicílio, o réu será demandado no foro de qualquer deles.*
>
> ***§ 2º*** *Sendo incerto ou desconhecido o domicílio do réu, ele será demandado onde for encontrado ou no foro do domicílio do autor.*
>
> ***§ 3º*** *Quando o réu não tiver domicílio nem residência no Brasil, a ação será proposta no foro do domicílio do autor. Se este também residir fora do Brasil, a ação será proposta em qualquer foro.*
>
> ***§ 4º*** *Havendo dois ou mais réus, com diferentes domicílios, serão demandados no foro de qualquer deles, à escolha do autor.*
>
> ***Art. 95 - CPC*** - *Nas ações fundadas em direito real sobre imóveis é competente o foro da situação da coisa. Pode o autor, entretanto, optar pelo foro do domicílio ou de eleição, não recaindo o litígio sobre direito de propriedade, vizinhança, servidão, posse, divisão e demarcação de terras e nunciação de obra nova.*
>
> ***Art. 96*** - **CPC** - *O foro do domicílio do autor da herança, no Brasil, é o competente para o inventário, a partilha, a arrecadação, o cumprimento de disposições de última vontade e todas as ações em que o espólio for réu, ainda que o óbito tenha ocorrido no estrangeiro.*
>
> **Parágrafo único.** *É, porém, competente o foro:*
>
> *I. da situação dos bens, se o autor da herança não possuía domicílio certo;*
>
> *II. do lugar em que ocorreu o óbito se o autor da herança não tinha domicílio certo e possuía bens em lugares diferentes.*
>
> ***Art. 97*** - **CPC** - *As ações em que o ausente for réu correm no foro de seu último domicílio, que é também o competente para a arrecadação, o inventário, a partilha e o cumprimento de disposições testamentárias.*
>
> ***Art. 98*** - **CPC** - *A ação em que o incapaz for réu se processará no foro do domicílio de seu representante.*
>
> ***Art. 99*** - **CPC** - *O foro da Capital do Estado ou do Território é competente:*
>
> *I. para as causas em que a União for autora, ré ou interveniente;*
>
> *II. para as causas em que o Território for autor, réu ou interveniente.*
>
> **Parágrafo único.** *Correndo o processo perante outro juiz, serão os autos remetidos ao juiz competente da Capital do Estado ou Território, tanto que neles intervenha uma das entidades mencionadas neste artigo.*
>
> *Excetuam-se:*
>
> *I. o processo de insolvência;*
>
> *II. os casos previstos em lei.*
>
> ***Art. 100*** - **CPC** - *É competente o foro:*
>
> *I. da residência da mulher, para a ação de separação dos cônjuges e a conversão desta em divórcio, e para a anulação de casamento; (Redação dada pela Lei nº 6.515, de 1977)*
>
> *II. do domicílio ou da residência do alimentando, para a ação em que se pedem alimentos;*
>
> *III. do domicílio do devedor, para a ação de anulação de títulos extraviados ou destruídos;*
>
> *IV. do lugar:*
>
> *a) onde está a sede, para a ação em que for ré a pessoa jurídica;*
>
> *b) onde se acha a agência ou sucursal, quanto às obrigações que ela contraiu;*
>
> *c) onde exerce a sua atividade principal, para a ação em que for ré a sociedade, que carece de personalidade jurídica;*
>
> *d) onde a obrigação deve ser satisfeita, para a ação em que se lhe exigir o cumprimento;*
>
> *V. do lugar do ato ou fato:*
>
> *a) para a ação de reparação do dano;*
>
> *b) para a ação em que for réu o administrador ou gestor de negócios alheios.*
>
> ***Parágrafo único.*** *Nas ações de reparação do dano sofrido em razão de delito ou acidente de veículos, será competente o foro do domicílio do autor ou do local do fato.*

Exercício Comentado

01. (CESPE) É critério geral que a competência se estabelece pelo local em que ocorreu o fato.

ERRADO. Nos termos do art.94 do CPC, o critério que estabelece a regra geral de competênia é definida pelo foro do domicílio do réu.

Competência Relativa

Ela é estabelecida em razão do valor ou do território. Busca preservar o interesse das partes, assim, não pode ser pronunciada de ofício pelo magistrado (em regra), devendo ser provocada pelo réu.

Exceção: Cláusula de eleição de foro em contrato de adesão – O Juiz a declara nula e remete o processo para o juízo de domicílio do réu.

> ***Art. 112 do CPC - Parágrafo único.*** *A nulidade da cláusula de eleição de foro, em contrato de adesão, pode ser declarada de ofício pelo juiz, que declinará de competência para o juízo de domicílio do réu.*

Arguida por meio de exceção de incompetência relativa, no prazo da defesa (15 dias), sob pena de preclusão e consequente prorrogação da competência.

> ***Art. 114*** - **CPC** - *Prorrogar-se-á a competência se dela o juiz não declinar na forma do parágrafo único do art. 112 desta Lei ou o réu não opuser exceção declinatória nos casos e prazos legais.*

Assim, quando o autor ingressar com a ação em foro que não possui a competência territorial para aquela demanda, cumpre ao réu arguir essa irregularidade no prazo da contestação. Caso ele não o faça, ocorrerá a prorrogação da competência e esse foro se tornará então competente para julgar a demanda (o réu não poderá mais arguir a incompetência relativa, o foro que era incompetente tornou-se competente em virtude da inércia do réu). Atenção que a prorrogação da competência ocorre apenas nas hipóteses de competência relativa.

Competência Absoluta

Fundada em razões de ordem pública, assim pode/deve ser reconhecida de ofício pelo Juiz. Pode ser arguida por todos os sujeitos processuais.

Pode ser deduzida a **qualquer momento** no processo, mas caso o réu não o faça no prazo da contestação (através de preliminar) ou na primeira oportunidade em que couber falar nos autos, será responsabilizado pelo pagamento das custas. Pode ser feito de qualquer forma e não apenas através de peça autônoma de exceção de incompetência.

Uma vez reconhecida, somente os **atos decisórios** serão nulos, sendo os **autos remetidos para o juízo competente** (os demais atos são aproveitados).

Pode ser reconhecida até mesmo após o trânsito em julgado, por meio de Ação Rescisória.

Cuidado que no caso de reconhecimento da incompetência absoluta, o processo não é extinto sem julgamento do mérito, ele será remetido para o juízo competente.

> **Art. 113 - CPC -** *A incompetência absoluta deve ser declarada de ofício e pode ser alegada, em qualquer tempo e grau de jurisdição, independentemente de exceção.*
>
> *§ 1º Não sendo, porém, deduzida no prazo da contestação, ou na primeira oportunidade em que lhe couber falar nos autos, a parte responderá integralmente pelas custas.*
>
> *§ 2º Declarada a incompetência absoluta, somente os atos decisórios serão nulos, remetendo-se os autos ao juiz competente.*

Exercício Comentado

01. ***(CESPE) A incompetência absoluta poderá ser arguida pelo réu por ocasião da contestação. Não o fazendo nesse momento processual, ele somente poderá suscitá-la em alegações finais.***

ERRADO. A incompetência absoluta pode ser arguida em qualquer momento e grau de jurisdição, inclusive após o trânsito em julgado, via ação rescisória.

Modificação da Competência

A competência em razão **do valor e do território** poderá ser modificada pela **Conexão** (duas ou mais ações com objeto ou causa de pedir comum) ou Continência (identidade de partes e de causa de pedir, mas o objeto de uma, por ser mais amplo, abrange o das outras).

Nesses casos o Juiz **(de ofício ou mediante requerimento)** poderá ordenar a reunião desses processos para que sejam decididos simultaneamente.

A competência em razão do território ou do valor também pode ser alterada por **convenção das partes**, sendo que o foro contratual obriga os herdeiros e sucessores das partes (mas a competência em razão da matéria e hierarquia – absoluta – é inderrogável por convenção das partes).

Fique Ligado

Modificação da competência - apenas no caso de competência relativa (território/valor).

Prevenção

Trata-se da regra que define qual o juízo competente no caso de reunião de processos em virtude da conexão.

Se a competência for de foros diversos, será prevento o juiz que realizar a primeira citação válida no processo (art. 219). Caso trate-se mesma competência territorial (mesmo foro), estará prevento o juiz que primeiro despachar no processo (art. 106).

Assim, em caso de reunião de processos, se as ações estiverem tramitando perante juízos de foros diversos, será competente para apreciá-las o juízo que realizou a primeira citação. Caso estejam tramitando em foros da mesma competência territorial, será competente o juízo que primeiro despachar no processo.

Prevenção:

- **Foros diversos** - citação;
- **Mesmo foro** - despacho.

Exercício Comentado

01. ***(CESPE) Na hipótese de estarem correndo em separado ações conexas perante juízes que tenham mesma competência territorial, considerar-se-á prevento o juiz do processo no qual, em primeiro lugar, tiver ocorrido a citação válida.***

ERRADO. Se as ações conexas forem reunidas e tratando-se de juízes com a mesma competência territorial (mesmo foro), estará prevento (será o competente para julgar) o que primeiro despachar no processo (e não aquele que realizou a primeira citação válida, esse critério é utilizado em caso de foros diversos).

Conflito de Competência

- **Negativo:** dois ou mais juízes entendem não possuir competência para apreciar e julgar o processo.
- **Positivo:** dois ou mais juízes entendem ser competentes para apreciar e julgar o processo.

O conflito pode ser suscitado por qualquer das partes, pelo MP ou pelo juiz (MP ouvido em todos os processos de conflito de competência, tendo qualidade de parte quando for ele quem suscitou o conflito).

A parte que ofereceu exceção de incompetência não pode suscitar o conflito (A doutrina que não pode fazer os dois ao mesmo tempo, mas em momentos diferentes pode. Cuidado com a afirmação, ela estará correta se a banca estiver cobrando apenas o texto de lei, mas em alguns casos, dependendo do enunciado, a banca pode estar cobrando essa interpretação doutrinária).

Se no tribunal existir jurisprudência dominante, o relator poderá decidir de plano o conflito de competência.

Anotações

CAPÍTULO 02

Partes e Procuradores

Capacidade

Capacidade de Ser Parte (ou de Direito)

Adquirida com a personalidade jurídica (pessoas físicas – nascimento com vida; pessoas jurídicas – registro de seus atos constitutivos no órgão competente). Também é conferida pela lei aos entes despersonalizados, como massa falida, o espólio, o condomínio, a sociedade sem personalidade jurídica etc. Trata-se da capacidade de ser autor ou réu em um processo.

A lei confere essa capacidade (de estar em juízo) a toda pessoa que se acha no exercício dos seus direitos, mas não se deve confundi-la com capacidade de exercício. Nessa primeira modalidade de capacidade, basta ter personalidade jurídica, assim, até mesmo os loucos, menores, absolutamente incapazes etc. podem estar em juízo figurando como autor ou réu (estar em juízo é uma coisa, agora se precisa ou não estar representado/assistido para isso é outra).

Capacidade Processual (ou de Exercício ou de Fato)

Capacidade de estar em juízo independentemente de representação ou assistência.

Nesse caso, encontra-se um pressuposto de validade do processo, não podendo o incapaz comparecer sozinho em juízo. A parte será representada (absolutamente incapazes) ou assistida (relativamente incapazes).

O juiz dará curador especial:

> Ao incapaz: sem representante ou se seus interesses colidirem com os daquele;

> Ao réu preso;

> Ao revel (citado por edital ou com hora certa).

A revelia tratada nesse dispositivo é aquela decorrente da citação *ficta* (réu citado por edital ou por hora certa). A citação real (feita pelo correio ou por oficial de justiça) não enseja a nomeação de curador especial pelo juiz.

Nas comarcas onde houver representante judicial de incapazes ou de ausentes, a esse competirá a função de curador especial.

Propor ação sobre direitos reais imobiliários: precisa de consentimento do outro cônjuge.

Citação obrigatória de ambos os cônjuges nas ações:

> Direitos reais imobiliários;

> Fatos que digam respeito aos dois, ou de atos praticados por eles;

> Dívida contraída por um deles a bem da família, mas cuja execução tenha de recair sobre os rendimentos do outro ou sobre seus bens reservados;

> Reconhecimento/Constituição/Extinção de ônus sobre imóveis (de um ou de ambos).

Recusa injusta da outorga uxória/marital – Pode ser suprida pelo juiz (falta de outorga não suprida, quando necessária, invalida o processo).

São representados em juízo (ativa e passivamente):

> **União, Estados, Distrito Federal e Territórios:** Procuradores;

> **Município:** Prefeito ou Procurador;

> **Massa Falida:** Síndico;

> **Espólio:** Inventariante (se for dativo - todos os herdeiros e sucessores serão autores e réus nas ações em que o espólio for parte);

> **Pessoas Jurídicas:** designado no estatuto (omissão = Diretores);

> **Sociedades sem personalidade jurídica:** Administrador de bens (quando forem demandadas em juízo, não podem opor a irregularidade de sua constituição);

> **Pessoa jurídica estrangeira:** Gerente/Representante/Administrador de sua filial/agência/sucursal aberta ou instalada no Brasil (O gerente da filial ou agência presume-se autorizado, pela pessoa jurídica estrangeira, a receber citação inicial para o processo de conhecimento, de execução, cautelar e especial.);

> **Condomínio:** Administrador ou Síndico.

Incapacidade processual ou irregularidade de representação - Processo suspenso e juiz abre prazo razoável para que o defeito seja sanado. Se a providência não for cumprida no prazo e couber:

> Autor - nulidade do processo;

> Réu - reputado revel;

> Terceiro - excluído do processo.

Capacidade Postulatória

Trata-se da capacidade de elaborar as peças que comporão os autos. Elas devem ser subscritas por advogado regularmente inscrito na Ordem dos Advogados do Brasil (OAB).

Esse tipo de capacidade é, em regra, privativa do Advogado (existem exceções legais, exemplo: Juizados Especiais Cíveis, em que a parte pode postular diretamente, sem assistência de advogado).

Procuradores

A parte será representada em juízo por advogado legalmente habilitado, mas a lei dispõe que poderá postular em causa própria quando:

> Tiver habilitação legal;

> Faltar advogado no local;

> Recusa ou impedimento dos que houver.

Advogado sem instrumento de mandato não poderá postular em juízo, salvo **propor ação para evitar prescrição ou decadência ou praticar atos urgentes**. Mas deve exibir a procuração em 15 dias (prorrogáveis por mais **15 dias por despacho do juiz**), sob pena desses atos serem havidos por **inexistentes**.

Procuração geral confere poderes para prática de todos os atos no processo, exceto para:

> Receber citação inicial;

> Confessar;

> Reconhecer a procedência do pedido;

> Transigir;

> Desistir;

> Renunciar ao direito sobre que se funda a ação;

> Receber, dar quitação;

> Firmar compromisso.

Da Substituição das Partes e dos Procuradores

A substituição voluntária no curso do processo só é permitida nos casos expressos em que a lei autorizar.

Se o direito ou bem litigioso for alienado (a título particular por ato entre vivos) → A legitimidade das partes **não será alterada**. A pessoa que recebeu esse bem (adquirente ou cessionário) **somente poderá substituir** o alienante/cedente em juízo com o **consentimento da parte contrária, mas poderá intervir no processo como assistente** (independentemente de autorização da outra parte).

A sentença proferida terá seus efeitos estendidos ao adquirente/cessionário.

Ocorrendo a **morte de qualquer das partes** - substituída pelo espólio ou pelos seus sucessores.

→ **Revogação/Renúncia do Mandato:**

A parte pode revogar o mandato passado a seu advogado, mas no mesmo ato constituirá outro que assumirá a causa.

O advogado pode renunciar o mandato a qualquer tempo. Entretanto, ele deve cientificar o mandante e durante os 10 dias seguintes continua a representar o mandante, desde que necessário para lhe evitar prejuízo.

Deveres

Nos termos do CPC, são deveres das partes e dos procuradores (assim como de todos aqueles que de qualquer forma participarem do processo):

1) Expor os fatos em juízo conforme a verdade;
2) Proceder com lealdade e boa-fé;
3) Não formular pretensões, nem alegar defesa, cientes de que são destituídas de fundamento;
4) Não produzir provas, nem praticar atos inúteis ou desnecessários à declaração ou defesa do direito.
5) Cumprir com exatidão os provimentos mandamentais e não criar embaraços à efetivação de provimentos judiciais, de natureza antecipatória ou final.

A violação do disposto no item 5, acima, configura ato atentatório ao exercício da jurisdição. Além das eventuais sanções criminais, civis e processuais cabíveis, o juiz poderá aplicar ao responsável uma multa de acordo com a gravidade da conduta (não superior a 20% do valor da causa). Se essa multa não for paga no prazo estabelecido (contado do trânsito em julgado da decisão final), ela será inscrita sempre como dívida ativa da União ou do Estado.

Fique Ligado

Isso não se aplica para os advogados, pois eles estão sujeitos exclusivamente aos estatutos da OAB.

Dispõe ainda o CPC que é defeso (proibido) às partes e seus advogados empregar expressões injuriosas nos escritos apresentados no processo, cabendo ao juiz, de ofício ou a requerimento do ofendido, mandar riscá-las. Se as expressões injuriosas forem proferidas em defesa oral, o juiz advertirá o advogado que não as use, sob pena de lhe ser cassada a palavra.

Da Responsabilidade por Dano Processual

Litigância de Má-Fé

É quando uma das partes (ou terceiro interveniente) postula de modo que foge do princípio da boa-fé processual, devendo responder por perdas e danos quando pleitear de má-fé. Caracteriza-se quando:

> Deduzir pretensão ou defesa contra texto expresso de lei ou fato incontroverso

> Alterar a verdade dos fatos

> Usar do processo para conseguir objetivo ilegal

> Opuser resistência injustificada ao andamento do processo

> Proceder de modo temerário em qualquer incidente ou ato do processo

> Provocar incidentes manifestamente infundados

> Interpuser recurso com intuito manifestamente protelatório

Quando uma das partes praticar algum desses atos será condenada (de ofício ou a requerimento):

> **Multa:** Não excedente 1% do valor da causa

> Indenização à parte contrária (com honorários e despesas) - Não excedente a 20% do valor da causa ou liquidado por arbitramento.

Despesas e Multas

Salvo nos casos de justiça gratuita, cabe às partes prover as despesas dos atos que realizam ou requerem no processo (pago antecipadamente, na ocasião da prática de cada ato processual).

Atos determinados de ofício ou pelo Ministério Público: Autor deve adiantar essas despesas.

Na sentença haverá a condenação do vencido pagar ao vencedor as despesas que antecipou mais honorários advocatícios (fixados entre 10% a 20% sobre a condenação - esses também devidos quando advogar em causa própria).

As despesas abrangem:

> Indenização de viagem;

> Diária de testemunha;

> Remuneração do assistente técnico.

Quando o réu que, por não arguir no momento oportuno (contestação) fato impeditivo, modificativo ou extintivo do direito do autor, dilatar o julgamento da lide, será condenado nas custas a partir do saneamento do processo e perderá, ainda que vencedor na causa, o direito a haver do vencido honorários advocatícios.

Responsabilidade pelas Despesas

Jurisdição voluntária: despesas adiantadas pelo requerente, mas rateadas entre os interessados.

Desistência ou Reconhecimento do Pedido: parte que desistiu ou reconheceu (se parcial, responde proporcionalmente).

Transação: divididas igualmente (em caso de omissão).

Atos efetuados a requerimento do Ministério Público ou da Fazenda Pública: pagas ao final pelo vencido.

Responsabilidade pela Remuneração do Perito

- Paga por quem requerer a perícia;
- Requerida pelas duas partes ou determinada de ofício pelo juiz → Autor paga.

Sanções Impostas

- Às partes (consequência de má-fé): Contadas como custas e revertidas para a parte contrária.
- Aos serventuários: Pertencerão ao Estado.

Exercício Comentado

01. (FCC) No que concerne às partes e aos procuradores, é correto afirmar:

a) As sociedades sem personalidade jurídica, quando demandadas, poderão opor a irregularidade de sua constituição.

b) O cônjuge não necessita do consentimento do outro para propor ações que versem sobre direitos reais imobiliários.

c) Responde por perdas e danos aquele que pleitear de má-fé como autor, réu ou interveniente.

d) O juiz dará curador especial ao réu que, pessoalmente citado, tornar-se revel.

e) A sentença, proferida entre as partes originárias, não estende os seus efeitos ao adquirente ou ao cessionário.

RESPOSTA. "A". O CPC diz o inverso, elas não podem opor irregularidade de sua constituição em juízo quando demandadas (Art. 12, § 2º);

RESPOSTA. "B". Novamente a banca inverteu o disposto pela lei. O cônjuge somente necessitará do consentimento do outro para propor ações que versem sobre direitos reais imobiliários (Art. 10, caput);

RESPOSTA. "C". Art. 16;

RESPOSTA. "D". O juiz dará curador especial apenas ao revel com citado de forma ficta (edital ou hora certa). (Art. 9º);

RESPOSTA. "E". O COC dispõe o inverso, a sentença, proferida entre as partes originárias, estende os seus efeitos ao adquirente ou ao cessionário. (Art. 42, § 3º).

Litisconsórcio

É quando o processo possui mais de um autor e/ou réu.

Classificações

Em relação ao polo o litisconsórcio pode ser:

- ***Ativo:*** Mais de um autor
- ***Passivo:*** Mais de um réu
- ***Misto:*** Mais de um autor e mais de um réu

Em relação à obrigatoriedade o litisconsórcio pode ser:

- **Facultativo:** Como o nome diz, não é obrigatória a presença de todos os litisconsortes, ela é facultativa.
- **Necessário:** (ou obrigatório) - dado por imposição legal ou natureza da relação jurídica, nesse caso, deve haver obrigatoriamente a reunião dos litisconsortes. Divide-se em:
  - **Simples**: A decisão não precisa ser igual para os litigantes.
  - **Unitário**: A decisão será uniforme para os litisconsortes.

Hipóteses e Regras Gerais

A lei traz as hipóteses de **Litisconsórcio Facultativo**:

- Comunhão de direitos ou de obrigações relativamente à lide;
- Os direitos ou as obrigações derivarem do mesmo fundamento de fato ou de direito;
- Entre as causas houver conexão pelo objeto ou pela causa de pedir;
- Ocorrer afinidade de questões por um ponto comum de fato ou de direito.

Pode ser limitado quando o número de litigantes prejudicar a rápida solução da lide ou dificultar a defesa (litisconsórcio multitudinário). Esse pedido de limitação interrompe o prazo para resposta (ele recomeça do zero a partir da intimação da decisão de limitar ou não o litisconsórcio).

No **litisconsórcio necessário** a eficácia da sentença dependerá da citação de todos os litisconsortes.

Em regra, os litisconsortes serão considerados, em suas relações com a parte adversa, como litigantes distintos; os atos e as omissões de um não prejudicarão nem beneficiarão os outros. Cada um deles tem o direito de promover o andamento do processo, devendo todos serem intimados dos respectivos atos.

Fique Ligado

Quando os litisconsortes tiverem diferentes procuradores, possuirão prazo em DOBRO para contestar, recorrer e, de modo geral, falar nos autos (esse dispositivo é um dos mais cobrados em prova).

Exercício Comentado

01. (TJ-PR) Relativamente às disposições do Código de Processo Civil sobre litisconsórcio, assinale a alternativa correta.

a) Há litisconsórcio necessário quando, por disposição de lei ou pela natureza da relação jurídica, o juiz tiver de decidir a lide de modo uniforme para todas as partes.

b) Salvo disposição em contrário, os litisconsortes serão considerados, em suas relações com a parte adversa, como se fossem o mesmo litigante; os atos e as omissões de um prejudicarão ou beneficiarão os outros.

c) O juiz ordenará ao autor que promova a citação de todos os litisconsortes necessários, dentro do prazo que assinar, sob pena de preclusão.

d) A realização de intimação de um dos litisconsortes, ativos ou passivos, desde que feita na pessoa de seu procurador, supre a necessidade de intimação dos demais.

RESPOSTA. "A". Art. 47;

RESPOSTA. "B". Em regra, os litisconsortes serão considerados, em suas relações com a parte adversa, como litigantes distintos, consequentemente, os atos e as omissões de um não prejudicarão nem beneficiarão os outros (art. 48);

RESPOSTA. "C". Caso não seja promovida a citação de todos os litisconsortes necessários no prazo assinado, a consequência será a extinção do processo (e não a preclusão) (art. 47, p.u.);

RESPOSTA. "D". O Art. 49 diz que todos os litisconsortes deverão ser intimados.

Intervenção de Terceiros

Assistência

É a possibilidade de um terceiro ingressar no processo para ajudar uma das partes, uma vez que tem interesse jurídico que a sentença seja favorável a essa parte assistida. Ela pode ser feita em todos os tipos de procedimentos e em todos os graus de jurisdição (assistente pode ingressar no processo a qualquer momento), mas recebe o processo no estado em que se encontra.

O assistente não defende (em regra) um direito que é seu e sim da parte com a qual mantém relação jurídica, sendo que poderá ter seu direito afetado de acordo com o julgamento do processo.

Prazo para impugnação do pedido do assistente → 5 dias (se não for impugnado ele, será deferido).

A impugnação **não suspende** o processo, sendo autorizada a produção de provas e o incidente será decidido em 5 dias.

O assistente atua como auxiliar do assistido, exercendo os mesmos poderes e sujeito aos mesmos ônus processuais (assistido revel → Assistente será seu gestor de negócios).

> **Assistência Simples** - O assistente mantém uma relação jurídica com o assistido.

> **Assistência Litisconsorcial** - Ele é diretamente atingido pela decisão, ele também é titular do direito material discutido, mantendo uma relação jurídica tanto com o assistido como com a parte contrária.

A assistência simples é encerrada nos casos em que o processo termina por opção do assistido independentemente da concordância do assistente. (reconheça a procedência do pedido, desista ou transacione). Entretanto, na assistência litisconsorcial, o processo prosseguirá para o interveniente.

Ocorrendo o trânsito em julgado da sentença na causa em que o assistente interveio, não poderá ele em outro processo discutir a justiça da decisão (fundamentos de fato e de direito nela contidos), salvo se alegar e provar:

> Foi impedido de produzir provas que influenciassem na decisão (pelo estado em que recebeu o processo ou pelos atos e declarações do assistido).

> Não conhecia a existência de alegações ou de provas de que o assistido não se valeu (por dolo ou culpa).

Oposição

Busca defender direito seu que é demandado em juízo, opondo-se ao direito das partes originárias (na oposição ele busca a derrota do autor e do réu).

Enquanto na assistência o terceiro ingressa no processo para auxiliar o autor ou o réu, na oposição ele vai contra ambas as partes.

A oposição deve ser oferecida antes do proferimento da sentença.

Os opostos são citados para contestar no prazo comum de 15 dias. Caso um deles reconheça a procedência do pedido, o processo prosseguirá contra o outro.

Caso a oposição seja oferecida:

> **Antes da audiência:** Apensada aos autos principais, correm simultaneamente e são julgadas na mesma sentença

> **Depois de iniciada a audiência:** Será processada pelo rito ordinário, sem prejuízo da causa principal. O magistrado poderá sobrestar o andamento do processo para que seja julgado conjuntamente com a oposição (por prazo nunca superior a 90 dias).

Quando for decidir simultaneamente a ação e oposição, o juiz conhecerá da oposição primeiro.

Nomeação à Autoria

Objetiva corrigir o polo passivo da demanda. A ação deveria ter sido promovida em face do nomeado (terceiro) e não em nome do nomeante (réu originário).

Utilizada quando o réu que foi demandado pelo autor não é a pessoa correta para figurar no polo passivo dessa ação, de modo a corrigir esse erro.

O réu originário é apenas o mero detentor da coisa, indicando, nesse caso, o proprietário ou possuidor (ex.: o autor demanda o funcionário que detém o bem por prática de esbulho ou turbação, quando na verdade ele está na posse do bem apenas por ordem do empregador, que é o verdadeiro possuidor ou proprietário).

Cabe também nas ações de indenização, quando o réu alega que praticou o ato por ordem ou em cumprimento de instruções de terceiro.

Deve ser **requerida no prazo da defesa**. O juiz ao deferir o pedido, suspenderá o processo e ouvirá o autor em 5 dias, que tem 3 opções:

01. Aceitar a nomeação expressamente (devendo promover a citação do novo réu).

02. Não se manifestar dentro do prazo (ocorre a presunção da aceitação).

03. Recusar a nomeação (o processo prosseguirá contra o nomeante – réu original – com o retorno do prazo para resposta).

Condutas do Nomeado

Se o nomeado reconhecer a qualidade que lhe é atribuída → Contra ele correrá o processo.

Se a negar → O processo continuará contra o nomeante.

Aquele a quem incumbia a nomeação responderá por perdas e danos quando:

> Deixar de nomear quando lhe competia.

> Nomear pessoa diversa daquela em cujo nome detém a coisa demandada.

Denunciação à Lide

Consiste na medida que o réu possui para assegurar seu direito de regresso gerado por uma eventual derrota na demanda, contra um terceiro. Tem por objetivo garantir que o réu responsabilize um terceiro (direito de regresso) caso ele seja vencido naquela ação.

Caberá à parte denunciar à lide nas seguintes hipóteses:

> Ao alienante: na ação em que terceiro reivindica a coisa, cujo domínio foi transferido à parte, a fim de que esta possa exercer o direito que da evicção lhe resulta;

> Ao proprietário ou ao possuidor indireto: quando, por força de obrigação ou direito, em casos como o do usufrutuário, do credor pignoratício, do locatário, o réu, citado em nome próprio, exerça a posse direta da coisa demandada;
> Àquele que estiver obrigado, pela lei ou pelo contrato, a indenizar, em ação regressiva, o prejuízo do que perder a demanda.

Apesar do CPC dizer que a denunciação à lide é obrigatória nesses casos, prevalece que apenas na evicção ela realmente é obrigatória (podendo, nos demais casos, buscar o direito de regresso em outra ação).

→ Citação do denunciado:

> **Pelo autor:** Feita juntamente com a do réu.
> **Pelo réu:** Feita no prazo para contestar.

Uma vez ordenada, a citação do denunciado suspende o processo.

→ A citação será feita em:

> **10 dias:** Residir na mesma comarca.
> **30 dias:** Residir em comarca diversa ou em lugar incerto.

Se a denunciação à lide for feita pelo autor e o denunciado comparecer, ele assumirá a posição de litisconsorte do denunciante e poderá aditar a petição inicial.

Na denunciação feita pelo réu, o denunciado pode assumir 3 posições:

01. Aceitar a denunciação e contestar o pedido: Processo prosseguirá com o autor de um lado e do outro, como litisconsortes, o denunciante e o denunciado.
02. Não se manifestar (revel) ou apenas negar sua qualidade: O denunciante deverá prosseguir na defesa até o final.
03. Confessar os fatos alegados pelo autor: O denunciante pode prosseguir na defesa até o final.

A sentença (de procedência) declarará, conforme o caso, o direito do evicto ou a responsabilidade por perdas e danos, valendo como título executivo.

Chamamento ao Processo

Nessa modalidade, o réu chama para integrar a demanda os outros coobrigados, com a intenção de dividirem a responsabilidade.

Poderá ser feito o chamamento ao processo nas seguintes hipóteses:

> **Do devedor:** na ação em que o fiador for réu
> **Dos outros fiadores:** quando for citado apenas um deles.
> **De todos os devedores solidários:** quando o credor exigir de um ou de alguns deles, parcial ou totalmente, a dívida comum.

Deve ser feito no prazo da contestação, de modo que o juiz declarará, na mesma sentença, a responsabilidade dos obrigados.

A sentença que condenar os devedores valerá como título executivo em favor daquele devedor que satisfizer a dívida (pode exigi-la por inteiro do devedor principal ou a cada um dos codevedores, na proporção de suas quotas).

Modalidade	Finalidade
Assistência	Prestar auxílio
Nomeação à autoria	Sair do processo
Oposição	Obter um bem litigioso
Denunciar à lide	Garantir o direito de regresso
Chamamento ao processo	Responsabilizar os codevedores

Exercício Comentado

01. *(TJ-PR) Com base nas disposições do Código de Processo Civil sobre intervenção de terceiros, é correto afirmar:*

a) Distribuída a oposição por dependência, serão os opostos citados, na pessoa dos seus respectivos advogados, para contestar o pedido no prazo comum de 30 (trinta) dias.

b) Aquele que detiver a coisa em nome próprio, sendo-lhe demandada em nome alheio, deverá nomear à autoria o proprietário ou o possuidor.

c) A denunciação da lide é obrigatória ao proprietário ou ao possuidor indireto quando, por força de obrigação ou direito, em casos como o do usufrutuário, do credor pignoratício, do locatário, o réu, citado em nome próprio, exerça a posse direta da coisa demandada.

d) Quando o réu recusar o nomeado, ou quando este negar a qualidade que lhe é atribuída, assinar-se-á ao nomeante novo prazo para contestar.

RESPOSTA. ***"A". O prazo para contestarem a oposição é de 15 dias (art. 57);***

RESPOSTA. ***"B". A nomeação à autoria ocorrerá quando aquele que detiver a coisa em nome alheio for demandada em nome próprio. (art. 62 do CPC);***

RESPOSTA. ***"C". Art. 70, inciso II;***

RESPOSTA. ***"D". O réu é quem nomeia, não há como ele recusar o nomeante. O CPC diz que quando o autor recusar o nomeado (e não o réu recusar), ou quando esse negar a qualidade que lhe é atribuída, é que será assinado ao nomeante novo prazo para contestar (art. 67).***

Anotações

CAPÍTULO 03

Ministério Público

Nos termos do art. 127 da Constituição Federal, o Ministério Público é instituição permanente, essencial à função jurisdicional do estado, incumbindo-lhe a defesa da ordem jurídica, do regime democrático e dos interesses sociais e individuais indisponíveis.

Princípios Institucionais do MP

Unidade: os membros do MP pertencem a um só órgão, sob direção de uma única chefia.

Indivisibilidade: os membros do MP podem ser substituídos uns pelos outros, de forma não arbitrária e dentro de cada MP (ex.: MPF - MPT - MP Estaduais).

Independência funcional: não há hierarquia entre os membros do MP, podendo o *parquet* atuar de acordo com o seu livre convencimento.

Regras Gerais sobre o Ministério Público

Nas causas cíveis o *parquet* atuará como **substituto processual** (defende direito alheio em nome próprio) ou como **órgão interveniente** (custos legais – fiscal da lei).

Compete ao MP Intervir nas Seguintes Causas

> Interesse de incapazes;

> Concernentes ao estado da pessoa, pátrio poder, tutela, curatela, interdição, casamento, declaração de ausência e disposições de última vontade;

> Litígios coletivos pela posse de terra rural;

> Demais causas em que há interesse público.

Quando Intervier como Fiscal da Lei, o MP

> Terá vista dos autos depois das partes e será intimado de todos os atos do processo.

> Poderá fazer dilação probatória necessária ao descobrimento da verdade (juntar documentos e certidões, produzir prova em audiência e requerer medidas ou diligências).

Nos casos em que a lei dispõe ser obrigatória a sua intervenção, a falta de sua intimação acarreta a nulidade do processo.

Importante lembrar que o MP possui prazo em quádruplo para contestar e em dobro para recorrer, além de não estar obrigado a adiantar as despesas processuais.

Exercício Comentado

01. (CESPE) Com relação à atuação do Ministério Público (MP) no processo civil, assinale a opção correta.

a) Compete ao MP atuar como substituto processual do réu preso ou do revel citado por edital.

b) O membro ministerial será civilmente responsável quando, no exercício de suas funções, proceder com culpa, dolo ou fraude.

c) Sendo as partes maiores e capazes, não há necessidade de intervenção ministerial nas causas que versem acerca do estado da pessoa.

d) O interesse público que legitima o MP a intervir na causa pode ser evidenciado tanto pela natureza da lide, como pela qualidade da parte.

e) Quando intervém como parte, o MP tem vista dos autos e é intimado de todos os atos do processo. Quando intervém como fiscal da lei, tem vista dos autos depois das partes, mas não é intimado de todos os atos do processo.

RESPOSTA. "A". No caso de réu preso ou revel citado por edital será nomeado um curador especial (art. 9º, II).

RESPOSTA. "B". O CPC dispõe que será civilmente responsável quando, no exercício de suas funções, proceder com dolo ou fraude, ele não traz a responsabilização no caso de culpa (art. 85).

RESPOSTA. **"C". O CPC diz que o MP intervirá nas causas concernentes ao estado da pessoa (art. 82, II).**

RESPOSTA. "D". Art. 82.

RESPOSTA. "E". Intervindo como fiscal da lei, o MP também será intimado de todos os atos do processo (art. 83, I).

Dos Auxiliares da Justiça

O CPC estabelece que em cada juízo haverá **um ou mais ofícios de justiça**, cujas atribuições são determinadas pelas normas de organização judiciária.

São auxiliares do juízo (além de outros, cujas atribuições são determinadas pelas normas de organização judiciária):

> Escrivão;

> Oficial de justiça;

> Perito;

> Depositário;

> Administrador;

> Intérprete.

Escrivão

Nos termos do CPC, incumbe ao escrivão:

→ Redigir, em forma legal, os ofícios, mandados, cartas precatórias e mais atos que pertençam ao seu ofício;

→ Executar as ordens judiciais, promovendo citações e intimações, bem como praticando todos os demais atos que lhe forem atribuídos pelas normas de organização judiciária;

→ Comparecer às audiências, ou, não podendo fazê-lo, designar para substituí-lo escrevente juramentado, de preferência datilógrafo ou taquígrafo;

→ Ter, sob sua guarda e responsabilidade, os autos, não permitindo que saiam de cartório, exceto:

> Quando tenham de subir à conclusão do juiz;

> Com vista aos procuradores, ao Ministério Público ou à Fazenda Pública;

> Quando devam ser remetidos ao contador ou ao partidor;

> Quando, modificando-se a competência, forem transferidos a outro juízo;

→ Dar, independentemente de despacho, certidão de qualquer ato ou termo do processo, observado o disposto no art. 155.

Quando o escrivão estiver impedido, o juiz convocará o seu substituto (não havendo: uma pessoa idônea será nomeada para o ato).

Oficial de Justiça

Encontram-se no CPC as funções do oficial de justiça:

→ Fazer pessoalmente as citações, prisões, penhoras, arrestos e mais diligências próprias do seu ofício, certificando no mandado o ocorrido, com menção de lugar, dia e hora (**sempre que possível**, a diligência será feita na presença de **duas testemunhas**);

→ Executar as ordens do juiz a que estiver subordinado;

→ Entregar, em cartório, o mandado, logo depois de cumprido;

→ Estar presente às audiências e coadjuvar o juiz na manutenção da ordem;

→ Efetuar avaliações.

Escrivão e o oficial de justiça são civilmente responsáveis:

> Quando se recusarem a cumprir, dentro do prazo, os atos determinados pela lei ou pelo juiz a que estão subordinados (sem justo motivo).

> Praticarem ato nulo com dolo ou culpa.

Perito

Auxilia o juiz quando a prova exige conhecimento técnico ou científico.

Escolhido entre profissionais de nível universitário, devidamente inscritos no órgão de classe competente. (Quando na localidade não houver, a indicação dos peritos será de livre escolha do juiz).

Pode recusar-se ao encargo, apresentado **motivo legítimo** (em 5 dias da intimação ou do impedimento superveniente).

Se por **dolo ou culpa** prestar informações inverídicas (além das sanções penais):

> Responderá pelos prejuízos causados à parte;

> Perderá a remuneração que lhe foi arbitrada;

> Será inabilitado por 2 anos de funcionar em outras perícias.

Depositário e Administrador

Incumbido da guarda e conservação de bens penhorados, arrestados, sequestrados ou arrecadados (quando a lei não dispuser de outro modo). Receberá remuneração fixada pelo juiz (de acordo com a situação dos bens, o tempo de serviço despendido e a dificuldade da execução).

Responde pelos prejuízos que causar à parte (por dolo ou culpa), perdendo a remuneração atribuída, mas pode receber por aquilo que legitimamente despendeu no exercício do encargo.

Intérprete

Nomeado pelo juiz sempre que for necessário para:

> Análise de documento de entendimento duvidoso, redigido em língua estrangeira;

> Traduzir para o português as declarações das partes e testemunhas que não conheçam o idioma nacional;

> Traduzir a linguagem mímica dos surdos-mudos (que não puderem fazer isso por escrito).

O intérprete tem o direito de escusar-se ao cumprimento do encargo, nos moldes do disposto para o perito (apresentado **motivo legítimo** - em 5 dias da intimação ou do impedimento superveniente).

De acordo com o CPC, a pessoa **não poderá** ser nomeada intérprete quando:

> Não tiver a livre administração dos seus bens;

> For arrolada como testemunha ou servir como perito no processo;

> Estiver inabilitada ao exercício da profissão por sentença penal condenatória, enquanto durar o seu efeito.

Exercício Comentado

01. (FCC) Sobre os auxiliares da Justiça analise:

I. Incumbe ao Oficial de Justiça, dentre outras atribuições, estar presente às audiências e coadjuvar o juiz na manutenção da ordem.

II. A prática de ato nulo com dolo ou culpa caracteriza uma das hipóteses através da qual o escrivão e o oficial de justiça são civilmente responsáveis.

III. O perito nomeado poderá escusar-se do encargo alegando motivo legítimo, recusa esta que deverá ser apresentada dentro de 10 dias, contados da intimação ou do impedimento superveniente.

IV. Incumbe ao escrivão, dentre outras atribuições, dar independentemente de despacho, certidão de qualquer ato ou termo do processo, respeitando as restrições previstas em lei.

De acordo com o Código de Processo Civil, está correto o que se afirma APENAS em:

a) I, II e III.

b) I, II e IV.

c) I e IV.

d) II, III e IV.

e) II e IV.

RESPOSTA. "B". I. Art. 143; II. Art. 144; III. O prazo para escusa é de 5 dias. (art. 146, p.u.); IV. Art. 141, V.

Do Juiz

O juiz é quem dirige o processo, julgando os casos concretos que forem submetidos à sua apreciação. De acordo com o CPC, compete ao juiz:

> Assegurar às partes igualdade de tratamento;

> Velar pela rápida solução do litígio;

> Prevenir ou reprimir qualquer ato contrário à dignidade da justiça;

> Tentar, a qualquer tempo, conciliar as partes.

Quando ocorrer lacuna ou obscuridade da lei, o juiz não pode eximir-se de julgar (princípio da inafastabilidade da jurisdição). Nesses casos, para decidir, ele deve usar:

> **Analogia** (aplicação do direito existente para um caso semelhante. Exemplo: legislação trabalhista que trata dos ferroviários sendo aplicada para os funcionários de Metrô Urbano);

> **Costumes** (repetição habitual de determinado comportamento em certo tempo e local);

> **Princípios gerais de direito** (princípios amplamente adotados pelo nosso ordenamento jurídico, independente de existirem de forma expressa ou não, ex.: todos são iguais perante a lei).

Nos termos do CPC, ele apenas decidirá por **equidade** (termo utilizado quando o juiz decide de forma a equilibrar a justiça de acordo com o caso concreto e o disposto em lei) **nos casos previstos em lei.**

O juiz deve decidir a lide nos limites em que foi proposta, ele **não pode** conhecer de questões não suscitadas pelas partes, quando a lei exigir a iniciativa dessas.

Se o juiz ficar convencido de que o autor e o réu estão usando do processo para praticar ato simulado ou conseguir fim proibido por lei, ele proferirá sentença que **obste aos objetivos das partes.**

O juiz determinará a produção de provas necessárias à instrução da lide (de ofício ou a requerimento), indeferindo as inúteis ou meramente protelatórias.

Princípios

Princípio da persuasão racional (ou livre convencimento motivado): o juiz apreciará livremente a prova, atendendo aos fatos e circunstâncias constantes dos autos, ainda que não alegados pelas partes, mas ao sentenciar, deverá indicar os motivos que lhe formaram o convencimento.

Princípio da identidade física do juiz: o juiz que concluir a audiência deverá julgá-la (titular ou substituto). Não se aplica, caso esse juiz esteja convocado, licenciado, afastado por qualquer motivo, promovido ou aposentado. Nesses casos passará os autos ao seu sucessor quem, se entender necessário, poderá, antes de proferir a sentença, mandar repetir as provas já produzidas.

O juiz responderá por perdas e danos quando:

> No exercício de suas funções, proceder com dolo ou fraude;

> Recusar, omitir ou retardar, sem justo motivo, providência que deva ordenar de ofício, ou a requerimento da parte (verifica-se depois que a parte requerer a providência ao juiz, por intermédio do escrivão, e esse não atender ao pedido dentro de 10 dias).

Impedimento e Suspeição

Trata-se de uma modalidade de defesa processual, em que se objetiva afastar o magistrado de determinado processo, em situações em que sua imparcialidade estaria prejudicada (no processo contencioso ou voluntário).

Impedimento

Nas hipóteses de impedimento, existe a presunção absoluta de parcialidade do juiz, ele possui caráter objetivo. Constitui matéria de ordem pública, podendo ser arguido a qualquer momento, fundamentando até mesmo uma eventual Ação Rescisória.

Hipóteses de impedimento em que é **defeso** ao juiz exercer suas funções no processo:

> **For parte**;

> **Interveio anteriormente no processo com outra função** (mandatário da parte, perito, órgão do Ministério Público ou testemunha);

> **Conheceu em primeiro grau de jurisdição** (tendo-lhe proferido sentença ou decisão);

> **Relação de parentesco entre o Juiz e advogado da parte** (cônjuge ou parente até segundo grau). Nesse caso só se aplica se o advogado já estava exercendo suas atividades no processo, sendo vedado ao advogado pleitear no processo a fim de criar o impedimento do juiz;

> **Relação de parentesco entre o juiz e uma das partes** (cônjuge ou parente até terceiro grau);

> **Exercer função de direção ou administração de pessoa jurídica parte na causa.**

Fique Ligado

Quando a questão quiser saber quando é defeso ao juiz exercer suas funções... A banca quer saber as hipóteses de Impedimento.

Suspeição

Na suspeição há apenas presunção relativa de parcialidade do juiz.

→ **Hipóteses:**

> Amigo íntimo ou inimigo capital de qualquer das partes;

> Parte for credora ou devedora do juiz, do cônjuge do juiz ou parente destes **até terceiro grau**;

> Herdeiro presuntivo, donatário ou empregador de alguma das partes;

> Recebeu dádivas antes ou depois de iniciado o processo (sinônimo de doação, mas entende-se as de pequena expressão econômica);

> Aconselhado alguma das partes acerca do objeto do processo;

> Subministrado meios para atender às despesas do litígio;

> Interessado no julgamento em favor de uma das partes.

O juiz pode declarar-se suspeito por motivo íntimo.

Quando dois ou mais juízes forem parentes em linha reta ou em linha colateral (na linha colateral até segundo grau), o primeiro que conhecer da causa no tribunal impede que o outro participe do julgamento (o segundo se escusará, remetendo o processo ao seu substituto legal).

As causas de suspeição e impedimento aplicam-se aos juízes de todos os tribunais. Quando o juiz não declarar-se suspeito ou impedido, poderá ser recusado por qualquer das partes.

As hipóteses de impedimento e suspeição também aplicam-se para:

> **Órgão do Ministério Público** (se ele for parte, não se aplica o inciso V do art. 135 – interessado no julgamento em favor de uma das partes);

> Serventuários da justiça;

> Perito;

> Intérprete.

Nos termos do art. 306 do CPC, recebida a exceção de suspeição ou impedimento, o processo **ficará suspenso** até que seja definitivamente julgada.

Exercício Comentado

01. (FCC) Fábio é juiz de direito na comarca de Barra de Ouro onde tramitam os processos Prata, Bronze e Cobre. No processo Prata ele é herdeiro presuntivo do autor, no processo Bronze ele é amigo intimo do réu e no processo Cobre ele é cunhado do advogado do autor. Nestes casos, é defeso a Fábio exercer as suas funções

a) Nos processos bronze e cobre, somente.

b) No processo prata, somente.

c) Nos processos prata, bronze e cobre.

d) Nos processos prata e bronze, somente.

e) No processo cobre, somente.

RESPOSTA. "E". A banca quer saber quando é defeso ao juiz exercer suas funções, então ela quer saber em quais processos existe hipótese de impedimento.

> *Processo Prata, ser herdeiro presuntivo: Suspeição*
> *Processo Bronze, amizade íntima: Suspeição*
> *Processo Cobre, cônjuge ou parente até 2º de ADVOGADO da parte (cunhado do advogado do autor) = Impedimento*

Desse modo, apenas no processo Cobre existe impedimento, nos outros dois processos encontramos hipóteses de suspeição.

Anotações

CAPÍTULO 04

Atos Processuais

Dos Atos em Geral

Os atos e termos processuais não dependem de forma determinada senão quando a lei expressamente a exigir. São considerados válidos os atos que, mesmo realizados de outro modo, preencham sua finalidade essencial (princípio da instrumentalidade das formas). Um exemplo comum é a interposição de exceção de incompetência. A lei diz que deve ser feita por meio de uma peça autônoma, mas, com base nesse princípio, existe jurisprudência tolerando a sua apresentação em preliminar de contestação (mas cuidado com provas objetivas, deve-se seguir o disposto na lei para responder; apenas nos casos da banca cobrar a aplicação desse princípio expressamente é que se deve analisar se, no caso trazido na questão, incide ou não esse princípio).

Os atos processuais são públicos (princípio da publicidade) mas existem **exceções** (o processo correrá em segredo de justiça) se:

- Interesse público exigir;
- Caso seja relativo:
  - Casamento;
  - Filiação;
  - Separação/conversão em divórcio;
  - Alimentos;
  - Guarda de menores.

Tramitando em segredo de justiça, o direito de consultar autos e pedir certidões é **restrito às partes e seus procuradores** (terceiro com interesse jurídico pode requerer ao juiz certidão do dispositivo da sentença, bem como de inventário e partilha resultante do desquite).

Uso do vernáculo - é a prática obrigatória de todos os atos e termos do processo na língua nacional. Caso seja juntado um documento em língua estrangeira, ele deve vir acompanhado da respectiva tradução, firmada por tradutor juramentado.

> ***Art. 155****. Os atos processuais são públicos. Correm, todavia, em segredo de justiça os processos:*
>
> *I. em que o exigir o interesse público;*
>
> *II. que dizem respeito a casamento, filiação, separação dos cônjuges, conversão desta em divórcio, alimentos e guarda de menores.*
>
> ***Parágrafo único.*** *O direito de consultar os autos e de pedir certidões de seus atos é restrito às partes e a seus procuradores. O terceiro, que demonstrar interesse jurídico, pode requerer ao juiz certidão do dispositivo da sentença, bem como de inventário e partilha resultante do desquite.*
>
> ***Art. 156****. Em todos os atos e termos do processo é obrigatório o uso do vernáculo.*
>
> ***Art. 157****. Só poderá ser junto aos autos documento redigido em língua estrangeira, quando acompanhado de versão em vernáculo, firmada por tradutor juramentado".*

Prática e comunicação dos atos processuais por meios eletrônicos - disciplinados pelos Tribunais na respectiva jurisdição (atendidos requisitos de autenticidade, integridade, validade jurídica e interoperabilidade da ICP-Brasil).

Todos os atos e termos do processo podem ser produzidos, transmitidos, armazenados e assinados por meio eletrônico (na forma da lei).

Exercício Comentado

01. ***(CESPE) Os atos processuais, em regra, são públicos e dependem de forma determinada, independentemente de exigência legal expressa, pois, de acordo com a sistemática processual, tais atos são validados pela forma.***

ERRADO. Questão corriqueira, a banca simplesmente altera palavras (independe por depende). Os atos processuais independem de forma determinada, salvo quando a lei expressamente exigir.

Atos das Partes

Os atos das partes (declarações unilaterais ou bilaterais de vontade) produzem **imediatamente efeitos** (constituição, modificação ou extinção de direitos processuais), mas a desistência da ação só produz efeitos depois que for **homologada por sentença**.

Fique Ligado

Desistência da ação - Precisa ser homologada por sentença para produzir efeitos.

Autos suplementares - Formados pelo escrivão ou chefe de secretaria, só podem sair do cartório para conclusão ao juiz, na falta dos autos originais.

Lançamento de cotas marginais ou interlineares (escrever nas entrelinhas ou nas laterais das folhas do processo) - vedado. Juiz mandará riscá-las e imporá multa a quem as escrever (meio salário mínimo).

Atos do Juiz

1) **Sentença**: pronunciamento do juiz que põe termo a uma das fases do processo, com ou sem resolução do mérito. A sentença extingue o processo naquela instância; ele pode continuar a tramitar no Tribunal. (ato do juiz que implica em alguma das situações expressas nos arts. 267 ou 269 do CPC) (deve-se ter cuidado com conceitos ultrapassados que dizem que é o ato do juiz que encerra o processo, pois muitas vezes o processo prosseguirá no Tribunal).
2) **Decisão interlocutória:** ato pelo qual o juiz decide questão incidente, no curso do processo (não coloca termo ao processo). Por meio da decisão interlocutória o juiz resolve uma questão pendente no processo, mas não coloca fim ao mesmo (não profere sentença).
3) **Despachos**: todos os demais atos que o juiz praticar no processo, a cujo respeito a lei não estabeleça outra forma (não possuem carga decisória).

Outros atos processuais:

- **Atos meramente ordinatórios**: eles independem de despacho. Devem ser praticados de ofício pelo servidor e **revistos pelo juiz quando necessário**. (ex. Juntada e Vista obrigatória)
- **Acórdão**: julgamento proferido pelos tribunais.

Fique Ligado

Despachos, decisões, sentenças e acórdãos: redigidos, assinados e datados pelos juízes; podem ser proferidos verbalmente (servidor os registra e submete ao juiz para revisão e assinatura). A assinatura pode ser feita eletronicamente (em todos os graus de jurisdição).

As sentenças devem observar os requisitos do art. 458 (relatório, fundamentos e parte dispositiva). As demais decisões devem ser fundamentadas, ainda que de modo conciso.

Nos termos do CPC (Art. 189), o juiz possui os seguintes prazos:

> Proferir **decisões** (10 dias).

> Proferir **despachos** (2 dias).

Art. 162. *Os atos do juiz consistirão em sentenças, decisões interlocutórias e despachos.*

§1º *Sentença é o ato do juiz que implica alguma das situações previstas nos arts. 267 e 269 desta Lei. (Redação dada pela Lei nº 11.232, de 2005)*

§2º *Decisão interlocutória é o ato pelo qual o juiz, no curso do processo, resolve questão incidente.*

§3º *São despachos todos os demais atos do juiz praticados no processo, de ofício ou a requerimento da parte, a cujo respeito a lei não estabelece outra forma.*

§4º *Os atos meramente ordinatórios, como a juntada e a vista obrigatória, independem de despacho, devendo ser praticados de ofício pelo servidor e revistos pelo juiz quando necessários. (Incluído pela Lei nº 8.952, de 1994)*

Art. 163. *Recebe a denominação de acórdão o julgamento proferido pelos tribunais.*

Art. 164. *Os despachos, decisões, sentenças e acórdãos serão redigidos, datados e assinados pelos juízes. Quando forem proferidos, verbalmente, o taquígrafo ou o datilógrafo os registrará, submetendo-os aos juízes para revisão e assinatura.*

Parágrafo único. *A assinatura dos juízes, em todos os graus de jurisdição, pode ser feita eletronicamente, na forma da lei.(Incluído pela Lei nº 11.419, de 2006).*

Art. 165. *As sentenças e acórdãos serão proferidos com observância do disposto no art. 458; as demais decisões serão fundamentadas, ainda que de modo conciso.*

Exercício Comentado

01. ***(CESPE) Considerando que, após instrução processual, tenha sido proferida decisão judicial que acatou preliminar de ilegitimidade da parte e extinguiu o processo sem resolução de mérito, assinale a opção que contém o tipo de ato praticado.***

a) Despacho

b) Decisão interlocutória

c) Acórdão

d) Sentença

e) Ato ordinatório

RESPOSTA. ***"D". Sentença é o ato do juiz que acarreta a extinção do processo com ou sem julgamento do mérito naquela instância (arts. 267 ou 269 do CPC). Nesse caso ocorreu a extinção sem análise do mérito, o pronunciamento jurisdicional que faz isso é a sentença. Bastante atenção aos conceitos para nunca perder questões como essa.***

Atos do Escrivão ou Chefe de Secretaria

Quando receber a petição inicial de qualquer processo, o escrivão a autuará, mencionando o juízo, a natureza do feito, o número de seu registro, os nomes das partes e a data do seu início; fará o mesmo quanto aos volumes que se forem formando. Todas as folhas dos autos serão rubricadas e assinadas, sendo feito o mesmo nos atos suplementares (partes, advogados, MP, peritos e testemunhas, também podem rubricar as folhas correspondentes aos atos em que intervieram).

Atos e termos do processo: datilografados ou escritos com tinta escura e indelével (que não pode ser apagada), assinados pelos que intervieram nesses atos (se não puder/quiser - escrivão certifica a ocorrência), sendo proibido o uso de abreviaturas.

Processo eletrônico: atos praticados na presença do juiz podem ser produzidos e armazenados de modo **integralmente digital**, mediante assinatura digital do juiz, escrivão ou chefe de secretaria e advogados das partes. Eventuais contradições devem ser **suscitadas oralmente no momento da realização do ato**, sob pena de preclusão. O juiz decidirá essa contradição de plano, sendo tal alegação e a respectiva decisão registradas.

Do Tempo e do Lugar dos Atos Processuais

Os atos processuais serão realizados nos **dias úteis**, das **6 às 20 horas** (podem ser concluídos após as 20h os atos **iniciados antes**, quando o adiamento prejudicar a diligência ou causar grave dano).

Citação e Penhora (em casos excepcionais) podem ser praticadas em domingos e feriados, ou nos dias úteis fora do horário, mediante autorização expressa do juiz.

Ato com prazo para ser praticado por meio de petição deve ser apresentado no protocolo dentro do expediente forense.

Durante férias e feriados não se praticarão atos, salvo:

> **Produção antecipada de provas;**

> **Citação** (para evitar perecimento do direito - assim como **outras medidas urgentes** como arresto, sequestro, penhora, arrecadação, busca e apreensão, prisão, separação de corpos, abertura de testamento, embargos de terceiro, nunciação de obra nova e outros atos análogos). Nesse caso, o prazo para resposta só correrá no **primeiro dia útil seguinte**.

São processados durante as férias e não se suspendem pela superveniência dela:

> Atos de jurisdição voluntária (bem como necessários à conservação de direitos - prejudicados pelo adiamento);

> Alimentos provisionais, dação ou remoção de tutores e curadores;

> As ações de rito sumário (art. 275 do CPC);

> Determinadas pela lei federal (ex. demandas inquilinitárias - despejo, revisional de aluguéis etc).

Para efeito forense, são considerados feriados os domingos e dias declarados por lei.

Os atos são praticados na sede do juízo, mas podem ser excepcionalmente efetuados em outro lugar (ex.: inspeção judicial e a oitiva de testemunhas indicadas no art. 411 do CPC).

De acordo com a Lei 11.419/06 (art. 3º, p.u.) - A petição eletrônica (enviada para atender prazo processual) será considerada tempestiva (feita dentro do prazo) se for transmitida até as 24 horas do último dia do prazo. (Ex.: prazo vence no dia 20. Se até as 23h 59m 59s desse dia ocorrer a transmissão do ato, ele é considerado tempestivo, isto é, ele foi praticado dentro do prazo).

Essa lei também estabelece que se considera como data da publicação o primeiro dia útil seguinte ao da disponibilização da informação no Diário da Justiça eletrônico. Os prazos processuais terão início no primeiro dia útil que seguir ao considerado como data da publicação. Ex.: disponibilização no dia 20. Se dia 21 for dia útil, ele será o dia de início do prazo, começando esse prazo a correr no próximo dia útil (dia 22 se considerarmos que ele é dia útil).

Fique Ligado

Atos processuais: ***dias úteis das 6h às 20h (iniciados antes + prejuízo - pode concluir depois das 20h).***

Citação/Penhora: ***em Domingos, feriados ou fora do horário: excepcionalmente + autorização judicial.***

Citação e outras medidas urgentes: ***se for para evitar o perecimento do direito: realizadas em férias e feriados.***

Exercício Comentado

01. (CESPE) Quanto ao tempo e ao lugar dos atos processuais, assinale a opção correta.

a) Nos feriados, poderá ser realizada citação da parte, a fim de evitar-se o perecimento do direito.

b) Os atos processuais devem ser realizados em dias úteis das 8 às 22 horas.

c) Os atos de jurisdição voluntária não se processarão durante as férias, mas o serão os necessários à conservação de direitos.

d) Se o ato a ser praticado pela parte em determinado prazo depender de petição, esta deverá ser apresentada até as 18 horas.

e) Durante as férias e nos feriados, o prazo para resposta do réu começará a correr no último dia destes períodos.

RESPOSTA. ***"A". Segue o texto de lei (Art. 173, II do CPC)***

RESPOSTA. ***"B". Serão realizados nos dias úteis das 6h às 20h.***

RESPOSTA. ***"C". Os atos de jurisdição voluntária serão processados durante as férias e não se suspendem por superveniência delas.***

RESPOSTA. ***"D". O CPC diz que deverá ser apresentado dentro do horário do expediente forense (estabelecido pela lei de organização judiciária local), ele não diz expressamente até às 18h.***

RESPOSTA. ***"E". Se um ato for praticado durante as férias ou feriado, o prazo para resposta só começará a correr no primeiro dia útil seguinte ao feriado ou às férias.***

Prazos Processuais

Os atos processuais devem ser feitos nos prazos fixados pela lei. Quando ela for omissa, o juiz determinará os prazos (observando a complexidade da causa). Caso a lei seja omissa e o juiz não fixe prazo, os atos processuais a cargo da parte deverão ser praticados em 5 dias.

Fique Ligado

Prazo: fixado em lei → (omissão da lei) juiz fixa → (omissão do juiz) 5 dias.

Esses prazos são contínuos, **não sendo interrompidos nos feriados**. Por outro lado, durante as férias, os prazos serão suspensos, voltando a correr (o restante) do primeiro dia útil seguinte ao final das férias (deve-se ter atenção ao fato de que as férias ocasionam a **suspensão** dos prazos e não a interrupção, é o tipo de coisa que as bancas adoram usar para confundir os candidatos)

Fique Ligado

Suspensão ***- prazo recomeça a correr do ponto em que parou.***

Interrupção ***- prazo recomeça integralmente, volta do zero.***

Suspendem os prazos:

> **Férias;**

> **Obstáculo criado pela parte;**

> **Morte ou perda da capacidade processual** de qualquer das partes, de seu representante legal ou de seu procurador.

> **Oposta exceção de incompetência, suspeição ou impedimento.**

Nesses casos, será restituído por tempo igual ao que faltava para sua complementação.

Classificações dos Prazos

1) **Prazos Próprios**: impostos às partes. No caso de não praticar o ato antes do vencimento do seu termo, ocorrerá a preclusão, não podendo ser praticado posteriormente. Se a parte não praticar o ato dentro do prazo, perde o direito de praticar esse ato.

2) **Prazos Impróprios**: impostos ao juiz e seus auxiliares. Sua não observância não gera nenhuma consequência processual, apenas podem ocorrer penalidades administrativas. Existindo motivo justificado, o juiz poderá exceder os prazos a ele fixados (por igual tempo). O juiz e os auxiliares da justiça mesmo quando perderem o prazo, devem praticar o ato, ficando sujeitos às penalidades administrativas eventualmente cabíveis.

1) **Prazos dilatórios**: são aqueles que podem ser reduzidos ou prorrogados por comum acordo das partes. Essa convenção só terá eficácia se requerida antes do vencimento do prazo e se fundar em motivo legítimo. Nesses casos, os custos acrescidos ficarão a cargo da parte favorecida pela prorrogação.

2) **Prazos peremptórios**: não podem ser alterados, exceto nas comarcas de difícil acesso (nesses casos o juiz pode prorrogar quaisquer prazos, mas sem ultrapassar 60 dias - no caso de calamidade pública, até mesmo esse limite de 60 dias pode ser excedido).

Prorrogar ou reduzir prazos dilatórios - por meio de comum acordo das partes:

> Requerido antes do vencimento;

> Fundado em motivo legítimo;

Transcorrido o prazo, o direito de praticar o ato se extingue, **não dependendo de declaração judicial para tanto.**

Porém, a parte pode provar que não realizou o ato dentro do prazo por **justa causa** (evento imprevisto, alheio à vontade da parte, que a impediu de praticar o ato, pessoalmente ou por mandatário). Uma vez que o juiz verificar que ocorreu uma justa causa, permitirá que a parte pratique o ato no prazo e lhe assinará um prazo para tanto.

Preclusão

Perda da faculdade processual de praticar um ato.

> **Temporal**: por não ter observado um prazo (ex.: não apresentou a contestação dentro do prazo de 15 dias).

> **Lógica**: prática de um ato anterior incompatível com outro ato que se pretende realizar (ex.: cumpre a sentença integralmente e para depois entrar com o recurso ou autor que teve sentença totalmente procedente entrando com apelação).

> **Consumativa**: já praticou o ato, mas de forma incompleta (ex.: interpôs recurso de apelação mas não fez o preparo).

Contagem dos Prazos

> É **excluído o dia do começo** e **incluído o dia do vencimento** na contagem.

> Os prazos só começam a **correr** do **primeiro dia útil após a intimação.**

Será prorrogado até o primeiro dia útil o prazo quando o vencimento recair nas seguintes hipóteses:

> Feriados;

> Determinado o fechamento do fórum;

> Expediente encerrar antes da hora normal.

Por ocasião das férias forenses, os prazos terão seu **curso suspenso**, voltando a correr, do ponto em que pararam, a partir **do primeiro dia útil seguinte** ao termo das férias (deve-se ter atenção ao fato de que as férias forenses ocasionam a suspensão e não a interrupção do prazo).

Quando um prazo for estabelecido exclusivamente a favor de uma das partes, ela poderá renunciar a esse prazo.

Fazenda Pública e Ministério Público possuem prazo dilatado para:

> **Contestar** - em quádruplo;

> **Recorrer** - em dobro;

Prazos para o Juiz:

> **Despachos** - 2 dias;

> **Decisões** - 10 dias.

Fique Ligado

Em qualquer grau de jurisdição, havendo motivo justificado, pode o juiz exceder, por igual tempo, os prazos que o CPC lhe assina.

Prazos para o serventuário:

> Remeter autos conclusos - 24h.

> Executar atos processuais - 48h.

Esses prazos impostos ao serventuário contam-se:

> Conclusão do ato processual anterior (a ele imposto pela lei)

> Ciência da ordem (determinada pelo juiz)

Fique Ligado

→ ***Litisconsortes com diferentes procuradores -> prazo em dobro para contestar, recorrer e, de modo geral, falar nos autos.***

→ ***Se a lei não marcar outro prazo, as intimações somente obrigarão ao comparecimento depois de decorridas 24h.***

→ ***Se o advogado não devolver os autos no prazo legal, o juiz mandará riscar o que neles houver escrito e desentranhar alegações e documentos que apresentar.***

Fique Ligado

Prazo só começa a correr e só termina em dia útil!

Exercício Comentado

01. (CESPE) Considere que João e Maria são litisconsortes, mas constituíram diferentes procuradores nos autos contra a Fazenda Pública. Nesse caso, João e Maria terão contado em quádruplo o prazo para recorrerem e em dobro para contestarem e se manifestarem nos autos.

ERRADO. A banca misturou os privilégios de prazo para tentar confundir o candidato. Litisconsortes com diferentes procuradores → prazo em dobro para contestar, recorrer e de modo geral falar nos autos. Fazenda Pública e Ministério Público → Prazo em quádruplo para contestar e em dobro para recorrer.

Comunicação dos Atos Processuais

Os atos processuais serão cumpridos por ordem judicial (dentro dos limites territoriais da comarca) ou requisitados por carta (fora dos limites territoriais da comarca).

Cartas

Quando um ato judicial tiver de ser praticado fora dos limites territoriais da comarca, ele será requisitado por carta:

> **De ordem**: juiz que recebe é subordinado ao tribunal que emana;

> **Rogatória**: dirigida a autoridade judiciária estrangeira;

> **Precatória**: demais casos.

Elas podem ser expedidas por meio eletrônico.

A carta possui caráter itinerante (pode ser apresentada em juízo diverso do que consta a fim de se praticar o ato).

Em caso de urgência, as cartas de ordem e a precatória podem ser transmitidas por telegrama, radiograma ou telefone.

Requisitos das Cartas (de Ordem, Precatória ou Rogatória):

> A indicação dos juízes de origem e de cumprimento do ato.
> O inteiro teor da petição, do despacho judicial e do instrumento do mandato conferido ao advogado.
> A menção do ato processual, que lhe constitui o objeto.
> O encerramento com a assinatura do juiz.

Ocorrendo uma das seguintes hipóteses, o juiz recusará o cumprimento à carta precatória, devolvendo-a com despacho motivado:

> Quando não estiver revestida dos requisitos legais;
> Quando carecer de competência em razão da matéria ou da hierarquia;
> Quando tiver dúvida acerca de sua autenticidade.

A carta rogatória obedecerá, quanto à sua admissibilidade e modo de seu cumprimento, ao disposto na convenção internacional; à falta dessa, será remetida à autoridade judiciária estrangeira, por via diplomática, depois de traduzida para a língua do país em que há de praticar-se o ato.

Uma vez cumprida, a carta será devolvida ao juízo de origem no prazo de **10 dias, independentemente de traslado**, pagas as custas pela parte.

Citação

Ato pelo qual se chama a juízo o réu ou o interessado a fim de se defender.

É **indispensável** a citação inicial do réu, sua falta gera a nulidade do processo (essa falta pode ser suprida pelo comparecimento espontâneo do réu). Entretanto, se o réu comparecer apenas para arguir a nulidade da citação e essa for decretada, ele é considerado citado na data em que o advogado for intimado da decisão.

Ela é feita pessoalmente ao réu, ao seu representante legal ou ao procurador legalmente autorizado. A citação é feita em qualquer lugar em que o réu **for encontrado.**

Réu ausente: feita na pessoa do mandatário, administrador, feitor ou gerente (nos casos de ação originada de atos por eles praticados).

Locador se ausenta do Brasil e não informa ao locatário se deixou procurador com poderes para receber citação - nesse caso, será citado na pessoa do administrador do imóvel encarregado pelo recebimento dos aluguéis.

Militar em serviço ativo que não possui residência conhecida ou não encontrado nela, será citado na unidade em que estiver servindo.

Em determinadas hipóteses, a citação não poderá ser feita, salvo para evitar o perecimento do direito:

> Assistindo a qualquer ato de culto religioso;
> **Morte**: cônjuge ou parente até segundo grau - dia do falecimento e 7 seguintes;
> **Noivos**: 3 primeiros dias de bodas;
> **Doentes**: enquanto grave o seu estado.

Se o oficial verificar que o réu é demente ou não está em condições de recebê-la, não fará a citação, certificando minuciosamente a ocorrência. O juiz nomeará um médico para examinar o citando, sendo apresentado o laudo em 5 dias. Reconhecida a impossibilidade, dará um curador, observando a preferência disposta na lei civil, com nomeação restrita à causa (cita na pessoa desse curador, a quem competirá a defesa do réu).

Efeitos da Citação

> Torna prevente o juízo;
> Induz litispendência;
> Faz litigiosa a coisa.

Ainda que ordenada por juiz incompetente:

> Constitui em mora o devedor;
> Interrompe a prescrição (retroage à data da propositura da ação);

→ A **prescrição** será pronunciada **em ofício** pelo juiz (deve-ser ter cuidado com questões dizendo que somente será feito por requerimento das partes, o juiz também pode/deve de ofício).

Despacho que ordena a citação -> a parte deve promovê-la nos 10 dias subsequentes (juiz pode prorrogar até o máximo de 90 dias). Se não for citado nesses prazos, considera-se não havida a interrupção da prescrição.

Deferida a citação pelo correio, o escrivão ou chefe da secretaria remeterão ao citando cópias da petição inicial e do despacho do juiz, expressamente consignada em seu inteiro teor a advertência a que se refere o art. 285 (REVELIA) comunicando, ainda, o prazo para a resposta e o juízo e cartório, com o respectivo endereço.

A carta será registrada para entrega ao citando, exigindo-lhe o carteiro, ao fazer a entrega, que assine o recibo.

Se o réu for réu pessoa jurídica: será válida a entrega à pessoa com poderes de gerência geral ou de administração.

A citação é feita por:

> Correio;
> Oficial de Justiça;
> Edital;
> Meio eletrônico.

Em regra a citação é feita pelo correio, salvo (nesses casos ela é feita pelo oficial de justiça):

> Ações de estado;
> Ré pessoa incapaz;
> Ré pessoa de direito público;
> Processos de execução;
> Réu residir em local não atendido pela entrega domiciliar de correspondência;
> Autor a requerer de outra forma.
» Se a citação pelo correio for frustrada, ela também será feita por oficial de justiça.

O oficial de justiça deve procurar o réu e irá citá-lo onde o encontrar:

> Lendo-lhe o mandado e entregando-lhe a contrafé;
> Portando por fé se recebeu ou recusou a contrafé;
> Obtendo a nota de ciente, ou certificando que o réu não a após no mandado.

Citação por Hora Certa

Quando, **por três vezes**, o oficial de justiça houver procurado o réu em seu domicílio ou residência, sem o encontrar, deverá, **havendo suspeita de ocultação, intimar a qualquer pessoa da família, ou em sua falta a qualquer vizinho**, que, no dia imediato, voltará, a fim de efetuar a citação, na hora que designar.

> No dia e hora designados, o oficial de justiça, **independentemente de novo despacho**, comparecerá ao domicílio ou residência do citando, a fim de realizar a diligência.

> Se o citando não estiver presente, o oficial de justiça procurará informar-se das razões da ausência, dando por feita a citação, **ainda que** o citando se tenha ocultado em outra comarca.

> Da certidão da ocorrência, o oficial de justiça **deixará contrafé com pessoa da família ou com qualquer vizinho**, conforme o caso, declarando-lhe o nome.

> Feita a citação com hora certa, **o escrivão enviará ao réu carta, telegrama ou radiograma, dando-lhe de tudo ciência.**

Comarcas contíguas (de fácil comunicação) ou **Comarcas que se situem na mesma região metropolitana** → O oficial de justiça poderá efetuar citações ou intimações em **qualquer delas**.

Citação por Edital

→ **Hipóteses:**

> Réu desconhecido ou incerto;

> Lugar que o réu se encontra ser ignorado, incerto ou inacessível (país que recusar o cumprimento de carta rogatória → Considerado inacessível);

> Demais casos expressos em lei.

Requisitos da Citação por Edital

> A afirmação do autor, ou a certidão do oficial de uma das hipóteses justificadoras.

> A afixação do edital, na sede do juízo, certificada pelo escrivão.

> A publicação do edital no **prazo máximo de 15 dias.**

» Uma vez no órgão oficial (publicação feita apenas aqui quando a parte for beneficiária da assistência judiciária).

» E pelo menos duas vezes em jornal local (onde houver).

> A determinação do prazo dado pelo juiz variará entre **20 e 60 dias** - contados da primeira **publicação.**

> A advertência sobre os efeitos da revelia (art. 285), caso se trate de direitos disponíveis.

Parte que requer a citação por edital alegando dolosamente algum dos requisitos justificadores - multa de 5 vezes o salário mínimo (essa multa será revertida em benefício do citando).

Intimação

Ato pelo qual se dá ciência a alguém dos atos e termos do processo, para que faça ou deixe de fazer alguma coisa (em regra é feita por ofício) A intimação do Ministério Público é **sempre pessoal.**

Se a lei não previr outra forma, as intimações serão feitas às partes, aos seus representantes legais e aos advogados **pelo correio** ou, **se presentes em cartório, diretamente pelo escrivão ou chefe de secretaria.**

As partes devem atualizar os endereços no caso de modificação, considerando-se válidas as comunicações enviadas ao endereço constante na inicial, contestação ou embargos.

Se frustrada a intimação pelo correio, ela será feita pelo oficial de justiça.

Salvo disposição em contrário, os prazos para as partes, para a fazenda pública e para o Ministério Público **contar-se-ão da intimação.**

Se tiverem ocorrido em dia no qual não houve expediente forense, as intimações consideram-se realizadas no **primeiro dia útil seguinte.**

Começa a correr o prazo:

> **Citação ou intimação pelo correio** - da data de juntada aos autos do aviso de recebimento.

> **Citação ou intimação por oficial de justiça** - da data de juntada aos autos do mandado cumprido.

> **Vários réus** - da data de juntada aos autos do último aviso de recebimento ou mandado citatório cumprido.

> **Ato realizado em cumprimento de carta (de ordem, precatória ou rogatória)** - da data de sua juntada aos autos devidamente cumprida.

> **Citação por edital** - finda a dilação assinada pelo juiz.

> **Interposição de recurso** - data em que os advogados são intimados da decisão, sentença ou acórdão (na própria audiência, quando publicados nela).

Prazo para interposição de recurso: conta-se da intimação dos advogados da sentença ou do acórdão (reputam-se intimados na própria audiência quando a sentença ou o acórdão é nela publicada).

Exercício Comentado

01. (CESPE) Para a validade do processo, é indispensável a intimação inicial do réu, a qual, mesmo ordenada por juiz incompetente, tornará prevento o juízo e interromperá a prescrição.

ERRADO. A banca tentou confundir o candidato misturando o disposto na lei. Na primeira parte, trocou citação inicial por intimação inicial (apesar de que se o erro fosse apenas esse, seria discutível). Na segunda parte, disse que mesmo ordenada por juiz incompetente, ela tornará prevento o juízo e interromperá a prescrição. O art. 219 do CPC (que é muito cobrado em prova) diz que no caso da citação houver sido ordenada por juiz incompetente ela constitui o devedor em mora e interrompe a prescrição (nesse caso ela não torna o juízo prevento).

Nulidades

No direito processual vigora a regra da **liberdade de formas** (ou informalidade), segundo a qual os atos não dependem de forma determinada, senão quando a lei expressamente o exigir.

Quando a lei prescrever determinada forma, sob pena de nulidade, a parte que deu causa a essa nulidade não poderá requerer a sua decretação (também conhecido como princípio da boa-fé).

Princípios Referentes às Nulidades

1) **Princípio da instrumentalidade das formas (ou finalidade):** quando a lei prescrever determinada forma, sem cominação de nulidade, mesmo se realizado de forma diversa, o ato será considerado válido se alcançar a sua finalidade.
2) **Princípio da Convalidação:** a nulidade deve ser alegada na primeira oportunidade em que couber à parte falar nos autos, sob pena de preclusão. Se não alegar no momento oportuno, a nulidade ficará sanada, com a convalidação do ato, salvo se a parte provar legítimo impedimento. Exceção: nulidades que o juiz deva decretar de ofício (nulidades absolutas).
3) **Princípio da Causalidade:** anulado um ato processual, todos os atos subsequentes que dele dependam não terão efeitos. Ao pronunciar a nulidade, o juiz declarará os atos que são atingidos.
4) **Princípio do Aproveitamento:** a nulidade de uma parte do ato não prejudicará as outras, que dela sejam independentes. O erro de forma acarreta apenas a anulação dos atos que não possam ser aproveitados, devendo ser praticados apenas os necessários para a observância das prescrições legais (desde que não resulte prejuízo à defesa).
5) **Princípio do Prejuízo:** não existe nulidade sem prejuízo. Quando não prejudicar a parte, não se repetirá o ato nem se lhe suprirá a falta.

Quando o juiz puder decidir do mérito a favor da parte que seria beneficiada pela decretação da nulidade, não a pronunciará nem mandará repetir o ato ou suprir-lhe a falta.

Se o Ministério Público não for intimado a acompanhar o feito em que deva intervir, ocorrerá a **nulidade do processo** (se o processo correu sem conhecimento do MP, o juiz anulará a partir do momento em que o órgão deveria ter sido intimado).

Exercício Comentado

01. (FCC) No que concerne a nulidades, considere:

I. Quando a lei prescrever determinada forma, sob pena de nulidade, a decretação desta não pode ser requerida pela parte que lhe deu causa.

II. Quando a lei prescrever determinada forma, sem cominação de nulidade, o juiz considerará válido o ato se, realizado de outro modo, lhe alcançar a finalidade.

III. O juiz pronunciará a nulidade e mandará repetir o ato, ou suprir-lhe a falta, mesmo se puder proferir sentença de mérito a favor da parte a quem aproveite a declaração da nulidade.

IV. A nulidade de uma parte do ato não prejudicará as outras, que dela sejam independentes.

Está correto o que consta SOMENTE em:

a) II, III e IV.
b) I e IV.
c) II e III.
d) I, II e IV.
e) I e III.

*RESPOSTA. **"D". I. (Art. 243); II. (Art. 244); III. O CPC diz o contrário, nesse caso o juiz não pronunciará a nulidade (Art. 249); IV. (Art. 248).***

Da Distribuição e do Registro

De acordo com o CPC, todos os processos estão sujeitos a registro, sendo que, nos locais onde houver mais de um juízo ou mais de um escrivão, deverão ser distribuídos (feita de forma alternada, obedecendo rigorosa igualdade).

A distribuição por dependência é uma exceção a essa regra acima analisada (serão distribuídas no mesmo juízo).

Conforme o disposto no CPC, serão distribuídas por dependência as causas de qualquer natureza:

> Quando se relacionarem, por conexão ou continência, com outra já ajuizada;

> Quando, tendo sido extinto o processo, sem julgamento de mérito, for reiterado o pedido, ainda que em litisconsórcio com outros autores ou que sejam parcialmente alterados os réus da demanda;

> Quando houver ajuizamento de ações idênticas, ao juízo prevento.

O juiz corrigirá o erro ou a falta de distribuição, de ofício ou a requerimento do interessado, compensando-a.

A distribuição do feito que em 30 dias não for preparado no cartório em que deu entrada será cancelada.

Do Valor da Causa

De acordo com o disposto no CPC, a toda causa será atribuído um valor certo, ainda que não tenha conteúdo econômico imediato. O valor da causa constará sempre da petição inicial, sendo calculado da seguinte forma:

> Na ação de cobrança de dívida → a soma do principal, da pena e dos juros vencidos até a propositura da ação;

> Havendo cumulação de pedidos → a quantia correspondente à soma dos valores de todos eles;

> Sendo alternativos os pedidos → o de maior valor;

> Se houver também pedido subsidiário → o valor do pedido principal;

> Quando o litígio tiver por objeto a existência, validade, cumprimento, modificação ou rescisão de negócio jurídico → o valor do contrato;

> Na ação de alimentos, a soma de 12 (doze) prestações mensais → pedidas pelo autor;

> Na ação de divisão, de demarcação e de reivindicação → a estimativa oficial para lançamento do imposto.

Quando se pedirem prestações vencidas e vincendas, tomar-se-á em consideração o valor de umas e outras. O valor das prestações vincendas será igual a:

> Uma prestação anual - se a obrigação for por tempo indeterminado, ou por tempo superior a 1 ano.

> Soma das prestações - período inferior a um ano.

Réu Impugnar o valor atribuído a causa pelo autor - no prazo da contestação (a impugnação será autuada em apenso, ouvindo-se o autor no prazo de 5 dias. Em seguida o juiz, sem suspender o processo, servindo-se, quando necessário, do auxílio de perito, determinará, no prazo de 10 dias, o valor da causa).

Se não houver impugnação ao valor da causa, presume-se aceito o valor que o autor atribuiu na petição inicial.

CAPÍTULO 05

Formação, Suspensão e Extinção do Processo

Formação do Processo

O processo começa por iniciativa da parte, mas se desenvolve por impulso oficial.

Considera-se **proposta a ação:**

> Onde houver **apenas uma vara** - despachada a petição inicial pelo juiz;

> Onde houver **mais de uma vara** - simples distribuição.

A propositura só produzirá os efeitos do art. 219 (a citação válida torna prevento o juízo, induz litispendência e faz litigiosa a coisa; e, ainda quando ordenada por juiz incompetente, constitui em mora o devedor e interrompe a prescrição) sobre o réu depois que ele for **validamente citado.**

Após a citação válida do réu, o processo adquire estabilidade. Assim, a partir desse momento, o autor não pode, sem o consentimento do réu, alterar o pedido ou causa de pedir. A alteração das partes também é proibida, salvo nos casos em que a lei permitir (exemplos: denunciação à lide e sucessão por morte).

Após o saneamento do processo, o pedido e a causa de pedir se tornam imodificáveis, não podem mais ser alterados.

Alteração do **pedido** ou da **causa de pedir** pelo autor:

> **Antes da citação -** pode (e nem precisa de autorização do réu).

> **Depois da citação (mas antes do saneamento) -** permitido apenas com o consentimento do réu.

> **Depois do saneamento -** não pode.

Suspensão do Processo

Ocorrendo uma das hipóteses de suspensão, o processo fica paralisado até que essa causa suspensiva cesse.

Causas suspensivas:

→ **Morte ou perda da capacidade processual** (de qualquer das partes, de seu representante legal ou de seu procurador).

→ **Convenção das partes** (nunca excederá 6 meses).

→ **Oposta exceção de incompetência** (do juízo, da câmara ou do tribunal) bem como de **suspeição ou impedimento** do juiz.

→ Por **Prejudicialidade (nunca por mais de um ano)** - quando a sentença de mérito:

> Depender do julgamento de outra causa, ou da declaração da existência ou inexistência da relação jurídica, que constitua o objeto principal de outro processo pendente;

> Não puder ser proferida senão depois de verificado determinado fato, ou de produzida certa prova, requisitada a outro juízo;

> Tiver por pressuposto o julgamento de questão de estado, requerido como declaração incidente;

» Findo o prazo de um ano, o juiz mandará prosseguir no processo.

> **Força maior;**

> **Demais casos regulados pelo CPC.**

Morte ou Perda da Capacidade Processual

Das partes ou representante legal: o juiz não suspende o processo se já tiver iniciado a audiência de instrução e julgamento. Nesse caso, o advogado continua no processo até o encerramento da audiência, sendo o processo suspenso a partir da publicação da sentença ou acórdão.

Do procurador de qualquer das partes: nesse caso, mesmo que iniciada a audiência de instrução e julgamento, o juiz abrirá um prazo de 20 dias para que a parte constitua um novo mandatário, caso não o faça:

> **Autor**: processo extinto sem resolução do mérito.

> **Réu**: processo prosseguirá à revelia.

Durante a suspensão do processo, é defesa a prática de qualquer ato processual, mas o juiz poderá determinar a realização de atos urgentes, para evitar dano irreparável.

Extinção do Processo

Quando o processo termina sem que a lide seja solucionada ou composta (acordo), diz-se que o processo foi extinto **SEM** a resolução (ou julgamento) do mérito.

Hipóteses:

I. Indeferimento da inicial;

II. Processo parado por **mais de 1 ano** por negligência das partes (processo arquivado se após intimada pessoalmente, a parte não suprir a falta em 48 horas - as custas serão pagas proporcionalmente);

III. **Autor abandonar a causa por mais de 30 dias**, por não promover os atos e diligências que lhe cabem (processo arquivado se após intimada pessoalmente, a parte não suprir a falta em 48 horas - autor condenado ao pagamento das custas e honorários de advogado);

IV. Ausência dos pressupostos de constituição e de desenvolvimento válido e regular do processo (pressupostos processuais);

V. Perempção, litispendência e coisa julgada (não pode propor nova ação nessa hipótese);

VI. Ausência das condições da ação (possibilidade jurídica, legitimidade das partes e interesse processual);

VII. Convenção de arbitragem (não pode ser conhecida de ofício);

VIII. Autor desistir da ação (depois de decorrido o prazo da resposta, apenas com consentimento do réu);

IX. Ação intransmissível por disposição legal;

X. Confusão;

XI. Demais casos regulados pelo CPC.

Nos itens IV, V e VI o juiz conhecerá de ofício em qualquer tempo e grau de jurisdição, enquanto não proferida a sentença de mérito. O réu que não alegar essas matérias na primeira oportunidade que lhe caiba falar nos autos, responderá pelas custas do retardamento.

Quando ocorrer a extinção do processo sem o exame do mérito, o autor pode intentar de novo a ação (menos no caso de perempção, litispendência e coisa julgada). Mas deve comprovar o pagamento ou depósito das custas e dos honorários de advogado, senão a petição inicial não será despachada.

Perempção: ocorre quando o autor der causa, por 3 vezes, à extinção do processo pelo fundamento do art. 267, III (abandono de causa). Ele perde o direito de renovar a ação (intentar nova ação contra o réu com o mesmo objeto). Entretanto, ele poderá alegar o seu direito em defesa (em uma eventual ação que contra ele for intentada).

Litispendência: é a repetição de uma ação idêntica a uma outra que já está em curso (mesmas partes, pedidos e causa de pedir).

Coisa Julgada: é quando se repete ação que já foi decidida e já transitou em julgado.

Quando o processo é finalizado por meio de uma sentença que aprecia e decide o mérito da questão, diz-se que o processo foi extinto **COM** a resolução do mérito, fazendo coisa julgada.

Hipóteses:

> Juiz acolher ou rejeitar o pedido do autor;
> Réu reconhecer a procedência do pedido;
> Transação;
> Decadência ou Prescrição;
> Renúncia (autor renuncia ao direito sobre que se funda a ação).

Exercício Comentado

01. (FCC) Sobre a formação e extinção do processo, considere:

I. O processo civil começa por impulso oficial, desenvolvendo-se por iniciativa da parte.

II. A alteração do pedido ou da causa de pedir em nenhuma hipótese será permitida após o saneamento do processo.

III. O processo será extinto, sem resolução de mérito, quando o juiz pronunciar a decadência ou a prescrição.

Está correto o que consta em:

a) II, apenas.
b) III, apenas.
c) I, apenas.
d) I, II e III.
e) I e II, apenas.

RESPOSTA. ***"A". I. O CPC diz o inverso, o processo começa por iniciativa da parte, mas se desenvolve por impulso oficial (art. 262); II. Art. 264, p.u; III. A prescrição ou a decadência ocasionam a extinção do processo COM a resolução do mérito (art. 269, IV).***

Procedimento

Procedimento é a maneira pela qual o processo é exteriorizado e materializado. Ele é a forma como o processo caminha e os atos processuais são encadeados.

O Procedimento Comum Divide-se em:

→ **Rito Ordinário** - Usado quando não for cabível o rito sumário ou os procedimentos especiais. Quando esses dois últimos forem omissos, aplicam-se subsidiariamente as regras do procedimento ordinário.

→ **Rito Sumário** - Tem por diferencial a oralidade, a celeridade e a concentração dos atos processuais. Suas hipóteses de cabimento estão previstas no CPC. É regido pelas disposições próprias, quando for omisso, aplica-se subsidiariamente o disposto para o procedimento comum.

Antecipação da tutela: é quando o autor requer antecipadamente aquilo que teria quando e se a ação fosse julgada procedente (exemplo: comprou e pagou um carro que não foi entregue, requer que seja entregue imediatamente, antes da decisão do juiz se ele realmente tem direito a esse veículo ou não).

Medida cautelar: utilizada para resguardar a eficácia da decisão futura (exemplo: requer que o veículo que está sendo discutido em juízo seja arrestado para o depósito público, assim a outra parte não poderá sumir com ele enquanto o processo tramita).

Antecipação dos efeitos da tutela (total ou parcial): depende de requerimento da parte e exige:

> Prova inequívoca e verossimilhança da alegação;
> Fundado receio de dano irreparável ou de difícil reparação;
> Fique caracterizado o abuso de direito de defesa ou o manifesto propósito protelatório do réu.

Não será concedida a antecipação da tutela quando houver perigo de irreversibilidade do provimento antecipado.

A tutela antecipada poderá ser revogada ou modificada a qualquer tempo, em decisão fundamentada.

Concedida ou não a antecipação da tutela, prosseguirá o processo até o final do julgamento.

A tutela antecipada também poderá ser concedida quando um ou mais dos pedidos cumulados, ou parcela deles, mostrar-se incontroverso.

Se o autor, a título de antecipação de tutela, requerer providência de natureza cautelar, poderá o juiz, quando presentes os respectivos pressupostos, deferir a medida cautelar em caráter incidental do processo ajuizado.

Procedimento Sumário

Será admitida a interposição de uma ação sob o rito sumário nos seguintes casos:

> **Causas cujo valor não exceda a 60 vezes o salário mínimo.**

Nas seguintes causas, independente do valor:

» Arrendamento rural e de parceria agrícola;
» Cobrança ao condômino de quaisquer quantias devidas ao condomínio;
» Ressarcimento por danos em prédio urbano ou rústico;
» Ressarcimento por danos causados em acidente de veículo de via terrestre;
» Cobrança de seguro, relativamente aos danos causados em acidente de veículo, ressalvados os casos de processo de execução;
» Cobrança de honorários dos profissionais liberais, ressalvado o disposto em legislação especial;
» Versem sobre revogação de doação;
» Demais casos previstos em lei.

Ele não poderá ser usado nas ações relativas **ao estado e à capacidade das pessoas.**

Na petição inicial, o autor apresentará o rol de testemunhas (se requerer perícia, formulará quesitos, podendo indicar assistente técnico)

A audiência será designada dentro de 30 dias, mas o réu deve ser citado com antecedência mínima de 10 dias da audiência **(Fazenda Pública ré = prazos em dobro)**.

Se o réu não comparecer injustificadamente à audiência, presumem-se verdadeiros os fatos alegados pelo autor (salvo se a prova dos autos demonstrar o contrário), proferindo o juiz, desde logo, a sentença.

As partes comparecem pessoalmente à audiência (mas admite-se representação por preposto com poderes para transigir).

Em 3 hipóteses o juiz converterá o procedimento sumário para o ordinário:

> Valor superior a 60 salários mínimos;
> Ações de estado ou capacidade da pessoa;
> Prova pericial complexa.

Primeiro é realizada uma audiência para tentativa de conciliação, caso essa não seja obtida, o réu oferecerá na própria audiência sua resposta (escrita ou oral), acompanhada dos documentos, rol de testemunhas e, se requerer perícia, formulará os quesitos desde logo, podendo indicar assistente técnico.

Não se admite no rito sumário:

> Reconvenção (admite-se o pedido contraposto: fundado nos mesmos fatos referidos na inicial);
> Ação declaratória incidental;
> Intervenção de terceiros (salvo assistência, o recurso de terceiro prejudicado e a intervenção fundada em contrato de seguro).

Havendo necessidade de produção de prova oral ou em casos de extrema complexidade da matéria, será designada audiência de instrução e julgamento para data próxima (não excedente a 30 dias - salvo se houver determinação de perícia).

Depois de terminada a instrução e os debates orais, o juiz irá proferir a sentença na própria audiência, ou no prazo de 10 dias.

Exercício Comentado

01. (FCC) Em relação ao procedimento;

a) Não há rol de testemunhas prévio, no procedimento sumário, devendo o autor levá-las por sua iniciativa à audiência designada.

b) Será observado o procedimento ordinário nas ações de cobrança de honorários dos profissionais liberais, ressalvado o disposto em legislação especial.

c) Pode ser observado o procedimento sumário nas ações relativas ao estado e à capacidade das pessoas, desde que maiores e capazes.

d) Será observado o procedimento sumário nas causas de arrendamento rural e de parceria agrícola, qualquer que seja o seu valor.

e) Por sua menor complexidade, não há perícia no procedimento sumário.

*RESPOSTA. **"A". No procedimento sumário, o rol de testemunhas deve ser apresentado pelo autor juntamente com a contestação (art. 276);***

*RESPOSTA. **"B". Nas ações de cobrança de honorários dos profissionais liberais será adotado o procedimento sumário, independentemente do valor, ressalvado o disposto em legislação especial (art. 275, II, "f");***

*RESPOSTA. **"C". O CPC veda o procedimento sumário nas causas relativas ao estado e à capacidade das pessoas (art. 275, p.u.);***

*RESPOSTA. **"D". Art. 275, II, "a";***

*RESPOSTA. **"E". Pode ser requerida perícia no procedimento sumário (art. 276).***

Procedimento Ordinário

É o rito a ser aplicado nos casos em que não for cabível o procedimento sumário ou outro disposto em lei especial. Esses dois últimos (sumário e o que eventualmente constar em lei especial) são regidos pelas disposições próprias, aplicando-se subsidiariamente (no caso de omissão) as regras do procedimento ordinário.

Petição Inicial

Trata-se do principal ato realizado pelo autor da ação. Por meio dela, o autor apresenta os fatos e fundamentos jurídicos, requerendo seus pedidos e provocando o exercício da jurisdição.

→ **Requisitos da petição inicial:**

> O juiz ou tribunal, a que é dirigida;
> Os nomes, prenomes, estado civil, profissão, domicílio e residência do autor e do réu;
> O fato e os fundamentos jurídicos do pedido;
> O pedido, com as suas especificações;
> O valor da causa;
> As provas com que o autor pretende demonstrar a verdade dos fatos alegados;
> O requerimento para a citação do réu (a doutrina defende que mesmo se a parte não requerer, o magistrado determinará a citação do réu).

Ela também deve vir acompanhada dos documentos indispensáveis à propositura da ação.

→ **Emenda da inicial**:

Quando o juiz verificar a ausência de algum desses requisitos (ou que ela apresenta algum **defeito ou irregularidade** que possa dificultar o julgamento de mérito) determinará que o autor a emende ou complete, no **prazo de 10 dias** (se ele não cumprir → Indeferimento da inicial). Isso apenas ocorrerá quando tratar-se de vício sanável.

Se a citação estiver em termos, o juiz despachará, ordenando a citação do réu (nela constará que se ele não contestar a ação, será presumido que o réu aceitou como verdadeiros os fatos articulados pelo autor).

→ **Improcedência liminar ou "*prima facie*":**

Matéria controvertida unicamente de direito se no juízo existirem sentenças de total improcedência proferidas em casos idênticos → o juiz poderá dispensar a citação e proferir sentença reproduzindo-se o teor da anteriormente prolatada.

Cabe juízo de retratação: se o autor apelar, o juiz tem 5 dias para:

> Não manter a sentença e determinar o prosseguimento da ação;
> Manter a sentença e ordenar a citação do réu para responder ao recurso.

Pedido

A regra é que o pedido seja **certo ou determinado**, mas a lei admite o pedido genérico em algumas hipóteses:

> **Ações universais** (se não puder o autor individuar na petição os bens demandados);
> Se não for possível determinar, de modo definitivo, as **consequências do ato ou do fato ilícito**;
> Quando a determinação do valor da condenação depender de **ato que deva ser praticado pelo réu**.

Pedido do autor para que seja imposta ao réu determinação para abster-se de praticar algum ato, tolerar alguma atividade, prestar algum ato ou entregar determinada coisa → Ele pode requerer que seja cominada uma pena pecuniária para o descumprimento.

> **Pedido alternativo**: é aquele em que, pela natureza da obrigação, a prestação puder ser cumprida de mais de um modo pelo devedor. No caso da lei ou do contrato estabelecer que a escolha cabe ao devedor, o juiz lhe assegurará o direito de cumprir a prestação de um ou de outro modo, ainda que o autor não tenha formulado pedido alternativo.

> **Pedido sucessivo**: é lícita a sua formulação a fim de que, caso o juiz não possa acolher o pedido anterior, conheça do pedido posterior.

> **Prestações periódicas**: consideram-se incluídas no pedido, mesmo que não haja declaração expressa do autor (pedido implícito), se o devedor deixar de pagá-las ou consigná-las no curso do processo, sendo incluídas à sentença condenatória.

→ **Cumulação de pedidos:**

Podem ser cumulados no mesmo processo, contra o mesmo réu, vários pedidos, ainda que entre eles não haja conexão.

Requisitos:

> Pedidos compatíveis entre si;

> Juiz seja competente para conhecer deles;

> O procedimento seja adequado para todos os pedidos (se admitirem procedimentos diversos, pode o autor empregar o procedimento ordinário).

De acordo com o CPC, os pedidos são interpretados restritivamente, mas os juros legais compreendem-se no principal.

Obrigação indivisível com pluralidade de credores: aquele que não participou do processo receberá a sua parte, deduzidas as despesas na proporção de seu crédito.

→ **Modificação do Pedido:**

Antes da citação: permitido ao autor aditar o pedido (ele será o responsável pelas custas acrescidas).

Depois da citação: precisa do consentimento do réu (mas nunca após o saneamento).

Assim, em relação à modificação do pedido, deve-se lembrar de 3 momentos distintos: antes da citação (pode, nem precisa de consentimento do réu); após a citação (pode, mas precisa de concordância do réu); após o saneamento (não pode).

Indeferimento da Petição Inicial

Como se viu, se a petição tiver um vício sanável, o juiz abrirá um prazo de 10 dias para que o autor emende a inicial, caso ele não o faça, nesse prazo, ela será indeferida. Quando o juiz se deparar com um vício insanável na inicial, ele não abrirá esse prazo para emenda, simplesmente a indeferirá, sendo essa uma hipótese de extinção do processo SEM julgamento do mérito.

Hipóteses:

> Inépcia da inicial;

» Faltar pedido ou causa de pedir;

» Da narração dos fatos não decorrer logicamente a conclusão;

» Pedido for juridicamente impossível;

» Pedidos incompatíveis entre si.

> Parte for manifestamente ilegítima;

> Autor carecer de interesse processual;

> Decadência ou Prescrição;

> Autor escolher o procedimento errado (só não será indeferida se puder ser adaptada ao tipo de procedimento legal);

> Não atender às determinações do art. 39 (advogado não declarar, na petição inicial ou na contestação, o endereço em que receberá intimação e não suprir essa omissão em 48 horas quando determinada pelo juiz) e do art. 284 (não emendar em 10 dias quando verificada ausência de requisito, irregularidade ou defeito da inicial).

Quando o juiz indeferir a inicial e o autor apelar, ele pode retratar-se no prazo de 48 horas (se não reformar a decisão, os autos serão encaminhados imediatamente ao tribunal competente).

Petição Inicial e Rito Sumário

No procedimento ordinário deverá ser apresentado no prazo fixado pelo juiz, caso não tenha fixado, esse prazo será de até 10 dias antes da audiência.

No procedimento sumário o rol de testemunhas já deve vir acompanhando a petição inicial.

Além do rol de testemunhas, a petição inicial no procedimento sumário, caso tenha sido requerido perícia, deve vir também acompanhada dos quesitos, com a indicação do assistente técnico.

Caso essas duas medidas não sejam feitas na petição inicial de uma ação sob o rito sumário, não ocorrerá o indeferimento, mas apenas a preclusão (perda do direito de praticar esses atos, não podendo fazer isso posteriormente).

Exercício Comentado

01. (FCC) Considere as seguintes assertivas a respeito da Petição Inicial:

I. Quando a obrigação consistir em prestações periódicas, considerar-se-ão elas incluídas no pedido, independentemente de declaração expressa do autor.

II. É permitida a cumulação, num único processo, contra o mesmo réu, de vários pedidos, ainda que entre eles não haja conexão.

III. Na obrigação indivisível com pluralidade de credores, aquele que não participou do processo receberá a sua parte, deduzidas as despesas na proporção de seu crédito.

IV. Os pedidos são interpretados restritivamente, não se compreendendo, no principal os juros legais, que deverão se requeridos expressamente.

De acordo com o Código de Processo Civil brasileiro, está correto o que se afirma apenas em:

a) I, II e III.
b) II e III.
c) I e III.
d) I, II e IV.
e) III e IV.

RESPOSTA. "A". I. Prestações periódicas estão incluídas no pedido independentemente de pedido do autor (art. 290); II. Art. 292; III. Art. 291; IV. Os pedidos são interpretados restritamente, mas os juros legais estão compreendidos no principal, mesmo que o autor não tenha se manifestado expressamente (art.293).

Respostas do Réu

Trata-se dos meios que o réu possui para defender-se das pretensões contra ele aduzidas em juízo. É a maneira como ele exerce o direito ao contraditório.

Assim que citado, o réu pode adotar uma das seguintes posturas:

- **Ficar inerte**: deixa o prazo para resposta correr "in albis" (em branco), isto é, não apresenta nenhuma defesa dentro do prazo oportuno, ocasionando a revelia.
- **Reconhecer juridicamente o pedido**: ele aceita a pretensão do autor.
- **Apresentar resposta à demanda**: utiliza os meios processuais que dispõe para defender-se.

O réu pode oferecer, por meio de petição escrita, em **15 dias**, as seguintes modalidades de resposta:

- Contestação (no rito sumário, pode ser oral);
- Exceção;
- Reconvenção.

Vários réus citados: prazo para responder será comum (salvo art. 191 - litisconsortes com diferentes procuradores: prazo em dobro)

- Autor desiste com relação a algum réu que ainda não foi citado: prazo para resposta corre da intimação do despacho que deferir a desistência.

As defesas do réu dividem-se em:

→ **Processuais**: não atacam o mérito, mas sim o processo, afirmando que falta algum dos requisitos processuais para que a demanda possa ser apreciada.

- **Dilatórias (ou impróprias):** não geram automaticamente a extinção do processo, objetivam a regularização do mesmo (ex.: suspeição do juiz).
- **Peremptórias (ou próprias):** caso essa defesa seja acolhida, ocorrerá a extinção do processo (ex.: Coisa julgada, ilegitimidade de parte, etc.).

→ **De mérito**: aqui o réu resiste à pretensão do autor, ele ataca o mérito, buscando a improcedência dos pedidos.

- **Direta**: o réu nega os fatos e/ou as consequências jurídicas que foram afirmadas pelo autor (ex.: diz que não foi ele quem bateu no carro do autor)
- **Indireta**: o réu admite como verdadeiros os fatos apresentados pelo autor, mas alega fatos novos, modificativos, extintivos ou impeditivos do direito do autor (ex: diz que já pagou a obrigação; diz que a dívida já prescreveu, etc.).

Contestação

É a principal modalidade de defesa do réu (única que tem o condão de evitar a revelia).

Por meio dela, ele deve alegar toda a matéria de defesa, apresentando as razões de fato e de direito usadas para impugnar o pedido do autor, especificando as provas que pretende produzir.

Antes de discutir o mérito, cabe ao réu alegar (em preliminar):

- **Inexistência ou nulidade da citação;**
- **Incompetência absoluta** (remete o processo ao juízo competente);
- **Inépcia da petição inicial;**
- **Perempção** (perda do direito de ingressar novamente com a demanda por já ter causado, por três vezes, a extinção do processo por abandono);
- **Litispendência** (se reproduz ação anteriormente ajuizada - ainda em curso);
- **Coisa julgada** (se reproduz ação anteriormente ajuizada - já transitada em julgado):
  - » **Ação idêntica:** mesmas partes, pedidos e causa de pedir.
- **Conexão** (mesmo objeto ou causa de pedir);
- **Incapacidade da parte, defeito de representação ou falta de autorização;**
- **Convenção de arbitragem** (única que o juiz não pode conhecer de ofício);
- **Carência de ação** (ausência de alguma das condições da ação: legitimidade de partes, possibilidade jurídica do pedido, interesse de agir);
- **Falta de caução ou de outra prestação, que a lei exige como preliminar.**

Princípio da Eventualidade

O réu deve aduzir todas as defesas que tiver contra o processo e contra o pedido do autor, a fim de que, na eventualidade de o juiz não acolher a primeira alegação, acolha a segunda e assim sucessivamente.

Princípio da Contestação ou Impugnação Específica

Cabe ao réu manifestar-se precisamente sobre todos os fatos narrados na petição inicial. Presumem-se verdadeiros os fatos não impugnados (presunção relativa). Desse modo, é vedada a contestação genérica ou por negativa geral.

Entretanto, essa regra não se aplica aos fatos:

- Se não for admissível, a seu respeito, a confissão;
- Se a petição inicial não estiver acompanhada do instrumento público que a lei considerar da substância do ato;
- Se estiverem em contradição com a defesa, considerada em seu conjunto.

Essa regra também não se aplica para:

- Advogado dativo;
- Curador especial;
- Órgão do Ministério Público.

Depois da contestação, somente poderá deduzir novas alegações quando:

- Relativas a direito superveniente;
- Competir ao juiz conhecer delas de ofício;
- Autorização expressa em lei para serem formuladas em qualquer tempo e juízo.

Exceções

Exercidas em qualquer tempo ou grau de jurisdição, no prazo de 15 dias do fato. São defesas de caráter dilatório, o acolhimento de nenhuma delas gera a extinção do processo.

Apesar do CPC dispor que o prazo para apresentá-las é de 15 dias, o impedimento pode ser apresentado posteriormente, mas a parte que apresentar essa exceção fora do prazo deverá arcar com as custas do retardamento do processo.

Processada em apenso aos autos principais.

Quando recebida, gera a **suspensão do processo**, até que a questão seja definitivamente julgada.

Exceção de Incompetência

A petição pode ser protocolizada no domicílio do réu, com requerimento de sua imediata remessa ao juízo que determinou a citação. Trata-se de alegação de incompetência relativa (em razão do valor ou do território). A incompetência absoluta deve ser apresentada como preliminar de contestação.

Feita em petição fundamentada e instruída, indicando o juízo que entende ser competente.

Autos conclusos: juiz mandará processar a exceção:

> Ouve o *excepto* em 10 dias;
> Decide em 10 dias;
> Se precisar de prova testemunhal, designará audiência.

Exceção manifestamente improcedente: juiz indeferirá a petição inicial da exceção;

Se ela for julgada procedente, os autos serão remetidos ao juízo competente.

Exceção de Impedimento ou Suspeição

A parte oferece a exceção indicando os motivos da recusa. Ela poderá ser instruída com documentos que embasam a alegação, acompanhada do rol de testemunhas.

> **Juiz reconhece o impedimento ou a suspeição:** Ordena remessa dos autos ao substituto legal;
> **Não reconhece:** Dentro de 10 dias dá as suas razões (com documentos e rol de testemunhas), ordenando a remessa dos autos para o tribunal, que decidirá:
» **Exceção sem fundamento:** arquivada;
» **Exceção procedente:** juiz condenado nas custas e remessa dos autos ao substituto legal.

Reconvenção

Trata-se de um contra-ataque do réu, em relação ao autor da ação. No mesmo processo o réu busca a condenação do autor (pode fazer isso em vez de entrar com uma nova ação contra o autor - ex.: o autor entra com uma ação cobrando o réu, mas o réu entende que o autor é quem lhe deve). Na contestação ele se defende, na reconvenção ele ataca.

O réu poderá reconvir ao autor no mesmo processo quando a reconvenção for **conexa com a ação principal ou com o fundamento da defesa** (mas não pode o réu, em seu nome próprio, reconvir ao autor, quando esse demandar em nome de outrem).

Contestação e reconvenção → Oferecidas simultaneamente (peças autônomas).

Uma vez oferecida a reconvenção, o autor reconvindo será intimado para contestá-la no prazo de 15 dias (na pessoa do seu procurador).

Caso ocorra a desistência da ação ou alguma causa que extinga a ação principal, a reconvenção prosseguirá.

A ação principal e a reconvenção serão julgadas na mesma sentença.

Ela **não é admitida** nas ações de rito sumário ou sumaríssimo, nem nas chamadas ações dúplices (ex.: ações declaratórias, ações de prestação de contas, etc.). Nesses casos, utiliza-se o **pedido contraposto** (pedido que o réu formula contra o autor, na própria contestação).

Revelia

Revelia é a ausência de contestação, quando o réu foi validamente citado. O réu deixou de exercer o seu direito de defesa e, segundo o CPC, alguns efeitos serão gerados.

Efeitos da Revelia

→ **Presunção de veracidade dos fatos afirmados pelo autor (confissão ficta).**
> Mas em alguns casos esse efeito não será produzido:
» Pluralidade de réus: se algum deles contestar a ação;
» Direitos indisponíveis;
» Petição desacompanhada de instrumento público que a lei diz ser indispensável para a prova do ato.

→ **Desnecessidade de intimação do réu revel (quando o revel não tiver patrono nos autos, os prazos correrão, independente de intimação, a partir da publicação de cada ato decisório).**
> Mas o revel pode intervir no processo a qualquer momento, recebendo-o no estado em que se encontra.

→ **Julgamento antecipado do mérito (sempre que ocorrer a presunção da veracidade dos fatos narrados pelo autor, o juiz julgará desde logo a lide. Caso não ocorra esse efeito, será necessária a produção de provas, afastando a possibilidade de julgamento antecipado).**
> Mesmo ocorrendo revelia, o autor precisará promover nova citação do réu para:
» Alterar o pedido ou a causa de pedir;
» Demandar declaração incidente.

Nesses casos, é assegurado ao réu o direito de responder no prazo de 15 dias.

Nos termos do CPC, quando verificada a incapacidade processual ou a irregularidade da representação das partes, o juiz, suspendendo o processo, marcará prazo razoável para ser sanado o defeito. Se essa medida couber ao réu e ele não cumpri-la, será reputado revel.

Exercício Comentado

01. (FCC) A respeito da contestação, é correto afirmar:

a) O réu não poderá deduzir novas alegações depois da contestação, ainda que relativas a direito superveniente.

b) A reconvenção será oferecida no prazo para contestação e será processada em apenso aos autos principais.

c) A regra da impugnação específica dos fatos se aplica ao advogado dativo, ao curador especial e ao órgão do Ministério Público.

d) Se o autor desistir da ação em relação a algum réu ainda não citado, a desistência valerá para todos, que não necessitarão apresentar resposta.

e) Não se presumem verdadeiros os fatos não impugnados que estiverem em contradição com a defesa, considerada em seu conjunto.

RESPOSTA. "A". O CPC traz exceções à regra geral, nas quais é possível ao réu deduzir novas alegações depois da contestação, dentre elas, quando relativas a direito superveniente (art. 303).

RESPOSTA. "B". A contestação e a reconvenção serão oferecidas simultaneamente (e não no prazo da contestação), as exceções é que são processadas em apenso aos autos principais (art. 299).

RESPOSTA. "C". Essa regra NÃO se aplica para eles (art. 302).

RESPOSTA. "D". Se o autor desistir da ação no concernente a algum réu ainda não citado, apenas para ele valerá a desistência. O prazo para a resposta dos demais réus correrá da intimação do despacho que deferir a desistência (art. 298, p.u.).

RESPOSTA. "E". Essa é uma das hipóteses em que não será gerado esse efeito da revelia (art. 302, III).

Anotações

CAPÍTULO 06

Provas

Prova é o modo pelo qual se demonstra a veracidade das alegações. Todos os meios legais e os moralmente legítimos (ainda que não previstos na lei) são hábeis para provar a verdade dos fatos.

Ela deve recair sobre fatos pertinentes, relevantes e controvertidos, desse modo, o CPC estabelece que não dependem de prova os fatos:

> Notórios;
> Afirmados por uma parte e confessados pela parte contrária;
> Admitidos, no processo, como incontroversos;
> Em cujo favor milita presunção legal de existência ou de veracidade.

Ônus da prova: regras que definem quem será o responsável por fazer prova das alegações.

> **Autor**: fato constitutivo de seu direito.
> **Réu**: fato impeditivo, modificativo ou extintivo do direito do autor.

Não pode haver convenção distribuindo de maneira diversa o ônus da prova quando:

> Recair sobre direito indisponível da parte;
> Tornar excessivamente difícil a uma parte o exercício do direito.

Não existindo normas jurídicas particulares, o juiz aplicará as regras de experiência comum subministradas pela observação do que ordinariamente acontece e ainda as regras da experiência técnica, ressalvado, quanto a esta, o exame pericial.

Em regra, as provas são produzidas em audiência, porém, se a parte ou testemunha não puder comparecer (enfermidade ou motivo relevante), mas estiver em condições de prestar depoimento, o juiz designará dia, hora e lugar para inquiri-la.

Segundo o princípio da *iura novit curia*, o juiz conhece o direito, não precisando a parte fazer prova da lei (legislação federal), mas em caso de alegação de outras leis, o juiz poderá determinar que a parte faça prova. Assim, se o juiz determinar, a parte deve fazer prova do direito:

> Estadual;
> Municipal;
> Estrangeiro;
> Consuetudinário (relativo aos costumes).

Princípio ou Sistema do livre convencimento motivado do juiz (ou persuasão racional): O juiz tem liberdade para decidir, mas deve fundamentar os motivos de sua convicção.

Não é aplicado no Direito Processual Civil Brasileiro o sistema tarifado de provas, na qual cada prova possuiria determinado valor e hierarquia sobre as demais (ex.: prova documental vale mais que testemunhas, duas testemunhas pesam mais que uma). Existem exceções em que a lei exige que a prova seja feita sobre determinada modalidade (exemplo: contratos de valor superior a 10x o salário mínimo não podem ser provados exclusivamente por prova testemunhal), mas adota-se, em regra geral, o princípio acima estudado.

Espécies de Prova

Depoimento Pessoal

O juiz pode, a qualquer momento, determinar o comparecimento pessoal das partes, com o objetivo de interrogá-las. Se o juiz não determinar de ofício, cabe a cada parte requerer o depoimento pessoal da outra, a fim de interrogá-la na audiência de instrução e julgamento.

Parte intimada pessoalmente não comparece, ou se recusa a depor: Pena de confissão (presumem-se confessados os fatos contra ela alegados pela outra parte).

A parte que ainda não depôs não pode assistir ao interrogatório da outra. A parte também não pode utilizar-se de escritos anteriormente preparados, mas pode utilizar notas breves, desde que objetivem completar esclarecimento.

A parte responderá pessoalmente sobre os fatos articulados, mas em alguns casos a lei lhe permite que a parte opte por não depor, quando tratar-se de fatos:

> Criminosos ou torpes, que lhe forem imputados;
> A cujo respeito, por estado ou profissão, deva guardar sigilo.

Entretanto, essa disposição não se aplica às ações de:

> Filiação;
> Desquite;
> Anulação de casamento.

Depoimento pessoal: requerido pela outra parte, feito uma única vez na audiência de instrução.

Interrogatório judicial: feito de ofício pelo juiz, pode ser realizado a qualquer momento.

Confissão: é quando a parte admite a verdade de um fato, contrário ao seu interesse e favorável ao adversário. A confissão é:

> ***Judicial:*** **Espontânea** (pode ser feita pela parte ou por mandatário com poderes especiais) ou **provocada**. A confissão judicial faz prova contra o confitente, mas não prejudica os litisconsortes.
> ***Extrajudicial:*** (**verbal** - só terá eficácia nos casos em que a lei não exija prova literal):
» **Feita por escrito à parte ou quem a represente -** Mesma eficácia probatória da judicial;
» **Contida em Testamento -** Livremente apreciada pelo juiz.

Não se admite confissão de fatos relativos a **direitos indisponíveis.**

Revogação da confissão (quando emanada de erro, dolo ou coação).

> **Processo pendente -** Ação Anulatória;
> **Sentença com trânsito em julgado -** Ação Rescisória (se constituir único fundamento).

O direito de propor essa ação cabe ao confitente, mas uma vez proposta, transmite-se aos seus herdeiros.

Confissão: **indivisível** (regra). A parte que quiser utilizá-la como prova não pode aceitar apenas nos tópicos que a beneficiar e rejeitar na parte que a prejudicar. Mas, ela pode ser cindida quando o confitente lhe aduzir fatos novos, suscetíveis de constituir fundamento de defesa de direito material ou de reconvenção.

Exibição de Documento ou Coisa

O juiz pode ordenar que a parte exiba documento ou coisa, que se ache em seu poder (responde em 5 dias - se afirmar que não possui, o juiz permitirá ao requerente provar que essa declaração é falsa) (em posse de terceiro - 10 dias para responder).

O juiz não admitirá a recusa:

> Se o requerido tiver obrigação legal de exibir;
> Se o requerido aludiu ao documento ou à coisa, no processo, com o intuito de constituir prova;
> Se o documento, por seu conteúdo, for comum às partes.

No caso do requerido não efetuar a exibição, não declarar que não possui bem ou recusa ilegítima, o juiz, ao decidir o pedido, admitirá como verdadeiros os fatos que, por meio desse documento ou coisa, a parte pretendia provar.

Se o terceiro negar a obrigação de exibir, ou a posse do documento ou da coisa, o juiz designará audiência especial, tomando-lhe o depoimento, bem como o das partes e, se necessário, de testemunhas; em seguida proferirá a sentença.

Se o terceiro, sem justo motivo, se recusar a efetuar a exibição, o juiz lhe ordenará que proceda ao respectivo depósito em cartório ou noutro lugar designado, no prazo de 5 (cinco) dias, impondo ao requerente que o embolse das despesas que tiver; se o terceiro descumprir a ordem, o juiz expedirá mandado de apreensão, requisitando, se necessário, força policial, tudo sem prejuízo da responsabilidade por crime de desobediência.

Entretanto, a parte e o terceiro não são obrigados a exibir o documento ou a coisa em juízo:

> Se concernente a negócios da própria vida da família;
> Se a sua apresentação puder violar dever de honra;
> Se a publicidade do documento redundar em desonra à parte ou ao terceiro, bem como a seus parentes consanguíneos ou afins até o terceiro grau, ou lhes representar perigo de ação penal;
> Se a exibição acarretar a divulgação de fatos, a cujo respeito, por estado ou profissão, devam guardar segredo;
> Se subsistirem outros motivos graves que, segundo o prudente arbítrio do juiz, justifiquem a recusa da exibição.

Prova Documental

A prova documental abrange não apenas os escritos, mas também pode ser produzida por meio de fotografias, vídeos, áudio, gráficos etc.

A petição inicial e a resposta do réu já vêm instruídas com os documentos destinados a provar as alegações feitas.

Casos em que é permitido juntar documento novo:

> Fatos ocorridos posteriormente;
> Contrapor-se aos produzidos nos autos.

Documento público faz prova não só da sua formação, mas também dos fatos que o escrivão, o tabelião, ou o funcionário declarar que **ocorreram em sua presença.**

Fazem a mesma prova que os originais:

> Certidões textuais de qualquer peça dos autos, do protocolo das audiências, ou de outro livro a cargo do escrivão, sendo extraídas por ele ou sob sua vigilância e por ele subscritas;
> Traslados e as certidões extraídas por oficial público, de instrumentos ou documentos lançados em suas notas;
> Reproduções dos documentos públicos, desde que autenticadas por oficial público ou conferidas em cartório, com os respectivos originais;
> Cópias reprográficas de peças do próprio processo judicial declaradas autênticas pelo próprio advogado sob sua responsabilidade pessoal, se não lhes for impugnada a autenticidade (originais devem ser guardados pelo detentor até o final do prazo para interposição de ação rescisória);
> Extratos digitais de bancos de dados, públicos e privados, desde que atestado pelo seu emitente, sob as penas da lei, que as informações conferem com o que consta na origem;
> Reproduções digitalizadas de qualquer documento, público ou particular, quando juntadas aos autos pelos órgãos da justiça e seus auxiliares, pelo Ministério Público e seus auxiliares, pelas procuradorias, pelas repartições públicas em geral e por advogados públicos ou privados, ressalvada a alegação motivada e fundamentada de adulteração antes ou durante o processo de digitalização.

Instrumento Público exigido pela lei como da substância do ato: nenhum documento pode lhe suprir a falta, por mais especial que seja.

O documento, feito por oficial público incompetente, ou sem a observância das formalidades legais, **sendo subscrito pelas partes**, tem a mesma eficácia probatória do documento **particular**.

As declarações constantes do **documento particular, escrito e assinado**, ou somente assinado, presumem-se verdadeiras em relação ao **signatário**.

Documento que teve a firma do signatário reconhecida na presença do tabelião - Reputa-se autêntico.

Considera-se falsidade documental:

> Formar documento não verdadeiro;
> Alterar documento verdadeiro.

Prova Testemunhal

Ela é sempre admitida, salvo quando a lei dispuser o contrário. O juiz não ouvirá testemunhas em relação a fatos:

> Já provados por documento ou confissão da parte;
> Que só por documento ou por exame pericial puderem ser provados.

Prova exclusivamente testemunhal - Contratos que não ultrapassem 10x o valor do salário mínimo (tempo da celebração), mas qualquer que seja o valor, será admissível a prova testemunhal quando:

> Houver começo de prova por escrito, reputando-se tal o documento emanado da parte contra quem se pretende utilizar o documento como prova;

> O credor não pode ou não podia, moral ou materialmente, obter a prova escrita da obrigação, em casos como o de parentesco, depósito necessário ou hospedagem em hotel.

O CPC veda o depoimento como testemunha dos:

→ **Incapazes:**

> Interdito por demência;

> Acometido por enfermidade, ou debilidade mental, ao tempo em que ocorreram os fatos, não podia discerni-los; ou, ao tempo em que deve depor, não está habilitado a transmitir as percepções;

> Menor de 16 (dezesseis) anos;

> O cego e o surdo, quando a ciência do fato depender dos sentidos que lhes faltam.

→ **Impedidos:**

> Cônjuge;

> Ascendente e descendente em qualquer grau;

> Colateral, até o terceiro grau;

Nesses 3 casos podem ser ouvidos:

» Se o exigir o interesse público;

» Causa relativa ao estado da pessoa (não se puder obter de outro modo a prova, que o juiz repute necessária ao julgamento do mérito).

> Parte na causa;

> Intervêm em nome da parte, tutor, curador, representante legal de pessoa jurídica, juiz, advogado e outros que assistam ou tenham assistido as partes.

→ **Suspeitos:**

> Condenado por crime de falso testemunho (com sentença transitada em julgado);

> Por seus costumes, não for digno de fé;

> Amigo íntimo ou inimigo capital da parte;

> Interesse no litígio.

Fique Ligado

As bancas costumam cobrar bastante prova testemunhal, analisam principalmente se o candidato sabe identificar quando é hipótese de incapacidade, impedimento ou suspeição da testemunha.

Testemunhas Impedidas ou Suspeitas: se estritamente necessário, podem ser ouvidas:

> Não prestam compromisso;

> Juiz atribuirá o valor que seu depoimento possa merecer.

A testemunha não é obrigada a depor de fatos:

> Que lhe acarretem grave dano, bem como ao seu cônjuge e aos seus parentes consanguíneos ou afins, em linha reta, ou na colateral em segundo grau;

> A cujo respeito, por estado ou profissão, deva guardar sigilo.

No procedimento ordinário, o juiz fixará um prazo para que as partes apresentem o rol de testemunhas. Quando ele for omisso, esse rol deverá ser apresentado no **mínimo 10 dias** antes da audiência (procedimento sumário - rol vem junto da petição inicial ou da contestação, sob pena de preclusão).

Número máximo de testemunhas - **10 para cada parte** (se oferecer mais de três para prova de cada fato, o juiz pode dispensar as restantes).

Apresentado o rol de testemunhas, elas não podem ser substituídas, salvo quando a testemunha:

> Falecer;

> Por enfermidade, não estiver em condições de depor;

> Tendo mudado de residência, não for encontrada pelo oficial de justiça.

Juiz arrolado como testemunha, tem duas opções:

> **Se tiver conhecimento dos fatos que podem influir na decisão** - declara-se suspeito (testemunha não pode desistir do seu depoimento);

> **Nada souber** - mandará excluir seu nome do rol.

As testemunhas são ouvidas na audiência de instrução e julgamento, na sede do juízo, perante o juiz da causa, exceto:

> As que prestam depoimento antecipadamente;

> As que são inquiridas por carta;

> As que, por doença, ou outro motivo relevante, estão impossibilitadas de comparecer em juízo;

> As inquiridas em sua residência (ou onde exercerem sua função):

» Presidente e Vice-Presidente da República;

» Presidente do Senado e da Câmara dos Deputados;

» Ministros de Estado;

» Ministros dos Tribunais Superiores (STF, STJ, STM, TSE, TST) e do TCU;

» Procurador-geral da República;

» Senadores e Deputados federais;

» Governadores dos Estados, dos Territórios e do Distrito Federal;

» Deputados estaduais;

» Desembargadores dos Tribunais de Justiça, os juízes dos Tribunais de Alçada, os juízes dos Tribunais Regionais do Trabalho e dos Tribunais Regionais Eleitorais e os conselheiros dos Tribunais de Contas dos Estados e do Distrito Federal;

» Embaixador de país que, por lei ou tratado, concede idêntica prerrogativa ao agente diplomático do Brasil.

As testemunhas serão intimadas e, caso não compareçam injustificadamente, será expedido um mandado de condução coercitiva, além de responderem pelas custas do adiamento.

A parte pode comprometer-se a levar à audiência a testemunha, independentemente de intimação, mas caso ela não compareça, presume-se que desistiu de ouvi-la.

Funcionário público ou militar - requisitados ao chefe da repartição.

Testemunha com residência certa - a intimação pode ser pelo correio.

As testemunhas não ouvirão o depoimento umas das outras. São ouvidas primeiro as do autor e depois as do réu (as partes também podem fazer perguntas, primeiro a parte que arrolou a testemunha, depois a parte contrária).

O juiz advertirá a testemunha que incorre em sanção penal quem faz a afirmação falsa, cala ou oculta a verdade.

Prova Pericial

Realizada quando for necessário conhecimento técnico. Ela consiste em exame, vistoria ou avaliação.

O Juiz indeferirá o pedido de prova pericial quando:

> A prova do fato não depender do conhecimento especial de técnico;

> For desnecessária em vista de outras provas produzidas;

> A verificação for impraticável.

O juiz nomeará o perito e as partes terão 5 dias para apresentar quesitos e indicar assistente técnico.

Após apresentação do laudo, as partes podem, no prazo de 10 dias, manifestarem-se sobre as conclusões do perito.

O juiz não está adstrito ao laudo pericial, ele pode formar sua convicção com base em outros elementos ou fatos provados nos autos.

Inspeção Judicial

Nessa modalidade, o juiz toma contato direto com pessoas ou coisas, podendo ocorrer na sede do juízo ou fora dos seus limites. Pode ser feita de ofício ou a requerimento, em qualquer fase do processo.

As partes têm direito a assistir à inspeção, prestando esclarecimentos e fazendo observações que reputem de interesse para a causa.

As provas serão produzidas na audiência na seguinte ordem:

> **Perito e assistentes técnicos** responderão aos quesitos de esclarecimentos;

> **Depoimentos pessoais**, primeiro do autor e depois do réu;

> **Testemunhas** arroladas pelo autor e pelo réu.

Exercício Comentado

01. (FCC) A respeito da prova testemunhal, considere:

I. O cego e o surdo, quando a ciência do fato depender dos sentidos que lhes faltam.

II. O advogado que tenha assistido a qualquer das partes.

III. O que, por seus costumes, não for digno de fé.

Considera-se, dentre outros, impedida de depor a pessoa indicada apenas em:

a) I.
b) I e II.
c) I e III.
d) II e III.
e) II.

RESPOSTA. "E". Questão típica de provas. As bancas costumam jogar hipóteses de incapacidade, suspeição e impedimento das testemunhas e o candidato deve identificar em qual dessas modalidades se encaixa.

Da Audiência

O CPC estabelece que a audiência, em regra, é pública (nos casos de segredo de justiça, será realizada com portas fechadas).

O juiz exerce o poder de polícia, competindo-lhe:

> Manter a ordem e o decoro na audiência;

> Ordenar que se retirem da sala da audiência os que se comportarem inconvenientemente;

> Requisitar, quando necessário, a força policial.

Compete ao Juiz em Especial:

> Dirigir os trabalhos da audiência;

> Proceder direta e pessoalmente à colheita das provas;

> Exortar os advogados e o órgão do Ministério Público a que discutam a causa com elevação e urbanidade.

Enquanto depuserem as partes, o perito, os assistentes técnicos, as testemunhas e os advogados não podem intervir ou apartear sem licença do juiz.

Da Instrução e Julgamento

No dia e hora designados, o juiz declarará aberta a audiência, mandando apregoar as partes e os seus respectivos advogados.

Ao iniciar a instrução, o juiz, ouvidas as partes, fixará os pontos controvertidos sobre que incidirá a prova.

A audiência poderá ser adiada:

> Por convenção das partes, caso que só será admissível uma vez;

> Se não puderem comparecer, por motivo justificado, o perito, as partes, as testemunhas ou os advogados.

O CPC dispõe que quem der causa ao adiamento será o responsável pelas despesas acrescidas.

Incumbe ao advogado provar o impedimento até a abertura da audiência; não o fazendo, o juiz procederá à instrução.

Pode ser dispensada pelo juiz a produção das provas requeridas pela parte cujo advogado não compareceu à audiência.

Finda a instrução, o juiz dará a palavra ao advogado do autor e ao do réu, bem como ao órgão do Ministério Público, sucessivamente, pelo prazo de 20 minutos para cada um (prorrogável por mais 10 minutos, a critério do juiz).

Quando a causa apresentar questões complexas de fato ou de direito, o debate oral poderá ser substituído por memoriais, caso em que o juiz designará dia e hora para o seu oferecimento.

A audiência é una e contínua. Não sendo possível concluir, num só dia, a instrução, o debate e o julgamento, o juiz marcará o seu prosseguimento para dia próximo.

Encerrado o debate ou oferecidos os memoriais, o juiz proferirá a sentença desde logo ou no prazo de 10 dias.

O escrivão lavrará, sob ditado do juiz, termo que conterá, em resumo, o ocorrido na audiência, bem como, por extenso, os despachos e a sentença, se essa for proferida no ato.

> Quando o termo for datilografado, o juiz lhe rubricará as folhas, ordenando que sejam encadernadas em volume próprio.

> Subscreverão o termo o juiz, os advogados, o órgão do Ministério Público e o escrivão.

> O escrivão trasladará para os autos cópia autêntica do termo de audiência.

Sentença

Finda a instrução, segue-se para os debates orais: advogado do autor - do réu - órgão do MP, sucessivamente - 20 minutos cada, prorrogável por mais 10, a critério do juiz (se apresentar questões complexas pode ser substituído por memoriais, designando o juiz dia e hora para seu oferecimento).

Após os debates orais ou memoriais, o juiz proferirá sentença, desde logo ou no prazo de 10 dias.

O termo de conciliação, assinado pelas partes e homologado pelo juiz, terá valor de sentença.

É o ato do juiz que coloca termo ao processo naquela instância, ao proferir decisão terminativa (art. 267) ou definitiva (art. 269).

Requisitos da Sentença

> **Relatório** (nomes das partes, a suma do pedido e da resposta do réu, bem como o registro das principais ocorrências havidas no andamento do processo);

> **Fundamentos** (em que o juiz analisará as questões de fato e de direito);

> **Dispositivo** (em que o juiz resolverá as questões que as partes lhe submeterem).

Na sentença, o juiz acolhe ou rejeita, no todo ou em parte, o pedido formulado pelo autor. Quando extinguir o processo sem análise do mérito, decidirá de forma concisa.

Quando o autor tiver formulado pedido certo, é vedado ao juiz proferir sentença ilíquida.

É defeso (proibido) ao juiz proferir sentença, a favor do autor, de natureza diversa da pedida, bem como condenar o réu em quantidade superior ou em objeto diverso do que lhe foi demandado. A sentença deve ser certa, ainda quando decida relação jurídica condicional.

Fique Ligado

As seguintes disposições estão entre as preferidas das bancas:

> ***Pedido certo → Não pode sentença ilíquida.***

> ***Sentença sempre será certa → Mesmo se decidir relação jurídica condicional.***

> ***Proibido ao juiz:***

» ***Condenar o réu em quantidade maior ou em objeto diverso do que lhe foi demandado (dar algo diverso do que o autor pediu ou mais do que ele pediu);***

» ***Dar sentença a favor do autor, mas de objeto diverso do que ele pediu.***

Na ação que tenha por objeto o **cumprimento de obrigação de fazer ou não fazer**, o juiz concederá a tutela específica da obrigação ou, se procedente o pedido, determinará providências que assegurem o resultado prático equivalente ao do adimplemento.

> A obrigação somente se converterá em perdas e danos se o autor o requerer ou se impossível a tutela específica ou a obtenção do resultado prático correspondente.

> A indenização por perdas e danos dar-se-á sem prejuízo da multa (art. 287).

> Sendo relevante o fundamento da demanda e havendo justificado receio de ineficácia do provimento final, é lícito ao juiz conceder a tutela liminarmente ou mediante justificação prévia, citado o réu. A medida liminar poderá ser revogada ou modificada, a qualquer tempo, em decisão fundamentada.

> O juiz poderá, na hipótese do parágrafo anterior ou na sentença, impor multa diária ao réu, independentemente de pedido do autor, se for suficiente ou compatível com a obrigação, fixando-lhe prazo razoável para o cumprimento do preceito.

> Para a efetivação da tutela específica ou a obtenção do resultado prático equivalente, poderá o juiz, de ofício ou a requerimento, determinar as medidas necessárias, tais como a imposição de multa por tempo de atraso, busca e apreensão, remoção de pessoas e coisas, desfazimento de obras e impedimento de atividade nociva, se necessário com requisição de força policial.

> O juiz poderá, de ofício, modificar o valor ou a periodicidade da multa, caso verifique que se tornou insuficiente ou excessiva.

Na ação que tenha por objeto a **entrega de coisa**, o juiz, ao conceder a tutela específica, fixará o prazo para o cumprimento da obrigação.

Tratando-se de **entrega de coisa determinada pelo gênero e quantidade**, o credor a individualizará na petição inicial, se lhe couber a escolha; cabendo ao devedor escolher, este a entregará individualizada, no prazo fixado pelo juiz.

Não cumprida a obrigação no prazo estabelecido, expedir-se-á em favor do credor mandado de busca e apreensão ou de imissão na posse, conforme se tratar de coisa móvel ou imóvel.

Se, depois da propositura da ação, algum fato **constitutivo, modificativo ou extintivo** do direito influir no julgamento da lide, caberá ao juiz tomá-lo em consideração, de **ofício ou a requerimento** da parte, no momento de proferir a sentença.

Depois de publicada, o juiz só pode alterar a sentença:

> Corrigir inexatidões materiais ou erros de cálculo - De ofício ou a requerimento;

> Por meio de embargos de declaração.

Sentença que condena o réu no pagamento de **uma prestação, consistente em dinheiro** ou em coisa - Valerá como título constitutivo de hipoteca judiciária, cuja inscrição será ordenada pelo juiz na forma prescrita na Lei de Registros Públicos.

A sentença condenatória também produzirá a hipoteca judiciária:

> Embora a condenação seja genérica;

> Pendente arresto de bens do devedor;

> Ainda quando o credor possa promover a execução provisória da sentença.

Quando a sentença tiver por objeto condenar o devedor a emitir uma declaração de vontade, assim que ela transitar em julgado, produzirá todos os efeitos da declaração não emitida.

Se aquele que se comprometeu a **concluir um contrato** não cumprir a obrigação, a outra parte, sendo isso possível e não excluído pelo título, poderá obter uma sentença que produza o mesmo efeito do contrato a ser firmado.

Tratando-se de contrato que tenha por objeto a **transferência da propriedade de coisa determinada**, ou de outro direito, a ação não será acolhida se a parte que a intentou não cumprir a sua prestação, nem a oferecer, nos casos e formas legais, salvo se ainda não exigível.

Tipos de Sentença

→ **Declaratória**: Declara a existência ou não de um fato, a autenticidade ou falsidade de um documento, ou a existência ou não de uma relação jurídica. (ex. declaração do vínculo de emprego).

→ **Constitutiva**: Além de declarar a existência de um fato ou direito, ela cria, modifica ou extingue uma relação jurídica (ex.: reconhece o cometimento de falta grave e extingue o contrato de trabalho do estável).

→ **Condenatória**: Impõe uma obrigação (pagar, fazer, não fazer). Caso não seja cumprida, comporta execução (ex. decisão condenando ao pagamento de horas extras).

→ **Mandamental**: Essa modalidade de sentença, além de declarar um direito e condenar a adimplemento de uma prestação, gera uma ordem de cumprimento imediato, não necessitando de execução (ex. decisões em mandado de segurança e tutela antecipada).

→ **Executiva**: Ela determina no seu próprio corpo que a decisão judicial seja efetiva, não necessitando de iniciativa do autor.

Vícios na Sentença

→ **Ultra Petita**: vai além do pedido, confere à parte mais do que ela pleiteou. Nessa hipótese, a nulidade alcança apenas o excedente, somente o que foi concedido além do pedido será atingido;

→ **Extra Petita**: juiz defere uma pretensão diversa da postulada. Gera nulidade absoluta, atinge todo o julgado;

→ **Citra Petita**: omissão na análise de algum pedido (comporta embargos de declaração).

Liquidação da Sentença

Feita nos casos em que a sentença não determinar o valor devido (sentença ilíquida).

Pode ser feita sob três modalidades:

> **Por Cálculos** (a determinação do valor depende apenas de cálculos aritméticos, todos os elementos para se chegar a esse valor já estão nos autos.

> **Por Artigos** (necessidade de alegar e provar fato novo, observa, no que couber, o procedimento comum).

> **Por Arbitramento** (Quando as partes convencionarem expressamente, quando for determinado pela sentença, ou quando a natureza do objeto exigir essa modalidade de liquidação). O juiz nomeará perito e fixará prazo para entrega do laudo (as partes têm 10 dias para se manifestarem sobre o laudo apresentado, podendo ser designada audiência, se necessário).

A liquidação da sentença não exige a intimação da parte contrária, exige apenas a intimação do advogado.

Ela também pode ser requerida na pendência de recurso (processada em autos apartados, no juízo de origem, devendo o liquidante instruir o pedido com as cópias das peças processuais pertinentes).

É defeso (proibido) na liquidação:

> Discutir de novo a lide.

> Modificar a sentença que julgou a lide.

A decisão de liquidação pode ser impugnada por Agravo de Instrumento.

Quando a liquidação depender apenas de cálculo aritmético, o credor irá requerer o cumprimento da sentença, instruindo o pedido com a memória discriminada e atualizada do cálculo (se a elaboração depender de dados existentes em poder do devedor ou de terceiro, o credor requer ao juiz que requisite esses dados - fixa prazo de até trinta dias para cumprirem). Se o devedor não apresentar injustificadamente, os dados, reputam-se corretos os cálculos apresentados pelo credor.

Quando o valor apresentado pelo credor aparentemente for maior (ou hipótese de assistência judiciária) - juiz pode valer-se do contador do juízo.

Coisa Julgada

Coisa julgada material: É a eficácia, que torna **imutável e indiscutível** a sentença, não mais sujeita a recurso ordinário ou extraordinário (a sentença que julgar total ou parcialmente a lide tem força de lei nos limites da lide e das questões decididas). A coisa julgada alcança a parte dispositiva da sentença.

Coisa julgada formal: Produzida nas sentenças que extinguem o processo sem exame do mérito. Impossibilita a discussão desses elementos dentro do processo encerrado. Entretanto, admite sua reapresentação em outra ação (salvo se extinto em razão de perempção, litispendência ou de coisa julgada).

Entretanto, não fazem coisa julgada:

> **Os motivos**, ainda que importantes para determinar o alcance da parte dispositiva da sentença;

> **A verdade dos fatos**, estabelecida como fundamento da sentença;

> **A apreciação da questão prejudicial**, decidida incidentemente no processo (salvo se a parte o requerer, o juiz for materialmente competente e constituir um pressuposto necessário para o julgamento da lide).

As questões já decididas (relativas à mesma lide) não serão decididas novamente por nenhum juiz, salvo:

> **Relação jurídica continuativa:** se sobreveio modificação no estado de fato ou de direito (a parte pode pedir a revisão do que foi definido na sentença);

> **Demais casos previstos em lei.**

A regra é de que a sentença alcança somente as partes (faz coisa julgada), não beneficiando ou prejudicando terceiros. Mas ela produz efeitos para terceiros nas causas relativas ao estado de pessoa, se houverem sido citados no processo, em litisconsórcio necessário, todos os interessados, produzindo coisa julgada para eles.

Com o trânsito em julgado da sentença de mérito, reputam-se deduzidas e repelidas todas as alegações e defesas que as partes poderiam ter apresentado.

Reexame necessário: A sentença proferida contra a Fazenda Pública (União, o Estado, o Distrito Federal, o Município, e as respectivas autarquias e fundações de direito público) ou que julgar procedentes, no todo ou em parte, os embargos à execução de dívida ativa da Fazenda Pública, somente produzirá efeitos depois de confirmada pelo tribunal.

Nesse caso, o próprio juiz ordenará a remessa dos autos para o tribunal, independentemente de ter ou não havido apelação. Se ele não o fizer, deverá o presidente do tribunal avocar os autos.

→ **Exceções:**

> Valor não excedente a 60 salários mínimos (ou procedência dos embargos em dívida de mesmo valor);

> Sentença fundada em jurisprudência do plenário do Supremo Tribunal Federal ou em súmula desse Tribunal ou do Tribunal Superior competente.

Exercício Comentado

01. (CESPE) Com base na legislação processual civil, assinale a opção correta acerca da sentença.

a) O juiz pode modificar sentença já publicada para correção de erro material.

b) A sentença deve ser certa, com exceção da hipótese em que se julga relação jurídica condicional.

c) É vedado ao juiz considerar, no momento de proferir sentença, fato constitutivo, modificativo ou extintivo do direito ocorrido depois da propositura da ação, ainda que influa no julgamento da lide.

d) É permitido ao juiz, na sentença, condenar o réu em quantidade superior ou em objeto diverso do que lhe foi demandado.

RESPOSTA. "A". Art. 463, I;

RESPOSTA. "B". O CPC estabelece que a sentença deverá ser certa, mesmo quando decidir relação jurídica condicional (Art. 460, p.u.);

RESPOSTA. "C". Não é vedado, na verdade cabe ao juiz conhecer desses fatos no momento de proferir a sentença caso eles possam influir no julgamento da lide (Art. 462);

RESPOSTA. "D". O CPC proíbe que o juiz condene o réu em quantidade superior ou em objeto diverso do que lhe foi demandado (Art. 460).

Anotações

CAPÍTULO 07

Cumprimento da Sentença

A execução sofreu uma grande alteração com a lei 11.232/2005, que estabeleceu o sincretismo processual. Agora, o processo é sincrético, caracterizado apenas por fases diversas (conhecimento, liquidação e execução), não existindo mais, em regra, um processo para cada uma dessas fases.

O processo de execução não foi extinto, ele ainda existe, mas apenas para determinadas hipóteses.

Ainda se utiliza o processo autônomo de execução para:

> Título executivo extrajudicial;
> Execução contra a Fazenda Pública;
> Execução de alimentos;
> Execução fundada em sentença penal condenatória ou sentença arbitral.

Tipos de Execução

→ **Execução definitiva**: sentença com trânsito em julgado.

→ **Execução provisória**: sentença impugnada por recurso sem efeito suspensivo (chama-se provisória, pois essa sentença ainda pode ser alterada, dependendo do julgamento do recurso).

Quando a sentença tiver parte líquida e parte ilíquida, o credor pode promover ao mesmo tempo a execução da parte líquida, em autos apartados, e a liquidação da outra parte.

Condenado ao pagamento de quantia certa (ou já fixada em liquidação) - Não pagar em 15 dias - multa de 10% do valor da condenação (pagamento parcial = multa sobre o restante) e mediante requerimento do credor, expedição de mandado de penhora e avaliação (ele pode indicar bens do devedor)

No momento prevalece que esse prazo de 15 dias tem seu termo inicial no momento em que o devedor é intimado para cumprir a obrigação, na pessoa de seu advogado (STJ).

Início do prazo de 15 dias: intimação na pessoa do advogado.

Se o credor não requerer a execução no prazo de 6 meses, o juiz mandará arquivar os autos (mas podem ser desarquivados a pedido da parte).

Impugnação da Sentença

Efetuada a penhora, o devedor é intimado na pessoa de seu advogado, podendo apresentar impugnação (e não embargos à execução), no prazo de 15 dias.

Essa impugnação pode versar apenas sobre:

> **Falta ou nulidade da citação, se o processo correu à revelia;**
> **Inexigibilidade do título;**
> **Penhora incorreta ou avaliação errônea;**
> **Ilegitimidade das partes;**
> **Excesso de execução** (deve declarar de imediato o valor que entende correto);
> Qualquer causa **impeditiva, modificativa ou extintiva da obrigação**, como pagamento, novação, compensação, transação ou prescrição, desde que superveniente à sentença;
> Também é considerado **inexigível** o título judicial fundado em lei ou ato normativo declarados inconstitucionais pelo Supremo Tribunal Federal, ou fundado em aplicação ou interpretação da lei ou ato normativo tidas pelo Supremo Tribunal Federal como incompatíveis com a Constituição Federal.

Em regra, a impugnação não possui efeito suspensivo, mas o juiz pode concedê-lo quando em face de relevantes fundamentos, caso prosseguimento da execução seja manifestamente suscetível de causar danos de difícil ou incerta reparação ao executado. Mesmo se concedido esse efeito, o exequente pode requerer o prosseguimento da execução se ele oferecer e prestar caução suficiente e idônea, arbitrada pelo juiz.

Da decisão que julgar a impugnação, cabe agravo de instrumento (mas se extinguir a execução, caberá apelação).

Títulos Executivos Judiciais

Nos termos do CPC, são títulos executivos judiciais:

> Sentença proferida no processo civil (que reconheça a existência de obrigação de fazer, não fazer, entregar coisa ou pagar quantia);
> Sentença penal condenatória transitada em julgado;
> Sentença homologatória de conciliação ou de transação, ainda que inclua matéria não posta em juízo;
> Sentença arbitral;
> Acordo extrajudicial, de qualquer natureza, homologado judicialmente;
> Sentença estrangeira, homologada pelo Superior Tribunal de Justiça;
> Formal e a certidão de partilha, exclusivamente em relação ao inventariante, aos herdeiros e aos sucessores a título singular ou universal.

Execução provisória (é aquela fundamentada em uma sentença que foi recorrida, mas esse recurso não teve efeito suspensivo):

Corre por risco do exequente, caso a sentença seja reformada, ele deve reparar os danos que o executado haja sofrido.

Acórdão anula ou modifica a sentença objeto de execução - Ela fica sem efeito, restituindo-se as partes ao estado anterior e liquidados eventuais prejuízos nos mesmo autos (por arbitramento).

Para efetuar o levantamento de depósito em dinheiro ou praticar atos de alienação de bens do devedor (ou atos que possam resultar grave dano ao executado): precisa de **caução** (suficiente e idônea, arbitrada de plano pelo juiz e prestada nos próprios autos).

Essa caução pode ser dispensada:

> Créditos de natureza alimentícia ou decorrente de ato ilícito:
» Até 60 vezes o salário mínimo;
» Exequente demonstrar situação de necessidade.
> Execução provisória pendente Agravo de Instrumento junto ao STF ou STJ (salvo dispensa resultar risco de grave dano, de difícil ou incerta reparação).

Competência para o Cumprimento da Sentença

> *Tribunais:* causas de sua competência originária.

> **Juízo que processou no primeiro grau de jurisdição** (exequente opta pelo juízo do local dos bens ou do atual domicílio do executado).

> **Juízo cível competente, no caso de:**

» Sentença penal condenatória;

» Sentença Arbitral;

» Sentença estrangeira.

No caso de indenização por ato ilícito que inclua prestação alimentícia, o juiz poderá ordenar que o devedor constitua capital cuja renda assegure o pagamento do valor mensal da pensão (imóveis, títulos da dívida pública ou aplicações financeiras em banco oficial, será inalienável e impenhorável enquanto durar a obrigação do devedor).

A constituição de capital pode ser substituída por:

> Inclusão do nome do beneficiário em folha de pagamento de entidade de direito público ou empresa de direito privado de notória capacidade econômica;

> Requerimento do credor – fiança bancária ou garantia real (valor arbitrado pelo juiz).

As prestações podem ser reduzidas ou aumentadas, mediante requerimento da parte, no caso de modificações nas condições econômicas.

Os alimentos podem ser fixados tomando por base o salário mínimo.

Cessando a obrigação, o juiz mandará liberar o capital, cessar o desconto em folha, ou cancelar as garantias prestadas.

Aplicam-se subsidiariamente ao cumprimento da sentença, no que couber, as normas que regem o processo de execução de título extrajudicial.

Exercício Comentado

01. (FCC) Sobre o cumprimento de sentença é correto afirmar:

I. É definitiva a execução de sentença transitada em julgado e provisória quando se tratar de sentença impugnada por recurso recebido somente no efeito devolutivo.

II. O devedor condenado em quantia certa será citado pessoalmente para pagá-la no prazo de quinze dias, acrescida de multa de 10%.

III. A impugnação não poderá versar sobre penhora incorreta ou avaliação errônea.

IV. Do auto de penhora e de avaliação será de imediato intimado o executado, na pessoa de seu advogado ou, na falta deste, o seu representante legal, ou pessoalmente, por mandado ou pelo correio, podendo oferecer impugnação, querendo, no prazo de quinze dias.

V. O excesso de execução poderá ser alegado em impugnação, tendo o executado de declarar de imediato o valor que entende correto, sob pena de rejeição liminar dessa impugnação.

Está correto o que se afirma apenas em:

a) I, III e V.
b) I, III e IV.
c) II, III e V.
d) I, IV e V.
e) II, IV e V.

RESPOSTA. ***"D". I. Art. 475-I, §1º; II. Não há citação para pagamento e a intimação para cumprir a obrigação será feita na pessoa do advogado. Além disso, a multa de 10% apenas incidirá caso não seja pago no prazo. (Art. 475-J); III. Penhora incorreta ou avaliação errônea são matérias que podem ser tratadas na impugnação (Art. 475-L, III); IV. Art. 475-J. §1º; V. Art. 475-J. §2 º.***

Processo de Execução

Quando se pretende satisfazer a obrigação contida em um título executivo judicial, utiliza-se a fase de cumprimento da sentença (sentença condenatória de pagar soma em dinheiro) ou das medidas de apoio quando tratar-se de obrigação de dar, fazer ou não fazer (ex. multa por atraso, busca e apreensão, imissão na posse, remoção de pessoas ou coisas, desfazimento de obras etc.).

A ação de execução, como medida judicial autônoma, é utilizada para buscar o adimplemento de obrigação contida em:

> Título executivo extrajudicial;

> Sentença penal condenatória;

> Sentença Arbitral;

> Execução contra a Fazenda Pública (pois se submete ao regime de precatórios);

> Prestação de alimentos.

Legitimados para promover a execução forçada:

> O credor a quem a lei confere título executivo;

> O Ministério Público, nos casos prescritos em lei;

> O espólio, os herdeiros ou os sucessores do credor, sempre que, por morte desse, lhes for transmitido o direito resultante do título executivo;

> O cessionário, quando o direito resultante do título executivo lhe foi transferido por ato entre vivos;

> O sub-rogado, nos casos de sub-rogação legal ou convencional.

Sujeitos passivos na execução (executados):

> O devedor, reconhecido como tal no título executivo;

> O espólio, os herdeiros ou os sucessores do devedor;

> O novo devedor, que assumiu, com o consentimento do credor, a obrigação resultante do título executivo;

> O fiador judicial;

> O responsável tributário, assim definido na legislação própria.

O credor pode desistir da execução (toda ela ou apenas de algumas medidas), mas no caso de existirem embargos:

> **Eles serão extintos:** se versarem apenas sobre questões processuais e o credor pagar as custas e honorários advocatícios;

> **Demais casos**: extinção dependerá de **concordância do devedor.**

Obrigações alternativas (a obrigação pode ser cumprida de mais de uma forma, mas será adimplida por apenas uma delas. Exemplo: paga-se a dívida em dinheiro ou mediante a entrega de um carro).

> **Escolha couber ao devedor** - Citado para exercer a opção e realizar a prestação em **10 dias** (salvo outro prazo determinado em lei, no contrato ou na sentença), se não o fizer, devolve-se a escolha ao credor;

> **Escolha couber ao credor** - Indica na petição inicial da execução a sua opção.

O credor pode cumular várias execuções contra o mesmo devedor (ainda que fundadas em títulos diferentes), quando:

> O juiz seja competente para todas;

> Seja idêntica a forma do processo.

Se a obrigação que deu lugar à execução for declarada inexistente (no todo ou em parte) por sentença com trânsito em julgado, o credor deverá ressarcir o devedor dos danos sofridos.

Competência para a Execução

> De título **executivo judicial**:

» Tribunais superiores, nas causas de sua competência originária;

» Juízo que decidiu a causa no primeiro grau de jurisdição;

» Juízo cível competente, quando o título executivo for sentença penal condenatória ou sentença arbitral.

> De título **executivo extrajudicial**:

» Segundo as regras de competência estabelecidas no CPC (Arts. 88 a 124).

> **Execução fiscal:**

» Foro do domicílio do réu (se tiver mais de um domicílio, a fazenda pública escolhe qualquer um deles);

» Se não tiver - de sua residência ou no local em que for encontrado;

» Mais de um devedor – fazenda pública escolhe o de qualquer um deles;

» A ação também pode ser proposta no local da prática do ato, da ocorrência do fato ou do foro da situação dos bens, quando a dívida deles se originar.

A execução pode ser promovida pelo credor quando o devedor não satisfizer espontaneamente obrigação certa, líquida e exigível, consubstanciada em título executivo.

Devedor cumpre a obrigação - O credor não pode iniciar a execução ou nela prosseguir, salvo se o devedor apresentar prestação diversa da que corresponder ao direito ou à obrigação.

Em todos os casos em que é defeso a um contraente, antes de cumprida a sua obrigação, exigir o implemento da do outro, não se procederá à execução, se o devedor se propõe satisfazer a prestação, com meios considerados idôneos pelo juiz, mediante a execução da contraprestação pelo credor, e este, sem justo motivo, recusar a oferta (mas o devedor pode desobrigar-se se depositar em juízo a prestação ou a coisa, caso em que o juiz suspenderá a execução, não permitindo que o credor a receba enquanto não cumprir a sua contraprestação).

São títulos executivos extrajudiciais:

> A letra de câmbio, a nota promissória, a duplicata, a debênture e o cheque;

> A escritura pública ou outro documento público assinado pelo devedor; o documento particular assinado pelo devedor e por duas testemunhas; o instrumento de transação referendado pelo Ministério Público, pela defensoria pública ou pelos advogados dos transatores;

> Os contratos garantidos por hipoteca, penhor, anticrese e caução, bem como os de seguro de vida;

> O crédito decorrente de foro e laudêmio;

> O crédito, documentalmente comprovado, decorrente de aluguel de imóvel, bem como de encargos acessórios, tais como taxas e despesas de condomínio;

> O crédito de serventuário de justiça, de perito, de intérprete, ou de tradutor, quando as custas, emolumentos ou honorários forem aprovados por decisão judicial;

> A certidão de dívida ativa da Fazenda Pública da União, dos estados, do distrito federal, dos territórios e dos municípios, correspondente aos créditos inscritos na forma da lei;

> Todos os demais títulos a que, por disposição expressa, a lei atribuir força executiva.

Mesmo que seja proposta uma ação relativa ao débito constante no título, não ficará inibido o credor de promover a execução desse título.

Diferentemente do que ocorre com as sentenças estrangeiras (homologadas pelo STJ), os títulos executivos extrajudiciais estrangeiros não precisam ser homologados para serem executados no Brasil, mas para isso, eles devem:

> Satisfazer os requisitos de formação exigidos pela lei do lugar da sua celebração;

> Indicar o Brasil como o lugar de cumprimento da obrigação.

Execução para cobrança de crédito - fundada sempre em título de obrigação certa, líquida e exigível.

A execução fundada em título extrajudicial é definitiva, mas ela será provisória enquanto pendente apelação de sentença de improcedência dos embargos do executado, recebidos com efeito suspensivo.

Da Responsabilidade Patrimonial

Em regra, quem responde pela obrigação é o devedor, com todos os seus bens presentes e futuros, salvo as restrições estabelecidas em lei. Entretanto a responsabilidade patrimonial estende-se aos bens:

> **Do sucessor a título singular**, tratando-se de execução fundada em direito real ou obrigação reipersecutória;

> **Do sócio**, nos termos da lei;

> **Do devedor**, quando em poder de terceiros;

> **Do cônjuge**, nos casos em que os seus bens próprios, reservados ou de sua meação respondem pela dívida;

> **Alienados ou gravados com ônus real em fraude de execução.**

Considera-se em fraude de execução a alienação ou oneração de bens:

- Quando sobre eles pender ação fundada em direito real;
- Quando, ao tempo da alienação ou oneração, corria contra o devedor demanda capaz de reduzi-lo à insolvência;
- Nos demais casos expressos em lei;

A **ação pauliana** é a competente para anular atos fraudatórios à execução.

Se o fiador estiver sendo executado, ele pode nomear bens do devedor (desde que livres e desembargados), mas seus bens ficarão sujeitos à execução se o devedor não possuir bens suficientes para satisfazer o direito do credor. Caso o fiador pague a dívida, ele poderá executar o afiançado nos autos do mesmo processo.

Os bens particulares dos sócios somente responderão pelas dívidas da sociedade nos casos previstos em lei. Entretanto, o sócio demandado tem o direito de exigir que primeiro sejam executados os bens da sociedade, devendo indicar os bens localizados na mesma comarca, livres e desembargados, tantos quantos bastem para pagar o débito. Caso o sócio pague a dívida da sociedade, poderá executá-la nos autos do mesmo processo.

O espólio responde pelas dívidas do falecido; mas, assim que for feita a partilha, cada herdeiro responde por elas na proporção da parte que na herança lhe coube.

Aplicam-se subsidiariamente à execução as disposições que regem o processo de conhecimento.

Ato Atentatório à Dignidade da Justiça

O juiz fixará multa **não superior a 20%** do valor atualizado do débito em execução, revertida em proveito do credor e exigível na própria execução (sem prejuízo de outras sanções de natureza processual ou material).

O ato atentatório à dignidade da justiça ocorre quando o executado:

- Frauda a execução;
- Opõe-se maliciosamente à execução, empregando ardis e meios artificiosos;
- Resiste injustificadamente às ordens judiciais;
- Intimado, não indica ao juiz, em 5 (cinco) dias, quais são e onde se encontram os bens sujeitos à penhora e seus respectivos valores.

Caso o devedor se comprometa a não mais praticar nenhum desses atos e de fiador idôneo (que responda pela dívida principal, juros, despesas e honorários advocatícios) o juiz relevará a pena.

Espécies de Execução

Entrega de Coisa Certa

Utilizada para entrega de coisa certa constante de título executivo extrajudicial.

O devedor é citado para satisfazer a obrigação em 10 dias (ou apresentar embargos, após a garantia do juízo – ele pode depositar a coisa em vez de entregá-la, não podendo o exequente levantá-la antes do julgamento dos embargos). O juiz pode fixar multa por dia de atraso no cumprimento da obrigação (valor da multa pode ser alterado caso se revele insuficiente ou excessivo).

No caso de não entrega da coisa ou de depósito para fins de embargos não recebidos no efeito suspensivo, é expedido mandado de imissão na posse (bem imóvel) ou de busca e apreensão (bem móvel). Se a coisa litigiosa for alienada para terceiro, contra este será expedido o mandado, sendo ele ouvido apenas após o depósito dela.

Se a coisa não for encontrada ou houver deterioração, cabe a propositura de ação de execução substitutiva (execução por quantia certa), sendo o devedor citado para pagar o montante correspondente às perdas e danos em 3 dias.

Entrega de Coisa Incerta

Quando se tratar de coisas determinadas pelo gênero e quantidade, o devedor é citado para entregá-las individualizadas (caso a escolha caiba ao credor, ele a indicará na petição inicial). A parte pode impugnar a escolha feita pela outra em 48 horas (juiz decide de plano ou ouve perito se necessário).

Nessa modalidade de execução, aplica-se subsidiariamente o estatuído para entrega de coisa certa.

Obrigações de Fazer e de Não Fazer

Nessas modalidades de execução, fundadas em título extrajudicial, o juiz, ao despachar a inicial, fixará multa por dia de atraso no cumprimento da obrigação e a data a partir da qual será devida. Mas caso o valor da multa previsto no título seja excessivo, o juiz poderá reduzi-lo.

Obrigação de Fazer

O devedor é citado para satisfazer a pretensão no prazo assinado pelo juiz (no caso de omissão do título executivo).

Não havendo o cumprimento, o credor pode requerer, nos próprios autos do processo, que ela seja executada à custa do devedor (caso seja obrigação que possa ser prestada por terceiro – fungível) ou requerer a conversão em indenização por perdas e danos (caso a obrigação seja infungível ou o devedor se recuse a prestá-la).

Obrigação de Não Fazer

Quando o devedor praticar ato que estava obrigado a abster-se (pela lei ou pelo contrato), o credor requererá ao juiz que fixe um prazo para desfazê-lo. Havendo recusa ou mora no cumprimento, o credor requererá ao juiz que mande desfazer o ato à sua custa, respondendo o devedor por perdas e danos. Caso não seja possível desfazer-se o ato, a obrigação resolve-se em perdas e danos.

Execução por Quantia Certa Contra Devedor Solvente

O executado é citado para pagar a dívida em 3 dias. Se não o fizer, o oficial de justiça, munido da segunda via do mandado, procederá de imediato à penhora e avaliação de bens, lavrando o respectivo auto e intimando de tais atos, na mesma oportunidade, o executado.

O credor pode indicar bens do executado a serem penhorados na sua petição inicial.

O juiz pode determinar a intimação do executado para que indique bens passíveis de penhora, a qualquer tempo, de ofício ou a requerimento do exequente (intima na pessoa do advogado, se não tiver, intima-se pessoalmente).

Se houver pagamento integral no prazo de 3 dias, a verba honorária será reduzida pela metade.

Caso o oficial de justiça não encontre o devedor para citá-lo, arrestará quantos bens forem necessários para a garantia da execução. Nos 10 dias seguintes ao arresto, procurará o devedor em 3 dias distintos, não o encontrando, certificará o ocorrido.

Nesse caso, compete ao credor dentro dos 10 dias seguintes à intimação do arresto, requerer a citação por edital do devedor. Findo o prazo do edital, o arresto será convertido em penhora.

Expropriação de Bens

Penhora

Por meio da penhora, os bens do devedor serão constritos, em seguida, serão expropriados, de modo a satisfazer o crédito devido ao exequente.

Lembre-se de que a avaliação dos bens penhorados será feita pelo oficial de justiça. Caso sejam necessários conhecimentos especializados, o juiz nomeará avaliador.

Formas de Expropriação

Adjudicação

Se o exequente oferecer preço não inferior ao da avaliação, pode requerer a adjudicação dos bens penhorados. Também possuem esse direito o credor com garantia real, os credores concorrentes que tenham penhorado o mesmo bem, o cônjuge, ascendentes e descendentes do executado.

Havendo mais de um pretendente, será feita uma licitação entre eles. No caso de igualdade de ofertas, terá preferência, nessa ordem:

> Cônjuge;
> Descendente;
> Ascendente.

Alienação por Iniciativa Particular

Não ocorrendo a adjudicação, o exequente poderá requerer sejam eles alienados por sua própria iniciativa ou por intermédio de corretor credenciado perante a autoridade judiciária.

Alienação em Hasta Pública

→ ***Praça:*** expropriação de **bens imóveis**, realizada no átrio do fórum.

→ ***Leilão:*** expropriação de **bens móveis**, podendo ser feito onde se encontrarem os bens.

A arrematação é feita mediante o pagamento imediato do preço, ou no prazo de 15 dias, mediante caução. Tratando-se de bem imóvel, quem estiver interessado em adquiri-lo em prestações poderá apresentar por escrito sua proposta, nunca inferior à avaliação, com oferta de pelo menos 30% (trinta por cento) à vista, sendo o restante garantido por hipoteca sobre o próprio imóvel.

Se o bem não alcançar lance superior ao valor da avaliação, procede-se à uma segunda praça ou leilão, em que serão alienados pelo lance de maior valor (salvo preço vil).

Usufruto de Bem Móvel ou Imóvel

→ **Remição:** antes da adjudicação ou da alienação dos bens, o executado pode remir a execução pagando ou consignando a importância atualizada da dívida, mais juros, custas e honorários advocatícios.

Antes de adjudicados ou alienados os bens, pode o executado, a todo tempo, remir a execução, pagando ou consignando a importância atualizada da dívida, mais juros, custas e honorários advocatícios.

Fique Ligado

Os bens inalienáveis ou impenhoráveis não estão sujeitos à execução.

Bens Absolutamente Impenhoráveis

> Bens inalienáveis e os declarados, por ato voluntário, não sujeitos à execução;
> Móveis, pertences e utilidades domésticas que guarnecem a residência do executado, **salvo os de elevado valor ou que ultrapassem as necessidades comuns correspondentes a um médio padrão de vida;**
> Vestuários, bem como os pertences de uso pessoal do executado, **salvo se de elevado valor;**
> Vencimentos, subsídios, soldos, salários, remunerações, proventos de aposentadoria, pensões, pecúlios e montepios; as quantias recebidas por liberalidade de terceiro e destinadas ao sustento do devedor e sua família, os ganhos de trabalhador autônomo e os honorários de profissional liberal **(não se aplica no caso de penhora para pagamento de prestação alimentícia);**
> Livros, as máquinas, as ferramentas, os utensílios, os instrumentos ou outros bens móveis necessários ou úteis ao exercício de qualquer profissão;
> Seguro de vida;
> Materiais necessários para obras em andamento, **salvo se essas forem penhoradas;**
> Pequena propriedade rural, assim definida em lei, desde que trabalhada pela família;
> Recursos públicos recebidos por instituições privadas para aplicação compulsória em educação, saúde ou assistência social;
> Até o limite de **40 salários mínimos**, a quantia depositada em caderneta de poupança;
> Recursos públicos do fundo partidário recebidos, nos termos da lei, por partido político.

A impenhorabilidade não é oponível à cobrança do crédito concedido para a aquisição do próprio bem.

Caso não haja outros bens, podem ser penhorados os frutos e rendimentos dos bens inalienáveis, desde que não estejam destinados à satisfação de prestação alimentícia.

Ordem Preferencial da Penhora

> Dinheiro (em espécie ou em depósito ou aplicação em instituição financeira);
> Veículos de via terrestre;
> Bens móveis em geral;
> Bens imóveis;
> Navios e aeronaves;
> Ações e quotas de sociedades empresárias;
> Percentual do faturamento de empresa devedora;
> Pedras e metais preciosos;

> Títulos da dívida pública da União, Estados e Distrito Federal com cotação em mercado;
> Títulos e valores mobiliários com cotação em mercado;
> Outros direitos.

Vale lembrar que, conforme o estabelecido na Súmula Vinculante 25 do STF, não cabe mais a prisão civil do depositário infiel.

Penhora sobre imóveis - intima-se também o cônjuge do executado.

Substituição da Penhora

Casos em que a parte pode requerer a substituição da penhora:

> Não obedecer à ordem legal;
> Não incidir sobre os bens designados em lei, contrato ou ato judicial para o pagamento;
> Se, havendo bens no foro da execução, outros houverem sido penhorados;
> Se, havendo bens livres, a penhora houver recaído sobre bens já penhorados ou objeto de gravame;
> Se incidir sobre bens de baixa liquidez;
> Se fracassar a tentativa de alienação judicial do bem;
> Se o devedor não indicar o valor dos bens ou omitir qualquer das indicações a que se referem os incisos I a IV do parágrafo único do art. 668 desta Lei.

A penhora pode ser substituída por fiança bancária ou seguro garantia judicial, em valor não inferior ao do débito constante da inicial acrescido de 30% desse valor.

Fique Ligado

O rol de bens impenhoráveis e a ordem preferencial de penhora são muito cobrados em prova!

Exercício Comentado

01. (FCC) Em relação à execução:

a) Podem ser executados os bens que a lei considera impenhoráveis ou inalienáveis.

b) Entre outros, são absolutamente impenhoráveis os vestuários, bem como os pertences de uso pessoal do executado, salvo se de elevado valor.

c) À falta de outros bens, podem ser penhorados os frutos e rendimentos dos bens inalienáveis, mesmo que destinados à satisfação de prestação alimentícia.

d) É penhorável a quantia depositada em caderneta de poupança, de qualquer valor, salvo se ficar provado que se destina à futura aposentadoria do executado.

e) O seguro de vida é penhorável, por não ter natureza de crédito alimentício.

RESPOSTA. ***"A". Eles não podem ser executados (art. 648).***

RESPOSTA. ***"B". Desde que não sejam de elevado valor, os vestuários e os pertences de uso pessoal do executado são impenhoráveis (art. 649, III).***

RESPOSTA. ***"C". Quando destinados à satisfação de prestação alimentícia, os frutos e rendimentos dos bens inalienáveis não podem ser penhorados quando faltarem outros bens (art. 650).***

RESPOSTA. ***"D". A quantia até o limite de 40 vezes o salário mínimo será considerada impenhorável, o montante que ultrapassar esse valor poderá ser penhorado (art. 649, X).***

RESPOSTA. ***"E". O seguro de vida também é elencado como bem impenhorável pelo CPC (art. 649, VI).***

Impenhorabilidade do Bem de Família (Lei 8.009/90)

Essa lei tornou impenhorável o imóvel residencial próprio do casal (ou entidade familiar), alcançando o imóvel sobre o qual se assentam as construções, as plantações, as benfeitorias de qualquer natureza e todos os equipamentos, inclusive de uso profissional, ou móveis que guarnecem a casa, desde que quitados.

A impenhorabilidade do bem de família fundamenta-se no princípio da dignidade da pessoa humana. Conforme entende a doutrina e a jurisprudência, esse benefício estende-se também às pessoas solteiras, separadas etc.

Fique Ligado

Súmula 364 do STJ: "O conceito de impenhorabilidade do bem de família abrange também o imóvel pertencente a pessoas solteiras, separadas e viúvas".

A lei expressamente excluiu da impenhorabilidade os veículos de transporte, obras de arte e adornos suntuosos.

Segundo o entendimento dominante, apenas por ter natureza alimentar, o crédito trabalhista não fundamenta a inaplicabilidade da lei 8.009/90, uma vez que a referida lei diz ser a impenhorabilidade oponível inclusive a processos de execução trabalhista.

Mas caso trate-se de trabalhadores da própria residência, como no caso de trabalhadores domésticos, a impenhorabilidade não será aplicada.

Desse modo, a impenhorabilidade é oponível em qualquer processo de execução civil, fiscal, previdenciária, trabalhista ou de outra natureza.

Exceções

Não se aplica a impenhorabilidade dessa lei a:

> Crédito de trabalhadores da própria residência (domésticos) e respectivas contribuições previdenciárias;
> Crédito decorrente de financiamento para construção ou aquisição do imóvel, no limite dos créditos e acréscimos constituídos em função do respectivo contrato;
> Pensão alimentícia;
> Cobrança de impostos, predial ou territorial, taxas e contribuições devidas em função do imóvel familiar;
> Execução de hipoteca sobre o imóvel oferecido como garantia real;
> Adquirido com produto de crime ou execução de sentença penal condenatória a ressarcimento, indenização ou perdimento de bens;
> Fiança concedida em contrato de locação.

Se o devedor, sabendo que é insolvente, adquire de má-fé imóvel mais valioso para transferir a residência familiar (desfazendo-se ou não da moradia antiga), não será beneficiado pelo instituto da Lei, 8.009/90. O Juiz, nesse caso, poderá transferir a impenhorabilidade para a moradia anterior, ou anular-lhe a venda, liberando a mais valiosa.

Imóvel Rural*:* impenhorabilidade alcança apenas a **sede da moradia**, com os respectivos **móveis**. (e também a área limitada como pequena propriedade rural, no caso do inciso XXVI do art. 5º da CF).

Se o casal possuir mais de um imóvel que utilize como residência, a impenhorabilidade recairá sobre o de menor valor (salvo se sobre outro houver sido constituído bem de família, mediante registro do Registro de Imóveis).

Embargos do Devedor

Trata-se de uma ação que o executado dispõe para obstar a execução.

Para opor-se à execução de meio de embargos, o devedor não precisa ter garantido o juízo (independe de penhora, depósito ou caução).

São oferecidos em **15 dias** (da juntada aos autos do mandado de citação - no caso de mais de um executado, conta-se da juntada do respectivo mandado, salvo tratando-se de cônjuges).

Eles não possuem efeito suspensivo. Entretanto, o juiz pode conceder esse efeito quando o prosseguimento da execução manifestamente puder causar grave dano, de difícil ou incerta reparação ao executado, desde que a **execução esteja garantida** (penhora, depósito ou caução suficientes). Esse efeito não impede os atos de contrição (a execução prossegue até a penhora e avaliação de bens).

O juiz rejeitará liminarmente os embargos:

> Intempestivos;

> Se a petição for inepta;

> Manifestamente protelatórios.

Embargos manifestamente protelatórios – multa não superior a 20% do valor da execução.

No prazo para embargos, o devedor pode, reconhecendo o crédito do exequente e comprovando o depósito de 30% do valor da execução (acrescida de custas e honorários advocatícios), requerer seja admitido pagar o restante em até 6 parcelas mensais, com correção monetária e juros de 1% ao mês.

O não pagamento de qualquer das prestações implicará:

> Vencimento das subsequentes de pleno direito;

> Imediato início dos atos executivos;

> Multa de 10% sobre as prestações não pagas;

> Vedada a oposição de embargos.

No prazo de 5 dias, contados da adjudicação, alienação ou arrematação, o executado pode oferecer embargos fundados em:

> Nulidade da execução;

> Causa extintiva da obrigação (superveniente à penhora).

Oferecidos os embargos, o adquirente pode desistir da aquisição.

Suspensão e Extinção da Execução

Hipóteses de **suspensão** da execução:

> **Embargos à execução recebidos com efeito suspensivo** (suspensa no todo ou em parte);

> **Hipóteses previstas no art. 265, I a III:**

» Morte ou perda da capacidade processual de qualquer das partes, de seu representante legal ou de seu procurador;

» Pela convenção das partes;

» Quando for oposta exceção de incompetência do juízo, da câmara ou do tribunal, bem como de suspeição ou impedimento do juiz.

> **Quando o devedor não possuir bens penhoráveis.**

Casos de **extinção** da execução (somente produz efeito depois de declarada por sentença):

> Devedor satisfaz a obrigação;

> Devedor obtém, por transação ou por qualquer outro meio, a remissão total da dívida;

> Credor renunciar ao crédito.

Exercício Comentado

01. (FCC) Os embargos do devedor:

a) Poderão ser opostos no prazo de 15 dias, contados da data da juntada aos autos do mandado de citação.

b) Poderão ser opostos no dobro do prazo legal quando os executados tiverem diferentes procuradores.

c) Terão sempre efeito suspensivo, ficando a execução paralisada até o seu julgamento.

d) Não poderão ser rejeitados liminarmente, mesmo quando manifestamente protelatórios.

e) Impedirão, uma vez recebidos, a efetivação dos atos de penhora e de avaliação dos bens.

RESPOSTA. ***"A". Art. 738;***

RESPOSTA. ***"B". O art. 738, § 3º diz expressamente que essa regra contida no art. 191 (prazo em dobro para litisconsortes com diferentes procuradores) não se aplica aos embargos do executado;***

RESPOSTA. ***"C". O art. 739-A diz que os embargos do executado não terão efeito suspensivo;***

RESPOSTA. ***"D". Os embargos manifestamente protelatórios estão incluídos dentre as hipóteses que justificam a rejeição liminar (art. 739, III);***

RESPOSTA. ***"E". Em regra não são recebidos com efeito suspensivo, mas mesmo que sejam recebidos nesse efeito, os atos de efetivação de penhora e avaliação de bens não estarão impedidos (art. 739-A, § 6º).***

Anotações

CAPÍTULO 08

Recursos

Existem dois meios de impugnar as decisões judiciais. O primeiro é o recurso, que possui natureza endoprocessual, isto é, ele atua dentro do próprio processo em que essa decisão foi proferida. Além dos recursos, podem ser utilizados os sucedâneos recursais, que necessitam de uma nova ação para surtirem seus efeitos (ex.: ação rescisória, mandado de segurança etc.).

Disposições Gerais

Nos termos do CPC, são cabíveis os seguintes recursos:

> Apelação;
> Agravo;
> Embargos infringentes;
> Embargos de declaração;
> Recurso ordinário;
> Recurso especial;
> Recurso extraordinário;
> Embargos de divergência em recurso especial e em recurso extraordinário.

Efeitos dos Recursos

> ***Devolutivo:*** devolve ao tribunal a matéria impugnada, para que ela seja reapreciada;
> ***Suspensivo:*** impede que a decisão gere efeitos até que o recurso seja efetivamente julgado (a decisão não pode ser executada);
> ***Translativo:*** permite que o tribunal conheça de matérias que não foram impugnadas pelas partes (matérias de ordem pública);
> ***Efeito substitutivo:*** o julgamento proferido pelo tribunal substituirá a sentença ou a decisão recorrida no que tiver sido objeto de recurso.

Recurso Extraordinário e Recurso Especial -> Não impedem a execução da sentença.

O Agravo de Instrumento, em regra, não obsta o andamento do processo (salvo o art. 558).

Acórdão com parte unânime e parte não unânime. Se forem interpostos embargos infringentes da parte não unânime, o prazo para interpor RE ou REsp da parte unânime fica sobrestado até a intimação da decisão proferida nos embargos (se não interpuser embargos infringentes, o prazo então para RE ou REsp terá como dia do início o dia do trânsito em julgado da decisão por maioria de votos).

Legitimidade para Interpor Recurso

> **Parte vencida;**
> **Terceiro prejudicado** (deve demonstrar nexo de interdependência entre o seu interesse de intervir e a relação jurídica submetida à apreciação judicial);
> **Ministério Público** (figurou como parte ou como fiscal da lei).

Recurso Adesivo

Quando vencidos autor e réu, se um deles interpuser recurso, o outro poderá aderir. Trata-se de um recurso da parte que já estava conformada com a decisão, mas como a outra parte recorreu, ele adere ao recurso principal.

O recurso adesivo é subordinado ao recurso principal (se houver desistência do recurso principal, ou ele for declarado inadmissível ou deserto, o recurso adesivo também não será conhecido).

Ele cabe nos seguintes casos:

> Apelação;
> Embargos infringentes;
> Recurso extraordinário;
> Recurso especial.

O recurso adesivo será interposto perante a autoridade competente para admitir o recurso principal, dentro do prazo da resposta (contrarrazões do recurso principal).

Ao recurso adesivo se aplicam as mesmas regras do recurso independente, no que se refere às condições de admissibilidade, preparo e julgamento no tribunal superior.

Regras Gerais Sobre os Recursos

A desistência de qualquer recurso:

> Pode ser feita a qualquer tempo;
> Não precisa de anuência do recorrido ou dos litisconsortes.

Renúncia ao direito de recorrer → Não precisa de aceitação da outra parte.

A parte não poderá recorrer quando aceitar a decisão, de forma expressa ou tácita (prática de algum ato, sem reserva alguma, incompatível com o direito de recorrer).

Não cabe recurso dos despachos.

A parte que quiser recorrer pode impugnar a sentença no todo ou em parte.

Os prazos para interpor os recursos contam-se:

> Leitura da sentença em audiência;
> Intimação às partes, quando a sentença não for proferida em audiência;
> Publicação do dispositivo do acórdão no órgão oficial.

Se, no decorrer do prazo recursal falecer a parte ou seu advogado (ou ocorre motivo de força maior que suspenda o processo), o prazo será restituído (em proveito da parte, do herdeiro ou do sucessor, voltando a correr novamente depois da intimação).

→ **Prazo***:* 15 dias para interposição e contrarrazões:

> Apelação;
> Embargos infringentes;
> Recurso ordinário;
> Recurso especial;
> Recurso extraordinário;
> Embargos de divergência.

Quando um dos litisconsortes interpuser recurso, ele aproveita os outros, salvo se seus interesses forem distintos ou opostos.

Tratando-se de solidariedade passiva, o recurso de um devedor aproveita os demais, quando as defesas opostas ao credor lhes forem comuns.

O preparo (quando exigido) e as custas de porte de remessa e de retorno devem ser comprovados no ato da interposição do recurso, sob pena dele ser considerado deserto (no caso de insuficiência do valor, o recorrente será intimado para suprir em 5 dias; se não fizer, o recurso será deserto).

Dispensado de efetuar preparo:

> Ministério Público;
> União, Estados, Municípios e respectivas autarquias;
> Demais que tiverem isenção legal.

Recursos em Espécie

Apelação

É o recurso cabível contra as **sentenças terminativas** (art. 267 – extinção do processo SEM a análise do mérito) ou **definitivas** (art. 269 – extinção do processo COM a resolução do mérito).

Ela é dirigida ao próprio juiz que sentenciou, devendo conter:

> Os nomes e a qualificação das partes;
> Os fundamentos de fato e de direito;
> O pedido de nova decisão.

→ **Prazo:** 15 dias (contados da intimação da decisão). Deve-se lembrar das regras de prazo diferenciado (Ministério Público e Fazenda Pública – prazo em dobro; litisconsortes com diferentes procuradores – prazo em dobro).

Ela devolve ao tribunal o conhecimento da matéria impugnada (efeito devolutivo), entretanto:

> Todas as questões suscitadas e discutidas no processo serão objeto de apreciação e julgamento pelo tribunal, mesmo que a sentença não as tenha julgado por inteiro.
> Pedido ou defesa com mais de um fundamento e a sentença acolheu apenas um deles → A apelação devolve ao tribunal o conhecimento dos outros fundamentos.
> Processo extinto sem julgamento do mérito → Tribunal pode julgar desde logo a lide, desde que:
» A causa verse sobre questão exclusivamente de direito;
» Esteja em condições de imediato julgamento.
> Tribunal constata que ocorreu uma nulidade sanável → Poderá determinar a realização ou renovação do ato processual, intimadas as partes. Assim que a diligência for cumprida, sempre que possível, prosseguirá o julgamento da apelação.

Também ficam submetidas ao tribunal as questões anteriores à sentença, ainda não decididas.

Questões de fato não propostas no juízo inferior – Somente poderão ser suscitadas na apelação se a parte provar que não o fez por motivo de força maior.

Apelação interposta, o juiz irá:

> Declarar os efeitos em que ela é recebida;
> Mandará dar vista ao apelado para responder;

Súmula impeditiva de recurso: quando a sentença estiver em conformidade com súmula do STJ ou STF, o juiz não receberá o recurso de apelação (nesse caso, a apelação nem é enviada ao tribunal).

A parte contrária apresenta sua resposta e é facultado ao juiz em 5 dias o reexame dos pressupostos de admissibilidade do recurso (a parte pode, na sua resposta, apontar que o juiz deixou de observar que a sentença recorrida estava em consonância com súmula ou que faltou algum requisito de admissibilidade da apelação).

Parte não efetua o preparo ou o faz de forma incompleta – Pena de deserção (pode ser relevada se o apelante provar justo impedimento, sendo-lhe fixado um prazo para efetuar o preparo). Essa decisão é irrecorrível; o tribunal irá apreciar a sua legitimidade.

Apelação em regra é recebida nos efeitos devolutivo e suspensivo. Entretanto, em alguns casos será recebida **apenas no efeito devolutivo**, isso ocorre quando interposta apelação de sentença que:

> Homologar a divisão ou a demarcação;
> Condenar à prestação de alimentos;
> Decidir o processo cautelar;
> Rejeitar liminarmente embargos à execução ou julgá-los improcedentes;
> Julgar procedente o pedido de instituição de arbitragem;
> Confirmar a antecipação dos efeitos da tutela.

Apelação recebida:

> **Efeito devolutivo e suspensivo** - Juiz não pode inovar no processo.
> **Apenas no efeito devolutivo** - O apelado pode promover a execução provisória da sentença, extraindo a respectiva carta.

Embargos Infringentes

Utilizado quando o tribunal profere um acórdão não unânime ao apreciar uma apelação ou ação rescisória (reforma sentença de mérito em grau de apelação ou julga procedente ação rescisória, porém, de forma não unânime. Há então dois requisitos:

> Decisão não unânime;
> Reforma da decisão de mérito apelada ou procedência da ação rescisória.

Se o desacordo for parcial, isto é, não tiver unanimidade em apenas parte da matéria discutida, apenas essa parte não unânime estará sujeita ao recurso em questão.

Procedimento

> Uma vez interposto, abre-se vista ao recorrido para contrarrazões;
> Após, o relator do acórdão embargado apreciará a admissibilidade do recurso (da decisão que não admitir os embargos caberá agravo, no prazo de 5 dias, para o órgão competente para o julgamento do recurso);
> Admitidos, os embargos serão processados e julgados conforme as regras do regimento interno do tribunal (se o regimento dispuser que deve ser escolhido novo relator, deverá recair, se possível, em juiz que não haja participado do julgamento anterior).

Agravo

O agravo é a medida utilizada para atacar as decisões interlocutórias, havendo duas espécies; Agravo Retido e Agravo de Instrumento.

→ **Prazo:** 10 dias.

Agravo Retido

Independe de preparo.

Ele é apresentado ao **próprio juiz** que proferiu a decisão interlocutória. Fica retido nos autos, somente sendo apreciado por ocasião do julgamento da apelação se o agravante requerer ao tribunal que dele conheça (requerido como preliminar da apelação).

Se a parte não requerer expressamente sua apreciação pelo tribunal, ele não será conhecido (requer nas razões ou na resposta da apelação).

Uma vez interposto, o agravado será ouvido em 10 dias e o juiz poderá reformar sua decisão.

Decisões interlocutórias proferidas na audiência de instrução e julgamento → Agravo deve ser interposto na forma RETIDA, **imediatamente e de forma oral**, bem como constar do respectivo termo (constarão sucintamente as razões do agravante).

Agravo de Instrumento

O **Agravo de Instrumento** é admitido para atacar decisão interlocutória:

> Que seja suscetível de causar à parte lesão grave e de difícil reparação;
> De inadmissão da apelação;
> Sobre os efeitos em que a apelação é recebida.

Ele é dirigido diretamente ao tribunal. A sua petição inicial deve conter os seguintes requisitos:

> A exposição do fato e do direito;
> As razões do pedido de reforma da decisão;
> O nome e o endereço completo dos advogados, constantes do processo.

A petição de agravo de instrumento será instruída com as seguintes peças.

→ **Obrigatórias (cópias):**

> Decisão agravada;
> Certidão da respectiva intimação ;
> Procurações outorgadas aos advogados (do agravante e do agravado).

→ **Facultativas: outras peças que o agravante entender úteis.**

Também deve acompanhar a petição o comprovante de pagamento das custas e do porte de retorno, quando devidos.

A petição será protocolada diretamente no tribunal ou postada no correio (registro com aviso de recebimento). Também pode ser interposta por outra forma prevista na lei local.

O agravante tem **3 dias** para requerer a juntada de cópia da petição do agravo e do comprovante de sua interposição (e os documentos que instruíram o recurso) aos autos do processo. Caso não o faça, ocorrerá a **inadmissibilidade do agravo** (desde que seja arguido e provado pelo agravado).

Procedimento - uma vez recebido o agravo de instrumento no tribunal, o relator:

> Negará seguimento, liminarmente, nos casos do art. 557;
> Converterá em Agravo Retido e remeterá os autos ao juiz da causa (caso em que interpõe Agravo de Instrumento mas fora das hipóteses legais). Essa decisão não é passível de recurso, ela só poderá ser reformada no momento do julgamento do agravo, salvo se o próprio relator a reconsiderar;
> Poderá atribuir efeito suspensivo. Também pode deferir, em antecipação de tutela, a pretensão recursal (total ou parcialmente). Essa decisão não é passível de recurso, ela só poderá ser reformada no momento do julgamento do agravo, salvo se o próprio relator a reconsiderar;
> Poderá requisitar informações ao juiz da causa, que as prestará no prazo de 10 dias;
> O agravado será intimado para responder em 10 dias (ofício dirigido ao seu advogado, sob registro e com aviso de recebimento). Nas comarcas sede de tribunal e naquelas em que o expediente forense for publicado no diário oficial, a intimação far-se-á mediante publicação no órgão oficial;
> Após essas providências, mandará ouvir o Ministério Público, para que, se for o caso, se pronuncie no prazo de 10 dias.

O relator pedirá dia para julgamento, em prazo não superior a 30 dias da intimação do agravado.

Se o juiz comunicar que reformou inteiramente a decisão, o relator considerará prejudicado o agravo.

Embargos de Declaração

Utilizado caso houver na sentença ou acórdão:

> Obscuridade;
> Contradição;
> Omissão.

→ ***Prazo:*** opostos em 5 dias.

Opostos em petição dirigida ao juiz ou relator (decisão proferida pelo tribunal), com a indicação do ponto obscuro, contraditório ou omisso.

Não estão sujeitos a preparo.

→ **Julgamento:**

> **Juiz:** em 5 dias
> **No tribunal:** relator apresentará os embargos em mesa na sessão subsequente, proferindo voto.

A oposição dos embargos de declaração **interrompe** o prazo para a interposição de outros recursos, por qualquer das partes.

Embargos manifestamente protelatórios: multa não excedente a 1% sobre o valor da causa. Em caso de reiteração, a multa é elevada até 10% do valor da causa. A interposição de qualquer outro recurso está sujeita ao depósito do valor da multa.

Exercício Comentado

01. (FCC) Considere as seguintes assertivas a respeito do Recurso de Apelação:

I. A apelação será recebida só no efeito devolutivo, quando interposta de sentença que confirmar a antecipação dos efeitos da tutela.

II. Recebida a apelação em ambos os efeitos, o juiz não poderá inovar no processo; recebida só no efeito devolutivo, o apelado poderá promover, desde logo, a execução provisória da sentença, extraindo a respectiva carta.

III. Provando o apelante justo impedimento, o juiz relevará a pena de deserção, fixando-lhe prazo para efetuar o preparo. Esta decisão será irrecorrível, cabendo ao tribunal apreciar-lhe a legitimidade.

IV. Após a apresentação da resposta, o juiz não poderá reexaminar os pressupostos de admissibilidade do recurso.

De acordo com o Código de Processo Civil brasileiro, está correto o que se afirma SOMENTE em:

a) I, II e III.
b) II, III e IV.
c) I e II.
d) III e IV.
e) I e III.

*RESPOSTA. **"A".** I. **art. 520, VII, do CPC;** II. **art. 521 do CPC;** III. **art. 519 do CPC;** IV. **Depois de apresentada a resposta do recorrido, é facultado ao juiz, em 5 dias, reexaminar os pressupostos de admissibilidade do recurso. (art. 518 CPC § 2º).***

Ação Rescisória

É o modo de atacar uma sentença judicial transitada em julgado, desconstituindo a coisa julgada material.

Requisitos:

> Sentença de mérito (faz coisa julgada material);

> Trânsito em julgado dessa decisão de mérito.

Hipóteses

I. Verificar-se que foi dada por prevaricação, concussão ou corrupção do juiz;

Concussão:

***Art. 316, CP** - Exigir, para si ou para outrem, direta ou indiretamente, ainda que fora da função ou antes de assumi-la, mas em razão dela, vantagem indevida.*

Corrupção Passiva:

***Art. 317, CP** - Solicitar ou receber, para si ou para outrem, direta ou indiretamente, ainda que fora da função ou antes de assumi-la, mas em razão dela, vantagem indevida, ou aceitar promessa de tal vantagem.*

Prevaricação:

***Art. 319, CP** - Retardar ou deixar de praticar, indevidamente, ato de ofício, ou praticá-lo contra disposição expressa de lei, para satisfazer interesse ou sentimento pessoal.*

Não há necessidade de que o juiz haja sido condenado em processo criminal (independência entre as esferas civil e criminal).

Entretanto, a decisão proferida na justiça criminal poderá influenciar na rescisória:

→ **Condenação criminal:** Por tal fato já estar provado, não poderá ser negada a existência do crime para negar-se a oposição de ação rescisória.

→ **Absolvição do magistrado por inexistência material do delito:** Não cabe rescisória.

→ **Absolvição por qualquer outro motivo (ex. falta de provas):** Tribunal poderá apreciar livremente a rescisória.

II. Proferida por juiz impedido ou absolutamente incompetente;

Nesse caso, haverá apenas o juízo rescindente (desconstituição do julgado). Os autos serão remetidos para o juízo competente ou imparcial apreciar.

Não cabe, em caso de suspeição.

III. Resultar de dolo da parte vencedora em detrimento da parte vencida, ou de colusão entre as partes, a fim de fraudar a lei;

→ **Dolo:** parte vencedora agiu com deslealdade e má-fé ou de alguma forma impediu ou dificultou a atuação processual do vencido ou ainda induziu o magistrado a erro.

→ **Colusão:** Autor e Réu usam o processo para praticar ato simulado ou fraudatório da lei.

IV. Ofender a coisa julgada;

Cabível quando for proposta novamente uma ação idêntica (mesmas partes, pedido e causa de pedir) a outra já decidida (trânsito em julgado).

V. Violar literal disposição de lei;

VI. Fundar-se em prova, cuja falsidade tenha sido apurada em processo criminal, ou seja, provada na própria ação rescisória;

É necessário que a decisão esteja baseada nessa prova falsa.

VII. Depois da sentença, o autor obtiver documento novo, cuja existência ignorava, ou de que não pôde fazer uso, capaz, por si só, de lhe assegurar pronunciamento favorável;

Na verdade, trata-se de documento já existente e não de documento novo. O documento já existia, mas a parte ignorava sua existência ou não podia usar esse documento na época própria.

VIII. Houver fundamento para invalidar confissão, desistência ou transação, em que se baseou a sentença;

Desistência gera a extinção sem julgamento do mérito e não enseja rescisória. Os doutrinadores interpretam que esse dispositivo referiu-se na verdade à renúncia, essa sim suscetível de corte rescisório.

IX. Fundada em erro de fato, resultante de atos ou de documentos da causa;

A decisão tem que ser fundada em erro de fato, provado por mero exame dos documentos juntados à rescisória. Não pode ter havido controvérsia nem pronunciamento judicial sobre o fato.

Atos judiciais que não dependam de sentença ou sentença meramente homologatória → rescindidos como os atos jurídicos em geral, nos termos da lei civil.

Legitimados para propor ação rescisória:

> Quem foi parte no processo ou o seu sucessor a título universal ou singular;

> Terceiro juridicamente interessado;

> Ministério Público:

» Se não foi ouvido no processo, em que lhe era obrigatória a intervenção;

» Quando a sentença é o efeito de colusão das partes, a fim de fraudar a lei.

A jurisprudência entende que essas hipóteses são exemplificativas, o Ministério Público pode ingressar com ação rescisória sempre que houver interesse público.

Regras Gerais

No direito processual civil, exige-se um depósito prévio de 5% sobre o valor da causa (a título de multa, caso a ação seja, por unanimidade de votos, declarada inadmissível, ou improcedente) - Não exigido da União, Estados, Município e do Ministério Público.

A propositura da ação rescisória não afeta a execução da sentença ou do acórdão rescindendo. Entretanto é possível a concessão de medidas de natureza cautelar ou antecipatória da tutela com o intuito de impedir o início ou suspender a execução.

Prazo para o réu responder - Entre 15 a 30 dias (prevalece que a revelia não gera a presunção da veracidade dos fatos alegados pelo autor, pois na rescisória o que se ataca é a sentença, ato oficial do Estado).

Se houver a necessidade de dilação probatória, o relator delegará a competência ao juiz de direito da comarca onde deva ser produzida (fixa prazo para devolução dos autos - 45 a 90 dias).

Razões Finais → Encerrada a instrução, será aberta vista, sucessivamente, ao autor e ao réu, pelo prazo de 10 dias.

Prazo

Deve ser proposta no prazo **decadencial de dois anos do trânsito em julgado da decisão.**

O trânsito em julgado conta-se da última decisão que foi proferida no processo, mesmo que tenha sido uma decisão que não admite o recurso.

"**STJ Súmula nº 401 - Prazo Decadencial da Ação Rescisória - Termo Inicial** - O prazo decadencial da ação rescisória só se inicia quando não for cabível qualquer recurso do último pronunciamento judicial".

Os tribunais possuem competência originária para apreciar as rescisórias. No caso de sentença que não teve apelação, a competência será do tribunal que poderia ter conhecido dessa apelação.

Nos termos do entendimento sumulado do STF, a ação rescisória é cabível ainda que contra a sentença transitada em julgado não tenham sido utilizados todos os recursos eventualmente cabíveis.

"**STF Súmula nº 514** - Admite-se ação rescisória contra sentença transitada em julgado, ainda que contra ela não se tenham esgotado todos os recursos".

Exercício Comentado

01. ***(FCC) A respeito da ação rescisória, considere:***

I. ***Quando a ação for proposta pelo Ministério Público Federal, a União deverá depositar a importância de 5% do valor da causa, a título de multa, caso a ação seja, por unanimidade de votos, declarada inadmissível ou improcedente.***

II. ***O terceiro juridicamente interessado tem, dentre outros, legitimidade para propor a ação.***

III. ***O direito de propor ação rescisória é imprescritível e não se extingue, podendo ser exercido pelos sucessores da parte prejudicada pela sentença ou acórdão.***

Está correto o que se afirma APENAS em:

a) ***II.***
b) ***I e II.***
c) ***I e III.***
d) ***II e III.***
e) ***I.***

RESPOSTA. "A". I. A União, o Estado, o Município e o Ministério Público estão dispensados desse depósito prévio de 5% para propor ação rescisória (art. 488, p.u.); II. Art. 487, II; III. O direito de propor ação rescisória se extingue em dois anos da data do trânsito em julgado da decisão (Art. 495).

Anotações

CAPÍTULO 09

Processo Cautelar

Disposições Gerais

Tutela antecipada: o pedido é feito para conceder ao autor antecipadamente os efeitos práticos da sentença (o juiz pode conceder, no todo ou em parte, antecipadamente, o que concederia no momento que decidisse do mérito). Requisitos:

> Prova inequívoca da verossimilhança da alegação;
> Receio de dano irreparável ou de difícil reparação;
> Manifesto propósito protelatório do réu.

Ação Cautelar: tem por objetivo resguardar a eficácia (resultado útil) da ação de conhecimento ou de execução, preservando o bem ou o direito a ser disputado pelas partes no processo principal.

Procedimento Cautelar

Pode ser instaurado no **antes ou no curso** do processo principal, sendo **sempre dependente** dele.

Medidas cautelares sem oitiva das partes - apenas em casos excepcionais, expressamente autorizados pela lei.

Cautelar inominada: Além dos procedimentos cautelares específicos, regulados pelo CPC, o juiz pode determinar as medidas provisórias que julgar adequadas, quando houver fundado receio de que uma parte, antes do julgamento da lide, cause ao direito da outra lesão de grave e de difícil reparação (ele poderá, para evitar o dano, autorizar ou vedar a prática de determinados atos, ordenar a guarda judicial de pessoas e depósito de bens e impor a prestação de caução).

Competência

> **Preparatórias:** (ação principal ainda não existe) – juiz que será competente para apreciar a ação principal;
> **Processo em trâmite:** ao juiz da causa (se tiver recurso interposto, será requerida diretamente no tribunal).

Citação do requerido - Contestar em **5 dias**, indicando as provas que pretende produzir.

Esse prazo conta-se da juntada do mandado:

> De citação, devidamente cumprido;
> Da execução da medida cautelar, quando concedida liminarmente ou após a justificação prévia.

Caso não conteste, serão presumidos verdadeiros os fatos alegados pelo requerente, decidindo o juiz em 5 dias. Se ele contestar, será designada audiência de instrução e julgamento, se houver prova a ser produzida.

Se existir o risco de o réu, após ser citado, poder tornar ineficaz a medida, o juiz poderá conceder, liminarmente ou após justificação prévia, a medida cautelar. Nesses casos, ele poderá determinar que o requerente preste caução real ou fidejussória de ressarcir os danos que o requerido possa sofrer.

A medida cautelar pode ser substituída (de ofício ou a requerimento de qualquer das partes) por caução ou outra garantia menos gravosa para o requerido, sempre que ela for adequada e suficiente para evitar a lesão ou repará-la integralmente.

A contar da efetivação da medida cautelar, a parte tem **30 dias** para propor a ação principal (quando concedida em procedimento preparatório). As medidas cautelares conservam sua eficácia durante esse prazo e na pendência do processo principal, entretanto podem ser revogadas ou modificadas a qualquer tempo. Elas conservam sua eficácia inclusive durante a suspensão do processo (salvo decisão judicial em contrário).

A eficácia de medida cautelar cessará quando:

> A parte não intentar a ação principal no prazo de 30 dias (da efetivação);
> Ela não for executada em 30 dias;
> Ocorrer a extinção do processo principal (com ou sem análise do mérito).

Ocorrendo a cessação da medida, é defeso a parte repetir o pedido, salvo por novo fundamento.

Os autos do procedimento cautelar serão apensados aos do processo principal.

O indeferimento da medida não obsta a que a parte intente a ação, nem influi no julgamento dessa (exceto no caso de o juiz, no procedimento cautelar, acolher a alegação de decadência ou de prescrição do direito do autor).

O requerente do procedimento cautelar responderá pelos prejuízos que causar ao requerido na execução da medida quando:

> A sentença no processo principal lhe for desfavorável;
> Obtida liminarmente, não promover a citação do requerido dentro em 5 (cinco) dias;
> Ocorrer a cessação da eficácia da medida, em qualquer dos casos previstos no art. 808 do CPC;
> O juiz acolher, no procedimento cautelar, a alegação de decadência ou de prescrição do direito do autor.

A indenização será liquidada nos autos do procedimento cautelar.

Procedimentos Cautelares Específicos

Arresto

Utiliza-se o arresto:

Devedor sem domicílio certo:

> Intenta ausentar-se;
> Alienar os bens que possui;
> Deixa de pagar a obrigação no prazo estipulado.

Devedor, que tem domicílio:

> Ausenta-se ou tenta ausentar-se furtivamente;
> Caindo em insolvência:
» Aliena ou tenta alienar bens que possui;
» Contrai ou tenta contrair dívidas extraordinárias;
» Põe ou tenta pôr os seus bens em nome de terceiros;
» Comete outro qualquer artifício fraudulento, a fim de frustrar a execução ou lesar credores.

Devedor que possui bens de raiz, intenta aliená-los, hipotecá-los ou dá-los em anticrese, sem ficar com algum ou alguns, livres e desembargados, equivalentes às dívidas.

Demais casos expressos em lei.

Condições exigidas para o deferimento do arresto:

> **Prova literal da dívida líquida e certa** (equipara-se: sentença, líquida ou ilíquida, pendente de recurso, condenando o devedor ao pagamento de dinheiro ou de prestação que em dinheiro possa converter-se);

> Prova documental ou justificação de algum dos casos acima mencionados.

Justificação prévia: se o juiz entender necessário, ela será feita em segredo e de plano, reduzindo-se a termo o depoimento das testemunhas, sendo dispensada:

> Quando for requerido pela União, Estado ou Município, nos casos previstos em lei;

> Se o credor prestar caução.

A sentença proferida no arresto não faz coisa julgada na ação principal, salvo se ela reconhecer a prescrição ou decadência.

Se a ação principal for julgada procedente, o arresto será convertido em penhora.

Suspensão da execução do arresto quando o devedor:

> Assim que intimado, pagar ou depositar em juízo a importância da dívida, mais os honorários de advogado que o juiz arbitrar, e custas;

> Der fiador idôneo, ou prestar caução para garantir a dívida, honorários do advogado do requerente e custas.

Cessa o arresto:

> Pagamento;

> Novação;

> Transação.

Aplicam-se subsidiariamente ao arresto as disposições referentes à penhora.

Sequestro

Após requerimento da parte, o juiz pode determinar o sequestro:

> **De bens móveis, semoventes ou imóveis**, quando lhes for disputada a propriedade ou a posse, havendo **fundado receio de rixas ou danificações;**

> **Dos frutos e rendimentos do imóvel reivindicando**, se o réu, **depois de condenado por sentença ainda sujeita a recurso, os dissipar;**

> **Dos bens do casal**, nas ações de separação judicial e de anulação de casamento, se o cônjuge os **estiver dilapidando;**

> Nos demais casos expressos em lei.

Ao sequestro aplica-se, no que couber, as disposições acerca do arresto.

O juiz irá nomear o depositário dos bens sequestrados. Entretanto, a escolha poderá recair:

> **Em pessoa indicada**, de comum acordo, pelas partes.

> **Em uma das partes**, desde que ofereça maiores garantias e preste caução idônea.

Assim que o depositário assinar o compromisso, será feita a entrega dos bens. Caso haja resistência, o depositário solicitará ao juiz a requisição de força policial.

Busca e Apreensão

Pode ser de pessoas ou de coisas.

Na petição inicial, o requerente apresentará as justificativas da medida e da ciência de estar a pessoa ou coisa no lugar designado.

A justificação prévia, se for indispensável, será feita em segredo de justiça. Uma vez provado o alegado, será expedido mandado, que conterá:

> A indicação da casa ou do lugar em que deve efetuar-se a diligência;

> A descrição da pessoa ou da coisa procurada e o destino a lhe dar;

> A assinatura do juiz, de quem emanar a ordem.

Procedimento:

> O mandado de busca e apreensão será cumprido por dois oficiais de justiça;

> Um deles lerá ao morador o mandado, intimando-o a abrir as portas (não atendidos, os oficiais arrombarão as portas externas e internas e quaisquer móveis onde presumam que esteja oculta a pessoa ou a coisa procurada);

> Os oficiais de justiça far-se-ão acompanhar de duas testemunhas;

> Caso trate-se de direito autoral ou direito conexo do artista, intérprete ou executante, produtores de fonogramas e organismos de radiodifusão, o juiz designará, para acompanharem os oficiais de justiça, dois peritos aos quais incumbirá confirmar a ocorrência da violação antes de ser efetivada a apreensão;

> Encerrada a diligência, os oficiais de justiça lavrarão auto circunstanciado, assinando-o com as testemunhas.

Exibição

A exibição judicial é utilizada, como procedimento preparatório, nos casos:

> **De coisa móvel em poder de outrem** e que o requerente repute sua ou tenha interesse em conhecer;

> **De documento próprio ou comum**, em poder de cointeressado, sócio, condômino, credor ou devedor; ou em poder de terceiro que o tenha em sua guarda, como inventariante, testamenteiro, depositário ou administrador de bens alheios;

> **Da escrituração comercial** por inteiro, balanços e documentos de arquivo, nos casos expressos em lei.

No tocante à exibição, aplica-se, no que couber, o disposto nos arts. 355 a 363, 381 e 382.

Produção Antecipada de Provas

Pode consistir em:

> Interrogatório da parte;

> Inquirição de testemunhas;

> Exame pericial.

O **interrogatório da parte** ou a **inquirição de testemunhas** é feito antes da propositura da ação, ou na pendência dessa, mas antes da audiência de instrução, quando:

> Tiver de ausentar-se;

> Por motivo de idade ou de moléstia grave, houver justo receio de que ao tempo da prova já não exista, ou esteja impossibilitada de depor.

O requerente justificará sumariamente a necessidade da antecipação e mencionará com precisão os fatos sobre os quais há de recair a prova (se for inquirição de testemunhas, os interessados serão intimados para comparecer à audiência em que será prestado o depoimento).

Exame pericial: no caso de fundado receio de que a verificação de certos fatos possam tornar-se de impossível ou muito difícil verificação.

Tomado o depoimento ou feito exame pericial, os autos permanecerão em cartório, sendo lícito aos interessados solicitar as certidões que quiserem.

Exercício Comentado

01. (FCC) O arresto tem lugar.

a) Quando, havendo disputa sobre a posse ou a propriedade de bens móveis, houver fundado receio de rixas ou danificações.

b) Quando o devedor sem domicílio certo intenta ausentar-se ou alienar os bens que possui, ou deixa de pagar a obrigação no prazo estipulado.

c) Quando, havendo disputa sobre a posse ou a propriedade de bens imóveis, houver fundado receio de rixas ou danificações.

d) Nos mesmos casos em que se admite o sequestro.

e) Apenas quando o devedor, tendo ou não domicílio.

RESPOSTA. ***"A". Essa hipótese é de sequestro (art. 822,I);***

RESPOSTA. ***"B". Art. 813, I;***

RESPOSTA. ***"C". Também é hipótese de sequestro (art. 822, I);***

RESPOSTA. ***"D". O sequestro e o arresto possuem causas justificadoras diversas (artigos. 813 e 822);***

RESPOSTA. ***"E". Em primeiro lugar, são várias as hipóteses de arresto, a palavra "apenas" já invalidaria essa alternativa. Em segundo lugar, não basta a simples insolvência, o devedor deve alienar ou tentar alienar os bens, pôr ou tentar pôr os bens em nome de terceiros, etc. (art.813).***

Procedimentos Especiais

Ação de Consignação em Pagamento

Trata-se de um meio que o devedor possui de cumprir sua obrigação quando esta for recusada pelo credor ou em qualquer outro caso em que haja dúvida acerca da legitimidade para receber ou dificuldade no pagamento.

A consignação da quantia ou da coisa devida pode ser requerida pelo devedor ou por terceiro, com efeito de pagamento.

Tratando-se de obrigação em dinheiro, o devedor ou terceiro pode optar pelo depósito em estabelecimento bancário (oficial onde houver), situado no lugar do pagamento, em conta com correção monetária, sendo o credor cientificado por carta com aviso de recebimento, possuindo o prazo de 10 dias para manifestar sua recusa.

Caso não se manifeste no prazo, o devedor é reputado liberado da obrigação, ficando essa quantia depositada à disposição do credor.

Havendo a recusa, manifestada por escrito ao estabelecimento bancário - o devedor ou terceiro poderá propor a ação de consignação dentro de 30 dias, instruindo a inicial com a prova do depósito e da recusa (não proposta nesse prazo, o depósito fica sem efeito e o depositante pode levantá-lo).

A ação de consignação é requerida no lugar do pagamento. Efetuado o depósito, cessam para o devedor os juros e os riscos, salvo se julgada improcedente (tratando-se de corpo que deva ser entregue no lugar em que está, poderá o devedor requerer a consignação no foro em que ela se encontra).

Prestações periódicas: uma vez consignada a primeira, o devedor pode continuar a consignar (no mesmo processo e sem mais formalidades) as que se forem vencendo, desde que os depósitos sejam efetuados em até 5 dias do vencimento.

Prestação de coisa indeterminada:

Escolha couber ao credor – citado para exercer seu direito em 5 dias (salvo outro prazo fixado na lei ou no contrato).

Escolha couber ao devedor - credor citado para aceitar que o devedor o faça. Ao despachar a inicial o juiz fixará lugar, dia e hora em que se fará a entrega, sob pena de depósito.

Dúvida sobre quem deva legitimamente receber o pagamento*:* o autor requererá o depósito e a citação dos que o disputam para provarem o seu direito.

No prazo de 15 dias para contestar, o réu poderá alegar que:

> Não houve recusa ou mora em receber a quantia ou coisa devida;

> Foi justa a recusa;

> O depósito não se efetuou no prazo ou no lugar do pagamento;

> O depósito não é integral (mas deve indicar o montante que entende devido).

Ação contestada com o fundamento de que o depósito não é integral:

> O autor pode completá-lo em 10 dias (salvo tratar-se de prestação cujo inadimplemento acarrete a rescisão do contrato).

> O réu pode levantar a quantia ou a coisa depositada, com a liberação parcial do autor, prosseguindo o processo quanto à parcela controvertida.

A sentença que concluir que o depósito foi insuficiente, determinará, sempre que possível, a quantia devida (valerá como título executivo, facultado ao credor promover-lhe a execução nos mesmos autos).

Réu não contesta (revelia) ou credor recebe e dá quitação – O juiz declarará extinta a obrigação, condenando o réu nas custas e honorários advocatícios.

Dúvida sobre quem deva legitimamente receber:

> Não comparecendo nenhum pretendente - converter-se-á o depósito em arrecadação de bens de ausentes;

> Comparecendo apenas um - o juiz decidirá de plano;

> Comparecendo mais de um - o juiz declarará efetuado o depósito e extinta a obrigação, continuando o processo a correr unicamente entre os credores; caso em que se observará o procedimento ordinário.

Embargos de Terceiro

É uma ação incidental ao processo principal, colocada a disposição de quem não sendo parte no processo, sofrer turbação ou esbulho na posse de seus bens por ato de apreensão judicial, em casos como o de penhora, depósito, arresto, sequestro, alienação judicial, arrecadação, arrolamento, inventário, partilha.

Os embargos podem ser de terceiro senhor e possuidor, ou apenas possuidor.

Equipara-se a terceiro:

> A parte que, posto figure no processo, defende bens que, pelo título de sua aquisição ou pela qualidade em que os possuir, não podem ser atingidos pela apreensão judicial;

> O cônjuge quando defende a posse de bens dotais, próprios, reservados ou de sua meação.

Também se admitem os embargos de terceiro para:

> A defesa da posse, quando, nas ações de divisão ou de demarcação, for o imóvel sujeito a atos materiais, preparatórios ou definitivos, da partilha ou da fixação de rumos;

> O credor com garantia real obstar alienação judicial do objeto da hipoteca, penhor ou anticrese.

Oposição dos embargos de terceiro:

Processo de conhecimento*:* a qualquer momento, enquanto **não transitada em julgado a sentença.**

Processo de execução*:* até 5 dias depois da arrematação, adjudicação ou remição, **mas sempre antes da assinatura da respectiva carta.**

Eles são distribuídos por dependência e correrão em autos distintos, perante o mesmo juiz que ordenou a apreensão.

Se os embargos versarem:

Sobre todos os bens: juiz determinará a suspensão do processo principal;

Sobre apenas alguns bens: o processo principal prossegue somente no que se refere aos bens não embargados.

Prazo para contestação dos embargos - 10 dias.

Contra os embargos do credor com garantia real, somente poderá o embargado alegar que:

> O devedor comum é insolvente;

> O título é nulo ou não obriga a terceiro;

> Outra é a coisa dada em garantia.

Ação Monitória

Trata-se de uma medida colocada à disposição do credor que, com base em **prova escrita sem eficácia de título executivo** (ex.: cheque prescrito, nota promissória rasurada, contrato particular assinado pelas partes mas sem assinatura de testemunhas etc.), pretende obter:

> Pagamento de soma em dinheiro;

> Entrega de coisa fungível;

> Entrega de determinado bem móvel.

Estando a petição inicial em ordem, o juiz determinará a citação do réu para que pague ou entregue a coisa em 15 dias. Dentro desse prazo, o réu pode oferecer embargos, que suspenderão a eficácia do mandado inicial (independem de prévia garantia do juízo e serão processados nos próprios autos, pelo procedimento ordinário).

Caso não oponha embargos, ou esses sejam rejeitados, o título executivo judicial será constituído de pleno direito.

Cumprindo o mandado, o réu ficará isento de custas e honorários advocatícios.

TJ Súmula nº 282 *- Cabe a citação por edital em ação monitória.*

STJ Súmula nº 339 *- É cabível ação monitória contra a Fazenda Pública.*

Exercício Comentado

01. (CESPE) Constitui requisito exigido para a propositura da ação monitória:

a) Prova documental que seja título executivo extrajudicial.

b) Prova testemunhal que ateste a veracidade do fato.

c) Prova escrita pré-constituída sem eficácia de título executivo.

d) Prova documental que demonstre a existência de crédito de natureza infungível.

RESPOSTA. ***"C". Para propositura de ação monitória, precisamos de uma prova escrita (então apenas com base em testemunhas não pode) que não possui eficácia de título executivo (se tivesse eficácia de título executivo, não precisaria entrar com monitória, ingressaria direto com uma execução). Ela tem por objetivo o pagamento de uma soma em dinheiro, entrega de coisa fungível (coisa infungível não pode), ou de determinado bem móvel (não pode para bem imóvel). Atenção para as pegadinhas das bancas (diz que precisa ser título executivo extrajudicial, prova testemunhal, natureza infungível).***

Anotações

Referências Bibliográficas

ww.planalto.gov.br/ccivil_03/leis/L5869compilada.htm

www.planalto.gov.br/ccivil_03/leis/2002/L10406.htm

www.planalto.gov.br/ccivil_03/constituicao/constituicao.htm

m.stf.jus.br/portal/principal/principal.asp

www.stj.jus.br/portal_stj/publicacao/engine.wsp

NEVES, Daniel Amorin Assumpção. Manual de direito processual civil.. - 2º ed. - Rio de Janeiro: Forense ; São Paulo: MÉTODO, 2011.

THEODORO JÚNIO, Humberto. Curso de Direito Processual Civil, Volumes I, II e III. Forense, 2012.

NERY JÚNIOR, Nelson; NERY, Rosa Maria de Andrade. Código de Processo Civil Comentado e Legislação Extravagante - 12ª Ed. – Editora RT, 2012.

GRINOVER, Ada Pellegrini; DINAMARCO, Cândido Rangel; CINTRA, Antonio Carlos Araujo. Teoria Geral do Processo. - 28ª Ed. – Editora Malheiros, 2012.

ÍNDICE

CAPÍTULO 01 197
Princípios do Direito Processual do Trabalho 197
Organização Judiciária Trabalhista 199
Tribunais Regionais do Trabalho 199
Ministério Público do Trabalho 199
Competência 201
Competência Material 201
Competência Territorial 202
Conflito de Competência 202
Dos Serviços Auxiliares da Justiça do Trabalho 204
Oficiais de Justiça 204
CAPÍTULO 02 205
Dos Atos, Termos e Prazos Processuais 205
Atos 205
Termo 205
Prazos Processuais 205
Comunicação dos Atos Processuais 206
Custas Processuais 207
Justiça Gratuita 208
Isentos de Custas 208
CAPÍTULO 03 210
Partes e Procuradores 210
Substituição Processual pelo Sindicato 211
Jus Postulandi 211
Mandato - Procuração 211
Mandato e Substabelecimento 212
Mandato/Procuração Tácita ou "***Apud Acta***" 212
Honorários Advocatícios 212
Nulidades 212
Princípios das Nulidades 213
CAPÍTULO 04 214
Exceções 214
Exceção de Incompetência 214
Suspeição e Impedimento 214
Audiência 215
Princípios Relativos à Audiência Trabalhista 216
Revelia 217
CAPÍTULO 05 219
Provas 219
Princípios Relativos à Prova 219
Espécies de Provas 220
Dissídios Individuais: Reclamação Trabalhista 223
Quanto ao Procedimento 223
Contestação e Reconvenção 224
Princípios Fundamentais Aplicáveis 224
Reconvenção 225
CAPÍTULO 06 226
Procedimentos 226
Rito Ordinário 226
Rito Sumário 226

Rito Sumaríssimo ... 226
Sentença ... 228
Requisitos da Sentença ... 228
Correção de Erros na Decisão ... 228
Tipos de Sentença ... 229
Liquidação da Sentença ... 229
CAPÍTULO 07 ... 231
Execução ... 231
A Execução Pode Ser Iniciada ... 231
Competência para a Execução ... 231
Embargos à Execução ... 232
Execução por Carta Precatória ... 233
Agravo de Petição ... 233
Execução Provisória na Justiça do Trabalho ... 234
Execução em Face da Massa Falida: ... 234
Execução Contra a Fazenda Pública ... 235
Execução por Prestações Sucessivas ... 235
Penhora de Bens ... 236
Embargos de Terceiro ... 237
Fase de Expropriação de Bens ... 237
CAPÍTULO 08 ... 239
Fase Recursal ... 239
Princípios Recursais ... 239
Irrecorribilidade (Imediata) das Decisões Interlocutórias ... 239
Da Remessa Necessária ou Recurso de Ofício ... 240
Efeitos dos Recursos ... 240
Prazos Recursais ... 241
Pressupostos Recursais ... 242
Juízo de Admissibilidade ... 243
CAPÍTULO 09 ... 245
Recursos em Espécie ... 245
Introdução ... 245
Embargos de Declaração ... 245
Recurso Ordinário ... 246
Recurso de Revista ... 247
Hipóteses de Cabimento ... 247
Requisitos ... 248
Embargos no TST ... 250
Agravo de Instrumento: ... 251
Recurso Adesivo: ... 251
Agravo Regimental ... 252
Pedido de Revisão ... 252
Reclamação Correicional ou Correição Parcial: ... 253
CAPÍTULO 10 ... 254
Procedimentos Especiais ... 254
Ação Rescisória ... 254
Mandado de Segurança ... 259
Inquérito Judicial para Apuração de Falta Grave ... 261
Dissídio Coletivo: ... 261
Ação de Cumprimento ... 263

CAPÍTULO 01

Princípios do Direito Processual do Trabalho

De maneira resumida, podemos conceituar princípios como normas básicas, dotadas de generalidade e indeterminação, que servem de norte, ou seja, como orientação para todo o ordenamento jurídico.

01. Princípio Protetor ou da Proteção

Busca facilitar o acesso real à Justiça da parte vulnerável na relação jurídica e tem por objetivo colocar as partes em uma situação de igualdade processual.

» **Ex.**: a inversão do ônus da prova em alguns casos, impulso oficial nas execuções, etc.

02. Princípio do Devido Processo Legal

> ***Art. 5º, LIV** da CF - ninguém será privado da liberdade ou de seus bens sem o devido processo legal;*

Esse princípio estabelece que a tutela jurisdicional será prestada de acordo com as normas previamente estabelecidas no ordenamento jurídico.

Trata-se de um supraprincípio ou princípio base (serve de norte para todos os demais princípios processuais), a doutrina defende que os demais princípios emanam dele. Ele deve ser observado tanto no momento da elaboração das leis (atividade legislativa), como também no momento da interpretação e aplicação dessas nos casos concretos.

03. Princípio do Contraditório e da Ampla Defesa

> ***Art. 5º, LV da CF** - aos litigantes, em processo judicial ou administrativo, e aos acusados em geral são assegurados o contraditório e ampla defesa, com os meios e recursos a ela inerentes;*

É a faculdade que as partes possuem de participar do processo e influenciar no convencimento do Juiz.

A lei resguarda o direito de saber que existe um processo do qual é parte, assim como de produzir provas e praticar todos os atos que a lei lhe permite objetivando a proteção de seu direito.

Tutelas de Urgência inaudita altera partes - são medidas que visam à proteção do bem ou direito a ser disputado, concedidas antes mesmo da oitiva da outra parte. Nesse caso, o contraditório também existe, mas ele é diferido ou postecipado (a parte será ouvida, mas apenas posteriormente).

» **Ex.**: Concessão de um arresto sobre bens de uma empresa que, possuindo diversas dívidas, fechou suas portas e está dilapidando os seus bens.

04. Princípios Dispositivo e Inquisitivo

a) **Sistema inquisitivo**: Nesse modelo, o Juiz é quem instaura e conduz a relação processual, sem necessidade de provocação das partes. Dentro da CLT, esse princípio estabelece que o Juiz tem ampla liberdade na direção do processo, podendo determinar qualquer diligência necessária ao esclarecimento das causas. (Atenção: somente esse segunda parte se aplica, pois o juiz não pode, em regra, ingressar com a ação, isso deve ser feito pelas partes).

b) **Sistema Dispositivo**: A parte é quem instaura o processo e produz as provas, limitando a extensão do processo, dependendo de sua provocação para prosseguimento.

> **No Brasil - Sistema Misto**: O processo é iniciado por iniciativa da parte, mas ele é desenvolvido por impulso oficial (ex. Juiz pode determinar de ofício provas a respeito dos fatos).

Prevalece, nessas condições, o princípio da inércia da jurisdição, que dispõe que o processo deve ser iniciado por iniciativa das partes, entretanto, uma vez proposta a ação, o juiz tem ampla liberdade para dirigir o processo, requerer provas etc.

05. Princípio da Motivação das Decisões (ou da Fundamentação)

A CF em seu art. 93, inciso IX, exige que todas as decisões prolatadas em processos judiciais e administrativos sejam fundamentadas, impondo ao julgador que explique suas razões de convencimento.

O juiz é livre para decidir, mas deve explicitar as razões de seu convencimento (essa exigência é importante para que a parte sucumbente possa elaborar seu recurso, para demonstra a lisura e a imparcialidade do magistrado, gerar pacificação social etc.)

A não fundamentação da decisão acarreta nulidade absoluta.

06. Princípio da Informalidade

Basta uma simples petição narrando o conflito e um pedido lógico, mas algumas formalidades devem ser respeitadas. O processo trabalhista deve tramitar de modo claro, simples e que seja acessível a todos.

07. Princípio da Conciliação

> ***Art. 764 da CLT**: Os dissídios individuais ou coletivos submetidos à apreciação da Justiça do Trabalho serão sempre sujeitos à conciliação.*
>
> ***§ 1º** - Para os efeitos deste artigo, os juízes e Tribunais do Trabalho empregarão sempre os seus bons ofícios e persuasão no sentido de uma solução conciliatória dos conflitos.*
>
> ***§ 2º** - Não havendo acordo, o juízo conciliatório converter-se-á obrigatoriamente em arbitral, proferindo decisão na forma prescrita neste Título.*
>
> ***§ 3º** - É lícito às partes celebrar acordo que ponha termo ao processo, ainda mesmo depois de encerrado o juízo conciliatório. (grifo nosso)*

→ **A tentativa de conciliação pelo Juiz é obrigatória em dois momentos:**

> 1º Na abertura da audiência (antes do recebimento da defesa), nos termos do art. 846 da CLT:

> ***Art. 846** - Aberta a audiência, o juiz ou presidente proporá a conciliação.*
>
> ***§ 1º** - Se houver acordo lavrar-se-á termo, assinado pelo presidente e pelos litigantes, consignando-se o prazo e demais condições para seu cumprimento.*
>
> ***§ 2º** - Entre as condições a que se refere o parágrafo anterior, poderá ser estabelecida a de ficar a parte que não cumprir o acordo obrigada a satisfazer integralmente o pedido ou pagar uma indenização convencionada, sem prejuízo do cumprimento do acordo.*

> 2º Depois das razões finais, nos termos do art. 850 da CLT:

> ***Art. 850** - Terminada a instrução, poderão as partes aduzir razões finais, em prazo não excedente de 10 (dez) minutos para cada uma. Em seguida, o juiz ou presidente renovará a proposta de conciliação, não se realizando esta, será proferida a decisão.*

Parágrafo único - O Presidente da Junta, após propor a solução do dissídio, tomará os votos dos vogais e, havendo divergência entre estes, poderá desempatar ou proferir decisão que melhor atenda ao cumprimento da lei e ao justo equilíbrio entre os votos divergentes e ao interesse social.

A jurisprudência tem sustentado a nulidade do processo caso o Juiz não tente, ao menos, a última proposta de conciliação em audiência.

No caso de acordo, o termo conciliatório fará coisa julgada, salvo para a previdência social em relação as contribuições previdenciárias eventualmente devidas, nos moldes do art. 831, parágrafo único da CLT:

> ***Art. 831** - A decisão será proferida depois de rejeitada pelas partes a proposta de conciliação.*
>
> ***Parágrafo único.** No caso de conciliação, o termo que for lavrado valerá como decisão irrecorrível, salvo para a Previdência Social quanto às contribuições que lhe forem devidas. (grifo nosso).*

08. Princípio da Oralidade

Caracterizado pela primazia (preferência) da palavra, concentração dos atos processuais em audiência, maior interatividade entre o juiz e as partes, possibilidade de apresentação de defesa e memoriais (razões finais) de forma oral etc.

09. Princípio da Identidade Física do Juiz

Esse princípio estabelece que o juiz que colheu as provas (instruiu o processo) é quem deve proferir a sentença nesse mesmo processo.

O TST cancelou a súmula 136 que dizia não ser aplicável às Varas do Trabalho esse princípio. Desse modo, o TST adotou um posicionamento mais flexível, permitindo que cada Vara do Trabalho opte pela aplicação ou não do princípio em estudo.

> ***SUM-136 juiz. Identidade física (cancelada):*** Não se aplica às Varas do Trabalho o princípio da identidade física do juiz.

10. Princípio da Publicidade

Todos os atos praticados em juízo serão públicos, salvo quando prevalecer o interesse social ou a defesa da intimidade das partes.

Assim, qualquer um pode estar presente às audiências, ter acesso aos autos, ler o diário oficial etc., desde que não esteja enquadrada alguma hipótese justificadora da restrição dessa publicidade (processo tramitando em "segredo de justiça").

11. Princípio da Instrumentalidade das Formas

O ato processual não é um fim em si mesmo. Ele é um instrumento para que determinado objetivo seja alcançado. Ainda que o ato esteja viciado, caso não tenha causado prejuízo para as partes, ele não será anulado. (ex. Autor pede citação por oficial de justiça, mas o Juiz determina citação por carta com AR, sendo o réu devidamente citado).

A formalidade dos atos processuais é importante para garantir a segurança jurídica, mas sempre que determinado ato praticado de forma diversa da exigida pela lei, sem cominação de nulidade, não gera prejuízo para as partes, alcançando sua finalidade, ele poderá ser aproveitado.

12. Princípio da Razoável duração do Processo

A Constituição no seu art. 5º, LXXVIII, garante: "a todos, no âmbito judicial e administrativo, são assegurados a razoável duração do processo e os meios que garantam a celeridade de sua tramitação". (criação de institutos processuais que garantam celeridade no processo, ex. Procedimento sumário, súmula impeditiva de recursos, julgamento de improcedência liminar etc.).

13. Princípio da inafastabilidade da jurisdição

> ***Art. 5º, XXXV,** da Constituição Federal: "a lei não excluirá da apreciação do Poder Judiciário lesão ou ameaça a direito.*

Esse princípio garante a todos o acesso ao Poder Judiciário, de modo a ter seus eventuais conflitos apreciados e resolvidos.

14. Princípio da busca da verdade real ou da primazia da realidade

Os atos processuais devem buscar a realidade dos fatos. Deve ser levado mais em conta aquilo que realmente aconteceu do que aquilo que consta apenas de documentos. O juiz buscará a realidade dos fatos, não ficará preso apenas àquilo que foi formalmente provado.

15. Princípio da lealdade processual

Segundo esse princípio, as partes devem agir com lealdade (boa fé) na relação jurídica processual, não praticando atos que sejam considerados como litigância de má-fé (art. 17 do Código de Processo Civil).

16. Princípio da subsidiariedade

> ***Art. 769** - Nos casos omissos, o direito processual comum será fonte subsidiária do direito processual do trabalho, exceto naquilo em que for incompatível com as normas deste Título.*

→ **Conforme a redação desse dispositivo legal, são requisitos para a aplicação subsidiária do Código de Processo Civil (CPC) ao Processo do Trabalho:**

> **Omissão da CLT:** quando a CLT e as legislações processuais trabalhistas extravagantes não disciplinarem a matéria.

> **Compatibilidade com os princípios que regem o processo do trabalho:** A norma do CPC, além de ser compatível com as regras que regem o Processo do Trabalho, deve ser compatível com os princípios que norteiam o Direito Processual do Trabalho, máxime o acesso do trabalhador à Justiça.

Na fase de execução, existe ainda mais um diploma a ser aplicado subsidiariamente.

> ***Art. 889** - Aos trâmites e incidentes do processo da execução são aplicáveis, naquilo em que não contravierem ao presente Título, os preceitos que regem o processo dos executivos fiscais para a cobrança judicial da dívida ativa da Fazenda Pública Federal.*

Dessa forma, no procedimento executório, aplicam-se subsidiariamente:

→ **Lei de Execução Fiscal (Lei 6.830/80)**

→ **CPC**

Exercício Comentado

01. De acordo com a Consolidação das Leis do Trabalho, o Direito Processual Comum é fonte do Direito Processual do Trabalho. Nesse caso, está sendo aplicado especificamente o princípio:

a) Da informalidade.

b) Da celeridade.

c) Da simplicidade.

d) Da subsidiariedade.

e) Do protecionismo ao trabalhador.

RESPOSTA. *"D". Sempre que a CLT for omissa e o assunto for tratado pelo direito processual comum (CPC), se ele não for incompatível com os princípios processuais trabalhistas, ele será aplicado no âmbito trabalhista subsidiariamente, dai o nome do princípio, elencado na alternativa "D". O assunto vem expresso na CLT em seu art. 8º, Parágrafo único: "O direito comum será fonte subsidiária do direito do trabalho, naquilo em que não for incompatível com os princípios fundamentais deste".*

Organização Judiciária Trabalhista

→ **Encontramos na Constituição Da República Federativa do Brasil:**

Art. 111. São órgãos da Justiça do Trabalho:

I. O Tribunal Superior do Trabalho;

II. Os Tribunais Regionais do Trabalho;

III. Juízes do Trabalho.

→ **Estrutura Do TST:**

Art. 111-A O Tribunal Superior do Trabalho compor-se-á de vinte e sete Ministros, escolhidos dentre brasileiros com mais de trinta e cinco e menos de sessenta e cinco anos, nomeados pelo Presidente da República após aprovação pela maioria absoluta do Senado Federal, sendo:

I. Um quinto dentre advogados com mais de dez anos de efetiva atividade profissional e membros do Ministério Público do Trabalho com mais de dez anos de efetivo exercício, observado o disposto no art. 94;

II. Os demais dentre juízes dos Tribunais Regionais do Trabalho, oriundos da magistratura da carreira, indicados pelo próprio Tribunal Superior.

§ 1º A lei disporá sobre a competência do Tribunal Superior do Trabalho.

§ 2º Funcionarão junto ao Tribunal Superior do Trabalho:

I. A Escola Nacional de Formação e Aperfeiçoamento de Magistrados do Trabalho, cabendo-lhe, dentre outras funções, regulamentar os cursos oficiais para o ingresso e promoção na carreira;

II. O Conselho Superior da Justiça do Trabalho, cabendo-lhe exercer, na forma da lei, a supervisão administrativa, orçamentária, financeira e patrimonial da Justiça do Trabalho de primeiro e segundo graus, como órgão central do sistema, cujas decisões terão efeito vinculante.

→ **Estrutura do TST**

> 27 ministros (+35/-65 anos)

> Nomeados pelo P.R.

> Aprovação pela M.A. do S.F.

> 1/5 Advogados/MPT (+10 anos)

> Demais: Juízes dos TRTs, oriundos da carreira (indicados pelo TST)

Não existem mais as chamadas Juntas de Conciliação e Julgamento (extintas com a Emenda Constitucional 24/1999), onde estiver escrito na CLT "Junta de Conciliação" leia-se "Vara do Trabalho", onde estiver escrito "Presidente da Junta" está se referindo ao juiz titular da Vara.

O Supremo Tribunal Federal, apesar de em alguns casos apreciar algumas matérias trabalhistas, não faz parte da Justiça do trabalho.

Fique Ligado

Art. 112 da CF - A lei criará varas da Justiça do Trabalho, podendo, nas comarcas não abrangidas por sua jurisdição, atribuí-las aos juízes de direito, com recurso para o respectivo Tribunal Regional do Trabalho.

Atenção para pegadinhas, a CF diz que poderá atribuir a competência para os juízes de direito e não que deverá. Ainda cuidado com a instância recursal, que será também do TRT).

Dica: Órgão da Justiça do Trabalho são apenas aqueles três. (STF, STJ, juiz investido na jurisdição trabalhista etc. Nunca serão órgãos da justiça do trabalho).

Tribunais Regionais do Trabalho

CF - Art. 115. Os Tribunais Regionais do Trabalho compõem-se de, no mínimo, sete juízes, recrutados, quando possível, na respectiva região, e nomeados pelo Presidente da República dentre brasileiros com mais de trinta e menos de sessenta e cinco anos, sendo:

I. Um quinto dentre advogados com mais de dez anos de efetiva atividade profissional e membros do Ministério Público do Trabalho com mais de dez anos de efetivo exercício, observado o disposto no art. 94;

II. Os demais, mediante promoção de juízes do trabalho por antiguidade e merecimento, alternadamente.

§ 1º Os Tribunais Regionais do Trabalho instalarão a justiça itinerante, com a realização de audiências e demais funções de atividade jurisdicional, nos limites territoriais da respectiva jurisdição, servindo-se de equipamentos públicos e comunitários.

§ 2º Os Tribunais Regionais do Trabalho poderão funcionar descentralizadamente, constituindo Câmaras regionais, a fim de assegurar o pleno acesso do jurisdicionado à justiça em todas as fases do processo.

Art. 116. Nas Varas do Trabalho, a jurisdição será exercida por um juiz singular.

→ **Estrutura dos TRTs**

> Mínimo 7 Juízes (se possível na respectiva região)

> +30/-65 anos

> Nomeados pelo P.R.

> 1/5 Advogados/MPT (+10 anos)

> Demais: Juízes do Trabalho - Promoção por Antiguidade e Merecimento (alternadamente)

Exercício Comentado

01. São órgãos da justiça do trabalho, além do TST, dos tribunais regionais do trabalho (TRTs) e dos juízes do trabalho, também os juízes de direito nas comarcas onde não houver instalada vara do trabalho, caso em que os recursos interponíveis serão para os respectivos tribunais de justiça.

ERRADO. O juiz de direito investido na jurisdição trabalhista não é órgão da justiça do trabalho. Além disso, os eventuais recursos interpostos das decisões desse juiz serão de competência do respectivo TRT.

Ministério Público do Trabalho

Princípios do Ministério Público

→ **Unidade:** Os membros do MP pertencem a um só órgão, sob direção de uma única chefia.

→ **Indivisibilidade:** Os membros do MP podem ser substituídos uns pelos outros, de forma não arbitrária e dentro de cada MP (ex: MPF - MPT - MP Estaduais).

→ **Independência funcional:** Não há hierarquia entre os membros do MP, podendo o "parquet" atuar de acordo com o seu livre convencimento.

***Art. 128 - CF**: O Ministério Público abrange:*

I. O Ministério Público da União, que compreende:

a) O Ministério Público Federal;

b) O Ministério Público do Trabalho;

c) O Ministério Público Militar;

d) O Ministério Público do Distrito Federal e Territórios;

II. Os Ministérios Públicos dos Estados.

§ 1º - O Ministério Público da União tem por chefe o Procurador-Geral da República, nomeado pelo Presidente da República dentre integrantes da carreira, maiores de trinta e cinco anos, após a aprovação de seu nome pela maioria absoluta dos membros do Senado Federal, para mandato de dois anos, permitida a recondução.

§ 2º - A destituição do Procurador-Geral da República, por iniciativa do Presidente da República, deverá ser precedida de autorização da maioria absoluta do Senado Federal.

→ **Chefe do MPU - PGR (Procurador-Geral da República)**

PGR:

> Nomeado pelo Presidente da República (aprovação da Maioria Absoluta do Senado Federal).

> Integrante da carreira (+35 anos de idade).

> Mandato de 2 anos, permitidas reconduções.

> **Destituição:** Iniciativa do Presidente da República, após autorização da Maioria Absoluta do Senado federal.

Fique Ligado

As bancas adoram trocar coisas como Senado Federal por Câmara dos Deputados ou Congresso Nacional; mandato de 2 anos por outro prazo, a idade mínima etc.

Órgãos do MPT

***LC n. 75/93: Art. 85.** São órgãos do Ministério Público do Trabalho:*

I. O Procurador-Geral do Trabalho;

II. O Colégio de Procuradores do Trabalho;

III. O Conselho Superior do Ministério Público do Trabalho;

IV. A Câmara de Coordenação e Revisão do Ministério Público do Trabalho;

V. A Corregedoria do Ministério Público do Trabalho;

VI. Os Subprocuradores-Gerais do Trabalho;

VII. Os Procuradores Regionais do Trabalho;

VIII. Os Procuradores do Trabalho.

***Art. 86.** A carreira do Ministério Público do Trabalho será constituída pelos cargos de Subprocurador-Geral do Trabalho, Procurador Regional do Trabalho e Procurador do Trabalho.*

***Parágrafo único**. O cargo inicial da carreira é o de Procurador do Trabalho e o do último nível, o de Subprocurador-Geral do Trabalho.*

***LCP 75/93 - Art. 87**. O Procurador-Geral do Trabalho é o Chefe do Ministério Público do Trabalho.*

***Art. 88**. O Procurador-Geral do Trabalho será nomeado pelo Procurador-Geral da República, dentre integrantes da instituição, com mais de trinta e cinco anos de idade e de cinco anos na carreira, integrante de lista tríplice escolhida mediante voto plurinominal, facultativo e secreto, pelo Colégio de Procuradores para um mandato de dois anos, permitida uma recondução, observado o mesmo processo. Caso não haja número suficiente de candidatos com mais de cinco anos na carreira, poderá concorrer à lista tríplice quem contar mais de dois anos na carreira.*

***Parágrafo único**. A exoneração do Procurador-Geral do Trabalho, antes do término do mandato, será proposta ao Procurador-Geral da República pelo Conselho Superior, mediante deliberação obtida com base em voto secreto de dois terços de seus integrantes.*

→ **Apesar de ser composto de vários órgãos, a carreira do MPT é constituída dos seguintes cargos:**

> Subprocuradores-Gerais do Trabalho (último nível)

> Procuradores Regionais do Trabalho

> Procuradores do Trabalho (cargo inicial da carreira)

Procurador-Geral do Trabalho (PGT > chefe do MPT)

> Nomeado pelo PGR (Procurador-Geral da República)

> Dentre integrantes da carreira (+35 anos de idade e 5 anos na carreira > Não houver: +2 anos)

> Mandato de 2 anos, com 1 recondução

> Lista Tríplice por voto do Colégio de Procuradores (plurinominal, facultativo e secreto)

> Exoneração > proposta ao PRG pelo CSMPT (deliberação obtida com voto secreto de 2/3)

Fique Ligado

Atenção para as diferenças entre o PGR e o PGT. O examinador pode tentar te confundir trocando detalhes de um pelo outro, como dizer que o PGT será nomeado pelo Presidente da República.

Exercício Comentado

01. A carreira do Ministério Público do Trabalho será constituída pelos cargos de subprocurador-geral do trabalho, procurador regional do trabalho e procurador do trabalho, sendo que o cargo inicial da carreira é o de procurador do trabalho e o do último nível, o de subprocurador-geral do trabalho.

*CERTO. **Nesse caso, a banca praticamente colou e copiou o texto da lei, ela colocou os 3 níveis da carreira do MPT, sendo o procurador do trabalho o nível inicial e o subprocurador-geral do trabalho o último nível.***

Competência

Competência Material

(*ratione materiae* e em razão da pessoa *ratione personae* da justiça trabalhista)

Nessas modalidades, a competência será da justiça do trabalho de acordo com a matéria discutida ou das pessoas envolvidas. A EC 45/2004 ampliou a competência juslaboral, definindo as hipóteses no art. 114 da Carta Magna.

> ***Art. 114**. da CF: Compete à Justiça do Trabalho processar e julgar:*
>
> *I. As ações oriundas da relação de trabalho, abrangidos os entes de direito público externo e da administração pública direta e indireta da União, dos Estados, do Distrito Federal e dos Municípios;*

O STF já disse que está excluída da competência juslaboral a apreciação de causas entre servidores públicos estatutários e o Poder Público.

Fique Ligado

Atenção para as palavras chaves, quando você ler "servidor público estatutário", fique atento, as lides entre ele e o Poder Público não são julgadas na esfera trabalhista.

Quando os entes de direito público externo contratam empregador brasileiros (trabalhar na embaixada por ex.) está praticando um ato de gestão, não abrangido pela imunidade de jurisdição (que compreende apenas os atos de império), sendo as lides decorrentes dessa relação dirimidas pela Justiça do Trabalho.

> *II. As ações que envolvam exercício do direito de greve;*
>
> ***Súmula Vinculante 23 do STF:** A Justiça do Trabalho é competente para processar e julgar ação possessória ajuizada em decorrência do exercício do direito de greve pelos trabalhadores da iniciativa privada.*

A Justiça Laboral também terá competência para analisar ações para reparação de danos ligadas ao exercício do direito de greve, ainda que seja dano causado terceiro.

Apesar de ser indispensável a análise do contexto, sempre que a questão disser que algo ocorreu em "virtude do exercício do direito de greve", a competência para apreciar será da justiça trabalhista, mas jamais se esqueça que ela nunca julga causas penais.

> *III. As ações sobre representação sindical, entre sindicatos, entre sindicatos e trabalhadores, e entre sindicatos e empregadores;*
>
> *IV. Os mandados de segurança, habeas corpus e habeas data , quando o ato questionado envolver matéria sujeita à sua jurisdição;*
>
> ***ADIN 3684-0 STF:** já julgou no sentido de não ser competente a Justiça do trabalho para ações penais.*

Fique Ligado

Na prova, não erre por bobeira, independentemente de decorrer de uma relação de emprego, a justiça do trabalho não julga ações penais.

> *V. Os conflitos de competência entre órgãos com jurisdição trabalhista, ressalvado o disposto no art. 102, I; (Competências do STF).*
>
> *VI. As ações de indenização por dano moral ou patrimonial, decorrentes da relação de trabalho;*
>
> *VII. As ações relativas às penalidades administrativas impostas aos empregadores pelos órgãos de fiscalização das relações de trabalho;*

O TST já se manifestou no sentido de não ser da competência trabalhista a aplicação de multas administrativas previstas na legislação do trabalho. Quem aplica essas multas administrativas é o órgão competente pela fiscalização. Caso um auditor fiscal do Trabalho (AFT) aplique uma multa à empresa por ter cometido alguma infração, poderá esse empregador discutir a legalidade da aplicação dessa penalidade na justiça laboral.

> *VIII. A execução, de ofício, das contribuições sociais previstas no art. 195, I, a , e II, e seus acréscimos legais, decorrentes das sentenças que proferir;*

Alcança apenas a execução das contribuições previdenciárias relativas ao objeto da condenação constante das sentenças que proferir.

> ***Súmula nº 368 do TST**: descontos previdenciários e fiscais. Competência. Responsabilidade pelo pagamento. Forma de cálculo*
>
> *I. A Justiça do Trabalho é competente para determinar o recolhimento das contribuições fiscais. A competência da Justiça do Trabalho, quanto à execução das contribuições previdenciárias, limita-se às sentenças condenatórias em pecúnia que proferir e aos valores, objeto de acordo homologado, que integrem o salário de contribuição.*
>
> *II. É do empregador a responsabilidade pelo recolhimento das contribuições previdenciárias e fiscais, resultante de crédito do empregado oriundo de condenação judicial, devendo ser calculadas, em relação à incidência dos descontos fiscais, mês a mês, nos termos do art. 12-A da Lei nº 7.713, de 22/12/1988.*
>
> *III. Em se tratando de descontos previdenciários, o critério de apuração encontra-se disciplinado no art. 276, §4º, do Decreto nº 3.048/1999 que regulamentou a Lei nº 8.212/1991 e determina que a contribuição do empregado, no caso de ações trabalhistas, seja calculada mês a mês, aplicando-se as alíquotas previstas no art. 198, observado o limite máximo do salário de contribuição.*

Quando o Juiz proferir uma sentença que condene ao pagamento em dinheiro (pecúnia) ou homologar um acordo (no qual haja parcelas que integrem o salário de contribuição), ele será competente também para executar essas parcelas previdenciárias.

> *IX. Outras controvérsias decorrentes da relação de trabalho, na forma da lei.*
>
> *§ 1º - Frustrada a negociação coletiva, as partes poderão eleger árbitros.*
>
> *§ 2º Recusando-se qualquer das partes à negociação coletiva ou à arbitragem, é facultado às mesmas, de comum acordo, ajuizar dissídio coletivo de natureza econômica, podendo a Justiça do Trabalho decidir o*

conflito, respeitadas as disposições mínimas legais de proteção ao trabalho, bem como as convencionadas anteriormente.

Apesar das bancas costumarem cobrar apenas o texto frio da lei, é importante saber que, segundo o TST, o requisito do comum acordo para suscitação de dissídio coletivo pode ser preenchido no curso do processo, inclusive de forma tácita. Isso quer dizer que o suscitado deve opor-se expressamente na sua contestação.

As matérias trazidas na Emenda Constitucional 45/2004 costumam ser bastante cobradas em provas, como exemplo a representação sindical, o exercício do direito de greve e a indenização por dano moral e patrimonial decorrentes da relação de trabalho. Essa EC 45/2004 ampliou a competência trabalhista, cuidado com pegadinhas dizendo apenas relações empregatícias, lembre-se de que também é competência justrabalhista a apreciação de lides decorrentes de relação de trabalho (a relação de emprego é uma das espécies de relações de trabalho).

Fique Ligado

Atenção para o fato de que a competência para obtenção de benefícios previdenciários em face do INSS não vieram para a Justiça do Trabalho.

As ações contra a Previdência Social, regra geral, são interpostas na Justiça Federal. Caso trate-se de causas relacionadas a acidente de trabalho em face do INSS, a competência será da Justiça Comum ou das Varas Acidentarias, caso essas estejam instaladas na localidade.

Outras Súmulas Importantes

TST - SUM-300 *Competência da Justiça do Trabalho. Cadastramento No PIS*

Compete à Justiça do Trabalho processar e julgar ações ajuizadas por empregados em face de empregadores relativas ao cadastramento no Programa de Integração Social (PIS).

TST - sum-392 *Dano Moral. Competência da justiça do trabalho: Nos termos do art. 114 da CF/1988, a Justiça do Trabalho é competente para dirimir controvérsias referentes à indenização por dano moral, quando decorrente da relação de trabalho.*

STF - SÚMULA Nº 736: *Compete à justiça do trabalho julgar as ações que tenham como causa de pedir o descumprimento de normas trabalhistas relativas à segurança, higiene e saúde dos trabalhadores.*

STJ - SÚMULA: 222: *Compete à justiça comum processar e julgar as ações relativas à contribuição sindical prevista no art. 578 Da CLT.*

Competência Territorial

(em razão do território ou do lugar):

Art. 651 da CLT diz: *A competência das Juntas de Conciliação e Julgamento é determinada pela localidade onde o empregado, reclamante ou reclamado, prestar serviços ao empregador, ainda que tenha sido contratado noutro local ou no estrangeiro.*

§ 1º - Quando for parte de dissídio agente ou viajante comercial, a competência será da Junta da localidade em que a empresa tenha agência ou filial e a esta o empregado esteja subordinado e, na falta, será competente a Junta da localização em que o empregado tenha domicílio ou a localidade mais próxima.

§ 2º - A competência das Juntas de Conciliação e Julgamento, estabelecida neste artigo, estende-se aos dissídios ocorridos em agência ou filial no estrangeiro, desde que o empregado seja brasileiro e não haja convenção internacional dispondo em contrário.

§ 3º - Em se tratando de empregador que promova realização de atividades fora do lugar do contrato de trabalho, é assegurado ao empregado apresentar reclamação no foro da celebração do contrato ou no da prestação dos respectivos serviços.

> **Regra Geral:** Local onde o trabalhador presta os seus serviços, ainda que contratado em outro lugar ou no estrangeiro.

→ **Exceções:**

01. Empregado viajante comercial: Vara do local da agência ou filial a que esteja subordinado. Na falta, será a do local onde ele tenha domicílio ou a mais próxima.
02. Empregador que realiza atividades fora do lugar da celebração do contrato: Competência do foro da contratação ou da prestação dos serviços, o trabalhador que escolhe.

Dissídios ocorridos em agência ou filial no estrangeiro: Nesse caso, a CLT diz que a competência brasileira poderá ser estendida aos dissídios ocorridos em agência ou filial no estrangeiro, mas o empregado deve ser brasileiro e não pode haver convenção internacional dispondo em contrário ("competência internacional").

Fique Ligado

Quando cobram essa matéria, as bancas costumam exigir o conhecimento aplicado em algum caso concreto. Vai ser contado um pequeno caso, podendo inclusive conter informações irrelevantes, e você deve ter atenção para extrair as informações necessárias para responder à questão, como por exemplo o último local da prestação se ele trabalhou em vários.

Conflito de Competência

Pode ser positivo (ambos entendem ser competentes) ou negativo (ambos entendem não ter competência).

→ **Hipóteses:**

Tipo de Conflito	Órgão que julgará
Entre Varas vinculadas ao mesmo TRT	TRT
Entre varas Vinculadas a TRT diversos	TST
Juízes vinculados a tribunais diversos	STJ
Tribunal Superior envolvido	STF

Jurisdição e Competência dos Tribunais Regionais do Trabalho

→ **A Jurisdição dos Tribunais Regionais do Trabalho é distribuída da seguinte forma:**

> 1ª Região - Rio de Janeiro (Rio de Janeiro)
> 2ª Região - São Paulo (São Paulo)
> 3ª Região - Minas Gerais (Belo Horizonte)
> 4ª Região - Rio Grande do Sul (Porto Alegre)
> 5ª Região - Bahia (Salvador)
> 6ª Região - Pernambuco (Recife)
> 7ª Região - Ceará (Fortaleza)
> 8ª Região - Pará e Amapá (Belém)
> 9ª Região - Paraná (Curitiba)
> 10ª Região - Distrito Federal e Tocantins (Brasília)
> 11ª Região - Amazonas e Roraima (Manaus)

- 12ª Região - Santa Catarina (Florianópolis)
- 13ª Região - Paraíba (João Pessoa)
- 14ª Região - Acre e Rondônia (Porto Velho)
- 15ª Região - São Paulo (Região não abrangida pelo TRT da 2ª Região - Campinas)
- 16ª Região - Maranhão (São Luís)
- 17ª Região - Espírito Santo (Vitória)
- 18ª Região - Goiás (Goiás)
- 19ª Região - Alagoas (Maceió)
- 20ª Região - Sergipe (Aracaju)
- 21ª Região - Rio Grande do Norte (Natal)
- 22ª Região - Piauí (Teresina)
- 23ª Região - Mato Grosso (Cuiabá)
- 24ª Região - Mato Grosso do Sul (Campo Grande)

Vale destacar que o único Estado que possui dois TRTs é São Paulo (1ª e 15ª Região) e que alguns TRTs englobam mais de um Estado (10ª Região - DF e Tocantins, 11ª Região - Amazonas e Roraima e 14ª Região - Acre e Rondônia).

Quando o TRT estiver dividido em turmas, sua competência interna será a seguinte:

01. Compete ao tribunal pleno, especialmente:

- Processar, conciliar e julgar originariamente os dissídios coletivos
- Processar e julgar originariamente
  - As revisões de sentenças normativas;
  - A extensão das decisões proferidas em dissídios coletivos;
  - Os mandados de segurança;
- Processar e julgar em última instância:
  - Os recursos das multas impostas pelas turmas;
  - As ações rescisórias das decisões dos juízes do trabalho, dos juízes de direito investidos na jurisdição trabalhista, das turmas e de seus próprios acórdãos;
  - Os conflitos de jurisdição entre as suas turmas, os juízes de direito investidos na jurisdição trabalhista, as varas do trabalho, ou entre aqueles e estas;
- Julgar em única ou última instância:
  - Os processos e os recursos de natureza administrativa atinentes aos seus serviços auxiliares e respectivos servidores;
  - As reclamações contra atos administrativos de seu presidente ou de qualquer de seus membros, assim como dos juízes de primeira instância e de seus funcionários.

02. Compete às turmas:

- Julgar os recursos ordinários de sua competência
- Julgar os agravos de petição e de instrumento, estes de decisões denegatórias de recursos de sua alçada;
- Impor multas bem como penalidades relativas juntamente a atos de sua competência jurisdicional e julgar os recursos interpostos das decisões das varas do trabalho e dos juízes de direito que as impuserem.

Das decisões das turmas não caberá recurso para o tribunal pleno, salvo no caso de multas impostas pelas turmas.

Compete também aos Tribunais Regionais do Trabalho, ou suas Turmas:

- Determinar às Varas do trabalho e aos juízes de direito a realização dos atos processuais e diligências necessárias ao julgamento dos feitos sob sua apreciação;
- Fiscalizar o comprimento de suas próprias decisões;
- Declarar a nulidade dos atos praticados com infração de suas decisões;
- Julgar as suspeições arguidas contra seus membros;
- Julgar as exceções de incompetência que lhes forem opostas;
- Requisitar às autoridades competentes as diligências necessárias ao esclarecimento dos feitos sob apreciação, representando contra aquelas que não atenderem a tais requisições;
- Exercer, em geral, no interesse da Justiça do Trabalho, as demais atribuições que decorram de sua Jurisdição.

Essas regras de jurisdição e competência dos TRTs não são muito cobradas em prova, mas isso não quer dizer que possam ser ignoradas, pois já caíram em certames anteriores e se estão previstas no edital, podem ser livremente exigidas pela banca examinadora.

Exercício Comentado

01. (FCC) Joana e Joaquim estudavam em Londres, quando foram contratados pela empresa multinacional "D" para laborarem em Salvador. Posteriormente, ambos os empregados foram promovidos e passaram a laborar em Fortaleza, local onde foram dispensados sem justa causa. Considerando que, a matriz da empresa empregadora no Brasil é na cidade de Belo Horizonte; que Joana e Joaquim foram contratados pela filial da empresa empregadora em Londres; que Joana é residente e domiciliada em São Paulo; e que Joaquim é residente e domiciliado no Rio de Janeiro. De acordo com a Consolidação das Leis do Trabalho, em regra, será competente para apreciar a demanda trabalhista proposta por Joana e Joaquim:

a) A Vara do Trabalho de Salvador.

b) O órgão competente na cidade de Londres - Inglaterra.

c) As Varas do Trabalho de São Paulo e Rio de Janeiro, respectivamente.

d) A Vara do Trabalho de Fortaleza.

e) A Vara do Trabalho de Belo Horizonte.

RESPOSTA. ***"D". Mesmo tendo sido contratados no estrangeiro, a justiça do trabalho brasileira é a competente para apreciar as ações (art. 651 da CLT). Aplica-se a regra geral, local da prestação. Quando o empregado tiver trabalhado em mais de um local, não há segredo, é o local da última prestação dos serviços que terá competência para apreciar essa ação.***

Sempre tome muito cuidado para não ser levado a erro por informações inúteis ao desfecho do problema, que estão lá apenas para te confundir, como o fato de Joaquim residir no Rio de Janeiro e Joana em São Paulo.

Dos Serviços Auxiliares da Justiça do Trabalho

Secretaria

Cada Vara possuirá uma secretaria, sob a direção de um funcionário (diretor da secretaria) que o Presidente designar. (Indicado pelo Juiz Titular da Vara e nomeado pelo Presidente do TRT).

É o órgão responsável pela guarda e a execução das medidas destinadas a dar andamento à contagem das custas processuais, a realização de penhoras e de todas as demais diligências e providências que os juízes lhes determinarem.

→ **Nos termos da CLT, em seu art. 711, compete às secretarias:**

a) O recebimento, a autuação, o andamento, a guarda e a conservação dos processos e outros papéis que lhe forem encaminhados;

b) A manutenção do protocolo de entrada e saída dos processos e demais papéis;

c) O registro das decisões;

d) A informação, às partes interessadas e seus procuradores, do andamento dos respectivos processos, cuja consulta lhes facilitará;

e) A abertura de vista dos processos às partes, na própria secretaria;

f) A contagem das custas devidas pelas partes, nos respectivos processos;

g) O fornecimento de certidões sobre o que constar dos livros ou do arquivamento da secretaria;

h) A realização das penhoras e demais diligências processuais;

i) O desempenho dos demais trabalhos que lhe forem cometidos pelo Presidente da Junta, para melhor execução dos serviços que lhe estão afetos.

→ **Compete especialmente aos secretários das Varas (ou chefe de secretaria ou diretor da secretaria):**

> Superintender os trabalhos da secretaria, velando pela boa ordem do serviço.

> Cumprir e fazer cumprir as ordens emanadas do Presidente e das autoridades superiores.

> Submeter a despacho e assinatura do juiz o expediente e os papéis que devam ser por ele despachados e assinados.

> Abrir a correspondência oficial dirigida à Vara e ao juiz, a cuja deliberação será submetida.

> Tomar por termo as reclamações verbais nos casos de dissídios individuais.

> Promover o rápido andamento dos processos, especialmente na fase de execução, e a pronta realização dos atos e diligências deprecadas pelas autoridades superiores.

> Secretariar as audiências da Vara, lavrando as respectivas atas.

> Subscrever as certidões e os termos processuais.

> Dar aos litigantes ciência das reclamações e demais atos processuais de que devam ter conhecimento, assinando as respectivas notificações.

> Executar os demais trabalhos que lhe forem atribuídos pelo juiz.

Os serventuários que, sem motivo justificado, não realizarem os atos, dentro dos prazos fixados, serão descontados em seus vencimentos, em tantos dias quantos os do excesso.

Distribuidor:

Nos locais em que existir mais de uma Vara, ou no caso dos Tribunais que possuírem mais de uma Turma, haverá um órgão distribuidor encarregado de fazer a distribuição das reclamações trabalhistas e dos processos que chegarem. (Designados pelo Presidente do TRT, dentre funcionários das Juntas e do TRT, a ele diretamente subordinados).

Segundo rege o art. 714 da CLT, compete aos distribuidores:

a) A distribuição, pela ordem rigorosa de entrada, e sucessivamente a cada Vara, dos feitos que, para esse fim, lhe forem apresentados pelos interessados;

b) O fornecimento, aos interessados, do recibo correspondente a cada feito distribuído;

c) A manutenção de 2 (dois) fichários dos feitos distribuídos, sendo um organizado pelos nomes dos reclamantes e o outro dos reclamados, ambos por ordem alfabética;

d) O fornecimento a qualquer pessoa que o solicite, verbalmente ou por certidão, de informações sobre os feitos distribuídos;

e) A baixa na distribuição dos feitos, quando isto lhe for determinado juízes, formando, com as fichas correspondentes, fichários à parte, cujos dados poderão ser consultados pelos interessados, mas não serão mencionados em certidões.

Oficiais de Justiça

Os Oficiais de Justiça Avaliadores estão encarregados de fazerem também a avaliação dos bens. Apenas quando o Oficial declarar que não possui conhecimento técnico suficiente para realizar a avaliação será nomeado um avaliador. As diligências devem ser cumpridas no prazo de 9 dias. No caso de avaliação, observa-se o prazo do art. 888 da CLT (10 dias).

Na falta ou impedimento do Oficial de Justiça avaliador, o juiz poderá atribuir a realização do ato a qualquer serventuário (conhecido como oficial "*ad hoc*").

Exercício Comentado

01. Em todas as localidades onde existe vara do trabalho há um distribuidor, o qual deve fazer a distribuição segundo a ordem rigorosa de entrada.

ERRADO. Pegadinha típica da banca, omite algum detalhe importante e dá a impressão de correta a uma assertiva falsa. Apenas nas localidades em que existir mais de uma vara do trabalho haverá o órgão distribuidor.

Anotações

CAPÍTULO 02

Dos Atos, Termos e Prazos Processuais

Atos

Os atos processuais visam à constituição, à conservação, à modificação, à extinção ou ao desenvolvimento da relação jurídica processual. Eles podem ser praticados pelas partes, pelo juiz ou pelos auxiliares da justiça.

Os atos processuais, em regra, serão públicos e serão praticados **nos dias úteis, das 6 horas às 20 horas** (a penhora poderá ser feita em domingos ou feriados, apenas com ordem expressa do juiz ou presidente do Tribunal).

> ***Art. 770 da CLT*** *- Os atos processuais serão públicos salvo quando o contrário determinar o interesse social, e realizar-se-ão nos dias úteis das 6 (seis) às 20 (vinte) horas.*
>
> ***Parágrafo único*** *- A penhora poderá realizar-se em domingo ou dia feriado, mediante autorização expressa do juiz ou presidente."*
>
> ***Art. 771*** *- Os atos e termos processuais poderão ser escritos à tinta, datilografados ou a carimbo.*

Devem ser assinados pelas partes e quando essas não puderam fazê-lo (justificadamente) e não tiverem procurador nos autos, serão firmados a rogo, na presença de duas testemunhas.

> ***Art. 772*** *- Os atos e termos processuais, que devam ser assinados pelas partes interessadas, quando estas, por motivo justificado, não possam fazê-lo, serão firmados a rogo, na presença de 2 (duas) testemunhas, sempre que não houver procurador legalmente constituído.*

Pessoa Jurídica de Direito Público tem prazo 4 vezes maior para contestar e duas vezes maior para recorrer (U/E/DF/M/Autarquia/Fundação Púb./Ministério Público).

Termo

É a documentação de um ato, feita sempre por escrito. É realizado pelo serventuário da justiça, sendo o instrumento pelo qual os atos processuais serão retratados e juntados aos autos.

> ***Art. 773*** *- Os termos relativos ao movimento dos processos constarão de simples notas, datadas e rubricadas pelos secretários ou escrivães.*

Prazos Processuais

→ **Legais***:* estabelecidos pela lei processual (ex. 8 dias para interposição de RO).

→ **Judiciais**: fixados pelo Juiz quando a lei for omissa. (Art. 177 do CPC).

→ **Convencionais:** fixados pelas próprias partes de comum acordo. Apenas prazos dilatórios (ex. Suspensão do processo por pedido das partes para tentativa de acordo).

- > **Prazos Peremptórios (ou fatais)**: natureza preclusiva, não se prorrogam nem podem ser alterados pela vontade das partes. (Ex. Art. 182 do CPC - comarcas onde o transporte for difícil).
- > **Prazos Dilatórios**: Podem ser prorrogados por solicitação das partes, determinação do Juiz ou por comum acordo dos litigantes. (Mas o CPC no art. 181 diz que essa convenção tem que se fundar em motivo legítimo e ser requerida a prorrogação antes do vencimento do prazo).

Contagem dos Prazos Processuais

> ***Art. 775*** *- Os prazos estabelecidos neste Título contam-se com exclusão do dia do começo e inclusão do dia do vencimento, e são contínuos e irreleváveis, podendo, entretanto, ser prorrogados pelo tempo estritamente necessário pelo juiz ou tribunal, ou em virtude de força maior, devidamente comprovada.*
>
> ***Parágrafo único*** *- Os prazos que se vencerem em sábado, domingo ou dia feriado, terminarão no primeiro dia útil seguinte.*

O dia do começo (dia da ciência) não é levado em conta, sendo que o dia em que o prazo vence (último dia) é computado. Existe diferença entre início do prazo e início da contagem do prazo.

→ **Início do prazo (*dies ad quo*)** - Dia em que toma ciência do ato, é excluído da contagem do prazo.

→ **Início da contagem do prazo** - Primeiro dia útil subsequente ao início do prazo (da ciência)

> ***Súmula 1 do TST:*** *Quando a intimação tiver lugar na sexta-feira, ou a publicação com efeito de intimação for feita nesse dia, o prazo judicial será contado da segunda-feira imediata, inclusive, salvo se não houver expediente, caso em que fluirá no dia útil que se seguir.*

→ **Término do prazo (*dies ad quem*)** - Último dia do prazo, é computado na contagem desse. Quando o prazo terminar em sábados, domingos ou feriados, ele vencerá também no primeiro dia útil subsequente.

> ***Súmula 262 do TST*** *"prazo judicial. Notificação ou intimação em sábado. Recesso forense.*
>
> *I. Intimada ou notificada a parte no sábado, o início do prazo se dará no primeiro dia útil imediato e a contagem, no subsequente.*

Com a alteração da súmula 385 do TST, cabe à parte provar (quando interpuser o recurso) que houve feriado local que autorizou a prorrogação do prazo recursal. Porém, tratando-se de feriado forense, a autoridade que proferir a decisão de admissibilidade é que deverá certificar o expediente nos autos.

Nessa segunda hipótese (feriado forense), admite-se a reconsideração da análise da tempestividade do recurso mediante prova documental superveniente (por meio de agravo regimental, agravo de instrumento ou de embargos de declaração, conforme for o caso).

> ***Súmula nº 385 do TST*** *- Feriado local. Ausência de expediente forense. Prazo recursal. Prorrogação. Comprovação. Necessidade ato administrativo do juízo "a quo".*
>
> *I. Incumbe à parte o ônus de provar, quando da interposição do recurso, a existência de feriado local que autorize a prorrogação do prazo recursal.*
>
> *II. Na hipótese de feriado forense, incumbirá à autoridade que proferir a decisão de admissibilidade certificar o expediente nos autos.*
>
> *III. Na hipótese do inciso II, admite-se a reconsideração da análise da tempestividade do recurso, mediante prova documental superveniente, em Agravo Regimental, Agravo de Instrumento ou Embargos de Declaração.*
>
> **CLT - *Art. 774*** *- Salvo disposição em contrário, os prazos previstos neste Título contam-se, conforme o caso, a partir da data em que for feita pessoalmente, ou recebida a notificação, daquela em que for publicado o edital no jornal oficial ou no que publicar o expediente da Justiça do Trabalho, ou, ainda, daquela em que for afixado o edital na sede da Junta, Juízo ou Tribunal.*

Parágrafo único - Tratando-se de notificação postal, no caso de não ser encontrado o destinatário ou no de recusa de recebimento, o Correio ficará obrigado, sob pena de responsabilidade do servidor, a devolvê-la, no prazo de 48 (quarenta e oito) horas, ao Tribunal de origem.

***Art. 775** - Os prazos estabelecidos neste Título contam-se com exclusão do dia do começo e inclusão do dia do vencimento, e são contínuos e irreleváveis, podendo, entretanto, ser prorrogados pelo tempo estritamente necessário pelo juiz ou tribunal, ou em virtude de força maior, devidamente comprovada.*

***Parágrafo único** - Os prazos que se vencerem em sábado, domingo ou dia feriado, terminarão no primeiro dia útil seguinte*

***Art. 776** - O vencimento dos prazos será certificado nos processos pelos escrivães ou secretários.*

Os prazos processuais são contínuos, mas excepcionalmente podem ser suspensos ou interrompidos.

Suspensão*:* Prazo para de correr e na cessação da causa suspensiva é retomado de onde parou (ex. art. 180 do CPC - Morte ou perda da capacidade e S. 262 do TST):

As férias forenses (20 de Dezembro a 06 de Janeiro) suspendem os prazos processuais.

***Súmula nº 262 do TST** - prazo judicial. Notificação ou intimação em sábado. Recesso forense.*

II. O recesso forense e as férias coletivas dos Ministros do Tribunal Superior do Trabalho (art. 177, § 1º, do RITST) suspendem os prazos recursais.

Interrupção: O prazo interrompido é reiniciado, volta a correr integralmente após superação da causa interruptiva (ex. Oposição de Embargos de Declaração - **art. 897-A da CLT c/c art. 538 do CPC**).

Privilégios de Prazo

Jamais esquecer do art. 188 do CPC (Fazenda Pública e Ministério Público tem prazo 4x para contestar e 2x para recorrer).

***Art. 188.** Computar-se-á em quádruplo o prazo para contestar e em dobro para recorrer quando a parte for a Fazenda Pública ou o Ministério Público.*

Esse privilégio processual é aplicado apenas para contestar e recorrer, não se aplica para a prática de outros prazos processuais.

Prazo em dobro para litisconsortes com diferentes procuradores é **inaplicável no processo do trabalho.**

***Art. 191 do CPC** - Quando os litisconsortes tiverem diferentes procuradores, ser-lhes-ão contados em dobro os prazos para contestar, para recorrer e, de modo geral, para falar nos autos.*

***OJ 310 da SDI1** - litisconsortes. Procuradores distintos. Prazo em dobro. Art. 191 Do CPC. Inaplicável ao processo do trabalho. A regra contida no art. 191 do CPC é inaplicável ao processo do trabalho, em decorrência da sua incompatibilidade com o princípio da celeridade inerente ao processo trabalhista.*

Exercício Comentado

01. (FCC) Ana Maria, representante legal da empresa XUBA, recebeu intimação na reclamação trabalhista proposta por Ana Joaquina, sua ex-funcionária. Considerando que a intimação ocorreu no sábado e que segunda-feira é feriado nacional, será considerada que a intimação foi realizada:

a) No próprio sábado e o prazo processual começará a correr na terça-feira.

b) No próprio sábado e o prazo processual começará a correr na segunda-feira.

c) Na terça-feira e o prazo processual começará a correr na quarta-feira.

d) Na terça-feira e o prazo processual começará a correr da própria terça-feira.

e) Na sexta-feira antecedente e o prazo processual começará a correr na terça-feira.

RESPOSTA. ***"C". De acordo com a súmula 262 do TST, quando a parte for notificada no sábado, o início do prazo se dará no primeiro dia útil imediato e a contagem no subsequente.***

No caso da questão, fica assim:

Sábado: dia da intimação.

Domingo: considerado feriado, não conta o prazo.

Segunda: feriado, logo não conta o prazo.

Terça: início do prazo (dia 0).

Quarta: começa a contagem (dia 1).

Então, considera-se que a intimação foi realizada na terça-feira e o prazo processual começará a correr na quarta-feira.

Comunicação dos Atos Processuais

Notificação (ou Citação Inicial)

É a forma como se dá ciência ao reclamado de que contra ele corre uma ação, para que, caso queria, possa vir a juízo se defender.

Apesar de o Código de Processo Civil tratar da Citação (chamamento ao réu do juízo para se defender) e da Intimação (modo pelo qual se dá ciência a alguém dos atos e termos do processo, para que faça ou deixe de fazer algo), a CLT usa o termo notificação indistintamente, referindo-se aos dois atos.

Em regra é feita pelo por registro postal com franquia (correio), com antecedência mínima de 5 dias da audiência (Pessoa Jurídica de Direito Público - 20 dias).

Em caso de criar embaraço na hora do recebimento, ou não for encontrado, será notificado via edital (lembrete: não cabe citação por edital no rito sumaríssimo).

Nesse caso, o Correio deve devolver a notificação em 48h, sob pena de responsabilidade do servidor.

***Art. 841** - Recebida e protocolada a reclamação, o escrivão ou secretário, dentro de 48 (quarenta e oito) horas, remeterá a segunda via da petição, ou do termo, ao reclamado, notificando-o ao mesmo tempo, para comparecer à audiência do julgamento, que será a primeira desimpedida, depois de 5 (cinco) dias.*

***§ 1º** - A notificação será feita em registro postal com franquia. Se o reclamado criar embaraços ao seu recebimento ou não for encontrado, far-se-á a notificação por edital, inserto no jornal oficial ou no que publicar o expediente forense, ou, na falta, afixado na sede da Junta ou Juízo.*

***§ 2º** - O reclamante será notificado no ato da apresentação da reclamação ou na forma do parágrafo anterior.*

***Art. 774 - CLT - Parágrafo único** - Tratando-se de notificação postal, no caso de não ser encontrado o destinatário ou no de recusa de recebimento, o Correio ficará obrigado, sob pena de responsabilidade do servidor, a devolvê-la, no prazo de 48 (quarenta e oito) horas, ao Tribunal de origem.*

Súmula 16 do TST - *Presume-se recebida a notificação 48 (quarenta e oito) horas depois de sua postagem. O seu não recebimento ou a entrega após o decurso desse prazo constitui ônus de prova do destinatário.*

Ao contrário do processo civil, a notificação inicial no processo trabalhista não precisa ser pessoal. A jurisprudência admite que a notificação postal seja entregue na empresa a empregado do reclamado, a zelador do prédio ou ainda depositada em caixa postal da empresa. Nos locais não atendidos pelos Correios, a citação poderá ser feita por meio dos oficiais de justiça. Também é pacífico o entendimento de que mesmo que o reclamado resida em comarca não abrangida pela jurisdição territorial da vara do trabalho, a citação via postal pode ser feita. (A citação via postal pode ser feita para qualquer comarca do país - apenas se ela precisar ser feita por oficial de justiça é que será expedida uma carta precatória, para que o juízo competente dessa comarca efetue a citação).

Intimação

É o ato por meio do qual é dada ciência a alguém para que pratique ou se abstenha de praticar determinado ato.

CPC - Art. 234. *Intimação é o ato pelo qual se dá ciência a alguém dos atos e termos do processo, para que faça ou deixe de fazer alguma coisa.*

Conforme dito anteriormente, a CLT usa o termo Notificação para designar tanto a citação inicial como a intimação.

Quando o processo estiver em grau recursal (nos tribunais), as intimações serão feitas por meio de publicação no órgão oficial (no nome das partes e dos advogados).

Quando um ato judicial tiver de ser praticado fora dos limites territoriais da comarca, ele será requisitado por carta:

- **De ordem** - Juiz que recebe é subordinado ao tribunal que emana.
- **Rogatória** - Dirigida à autoridade judiciária estrangeira.
- **Precatória** - Demais casos.

Da Distribuição

Após serem apresentadas, as reclamações trabalhistas serão distribuídas entre as Varas do Trabalho (ou Juízes de Direito Cível - caso não exista Vara do Trabalho no local e essa competência tenha sido atribuída a esse órgão), seguindo uma ordem rigorosa de acordo com a sua apresentação ao órgão distribuidor (nos locais em que esse existir).

As reclamações serão registradas em livro próprio, rubricado em todas as folhas pela autoridade a que estiver subordinado o distribuidor.

O distribuidor fornecerá ao interessado um recibo do qual constarão, essencialmente:

- O nome do reclamante e do reclamado;
- A data da distribuição;
- O objeto da reclamação;
- Vara para a qual foi distribuída a ação.

Caso seja ajuizada uma reclamação verbal, ela será distribuída antes da sua redução a termo (ato pelo o qual o servidor coloca no papel a reclamação que foi ajuizada de forma verbal).

Assim que a reclamação verbal for distribuída, o reclamante tem um prazo de 5 dias para apresentar-se à secretaria da Vara para reduzir a reclamação a termo (salvo motivo de força maior).

Caso não compareça nesse prazo, a ação será arquivada e o reclamante incorrerá na pena de perda, pelo prazo de 6 meses, do direito de reclamar perante a Justiça do Trabalho.

A reclamação feita de forma escrita deverá ser formulada em duas vias e virá desde logo acompanhada dos documentos em que se funda a ação.

Feita a distribuição, a reclamação será remetida pelo distribuidor à Vara do Trabalho competente, acompanhada do bilhete de distribuição.

Custas Processuais

- **Processo de conhecimento**: 2% sobre o valor da causa, do acordo ou valor fixado pelo Juiz.
- Serão pagas pelo vencido, após o trânsito em julgado da decisão.
- Em caso de acordo, serão rateadas pelas partes, se não convencionarem de forma diversa.
- Procedência ou procedência parcial - reclamado paga as custas.
- Improcedência ou arquivamento - reclamante responsável pelo pagamento das custas.
- Dissídios coletivos: As partes vencidas respondem solidariamente pelo pagamento das custas.

Art. 789. *Nos dissídios individuais e nos dissídios coletivos do trabalho, nas ações e procedimentos de competência da Justiça do Trabalho, bem como nas demandas propostas perante a Justiça Estadual, no exercício da jurisdição trabalhista, as custas relativas ao processo de conhecimento incidirão à base de 2% (dois por cento), observado o mínimo de R$ 10,64 (dez reais e sessenta e quatro centavos) e serão calculadas:*

I. Quando houver acordo ou condenação, sobre o respectivo valor;

II. Quando houver extinção do processo, sem julgamento do mérito, ou julgado totalmente improcedente o pedido, sobre o valor da causa;

III. Com caso de procedência do pedido formulado em ação declaratória e em ação constitutiva, sobre o valor da causa;

IV. Quando o valor for indeterminado, sobre o que o juiz fixar.

§ 1º As custas serão pagas pelo vencido, após o trânsito em julgado da decisão. No caso de recurso, as custas serão pagas e comprovado o recolhimento dentro do prazo recursal.

§ 2º Não sendo líquida a condenação, o juízo arbitrar-lhe-á o valor e fixará o montante das custas processuais.

§ 3º Sempre que houver acordo, se de outra forma não for convencionado, o pagamento das custas caberá em partes iguais aos litigantes.

*§ 4º Nos **dissídios coletivos**, as **partes vencidas responderão solidariamente** pelo pagamento das custas, calculadas sobre o valor arbitrado na decisão, ou pelo Presidente do Tribunal.*

Art. 789-A. *No processo de execução são devidas custas, sempre de responsabilidade do executado e pagas ao final, de conformidade com a seguinte tabela:*

I. Autos de arrematação, de adjudicação e de remição: 5% (cinco por cento) sobre o respectivo valor, até o máximo de R$ 1.915,38 (um mil, novecentos e quinze reais e trinta e oito centavos);

II. Atos dos oficiais de justiça, por diligência certificada:

a) em zona urbana: R$ 11,06 (onze reais e seis centavos);

b) em zona rural: R$ 22,13 (vinte e dois reais e treze centavos);

III. Agravo de instrumento: R$ 44,26 (quarenta e quatro reais e vinte e seis centavos);

IV. Agravo de petição: R$ 44,26 (quarenta e quatro reais e vinte e seis centavos);

V. Embargos à execução, embargos de terceiro e embargos à arrematação: R$ 44,26 (quarenta e quatro reais e vinte e seis centavos);

VI. Recurso de revista: R$ 55,35 (cinquenta e cinco reais e trinta e cinco centavos);

VII. Impugnação à sentença de liquidação: R$ 55,35 (cinquenta e cinco reais e trinta e cinco centavos);

VIII. Despesa de armazenagem em depósito judicial - por dia: 0,1% (um décimo por cento) do valor da avaliação;

IX. Cálculos de liquidação realizados pelo contador do juízo - sobre o valor liquidado: 0,5% (cinco décimos por cento) até o limite de R$ 638,46 (seiscentos e trinta e oito reais e quarenta e seis centavos).

***Art. 789-B.** Os emolumentos serão suportados pelo Requerente, nos valores fixados na seguinte tabela:*

I. Autenticação de traslado de peças mediante cópia reprográfica apresentada pelas partes - por folha: R$ 0,55 (cinquenta e cinco centavos de real);

II. Fotocópia de peças - por folha: R$ 0,28 (vinte e oito centavos de real);

III. Autenticação de peças - por folha: R$ 0,55 (cinquenta e cinco centavos de real);

IV. Cartas de sentença, de adjudicação, de remição e de arrematação - por folha: R$ 0,55 (cinquenta e cinco centavos de real);

V. Certidões - por folha: R$ 5,53 (cinco reais e cinquenta e três centavos).

→ Em caso de recurso: serão pagas e o recolhimento será comprovado **dentro do prazo recursal.**

→ **Processo de execução:** Custas são de responsabilidade do executado, pagas ao final.

***Súmula nº 25 do TST - CUSTAS:** A parte vencedora na primeira instância, se vencida na segunda, está obrigada, independentemente de intimação, a pagar as custas fixadas na sentença originária, das quais ficara isenta a parte então vencida.*

***Súmula nº 36 do TST - CUSTAS** - Nas ações plúrimas, as custas incidem sobre o respectivo valor global.*

Caso o empregado não seja beneficiário da justiça gratuita ou isenção de custas e o sindicato tiver intervindo no processo: sindicato responderá solidariamente pelas custas.

***CLT- Art. 790.** Nas Varas do Trabalho, nos Juízos de Direito, nos Tribunais e no Tribunal Superior do Trabalho, a forma de pagamento das custas e emolumentos obedecerá às instruções que serão expedidas pelo Tribunal Superior do Trabalho.*

§ 1º Tratando-se de empregado que não tenha obtido o benefício da justiça gratuita, ou isenção de custas, o sindicato que houver intervindo no processo responderá solidariamente pelo pagamento das custas devidas.

§ 2º No caso de não pagamento das custas, far-se-á execução da respectiva importância, segundo o procedimento estabelecido no Capítulo V deste Título.

Justiça Gratuita

Pode ser concedida a qualquer momento, a requerimento da parte ou até mesmo de ofício pelo Juiz ou Presidente do Tribunal.

***Art. 790, § 3º da CLT** - É facultado aos juízes, órgãos julgadores e presidentes dos tribunais do trabalho de qualquer instância conceder, a requerimento ou de ofício, o benefício da justiça gratuita, inclusive quanto a traslados e instrumentos, àqueles que receberem salário igual ou inferior ao dobro do mínimo legal, ou declararem, sob as penas da lei, que não estão em condições de pagar as custas do processo sem prejuízo do sustento próprio ou de sua família.*

Empregador pessoa física: também pode ser beneficiário da Justiça Gratuita (mas não está isento de recolhimento de depósito recursal).

Empregador pessoa jurídica: O TST vem entendendo ser cabível o benefício da Justiça Gratuita para Pessoa Jurídica, desde que comprove miserabilidade jurídica (admitido de forma cautelosa, sempre condicionada a prova inequívoca de incapacidade financeira).

Exercício Comentado

01. (CESPE) A gratuidade judiciária pode ser deferida pelo juiz ou pelo tribunal do trabalho apenas quando expressamente requerida pela parte interessada e mediante declaração de que não tem condições de pagar as custas do processo sem prejuízo do sustento próprio ou de sua família.

ERRADO. ***Os benefícios da gratuidade de justiça podem ser concedidas por requerimento da parte ou até mesmo de ofício, em qualquer tempo e grau de jurisdição. Lembre-se que a parte não precisa comprovar sua miserabilidade jurídica, basta uma declaração alegando tal situação.***

Isentos de Custas

a) Beneficiários da Justiça Gratuita.

b) A União, os Estados, o Distrito Federal, os Municípios e respectivas autarquias e fundações públicas federais, estaduais ou municipais que não explorem atividade econômica.

c) Ministério Público do trabalho.

→ **Empresa Pública e Sociedade de Economia Mista não são isentas.**

Súmula nº 170 do TST** - sociedade de economia mista. Custas: Os privilégios e isenções no foro da Justiça do Trabalho não abrangem as sociedades de economia mista, ainda que gozassem desses benefícios anteriormente ao **Decreto-Lei nº 779, de 21.08.1969.

→ **Por expressa previsão legal, as entidades fiscalizadoras do exercício profissional também não são isentas do pagamento das custas.**

***Art. 790-A. Da CLT:** São isentos do pagamento de custas, além dos beneficiários de justiça gratuita:*

I. A União, os Estados, o Distrito Federal, os Municípios e respectivas autarquias e fundações públicas federais, estaduais ou municipais que não explorem atividade econômica;

II. O Ministério Público do Trabalho.

***Parágrafo único.** A isenção prevista neste artigo não alcança as entidades fiscalizadoras do exercício profissional, nem exime as pessoas jurídicas referidas no inciso I da obrigação de reembolsar as despesas judiciais realizadas pela parte vencedora.*

*SUM-86: deserção. **Massa falida**. Empresa em liquidação extrajudicial. **Não ocorre deserção de recurso da massa falida por falta de pagamento de custas ou de depósito do valor da condenação.** Esse privilégio, todavia, não se aplica à empresa em liquidação extrajudicial.*

Diferença mínima no recolhimento das custas, mesmo que referente a centavos, tem o condão de gerar deserção.

***OJ-SDI1-140:** depósito recursal e custas. Diferença ínfima. Deserção. OCORRÊNCIA. Ocorre deserção do recurso pelo recolhimento insuficiente das custas e do depósito recursal, ainda que a diferença em relação ao "quantum" devido seja ínfima, referente a centavos.*

Honorários do Perito

***Art. 790-B:** A responsabilidade pelo pagamento dos honorários periciais é da* **parte sucumbente** *na pretensão objeto da perícia, salvo se beneficiária de justiça gratuita.*

Por outro lado, o nomear assistente do perito é faculdade da parte, então, ela arcará com os respectivos honorários.

***SUM-341:** honorários do assistente técnico - A indicação do perito assistente é faculdade da parte, a qual deve responder pelos respectivos honorários, ainda que vencedora no objeto da perícia.*

Exercícios Comentados

01. (FCC) Considere as assertivas abaixo a respeito das Custas e Emolumentos.

I. Tratando-se de empregado que não tenha obtido o benefício da justiça gratuita, ou isenção de custas, o sindicato que houver intervindo no processo responderá subsidiariamente pelo pagamento das custas devidas.

II. Sempre que houver acordo, se de outra forma não for convencionado, o pagamento das custas caberá em partes iguais aos litigantes.

III. Nos dissídios individuais, as custas relativas ao processo de conhecimento incidirão à base de 1%, observado o mínimo legal, e serão calculadas, quando houver acordo ou condenação, sobre o respectivo valor.

IV. Em regra, as autarquias e fundações públicas federais, estaduais ou municipais que não explorem atividade econômica são isentas do pagamento de custas.

De acordo com a CLT, é correto o que se afirma APENAS em:

a) II e IV.
b) I, II e III.
c) II, III e IV.
d) I e IV.
e) I e II.

RESPOSTA. "A".

"I" Na hipótese ali descrita, o sindicato responderá solidariamente e não subsidiariamente.

"II" Se não combinarem de outra forma, no acordo pagam em partes iguais.

"III" O percentual é de 2%.

"IV" Correto, elas são isentas.

Anotações

CAPÍTULO 03

Partes e Procuradores

01. **Capacidade de Direito (ou de ser parte)** - Aptidão para adquirir direitos e obrigações.

Trata-se da possibilidade de figurar em um processo como autor ou réu, ocupando um dos polos do processo.

A capacidade de ser parte (ou de direito) é adquirida juntamente com a personalidade jurídica:

→ **Pessoas Físicas:** adquirem com o nascimento com vida (mas a lei resguarda desde a concepção, os direitos do nascituro).

→ **Pessoas Jurídicas:** adquirem personalidade jurídica com a inscrição dos seus atos constitutivos no registro competente.

Em alguns casos, a lei confere capacidade de ser parte para entes despersonalizados, como a massa falida, o espólio, a sociedade sem personalidade jurídica.

02. **Capacidade Processual (ou de Fato ou *Ad Processum*)** - Capacidade de estar em juízo sem representação ou assistência.

→ A maioridade trabalhista é alcançada aos 18 anos (para fins de capacidade processual).

> ***Art. 792*** *- Os maiores de 18 (dezoito) e menores de 21 (vinte e um) anos e as mulheres casadas poderão pleitear perante a Justiça do Trabalho sem a assistência de seus pais, tutores ou maridos.*
>
> ***Art. 793.*** *A reclamação trabalhista do menor de 18 anos será feita por seus representantes legais e, na falta destes, pela Procuradoria da Justiça do Trabalho, pelo sindicato, pelo Ministério Público estadual ou curador nomeado em juízo.*

→ O **art. 5°, p.u., do Código Civil** trata das hipóteses de emancipação:

> ***Art. 5º*** *A menoridade cessa aos dezoito anos completos, quando a pessoa fica habilitada à prática de todos os atos da vida civil.*
>
> ***Parágrafo único.*** *Cessará, para os menores, a incapacidade:*
>
> *I. Pela concessão dos pais, ou de um deles na falta do outro, mediante instrumento público, independentemente de homologação judicial, ou por sentença do juiz, ouvido o tutor, se o menor tiver dezesseis anos completos;*
>
> *II. Pelo casamento;*
>
> *III. Pelo exercício de emprego público efetivo;*
>
> *IV. Pela colação de grau em curso de ensino superior;*
>
> *V. Pelo estabelecimento civil ou comercial, ou pela existência de relação de emprego, desde que, em função deles, o menor com dezesseis anos completos tenha economia própria.*

Desse modo, os menores de 18 anos (exceto os emancipados) devem ser assistidos (16-18) ou representados (menor de 16):

01. Representantes legais
02. Procuradoria da Justiça do Trabalho
03. Sindicato
04. Ministério Público Estadual
05. Curador nomeado pelo Juiz

Na Justiça do Trabalho, independentemente da presença dos advogados, as partes devem comparecer em Juízo.

→ **Reclamante não comparecer** - Arquivamento do processo.

→ **Reclamado não comparecer** - Revelia

> ***Art. 843*** *- Na audiência de julgamento deverão estar presentes o reclamante e o reclamado, independentemente do comparecimento de seus representantes salvo, nos casos de* ***Reclamatórias Plúrimas ou Ações de Cumprimento****, quando os empregados poderão fazer-se representar pelo* ***Sindicato de sua categoria.***
>
> ***§ 1º*** *- É facultado ao empregador fazer-se substituir pelo gerente, ou qualquer outro preposto que* ***tenha conhecimento do fato****, e cujas declarações obrigarão o proponente.*
>
> ***§ 2º*** *- Se por* ***doença ou qualquer outro motivo poderoso****, devidamente comprovado, não for possível ao empregado comparecer pessoalmente, poderá fazer-se representar por* ***outro empregado que pertença à mesma profissão, ou pelo seu sindicato.***
>
> ***Art. 844*** *- O não comparecimento do reclamante à audiência importa o arquivamento da reclamação, e o não comparecimento do reclamado importa revelia, além de confissão quanto à matéria de fato.*
>
> ***Parágrafo único -*** *Ocorrendo, entretanto, motivo relevante, poderá o presidente suspender o julgamento, designando nova audiência.*

Exceções a essa regra geral:

→ **Empregados:**

> **Reclamatórias Plúrimas ou Ações de Cumprimento** - Empregados poderão fazer-se substituir pelo Sindicato.

Reclamatórias Plúrimas - Art. 842 - Sendo várias as reclamações e havendo identidade de matéria, poderão ser acumuladas num só processo, se se tratar de empregados da mesma empresa ou estabelecimento.

→ **Empregador:**

> Pode fazer-se substituir por algum Gerente ou Preposto com conhecimento dos fatos.

O Preposto deve ser necessariamente empregado do reclamado (salvo relação doméstica, Empresa de pequeno porte e Micro Empresa).

> ***SUM-377:*** *preposto. Exigência da condição de empregado - Exceto quanto à reclamação de empregado doméstico, ou contra micro ou pequeno empresário, o preposto deve ser necessariamente empregado do reclamado. Inteligência do* ***art. 843, § 1º, da CLT e do art. 54 da Lei Complementar nº 123, de 14 de dezembro de 2006.***

Assim, se tratar-se de uma lide decorrente de uma relação de emprego doméstica, o empregador poderá ser representado por qualquer outra pessoa da família. Tratando-se de microempresa ou empresa de pequeno porte, o preposto não precisa ser necessariamente empregado.

→ **Regra**:
- » Preposto deve ser empregado.

→ **Exceções**:
- » Empregado doméstico
- » ME
- » EPP

O advogado não pode ser ao mesmo tempo patrono e preposto, segundo o art. 23 do Código de ética e disciplina da OAB:

> ***Art. 23.*** *É defeso ao advogado funcionar no mesmo processo, simultaneamente, como patrono e preposto do empregador ou cliente.*

Substituição Processual pelo Sindicato

Substituição processual (ou legitimidade extraordinária) é a possibilidade de alguém vir a juízo postular em nome próprio direito alheio (Diferente de **representação**, em que age em nome alheio, defendendo a direito alheio).

Após a CF/88 iniciou-se uma discussão a respeito do alcance da substituição processual do sindicato.

> ***CF/88 - art. 8°, inciso III:*** *- ao sindicato cabe a defesa dos direitos e interesses coletivos ou individuais da categoria, inclusive em questões judiciais ou administrativas;*

Entretanto, atualmente, segundo o entendimento do STF, posteriormente adotado também pelo TST, a substituição processual pelo sindicato dá-se de **forma ampla** no processo do trabalho. Entendeu o STF que o sindicato pode agir como substituto processual de forma geral e irrestrita. Assegurou legitimação extraordinária, para defender em nome próprio os direitos e interesses da categoria que representarem.

Jus Postulandi

(ou capacidade postulatória)

A capacidade postulatória, no âmbito processual civil, é privativa dos advogados regularmente inscritos na OAB. Em regra, as partes não podem postular em juízo sem estarem acompanhadas de advogado.

Na Justiça do Trabalho, as partes (empregados e empregadores) podem reclamar pessoalmente, sem que a intervenção de advogado seja obrigatória (regra).

> ***Art. 791 da CLT*** *- Os empregados e os empregadores poderão reclamar pessoalmente perante a Justiça do Trabalho e acompanhar as suas reclamações até o final.*
>
> ***§ 1º*** *- Nos dissídios individuais os empregados e empregadores poderão fazer-se representar por intermédio do sindicato, advogado, solicitador, ou provisionado, inscrito na Ordem dos Advogados do Brasil.*

O ***art. 791 da CLT*** diz que as partes podem reclamar pessoalmente. Conferiu ao reclamante e ao reclamado a capacidade postulatória, isto é, na Justiça laboral, podem postular sem a presença de um advogado.

Mas aplica-se apenas às lides decorrentes de **relações de emprego** e não a todas relações de trabalho (Lembre-se que a relação de trabalho é um gênero, do qual a relação de emprego é uma espécie) (Existem entendimentos contrários).

O TST fixou ser necessária a presença de um advogado para postular junto a esse órgão:

> ***SUM- 425*** *- jus postulandi na justiça do trabalho. Alcance - O jus postulandi das partes, estabelecido no art. 791 da CLT,* ***limita-se às Varas do Trabalho e aos Tribunais Regionais do Trabalho, não alcançando a ação rescisória, a ação cautelar, o mandado de segurança e os recursos de competência do Tribunal Superior do Trabalho.***

Assim, o *jus postulandi* para as partes é concedido apenas no âmbito das Varas do Trabalho e dos TRT's. Nos seguintes casos, é necessária a presença de advogado:

» Ação rescisória
» Ação Cautelar
» Mandado de Segurança
» Recursos de competência do TST

Vale ressaltar que se eventualmente for encaminhado algum recurso para o STF ou o STJ, é obrigatória a subscrição por advogado, não prevalecendo nesses tribunais o *jus postulandi*.

Exercícios Comentados

01. (CESPE) O jus postulandi aplica-se de forma pacífica no primeiro grau de jurisdição, tanto nas ações trabalhistas quanto nos mandados de segurança, habeas corpus e habeas data.

ERRADO. O jus postulandi conferido às partes não alcança os mandados de segurança, conforme rege a súmula 425 do TST.

Mandato - Procuração

Segundo entendimento sumulado do TST, não é possível o oferecimento de procuração ou regularização de representação na fase recursal, isso pode ser feito apenas no Juízo de 1º grau:

> ***SUM-383*** *mandato. Arts. 13 E 37 do CPC. Fase recursal. Inaplicabilidade.*
>
> *I. É inadmissível, em instância recursal, o oferecimento tardio de procuração, nos termos do art. 37 do CPC, ainda que mediante protesto por posterior juntada, já que a interposição de recurso não pode ser reputada ato urgente.*
>
> *II. Inadmissível na fase recursal a regularização da representação processual, na forma do art. 13 do CPC, cuja aplicação se restringe ao Juízo de 1º grau.*

Quando a Fazenda Pública (União, Estados, Município, Distrito Federal e as respectivas autarquias e fundações públicas desses entes) estiver em juízo representada por seus procuradores, o TST dispensa a juntada do instrumento de mandato e de comprovação do ato de nomeação. Entretanto, agora com a súmula 436, exige que o signatário pelo menos declare ser exercente do cargo de procurador, não bastando a simples indicação do número de inscrição na OAB.

> ***Súmula nº 436 do TST*** *- representação processual. Procurador da união, estados, municípios e distrito federal, suas autarquias e fundações públicas. Juntada de instrumento de mandato.*
>
> *I. A União, Estados, Municípios e Distrito Federal, suas autarquias e fundações públicas, quando representadas em juízo, ativa e passivamente, por seus procuradores, estão dispensadas da juntada de instrumento de mandato e de comprovação do ato de nomeação.*
>
> *II. Para os efeitos do item anterior, é essencial que o signatário ao menos declare-se exercente do cargo de procurador, não bastando a indicação do número de inscrição na Ordem dos Advogados do Brasil.*

Para que o advogado declare que seu cliente é pobre na acepção legal e obtenha os benefícios da justiça gratuita, não é necessário que o mandado contenha poderes especiais.

> ***OJ-SDI1-331*** *Justiça Gratuita. Declaração De Insuficiência Econômica. Mandato. Poderes Específicos Desnecessários.*

Desnecessária a outorga de poderes especiais ao patrono da causa para firmar declaração de insuficiência econômica, destinada à concessão dos benefícios da justiça gratuita.

Mandato e Substabelecimento

> ***SUM-395*** *Mandato e substabelecimento. Condições de validade*
>
> *I. Válido é o instrumento de mandato com prazo determinado que contém cláusula estabelecendo a prevalência dos poderes para atuar até o final da demanda.*
>
> *II. Diante da existência de previsão, no mandato, fixando termo para sua juntada, o instrumento de mandato só tem validade se anexado ao processo dentro do aludido prazo.*
>
> *III. São válidos os atos praticados pelo substabelecido, ainda que não haja, no mandato, poderes expressos para substabelecer (art. 667, e parágrafos, do Código Civil de 2002).*
>
> *IV. Configura-se a irregularidade de representação se o substabelecimento é anterior à outorga passada ao substabelecente.*

Caso o mandado possua uma "data de expiração", é valida cláusula que determine que mesmo após a expiração do prazo, o advogado continue possuindo os poderes de representação até o final da demanda.

Se no mandado houver previsão de prazo para sua juntada nos autos, ele só terá validade se realmente for juntado ao processo nesse prazo.

Substabelecimento: ato pelo qual o mandatário (advogado) transfere seus poderes, que foram conferidos pelo mandante (cliente), para o substabelecido (outro advogado).

Nos termos da Sum. 395, ainda que o mandado seja omisso no que tange ao substabelecimento, os atos praticados pelo substabelecido serão válidos.

Para que o substabelecimento seja válido, é necessário que ele seja posterior à outorga de poderes ao que substabeleceu. (Ex. Advogado recebeu procuração dia 10/10/2012, o substabelecimento não poderá ter data anterior a essa).

Mandato/Procuração Tácita ou "*Apud Acta*"

É o mandato passado em audiência perante o Juiz do Trabalho. Embora não esteja previsto em lei, é amplamente admitido na jurisprudência.

Ele permite que o advogado que comparece à audiência, representando a parte, praticando atos processuais e tendo seu nome constado na ata de audiência, terá aptidão para proteger os interesses de seu cliente, embora não tenha procuração juntada no processo.

Mandato tácito não admite substabelecimento:

> ***OJ-SDI1-200*** *mandato tácito. Substabelecimento inválido. - É inválido o substabelecimento de advogado investido de mandato tácito.*
>
> ***OJ 286 da SDI1****. Agravo de instrumento. Traslado. Mandato tácito. Ata de audiência. Configuração (alterada - Res. 167/2010, DEJT divulgado em 30.04.2010 e 03 e 04.05.2010).*
>
> *I. A juntada da ata de audiência, em que consignada a presença do advogado, desde que não estivesse atuando com mandato expresso, torna dispensável a procuração deste, porque demonstrada a existência de mandato tácito.*
>
> *II. Configurada a existência de mandato tácito fica suprida a irregularidade detectada no mandato expresso.*

Exercícios Comentados

01. (CESPE) Considere a seguinte situação hipotética. João atuava como advogado de Manoel em um processo trabalhista. O mandato concedido por Manoel a João ocorreu de forma tácita. Nessa situação, é permitido a João substabelecer o mandato a outro profissional para que este continue atuando no processo de Manoel.

ERRADO. Advogado investido de mandato tácito não pode substabelecer. Esse substabelecimento é inválido, segundo a OJ 200 da SDI-1 do TST.

Honorários Advocatícios

→ **Regra**:

> Não são devidos nas lides decorrentes de relação de emprego. (Em razão do jus *postulandi* das partes previsto no **art. 791 da CLT**).

→ **Exceções:**

> Parte em miserabilidade jurídica + assistida pelo sindicato (limite de 15%).

> Ação rescisória.

> Ente sindical agindo como substituto processual.

> Lides que não decorram da relação de emprego.

> ***SUM-219*** *Honorários advocatícios. Hipótese de cabimento.*
>
> *I. Na Justiça do Trabalho, a condenação ao pagamento de honorários advocatícios, nunca superiores a 15% (quinze por cento), não decorre pura e simplesmente da sucumbência, devendo a parte estar assistida por sindicato da categoria profissional e comprovar a percepção de salário inferior ao dobro do salário mínimo ou encontrar-se em situação econômica que não lhe permita demandar sem prejuízo do próprio sustento ou da respectiva família.*
>
> *II. É cabível a condenação ao pagamento de honorários advocatícios em ação rescisória no processo trabalhista.*
>
> *III. São devidos os honorários advocatícios nas causas em que o ente sindical figure como substituto processual e nas lides que não derivem da relação de emprego.*

Nulidades

A nulidade gera a perda do efeito de um ato processual. Trata-se de uma espécie de sanção aplicada pela inobservância das formalidades exigidas pela lei. A nulidade do ato ocorre quando ele não preenche os requisitos que a lei estabelece como necessários para a sua validade.

Ato nulo (Nulidade Absoluta): viola norma de ordem pública:

» Não está sujeito a preclusão (podem ser alegadas em qualquer tempo e grau de jurisdição).

» Decorrem de vícios insanáveis.

» Pode ser declarado de ofício.

Ato anulável (Nulidade Relativa):

» Dependem de iniciativa da parte.

» Não podem ser conhecidas *ex ofício*.

» Decorrem de vícios sanáveis (esses podem ou não gerar a nulidade relativa do ato).

Princípios das Nulidades

01. Princípio do Prejuízo ou Transcendência

A nulidade somente será declarada quando existir prejuízo (*pas de nullité san grief*).

Vale tanto para nulidade absoluta como para nulidade relativa.

Se um ato nulo ou anulável não causou prejuízo, não deve ser anulado.

> ***Art. 794*** *- Nos processos sujeitos à apreciação da Justiça do Trabalho só haverá nulidade quando resultar dos atos inquinados manifesto prejuízo às partes litigantes.*

02. Princípio da Instrumentalidade das formas (ou da finalidade)

Os atos praticados de forma diversa da prevista em lei, mas que atingiram sua finalidade, devem ser conservados.

Funda-se no fato de o processo não ser um fim em si mesmo, mas um instrumento de realização da justiça.

> ***Art. 244 do CPC:*** *Quando a lei prescrever determinada forma, sem cominação de nulidade, o juiz considerará válido o ato se, realizado de outro modo, lhe alcançar a finalidade.*

> ***Art. 154 do CPC:*** *Os atos e termos processuais não dependem de forma determinada senão quando a lei expressamente a exigir, reputando-se válidos os que, realizados de outro modo, lhe preencham a finalidade essencial.*

03. Princípio da convalidação (ou da preclusão)

Se a nulidade não for invocada no momento oportuno, haverá a convalidação do ato inválido (No caso, aplica-se à nulidade relativa, pois nulidades absolutas podem ser arguidas a qualquer momento).

> ***Art. 795*** *- As nulidades não serão declaradas senão mediante provocação das partes, as quais deverão argui-las à primeira vez em que tiverem de falar em audiência ou nos autos.*

> ***§ 1º*** *- Deverá, entretanto, ser declarada ex officio a nulidade fundada em incompetência de foro. Nesse caso, serão considerados nulos os atos decisórios.*

> ***§ 2º*** *- O juiz ou Tribunal que se julgar incompetente determinará, na mesma ocasião, que se faça remessa do processo, com urgência, à autoridade competente, fundamentando sua decisão.*

Fique Ligado

Atenção para o detalhe no § 1º supracitado: A incompetência ali aludida refere-se a incompetência de razão da matéria e não incompetência em razão do lugar (territorialidade). A palavra foro é usada no sentido foro criminal, cível, trabalhista etc. (Incompetência territorial gera nulidade relativa, que preclui; incompetência material gera nulidade absoluta).

04. Princípio da renovação dos atos processuais viciados (ou do saneamento das nulidades ou da economia processual)

A nulidade não será pronunciada quando for possível suprir-se a falta ou repetir-se o ato.

Pode ser usado em caso de nulidade absoluta ou relativa. (Há exceções nas quais a nulidade não poderá ser suprida, ex: nulidade de citação, ilegitimidade de partes etc.).

> ***Art. 796*** *- A nulidade não será pronunciada:*
>
> ***a)*** *Quando for possível suprir-se a falta ou repetir-se o ato;*

05. Princípio do interesse

Somente terá interesse em postular a declaração de nulidade a parte que foi prejudicada, mas que não deu causa a ela. (Aplica-se as nulidades relativas, pois as nulidades absolutas são matérias de ordem pública).

Decorre do princípio geral de direito segundo o qual a ninguém é lícito alegar a própria torpeza em juízo.

Aplica-se apenas às nulidades relativas, pois as nulidades absolutas constituem matéria de ordem pública.

> ***Art. 796*** *- A nulidade não será pronunciada: quando arguida por quem lhe tiver dado causa.*

06. Princípio do Aproveitamento dos Atos Processuais

A nulidade atinge apenas os atos posteriores que dele dependam ou sejam consequência.

Ao pronunciar a nulidade, o juiz ou o tribunal irá delimitar os atos aos quais a declaração de nulidade alcança.

> ***Art. 797*** *- O juiz ou Tribunal que pronunciar a nulidade declarará os atos a que ela se estende.*

> ***Art. 798*** *- A nulidade do ato não prejudicará senão os posteriores que dele dependam ou sejam consequência.*

Exercícios Comentados

01. (CESPE) No processo do trabalho, se considera a nulidade apenas quando do ato questionado resulte manifesto prejuízo à parte que não o praticou e, desde que, não tendo sido arguido por quem lhe haja dado causa, seja possível suprir a falta ou repetir-se o ato, resultando na necessária nulidade do processado, prejudicando não apenas os atos subsequentes como os anteriores, uma vez que prevalece a contaminação dos atos processuais.

ERRADO. A nulidade não será pronunciada quando a falta puder ser suprida ou o ato repetido (princípio da economia processual). Além disso, segundo o princípio do aproveitamento, apenas os posteriores que dele dependam ou sejam consequência serão anulados.

Anotações

CAPÍTULO 04

Exceções

Exceção em sentido amplo é sinônimo de defesa (todas as espécies de defesa). O tema a ser estudado no momento refere-se às exceções em sentido estrito: Suspeição e Impedimento (atacam a imparcialidade do magistrado) e de Incompetência (territorial).

A CLT prevê apenas duas modalidades, a de suspeição e a de incompetência (territorial), entretanto, prevalece que as exceções de impedimento, previstas no CPC, são aplicáveis na esfera processual trabalhista.

Em qualquer uma das três modalidades, o oferecimento gera a suspensão do feito.

> ***Art. 799*** *- Nas causas da jurisdição da Justiça do Trabalho, somente podem ser opostas, com suspensão do feito, as exceções de suspeição ou incompetência.*
>
> *§ 1º - As demais exceções serão alegadas como matéria de defesa.*
>
> *§ 2º - Das decisões sobre exceções de suspeição e incompetência, salvo, quanto a estas, se terminativas do feito, não caberá recurso, podendo, no entanto, as partes alegá-las novamente no recurso que couber da decisão final.*

Exceção de Incompetência

Trata-se de incompetência relativa (em razão do lugar), pois a incompetência absoluta deve ser arguida como preliminar, no próprio bojo da contestação.

Esse tipo de exceção visa a corrigir o juízo competente (competência territorial) para apreciar a ação. (Ex. Empregado ajuizou ação na Vara do Trabalho da cidade "A", mas pelas regras de competência, deveria ter ingressado na justiça trabalhista da cidade "B")

Não pode ser conhecida de ofício pelo Juiz. Apenas o reclamado poderá argui-la e, caso não o faça no prazo da resposta, haverá prorrogação da competência.

Assim que apresentada, o Juiz suspenderá o processo e abrirá vistas ao exceto/excepto (autor da ação e réu na exceção) por 24 horas improrrogáveis, proferindo decisão na primeira audiência ou sessão que se seguir.

> ***Art. 800*** *- Apresentada a exceção de incompetência, abrir-se-á vista dos autos ao exceto, por 24 (vinte e quatro) horas improrrogáveis, devendo a decisão ser proferida na primeira audiência ou sessão que se seguir.*

A decisão que aprecia a exceção em razão do lugar é interlocutória e em regra não caberá nenhum recurso de imediato, salvo quando acolher a exceção e remeter os autos para um TRT distinto daquele a que se vincula o Juízo excepcionado. (Esse assunto será aprofundado posteriormente).

Assim, à decisão que acolher a exceção e remeter para um TRT diverso, caberá recurso de imediato (exemplo: Processo interposto na Justiça do Trabalho em uma das varas da cidade de Cascavel, vinculado ao TRT da 9ª Região. Apresentada exceção de incompetência territorial nesse processo, o juiz a acolhe e o remete para a Justiça do Trabalho da comarca de Bauru, vinculado ao TRT da 15ª Região - nesse caso, cabe recurso de imediato nessa decisão).

> ***SUM-214*** *decisão interlocutória. Irrecorribilidade - Na Justiça do Trabalho, nos termos do* ***art. 893, § 1º, da CLT,*** *as decisões interlocutórias não ensejam recurso imediato, salvo nas hipóteses de decisão:*
>
> *a) de Tribunal Regional do Trabalho contrária à Súmula ou Orientação Jurisprudencial do Tribunal Superior do Trabalho;*
>
> *b) suscetível de impugnação mediante recurso para o mesmo Tribunal;*
>
> *c) que acolhe exceção de incompetência territorial, com a remessa dos autos para Tribunal Regional distinto daquele a que se vincula o juízo excepcionado, consoante o disposto no* ***art. 799, § 2º, da CLT.***

A jurisprudência e a praxe trabalhista têm admitido que a exceção de incompetência em razão do lugar seja apresentada no próprio bojo (corpo) da contestação. (Fundamentam-se nos princípios da informalidade e simplicidade no Processo Trabalhista).

Suspeição e Impedimento

Alegada a exceção de suspeição ou impedimento, o Juiz designará audiência dentro de 48 horas para instrução e julgamento da exceção. (Lembre-se que assim que recebida, o Juiz suspenderá o feito).

> ***Art. 801*** *- O juiz, presidente ou vogal, é obrigado a dar-se por suspeito, e pode ser recusado, por algum dos seguintes motivos, em relação à pessoa dos litigantes:*
>
> *a) Inimizade pessoal;*
>
> *b) Amizade íntima;*
>
> *c) Parentesco por consanguinidade ou afinidade até o terceiro grau civil;*
>
> *d) Interesse particular na causa.*
>
> ***Parágrafo único*** *- Se o recusante houver praticado algum ato pelo qual haja consentido na pessoa do juiz, não mais poderá alegar exceção de suspeição, salvo sobrevindo novo motivo. A suspeição não será também admitida, se do processo constar que o recusante deixou de alegá-la anteriormente, quando já a conhecia, ou que, depois de conhecida, aceitou o juiz recusado ou, finalmente, se procurou de propósito o motivo de que ela se originou.*
>
> ***Art. 802*** *- Apresentada a exceção de suspeição, o juiz ou Tribunal designará audiência dentro de 48 (quarenta e oito) horas, para instrução e julgamento da exceção.*
>
> *a) Não poderá mais ser alegada a suspeição caso haja a prática de qualquer ato que consinta na pessoa do Juiz, salvo se ocorrer um novo motivo.*
>
> *b) Também não será mais admitida se, apesar de conhecida, não foi alegada oportunamente ou se depois de conhecida o recusante aceitou o Juiz recusado.*
>
> *c) Do mesmo modo, caso o recusante procure propositadamente causar um motivo para originar a suspeição, essa não poderá ser arguida.*
>
> *d) Existe divergência doutrinária sobre a aplicação ou não das hipóteses de suspeição previstas no CPC no processo trabalhista. Os favoráveis à aplicação fundamentam-se que a imparcialidade do Juiz é um mandamento constitucional e um direito fundamental. Os contrários embasam-se no fato de não haver omissão da CLT.*
>
> ***CPC - Art. 135.*** *Reputa-se fundada a suspeição de parcialidade do juiz, quando:*
>
> *I. Amigo íntimo ou inimigo capital de qualquer das partes;*
>
> *II. Alguma das partes for credora ou devedora do juiz, de seu cônjuge ou de parentes destes, em linha reta ou na colateral até o terceiro grau;*

III. *Herdeiro presuntivo, donatário ou empregador de alguma das partes;*

IV. *Receber dádivas antes ou depois de iniciado o processo; aconselhar alguma das partes acerca do objeto da causa, ou subministrar meios para atender às despesas do litígio;*

V. *Interessado no julgamento da causa em favor de uma das partes.*

Art. 134. do CPC *- Hipóteses de IMPEDIMENTO:*

É defeso ao juiz exercer as suas funções no processo contencioso ou voluntário:

I. *De que for parte;*

II. *Em que interveio como mandatário da parte, oficiou como perito, funcionou como órgão do Ministério Público, ou prestou depoimento como testemunha;*

III. *Que conheceu em primeiro grau de jurisdição, tendo-lhe proferido sentença ou decisão;*

IV. *Quando nele estiver postulando, como advogado da parte, o seu cônjuge ou qualquer parente seu, consanguíneo ou afim, em linha reta; ou na linha colateral até o segundo grau;*

V. *Quando cônjuge, parente, consanguíneo ou afim, de alguma das partes, em linha reta ou, na colateral, até o terceiro grau;*

VI. *Quando for órgão de direção ou de administração de pessoa jurídica, parte na causa.*

Parágrafo único. *No caso do IV, o impedimento só se verifica quando o advogado já estava exercendo o patrocínio da causa; é, porém, vedado ao advogado pleitear no processo, a fim de criar o impedimento do juiz.*

A **Suspeição** deve ser apresentada juntamente com a defesa (em peça autônoma) ou na primeira oportunidade em que tiver de falar nos autos, sob pena de preclusão.

Já o **Impedimento**, por tratar-se de matéria de ordem pública, pode ser invocado a **qualquer momento**, sendo possível sua arguição até mesmo após o trânsito em julgado, por meio de Ação Rescisória.

Caso esteja envolvido em alguma das situações de suspeição ou impedimento, o Juiz pode declarar-se suspeito ou impedido, inclusive por razões de foro íntimo (nesse caso não precisa justificar).

Nos termos do art. 138 do CPC, as causas de suspeição e impedimento também aplicam-se:

→ Órgão do Ministério Público

→ Serventuários da justiça

→ Perito

→ Assistentes técnicos

→ Intérprete

Quanto ao julgamento das exceções de suspeição e impedimento, entendemos aplicável os ***arts. 313 e 314 do CPC***, *in verbis:*

> ***Art. 313.*** *Despachando a petição, o juiz, se reconhecer o impedimento ou a suspeição, ordenará a remessa dos autos ao seu substituto legal; em caso contrário, dentro de 10 (dez) dias, dará as suas razões, acompanhadas de documentos e de rol de testemunhas, se houver, ordenando a remessa dos autos ao tribunal.*
>
> ***Art. 314.*** *Verificando que a exceção não tem fundamento legal, o tribunal determinará o seu arquivamento; no caso contrário condenará o juiz nas custas, mandando remeter os autos ao seu substituto legal.*

Se após a arguição da exceção de impedimento ou suspeição o Juiz entender que ela tem fundamento, ele remete os autos para seu substituto legal. Caso ele discorde da alegação, remeterá o processo para o Tribunal.

Segundo a doutrina, as exceções de suspeição e impedimento devem ser julgadas antes da exceção de incompetência territorial (se ele é suspeito ou impedido, não pode analisar nada no processo).

Exercícios Comentados

01. ***(CESPE) Considere que Pedro tenha ingressado com uma reclamação trabalhista perante uma vara do trabalho incompetente em razão do lugar. Nesse caso, de acordo com a CLT, a empresa deverá arguir, na própria contestação, preliminar de incompetência territorial, sendo certo que, caso tal fato não ocorra, ainda assim o juiz poderá decretá-la de ofício.***

ERRADO. ***A incompetência em razão do lugar é relativa, não podendo ser arguida de ofício pelo próprio juiz. Se a parte não invocá-la no momento oportuno, ocorrerá a prorrogação da competência.***

Audiência

Apenas em **dias úteis, das 8 as 18 horas, não podendo, em regra, ultrapassar cinco horas** (salvo quando houver matéria urgente), na sede do Juízo ou Tribunal.

Em casos excepcionais, o Juiz pode fixar outro local para a realização da audiência, mediante edital fixado na sede do juízo (antecedência mínima de 24 horas).

> ***Art. 813*** *- As audiências dos órgãos da Justiça do Trabalho serão públicas e realizar-se-ão na sede do Juízo ou Tribunal em dias úteis previamente fixados, entre 8 (oito) e 18 (dezoito) horas, não podendo ultrapassar 5 (cinco) horas seguidas, salvo quando houver matéria urgente.*
>
> ***§ 1º*** *- Em casos especiais, poderá ser designado outro local para a realização das audiências, mediante edital afixado na sede do Juízo ou Tribunal, com a antecedência mínima de 24 (vinte e quatro) horas.*
>
> ***§ 2º*** *- Sempre que for necessário, poderão ser convocadas audiências extraordinárias, observado o prazo do parágrafo anterior.*

O Juiz toma contato com a inicial apenas em audiência, inexiste o despacho para recebimento da inicial (O Diretor da secretaria ou servidor designado por ele recebe a inicial e marca a data da audiência. Recebida e protocolada a inicial, dentro de 48 horas, remete a segunda via ao reclamado, notificando o mesmo da data da audiência).

Entre a notificação do reclamado (citação inicial) e a data da audiência, deverá haver um prazo mínimo de 5 dias (Fazenda Pública e Ministério Público - Prazo em quádruplo - 20 dias).

> ***Art. 841*** *- Recebida e protocolada a reclamação, o escrivão ou secretário, dentro de 48 (quarenta e oito) horas, remeterá a segunda via da petição, ou do termo, ao reclamado, notificando-o ao mesmo tempo, para comparecer à audiência do julgamento, que será a primeira desimpedida, depois de 5 (cinco) dias.*

Em regra, a presença das partes é obrigatória, ainda que seus advogados compareçam. Se apenas comparecer o patrono, independentemente de possuir procuração ou não, a presença da parte é obrigatória (ou seu preposto).

Art. 843 - Na audiência de julgamento deverão estar presentes o reclamante e o reclamado, independentemente do comparecimento de seus representantes salvo nos casos de Reclamatórias Plúrimas ou Ações de Cumprimento, quando os empregados poderão fazer-se representar pelo Sindicato de sua categoria.

§ 1º - É facultado ao empregador fazer-se substituir pelo gerente, ou qualquer outro preposto que tenha conhecimento do fato, e cujas declarações obrigarão o proponente.

§ 2º - Se por doença ou qualquer outro motivo poderoso, devidamente comprovado, não for possível ao empregado comparecer pessoalmente, poderá fazer-se representar por outro empregado que pertença à mesma profissão, ou pelo seu sindicato.

Art. 844 - O não comparecimento do reclamante à audiência importa o arquivamento da reclamação, e o não comparecimento do reclamado importa revelia, além de confissão quanto à matéria de fato.

Parágrafo único - Ocorrendo, entretanto, motivo relevante, poderá o presidente suspender o julgamento, designando nova audiência.

Reclamatória plúrima ou ação de cumprimento: Empregados podem ser substituídos pelo Sindicato.

Empregador pode ser substituído por **preposto** (deve ter conhecimento dos fatos e necessariamente ser empregado, exceto para empregadores domésticos, ME e EPP - S.377).

O atraso tolerado é apenas o do **juiz ou presidente** do Tribunal, que, caso não compareça em 15 minutos, permite que as partes se retirem.

Art. 815 - À hora marcada, o juiz ou presidente declarará aberta a audiência, sendo feita pelo secretário ou escrivão a chamada das partes, testemunhas e demais pessoas que devam comparecer.

***Parágrafo único** - Se, até 15 (quinze) minutos após a hora marcada, o juiz ou presidente não houver comparecido, os presentes poderão retirar-se, devendo o ocorrido constar do livro de registro das audiências.*

OJ-SDI1-245 revelia. Atraso. Audiência.- Inexiste previsão legal tolerando atraso no horário de comparecimento da parte na audiência.

Exercício Comentado

01. (CESPE) Augusto moveu reclamação trabalhista contra determinada empresa. No dia designado para a audiência inaugural, Augusto chegou 15 minutos atrasado. Quanto à situação hipotética acima e às audiências, julgue o próximo item. Na situação considerada, não haverá nenhum prejuízo para Augusto, já que existe previsão legal de tolerância de 15 minutos para as partes.

ERRADO. O atraso de 15 minutos tolerado é apenas para o Juiz. Não existe previsão legal dessa tolerância para as partes que chegam atrasadas.

Princípios Relativos à Audiência Trabalhista

01. Princípio da Concentração dos Atos Processuais

A audiência é una ou única, na qual o Juiz do Trabalho toma conhecimento da inicial, faz a proposta de conciliação, o reclamado apresenta a defesa, são produzidas as provas, as partes apresentam razões finais e, caso rejeitada a segunda proposta conciliatória, é prolatada a sentença. Há situações em que a audiência pode ser adiada para data posterior, como no caso de matéria complexa que impossibilite a apreciação em um único dia. Também pode ser adiada em razão do não comparecimento de testemunha, realização de prova pericial ou por ausência justificada das partes.

Art. 849 - A audiência de julgamento será contínua; mas, se não for possível, por motivo de força maior, concluí-la no mesmo dia, o juiz ou presidente marcará a sua continuação para a primeira desimpedida, independentemente de nova notificação.

02. Princípio da Publicidade

A audiência, em regra, é pública, podendo qualquer pessoa ingressar no recinto e assisti-la. Entretanto, o Juiz poderá decretar, de ofício ou a requerimento das partes, o segredo de justiça. (Por exemplo: na esfera trabalhista: empregado portador do vírus HIV que foi despedido por discriminação).

Constituição Federal, **art. 93** - "IX todos os julgamentos dos órgãos do Poder Judiciário serão públicos, e fundamentadas todas as decisões, sob pena de nulidade, podendo a lei limitar a presença, em determinados atos, às próprias partes e a seus advogados, ou somente a estes, em casos nos quais a preservação do direito à intimidade do interessado no sigilo não prejudique o interesse público à informação;"

03. Princípio da Oralidade

A audiência trabalhista é oral, a defesa é apresentada de forma oral (20 min), são ouvidas as testemunhas e são apresentadas razões finais orais (10 min). Entretanto, a lei não veda a pratica de tais atos mediante forma escrita. A apresentação da contestação pode ser feita por escrito, assim como o juiz pode abrir prazo para que as partes juntem as razões finais por escrito.

Art. 847 - Não havendo acordo, o reclamado terá vinte minutos para aduzir sua defesa, após a leitura da reclamação, quando esta não for dispensada por ambas as partes.

Art. 850 - Terminada a instrução, poderão as partes aduzir razões finais, em prazo não excedente de 10 (dez) minutos para cada uma. Em seguida, o juiz ou presidente renovará a proposta de conciliação, e não se realizando esta, será proferida a decisão.

04. Princípio da Conciliação

Existem duas propostas obrigatórias de conciliação, que, caso não observadas pelo Juiz, geram a nulidade do processo.

A primeira tentativa dá-se antes do recebimento da defesa, na abertura da audiência:

Art. 846 - Aberta a audiência, o juiz ou presidente proporá a conciliação.

A segunda proposta conciliatória é feita após as razões finais:

*Art. 850 - Terminada a instrução, poderão as partes **aduzir razões finais**, em prazo não excedente de 10 (dez) minutos para cada uma. Em seguida, o juiz ou presidente **renovará a proposta de conciliação**, e não se realizando esta, será proferida a decisão.*

Saliente-se que o Juiz pode tentar realizar o acordo a qualquer momento e não apenas nessas duas oportunidades.

Há entendimentos de que, caso não tenha havido a primeira tentativa conciliatória, tal vício poderá ser sanado na ocorrência da segunda tentativa de conciliação.

Importante frisar que o Juiz não está obrigado a homologar a conciliação. (Por exemplo: acordo nitidamente prejudicial ao empregado; objeto de colusão das partes para lesar a ordem jurídica ou terceiros etc.).

SUM-418 Mandado de Segurança visando à Concessão de Liminar ou Homologação de acordo - A concessão de liminar ou a homologação de acordo constituem faculdade do juiz, inexistindo direito líquido e certo tutelável pela via do mandado de segurança.

Caso haja conciliação, o termo lavrado valerá como decisão irrecorrível (poderá ser atacada apenas por Ação Rescisória), salvo para o INSS, que poderá recorrer quantos às parcelas objeto de incidência previdenciária.

***Art. 831** - A decisão será proferida depois de rejeitada pelas partes a proposta de conciliação.*

***Parágrafo único.** No caso de conciliação, o termo que for lavrado valerá como decisão irrecorrível, salvo para a Previdência Social quanto às contribuições que lhe forem devidas.*

Revelia

É a ausência imotivada do reclamado, regularmente notificado, à audiência em que poderia apresentar resposta. Como já visto, as partes devem comparecer, independentemente da presença de seu advogado.

Contumácia é a inatividade das partes quando há chamamento para comparecer em Juízo. A revelia é a contumácia do réu que não comparece para defender-se.

Mesmo se comparecer advogado portando procuração, a ausência do reclamado à audiência gera revelia. Entretanto, ela pode ser elidida pela apresentação de atestado médico.

***SUM-122** revelia. Atestado médico - A reclamada, ausente à audiência em que deveria apresentar defesa, é revel, ainda que presente seu advogado munido de procuração, podendo ser ilidida a revelia mediante a apresentação de atestado médico, que deverá declarar, expressamente, a impossibilidade de locomoção do empregador ou do seu preposto no dia da audiência.*

***Art. 844 da CLT** - O não-comparecimento do reclamante à audiência importa o arquivamento da reclamação, e o não-comparecimento do reclamado importa revelia, além de confissão quanto à matéria de fato.*

***Parágrafo único** - Ocorrendo, entretanto, motivo relevante, poderá o presidente suspender o julgamento, designando nova audiência.*

→ Ausente na audiência:

» **Reclamante (autor)** - Arquivamento

» **Reclamado (réu)** - Revelia

Caso haja adiamento da audiência e o reclamado já tenha apresentado sua contestação, a ausência do reclamante não acarretará o arquivamento do processo.

Se por doença ou qualquer outro motivo poderoso, devidamente comprovado, não for possível ao empregado comparecer pessoalmente, poderá fazer-se representar por outro empregado que pertença à mesma profissão, ou pelo seu sindicato. (Evita o arquivamento).

***Súmula nº 9 do TST** - Ausência do Reclamante - A ausência do reclamante, quando adiada a instrução após contestada a ação em audiência, não importa arquivamento do processo.*

Audiência de Conciliação, Instrução e Julgamento

Em regra ela é contínua (una), mas, se não for possível, por motivo de força maior, concluí-la no mesmo dia, o juiz ou presidente marcará a sua continuação para a primeira desimpedida, independentemente de nova notificação.

→ A audiência pode ser fracionada em três:

» **Audiência de Conciliação (ou inaugural)** - nela o juiz tenta conciliar as partes. Caso o juiz não obtenha êxito, a reclamada apresenta sua defesa.

» **Audiência de Instrução (ou audiência em prosseguimento)** - nela será realizada a colheita das provas.

» **Audiência de Julgamento** - tem por objetivo dar ciência às partes da sentença, por meio de sua publicação (que é dada nessa própria audiência).

Efeitos da Revelia

01. Desnecessidade de intimação do réu dos atos do processo

Salvo se tiver advogado constituído nos autos. Contra o revel que não tenha patrono nos autos, correrão os prazos independentemente de intimação, a partir da publicação de cada ato decisório.

Entretanto, na seara juslaboral, mesmo que não tenha patrono nos autos, o reclamado revel deverá ser notificado pessoalmente da sentença.

***Art. 852** - Da decisão serão os litigantes notificados, pessoalmente, ou por seu representante, na própria audiência. No caso de revelia, a notificação far-se-á pela forma estabelecida no § 1º do art. 841. (Registro postal com franquia ou edital).*

→ O Reclamado é sempre notificado da sentença, mesmo que seja revel.

02. Julgamento Antecipado da Lide

Quando há revelia no processo trabalhista, diante do fato da audiência ser una, a demanda já é julgada de imediato. (Há exceções, por exemplo, quando for exigida prova pericial, como no caso de pedido sobre adicionais de periculosidade ou insalubridade).

03. Presunção de veracidade dos fatos afirmados pelo reclamante

A revelia acarreta, no processo trabalhista, a confissão quanto à matéria de fato (o Juiz presume que os fatos narrados pelo autor na petição inicial são verdadeiros).

***Art. 844** - O não comparecimento do reclamante à audiência importa o arquivamento da reclamação, e o não comparecimento do reclamado importa revelia, além de confissão quanto à matéria de fato.*

***Parágrafo único** - Ocorrendo, entretanto, motivo relevante, poderá o presidente suspender o julgamento, designando nova audiência*

O simples fato de o reclamado ser pessoa jurídica de direito público não elide os efeitos da revelia.

***OJ-SDI1-152** revelia. Pessoa jurídica de direito público. Aplicável. - Pessoa jurídica de direito público sujeita-se à revelia prevista no artigo 844 da CLT.*

Há alguns casos, previstos no CPC, em que não serão aplicáveis os efeitos da revelia:

***Art. 320.** A revelia não induz, contudo, o efeito mencionado no artigo antecedente:*

I. Se, havendo pluralidade de réus, algum deles contestar a ação;

II. Se o litígio versar sobre direitos indisponíveis;

III. Se a petição inicial não estiver acompanhada do instrumento público, que a lei considere indispensável à prova do ato.

Na ação rescisória a revelia não produzirá confissão quanto à matéria fática.

Súmula nº 398 do TST - ação rescisória. Ausência de defesa. Inaplicáveis os efeitos da revelia - Na ação rescisória, o que se ataca na ação é a sentença, ato oficial do Estado, acobertado pelo manto da coisa julgada. Assim sendo, e considerando que a coisa julgada envolve questão de ordem pública, a revelia não produz confissão na ação rescisória.

Exercícios Comentados

01. (FCC) Com relação à Revelia e à Confissão, considere:

I. Para elidir a revelia basta a presença do advogado do réu na audiência munido de procuração e contestação.

II. A revelia implica o prosseguimento do processo contra o réu, independentemente de intimação ou notificação para a contagem do início dos prazos ou para atos do processo, com exceção da sentença, da qual o réu revel será intimado.

III. Em sede de Ação Rescisória não há lugar para os efeitos da revelia, assim, nessa ação a revelia não produz confissão.

Está correto o que se afirma APENAS em:

a) II e III.
b) I e II.
c) III.
d) I.

RESPOSTA. ***"A". "I". O advogado precisaria apresentar atestado médico que declare expressamente que o empregador ou seu preposto estava impossibilitado de se locomover no dia da audiência.***

"II". (lembrar que o réu sempre é intimado da sentença, ainda que seja revel).

"III". Em caso de revelia na Ação Rescisória, o efeito da confissão não será produzido.

Anotações

CAPÍTULO 05

Provas

Terminada a defesa, inicia-se a fase de instrução, na qual o juiz irá colher as provas para formar sua convicção.

As provas tem por finalidade demonstrar a veracidade dos fatos narrados, sendo objeto de prova apenas os fatos pertinentes, relevantes e controvertidos.

Quando as partes ou as testemunhas não falarem a íngua nacional, o juiz ou presidente do tribunal nomearão um interprete para que seja tomado o depoimento desses (aplica-se também para surdo-mudo ou mudo que não saiba escrever - despesas sempre da responsabilidade da parte a que interessa o depoimento).

O ônus da prova incumbe a quem alega. O reclamante deve provar o fato constitutivo de seu direito e o reclamado, os fatos impeditivos, modificativos e extintivos do direito do autor.

> ***Art. 818 , CLT** - A prova das alegações incumbe à parte que as fizer.*
>
> ***Art. 333 do CPC**: O ônus da prova incumbe:*
>
> *I. Ao autor, quanto ao fato constitutivo do seu direito;*
>
> *II. Ao réu, quanto à existência de fato impeditivo, modificativo ou extintivo do direito do autor.*
>
> ***Súmula nº 6 do TST: VIII.** É do empregador o ônus da prova do fato impeditivo, modificativo ou extintivo da equiparação salarial.*

Alguns fatos, por expressa previsão legal não necessitam de prova, conforme disposto no art. 334 do CPC:

> ***Art. 334**: Não dependem de prova os fatos:*
>
> *I. Notórios **(derivado de conhecimento comum, ex. Desabamento de uma ponte que saiu em todos os jornais)**;*
>
> *II. Afirmados por uma parte e confessados pela parte contrária;*
>
> *III. Admitidos, no processo, como incontroversos **(fatos não contestados ou admitidos pelo réu, em razão da confissão)**;*
>
> *IV. Em cujo favor milita presunção legal de existência ou de veracidade (ex. **Arts. 456 e 447 da CLT**)*

Segundo o princípio da *iura novit curia*, o Juiz conhece o direito, não precisando a parte fazer prova da lei (legislação federal), mas em caso de alegação de outras leis, o juiz poderá determinar que a parte faça prova.

Assim, a parte deve fazer prova do direito:

- Estadual
- Municipal
- Estrangeiro
- Consuetudinário (relativo aos costumes)
- Normas coletivas, Sentença Normativa ou Regulamento Empresarial.

> ***Art. 337 do CPC** - A parte, que alegar direito municipal, estadual, estrangeiro ou consuetudinário, provar-lhe-á o teor e a vigência, se assim o determinar o juiz.*

Em alguns casos, o TST admite a inversão do ônus da prova, como por exemplo quando o empregador tiver mais de 10 empregados, ele deve fazer prova da jornada de trabalho por meio de registro de horário. Caso ele não faça essa prova, presume-se como verdadeira a jornada alegada pelo empregado na inicial.

> ***Súmula nº 338 do TST** - jornada de trabalho. Registro. Ônus da prova.*
>
> *I. É ônus do empregador que conta com mais de 10 (dez) empregados o registro da jornada de trabalho na forma do art. 74, § 2º, da CLT. A não-apresentação injustificada dos controles de frequência gera presunção relativa de veracidade da jornada de trabalho, a qual pode ser elidida por prova em contrário.*
>
> *II. A presunção de veracidade da jornada de trabalho, ainda que prevista em instrumento normativo, pode ser elidida por prova em contrário.*
>
> *III. Os cartões de ponto que demonstram horários de entrada e saída uniformes são inválidos como meio de prova, invertendo-se o ônus da prova, relativo às horas extras, que passa a ser do empregador, prevalecendo a jornada da inicial se dele não se desincumbir.*

Exercícios Comentados

01. (CESPE) O empregador com mais de dez empregados está obrigado a registrar a jornada de trabalho de seus empregados, cabendo-lhe, portanto, em processo trabalhista, o ônus de apresentar esses registros; se não o fizer, o juiz deferirá de plano o pedido formulado na inicial, à medida em que não poderá aceitar a produção de prova em contrário.

ERRADO. Caso tenha mais de 10 empregados e não apresente o registro de jornada, ocorrerá a presunção (relativa) de veracidade da jornada de trabalho indicada pelo empregado na inicial, entretanto, essa presunção admite prova em contrário.

Princípios Relativos à Prova

→ **Necessidade da prova**: Não basta alegar, a parte precisa provar suas alegações em juízo. Como diz o velho ditado jurídico: "Alegar e não provar, é o mesmo que nada alegar".

→ **Contraditório e ampla defesa**: As partes tem o direito de produzir todas as provas que a lei lhes permite e de se manifestar sobre as provas produzidas. É o direito que as partes tem de influir no convencimento do magistrado.

→ **Licitude e probidade da prova**: Somente em casos excepcionais e em razão do princípio da proporcionalidade (ou regra da ponderação) poderá ser admitida a produção de prova ilícita no processo (ex. Gravação clandestina - mas esse assunto é bastante controverso).

→ **Imediatidade**: O Juiz colhe pessoalmente a prova (contato direto com as partes e testemunhas em audiência).

→ **Oralidade**: As provas devem ser colhidas em audiência.

→ **Aquisição processual**: A prova produzida no processo passa a pertencer ao processo, independentemente da parte que produziu essa prova.

→ **Livre convencimento motivado do Juiz:** (ou persuasão racional): O Juiz tem liberdade para decidir, mas deve fundamentar os motivos de sua convicção.

→ **Busca da verdade real** (ou primazia da realidade): Deve ser buscada a verdade real ou a que mais se aproxima da realidade. Privilegia-se a realidade dos fato em detrimento de formalismo.

Espécies de Provas

01. Depoimento Pessoal das Partes

A instrução do processo inicia-se com o interrogatório das partes.

A finalidade do depoimento pessoal é provocar a confissão. Caso a parte intimada para depor não compareça, ou comparecendo recuse-se a depor, presumirão se confessos os atos contra ela alegados.

Após depor, a parte pode ir embora e a instrução prosseguirá com seu representante.

> **Art. 848** - *Terminada a defesa, seguir-se-á a instrução do processo, podendo o presidente, ex officio ou a requerimento de qualquer juiz temporário, interrogar os litigantes.*
>
> **§ 1º** - *Findo o interrogatório, poderá qualquer dos litigantes retirar-se, prosseguindo a instrução com o seu representante.*

Aplica-se ao Processo Trabalhista a disposição do **art. 347 do CPC** que desobriga a parte a depor sobre fatos:

Criminosos ou Torpes (que lhe forem imputados).

A cujo respeito deva guardar sigilo (por estado ou profissão).

Se a parte, intimada, não vier à audiência em prosseguimento a qual deveria depor, é aplicada a pena de confissão, entendendo-se como verdadeiros os fatos alegados pela parte diversa (confissão ficta).

Mas as provas que já estiverem no processo podem ser usadas para elidir essa confissão, não havendo cerceamento de defesa se o juiz indeferir o pedido da parte confessa de produção de novas provas sobre esse fato. Isso não impede que o Juiz busque de ofício a produção dessas provas.

> ***Súmula nº 74 do TST*** - *confissão.*
>
> *I. Aplica-se a confissão à parte que, expressamente intimada com aquela cominação, não comparecer à audiência em prosseguimento, na qual deveria depor.*
>
> *II. A prova pré-constituída nos autos pode ser levada em conta para confronto com a confissão ficta (art. 400, I, CPC), não implicando cerceamento de defesa o indeferimento de provas posteriores.*
>
> *III. A vedação à produção de prova posterior pela parte confessa somente a ela se aplica, não afetando o exercício, pelo magistrado, do poder/dever de conduzir o processo.*

02. Documentos

A prova documental será juntada aos autos, pelo reclamante, com a petição inicial, e pelo reclamado, com a defesa, sob pena de preclusão. Abrange não apenas os documentos escritos, mas também os gráficos, as fotografias, as reproduções em vídeo etc.

> ***Art. 787*** - *A reclamação escrita deverá ser formulada em 2 (duas) vias e desde logo acompanhada dos documentos em que se fundar.*

Em regra as partes não podem juntar documentos novos após os momentos acima referidos.

Fazer prova de fatos ocorridos depois dos articulados.

Contrapô-los aos que foram produzidos nos autos.

Juntada de documentos na fase recursal apenas quando houver justo impedimento ou se referir a fato ocorrido depois da sentença.

> ***Súmula nº 8 do TST*** - *juntada de documento. A juntada de documentos na fase recursal só se justifica quando provado o justo impedimento para sua oportuna apresentação ou se referir a fato posterior à sentença.*

As cópias de documentos juntadas podem ser declaradas autênticas pelo próprio advogado, sob sua responsabilidade pessoal. Caso sejam impugnadas, a parte que produziu a prova deverá apresentar os originais ou cópias autenticadas para conferência, cuja verificação será feita pelo serventuário.

> ***Art. 830.*** *O documento em cópia oferecido para prova poderá ser declarado autêntico pelo próprio advogado, sob sua responsabilidade pessoal.*
>
> ***Parágrafo único.*** *Impugnada a autenticidade da cópia, a parte que a produziu será intimada para apresentar cópias devidamente autenticadas ou o original, cabendo ao serventuário competente proceder à conferência e certificar a conformidade entre esses documentos.*

Na falta de algum documento indispensável à propositura da ação, o juiz intimará a parte para suprir a falta em 10 dias, sob pena de indeferimento da inicial.

> ***Súmula 263 do TST*** - *petição inicial. Indeferimento. Instrução obrigatória deficiente - Salvo nas hipóteses do art. 295 do CPC, o indeferimento da petição inicial, por encontrar-se desacompanhada de documento indispensável à propositura da ação ou não preencher outro requisito legal, somente é cabível se, após intimada para suprir a irregularidade em 10 (dez) dias, a parte não o fizer.*

Um bom exemplo de prova que deve ser documental e ocorreu a inversão do ônus da prova é o tratado na súmula 338 do TST. Em caso de ter mais de 10 empregados, o registro da jornada deve ser feito por meio do registro de ponto.

> ***Súmula nº 338 do TST*** - *jornada de trabalho. Registro. Ônus da prova.*
>
> *I. É ônus do empregador que conta com mais de 10 (dez) empregados o registro da jornada de trabalho na forma do art. 74, § 2º, da CLT. A não-apresentação injustificada dos controles de frequência gera presunção relativa de veracidade da jornada de trabalho, a qual pode ser elidida por prova em contrário.*
>
> *II. A presunção de veracidade da jornada de trabalho, ainda que prevista em instrumento normativo, pode ser elidida por prova em contrário.*
>
> *III. Os cartões de ponto que demonstram horários de entrada e saída uniformes são inválidos como meio de prova, invertendo-se o ônus da prova, relativo às horas extras, que passa a ser do empregador, prevalecendo a jornada da inicial se dele não se desincumbir.*

Na falta de documento essencial à propositura da ação, o juiz não indeferirá direto a inicial, ele abre um prazo de 10 dias para que a parte supra essa falta. Se ela não suprir, nesse caso, a inicial será indeferida.

03. Prova Testemunhal

A prova testemunhal é amplamente admitida, salvo quando a lei expressamente disser o contrário:

> ***Art. 400 do CPC****: A prova testemunhal é sempre admissível, não dispondo a lei de modo diverso. O juiz indeferirá a inquirição de testemunhas sobre fatos:*
>
> *I. Já provados por documento ou confissão da parte; (obs: trata-se da confissão real, pois a confissão ficta pode ser elidida por prova em contrário).*
>
> *II. Que só por documento ou por exame pericial puderem ser provados.*

No direito processual do trabalho, há duas hipóteses que não se admite a prova testemunhal: quando houver arguição de insalubridade ou periculosidade e a prova escrita do pagamento dos salários.

> ***Art . 195*** *- A caracterização e a classificação da insalubridade e da periculosidade, segundo as normas do Ministério do Trabalho, far-se-ão por meio de perícia a cargo de Médico do Trabalho ou Engenheiro do Trabalho, registrados no Ministério do Trabalho.*

> ***Art. 464*** *- O pagamento do salário deverá ser efetuado contra recibo, assinado pelo empregado; em se tratando de analfabeto, mediante sua impressão digital, ou, não sendo esta possível, a seu rogo.*

A CLT traz algumas hipóteses em que, de acordo com o relacionamento que possui com a parte, a testemunha não prestará compromisso e seu depoimento valerá como simples informação:

- Parente até terceiro grau civil
- Amigo íntimo
- Inimigo capital

> ***Art. 829*** *- A testemunha que for parente até o terceiro grau civil, amigo íntimo ou inimigo de qualquer das partes, não prestará compromisso, e seu depoimento valerá como simples informação.*

Nos termos do CPC, não podem ser testemunhas os Incapazes, os Impedidos e os Suspeitos (mas se necessário eles podem ser ouvidos, não prestam compromisso e serão considerados meros informantes).

> ***Art. 405. CPC*** *- Podem depor como testemunhas todas as pessoas, exceto as incapazes, impedidas ou suspeitas.*
>
> ***§ 1º*** *São incapazes:*
>
> *I. O interdito por demência;*
>
> *II. O que, acometido por enfermidade, ou debilidade mental, ao tempo em que ocorreram os fatos, não podia discerni-los; ou, ao tempo em que deve depor, não está habilitado a transmitir as percepções;*
>
> *III. O menor de 16 (dezesseis) anos;*
>
> *IV. O cego e o surdo, quando a ciência do fato depender dos sentidos que lhes faltam.*
>
> ***§ 2º*** *São impedidos:*
>
> *I. O cônjuge, bem como o ascendente e o descendente em qualquer grau, ou colateral, até o terceiro grau, de alguma das partes, por consanguinidade ou afinidade, salvo se o exigir o interesse público, ou, tratando-se de causa relativa ao estado da pessoa, não se puder obter de outro modo a prova, que o juiz repute necessária ao julgamento do mérito;*
>
> *II. O que é parte na causa;*
>
> *III. O que intervém em nome de uma parte, como o tutor na causa do menor, o representante legal da pessoa jurídica, o juiz, o advogado e outros, que assistam ou tenham assistido as partes.*
>
> ***§ 3º*** *São suspeitos:*
>
> *I. O condenado por crime de falso testemunho, havendo transitado em julgado a sentença;*
>
> *II. O que, por seus costumes, não for digno de fé;*
>
> *III. O inimigo capital da parte, ou o seu amigo íntimo;*
>
> *IV. O que tiver interesse no litígio.*
>
> ***§ 4º*** *Sendo estritamente necessário, o juiz ouvirá testemunhas impedidas ou suspeitas; mas os seus depoimentos serão prestados independentemente de compromisso* ***(art. 415)*** *e o juiz lhes atribuirá o valor que possam merecer.*

Testemunha que também está demandando a empresa em outro processo pode ser testemunha, tal fato, por si só, não a torna suspeita.

> ***SUM-357 testemunha.*** *Ação contra a mesma reclamada. Suspeição: Não torna suspeita a testemunha o simples fato de estar litigando ou de ter litigado contra o mesmo empregador.*

Testemunha que não falar a língua nacional será inquirida por meio de intérprete nomeado pelo Juiz, assim como a o surdo-mudo ou de mudo que não saiba escrever. Nesses casos, as despesas serão ônus da parte a quem interessar o depoimento.

> ***Art. 819*** *- O depoimento das partes e testemunhas que não souberem falar a língua nacional será feito por meio de intérprete nomeado pelo juiz ou presidente.*
>
> ***§ 1º*** *- Proceder-se-á da forma indicada neste artigo, quando se tratar de surdo-mudo, ou de mudo que não saiba escrever.*
>
> ***§ 2º*** *- Em ambos os casos de que este artigo trata, as despesas correrão por conta da parte a que interessar o depoimento.*

Fique Ligado

Número de Testemunhas

→ ***Procedimento ordinário - 3 para cada parte.***

→ ***Procedimento sumaríssimo - 2 para cada parte.***

→ ***Inquérito judicial para apuração de falta grave - 6 para cada parte.***

> ***Art. 821*** *- Cada uma das partes não poderá indicar mais de 3 (três) testemunhas, salvo quando se tratar de inquérito, caso em que esse número poderá ser elevado a 6 (seis).*

> ***Art. 852-H. - § 2º*** *As testemunhas, até o máximo de duas para cada parte, comparecerão à audiência de instrução e julgamento independentemente de intimação. (Art. Pertinente ao rito sumaríssimo).*

→ **Intimação de Testemunhas**

Procedimento (rito) ordinário: Testemunhas não precisam ser intimadas antes da audiência. As partes devem comparecem à audiência acompanhadas de suas testemunhas (caso a testemunha não compareça, adia-se a audiência e procede-se à intimação da testemunha faltosa).

> ***Art. 845*** *- O reclamante e o reclamado comparecerão à audiência acompanhados das suas testemunhas, apresentando, nessa ocasião, as demais provas.*

Procedimento (rito) sumaríssimo: Testemunhas também não precisam ser intimadas com antecedência, as partes comparecem em audiência acompanhadas dessas. A diferença está no fato de que, caso a testemunha falte, a parte deve comprovar o convite, sob pena de perda da prova. Caso tenha comprovado o convite e a testemunha não tenha comparecido, então, ela será intimada.

> ***Art. 852-H.*** *Todas as provas serão produzidas na audiência de instrução e julgamento, ainda que não requeridas previamente.*
>
> ***§ 1º*** *Sobre os documentos apresentados por uma das partes manifestar-se-á imediatamente a parte contrária, sem interrupção da audiência, salvo absoluta impossibilidade, a critério do juiz.*
>
> ***§ 2º*** *As testemunhas, até o máximo de duas para cada parte, comparecerão à audiência de instrução e julgamento independentemente de intimação.*

§ 3º Só será deferida intimação de testemunha que, comprovadamente convidada, deixar de comparecer. Não comparecendo a testemunha intimada, o juiz poderá determinar sua imediata condução coercitiva.

Em ambos os casos, caso a testemunha não compareça, mesmo após ser intimada, será expedido um mandado de condução coercitiva, além da fixação de uma multa caso não justifique sua falta.

→ **Procedimento**

As testemunhas comparecerão independentemente de intimação. Caso não compareçam, serão intimadas, sendo conduzidas coercitivamente caso não compareçam injustificadamente após essa intimação (além da cominação de multa de um a dez salários mínimos).

As testemunhas não poderão sofrer nenhum desconto no emprego quando invocadas para depor.

Testemunha que seja funcionário público civil ou militar que tiver que depor em horário de serviço, será requisitada ao chefe da repartição.

A testemunha que ainda não depôs não poderá ouvir o depoimento das que estão depondo.

***Art. 820** - As partes e testemunhas serão inquiridas pelo juiz ou presidente, podendo ser reinquiridas, por seu intermédio, a requerimento dos vogais, das partes, seus representantes ou advogados.*

***Art. 822** - As testemunhas não poderão sofrer qualquer desconto pelas faltas ao serviço, ocasionadas pelo seu comparecimento para depor, quando devidamente arroladas ou convocadas.*

***Art. 823** - Se a testemunha for funcionário civil ou militar, e tiver de depor em hora de serviço, será requisitada ao chefe da repartição para comparecer à audiência marcada.*

***Art. 824** - O juiz ou presidente providenciará para que o depoimento de uma testemunha não seja ouvido pelas demais que tenham de depor no processo.*

***Art. 825** - As testemunhas comparecerão à audiência independentemente de notificação ou intimação.*

***Parágrafo único** - As que não comparecerem serão intimadas, ex officio ou a requerimento da parte, ficando sujeitas a condução coercitiva, além das penalidades do art. 730, caso, sem motivo justificado, não atendam à intimação.*

As testemunhas prestam o compromisso legal, sendo qualificadas (quando estritamente necessário, caso o Juiz ouça testemunha incapaz, impedida ou suspeita, essas serão **ouvidas como simples informantes, não prestarão compromissos e o juiz lhes atribuirá o valor que possam merecer).**

***Art. 828 CLT** - Toda testemunha, antes de prestar o compromisso legal, será qualificada, indicando o nome, nacionalidade, profissão, idade, residência, e, quando empregada, o tempo de serviço prestado ao empregador, ficando sujeita, em caso de falsidade, às leis penais.*

***Parágrafo único** - Os depoimentos das testemunhas serão resumidos, por ocasião da audiência, pelo secretário da Junta ou funcionário para esse fim designado, devendo a súmula ser assinada pelo Presidente do Tribunal e pelos depoentes.*

Contradita: É a impugnação da testemunha pela parte contrária, arguindo-lhe a incapacidade, suspeição ou impedimento. Deve ser invocada logo após a qualificação da testemunha e antes do compromisso.

***Art. 413. CPC** O juiz inquirirá as testemunhas separada e sucessivamente; primeiro as do autor e depois as do réu, providenciando de modo que uma não ouça o depoimento das outras.*

***Art. 414. CPC** Antes de depor, a testemunha será qualificada, declarando o nome por inteiro, a profissão, a residência e o estado civil, bem como se tem relações de parentesco com a parte, ou interesse no objeto do processo.*

*§ 1º É lícito à parte contraditar a testemunha, arguindo-lhe a incapacidade, o impedimento ou a suspeição. Se a testemunha negar os fatos que lhe são imputados, a parte poderá provar a contradita com documentos ou com testemunhas, até três, apresentada no ato e inquiridas em separado. Sendo provados ou confessados os fatos, o juiz dispensará a testemunha, ou lhe tomará o depoimento, observando o disposto no **art. 405, § 4º.***

04. Prova Pericial

A prova pericial é necessária quando a apuração dos fatos depender de conhecimentos técnicos, ou seja, de um perito.

O perito será apenas o nomeado pelo Juiz, podendo as partes nomear assistentes técnicos. Atenção: o ***art. 826 da CLT*** que diz que cada uma das partes poderá apresentar um perito ou técnico foi revogado pelo dispositivo a seguir:

***Lei 5.584/70 Art. 3º** - Os exames periciais serão realizados por perito único designado pelo Juiz, que fixará o prazo para entrega do laudo.*

***Parágrafo único.** Permitir-se-á a cada parte a indicação de um assistente, cujo laudo terá que ser apresentado no mesmo prazo assinado para o perito, sob pena de ser desentranhado dos autos.*

A parte sucumbente no objeto da perícia que arcará com os honorários periciais, salvo se beneficiária da Justiça Gratuita.

***Art. 790-B. CLT** A responsabilidade pelo pagamento dos honorários periciais é da parte sucumbente na pretensão objeto da perícia, salvo se beneficiária de justiça gratuita.*

Por outro lado, a remuneração do assistente técnico é de responsabilidade da parte que o nomeou.

***SUM-341** Honorários do assistente técnico - a indicação do perito assistente é faculdade da parte, a qual deve responder pelos respectivos honorários, ainda que vencedora no objeto da perícia.*

→ Atenção para duas súmulas muito cobradas no tópico de provas

***Súmula nº 12 do TST** - carteira profissional. As anotações apostas pelo empregador na carteira profissional do empregado não geram presunção "juris et de jure" (absoluta), mas apenas "juris tantum"(relativa)." (grifo nosso).*

Em face do princípio da continuidade da relação de emprego, quando o empregador negar a prestação do serviço e o despedimento, cabe a ele provar a data da extinção do contrato de trabalho.

***Sum. nº 212 do TST**: despedimento. Ônus da prova. O ônus de provar o término do contrato de trabalho, quando negados a prestação de serviço e o despedimento, é do empregador, pois o princípio da continuidade da relação de emprego constitui presunção favorável ao empregado.*

Exercícios Comentados

01. (CESPE) Considere a seguinte situação hipotética. José foi arrolado como testemunha de Marcos em um processo judicial contra uma determinada empresa. José, no entanto, também estava litigando contra a mesma empresa, em outra ação distinta da de Marcos. Nessa situação, José não poderá ser ouvido como testemunha, pois se tornará suspeito.

ERRADO. O simples fato de estar litigando em outro processo contra o mesmo empregador não torna a testemunha suspeita, sendo admissível o seu depoimento, nos termos da súmula 357 do TST.

Dissídios Individuais: Reclamação Trabalhista

Os dissídios podem ser individuais ou coletivos (os coletivos serão vistos posteriormente).

A função jurisdicional apenas será exercida após a provocação do autor (reclamação trabalhista), em face do princípio da inércia da jurisdição.

Quanto ao Procedimento

Comum

> Rito ordinário.
> Rito sumario.
> Rito sumaríssimo.

Especiais

> Inquérito judicial para apuração de falta grave.
> Dissídio coletivo.
> Ação de cumprimento.

A reclamação trabalhista pode ser apresentada de forma escrita ou de forma verbal.

→ **Requisitos da Reclamação Escrita**

> Endereçamento.
> Qualificação das partes.
> Breve exposição dos fatos (causa de pedir).
> Pedido.
> Valor da causa (para alguns não é obrigatório).
> Endereço para onde as intimações deverão ser enviadas.
> Data e assinatura das partes ou dos representantes.

Ela será formulada em duas vias e junto com ela já são apresentados todos os documentos que embasam a reclamação.

__Art. 840, § 1º da CLT__ - Sendo escrita, a reclamação deverá conter a designação do Presidente da Junta, ou do juiz de direito a quem for dirigida, a qualificação do reclamante e do reclamado, uma breve exposição dos fatos de que resulte o dissídio, o pedido, a data e a assinatura do reclamante ou de seu representante.

__Art. 787__ - A reclamação escrita deverá ser formulada em 2 (duas) vias e desde logo acompanhada dos documentos em que se fundar.

__Art. 788__ - Feita a distribuição, a reclamação será remetida pelo distribuidor à Junta ou Juízo competente, acompanhada do bilhete de distribuição.

Não ocorrendo nenhuma das causas de indeferimento previstas no art. 295 do CPC, mas ela não obedecer outro requisito legal ou não estiver acompanhada de documentos indispensáveis à sua propositura, o indeferimento só poderá ocorrer se após intimada para tanto, a parte não suprir a irregularidade em dez dias.

__SUM-263__ Petição inicial. Indeferimento. Instrução obrigatória deficiente - Salvo nas hipóteses do art. 295 do CPC, o indeferimento da petição inicial, por encontrar-se desacompanhada de documento indispensável à propositura da ação ou não preencher outro requisito legal, somente é cabível se, após __intimada para suprir a irregularidade em 10 (dez) dias__, a parte não o fizer.

→ **Reclamação Verbal**

Após ser distribuída, o reclamante tem de comparecer na secretária **em 5 dias** para reduzir a reclamação a termo.

Caso não compareça, será aplicada uma penalidade: ficará impossibilitado, por **seis meses**, de reclamar junto à Justiça do Trabalho (Perempção Provisória ou Trabalhista). Essa limitação alcança novas demandas que envolvam o mesmo autor, réu e pedidos.

__Art. 786__ - A reclamação verbal será distribuída antes de sua redução a termo.

__Parágrafo único__ - Distribuída a reclamação verbal, o reclamante deverá, salvo motivo de força maior, apresentar-se no prazo de 5 (cinco) dias, ao cartório ou à secretaria, para reduzi-la a termo, sob a pena estabelecida no art. 731.

__Art. 731__ - Aquele que, tendo apresentado ao distribuidor reclamação verbal, não se apresentar, no prazo estabelecido no parágrafo único do art. 786, à Junta ou Juízo para fazê-lo tomar por termo, incorrerá na pena de perda, pelo prazo de 6 (seis) meses, do direito de reclamar perante a Justiça do Trabalho.

Caso o reclamante não compareça na audiência, o processo será arquivado. Se ele fizer isso **duas vezes seguidas**, incorrerá na mesma penalidade acima descrita. (Perempção trabalhista ou provisória - 6 meses).

__Art. 732__ - Na mesma pena do artigo anterior incorrerá o reclamante que, por 2 (duas) vezes seguidas, der causa ao arquivamento de que trata o art. 844.

__Art. 844__ - O não comparecimento do reclamante à audiência importa o arquivamento da reclamação, e o não comparecimento do reclamado importa revelia, além de confissão quanto à matéria de fato. Parágrafo único - Ocorrendo, entretanto, motivo relevante, poderá o presidente suspender o julgamento, designando nova audiência.

Nos locais em que houver mais de uma Vara do trabalho, ela será distribuída, de acordo com a ordem rigorosa de sua apresentação (nos locais com apenas uma Vara, a reclamação será apresentada diretamente à secretaria da Vara).

Assim que recebida a inicial, ela será remetida em 48 horas para o reclamado, com a data da audiência, que será a primeira desimpedida depois de cinco dias.

Em regra a notificação (citação inicial) é feita via postal com AR. Caso não seja encontrado ou crie embaraços para o recebimento, será notificado por edital.

__Art. 841__ - Recebida e protocolada a reclamação, o escrivão ou secretário, dentro de 48 (quarenta e oito) horas, remeterá a segunda via da petição, ou do termo, ao reclamado, notificando-o ao mesmo tempo, para comparecer à audiência do julgamento, que será a primeira desimpedida, depois de 5 (cinco) dias.

__§ 1º__ - A notificação será feita em registro postal com franquia. Se o reclamado criar embaraços ao seu recebimento ou não for encontrado, far-se-á a notificação por edital, inserto no jornal oficial ou no que publicar o expediente forense, ou, na falta, afixado na sede da Junta ou Juízo.

__§ 2º__ - O reclamante será notificado no ato da apresentação da reclamação ou na forma do parágrafo anterior.

Em caso de vários empregados entrando contra a mesma empresa e sendo a matéria idêntica, as reclamações podem ser cumuladas em um só processo (reclamatórias plúrimas).

Art. 842 - Sendo várias as reclamações e havendo identidade de matéria, poderão ser acumuladas num só processo, se se tratar de empregados da mesma empresa ou estabelecimento.

Fique Ligado

Inicial recebida - remete segunda via ao reclamado em 48 horas - mínimo 5 dias antes da audiência (Fazenda Pública e Ministério Público, mínimo 20 dias).

Exercícios Comentados

01. (CESPE) A reclamação verbal deve ser distribuída antes de sua redução a termo. Distribuída a reclamação verbal, o reclamante deve, salvo motivo de força maior, apresentar-se no prazo de cinco dias, ao cartório ou à secretaria, para reduzi-la a termo, sob pena de perempção.

ERRADO. Questão bastante maliciosa, pois perempção é diferente de perempção provisória. Perempção apenas (como está na questão) trata-se da perda do direito de pleitear em virtude de 3 arquivamentos seguidos (Art. 268, p.u. do CPC). A penalidade trabalhista é mais branda, a perda desse direito é provisória, dá-se apenas por 6 meses (denominada perempção provisória pela doutrina).

Contestação e Reconvenção

É a principal modalidade de defesa do réu. Por meio dela o réu expõe todas as suas alegações de defesa, contrapondo-se aos fatos narrados e pretensões que o autor aduziu na sua petição inicial. Além disso, é a única modalidade de defesa que tem por condão evitar a revelia.

O reclamado terá 20 minutos para apresentar sua defesa oral ou, o que é mais comum, entregá-la ao juiz por escrito, juntamente com os documentos que comprovem suas alegações.

Art. 847 - Não havendo acordo, o reclamado terá vinte minutos para aduzir sua defesa, após a leitura da reclamação, quando esta não for dispensada por ambas as partes.

A Contestação pode ser dividida em preliminares (defesas processuais diretas ou peremptórias), previstas no art. 301 do CPC, que atacam o processo e, em mérito, que ataca a pretensão do autor.

Após a verificação da existência de preliminares que possam impedir a apreciação do pedido (pois geram a extinção do processo sem o julgamento do mérito), no mérito, a reclamada deverá arguir a prescrição, a decadência, a compensação e a retenção.

Art. 767 - A compensação, ou retenção, só poderá ser arguida como matéria de defesa"

***Súmula nº 18 do TST** - COMPENSAÇÃO - A compensação, na Justiça do Trabalho, está restrita a dívidas de natureza trabalhista.*

***Súmula nº 48 do TST**- COMPENSAÇÃO- A compensação só poderá ser arguida com a contestação.*

Compensação e Retenção → Arguidas apenas como matéria de defesa.

Compensação → restrita a dívidas trabalhistas e só pode ser invocada na contestação.

A prescrição é a perda do direito de ação pela inércia do titular do direito. Ela ocorrerá em dois anos, contados a partir da rescisão do contrato de trabalho, e, ainda, consideram-se prescritos os direitos anteriores a cinco anos a contar da propositura da ação (Salvo no caso de FGTS, em que a prescrição é trintenária).

Constituição Federal de 1988:

***Art. 7º, inciso XXIX:** - ação, quanto aos créditos resultantes das relações de trabalho, com prazo prescricional de cinco anos para os trabalhadores urbanos e rurais, até o limite de dois anos após a extinção do contrato de trabalho.*

***Súmula 362 do TST** - FGTS. PRESCRIÇÃO - É trintenária a prescrição do direito de reclamar contra o não recolhimento da contribuição para o FGTS, observado o prazo de 2 (dois) anos após o término do contrato de trabalho.*

Princípios Fundamentais Aplicáveis

Princípio da Eventualidade

O réu deve aduzir todas as defesas que tiver contra o processo e contra o pedido do autor, a fim de que, na eventualidade de o Juiz não acolher a primeira alegação, acolha a segunda e assim sucessivamente.

→ **Seria o caso de uma contestação dizendo:**

» Ele não trabalhou para o réu.

» Se entender que trabalhou, era como autônomo e não como empregado.

» Se entender que era como empregado, ele não fez hora extra.

» Se entender que fez hora extra, elas já foram pagas.

» Se entender que não foram pagas, o percentual incide sobre um valor menor do que o alegado.

Assim, caso o juiz não acolha uma das defesas, ele parte para a seguinte.

Princípio da Contestação ou Impugnação Específica

Cabe ao réu manifestar-se precisamente sobre todos os fatos narrados na petição inicial. Presumem-se verdadeiros os fatos não impugnados (Presunção relativa). Desse modo, é vedada a contestação genérica ou por negativa geral.

Essa regra, conforme previsão do ***art. 302 do CPC,*** não se aplica aos fatos:

I. Se não for admissível, a seu respeito, a confissão;

II. Se a petição inicial não estiver acompanhada do instrumento público que a lei considerar da substância do ato.

III. Se estiverem em contradição com a defesa, considerada em seu conjunto.

Ainda de acordo com o supracitado dispositivo, a regra da impugnação especificada não se aplica ao advogado dativo, ao curados especial e ao órgão do Ministério Público.

O réu deve manifestar-se sobre todos os fatos narrados na inicial. Fatos não impugnados são considerados verdadeiros.

→ **Matérias que podem ser alegadas após a contestação:**

Nos moldes do ***art. 303 do CPC***, algumas matérias podem ser invocadas após a contestação:

***Art. 303** - Depois da contestação, só é lícito deduzir novas alegações quando:*

I. Relativas a direito superveniente;

II. Competir ao juiz conhecer delas de ofício

III. Por expressa autorização legal, puderem ser formuladas em qualquer tempo e juízo.

***Art. 462 do CPC**: Se depois da propositura da ação, algum fato constitutivo, modificativo ou extintivo do direito influir no julgamento da lide, caberá ao juiz tomá-lo em consideração, de ofício ou a requerimento da parte, no momento de proferir a sentença*

***Súmula 394 do TST: ART. 462 DO CPC**. FATO SUPERVENIENTE - O art. 462 do CPC, que admite a invocação de fato constitutivo, modificativo ou extintivo do direito, superveniente à propositura da ação, é aplicável de ofício aos processos em curso em qualquer instância trabalhista.*

Exercícios Comentados

01. (FCC) A compensação:

a) Pode ser determinada pelo juiz de ofício se a dívida for constatada na fase da execução da sentença.

b) Pode ser alegada pelo reclamante na inicial, quando tratar-se de dívida de natureza comercial.

c) Pode ocorrer com dívida de natureza civil, desde que entre as mesmas partes.

d) Só pode ser arguida na contestação, jamais no curso do processo ou na fase recursal.

e) Consiste no direito do reclamado reter alguma quantia do reclamante, até que a dívida deste seja quitada.

RESPOSTA. "D". A compensação não pode ser conhecida de ofício, devendo o reclamado argui-la na contestação apenas, sendo que ela está restrita a dívidas de natureza trabalhista.

Reconvenção

Trata-se de uma ação pela qual o réu, no mesmo processo em que foi demandado, move contra o reclamante. Ela corresponde a um contra-ataque do réu, não sendo obrigatória, pois ele poderia postular o seu direito em outra ação.

Apresentada em peça autônoma, será julgada na mesma sentença com a reclamação. (Mas em razão do princípio da informalidade que rege o processo trabalhista, a jurisprudência tem admitido que ela seja aduzida no próprio corpo da contestação, podendo ser feita inclusive de forma oral).

A compensação de valores, conforme já visto, deve ser arguida na própria contestação e não mediante reconvenção.

> ***Art. 767 CLT** - A compensação, ou retenção, só poderá ser arguida como matéria de defesa.*

Em caso de admissibilidade, a ação e a reconvenção serão julgadas na mesma sentença (***art. 318 CPC***).

Aplicada apenas em caso de versar sobre verbas de natureza trabalhista, então seu enquadramento dar-se-ia apenas em raríssimas hipóteses.

Anotações

CAPÍTULO 06

Procedimentos

(Ritos)

Rito Ordinário

É o procedimento padrão. **Aplica-se às lides acima de 40 salários mínimos e àquelas em que for parte da Administração Pública Direta, autárquica e fundacional.**

Rito Sumário

(Ou dissídio de alçada)

→ Sua aplicação é polêmica, para muitos, ele foi revogado (Lei 5.584/70).

→ Utilizado nas causas cujo valor **não exceder a 2 salários mínimos**.

→ Trâmites semelhantes ao do rito ordinário, mudando apenas na fase recursal.

→ Das decisões no dissídio de alçada, **não caberá nenhum recurso**, salvo se a decisão versar sobre matéria constitucional.

> ***Lei 5.584/70: Art. 1º*** *Nos processos perante a Justiça do Trabalho, observar-se-ão os princípios estabelecidos nesta lei.*
>
> ***Art. 2º*** *Nos dissídios individuais, proposta a conciliação, e não havendo acordo, o Presidente, da Junta ou o Juiz, antes de passar à instrução da causa, fixar-lhe-á o valor para a determinação da alçada, se este for indeterminado no pedido.*
>
> ***§ 1º*** *Em audiência, ao aduzir razões finais, poderá qualquer das partes, impugnar o valor fixado e, se o Juiz o mantiver, pedir revisão da decisão, no prazo de 48 (quarenta e oito) horas, ao Presidente do Tribunal Regional.*
>
> ***§ 2º*** *O pedido de revisão, que não terá efeito suspensivo deverá ser instruído com a petição inicial e a Ata da Audiência, em cópia autenticada pela Secretaria da Junta, e será julgado em 48 (quarenta e oito) horas, a partir do seu recebimento pelo Presidente do Tribunal Regional.*
>
> ***§ 3º*** *Quando o valor fixado para a causa, na forma deste artigo,* ***não exceder de 2 (duas) vezes o salário-mínimo*** *vigente na sede do Juízo, será dispensável o resumo dos depoimentos, devendo constar da Ata a conclusão da Junta quanto à matéria de fato.*
>
> ***§ 4º - Salvo se versarem sobre matéria constitucional, nenhum recurso caberá das sentenças proferidas nos dissídios da alçada*** *a que se refere o parágrafo anterior, considerado, para esse fim, o valor do salário mínimo à data do ajuizamento da ação.*

Rito Sumaríssimo

Valor da causa não ultrapassar 40 salários mínimos (também pode aparecer na prova como rito utilizado para causas de 2 até 40 salários mínimos). Apenas em **dissídios individuais.**

Como não é pacífico, se o rito sumário foi ou não extinto, cuidado nas questões. As bancas podem se referir tanto ao rito sumaríssimo como englobado entre 2 a 40 salários mínimos (aí está entendendo que não foi revogado), como pode entender que abrange as causas cujo valor não ultrapasse 40 salários mínimos (nesse caso, adota o entendimento que está revogado).

Por expressa previsão legal, estão excluídas desse rito as demandas em que é parte a Administração Direta, autárquica e fundacional.

> ***Art. 852-A. CLT*** *- Os dissídios individuais cujo valor* ***não exceda a quarenta vezes o salário mínimo*** *vigente na data do ajuizamento da reclamação ficam submetidos ao procedimento sumaríssimo.*
>
> **Parágrafo único. *Estão excluídas*** *do procedimento sumaríssimo as demandas em que é parte a Administração Pública direta, autárquica e fundacional.*

→ Administração Pública direta, autárquica e fundacional: excluídas do rito sumaríssimo.

→ Empresa Pública e Sociedade de Economia Mista: Não estão excluídas.

O pedido deve ser certo ou determinado, indicando o valor correspondente. O autor deve indicar corretamente o nome e endereço do reclamado, **não há citação por edital**. (Se o reclamante não atender esses dois requisitos, a ação será arquivada e ele será condenado ao pagamento das custas).

A apreciação deverá ocorrer em 15 dias do ajuizamento.

Cada parte poderá indicar apenas 2 testemunhas, as quais, comparecerão independentemente de intimação. Caso não compareçam, serão intimadas apenas se foram comprovadamente intimadas. Se mesmo após intimação não comparecer, o Juiz poderá determinar sua condução coercitiva.

A audiência é una. Nela serão produzidas todas as provas, ainda que não requeridas previamente.

O Juiz possui maior liberdade na condução do processo em relação a matéria probatória.

> ***Art. 852-D.*** *O juiz dirigirá o processo com liberdade para determinar as provas a serem produzidas, considerado o ônus probatório de cada litigante, podendo limitar ou excluir as que considerar excessivas, impertinentes ou protelatórias, bem como para apreciá-las e dar especial valor às regras de experiência comum ou técnica.*

As partes manifestam-se imediatamente sobre os documentos apresentados pela parte contrária, sem interrupção da audiência (salvo absoluta impossibilidade, à critério do Juiz).

Prova técnica: somente quando a prova do fato ou a lei o exigir será deferida (manifestação sobre o laudo: prazo comum de 5 dias).

O Juiz fará o saneamento na própria audiência, decidindo imediatamente sobre eventuais incidentes processuais e exceções. As demais questões serão decididas apenas na sentença.

> ***Art. 852-G.*** *Serão decididos, de plano, todos os incidentes e exceções que possam interferir no prosseguimento da audiência e do processo. As demais questões serão decididas na sentença.*

Mudança de endereço: Comunicadas pelas partes e advogados (ausência = são consideradas eficazes as intimações enviadas para o local anteriormente indicado).

> ***Art. 852-B. CLT*** *Nas reclamações enquadradas no procedimento sumaríssimo:*
>
> ***I.*** *O pedido deverá ser certo ou determinado e indicará o valor correspondente;*
>
> ***II.*** ***Não se fará citação por edital****, incumbindo ao autor a correta indicação do nome e endereço do reclamado;*
>
> ***III.*** ***A apreciação da reclamação deverá ocorrer no prazo máximo de quinze dias do seu ajuizamento****, podendo constar de pauta especial, se necessário, de acordo com o movimento judiciário da Junta de Conciliação e Julgamento.*

§ 1º O não atendimento, pelo reclamante, do disposto nos incisos I e II deste artigo importará no ***arquivamento da reclamação e condenação ao pagamento de custas sobre o valor da causa.***

§ 2º As partes e advogados comunicarão ao juízo as mudanças de endereço ocorridas no curso do processo, ***reputando-se eficazes as intimações enviadas ao local anteriormente indicado, na ausência de comunicação.***

Art. 852-C. *As demandas sujeitas a rito sumaríssimo serão instruídas e julgadas em* ***audiência única****, sob a direção de juiz presidente ou substituto, que poderá ser convocado para atuar simultaneamente com o titular.*

Art. 852-D. *O juiz dirigirá o processo com liberdade para determinar as provas a serem produzidas, considerado o ônus probatório de cada litigante, podendo limitar ou excluir as que considerar excessivas, impertinentes ou protelatórias, bem como para apreciá-las e dar especial valor às regras de experiência comum ou técnica.*

Art. 852-E. *Aberta a sessão, o juiz esclarecerá as partes presentes sobre as vantagens da conciliação e usará os meios adequados de persuasão para a solução conciliatória do litígio, em qualquer fase da audiência.*

Art. 852-F. *Na ata de audiência serão registrados resumidamente os atos essenciais, as afirmações fundamentais das partes e as informações úteis à solução da causa trazidas pela prova testemunhal.*

Art. 852-G. Serão decididos, de plano, todos os incidentes e exceções que possam interferir no prosseguimento da audiência e do processo. As demais questões serão decididas na sentença.

Art. 852-H. Todas as provas serão produzidas na audiência de instrução e julgamento, ainda que não requeridas previamente.

§ 1º Sobre os documentos apresentados por uma das partes ***manifestar-se-á imediatamente a parte contrária****, sem interrupção da audiência,* ***salvo absoluta impossibilidade, a critério do juiz.***

§ 2º As testemunhas, ***até o máximo de duas para cada parte****, comparecerão à audiência de instrução e julgamento* ***independentemente de intimação****.*

§ 3º Só será deferida intimação de testemunha que, ***comprovadamente convidada****, deixar de comparecer. Não comparecendo a testemunha intimada, o juiz poderá determinar sua imediata condução coercitiva.*

§ 4º ***Somente quando a prova do fato o exigir, ou for legalmente imposta, será deferida prova técnica****, incumbindo ao juiz, desde logo, fixar o prazo, o objeto da perícia e nomear perito.*

§ 6º As partes serão intimadas a manifestar-se sobre o laudo, no prazo comum de cinco dias.

§ 7º ***Interrompida a audiência, o seu prosseguimento e a solução do processo dar-se-ão no prazo máximo de trinta dias, salvo motivo relevante justificado nos autos pelo juiz da causa.***

Art. 852-I. *A sentença mencionará os elementos de convicção do juízo, com resumo dos fatos relevantes ocorridos em audiência, dispensado o relatório.*

§ 1º O juízo adotará em cada caso a decisão que reputar mais justa e equânime, atendendo aos fins sociais da lei e as exigências do bem comum.

§ 3º As partes serão intimadas da sentença na própria audiência em que prolatada.

A sentença em procedimento sumaríssimo mencionará os elementos de convicção do juízo, com resumo dos fatos relevantes ocorridos em audiência, **dispensado o relatório**.

Particularidades do Rito Sumaríssimo na Fase Recursal

Serão estudadas caso a caso, conforme análise de cada recurso em espécie. Entretanto, como cai muito em prova, veremos uma esquematização das principais peculiaridades recursais nesse tipo de procedimento.

Recurso Ordinário e o Rito Sumaríssimo

Art. 895 da CLT: *§ 1º - Nas reclamações sujeitas ao procedimento sumaríssimo, o recurso ordinário:*

II. Será imediatamente distribuído, uma vez recebido no Tribunal, devendo o relator liberá-lo no prazo máximo de dez dias, e a Secretaria do Tribunal ou Turma colocá-lo imediatamente em pauta para julgamento, sem revisor;

III. Terá parecer oral do representante do Ministério Público presente à sessão de julgamento, se este entender necessário o parecer, com registro na certidão;

IV. Terá acórdão consistente unicamente na certidão de julgamento, com a indicação suficiente do processo e parte dispositiva, e das razões de decidir do voto prevalente. Se a sentença for confirmada pelos próprios fundamentos, a certidão de julgamento, registrando tal circunstância, servirá de acórdão.

§ 2º Os Tribunais Regionais, divididos em Turmas, poderão designar Turma para o julgamento dos recursos ordinários interpostos das sentenças prolatadas nas demandas sujeitas ao procedimento sumaríssimo.

Recurso de Revista e o Rito Sumaríssimo

Art. 896 da CLT: *§ 6º Nas causas sujeitas ao procedimento sumaríssimo, somente será admitido recurso de revista por contrariedade a súmula de jurisprudência uniforme do Tribunal Superior do Trabalho e violação direta da Constituição da República.*

Exercícios Comentados

01. (CESPE) Os dissídios individuais envolvendo a administração pública direta, autárquica e fundacional observarão o rito ordinário trabalhista, exceto quando o valor da causa não exceder a 40 vezes o salário mínimo vigente na data do ajuizamento da reclamação.

ERRADO. Independentemente do valor, quando uma causa envolver a Fazenda Pública (Administração Direta, autárquica e fundacional), ela não poderá tramitar sobre o rito sumaríssimo, por expressa previsão da CLT.

02. Com relação ao procedimento sumaríssimo estipulado na CLT, assinale a opção correta.

a) Nas reclamações enquadradas no referido procedimento, não é permitida a citação por edital, incumbindo ao autor a correta indicação do nome e do endereço do reclamado.

b) Nas reclamações enquadradas no referido procedimento, o pedido pode ser ilíquido, desde que não seja possível a parte indicá-lo expressamente.

c) O procedimento sumaríssimo é apropriado para reclamação trabalhista com valor de até sessenta vezes o salário mínimo vigente na data do seu ajuizamento.

d) O número máximo de testemunhas que cada uma das partes pode indicar é três, devendo elas comparecer à audiência de instrução e julgamento independentemente de intimação ou convite.

RESPOSTA. "A". De acordo com a CLT, o pedido deve ser certo ou determinado, ele não pode ser ilíquido. Nesse caso, deve optar pelo rito ordinário. Ele é apropriado para ações com o valor até 40 salários mínimos. No sumaríssimo, o número máximo de testemunhas é de 2 para cada parte.

Sentença

É o ato do Juiz que implica em alguma das situações dos arts. 267 (decisão terminativa) e 269 (decisão definitiva) do CPC. Ela põe termo ao processo naquela instância, apreciando ou não o mérito da causa.

> ***Art. 267.*** *Extingue-se o processo, **sem resolução de mérito:***
>
> *I.* *Quando o juiz indeferir a petição inicial;*
>
> *II.* *Quando ficar parado durante mais de 1 (um) ano por negligência das partes;*
>
> *III.* *Quando, por não promover os atos e diligências que lhe competir, o autor abandonar a causa por mais de 30 (trinta) dias;*
>
> *IV.* *Quando se verificar a ausência de pressupostos de constituição e de desenvolvimento válido e regular do processo;*
>
> *V.* *Quando o juiz acolher a alegação de perempção, litispendência ou de coisa julgada;*
>
> *VI.* *Quando não concorrer qualquer das condições da ação, como a possibilidade jurídica, a legitimidade das partes e o interesse processual;*
>
> *VII.* *Pela convenção de arbitragem;*
>
> *VIII.* *Quando o autor desistir da ação;*
>
> *IX.* *Quando a ação for considerada intransmissível por disposição legal;*
>
> *X.* *Quando ocorrer confusão entre autor e réu;*
>
> *XI.* *Nos demais casos prescritos neste Código.*
>
> ***Art. 269. Haverá resolução de mérito:***
>
> *I.* *Quando o juiz acolher ou rejeitar o pedido do autor;*
>
> *II.* *Quando o réu reconhecer a procedência do pedido;*
>
> *III.* *Quando as partes transigirem;*
>
> *IV.* *Quando o juiz pronunciar a decadência ou a prescrição;*
>
> *V.* *Quando o autor renunciar ao direito sobre que se funda a ação.*

Em caso de **conciliação**, será lavrado um termo, que valerá como **decisão irrecorrível** (atacável apenas pela via rescisória), **exceto para a Previdência Social**, quanto as contribuições que lhe forem devidas.

> ***Art. 831 CLT*** *- A decisão será proferida depois de rejeitada pelas partes a proposta de conciliação.*
>
> **Parágrafo único.** *No caso de conciliação, o termo que for lavrado valerá como **decisão irrecorrível, salvo para a Previdência Social quanto às contribuições que lhe forem devidas.***
>
> ***SUM-259*** *- termo de conciliação. Ação rescisória - só por ação rescisória é impugnável o termo de conciliação previsto no parágrafo único do art. 831 da CLT.*

→ **Conciliação**: termo lavrado:

Irrecorrível para as partes (transita em julgado imediatamente - atacada apenas por Ação Rescisória).

→ **Previdência Social**: pode recorrer das contribuições que lhe forem devidas (não é irrecorrível para ela).

Requisitos da Sentença

> Nome das partes.

> Relatório (resumo do pedido, da defesa e apreciação das provas) - dispensado no sumaríssimo

> Fundamentação (Subsunção dos fatos provados ao Direito).

> Dispositivo (conclusão - é a parte que irá transitar em julgado).

> Requisitos complementares → As **custas** a serem pagas pela parte vencida e **natureza jurídica das verbas** devem sempre constar na decisão.

> A decisão cognitiva ou homologatória deverá indicar a natureza jurídica das parcelas.

> Decisões homologatórias desde que contenham parcela indenizatória → União será intimada para, facultativamente, interpor recurso relativo aos tributos devidos.

> O Ministro de Estado da Fazenda poderá dispensar manifestação da União (ato fundamentado) quando o montante da parcela indenizatória envolvida ocasionar perda de escala decorrente da atuação do órgão jurídico. (Não atua se o valor for inferior a um teto determinado por ele).

> ***Art. 832 CLT*** *- Da decisão deverão constar o nome das partes, o resumo do pedido e da defesa, a apreciação das provas, os fundamentos da decisão e a respectiva conclusão.*
>
> ***§ 1º*** *- Quando a decisão concluir pela procedência do pedido, determinará o prazo e as condições para o seu cumprimento.*
>
> ***§ 2º*** *- A decisão mencionará sempre as custas que devam ser pagas pela parte vencida.*
>
> ***§ 3º*** *As decisões cognitivas ou homologatórias deverão sempre **indicar a natureza jurídica das parcelas constantes da condenação ou do acordo homologado,** inclusive o limite de responsabilidade de cada parte pelo recolhimento da contribuição previdenciária, se for o caso.*
>
> ***§ 4º*** *A **União** será intimada das **decisões homologatórias de acordos que contenham parcela indenizatória,** na forma do art. 20 da Lei no 11.033, de 21 de dezembro de 2004, **facultada a interposição de recurso relativo aos tributos que lhe forem devidos**.*
>
> ***§ 5º*** *Intimada da sentença, a União poderá interpor recurso relativo à discriminação de que trata o § 3º deste artigo.*
>
> ***§ 6º O acordo celebrado após o trânsito em julgado da sentença ou após a elaboração dos cálculos de liquidação de sentença não prejudicará os créditos da União.***
>
> ***§ 7º O Ministro de Estado da Fazenda*** *poderá, mediante ato fundamentado, dispensar a manifestação da União nas decisões homologatórias de acordos em que o montante da parcela indenizatória envolvida ocasionar perda de escala decorrente da atuação do órgão jurídico.*

Correção de Erros na Decisão

a) Materiais (de escrita, datilografia ou cálculo): De ofício ou a requerimento (partes ou PJT) - Apenas **antes da execução.**

b) Conteúdo / Mérito: por meio de recurso.

c) Contradição, Obscuridade ou Omissão → Embargos de Declaração:

> ***Art. 833 CLT*** *- Existindo na decisão evidentes erros ou enganos de escrita, de datilografia ou de cálculo, poderão os mesmos, **antes da execução,** ser corrigidos, ex officio, ou a requerimento dos interessados ou da Procuradoria da Justiça do Trabalho.*

A intimação da sentença dá-se na própria audiência, devendo o Juiz juntá-la em 48 horas aos autos. (Juntada após: prazo recursal contado da intimação da sentença).

> ***SUM-30*** *- Intimação da sentença - quando não juntada a ata ao processo em 48 horas, contadas da audiência de julgamento (art. 851, § 2º, da CLT), o prazo para recurso será contado da data em que a parte receber a intimação da sentença.*

No caso de revelia, o revel tem de ser intimado.

> ***Art. 834*** *- Salvo nos casos previstos nesta Consolidação, a publicação das decisões e sua notificação aos litigantes, ou a seus patronos, consideram-se realizadas nas próprias audiências em que forem as mesmas proferidas.*

> ***Art. 852*** *- Da decisão serão os litigantes notificados, pessoalmente, ou por seu representante, na própria audiência. No caso de revelia, a notificação far-se-á pela forma estabelecida no § 1º do art. 841.*

Tipos de Sentença

→ **Declaratória**: declara a existência ou não de um fato, a autenticidade ou falsidade de um documento, ou a existência ou não de uma relação jurídica. (Por exemplo: declaração do vínculo de emprego).

→ **Constitutiva**: Além de declarar a existência de um fato ou direito, ela cria, modifica ou extingue uma relação jurídica (Por exemplo: reconhece o cometimento de falta grave e extingue o contrato de trabalho do estável).

→ **Condenatória**: Impõe uma obrigação (pagar, fazer, não fazer). Caso não seja cumprida, comporta execução (Por exemplo: decisão condenando ao pagamento de horas extras).

→ **Mandamental**: Essa modalidade de sentença, além de declarar um direito e condenar a adimplemento de uma prestação, gera uma ordem de cumprimento imediato, não necessitando de execução (Por exemplo: decisões em mandado de segurança e tutela antecipada).

Ainda existe as três classificações de sentença em reação à amplitude de análise do pedido da parte, são vícios na sentença:

→ **Ultra Petita**: Vai além do pedido, confere à parte mais do que ela pleiteou.

→ **Extra Petita**: Juiz defere uma pretensão diversa da postulada.

→ **Citra Petita**: Omissão na análise de algum pedido (comporta embargos de declaração).

Súmula 396 do TST - Diz que quando o Juiz deferir pagamento de salário em vez de reintegrar, não existe sentença extra petita (no caso de já ter exaurido o período da estabilidade).

> ***Súmula nº 396 do TST*** *- Estabilidade provisória. Pedido de reintegração. Concessão do salário relativo ao período de estabilidade já exaurido. Inexistência de julgamento "extra petita".*
>
> *I. Exaurido o período de estabilidade, são devidos ao empregado apenas os salários do período compreendido entre a data da despedida e o final do período de estabilidade, não lhe sendo assegurada a reintegração no emprego.*
>
> *II. Não há nulidade por julgamento "extra petita" da decisão que deferir salário quando o pedido for de reintegração, dados os termos do art. 496 da CLT.*

Sentença de Improcedência Liminar ou *Prima Facie*

Prevalece que é aplicável no processo do trabalho.

Quando em determinado juízo já houver várias sentenças de total improcedência (questão controvertida ser unicamente de direito), o juiz poderá dispensar a citação (notificação inicial) do réu e reproduzir o teor da sentença anteriormente prolatada.

Admite juízo de retratação. Quando o autor recorrer, o juiz pode manter a sentença (ordenará a citação do réu para responder ao recurso) ou não mantém a sentença (determina o prosseguimento da ação).

> ***CPC - Art. 285-A.*** *Quando a matéria controvertida for unicamente de direito e no juízo já houver sido proferida sentença de total improcedência em outros casos idênticos, poderá ser dispensada a citação e proferida sentença, reproduzindo-se o teor da anteriormente prolatada.*
>
> *§ 1º Se o autor apelar, é facultado ao juiz decidir, no prazo de 5 (cinco) dias, não manter a sentença e determinar o prosseguimento da ação.*
>
> *§ 2º Caso seja mantida a sentença, será ordenada a citação do réu para responder ao recurso.*

Exercício Comentado

01. (CESPE) Em determinada demanda trabalhista, durante a instrução do feito, reclamante e reclamado celebraram acordo, tendo havido declaração de que todas as parcelas acordadas seriam de natureza indenizatória. Nessa situação:

a) Por ter sido celebrado acordo, a decisão homologatória será irrecorrível.

b) A decisão homologatória não mencionará as custas porque não houve parte sucumbente.

c) Ocorrendo acordo sobre prestações sucessivas, a execução só poderá ocorrer sobre a impaga, não compreendendo as que lhe sucederem.

d) Os termos do acordado poderão ser alvo de recurso a ser aviado pela previdência social.

e) No caso de descumprimento do acordo, a execução do crédito dependerá de iniciativa da parte, não cabendo movimentação de ofício.

RESPOSTA. ***"D". Os acordos homologados judicialmente fazem trânsito em julgados imediatamente, sendo irrecorríveis (para as partes). Entretanto, a Previdência Social poderá recorrer, pleiteando as eventuais contribuições sociais devidas.***

Mesmo no caso de homologação de acordo, haverá menção das custas devidas (omissão no acordo - as partes cabem em partes iguais aos litigantes).

No caso de prestações sucessivas: tempo indeterminado: a execução compreenderá inicialmente as prestações devidas até a data do ingresso na execução; tempo determinado: a execução pelo não pagamento de uma prestação compreenderá as que lhe sucederem.

A execução poderá ser promovida por qualquer interessado, ou ex officio pelo próprio Juiz ou Presidente ou Tribunal competente. Liquidação de sentença

Liquidação da Sentença

→ Para que a sentença seja executada, preliminarmente, deve ser tornada liquida, o que pode dar-se de 3 formas:

> Por **Cálculos** (é a mais utilizada na esfera trabalhista - a determinação do valor depende apenas de cálculos aritméticos, todos os elementos para se chegar a esse valor já estão nos autos).

> Por **Artigos** (necessidade de provar fatos novos que servirão de parâmetro para fixação do valor da condenação).

> Por **Arbitramento** (Quando as partes convencionarem expressamente, quando for determinado pela sentença, ou quando a natureza do objeto exigir essa modalidade de liquidação).

→ É defeso (vedado) na liquidação:

> Modificar ou inovar a sentença liquidanda

> Discutir matéria relativa à causa principal

As partes deverão ser previamente intimadas para a apresentação do cálculo de liquidação, **inclusive da contribuição previdenciária incidente.** (Se os cálculos forem complexos o Juiz poderá nomear perito).

Apresentados os cálculos, o INSS (UNIÃO) deve ser obrigatoriamente **intimado** para manifestar-se (em 10 dias, sob pena de preclusão). Em relação as partes, o Juiz pode escolher uma dentre as seguintes condutas:

> **Abre prazo de 10 dias** para as partes manifestarem-se, **depois homologa**.

> **Homologa sem abrir prazo**, partes poderão impugná-la nos embargos à execução.

Art. 879 - Sendo ilíquida a sentença exequenda, ordenar-se-á, previamente, a sua liquidação, que poderá ser feita por ***cálculo, por arbitramento ou por artigos.***

§ 1º - Na liquidação, ***não se poderá modificar, ou inovar****, a sentença liquidanda* ***nem discutir matéria pertinente à causa principal****.*

§ 1º-A. A liquidação ***abrangerá, também, o cálculo das contribuições previdenciárias devidas****.*

§ 1º-B. As partes deverão ser previamente intimadas para a apresentação do cálculo de liquidação, inclusive da contribuição previdenciária incidente.

§ 2º - Elaborada a conta e tornada líquida, o ***Juiz poderá abrir às partes prazo sucessivo de 10 (dez) dias para impugnação*** *fundamentada com a indicação dos itens e valores objeto da discordância, sob pena de preclusão.*

§ 3º Elaborada a conta pela parte ou pelos órgãos auxiliares da Justiça do Trabalho, o juiz ***procederá à intimação da União para manifestação, no prazo de 10 (dez) dias, sob pena de preclusão.***

§ 4º A atualização do crédito devido à Previdência Social observará os critérios estabelecidos na legislação previdenciária.

§ 5º O Ministro de Estado da Fazenda poderá, mediante ato fundamentado, dispensar a manifestação da União quando o valor total das verbas que integram o salário-de-contribuição, na forma do art. 28 da Lei no 8.212, de 24 de julho de 1991, ocasionar perda de escala decorrente da atuação do órgão jurídico.

§ 6º Tratando-se de cálculos de liquidação complexos, o juiz poderá nomear perito para a elaboração e fixará, depois da conclusão do trabalho, o valor dos respectivos honorários com observância, entre outros, dos critérios de razoabilidade e proporcionalidade.

Mesmo que o autor não requeira ou a condenação tenha sido omissa, os juros de mora e correção monetária serão incluídos na liquidação.

Súmula nº 211 do TST *- Juros de mora e correção monetária. Independência do pedido inicial e do título executivo judicial - os juros de mora e a correção monetária incluem-se na liquidação, ainda que omisso o pedido inicial ou a condenação.*

Exercício Comentado

01. (TRT) Analise as expressões abaixo e posteriormente responda.

I. Sendo ilíquida a sentença exequenda, ordenar-se-á, previamente, a sua liquidação, que poderá ser feita por cálculo, por arbitramento ou por artigos.

II. Elaborada a conta pela parte ou pelos órgãos auxiliares da Justiça do Trabalho, o juiz procederá à intimação da União para manifestação, no prazo máximo de 15 (quinze) dias, sob pena de preclusão.

III. No processo do trabalho a liquidação abrangerá, também, o cálculo das contribuições previdenciárias devidas.

IV. Na liquidação, não se poderá modificar, ou inovar, a sentença liquidanda, nem discutir matéria pertinente à causa principal.

V. As partes deverão ser previamente intimadas para apresentação do cálculo de liquidação e, após a apresentação destes, serão novamente intimadas para apresentação do cálculo das contribuições previdenciárias devidas.

a) Apenas as assertivas de número I, II e IV são corretas.

b) Apenas as assertivas de número III, IV e V são corretas.

c) Apenas as assertivas de número II, III e V são corretas.

d) Apenas as assertivas de número I, III e IV são corretas.

e) Todas as assertivas são corretas.

RESPOSTA. "D". Os itens I, III e IV estão corretos de acordo com o texto de lei do artigo 897 da CLT. Já o item II está errado, pois o prazo para a União manifestar-se é de 10 dias e não 15 como diz a acertiva. Por fim, o item V está errado, pois as partes deverão ser previamente intimadas para à apresentação do cálculo de liquidação, INCLUSIVE da contribuição previdenciária incidente.

Anotações

CAPÍTULO 07

Execução

Quando o devedor não satisfizer espontaneamente o direito do credor, a execução será adequada para impor-lhe o cumprimento dessa obrigação.

Para que a execução seja processada, é necessária a existência de um **título executivo**. Eles se dividem em **judiciais** (formados perante o juiz por meio de decisão proferida ou acordo homologado) e **extrajudiciais** (formados fora da presença do juiz, tem essa qualidade por disposição legal).

São **títulos executivos**, segundo a CLT:

- → **Judiciais:**
  - > Decisões passadas em julgado.
  - > Decisões das quais não tenha havido recurso com efeito suspensivo.
  - > Acordos não cumpridos.
- → **Extrajudiciais:**
  - > Termos de ajuste de conduta (firmados perante o MPT);
  - > Termos de conciliação (firmados perante a CCP);

Art. 876 - As decisões passadas em julgado ou das quais não tenha havido recurso com efeito suspensivo; os acordos, quando não cumpridos; os termos de ajuste de conduta firmados perante o Ministério Público do Trabalho e os termos de conciliação firmados perante as Comissões de Conciliação Prévia serão executada pela forma estabelecida neste Capítulo.

Exercício Comentado

01. (CESPE) Não há previsão legal no processo trabalhista de execução de título extrajudicial.

ERRADO. A CLT prevê expressamente a execução de título executivo extrajudicial no Art. 876 (Termos de ajuste de conduta firmados perante o Ministério Público do Trabalho e os Termos de conciliação firmados perante as Comissões de Conciliação Prévia).

Na execução, aplica-se subsidiariamente a Lei de Execuções Fiscais (LEF) e o CPC, nesta ordem, desde que presente dois requisitos:

- > Omissão da CLT
- > Não contrariar as regras da CLT
  - » **Execução**: CLT → LEF → CPC

Omissão da CLT + Compatibilidade com normas celetistas.

Art. 889 - Aos trâmites e incidentes do processo da execução são aplicáveis, naquilo em que não contravierem ao presente Título, os preceitos que regem o processo dos executivos fiscais para a cobrança judicial da dívida ativa da Fazenda Pública Federal.

Art. 769 - Nos casos omissos, o direito processual comum será fonte subsidiária do direito processual do trabalho, exceto naquilo em que for incompatível com as normas deste Título.

A Execução Pode Ser Iniciada

- > De ofício (impulso oficial).
- > Requerimento de qualquer interessado.
- > Procuradoria da Justiça do Trabalho - nas decisões dos TRTs.

Contribuições Sociais: executadas *ex officio* (sentenças ou acordos homologados), inclusive sobre os salários pagos durante o período contratual reconhecido.

*Art. 876, Parágrafo único. Serão executadas **ex-officio** as **contribuições sociais** devidas em decorrência de decisão proferida pelos Juízes e Tribunais do Trabalho, resultantes de **condenação ou homologação de acordo, inclusive sobre os salários pagos durante o período contratual reconhecido.***

***Súmula nº 368 do TST** - descontos previdenciários e fiscais. Competência. Responsabilidade pelo pagamento. Forma de cálculo.*

*I. A Justiça do Trabalho é competente para determinar o recolhimento das contribuições fiscais. A competência da Justiça do Trabalho, quanto à execução das contribuições previdenciárias, limita-se às **sentenças condenatórias em pecúnia que proferir e aos valores, objeto de acordo homologado, que integrem o salário de contribuição.***

*II. **É do empregador a responsabilidade pelo recolhimento das contribuições previdenciárias e fiscais**, resultante de crédito do empregado oriundo de condenação judicial, devendo ser calculadas, em relação à incidência dos descontos fiscais, mês a mês, nos termos do art. 12-A da Lei nº 7.713, de 22/12/1988.*

III. Em se tratando de descontos previdenciários, o critério de apuração encontra-se disciplinado no art. 276, §4º, do Decreto nº 3.048/1999 que regulamentou a Lei nº 8.212/1991 e determina que a contribuição do empregado, no caso de ações trabalhistas, seja calculada mês a mês, aplicando-se as alíquotas previstas no art. 198, observado o limite máximo do salário de contribuição.

Competência para a Execução

- → **Decisões:** do Juiz ou Tribunal que julgou originariamente o dissídio.
- → **Títulos Executivos Extrajudiciais**: Juiz ou Tribunal que teria competência para julgar aquela matéria.

Art. 877 CLT - É competente para a execução das decisões o Juiz ou Presidente do Tribunal que tiver conciliado ou julgado originariamente o dissídio.

Art. 877-A - É competente para a execução de título executivo extrajudicial o juiz que teria competência para o processo de conhecimento relativo à matéria.

Decisões ou Acordos homologados: Julgou originariamente.

T.E. Extrajudiciais: Teria competência para julgar.

Citação

- → Início da Execução
  - > Feita pessoalmente, por meio dos oficiais de justiça.
  - > Pagar ou garantir o juízo em 48h, sob pena de penhora (inclusive das contribuições sociais devidas à União).
  - > Procurado 2x em 48 horas e não for encontrado: Citação por edital.
  - > Executado não paga ou não indica bens para garantir a execução: Penhora de bens (tantos quantos bastem para pagamento da condenação, acrescida de custas e juros de mora - devidos da data do ajuizamento).

Art. 880. Requerida a execução, o juiz ou presidente do tribunal mandará expedir mandado de citação do executado, a fim de que cumpra a decisão ou o acordo no prazo, pelo modo e sob as cominações estabelecidas ou, quando se tratar de pagamento em dinheiro, inclusive de contribuições sociais devidas à União, para que o faça em 48 (quarenta e oito) horas ou garanta a execução, sob pena de penhora.

§ 1º - O mandado de citação deverá conter a decisão exequenda ou o termo de acordo não cumprido.

§ 2º - A citação será feita pelos oficiais de diligência.

§ 3º - Se o executado, procurado por 2 (duas) vezes no espaço de 48 (quarenta e oito) horas, não for encontrado, far-se-á citação por edital, publicado no jornal oficial ou, na falta deste, afixado na sede da Junta ou Juízo, durante 5 (cinco) dias.

Art. 881 *- No caso de pagamento da importância reclamada, será este feito perante o escrivão ou secretário, lavrando-se termo de quitação, em 2 (duas) vias, assinadas pelo exequente, pelo executado e pelo mesmo escrivão ou secretário, entregando-se a segunda via ao executado e juntando-se a outra ao processo.*

Parágrafo único *- Não estando presente o exequente, será depositada a importância, mediante guia, em estabelecimento oficial de crédito ou, em falta deste, em estabelecimento bancário idôneo.*

Art. 882 *- O executado que não pagar a importância reclamada poderá garantir a execução mediante depósito da mesma, atualizada e acrescida das despesas processuais, ou nomeando bens à penhora, observada a ordem preferencial estabelecida no art. 655 do Código Processual Civil.*

Art. 883 *- Não pagando o executado, nem garantindo a execução, seguir-se-á penhora dos bens, tantos quantos bastem ao pagamento da importância da condenação, acrescida de custas e juros de mora, sendo estes, em qualquer caso, devidos a partir da data em que for ajuizada a reclamação inicial.*

Exercício Comentado

01. (FCC) A respeito da execução na Justiça do Trabalho, considere:

I. O juiz ou presidente do tribunal, requerida a execução, mandará expedir mandado de citação ao executado, para que pague em até 30 dias, ou garanta a execução, sob pena de penhora, quando se tratar de pagamento em dinheiro, incluídas as contribuições sociais devidas ao INSS.

II. Se o executado, procurado por 3 vezes no espaço de 72 horas, não for encontrado, far-se-á a citação por edital.

III. O mandado de citação deverá conter a decisão exequenda ou o termo de acordo não cumprido.

De acordo com a Consolidação das Leis de Trabalho (CLT), está correto o que se afirma APENAS em:

a) III.
b) II e III.
c) I e III.
d) I.
e) I e II.

RESPOSTA. "A". O item I está errado pois, o prazo para pagar ou nomear bens a penhora é de 48 horas. O item II está errado porque a citação será por edital quando o oficial procurar o executado em 2 vezes no espaço de 48 horas e não o encontrar. Por fim, o item III está correto de acordo com o Art. 880, §1º da CLT.

Embargos à Execução

Após garantida a execução ou penhorados os bens: 5 dias para embargar a execução (igual prazo para impugnar os embargos).

A Fazenda Pública está dispensada de garantir o juízo. Ela é citada para oferecer embargos caso queira (e não para pagar ou indicar bens à penhora).

Segundo a CLT, possuem matéria de defesa restrita, podem versar apenas sobre:

> Cumprimento da decisão ou do acordo
> Quitação ou Prescrição da dívida

De outro lado, já está sedimentado na doutrina que esse rol não é taxativo. Prevalece que as matérias elencadas no art. 475-L do CPC podem ser invocadas.

Atenção para o dispositvo da CLT que diz que considera-se inexigível o título judicial fundado em lei ou ato normativo declarados inconstitucionais pelo Supremo Tribunal Federal ou em aplicação ou interpretação tidas por incompatíveis com a Constituição Federal.

Art. 475-L. Do CPC *A impugnação somente poderá versar sobre:*

I. Falta ou nulidade da citação, se o processo correu à revelia;

II. Inexigibilidade do título;

III. Penhora incorreta ou avaliação errônea;

IV. Ilegitimidade das partes;

V. Excesso de execução;

VI. Qualquer causa impeditiva, modificativa ou extintiva da obrigação, como pagamento, novação, compensação, transação ou prescrição, desde que superveniente à sentença.

§ 1º Para efeito do disposto no inciso II do caput deste artigo, considera-se também inexigível o título judicial fundado em lei ou ato normativo declarados inconstitucionais pelo Supremo Tribunal Federal, ou fundado em aplicação ou interpretação da lei ou ato normativo tidas pelo Supremo Tribunal Federal como incompatíveis com a Constituição Federal.

Podem ser arroladas testemunhas (nesse caso, se o Juiz entender que é necessário ouvir o depoimento delas, marcará audiência para ser realizada dentro de 5 dias).

Juiz tem 5 dias para decidir:

Art. 884 *- Garantida a execução ou penhorados os bens, terá o executado 5 (cinco) dias para apresentar embargos, cabendo igual prazo ao exequente para impugnação.*

§ 1º - A matéria de defesa será restrita às alegações de cumprimento da decisão ou do acordo, quitação ou prescrição da divida.

§ 2º - Se na defesa tiverem sido arroladas testemunhas, poderá o Juiz ou o Presidente do Tribunal, caso julgue necessários seus depoimentos, marcar audiência para a produção das provas, a qual deverá realizar-se dentro de 5 (cinco) dias.

§ 3º - Somente nos embargos à penhora poderá o executado impugnar a sentença de liquidação, cabendo ao exequente igual direito e no mesmo prazo.

§ 4º Julgar-se-ão na mesma sentença os embargos e as impugnações à liquidação apresentadas pelos credores trabalhista e previdenciário.

Art. 885 *- Não tendo sido arroladas testemunhas na defesa, o juiz ou presidente, conclusos os autos, proferirá sua decisão, dentro de 5 (cinco) dias, julgando subsistente ou insubsistente a penhora.*

Art. 886 *- Se tiverem sido arroladas testemunhas, finda a sua inquirição em audiência, o escrivão ou secretário fará, dentro de 48 (quarenta e oito) horas, conclusos os autos ao juiz ou presidente, que proferirá sua decisão, na forma prevista no artigo anterior.*

§ 1º - Proferida a decisão, serão da mesma notificadas as partes interessadas, em registrado postal, com franquia.

Apesar do disposto na CLT, hoje a avaliação dos bens penhorados é feita pelos próprios oficiais de justiça.

Exercício Comentado

01. (FCC) Considere as seguintes assertivas a respeito dos Embargos à Execução:

I. Os Embargos à Execução poderão ser apresentados pelo executado no prazo de cinco dias, cabendo ao exequente contrariá-los também no prazo de cinco dias.

II. Se na defesa tiverem sido arroladas testemunhas, poderá o juiz designar audiência para oitiva das testemunhas, a qual deverá realizar-se dentro de quinze dias.

III. Considera-se inexigível o título judicial fundado em aplicação ou interpretação tidas por incompatíveis com a Constituição Federal.

IV. Julgar-se-ão em sentenças separadas os embargos e as impugnações à liquidação apresentadas pelos credores trabalhistas e previdenciários.

De acordo com a Consolidação das Leis do Trabalho está correto o que se afirma somente em:

a) I e IV.
b) I e III.
c) II e IV.
d) I, II e III.
e) I, III e IV.

RESPOSTA. "B". I. CORRETO. (Art. 884 da CLT). II. ERRADO. A audiência deve ser realizada dentro de 5 dias. III. CORRETO. (Art. 884, § 5º da CLT). IV. ERRADO. São julgados na mesma sentença.

Execução por Carta Precatória

Quando o devedor não tiver bens no foro em que está tramitando a execução e existirem bens em foro diverso, eles poderão ser penhorados, avaliados e alienados por meio de carta precatória. O Juízo deprecante envia a carta precatória ao juízo deprecado, requerendo a constrição e expropriação de bens do devedor que se encontram na jurisdição do juízo deprecado.

Deprecante: envia a carta precatória

Deprecado: recebe a precatória

→ Oferecimento dos embargos: Em qualquer um dos dois (deprecante ou deprecado).

→ Julgamento dos embargos:

» **Regra**: Deprecante.

» **Exceção**: Embargos versarem apenas sobre vícios ou irregularidades da penhora, avaliação ou alienação de bens, praticados pelo juízo deprecado: Deprecado julgará.

> ***Súmula 419 do TST:*** *competência. Execução por carta. Embargos de terceiro. Juízo deprecante - Na execução por carta precatória, os embargos de terceiro serão oferecidos no juízo deprecante ou no juízo deprecado, mas a competência para julgá-los é do juízo deprecante, salvo se versarem, unicamente, sobre vícios ou irregularidades da penhora, avaliação ou alienação dos bens, praticados pelo juízo deprecado, em que a competência será deste último.*

Os Embargos e sua eventual impugnação serão julgados na mesma sentença: dessa decisão caberá agravo de petição.

Exercício Comentado

01. (FCC) Em regra, na execução por carta precatória, os embargos de terceiros serão oferecidos:

a) Apenas no juízo deprecado uma vez que este possui a competência para julgá-los.

b) Apenas no juízo deprecante uma vez que este possui a competência para julgá-los.

c) No juízo deprecante ou deprecado, mas a competência para julgá-los é do juízo deprecado.

d) No juízo deprecante ou deprecado, mas a competência para julgá-los é do juízo deprecante.

e) No juízo deprecante ou deprecado e a competência para julgá-los será tanto do juízo deprecante como do deprecado.

RESPOSTA. "D". Execução por carta precatória: Embargos de terceiro:

Oferecidos - Deprecante ou Deprecado

Julgar - Regra Deprecante, mas o Deprecado irá julgá-los quando o vício ou irregularidade decorrer de ato por ele praticado (penhora, avaliação ou alienação).

A questão não disse ser SEMPRE competência do deprecante para julgá-lo, tratou apenas da regra geral (deprecante).

Agravo de Petição

> Recurso específico para a Execução.

> Prazo de 8 dias.

> Efeito apenas devolutivo (não tem efeito suspensivo - a execução prossegue).

> Deve haver a delimitação da matéria e valores impugnados (Não se admite agravo de petição genérico). A execução prosseguirá contra os tópicos e valores não impugnados, sendo executados de forma definitiva.

> ***Art. 897*** *- Cabe agravo, no prazo de 8 (oito) dias:*
>
> ***a)*** *De petição, das decisões do Juiz ou Presidente, nas execuções.*
>
> ***§ 1º*** *- O agravo de petição só será recebido quando o agravante* ***delimitar, justificadamente, as matérias e os valores impugnados, permitida a execução imediata da parte remanescente até o final****, nos próprios autos ou por carta de sentença.*
>
> ***§ 2º*** *- O agravo de instrumento interposto contra o despacho que não receber agravo de petição não suspende a execução da sentença.*
>
> ***§ 3º*** *- Na hipótese da alínea a deste artigo, o agravo* ***será julgado pelo próprio tribunal, presidido pela autoridade recorrida****, salvo se se tratar de decisão de Juiz do Trabalho de 1ª Instância ou de Juiz de Direito, quando o julgamento competirá a uma das Turmas do Tribunal Regional a que estiver subordinado o prolator da sentença, observado o disposto no art. 679, a quem este remeterá as peças necessárias para o exame da matéria controvertida, em autos apartados, ou nos próprios autos, se tiver sido determinada a extração de carta de sentença.*
>
> ***§ 8º*** *- Quando o agravo de petição versar apenas sobre as contribuições sociais, o juiz da execução determinará a extração de cópias das peças necessárias, que serão autuadas em apartado, conforme dispõe o § 3º, parte final, e remetidas à instância superior para apreciação, após contraminuta.*
>
> ***SUM-416 mandado de segurança. Execução. Lei nº 8.432/1992. Art. 897, § 1º, da clt. Cabimento - Devendo o agravo de petição delimitar justificadamente a matéria e os valores objeto de discordância, não fere direito líquido e certo o prosseguimento da execução quanto aos tópicos e valores não especificados no agravo.***

Exercício Comentado

01. (FCC) A empresa W foi intimada de decisão de magistrado na execução de sentença proferida na reclamação trabalhista promovida por José, seu ex-empregado. Neste caso, a empresa W terá:

a) Dez dias para interpor Agravo de Instrumento, sendo que os prazos processuais contam-se com inclusão do dia do começo e exclusão do dia do vencimento.

b) Oito dias para interpor Agravo de Petição, sendo que os prazos processuais contam-se com inclusão do dia do começo e exclusão do dia do vencimento.

c) Oito dias para interpor Recurso Ordinário, sendo que os prazos processuais contam-se com inclusão do dia do começo e exclusão do dia do vencimento.

d) Dez dias para interpor Agravo de Instrumento, sendo que os prazos processuais contam-se com exclusão do dia do começo e inclusão do dia do vencimento.

e) Oito dias para interpor Agravo de Petição, sendo que os prazos processuais contam-se com exclusão do dia do começo e inclusão do dia do vencimento.

RESPOSTA. "E". Sempre lembrar: "Decisão na execução: Agravo de petição". Quanto ao prazo, segue o padrão recursal trabalhista, que é de oito dias. Os prazos são contados com a exclusão do dia do começo (dia do susto não entra na contagem) e inclusão do dia do vencimento.

Execução Provisória na Justiça do Trabalho

> ***Art. 899 CLT*** *- Os recursos serão interpostos por simples petição e terão efeito meramente devolutivo, salvo as exceções previstas neste Título, permitida a execução provisória até a penhora.*

A execução provisória é aquela realizada com base em um título executivo judicial que está sendo objeto de recurso (recebido apenas com efeito devolutivo).

Prevalece que a execução provisória vai até a fase de garantia do juízo (constrição de bens suficientes para saldar todo o valor que está sendo executado). Na execução provisória, serão também apreciados os embargos à execução e o agravo de petição.

Não são praticados atos de expropriação na execução provisória (alienação dos bens do reclamado).

> ***Súmula nº 417 do TST*** *- mandado de segurança. Penhora em dinheiro.*
>
> *I. Não fere direito líquido e certo do impetrante o ato judicial que determina penhora em dinheiro do executado, em execução definitiva, para garantir crédito exequendo, uma vez que obedece à gradação prevista no art. 655 do CPC.*
>
> *II. Havendo discordância do credor, em execução definitiva, não tem o executado direito líquido e certo a que os valores penhorados em dinheiro fiquem depositados no próprio banco, ainda que atenda aos requisitos do art. 666, I, do CPC.*
>
> *III. Em se tratando de execução provisória, fere direito líquido e certo do impetrante a determinação de penhora em dinheiro, quando nomeados outros bens à penhora, pois o executado tem direito a que a execução se processe da forma que lhe seja menos gravosa, nos termos do art. 620 do CPC.*

Exercício Comentado

01. (CESPE) A execução deve-se processar na forma menos gravosa ao executado, portanto, na execução provisória, a penhora em dinheiro fere o direito líquido e certo do executado ainda que não exista a nomeação de outros bens à penhora.

ERRADO. A penhora em dinheiro na execução provisória só irá ferir direito liquido e certo se houver outros bens nomeados à penhora.

Execução em Face da Massa Falida:

Lei 11.101/05 (nova lei de falências):

> ***Art. 6º*** *- A decretação da falência ou o deferimento do processamento da recuperação judicial suspende o curso da prescrição e de todas as ações e execuções em face do devedor, inclusive aquelas dos credores particulares do sócio solidário.*
>
> ***§ 2º*** *- É permitido pleitear, perante o administrador judicial, habilitação, exclusão ou modificação de créditos derivados da relação de trabalho, mas as ações de natureza trabalhista, inclusive as impugnações a que se refere o art. 8º desta Lei,* ***serão processadas perante a justiça especializada até a apuração do respectivo crédito****, que será inscrito no quadro-geral de credores pelo valor determinado em sentença.*

Na seara laboral, é predominante a corrente que entender que se os bens do executados forem penhorados antes da decretação da quebra da empresa, continua competente a Justiça do Trabalho para execução, não se sujeitando à habilitação no juízo universal de falência. Art. 83. A classificação dos créditos na falência obedece à seguinte ordem:

> *I.* ***Os créditos derivados da legislação do trabalho, limitados a 150 (cento e cinquenta) salários-mínimos por credor****, e os decorrentes de acidentes de trabalho;*
>
> *II. Créditos com garantia real até o limite do valor do bem gravado;*
>
> *III. Créditos tributários, independentemente da sua natureza e tempo de constituição, excetuadas as multas tributárias;*
>
> *IV. Créditos com privilégio especial;*
>
> *V. Créditos com privilégio geral;*
>
> *VI. Créditos quirografários, a saber:*
>
> *VII. As multas contratuais e as penas pecuniárias por infração das leis penais ou administrativas, inclusive as multas tributárias;*
>
> *VIII. Créditos subordinados.*
>
> ***§ 4º Os créditos trabalhistas cedidos a terceiros serão considerados quirografários.***
>
> ***Art. 84.*** *Serão considerados créditos extraconcursais e serão pagos com precedência sobre os mencionados no art. 83 desta Lei, na ordem a seguir, os relativos a:*
>
> *I. Remunerações devidas ao administrador judicial e seus auxiliares, e créditos derivados da legislação do trabalho ou decorrentes de acidentes de trabalho relativos a serviços prestados após a decretação da falência;*

Decretada ou não a quebra da empresa, a Justiça do trabalho ainda é a competente para processar e julgar as reclamações trabalhistas. O crédito reconhecido nessa reclamação, após trânsito em julgado da decisão judicial, deverá ser comunicado ao juízo da falência para habilitação

Os créditos trabalhistas limitados a 150 salários mínimos e os decorrentes de acidente de trabalho são considerados privilegiados. O excedente desse valor é considerado crédito quirografário.

Caso algum trabalhador continue prestando serviços após a decretação da quebra da empresa, seus créditos serão considerados extraconcursais e serão pagos com precedência a qualquer outro.

Execução Contra a Fazenda Pública

Em razão dos princípios da supremacia do interesse público e da indisponibilidade do interesse público, os bens da Fazenda Pública são impenhoráveis.

Dessa forma, a execução será processada por um rito especial (precatório):

> ***Art. 730.*** *Na execução por quantia certa contra a Fazenda Pública, citar-se-á a devedora para opor embargos em 10 (dez) dias; se esta não os opuser, no prazo legal, observar-se-ão as seguintes regras:*
>
> *I. O juiz requisitará o pagamento por intermédio do presidente do tribunal competente;*
>
> *II. Far-se-á o pagamento na ordem de apresentação do precatório e à conta do respectivo crédito.*
>
> ***Art. 731.*** *Se o credor for preterido no seu direito de preferência, o presidente do tribunal, que expediu a ordem, poderá, depois de ouvido o chefe do Ministério Público, ordenar o sequestro da quantia necessária para satisfazer o débito.*

Fique Ligado

A Fazenda Pública é citada pois, querendo, apresentar embargos, ela não precisa fazer a prévia garantia do juízo, como acontece com os demais devedores.

Prazo para os Embargos: A lei 9.494/97 alterou o prazo para a Fazenda opor embargos para 30 dias. Alguns autores sustentam que no processo do trabalho o prazo a ser seguido é o de 5 dias (art. 884 da CLT). O TST já se manifestou dizendo que o prazo é o de 5 dias (art. 884 da CLT), uma vez que entendeu pela inconstitucionalidade da MP 2.180-35/2001 que alterou essa lei e elasteceu esse prazo. Finalmente, o STF em controle concentrado de constitucionalidade disse que o prazo é o de 30 dias.

Empresa Pública e Sociedade de Economia Mista, segundo o art. 173 da CF, seguem o regime das empresas privadas, portanto, a execução contra elas será processada pelo regime previsto na CLT.

> ***CF- Art. 100.*** *Os pagamentos devidos pelas Fazendas Públicas Federal, Estaduais, Distrital e Municipais, em virtude de sentença judiciária, far-se-ão exclusivamente na ordem cronológica de apresentação dos precatórios e à conta dos créditos respectivos, proibida a designação de casos ou de pessoas nas dotações orçamentárias e nos créditos adicionais abertos para este fim.*
>
> ***§ 1º*** *Os débitos de natureza alimentícia compreendem aqueles decorrentes de salários, vencimentos, proventos, pensões e suas complementações, benefícios previdenciários e indenizações por morte ou por invalidez, fundadas em responsabilidade civil, em virtude de sentença judicial transitada em julgado, e serão pagos com preferência sobre todos os demais débitos, exceto sobre aqueles referidos no § 2º deste artigo.*
>
> ***§ 2º*** *Os débitos de natureza alimentícia cujos titulares tenham 60 (sessenta) anos de idade ou mais na data de expedição do precatório, ou sejam portadores de doença grave, definidos na forma da lei, serão pagos com preferência sobre todos os demais débitos, até o valor equivalente ao triplo do fixado em lei para os fins do disposto no § 3º deste artigo, admitido o fracionamento para essa finalidade, sendo que o restante será pago na ordem cronológica de apresentação do precatório.*
>
> ***§ 3º*** *O disposto no caput deste artigo relativamente à expedição de precatórios não se aplica aos pagamentos de obrigações definidas em leis como de pequeno valor que as Fazendas referidas devam fazer em virtude de sentença judicial transitada em julgado.*
>
> ***§ 4º*** *Para os fins do disposto no § 3º, poderão ser fixados, por leis próprias, valores distintos às entidades de direito público, segundo as diferentes capacidades econômicas, sendo o mínimo igual ao valor do maior benefício do regime geral de previdência social.*

Nos termos do art. 100 da CF, os débitos da Fazenda Pública decorrentes de sentenças judiciais serão pagos por meio de precatórios.

Precatório é a requisição que o Poder Judiciário faz ao Poder Executivo de valores suficientes para saldar o crédito reconhecido em sentença judicial transitada em julgado.

Caso se trate de dívida de natureza alimentícia, serão pagos preferencialmente aos demais, mas também mediante precatórios, que obedecerão a uma ordem própria, conforme já se manifestou o STF:

> ***STF - Súmula nº 655*** *- Exceção - Créditos de Natureza Alimentícia - Dispensa de Precatório. A exceção prevista no art. 100, caput, da Constituição, em favor dos créditos de natureza alimentícia, não dispensa a expedição de precatório, limitando-se a isentá-los da observância da ordem cronológica dos precatórios decorrentes de condenações de outra natureza.*

Se o titular do débito de natureza alimentícia tiver 60 anos de idade ou mais, ou seja portador de doença grave, terá preferência no recebimento aos outros débitos, tendo como teto o triplo do montante definido como pequeno valor, admitido seu fracionamento para esse fim, recebendo o restante conforme a ordem cronológica de apresentação.

Débitos de pequeno valor: quando a dívida da Fazenda Pública enquadrar-se nesse montante, estará dispensada a expedição de precatório.

→ **Fazenda Pública Federal** - 60 salários mínimos.

Enquanto os Estados, Distrito Federal e Municípios não publicarem lei própria definindo obrigação de pequeno valor, será aplicado o seguinte:

→ **Estados e DF** - 40 salários mínimos.

→ **Municípios** - 30 salários mínimos.

Execução por Prestações Sucessivas

> ***Art. 890*** *- A execução para pagamento de prestações sucessivas far-se-á com observância das normas constantes desta Seção, sem prejuízo das demais estabelecidas neste Capítulo.*
>
> ***Art. 891*** *- Nas prestações sucessivas por tempo determinado, a execução pelo não-pagamento de uma prestação compreenderá as que lhe sucederem.*

Art. 892 - Tratando-se de prestações sucessivas por tempo indeterminado, a execução compreenderá inicialmente as prestações devidas até a data do ingresso na execução.

A execução de parcelas inadimplidas depende do tipo da prestação:

> **Por tempo determinado:** o não pagamento de uma acarretará a execução de todas elas, ocorre o vencimento antecipado de todas as demais parcelas. (Por exemplo: acordos judiciais parcelados).

> **Por tempo indeterminado:** a execução se dará sobre as prestações devidas até a data do ingresso na execução. Contudo, podem ser incluídas também as parcelas que se vencerem no curso da execução (princípio da celeridade, economia processual e efetividade).

Penhora de Bens

Caso o executado em 48h após a citação não pague ou nomeie bens à penhora, serão penhorados tantos bens quanto bastem para satisfação do crédito, acrescido de custas, juros de mora, correção monetária e contribuições previdenciárias.

Segundo o princípio da utilidade para o credor (ou apenas utilidade), disposto no art. 659, § 2º do CPC, não será efetivada a penhora se os bens encontrados forem totalmente absorvidos pelo pagamento das custas da execução. Nesse caso, o oficial de justiça descreverá os bens que guarnecem a residência ou estabelecimento do executado.

→ **Ordem preferencial da penhora:**

CPC - Art. 655. *A penhora observará, preferencialmente, a seguinte ordem:*

I. Dinheiro, em espécie ou em depósito ou aplicação em instituição financeira;
II. Veículos de via terrestre;
III. Bens móveis em geral;
IV. Bens imóveis;
V. Navios e aeronaves;
VI. Ações e quotas de sociedades empresárias;
VII. Percentual do faturamento de empresa devedora;
VIII. Pedras e metais preciosos;
IX. Títulos da dívida pública da União, Estados e Distrito Federal com cotação em mercado;
X. Títulos e valores mobiliários com cotação em mercado;
XI. Outros direitos.

→ **Bens impenhoráveis:**

CPC - Art. 649. *São absolutamente impenhoráveis:*

I. Os bens inalienáveis e os declarados, por ato voluntário, não sujeitos à execução;
II. Os móveis, pertences e utilidades domésticas que guarnecem a residência do executado, salvo os de elevado valor ou que ultrapassem as necessidades comuns correspondentes a um médio padrão de vida;
III. Os vestuários, bem como os pertences de uso pessoal do executado, salvo se de elevado valor;
IV. Os vencimentos, subsídios, soldos, salários, remunerações, proventos de aposentadoria, pensões, pecúlios e montepios; as quantias recebidas por liberalidade de terceiro e destinadas ao sustento do devedor e sua família, os ganhos de trabalhador autônomo e os honorários de profissional liberal, observado o disposto no § 3º deste artigo;
V. Os livros, as máquinas, as ferramentas, os utensílios, os instrumentos ou outros bens móveis necessários ou úteis ao exercício de qualquer profissão;
VI. O seguro de vida;
VII. Os materiais necessários para obras em andamento, salvo se essas forem penhoradas;
VIII. A pequena propriedade rural, assim definida em lei, desde que trabalhada pela família;
IX. Os recursos públicos recebidos por instituições privadas para aplicação compulsória em educação, saúde ou assistência social;
X. Até o limite de 40 (quarenta) salários mínimos, a quantia depositada em caderneta de poupança.
XI. Os recursos públicos do fundo partidário recebidos, nos termos da lei, por partido político.

§ 1º A impenhorabilidade não é oponível à cobrança do crédito concedido para a aquisição do próprio bem.

§ 2º O disposto no inciso IV do caput deste artigo não se aplica no caso de penhora para pagamento de prestação alimentícia.

Art. 650. *Podem ser penhorados, à falta de outros bens, os frutos e rendimentos dos bens inalienáveis, salvo se destinados à satisfação de prestação alimentícia.*

Se não houverem outros bens, os frutos e rendimentos dos bens inalienáveis podem ser penhorados, exceto se estiverem destinados à satisfação de prestação alimentícia.

A doutrina e a jurisprudência tem admitido a penhora de certo percentual do salário.

Exercício Comentado

01. (FCC) Considere:

I. O seguro de vida.
II. Bens móveis necessários ou úteis ao exercício de qualquer profissão.
III. 20 salários mínimos depositados em caderneta de poupança.
IV. Aparelho de ar-condicionado e aparelhos eletroeletrônicos sofisticados.

Em regra, são absolutamente impenhoráveis os bens indicados apenas em:

a) I e II.
b) II e III.
c) I, II e III.
d) II e IV.
e) II, III e IV.

RESPOSTA. "C". I. CORRETO. (CPC – Art. 649, VI). II. CORRETO. (CPC – Art. 649, V). III. CORRETO. (CPC – Art. 649, X – o limite de dinheiro depositado em poupança é de até 40 salários mínimos, o que exceder esse valor pode ser penhorado). IV. ERRADO. (CPC – Art. 649, II → diz que os móveis, pertences e utilidades domésticas que guarnecem a residência do executado, salvo os de elevado valor ou que ultrapassem as necessidades comuns correspondentes a um médio padrão de vida. Assim, o aparelho de ar-condicionado encontra discussão se é ou não impenhorável, mas os aparelhos eletrônicos sofisticados claramente ultrapassam as necessidades comuns correspondentes a um médio padrão de vida, podendo ser penhorados).

Embargos de Terceiro

Consistem em uma ação incidental ao processo de conhecimento ou de execução, que tem por objetivo desconstituir a constrição judicial de bens que pertencem a terceiros que não são partes no processo e nem respondem pela dívida (Por exemplo: A e B são autor e réu respectivamente em determinado processo, sendo que nesse processo foi penhorado imóvel em que o réu mora, mas esse imóvel pertence a C, que não é parte no processo).

→ **Como a CLT é omissa, aplica-se o disposto no CPC:**

> ***Art. 1.046 CPC.*** *Quem, não sendo parte no processo, sofrer turbação ou esbulho na posse de seus bens por ato de apreensão judicial, em casos como o de penhora, depósito, arresto, sequestro, alienação judicial, arrecadação, arrolamento, inventário, partilha, poderá requerer lhe sejam manutenidos ou restituídos por meio de embargos.*
>
> *§ 1º Os embargos podem ser de terceiro senhor e possuidor, ou apenas possuidor.*
>
> *§ 2º Equipara-se a terceiro a parte que, posto figure no processo, defende bens que, pelo título de sua aquisição ou pela qualidade em que os possuir, não podem ser atingidos pela apreensão judicial.*
>
> *§ 3º Considera-se também terceiro o cônjuge quando defende a posse de bens dotais, próprios, reservados ou de sua meação.*

Os embargos de terceiro podem ser de terceiro senhor e possuidor, ou apenas possuidor.

O Cônjuge também pode opor embargos de terceiro para proteger da execução os seus bens próprios, reservados ou de sua meação.

Prazo para oposição dos embargos de terceiro:

> **No processo de conhecimento** - A qualquer momento antes do trânsito em julgado.

> **No processo de execução** - até 5 dias depois da arrematação, adjudicação ou remição (mas sempre antes da assinatura da respectiva carta).

→ O embargado possui 10 dias para contestar os embargos.

> ***Art. 1.048.*** *Os embargos podem ser opostos a qualquer tempo no processo de conhecimento enquanto não transitada em julgado a sentença, e,* ***no processo de execução, até 5 (cinco) dias depois da arrematação, adjudicação ou remição, mas sempre antes da assinatura da respectiva carta.***

Exercício Comentado

01. (FCC) Quando a penhora for além dos bens do executado e alcançar aqueles que pertençam a um terceiro, oferece a lei ao interessado embargos:

a) De terceiros, opostos a qualquer tempo, no processo de execução até 5 (cinco) dias antes da arrematação e assinatura da respectiva carta.

b) De terceiros, opostos a qualquer tempo, no processo de execução até 8 (oito) dias depois da arrematação e antes da assinatura da respectiva carta.

c) De terceiros, opostos a qualquer tempo, no processo de conhecimento enquanto não transitada em julgado a sentença.

d) À execução, somente, no processo de execução até 5 (cinco) dias depois da adjudicação e antes da assinatura da respectiva carta.

e) À execução, somente, no processo de execução enquanto não transitada em julgado a sentença.

RESPOSTA. "C". Nos termos do art. 1.046 e seguintes do CPC, aquele que não for parte no processo e tiver seus bens penhorados, poderá opor embargos de terceiro. No processo de conhecimento, podem ser opostos a qualquer tempo (antes do trânsito em julgado). No processo de execução, até 5 dias após a expropriação do bem (arrematação, adjudicação ou remição), mas sempre antes da assinatura da respectiva carta.

Fase de Expropriação de Bens

Segundo alguns doutrinadores, a expressão hasta pública é gênero e divide-se em:

> **Praça**: Expropriação de bens IMÓVEIS, realizada no átrio do fórum.

> **Leilão**: Expropriação de bens MÓVEIS, podendo ser feito onde se encontrarem os bens.

A CLT usa o termo praça indistintamente, tanto para expropriação de bens móveis como de imóveis.

A arrematação é a alienação de bens penhorados para o público, objetivando a satisfação do crédito.

Ela deve ser antecedida por pelo menos 20 dias de edital afixado na sede do juízo ou tribunal, além de publicação em jornal local que porventura exista. O edital de hasta pública é requisito indispensável para a validade do ato expropriatório → pena de nulidade.

Nos termos do art. 888 da CLT, a hasta pública é única, sendo os bens arrematados pelo maior lance (desde que não seja preço vil).

O CPC (art. 701) estabelece que o imóvel de incapaz não será alienado por lance inferior a 80% do valor da avaliação.

O exequente possui preferência para adjudicação (ato mediante o qual o exequente adquire para si o bem penhorado que será alienado em hasta pública). Ele pode requerer a adjudicação até a assinatura do auto de arrematação.

O arrematante deve dar um sinal de 20% para garantir seu lance, devendo pagar em 24 horas o preço da arrematação, sob pena de ele ou seu fiador perderem o sinal em benefício da execução.

→ **Arrematante:**

> Sinal de 20%.

> Pagar restante em 24 horas.

> ***Art. 888*** *- Concluída a avaliação, dentro de dez dias, contados da data da nomeação do avaliador, seguir-se-á a arrematação, que será anunciada por edital afixado na sede do juízo ou tribunal e publicado no jornal local, se houver, com a* ***antecedência de vinte (20) dias.***
>
> *§ 1º A arrematação far-se-á em dia, hora e lugar anunciados e os bens serão vendidos pelo maior lance, tendo o exequente preferência para a adjudicação.*
>
> *§ 2º O arrematante deverá garantir o lance com o* ***sinal correspondente a 20%*** *(vinte por cento) do seu valor.*
>
> *§ 3º Não havendo licitante, e não requerendo o exequente a adjudicação dos bens penhorados, poderão os mesmos ser vendidos por leiloeiro nomeado pelo Juiz ou Presidente.*
>
> *§ 4º Se o arrematante, ou seu fiador, não pagar dentro de 24 (vinte e quatro) horas o preço da arrematação, perderá, em benefício da execução, o sinal de que trata o § 2º deste artigo, voltando à praça os bens executados.*

A decisão que homologa a adjudicação ou a arrematação **não** pode ser atacada por ação rescisória.

> ***Súmula nº 399 do TST:*** *ação rescisória. Cabimento. Sentença de mérito. Decisão homologatória de adjudicação, de arrematação e de cálculos:*
>
> *I. É incabível ação rescisória para impugnar decisão homologatória de adjudicação ou arrematação.*
>
> *II. A decisão homologatória de cálculos apenas comporta rescisão quando enfrentar as questões envolvidas na elaboração da conta de liquidação, quer solvendo a controvérsia das partes quer explicitando, de ofício, os motivos pelos quais acolheu os cálculos oferecidos por uma das partes ou pelo setor de cálculos, e não contestados pela outra.*

Remição: É o pagamento total da dívida pelo devedor, com o intuito de evitar a expropriação de seus bens. Ela só será concedida se ele oferecer preço que compreenda a totalidade da dívida, acrescida de todas as despesas processuais e honorários advocatícios (art. 651 do CPC).

> ***Art. 651. do CPC*** *- Antes de adjudicados ou alienados os bens, pode o executado, a todo tempo, remir a execução, pagando ou consignando a importância atualizada da dívida, mais juros, custas e honorários advocatícios.*

Não existe mais a figura da remição pelo cônjuge, descendentes ou ascendentes do executado, em face da revogação dos arts. 787 a 790 do CPC.

Exercício Comentado

01. (FCC) Na execução da sentença proferida na reclamação trabalhista X, João arrematou um apartamento na cidade de Santos-SP. Para garantir o lance, João deu sinal correspondente a 20% do seu valor. Nesse caso, de acordo com a Consolidação das Leis do Trabalho, João deverá pagar o preço da arrematação dentro de:

a) Cinco dias, sob pena de perder, em benefício da execução, todo o sinal, voltando à praça o imóvel arrematado.

b) Quarenta e oito horas, sob pena de perder, em benefício da execução, metade do sinal, voltando à praça o imóvel arrematado.

c) Vinte e quatro horas, sob pena de perder, em benefício da execução, todo o sinal, voltando à praça o imóvel arrematado.

d) Dez dias, sob pena de perder, em benefício da execução, metade do sinal, voltando à praça o imóvel arrematado.

e) Trinta dias, sob pena de perder, em benefício da execução, todo o sinal, voltando à praça o imóvel arrematado.

RESPOSTA. "C". Se o arrematante não pagar o preço da arrematação em 24 horas, ele perde o sinal dado (20%) integralmente, em benefício da execução. Ocorrida tal situação, o bem voltará à praça para ser novamente alienado.

Anotações

CAPÍTULO 08

Fase Recursal

Princípios Recursais

→ **Duplo grau de jurisdição (relativo)**

Existe apenas quando a lei disciplinar o recurso e forem observados os pressupostos recursais. O garantido pela constituição (art. 5º, LV) aos litigantes em processo judicial e administrativo e aos acusados em geral, é o contraditório e a ampla defesa, com os meios e recursos a ela inerentes. (Por exemplo: Dissídio de alçada - Lei 5.584/70 - não cabem recursos das decisões prolatadas, salvo se versarem sobre matéria constitucional).

→ **Singularidade ou Unirrecorribilidade**

Ser cabível apenas um recurso para cada decisão. (Existem exceções: Acórdão com parte unânime cabe Recurso Extraordinário ou Recurso Especial dessa parte e parte não unânime cabe embargos infringentes dessa outra parte).

→ **Fungibilidade**

Consiste no fato de o recorrente poder interpor um recurso ao invés de outro quando presente alguns requisitos. (O Juiz conheceria esse recurso erroneamente interposto como se fosse o recurso cabível).

Decorre do caráter instrumental do processo e do princípio do aproveitamento dos atos processuais já praticados.

> **Requisitos**:

» Dúvida Objetiva (fundada em doutrina e jurisprudência).

» Inexistência de erro grosseiro ou má-fé.

» Interposição no prazo do recurso correto.

→ **Não *Reformatio In Pejus***

Dispõe que não se pode agravar a situação do recorrente. Além disso, as matérias que o Tribunal podem apreciar, já foram delimitadas pelo recorrente na peça do recurso (*tantum devolutum quantum apellatum*).

Em caso de impugnação parcial da sentença pela parte, o Tribunal não poderá agravar apreciar a parte que não foi objeto de recurso (essa parte não recorrida transitou em julgado).

Exceção: Matérias que o Tribunal pode conhecer de ofício (matérias de ordem pública), elencadas no art. 301 do CPC (quanto a essas matérias ocorre o efeito translativo do recurso - o tribunal conhecerá dessas matérias mesmo que não tenham sido objeto de recurso).

→ **Variabilidade**

Dispõe que dentro do prazo recursal, a parte poderia variar o recurso interposto, ou seja, alterar o recurso que já interpôs, com o objetivo de interpor o recurso correto. Prevalece que não é admitido, uma vez interposto o recurso, ocorre a preclusão consumativa (o direito de recorrer se exauriu quando recorreu pela primeira vez, não pode fazê-lo de novo).

Irrecorribilidade (Imediata) das Decisões Interlocutórias

Decisão interlocutória é a proferida no curso do processo, que resolve questão incidente, causando gravame a uma ou ambas as partes, sem pôr fim ao processo. São decisões que o juiz toma no curso do processo, sem extingui-lo naquela instância (não acarreta uma das hipóteses dos arts. 267 ou 269 do CPC).

Decorre do princípio da oralidade, a fim de imprimir maior agilidade ao processo e propiciar maior celeridade processual.

> ***Art. 893 CLT** - Das decisões são admissíveis os seguintes recursos:*
>
> *I. Embargos;*
>
> *II. Recurso ordinário;*
>
> *III. Ecurso de revista;*
>
> *IV. Agravo.*
>
> ***§ 1º** - Os incidentes do processo são resolvidos pelo próprio Juízo ou Tribunal, admitindo-se a apreciação do merecimento das decisões interlocutórias somente em recursos da decisão definitiva.*

Das decisões interlocutórias não cabe recurso de imediato (em regra), elas serão apreciadas pelo mesmo recurso a ser usado para atacar as decisões definitivas (Por exemplo: Decisão interlocutória no curso do processo de conhecimento tramitando em Vara do trabalho, poderá rediscuti-la quando da interposição do Recurso Ordinário).

> ***SUM-214**: decisão interlocutória. Irrecorribilidade: Na Justiça do Trabalho, nos termos do art. 893, § 1º, da CLT, as decisões interlocutórias não ensejam recurso imediato, salvo nas hipóteses de decisão: a) de Tribunal Regional do Trabalho contrária à Súmula ou Orientação Jurisprudencial do Tribunal Superior do Trabalho; b) suscetível de impugnação mediante recurso para o mesmo Tribunal; c) que acolhe exceção de incompetência territorial, com a remessa dos autos para Tribunal Regional distinto daquele a que se vincula o juízo excepcionado, consoante o disposto no art. 799, § 2º, da CLT.*

→ **Cabe recurso de imediato das seguintes decisões interlocutórias:**

> Decisão de TRT que contraria Súmula/OJ do TST.

> Impugnável perante o mesmo Tribunal (Agravo Regimental).

> Acolhe exceção de incompetência territorial e remete autos para outro TRT.

Exercício Comentado

01. (FCC) De acordo com a Consolidação das Leis do Trabalho, em regra, da decisão interlocutória proferida por magistrado em exceção de suspeição:

a) Caberá recurso ordinário para o Tribunal Regional do Trabalho competente no prazo de oito dias.

b) Não caberá recurso, cabendo exame apenas no recurso que couber da decisão final.

c) Caberá recurso ordinário para o Tribunal Superior do Trabalho no prazo de oito dias.

d) Caberá agravo de instrumento para o Tribunal Regional do Trabalho competente no prazo de dez dias.

e) Caberá recurso ordinário para o Tribunal Regional do Trabalho competente no prazo de dez dias.

RESPOSTA. "B". Apenas caberá recurso de imediato de decisão interlocutória (recurso ordinário – prazo de 8 dias), nas hipóteses da súmula 214 do TST. Decisão do magistrado que acolhe exceção do feito é decisão interlocutória que cai na regra geral, não cabe recurso de imediato.

Da Remessa Necessária ou Recurso de Ofício

Quando houver condenação em face da Fazenda Pública (União, Estados, Municípios,Distrito Federal e as respectivas autarquias e fundações públicas que não explorem atividade econômica), o processo estará sujeito ao duplo grau de jurisdição obrigatório.

(Previsão no art. 475 do CPC, com adaptações ao processo trabalhista na súmula 303 do TST).

Confere legitimidade para o Juiz do Trabalho recorrer nesses casos.

Enquanto a sentença não for reexaminada pelo Tribunal, não haverá o trânsito em julgado, ela será ineficaz.

Toda a matéria é devolvida para o Tribunal reapreciar.

> ***SUM-303:*** *Fazenda pública. Duplo grau de jurisdição*
>
> *I. Em dissídio individual, está sujeita ao duplo grau de jurisdição, mesmo na vigência da CF/1988, decisão contrária à Fazenda Pública, salvo:*
>
> *a) Quando a condenação não ultrapassar o valor correspondente a 60 (sessenta) salários mínimos;*
>
> *b) Quando a decisão estiver em consonância com decisão plenária do Supremo Tribunal Federal ou com súmula ou orientação jurisprudencial do Tribunal Superior do Trabalho.*
>
> *II. Em ação rescisória, a decisão proferida pelo juízo de primeiro grau está sujeita ao duplo grau de jurisdição obrigatório quando desfavorável ao ente público, exceto nas hipóteses das alíneas "a" e "b" do inciso anterior.*
>
> *III. Em mandado de segurança, somente cabe remessa "ex officio" se, na relação processual, figurar pessoa jurídica de direito público como parte prejudicada pela concessão da ordem. Tal situação não ocorre na hipótese de figurar no feito como impetrante e terceiro interessado pessoa de direito privado, ressalvada a hipótese de matéria administrativa.*

→ **Não cabe remessa necessária quando a decisão:**

- > Não ultrapassar 60 salários mínimos.
- > Estiver de acordo com:
  - » Decisão plenária do STF.
  - » Súmula ou OJ do TST.

Exercício Comentado

01. ***(CESPE) Havendo condenação do Poder Público em sentença proferida por juiz do trabalho, ocorrerá, necessariamente, a remessa oficial ao tribunal regional para reexame do julgado, exceto, apenas, quando o valor da condenação não exceder a 60 salários mínimos ou a decisão recorrida estiver em consonância com decisão do plenário ou de súmula do STF.***

ERRADO. O erro está na palavra "apenas". O reexame necessário também não será feito se a decisão estiver em consonância com Súmula ou Orientação Jurisprudencial do TST.

Efeitos dos Recursos

→ **Efeito devolutivo**

Tantum devolutum quantum apellatum

O Tribunal irá apreciar apenas a matéria impugnada pelo recorrente, não podendo, em regra, agir de ofício.

Esse efeito devolve a matéria para que ela seja rediscutida, reapreciada. Entretanto, apenas as matérias veiculadas no recurso pelas partes é que serão devolvidas, em regra.

O efeito devolutivo não obsta o prosseguimento da execução, que seguirá até a penhora (prossegue até a constrição dos bens).

→ **Efeito translativo ou devolutivo em profundidade**

É a possibilidade que o Tribunal tem de apreciar determinadas matérias que não foram invocadas pelo recorrente.

As matérias de ordem pública (art. 301 do CPC) podem ser apreciadas de ofício, ainda que não impugnadas no recurso.

> **Exceções:**

Recursos que exigem pré-questionamento (Por exemplo: recurso de revista e o recurso extraordinário).

> ***Súmula nº 393 do TST*** *- recurso ordinário. Efeito devolutivo em profundidade. ART. 515, § 1º, DO CPC: O efeito devolutivo em profundidade do recurso ordinário, que se extrai do § 1º do art. 515 do CPC, transfere ao Tribunal a apreciação dos fundamentos da inicial ou da defesa, não examinados pela sentença, ainda que não renovados em contrarrazões. Não se aplica, todavia, ao caso de pedido não apreciado na sentença, salvo a hipótese contida no § 3º do art. 515 do CPC.*

De acordo com o entendimento sumulado do TST, em virtude desse princípio, os fundamentos da inicial ou da defesa não apreciados na sentença serão apreciados pelo tribunal, mesmo que não renovados em contrarrazões.

Por outro lado, o mesmo não se aplica para o pedido não apreciado na sentença, salvo a hipótese do art. 515, § 3º do CPC ("Nos casos de extinção do processo sem julgamento do mérito (art. 267), o tribunal pode julgar desde logo a lide, se a causa versar questão exclusivamente de direito e estiver em condições de imediato julgamento").

→ **Efeito suspensivo**

Ele suspende a eficácia de decisão enquanto não for julgado o recurso em face dela interposto.

No Processo do Trabalho, os recursos, como regra geral, não tem efeito suspensivo.

Nos dissídios coletivos, há a possibilidade de se deferir efeito suspensivo ao recurso ordinário.

Pode ser concedido em alguns casos (Por exemplo: execução provisória da sentença que possa acarretar danos irreparáveis ao reclamado), mas tem de ser requerida via ação cautelar.

> ***SUM-414*** *Mandado de segurança. Antecipação de tutela (ou liminar) concedida antes ou na sentença:*
>
> *I. A antecipação da tutela concedida na sentença não comporta impugnação pela via do mandado de segurança, por ser impugnável mediante recurso ordinário. A ação cautelar é o meio próprio para se obter efeito suspensivo a recurso.*
>
> *II. No caso da tutela antecipada (ou liminar) ser concedida antes da sentença, cabe a impetração do mandado de segurança, em face da inexistência de recurso próprio.*
>
> *III. A superveniência da sentença, nos autos originários, faz perder o objeto do mandado de segurança que impugnava a concessão da tutela antecipada (ou liminar).*

Obter efeito suspensivo a recurso: Ação Cautelar (e não mandado de segurança).

A CLT diz que a interposição de recurso para o Supremo Tribunal Federal não prejudicará a execução do julgado, isto é, ele não tem efeito suspensivo.

→ **Efeito substitutivo**

Quando o Tribunal decidir o mérito do recurso, o acórdão proferido substituirá a decisão recorrida nessa parte objeto de recurso. Somente é gerado quando o recurso é conhecido. Haverá a substituição da sentença mesmo quando o acórdão confirma a sentença pelos próprios fundamentos.

→ **Efeito extensivo**

Aplicado para litisconsórcio unitário (decisão deve ser uniforme para todos os litisconsortes). O recurso interposto por um deles aproveita aos demais, sendo estendida a decisão a eles, salvo se distintos ou opostos os seus interesses.

Exercício Comentado

01. (CESPE) Assim como no processo civil, no processo do trabalho os recursos repousam na existência comum do efeito suspensivo.

ERRADO. A regra geral é de que nos recursos trabalhistas não será gerado o efeito suspensivo.

Prazos Recursais

Regra: 8 dias (RO, RR, Embargos no TST, Agravo de Instrumento e de Petição).

> **Exceções:**
- » Embargos de Declaração - 5 dias.
- » Recurso Extraordinário - 15 dias.
- » Pedido de revisão - 48 horas.

Fazenda Pública e Ministério Público possuem prazos maiores:

→ Quádruplo para contestar (4x).

→ Dobro para recorrer (2x).

> ***Art. 188. do CPC*** *- Computar-se-á em quádruplo o prazo para contestar e em dobro para recorrer quando a parte for a Fazenda Pública ou o Ministério Público.*

A intimação da sentença dá-se na própria audiência, devendo o Juiz juntá-la em 48 horas aos autos. (juntada após: prazo recursal contado da intimação da sentença).

> ***SUM-30:*** *intimação da sentença - Quando não juntada a ata ao processo em 48 horas, contadas da audiência de julgamento (art. 851, § 2º, da CLT), o prazo para recurso será contado da data em que a parte receber a intimação da sentença.*

As partes saem da audiência já intimadas da sentença. Se o juiz não juntar a ata do processo em 48 horas, o prazo para recurso contará então da data em que a parte receber a intimação da sentença.

Não pode ser interposto recurso antes da abertura do prazo (ele será extemporâneo):

> ***Súmula nº 434 do TST****: Recurso. Interposição antes da publicação do acórdão impugnado. Extemporaneidade.*
>
> *I. É extemporâneo recurso interposto antes de publicado o acórdão impugnado.*

Se a parte for notificada ou intimada no sábado (ou em dia não útil), considera-se que ela foi intimada no próximo dia útil, sendo que a contagem iniciará no dia útil subsequente a esse em que a parte considera-se intimada. (Por exemplo: Parte recebeu intimação no sábado dia 14, considera-se que ela recebeu a intimação, então, na segunda-feira dia 16. A contagem, por sua vez, inicia-se na terça-feira dia 17 (considerando que tanto segunda como terça são dias úteis).

Durante o recesso forense (20 de dezembro a 06 de janeiro) os prazos recursais são suspensos (param de correr no dia 20 de dezembro e voltam a correr, de onde pararam, no dia 7 de janeiro - se for dia útil).

> ***Súmula nº 262 do TST:*** *Prazo judicial. Notificação ou intimação em sábado. Recesso forense*
>
> *I. Intimada ou notificada a parte no sábado, o início do prazo se dará no primeiro dia útil imediato e a contagem, no subsequente.*
>
> *II. O recesso forense e as férias coletivas dos Ministros do Tribunal Superior do Trabalho (art. 177, § 1º, do RITST) suspendem os prazos recursais.*

→ **Recurso interposto via *fac-símile*:**

> Após término do prazo recursal, inicia-se o prazo de 5 dias para apresentação dos originais, não precisando haver notificação para fazê-lo

> O quinquídio não será prorrogado em caso de coincidir com sábado, domingo ou feriado.

> ***SUM-387*** *recurso. Fac-símile. Lei Nº 9.800/1999*
>
> *I. A Lei nº 9.800, de 26.05.1999, é aplicável somente a recursos interpostos após o início de sua vigência.*
>
> *II. A contagem do quinquídio para apresentação dos originais de recurso interposto por intermédio de fac-símile começa a fluir do dia subsequente ao término do prazo recursal, nos termos do art. 2º da Lei nº 9.800, de 26.05.1999, e não do dia seguinte à interposição do recurso, se esta se deu antes do termo final do prazo.*
>
> *III. Não se tratando a juntada dos originais de ato que dependa de notificação, pois a parte, ao interpor o recurso, já tem ciência de seu ônus processual, não se aplica a regra do art. 184 do CPC quanto ao "dies a quo", podendo coincidir com sábado, domingo ou feriado.*
>
> *IV. A autorização para utilização do fac-símile, constante do art. 1º da Lei n.º 9.800, de 26.05.1999, somente alcança as hipóteses em que o documento é dirigido diretamente ao órgão.*

Exercício Comentado

01. (FCC) Uma reclamação trabalhista foi julgada improcedente, tendo a sentença sido publicada em audiência realizada no dia 18 de dezembro. Dia 19 de dezembro foi dia útil. De 20 de dezembro a 6 de janeiro ocorreu o recesso da Justiça do Trabalho. Dia 7 de janeiro foi segunda-feira, dia útil. Nesse caso, de acordo com o entendimento sumulado do Tribunal Superior do Trabalho, o prazo para interposição de recurso ordinário expirou-se no dia:

a) 7 de janeiro.
b) 10 de janeiro.
c) 9 de janeiro.
d) 8 de janeiro.
e) 14 de janeiro.

RESPOSTA. "E". As partes já saem intimadas da sentença na audiência, como na contagem dos prazos exclui-se o dia do começo, o prazo começou a correr no dia útil seguinte (dia 19 de Dezembro). Do dia 20 de Dezembro ao dia 06 de Janeiro ocorre a suspensão dos prazos, retomando-se, no primeiro dia útil imediato (no caso da questão, dia 07 de janeiro). Assim, no dia 07 de Janeiro, o prazo volta a correr (já tinha corrido um dia do prazo, faltando 7 dias para complementação). Assim sendo, o oitavo e último dia do prazo recai no dia 13 de Janeiro (Domingo). Como os prazos não vencem em dias não úteis, o vencimento prorroga-se para o próxima dia útil, no caso, dia 14 de Janeiro (uma segunda feira).

Pressupostos Recursais

01. Pressupostos objetivos ou extrínsecos (fatores externos à decisão).

→ **Recorribilidade do ato e adequação**

O ato deve ser recorrível e deve ser utilizado o recurso adequado para cada momento (despachos não são recorríveis). Mesmo se o ato for recorrível, deve-se utilizar o recurso apropriado para impugnar essa decisão.

→ **Regularidade formal**

Em regra os recursos são interpostos por simples petição (Exceções: Recurso de Revista, que é um recurso técnico - precisa de fundamentação; e Agravo de Petição, no qual o agravante deve delimitar as matérias e os valores impugnados).

Recurso não assinado é considerado inexistente (mas será considerado válido se pelo menos tiver assinatura na petição de apresentação ou nas razões recursais).

> ***OJ-SDI1-120*** *Recurso. Assinatura da petição ou das razões recursais. Validade. - O recurso sem assinatura será tido por inexistente. Será considerado válido o apelo assinado, ao menos, na petição de apresentação ou nas razões recursais.*

→ **Regularidade de representação**

O recurso pode ser subscrito pela própria parte (jus postulandi), precisando de advogado apenas para:

- Ação Rescisória.
- Ação Cautelar.
- Mandado de Segurança.
- Recursos de competência do TST.

> ***SUM - 425*** *jus postulandi na justiça do trabalho. Alcance: O jus postulandi das partes, estabelecido no art. 791 da CLT, limita-se às Varas do Trabalho e aos Tribunais Regionais do Trabalho, não alcançando a ação rescisória, a ação cautelar, o mandado de segurança e os recursos de competência do Tribunal Superior do Trabalho.*

- As partes precisam de advogado para:
  - Ação Rescisória.
  - Ação Cautelar.
  - Mandado de Segurança.
  - Postular no TST.

→ **Tempestividade**

Os recursos devem ser interpostos dentro do prazo que a lei determinar (importante nunca esquecer que Fazenda Pública e MP tem prazo em DOBRO para recorrer). Não podem ser interpostos nem antes, nem depois do prazo.

→ **Preparo**

Pagamento das taxas e despesas processuais para que o recurso seja conhecido. Em alguns casos o Depósito Recursal também é exigido.

A ausência ou insuficiência do preparo gera a deserção do recurso: Não será conhecido.

> **Custas**

Serão pagas pelo vencido após o trânsito em julgado da decisão, mas em caso de recurso, elas devem ser pagas e deve ser comprovado o recolhimento dentro do prazo recursal.

Não esquecer das hipóteses de isenção de custas (Beneficiários da Justiça Gratuita, União, Estados, Distrito Federal, Municípios, as respectivas autarquias e fundações públicas, assim como o Ministério Público).

Não ocorrerá deserção para a Massa Falida pelo não recolhimento das custas ou do depósito recursal:

> ***SUM-86*** *deserção. Massa falida. Empresa em liquidação extrajudicial: Não ocorre deserção de recurso da massa falida por falta de pagamento de custas ou de depósito do valor da condenação. Esse privilégio, todavia, não se aplica à empresa em liquidação extrajudicial.*

> **Depósito recursal**

É a garantia em dinheiro feita pela reclamada (devedora), mediante depósito na conta vinculada do FGTS do reclamante, para que possa recorrer.

O depósito deve ser feito e comprovado o seu recolhimento dentro do prazo recursal.

> ***SUM-245*** *depósito recursal. Prazo - O depósito recursal deve ser feito e comprovado no prazo alusivo ao recurso. A interposição antecipada deste não prejudica a dilação legal.*

As pessoas jurídicas de direito público e o Ministério Público do Trabalho não precisam efetuar o depósito recursal para recorrer.

- Não é exigido em dissídio coletivo.
- Exigem depósito recursal:
  - Recurso ordinário.
  - Recurso de revista.
  - Recurso extraordinário (STF).
  - Embargos no TST.
  - Agravo de instrumento.

Transitada em julgado a decisão recorrida, o juiz ordenará o levantamento imediato do depósito recursal em favor da parte vencedora.

> **Não precisam fazer depósito recursal**

- Pessoas jurídicas de direito público.
- Massa falida.

> ***Súmula nº 86 do TST*** *- Deserção. Massa falida. Empresa em liquidação extrajudicial: Não ocorre deserção de recurso da massa falida por falta de pagamento de custas ou de depósito do valor da condenação. Esse privilégio, todavia, não se aplica à empresa em liquidação extrajudicial.*

Insuficiência no recolhimento, ainda que referente a centavos, gera a deserção.

> ***OJ-SDI1-140*** *depósito recursal e custas. Diferença ínfima. Deserção. Ocorrência. Ocorre deserção do recurso pelo recolhimento insuficiente das custas e do depósito recursal, ainda que a diferença em relação ao "quantum" devido seja ínfima, referente a centavos.*

É devido a cada novo recurso (apenas nos recursos em que ele é exigido obviamente), visando sempre a atingir o montante da dívida, embora não ultrapasse o teto fixado em lei. (Então, se o valor da dívida é inferior ao teto, recolhe-se o valor da dívida; se for superior ao teto, recolhe-se o teto).

No caso de duas ou mais empresas terem sido condenadas solidariamente, o depósito recursal feito por uma delas pode ser aproveitado pela outra, mas se a empresa que efetuou o depósito estiver pleiteando sua exclusão da lide, não poderá ser aproveitado pela(s) outra(s).

SUM-128 *depósito recursal:*

I. *É ônus da parte recorrente efetuar o depósito legal, integralmente, em relação a cada novo recurso interposto, sob pena de deserção. Atingido o valor da condenação, nenhum depósito mais é exigido para qualquer recurso.*

II. *Garantido o juízo, na fase executória, a exigência de depósito para recorrer de qualquer decisão viola os incisos II e LV do art. 5º da CF/1988. Havendo, porém, elevação do valor do débito, exige-se a complementação da garantia do juízo.*

III. *Havendo condenação solidária de duas ou mais empresas, o depósito recursal efetuado por uma delas aproveita as demais, quando a empresa que efetuou o depósito não pleiteia sua exclusão da lide.*

Art. 899 *- Os recursos serão interpostos por simples petição e terão efeito meramente devolutivo, salvo as exceções previstas neste Título, permitida a execução provisória até a penhora.*

§ 1º *Sendo a condenação de valor até 10 (dez) vezes o salário-mínimo regional, nos dissídios individuais, só será admitido o recurso inclusive o extraordinário, mediante prévio depósito da respectiva importância. Transitada em julgado a decisão recorrida, ordenar-se-á o levantamento imediato da importância de depósito, em favor da parte vencedora, por simples despacho do juiz.*

§ 2º *Tratando-se de condenação de valor indeterminado, o depósito corresponderá ao que for arbitrado, para efeito de custas, pela Junta ou Juízo de Direito, até o limite de 10 (dez) vezes o salário-mínimo da região.*

§ 3º *-(Revogado pela Lei nº 7.033, de 5.10.1982)*

§ 4º *- O depósito de que trata o § 1º far-se-á na conta vinculada do empregado a que se refere o art. 2º da Lei nº 5.107, de 13 de setembro de 1966, aplicando-se-lhe os preceitos dessa Lei observado, quanto ao respectivo levantamento, o disposto no § 1º.*

§ 5º *- Se o empregado ainda não tiver conta vinculada aberta em seu nome, nos termos do art. 2º da Lei nº 5.107, de 13 de setembro de 1966, a empresa procederá à respectiva abertura, para efeito do disposto no § 2º.*

§ 6º *- Quando o valor da condenação, ou o arbitrado para fins de custas, exceder o limite de 10 (dez) vezes o salário-mínimo da região, o depósito para fins de recursos será limitado a este valor.*

§ 7º *No ato de interposição do agravo de instrumento, o depósito recursal corresponderá a 50% (cinquenta por cento) do valor do depósito do recurso ao qual se pretende destrancar.*

02. Pressupostos subjetivos ou intrínsecos:

Fatores que dizem respeito à decisão recorrida:

→ **Legitimidade**

A parte legítima, para recorrer, é o vencido, ou seja, aquele que teve uma sentença total ou parcialmente desfavorável. Também possuem legitimidade para recorrer o 3º juridicamente interessado e a Procuradoria do Trabalho (MPT).

O Ministério Público do Trabalho possui legitimidade para recorrer tanto nos processos em que figurou como parte, como naqueles em que atuou como fiscal da lei (*custos legis*).

→ **Capacidade**

Para recorrer, a pessoa precisa ser capaz na órbita civil. (capacidade de exercício - art. 7º CPC).

→ **Interesse recursal**

O recorrente deve mostrar que tem interesse em recorrer, que o recurso será útil para seus interesses e necessário para alcançá-los. (O recurso deve ter a potencialidade de melhorar a situação do recorrente caso provido).

Exercício Comentado

01. (CESPE) Inexiste deserção do recurso pelo recolhimento insuficiente das custas e do depósito recursal, ainda que a diferença em relação ao quantum devido seja ínfima, referente a centavos.

ERRADO. De acordo com a OJ 140 da SDI-1 do TST, o recolhimento insuficiente das custas ou do depósito recursal ocasiona a deserção do recurso, mesmo que a diferença seja ínfima, relativa a centavos.

Juízo de Admissibilidade

O recurso é interposto no juízo do qual se recorre (*a quo*), requerendo que ele seja encaminhado para o juízo para o qual se recorre (*ad quem*).

O juízo de admissibilidade consiste na análise do preenchimento dos pressupostos recursais, que será feito em dois momentos. São apreciados primeiramente pelo Juízo *a quo*, que caso preenchidos, encaminhará o recurso para o Juízo *ad quem*, que reexaminará o atendimento aos requisitos recursais.

» **Ex.**: O recurso é interposto no juiz que proferiu a decisão, ele analisará se estão presentes os pressupostos recursais. Estando preenchidos, ele encaminhará o recurso para o Tribunal a que está subordinado, onde o recurso será novamente submetido a esse exame.

> 1º Juízo de admissibilidade: Juízo *a quo* (do qual se recorre): encaminha o recurso ou nega seguimento (cabe agravo de instrumento). A decisão dele não vincula o juízo *ad quem*.

> 2º Juízo de admissibilidade: Juízo *ad quem* (para quem se recorre): Conhecerá ou não o recurso.

Nos termos da CLT, se a decisão recorrida estiver de acordo com o disposto em Súmula do TST, o ministro relator poderá negar seguimento ao:

» Recurso de Revista.

» Embargos no TST.

» Agravo de Instrumento.

Art. 896, § 5º da CLT *- Estando a decisão recorrida em consonância com enunciado da Súmula da Jurisprudência do Tribunal Superior do Trabalho, poderá o Ministro Relator, indicando-o, negar seguimento ao Recurso de Revista, aos Embargos, ou ao Agravo de Instrumento. Será denegado seguimento ao Recurso nas hipóteses de intempestividade, deserção, falta de alçada e ilegitimidade de representação, cabendo a interposição de Agravo.*

→ **Art. 557 do CPC:**

Esse dispositivo aumentou os poderes do relator, estabelecendo que ele poderá negar seguimento ao recurso quando:

> Ele for manifestamente inadmissível, improcedente ou prejudicado.
> Estiver em confronto com súmula ou jurisprudência dominante do STF ou de Tribunal Superior.
> Caso a decisão recorrida estiver em manifesto confronto com súmula ou jurisprudência dominante do STF ou Tribunal Superior, o relator poderá dar provimento ao recurso.
> Dessas decisões caberá Agravo (Interno ou Regimental): em 5 dias (8 dias no processo do trabalho).
> Nesses casos, a decisão não é proferida pelo órgão colegiado, mas apenas pelo revisor. Já está pacificado de que basta que a decisão seja de magistrado de 2º Grau, não precisando ser do Órgão Colegiado.

__Art. 557 do CPC.__ O relator negará seguimento a recurso manifestamente inadmissível, improcedente, prejudicado ou em confronto com súmula ou com jurisprudência dominante do respectivo tribunal, do Supremo Tribunal Federal, ou de Tribunal Superior.

§ 1º- Se a decisão recorrida estiver em manifesto confronto com súmula ou com jurisprudência dominante do Supremo Tribunal Federal, ou de Tribunal Superior, o relator poderá dar provimento ao recurso.

§ 1º Da decisão caberá agravo, no prazo de cinco dias, ao órgão competente para o julgamento do recurso, e, se não houver retratação, o relator apresentará o processo em mesa, proferindo voto; provido o agravo, o recurso terá seguimento.

§ 2º Quando manifestamente inadmissível ou infundado o agravo, o tribunal condenará o agravante a pagar ao agravado multa entre um e dez por cento do valor corrigido da causa, ficando a interposição de qualquer outro recurso condicionada ao depósito do respectivo valor.

Nos termos da súmula 435 do TST, esse dispositivo do Código de Processo Civil (art. 557) é aplicado subsidiariamente ao processo trabalhista.

__Súmula nº 435 do TST - art. 557 Do CPC.__ Aplicação subsidiária ao processo do trabalho: Aplica-se subsidiariamente ao processo do trabalho o art. 557 do Código de Processo Civil.

Anotações

CAPÍTULO 09

Recursos em Espécie

Introdução

A CLT elenca os recursos cabíveis no Processo do Trabalho:

> *Art. 893 - Das decisões são admissíveis os seguintes recursos*
>
> *I. embargos;*
>
> *II. recurso ordinário;*
>
> *III. recurso de revista;*
>
> *IV. agravo.*
>
> *§ 1º - Os incidentes do processo são resolvidos pelo próprio Juízo ou Tribunal, admitindo-se a apreciação do merecimento das decisões interlocutórias somente em recursos da decisão definitiva.*
>
> *§ 2º - A interposição de recurso para o Supremo Tribunal Federal não prejudicará a execução do julgado.*

Entretanto, alguns recursos do Direito Processual Comum são amplamente utilizados, em face do princípio da subsidiariedade.

Embargos de Declaração

Visam a sanar um vício na sentença ou acórdão:

> **Omissão:** Quando ele não aprecia questão relevante para o julgamento.
>
> **Obscuridade:** Quando falta clareza na decisão.
>
> **Contradição:** Quando existe na decisão disposições contraditórias (ex. Diz que a prova é convincente e o autor provou a existência de seus direitos, mas da uma sentença de total improcedência).

Podem gerar efeito modificativo do julgado em caso de omissão, contradição ou manifesto equívoco no exame dos pressupostos extrínsecos de admissibilidade recursal.

> Prazo de 5 dias.
>
> Não está sujeito a preparo.

Pessoa Jurídica de Direito Público tem prazo em dobro para interposição:

> ***OJ 192. da SDI-1*** *Embargos declaratórios. Prazo em dobro. Pessoa jurídica de direito público. Decreto-lei nº 779/69: É em dobro o prazo para a interposição de embargos declaratórios por Pessoa jurídica de direito público.*

Competência: encaminhado para o próprio juiz que prolatou a decisão. (O próprio juiz ou tribunal que proferiu aquela decisão é quem irá apreciar os embargos de declaração, nesse caso, foge-se daquela regra geral de que os recursos são apreciados pelo órgão hierarquicamente superior ao prolator da decisão recorrida).

Efeitos dos Embargos Declaratórios:

> **Interruptivo:** interrompe o prazo para a interposição de outros recursos (para todas as partes).
>
> **Modificativo:** Embora não seja a regra, pode ocasionar esse efeito dependendo da natureza da omissão ou contradição (mas deve ser dada vista a parte contrária nesse caso).

> ***SUM-278*** *embargos de declaração. Omissão no julgado - a natureza da omissão suprida pelo julgamento de embargos declaratórios pode ocasionar efeito modificativo no julgado.*
>
> ***OJ - 142 da SDI - 1.*** *Embargos de declaração. Efeito modificativo. Vista à parte contrária.*
>
> *I. É passível de nulidade decisão que acolhe embargos de declaração com efeito modificativo sem que seja concedida oportunidade de manifestação prévia à parte contrária.*
>
> *II. Em decorrência do efeito devolutivo amplo conferido ao recurso ordinário, o item I não se aplica às hipóteses em que não se concede vista à parte contrária para se manifestar sobre os embargos de declaração opostos contra sentença.*

A mera interposição dos embargos de declaração gera a interrupção do prazo para todos os demais recursos (o prazo volta a contar do zero).

Essa medida também é usada para prequestionamento de matéria que será objeto de futuro recurso de fundamentação vinculada (RR, RE, Embargos no TST).

Em caso de embargos meramente protelatórios, será fixada uma multa não superior a 1% do valor da causa, elevada até 10% em caso de reincidência. A interposição de qualquer outro recurso estará sujeita ao recolhimento dessa multa.

> ***Art. 897-A CLT*** *- Caberão embargos de declaração da sentença ou acórdão, no prazo de cinco dias, devendo seu julgamento ocorrer na primeira audiência ou sessão subsequente a sua apresentação, registrado na certidão, admitido efeito modificativo da decisão nos casos de omissão e contradição no julgado e manifesto equívoco no exame dos pressupostos extrínsecos do recurso.*
>
> ***Parágrafo único.*** *Os erros materiais poderão ser corrigidos de ofício ou a requerimento de qualquer das partes.*
>
> ***Art. 535. CPC*** *- Cabem embargos de declaração quando:*
>
> *I. Houver, na sentença ou no acórdão, obscuridade ou contradição;*
>
> *II. For omitido ponto sobre o qual devia pronunciar-se o juiz ou tribunal.*
>
> ***Art. 536.*** *Os embargos serão opostos, no prazo de 5 (cinco) dias, em petição dirigida ao juiz ou relator, com indicação do ponto obscuro, contraditório ou omisso, não estando sujeitos a preparo.*
>
> ***Art. 537.*** *O juiz julgará os embargos em 5 (cinco) dias; nos tribunais, o relator apresentará os embargos em mesa na sessão subsequente, proferindo voto. Art. 538. Os embargos de declaração interrompem o prazo para a interposição de outros recursos, por qualquer das partes.*
>
> **Parágrafo único.** *Quando manifestamente protelatórios os embargos, o juiz ou o tribunal, declarando que o são, condenará o embargante a pagar ao embargado multa não excedente de 1% (um por cento) sobre o valor da causa. Na reiteração de embargos protelatórios, a multa é elevada a até 10% (dez por cento), ficando condicionada a interposição de qualquer outro recurso ao depósito do valor respectivo.*
>
> ***SUM-184:*** *embargos declaratórios. Omissão em recurso de revista. Preclusão - Ocorre preclusão se não forem opostos embargos declaratórios para suprir omissão apontada em recurso de revista ou de embargos.*
>
> ***Súmula nº 421 do TST*** *- embargos declaratórios contra decisão monocrática do relator calcada NO ART. 557 DO CPC. Cabimento*
>
> *I. Tendo a decisão monocrática de provimento ou denegação de recurso, prevista no art. 557 do CPC, conteúdo decisório definitivo e conclusivo da lide, comporta ser esclarecida pela via dos embargos de declaração, em decisão aclaratória, também monocrática, quando se pretende tão-somente suprir omissão e não, modificação do julgado.*

II. *Postulando o embargante efeito modificativo, os embargos declaratórios deverão ser submetidos ao pronunciamento do Colegiado, convertidos em agravo, em face dos princípios da fungibilidade e celeridade processual.*

Exercício Comentado

01. (CESPE) Com relação aos embargos de declaração na justiça do trabalho, assinale a opção correta.

a) Os erros materiais podem ser corrigidos de ofício ou a requerimento de qualquer das partes.

b) O embargo de declaração não está previsto taxativamente na CLT, razão pela qual se aplicam, subsidiariamente, as normas do CPC.

c) O prazo para a oposição de embargos de declaração é de oito dias, a contar da data da sentença ou do acórdão.

d) Não é passível de nulidade decisão que acolhe embargo de declaração com efeito modificativo tomada sem que a parte contrária tenha se manifestado.

RESPOSTA. "A". Está correto de acordo com o artigo 897-A, P.U. da CLT. Já a alternativa B está errada pois eles possuem previsão na CLT art. 897-A. A alternativa C está errada por que o prazo é de cinco dias, lembre-se da OJ 192 - Pessoa Jurídica de Direito Público - prazo em dobro. A alternativa D está errada nos termos da OJ 142 da SDI-1 do TST, a decisão que acolhe embargos de declaração com efeito modificativo sem dar vista à parte contraria, é passível de nulidade.

Recurso Ordinário

Cabível nas decisões terminativas (sem exame do mérito - art. 267 do CPC) ou definitivas (com exame do mérito - Art. 269 do CPC) proferidas pelas Varas do Trabalho ou pelos Tribunais no exercício de sua competência originária.

Algumas decisões interlocutórias, excepcionalmente, também podem ser atacadas de imediato por esse recurso (Súmula 214 do TST).

Cuidado com questões que digam respeito ao procedimento sumário (ou dissídio de alçada). As decisões ali proferidas não se sujeitam a nenhum recurso, salvo se versarem sobre matéria constitucional (prevalece que o recurso cabível seria o Extraordinário para o STF).

Prazo: 8 dias. Necessita de Depósito Recursal.

→ **Custas**

> Ação improcedente: Reclamante pagará as custas;

> Ação procedente (no todo ou em parte): Reclamado pagará custas e depósito recursal.

Art. 789, CLT - § 1º *As custas serão pagas pelo vencido, após o trânsito em julgado da decisão. No caso de recurso, as custas serão pagas e comprovado o recolhimento dentro do prazo recursal.*

O recurso segue o padrão recursal trabalhista, sendo recebido apenas no efeito devolutivo (não possui efeito suspensivo). A execução provisória poderá ser iniciada, seguindo-se até a penhora.

Art. 895 *- Cabe recurso ordinário para a instância superior:*

I. *Das decisões definitivas ou terminativas das Varas e Juízos, no prazo de 8 (oito) dias;*

II. *Das decisões definitivas ou terminativas dos Tribunais Regionais, em processos de sua competência originária, no prazo de 8 (oito) dias, quer nos dissídios individuais, quer nos dissídios coletivos.*

Art. 900 *- Interposto o recurso, será notificado o recorrido para oferecer as suas razões, em prazo igual ao que tiver tido o recorrente.*

Quando os TRTs proferirem decisões em Ação Rescisória ou em Mandado de Segurança: cabe Recurso Ordinário para o TST.

SUM-158 *Ação rescisória - da decisão de tribunal regional do trabalho, em ação rescisória, é cabível recurso ordinário para o Tribunal Superior do Trabalho, em face da organização judiciária trabalhista.*

SUM-201 *Recurso ordinário em mandado de segurança - da decisão de tribunal regional do trabalho em mandado de segurança cabe recurso ordinário, no prazo de 8 (oito) dias, para o Tribunal Superior do Trabalho, e igual dilação para o recorrido e interessados apresentarem razões de contrariedade.*

Efeito devolutivo em profundidade no RO: devolve para o Tribunal apreciar os fundamentos da inicial e da contestação, ainda que não examinados na sentença ou não renovados em contrarrazões (não aplicado para pedidos não apreciados na sentença em regra).

Súmula nº 393 do TST *- recurso ordinário. Efeito devolutivo em profundidade. Art. 515, § 1º, DO CPC: O efeito devolutivo em profundidade do recurso ordinário, que se extrai do § 1º do art. 515 do CPC, transfere ao Tribunal a apreciação dos fundamentos da inicial ou da defesa, não examinados pela sentença, ainda que não renovados em contrarrazões. Não se aplica, todavia, ao caso de pedido não apreciado na sentença, salvo a hipótese contida no § 3º do art. 515 do CPC.*

→ **Recurso ordinário e procedimento sumaríssimo:**

> Recebido, será imediatamente distribuído, sendo que o relator deve liberá-lo no máximo em 10 dias.

> A Secretaria o colocará imediatamente em pauta para julgamento, sem revisor.

> Parecer Oral do MP, se ele entender necessário.

> Acórdão: Consistirá unicamente na certidão de julgamento, com indicação suficiente do processo e parte dispositiva e das razões de decidir do voto prevalente.

> Caso a sentença seja confirmada pelos próprios fundamentos, a certidão de julgamento valerá como acórdão (registrando tal circunstância).

> Tribunais divididos em Turmas: podem designar uma Turma específica para julgamento dos ROs em demandas sujeitas ao rito sumaríssimo.

Art. 895 *- Cabe recurso ordinário para a instância superior:*

§ 1º *- Nas reclamações sujeitas ao procedimento sumaríssimo, o recurso ordinário:*

I. *(VETADO). Incluído pela Lei nº 9.957, de 12.1.2000).*

II. *Será imediatamente distribuído, uma vez recebido no Tribunal, devendo o relator liberá-lo no prazo máximo de dez dias, e a Secretaria do Tribunal ou Turma colocá-lo imediatamente em pauta para julgamento, sem revisor;*

III. *Terá parecer oral do representante do Ministério Público presente à sessão de julgamento, se este entender necessário o parecer, com registro na certidão;*

IV. Terá acórdão consistente unicamente na certidão de julgamento, com a indicação suficiente do processo e parte dispositiva, e das razões de decidir do voto prevalente. Se a sentença for confirmada pelos próprios fundamentos, a certidão de julgamento, registrando tal circunstância, servirá de acórdão.

§ 2º Os Tribunais Regionais, divididos em Turmas, poderão designar Turma para o julgamento dos recursos ordinários interpostos das sentenças prolatadas nas demandas sujeitas ao procedimento sumaríssimo.

Art. 518 do CPC → Súmula impeditiva de recurso.

De acordo com esse dispositivo legal, quando a sentença estiver em conformidade com súmula do STJ ou STF, o Juiz denegará seguimento à apelação (dessa decisão cabe agravo de instrumento).

Art. 518 do CPC. *Interposta a apelação, o juiz, declarando os efeitos em que a recebe, mandará dar vista ao apelado para responder.*

§ 1º O juiz não receberá o recurso de apelação quando a sentença estiver em conformidade com súmula do Superior Tribunal de Justiça ou do Supremo Tribunal Federal.

§ 2º Apresentada a resposta, é facultado ao juiz, em cinco dias, o reexame dos pressupostos de admissibilidade do recurso.

Apesar de alguns serem contrários à aplicação desse instituto (alegam que é a causa do engessamento da jurisprudência e inibe a independência do Juiz do Trabalho), prevalece que esse dispositivo é aplicável na seara juslaboral.

Pode ser aplicado ao Recurso Ordinário em caso de sentença em conformidade com a Súmula do:

> STF;

> STJ;

> TST.

Não se aplica para Orientação Jurisprudencial (OJ) ou Precedente Normativo (PN).

Exercício Comentado

01. (FCC) Considere as seguintes situações:

I. O processo Azul foi extinto com resolução de mérito, tendo em vista que o juiz acolheu a alegação de decadência da reclamada.

II. O processo Branco foi extinto sem resolução de mérito, tendo em vista que o juiz acolheu alegação de litispendência.

III. No processo Preto, o juiz indeferiu a petição inicial por inépcia.

IV. No processo Vermelho, o juiz determinou a realização de perícia contábil para apuração de eventual pagamento ao reclamante não constante em folha.

Caberá recurso ordinário APENAS no(s) processo(s):

a) Azul.

b) Azul e Branco.

c) Branco e Preto.

d) Preto e Vermelho.

e) Azul, Branco e Preto.

RESPOSTA. "E". I. Decisão definitiva - cabe RO. II. Decisão terminativa - cabe RO. III. Decisão terminativa - Cabe RO. IV. Decisão interlocutória - não colocou termo ao processo na instância - Não cabe RO.

Recurso de Revista

É um recurso de natureza extraordinária, ao lado do Recurso Extraordinário (STF) e Recurso Especial (STJ).

Não é um recurso destinado a correção de injustiças, pois isso deveria ter sido feito pela segunda instância (não há análise de fatos e provas, tampouco busca avaliar a justiça da decisão).

O RR tem como único objeto a apreciação de questões de direito, por essa razão, se destina à uniformização da jurisprudência, harmonia das decisões judiciais, além de prezar pelo respeito à CF e à lei federal.

É um recurso eminentemente técnico, tem por objetivo a aplicação correta da lei pelos Tribunais. Para que seja admitido, determinados pressupostos devem ser atendidos.

> Prazo de 8 dias

> Competência do TST

Assim como os Embargos no TST, o Recurso de Revista não se presta ao reexame de fatos e provas.

SUM-126 recurso. Cabimento *- Incabível o recurso de revista ou de embargos (arts. 896 e 894, "b", da CLT) para reexame de fatos e provas.*

SUM-218 recurso de revista. Acórdão proferido em agravo de instrumento *- É incabível recurso de revista interposto de acórdão regional prolatado em agravo de instrumento.*

Cabível apenas de acórdãos dos TRTs, proferidos em grau de RO, nos dissídios individuais. Assim, o Recurso de Revista será usado apenas nos processos que iniciaram em primeira instância (Varas do trabalho), resolvendo conflitos individuais. Nesse processo foi interposto um Recurso Ordinário para o TRT. Do acórdão proferido pelo TRT, poderá caber Recurso de Revista.

→ **Lembre-se: Recurso de Revista**

> Dissídios Individuais;

> Acórdão proferido pelos TRTs em grau de urso Ordinário.

Hipóteses de Cabimento

→ **TRT interpreta**

> Lei Federal;

> Lei Estadual;

> Convenção Coletiva e Acordo Coletivo;

> Sentença Normativa;

> Regulamento de empresarial;

> **De forma diversa de:**

» Outro TRT (Pleno ou Turma);

» SDI;

» Súmula ou OJ do TST.

Também cabe recurso de revista por interpretação diversa de Orientação Jurisprudencial (OJ).

→ **Violação literal de lei federal ou afronta direta e literal da CF**

> Recurso de Revista fundado em divergência jurisprudencial;

> Lei Estadual;

> Norma Coletiva (acordo coletivo, convenção coletiva ou sentença normativa);

> Regulamento de empresa.

→ No caso dessas hipóteses acima elencadas, é necessário que extrapolem o âmbito do TRT que proferiu a decisão que se buscar atacar pelo Recurso de Revista.

OJ 147 da SDI-1. *Lei estadual, norma coletiva ou norma regulamentar. Conhecimento indevido do recurso de revista por divergência jurisprudencial.*

I. *É inadmissível o recurso de revista fundado tão-somente em divergência jurisprudencial, se a parte não comprovar que a lei estadual, a norma coletiva ou o regulamento da empresa extrapolam o âmbito do TRT prolator da decisão recorrida.*

II. *É imprescindível a arguição de afronta ao art. 896 da CLT para o conhecimento de embargos interpostos em face de acórdão de Turma que conhece indevidamente de recurso de revista, por divergência jurisprudencial, quanto a tema regulado por lei estadual, norma coletiva ou norma regulamentar de âmbito restrito ao Regional prolator da decisão.*

OJ-SDI1-219 *recurso de revista ou de embargos fundamentado em orientação jurisprudencial do TST. É válida, para efeito de conhecimento do recurso de revista ou de embargos, a invocação de Orientação Jurisprudencial do Tribunal Superior do Trabalho, desde que, das razões recursais, conste o seu número ou conteúdo.*

Art. 896 *- Cabe Recurso de Revista para Turma do Tribunal Superior do Trabalho das decisões proferidas em grau de recurso ordinário, em dissídio individual, pelos Tribunais Regionais do Trabalho, quando:*

a) *Derem ao mesmo dispositivo de lei federal interpretação diversa da que lhe houver dado outro Tribunal Regional, no seu Pleno ou Turma, ou a Seção de Dissídios Individuais do Tribunal Superior do Trabalho, ou a Súmula de Jurisprudência Uniforme dessa Corte;*

b) *Derem ao mesmo dispositivo de lei estadual, Convenção Coletiva de Trabalho, Acordo Coletivo, sentença normativa ou regulamento empresarial de observância obrigatória em área territorial que exceda a jurisdição do Tribunal Regional prolator da decisão recorrida, interpretação divergente, na forma da alínea a;*

c) *Proferidas com violação literal de disposição de lei federal ou afronta direta e literal à Constituição Federal.*

§ 1º O Recurso de Revista, dotado de efeito apenas devolutivo, será apresentado ao Presidente do Tribunal recorrido, que poderá recebê-lo ou denegá-lo, fundamentando, em qualquer caso, a decisão.

§ 3º Os Tribunais Regionais do Trabalho procederão, obrigatoriamente, à uniformização de sua jurisprudência, nos termos do Livro I, Título IX, Capítulo I do CPC, não servindo a súmula respectiva para ensejar a admissibilidade do Recurso de Revista quando contrariar Súmula da Jurisprudência Uniforme do Tribunal Superior do Trabalho. (nota: divergência entre turmas do mesmo tribunal não cabe RR e sim incidente de uniformização de jurisprudência).

§ 4º A divergência apta a ensejar o Recurso de Revista deve ser atual, não se considerando como tal a ultrapassada por súmula, ou superada por iterativa e notória jurisprudência do Tribunal Superior do Trabalho.

§ 5º - Estando a decisão recorrida em consonância com enunciado da Súmula da Jurisprudência do Tribunal Superior do Trabalho, poderá o Ministro Relator, indicando-o, negar seguimento ao Recurso de Revista, aos Embargos, ou ao Agravo de Instrumento. Será denegado seguimento ao Recurso nas hipóteses de intempestividade, deserção, falta de alçada e ilegitimidade de representação, cabendo a interposição de Agravo." (SÚMULA IMPEDITIVA DE RECURSO)

Recurso de Revista ou Embargos no TST → quando fundamentados em violação de lei ou da Constituição, deve ser indicado expressamente o dispositivo violado.

O TST dizia no Item II da súmula 221 que, quando determinado dispositivo comportar mais de uma interpretação (mesmo que a decisão não tenha adotado a melhor dentre elas), não caberá recurso de revista ou de embargos no TST com base em violação de dispositivo de lei ou da Constituição (a violação tem que ser literal). Entretanto, o TST cancelou essa parte da súmula.

SUM-221 *recursos de revista ou de embargos. Violação de lei. Indicação de preceito. Interpretação razoável.*

I. *A admissibilidade do recurso de revista e de embargos por violação tem como pressuposto a indicação expressa do dispositivo de lei ou da Constituição tido como violado.*

Decisões divergentes do mesmo TRT não podem embasar recurso de revista. A divergência tem que ser entre TRTs e não dentro do próprio TRT.

OJ-SDI1-111 *Recurso de revista. Divergência jurisprudencial. Aresto oriundo do mesmo tribunal regional. Lei nº 9.756/1998. Inservível ao conhecimento. Não é servível ao conhecimento de recurso de revista aresto oriundo de mesmo Tribunal Regional do Trabalho, salvo se o recurso houver sido interposto anteriormente à vigência da Lei nº 9.756/1998."*

Requisitos

→ **Fundamentação**

É um recurso técnico, sendo admitido apenas se forem atendidos determinados pressupostos, devendo ser demonstrada uma das taxativas hipóteses de cabimento elencadas na CLT. A petição deve ser acompanhada das razões. (não pode ser interposto por simples petição).

→ **Depósito recursal**

Faz parte do preparo do RR, seu valor é o dobro do exigido para o RO, observado o teto da condenação.

→ **Prequestionamento**

A questão suscitada deve ter sido prequestionada no juízo recorrido.

A matéria diz-se prequestionada, quando na decisão impugnada, haja sido adotada, explicitamente, tese a respeito. A parte deve opor Embargos Declaratórios objetivando esse pronunciamento quando necessário.

Se a parte opor Embargos de Declaração com o intuito de prequestionar a matéria e o TRT manter-se silente, tem-se essa matéria por prequestionada.

SUM-297 *Prequestionamento. Oportunidade. Configuração;*

I. *Diz-se prequestionada a matéria ou questão quando na decisão impugnada haja sido adotada, explicitamente, tese a respeito.*

II. *Incumbe à parte interessada, desde que a matéria haja sido invocada no recurso principal, opor embargos declaratórios objetivando o pronunciamento sobre o tema, sob pena de preclusão.*

III. *Considera-se prequestionada a questão jurídica invocada no recurso principal sobre a qual se omite o Tribunal de pronunciar tese, não obstante opostos embargos de declaração.*

→ **Transcedência:**

O recorrente deve demonstrar relevância capaz de justificar o julgamento do apelo (jurídica, política, social ou econômica).

> ***Art.896-A*** *- O Tribunal Superior do Trabalho, no recurso de revista, examinará previamente se a causa oferece transcendência com relação aos reflexos gerais de natureza econômica, política, social ou jurídica.*

Recurso de Revista no Rito Sumaríssimo

> Cabível por:

» Contrariedade a Súmula do TST;

» Violação direta da CF.

> ***§ 6º*** *Nas causas sujeitas ao procedimento sumaríssimo, somente será admitido recurso de revista por contrariedade a súmula de jurisprudência uniforme do Tribunal Superior do Trabalho e violação direta da Constituição da República.*

→ Recurso de Revista no rito sumaríssimo apenas:

> Contrariar Súmula do TST;

> Violação direta da Constituição.

NÃO CABE recurso de revista no rito sumaríssimo quando a decisão violar Orientação Jurisprudencial do TST. É cabível apenas no caso de violação direta a dispositivo da Constituição Federal ou contrariedade a Súmula do TST.

> ***Súmula nº 442 do TST*** *- procedimento sumaríssimo. Recurso de revista fundamentado em contrariedade a orientação jurisprudencial. Inadmissibilidade. ART. 896, § 6º, DA CLT, acrescentado pela Lei Nº 9.957, DE 12.01.2000. Nas causas sujeitas ao procedimento sumaríssimo, a admissibilidade de recurso de revista está limitada à demonstração de violação direta a dispositivo da Constituição Federal ou contrariedade a Súmula do Tribunal Superior do Trabalho, não se admitindo o recurso por contrariedade a Orientação Jurisprudencial deste Tribunal (Livro II, Título II, Capítulo III, do RITST), ante a ausência de previsão no art. 896, § 6º, da CLT.*

Não cabe em execução de sentença, salvo violação da CF:

> ***Art. 896, § 2º*** *Das decisões proferidas pelos Tribunais Regionais do Trabalho ou por suas Turmas, em execução de sentença, inclusive em processo incidente de embargos de terceiro, não caberá Recurso de Revista, salvo na hipótese de ofensa direta e literal de norma da Constituição Federal.*

> ***SUM-266 Recurso de revista****. Admissibilidade. Execução de sentença: A admissibilidade do recurso de revista interposto de acórdão proferido em agravo de petição, na liquidação de sentença ou em processo incidente na execução, inclusive os embargos de terceiro, depende de demonstração inequívoca de violência direta à Constituição Federal.*

> ***Súmula nº 23 do TST - Recurso****: Não se conhece de recurso de revista ou de embargos, se a decisão recorrida resolver determinado item do pedido por diversos fundamentos e a jurisprudência transcrita não abranger a todos.*

> ***SUM-285 Recurso de revista****. Admissibilidade parcial pelo juiz-presidente do tribunal regional do trabalho. Efeito: O fato de o juízo primeiro de admissibilidade do recurso de revista entendê-lo cabível apenas quanto a parte das matérias veiculadas não impede a apreciação integral pela Turma do Tribunal Superior do Trabalho, sendo imprópria a interposição de agravo de instrumento.*

> ***SUM-296 Recurso****. Divergência jurisprudencial. Especificidade:*
>
> *I. A divergência jurisprudencial ensejadora da admissibilidade, do prosseguimento e do conhecimento do recurso há de ser específica, revelando a existência de teses diversas na interpretação de um mesmo dispositivo legal, embora idênticos os fatos que as ensejaram.*
>
> *II. Não ofende o art. 896 da CLT decisão de Turma que, examinando premissas concretas de especificidade da divergência colacionada no apelo revisional, conclui pelo conhecimento ou desconhecimento do recurso.*

SUM-333 Recursos de revista*. Conhecimento: Não ensejam recurso de revista decisões superadas por iterativa, notória e atual jurisprudência do Tribunal Superior do Trabalho.*

Súmula nº 337 do TST *- comprovação de divergência jurisprudencial. Recursos de revista e de embargos*

I. Para comprovação da divergência justificadora do recurso, é necessário que o recorrente:

a) Junte certidão ou cópia autenticada do acórdão paradigma ou cite a fonte oficial ou o repositório autorizado em que foi publicado; e

b) Transcreva, nas razões recursais, as ementas e/ou trechos dos acórdãos trazidos à configuração do dissídio, demonstrando o conflito de teses que justifique o conhecimento do recurso, ainda que os acórdãos já se encontrem nos autos ou venham a ser juntados com o recurso.

II. A concessão de registro de publicação como repositório autorizado de jurisprudência do TST torna válidas todas as suas edições anteriores.

III. A mera indicação da data de publicação, em fonte oficial, de aresto paradigma é inválida para comprovação de divergência jurisprudencial, nos termos do item I, "a", desta súmula, quando a parte pretende demonstrar o conflito de teses mediante a transcrição de trechos que integram a fundamentação do acórdão divergente, uma vez que só se publicam o dispositivo e a ementa dos acórdãos;

IV. É válida para a comprovação da divergência jurisprudencial justificadora do recurso a indicação de aresto extraído de repositório oficial na internet, desde que o recorrente:

a) transcreva o trecho divergente;

b) aponte o sítio de onde foi extraído;

c) decline o número do processo, o órgão prolator do acórdão e a data da respectiva publicação no Diário Eletrônico da Justiça do Trabalho.

OJ 62 da SDI-1 Prequestionamento. *Pressuposto de admissibilidade em apelo de natureza extraordinária. Necessidade, ainda que se trate de incompetência absoluta: É necessário o prequestionamento como pressuposto de admissibilidade em recurso de natureza extraordinária, ainda que se trate de incompetência absoluta.*

OJ - SDI1 - 334. Remessa "ex officio". *Recurso de revista. Inexistência de recurso ordinário voluntário de ente público. Incabível: Incabível recurso de revista de ente público que não interpôs recurso ordinário voluntário da decisão de primeira instância, ressalvada a hipótese de ter sido agravada, na segunda instância, a condenação imposta.*

Exercício Comentado

01. (CESPE) A respeito do recurso de revista, assinale a opção correta.

a) Não cabe recurso de revista contra decisão proferida na fase de execução de sentença pelos tribunais regionais do trabalho ou por suas turmas, salvo na hipótese de ofensa direta e literal de norma da CF.

b) Não é cabível a interposição de recurso de revista nas causas sujeitas ao procedimento sumaríssimo.

c) Os requisitos de admissibilidade do recurso de revista devem ser apreciados pelo tribunal de origem, na pessoa do seu presidente, não cabendo recurso para atacar a decisão que lhe nega seguimento.

d) O presidente do tribunal recorrido pode conferir efeito suspensivo ao recurso de revista interposto, desde que a parte interessada assim o requeira.

RESPOSTA. "A".(Art. 896, § 2º da CLT). A alternativa B está errado, pois é cabível, mas apenas nas hipóteses de contrariedade à súmula do TST ou violação direta e literal da Constituição Federal. Já a alternativa C está errada porque quando denegar seguimento no 1º juízo de admissibilidade, cabe Agravo de Instrumento. A alternativa D está errada porque ele possui apenas efeito devolutivo, se a parte quiser dar efeito suspensivo a recurso deve utilizar-se de uma Ação Cautelar. (Súmula 414, I, do TST).

Embargos no TST

> Embargos de divergência: objetiva uniformizar a interpretação da legislação de competência do TST no âmbito da SDI que julga os dissídios individuais.

> Embargos Infringentes: tem por objetivo modificar a decisão não unânime proferida em dissídios coletivos.

> Embargos de Nulidade: foram suprimidos, não existem mais.

> Opostos ao Presidente do TST, acompanhado de razões:

» No prazo de 8 dias.

» Recebidos apenas no efeito devolutivo. Hipóteses de cabimento:

Em **dissídios individuais**, das decisões das Turmas (embargos de divergência):

> Que divergirem entre si.

> Que divergirem da SDI.

Entretanto, não serão cabíveis se a decisão recorrida (ainda que divergir de outra Turma) estiver em consonância com:

> Súmula do STF.

> Súmula do TST.

> OJ do TST.

Note que não cabem embargos no TST no caso de violação de lei federal ou da CF, eles cabem em dissídio individuais apenas nas decisões em que as Turmas divergirem entre si - esses eram os antigos embargos de nulidade, que foram suprimidos.

Em **dissídios coletivos**, quando a decisão não tiver sido unânime, de competência originária do TST (embargos infringentes):

> Conciliar, julgar ou homologar conciliação em dissídios coletivos que extrapolem a competência territorial dos TRTs.

> Estender ou rever as sentenças normativas do TST.

Art. 894. *No Tribunal Superior do Trabalho cabem embargos, no prazo de 8 (oito) dias:*

I. De decisão não unânime de julgamento que:

a) Conciliar, julgar ou homologar conciliação em dissídios coletivos que excedam a competência territorial dos Tribunais Regionais do Trabalho e estender ou rever as sentenças normativas do Tribunal Superior do Trabalho, nos casos previstos em lei; e

II. Das decisões das Turmas que divergirem entre si, ou das decisões proferidas pela Seção de Dissídios Individuais, salvo se a decisão recorrida estiver em consonância com súmula ou orientação jurisprudencial do Tribunal Superior do Trabalho ou do Supremo Tribunal Federal

Súmula nº 23 do TST *- recurso: Não se conhece de recurso de revista ou de embargos, se a decisão recorrida resolver determinado item do pedido por diversos fundamentos e a jurisprudência transcrita não abranger a todos.*

Súmula nº 221 do TST - recurso de revista. Violação de lei. Indicação de preceito: A admissibilidade do recurso de revista por violação tem como pressuposto a indicação expressa do dispositivo de lei ou da Constituição tido como violado.

Súmula nº 353 do TST *- embargos. Agravo. Cabimento: Não cabem embargos para a Seção de Dissídios Individuais de decisão de Turma proferida em agravo, salvo:*

a) Da decisão que não conhece de agravo de instrumento ou de agravo pela ausência de pressupostos extrínsecos;

b) Da decisão que nega provimento a agravo contra decisão monocrática do Relator, em que se proclamou a ausência de pressupostos extrínsecos de agravo de instrumento;

c) Para revisão dos pressupostos extrínsecos de admissibilidade do recurso de revista, cuja ausência haja sido declarada originariamente pela Turma no julgamento do agravo;

d) Para impugnar o conhecimento de agravo de instrumento;

e) Para impugnar a imposição de multas previstas no art. 538, parágrafo único, do CPC, ou no art. 557, § 2º, do CPC.

f) Contra decisão de Turma proferida em Agravo interposto de decisão monocrática do relator, baseada no art. 557, § 1º-A, do CPC.

Exercício Comentado

01. (CESPE) Compete à Seção de Dissídios Individuais (SDI) julgar em última instância os embargos interpostos às decisões divergentes das turmas, ou dessas com decisão da SDI, ou com enunciado da súmula e as que violarem literalmente preceito de lei federal ou da CF.

ERRADO. Não cabem Embargos no TST embasados em violação de lei federal ou da Constituição Federal (eram os antigos embargos de nulidade, que foram suprimidos).

Agravo de Instrumento:

Serve para destrancar o recurso que não foi remetido para a instância superior (recurso cujo seguimento foi denegado no 1º juízo de admissibilidade) (caso o recurso não tenha sido admitido no 2º juízo de admissibilidade - no tribunal - o recurso cabível é o agravo regimental).

> Prazo de 8 dias.

Competência: É interposto perante o juízo que denegou seguimento, endereçado para a instância superior (ele é julgado pelo Tribunal que seria competente para conhecer o recurso que teve negado seu seguimento).

Admite juízo de retratação (interposto o agravo de instrumento, o juiz pode reconsiderar ou não a sua decisão de negar seguimento ao recurso):

> **Retrata-se**: juiz determinará a notificação da parte contrária para contra-arrazoar o recurso principal e, em seguida, sua remessa para o Tribunal.

> **Não se retrata:** agravado intimado para oferecer resposta ao agravo e ao recurso principal.

Sob pena de não conhecimento, o agravo de instrumento tem de ser instruído com as seguintes peças:

> **Obrigatórias:** cópia da decisão agravada, certidão da respectiva intimação, procurações outorgadas aos advogados, inicial, contestação, decisão originária, comprovação de custas e depósito recursal.

> **Facultativas**: outras peças que o agravante reputar úteis ao deslinde da questão.

O Agravo de instrumento que for interposto contra despacho que não recebeu o agravo de petição (agravo de petição teve denegado seu seguimento e utilizou-se do agravo de instrumento para tentar destrancá-lo) não suspende a execução da sentença (não tem efeito suspensivo).

***Art. 897** - Cabe agravo, no prazo de 8 (oito) dias:*

b) de instrumento, dos despachos que denegarem a interposição de recursos.

***§ 2º** - O agravo de instrumento interposto contra o despacho que não receber agravo de petição não suspende a execução da sentença.*

***§ 4º** - Na hipótese da alínea b deste artigo, o agravo será julgado pelo Tribunal que seria competente para conhecer o recurso cuja interposição foi denegada.*

§ 5º Sob pena de não conhecimento, as partes promoverão a formação do instrumento do agravo de modo a possibilitar, caso provido, o imediato julgamento do recurso denegado, instruindo a petição de interposição:

I. Obrigatoriamente, com cópias da decisão agravada, da certidão da respectiva intimação, das procurações outorgadas aos advogados do agravante e do agravado, da petição inicial, da contestação, da decisão originária, do depósito recursal referente ao recurso que se pretende destrancar, da comprovação do recolhimento das custas e do depósito recursal a que se refere o § 7º do art. 899 desta Consolidação;

II. Facultativamente, com outras peças que o agravante reputar úteis ao deslinde da matéria de mérito controvertida.

§ 6º O agravado será intimado para oferecer resposta ao agravo e ao recurso principal, instruindo-a com as peças que considerar necessárias ao julgamento de ambos os recursos.

§ 7º Provido o agravo, a Turma deliberará sobre o julgamento do recurso principal, observando-se, se for o caso, daí em diante, o procedimento relativo a esse recurso.

Depósito recursal:

50% do valor do depósito efetuado no recurso que teve denegado seu prosseguimento. (Ex.: Se quiser destrancar um RO, terá de depositar 50% do valor do depósito recursal exigido para o RO).

***Art. 899, § 7º** No ato de interposição do agravo de instrumento, o depósito recursal corresponderá a 50% (cinquenta por cento) do valor do depósito do recurso ao qual se pretende destrancar.*

Exemplo: Recurso teve o seguimento denegado exige 1.000 de depósito recursal → Agravo de Instrumento irá exigir 500 de depósito recursal (metade do valor do depósito do recurso que quer destrancar).

Exercício Comentado

01. (FCC) Com relação ao Agravo de Instrumento é correto afirmar:

a) Não caberá Agravo de Instrumento contra despacho que denegar o seguimento de Agravo de Petição.

b) É vedado ao agravado efetuar o translado de peças essenciais.

c) É cabível Agravo de Instrumento quanto ao despacho denegatório de Embargos à Execução.

d) A juntada ao Agravo de Instrumento das procurações outorgadas aos advogados do agravante e do agravado é facultativa.

e) A cópia da petição inicial deverá ser obrigatoriamente juntada ao agravo de instrumento.

RESPOSTA. "E". A alternativa E está certa de acordo com o Art. 897, § 5, I, CLT. A alternativa A está errada porque denegado o seguimento ao Agravo de Petição, o recurso cabível visando a destrancá-lo é o Agravo de Instrumento. Já a alternativa B está errada porque segundo o Art. 897, § 6º diz que: "CLT - O agravado será intimado para oferecer resposta ao agravo e ao recurso principal, instruindo-a com as peças que considerar necessárias ao julgamento de ambos os recursos. A alternativa C está errada porque das decisões proferidas na execução cabe Agravo de Petição - o Agravo de Instrumento serve apenas quando é negado o seguimento a recurso. A alternativa D está errada, pois a juntada dessas peças é obrigatória e não facultativa, se não forem juntadas o agravo de instrumento não será conhecido.

Recurso Adesivo:

Trata-se de um recurso da parte que estava conformada com a decisão, mas como a outra parte recorreu, decidiu aderir ao recurso principal).

É compatível com o processo trabalhista no caso de:

> Recurso Ordinário;

> Agravo de Petição;

> Recurso de Revista;

> Embargos no TST.

A matéria deduzida no Recurso Adesivo não precisa estar relacionada com a do recurso principal.

É necessário que tenha havido sucumbência recíproca (pedidos julgados parcialmente procedentes).

Ele é sempre dependente e subordinado ao recurso principal. Caso, por qualquer razão, o recurso principal não seja conhecido, estará prejudicado também o conhecimento do adesivo.

O prazo é de oito dias contados da intimação para apresentar contrarrazões (interposto no prazo das contrarrazões do recurso principal).

Prevalece que Pessoa Jurídica de Direito Público não tem prazo em dobro nesse caso.

> **Preparo**: segue as regras do recurso principal.

Não cabe em face de remessa "ex officio".

Se a parte entrar com o recurso autônomo, não poderá mais aderir ao recurso interposto pela outra parte (preclusão consumativa ocorreu e o princípio da unirrecorribilidade veda que sejam interpostos dois recursos diversos para atacar a mesma decisão).

CPC - Art. 500. *Cada parte interporá o recurso, independentemente, no prazo e observadas as exigências legais. Sendo, porém, vencidos autor e réu, ao recurso interposto por qualquer deles poderá aderir a outra parte. O recurso adesivo fica subordinado ao recurso principal e se rege pelas disposições seguintes:*

I. Será interposto perante a autoridade competente para admitir o recurso principal, no prazo de que a parte dispõe para responder;

II. Será admissível na apelação, nos embargos infringentes, no recurso extraordinário e no recurso especial;

III. Não será conhecido, se houver desistência do recurso principal, ou se for ele declarado inadmissível ou deserto.

Parágrafo único. *Ao recurso adesivo se aplicam as mesmas regras do recurso independente, quanto às condições de admissibilidade, preparo e julgamento no tribunal superior.*

SUM-283 recurso adesivo. *Pertinência no processo do trabalho. Correlação de matérias: O recurso adesivo é compatível com o processo do trabalho e cabe, no prazo de 8 (oito) dias, nas hipóteses de interposição de recurso ordinário, de agravo de petição, de revista e de embargos, sendo desnecessário que a matéria nele veiculada esteja relacionada com a do recurso interposto pela parte contrária.*

A matéria do recurso adesivo não tem de estar relacionada com a do recurso principal.

→ Se o recurso principal cair, o adesivo cai também.

Exercício Comentado

01. (FCC) O Recurso Adesivo é compatível com o processo do trabalho e cabe, no prazo de oito dias, nas hipóteses de interposição:

a) Apenas de Recurso Ordinário, de Revista e de Embargos, sendo pressuposto recursal indispensável que a matéria nele veiculada esteja relacionada com a do recurso interposto pela parte contrária.

b) De Recurso Ordinário, de Agravo de Petição, de Revista e de Embargos, sendo pressuposto recursal indispensável que a matéria nele veiculada esteja relacionada com a do recurso interposto pela parte contrária.

c) Apenas de Recurso Ordinário, de Revista e de Embargos, sendo desnecessário que a matéria nele veiculada esteja relacionada com a do recurso interposto pela parte contrária.

d) De Recurso Ordinário, de Agravo de Petição, de Revista e de Embargos, sendo desnecessário que a matéria nele veiculada esteja relacionada com a do recurso interposto pela parte contrária.

e) Apenas de Recurso Ordinário e de Revista, sendo pressuposto recursal indispensável que a matéria nele veiculada esteja relacionada com a do recurso interposto pela parte contrária.

RESPOSTA. "D". O recurso adesivo cabe de RO, Agravo de Petição, de Recurso de Revista e de Embargos (Embargos no TST). A matéria nele veiculada não precisa estar relacionada com a do recurso principal. Cuidado com as alternativas que dizem "apenas"; ao fazer essa limitação, a alternativa afirma que não caberá em nenhuma outra hipótese, logo se ela não elencar todas as possíveis, estará errada.

Agravo Regimental

Recurso previsto no Regimento Interno dos Tribunais.

Visa ao destrancamento do recurso ao qual foi denegado seguimento dentro do próprio Tribunal, das decisões monocráticas proferidas pelos membros do próprio tribunal etc.

Prazo: 8 dias no TST e 5 dias nos TRTs (em regra, pois cada TRT pode fixar seu prazo).

Pessoa Jurídica de Direito Público e Ministério Público tem prazo em dobro.

Não exige preparo (custas e depósito recursal).

Possui juízo de retratação (caso o relator não reconsidere sua decisão, o feito será colocado em pauta para julgamento pelo Órgão Colegiado).

Exercício Comentado

01. (FCC) As hipóteses de cabimento de Agravo Regimental vêm sempre previstas:

a) Na Constituição Federal, e o prazo para sua interposição no Tribunal Superior do Trabalho é de oito dias.

b) No Regimento Interno dos Tribunais, e o prazo para sua interposição no Tribunal Superior do Trabalho é de dez dias.

c) Na Constituição Federal, e o prazo para sua interposição no Tribunal Superior do Trabalho é de dez dias.

d) No Regimento Interno dos Tribunais, e o prazo para sua interposição no Tribunal Superior do Trabalho é de oito dias.

e) Na Consolidação das Leis do Trabalho, e o prazo para sua interposição no Tribunal Superior do Trabalho é de cinco dias.

RESPOSTA. "D". As disposições sobre o Agravo Regimental são estipuladas nos Regimentos Internos de cada Tribunal. Cada TRT pode estabelecer o prazo para interposição desse recurso, sendo que no RI do TST esse prazo é de oito dias.

Pedido de Revisão

Praticamente em desuso, pois quando a inicial não fixa o valor da causa, as varas costumam determinar que o reclamante emende a inicial (prevalece que o valor da causa é requisito da inicial trabalhista).

É admitido quando o valor da causa for fixado pelo Juiz e, mesmo após uma das partes impugná-lo em razões finais, o juiz o mantiver.

Prazo: 48 horas

Interposto diretamente no TRT, encaminhando ao presidente desse tribunal.

Se não for impugnado o valor da causa no momento oportuno, ele se torna inalterável.

> ***Súmula nº 71 do TST*** *- ALÇADA: A alçada é fixada pelo valor dado à causa na data de seu ajuizamento, desde que não impugnado, sendo inalterável no curso do processo.*

Reclamação Correicional ou Correição Parcial:

Trata-se de um procedimento administrativo garantidor da boa ordem processual nos casos em que o Juiz praticar atos que estejam tumultuando o processo e não caiba nenhum recurso contra esse ato (ex. Autos conclusos a meses os quais o Juiz não julga, juiz que ordena à retirada dos autos uma contestação tempestiva etc.)

Em regra ela é dirigida ao Juiz Corregedor do Tribunal, tendo o prazo e peculiaridades fixadas no regimento interno de cada Tribunal.

Anotações

CAPÍTULO 10

Procedimentos Especiais

Ação Rescisória

É uma ação especial que visa a desconstituir ou anular uma sentença ou acórdão acobertado pela coisa julgada, que está eivada de algum vício que ofenda a ordem pública (natureza desconstitutiva ou constitutiva negativa).

Está prevista no art. 485 do CPC, mas é cabível no processo trabalhista, com algumas peculiaridades.

Não se trata de um recurso, a rescisória é uma ação autônoma que objetiva desconstituir a coisa julgada material.

Desse modo, para ser objeto de uma ação rescisória, é necessário que se trate de uma sentença de mérito, com trânsito em julgado. (Sentença terminativa – sem julgamento do mérito – não pode ser objeto de rescisória, pois faz apenas a coisa julgada formal. Pelo mesmo motivo, decisões interlocutórias e despachos também não ensejam o corte rescisório).

> ***OJ – SDI-2 - 134.*** *Ação rescisória. Decisão rescindenda. Preclusão declarada. Formação da coisa julgada formal. Impossibilidade jurídica do pedido: A decisão que conclui estar preclusa a oportunidade de impugnação da sentença de liquidação, por ensejar tão-somente a formação da coisa julgada formal, não é suscetível de rescindibilidade.*

Requisitos:

→ **Sentença de mérito (faz coisa julgada material)**

→ **Trânsito em julgado dessa decisão de mérito.**

No entendimento do STF, ainda que não tenham sido usados todos os recursos cabíveis, se a sentença transitar em julgado, admite-se a ação rescisória.

> ***SÚMULA Nº 514 do STF*** *- admite-se ação rescisória contra sentença transitada em julgado, ainda que contra ela não se tenha esgotado todos os recursos.*

Caso uma questão processual consista em pressuposto de validade de uma sentença de mérito, o TST entende que contra ela cabe ação rescisória.

> ***Súmula nº 412 do TST****: ação rescisória. Sentença de mérito. Questão processual: Pode uma questão processual ser objeto de rescisão desde que consista em pressuposto de validade de uma sentença de mérito.*

É indispensável a prova do trânsito em julgado da decisão que se rescindir (caso o autor não junte documento comprobatório, será aberto um prazo de 10 dias para sanar essa irregularidade, sob pena de indeferimento).

A ação rescisória não pode ser utilizada antes do trânsito em julgado (incabível ação rescisória preventiva).

Vício de intimação ocorrido após o julgamento da decisão que se quer rescindir inviabiliza a formação de coisa julgada material, assim, incabível ação rescisória.

> ***Súmula nº 299 do TST:*** *Ação rescisória. Decisão rescindenda. Trânsito em julgado. Comprovação. Efeitos*
>
> *I. É indispensável ao processamento da ação rescisória a prova do trânsito em julgado da decisão rescindenda.*
>
> *II. Verificando o relator que a parte interessada não juntou à inicial o documento comprobatório, abrirá prazo de 10 (dez) dias para que o faça, sob pena de indeferimento.*
>
> *III. A comprovação do trânsito em julgado da decisão rescindenda é pressuposto processual indispensável ao tempo do ajuizamento da ação rescisória. Eventual trânsito em julgado posterior ao ajuizamento da ação rescisória não reabilita a ação proposta, na medida em que o ordenamento jurídico não contempla a ação rescisória preventiva.*
>
> *IV. O pretenso vício de intimação, posterior à decisão que se pretende rescindir, se efetivamente ocorrido, não permite a formação da coisa julgada material. Assim, a ação rescisória deve ser julgada extinta, sem julgamento do mérito, por carência de ação, por inexistir decisão transitada em julgado a ser rescindida.*

Termo homologatório de acordo → Os acordos homologados judicialmente não comportam qualquer recurso, só podem ser desconstituídos mediante ação rescisória.

> ***Súmula nº 259 do TST:*** *Termo de conciliação. Ação rescisória: Só por ação rescisória é impugnável o termo de conciliação previsto no parágrafo único do art. 831 da CLT.*

Segundo o entendimento sumulado do TST, é incabível a ação rescisória em Dissídios Coletivos (nele se forma apenas a coisa julgada formal).

> ***SUM-397*** *Ação rescisória. Art. 485, IV, do cpc. Ação de cumprimento. Ofensa à coisa julgada emanada de sentença normativa modificada em grau de recurso. Inviabilidade. Cabimento de mandado de segurança*

Não procede ação rescisória calcada em ofensa à coisa julgada perpetrada por decisão proferida em ação de cumprimento, em face de a sentença normativa, na qual se louvava, ter sido modificada em grau de recurso, porque em dissídio coletivo somente se consubstancia a coisa julgada formal. Assim, os meios processuais aptos a atacarem a execução da cláusula reformada são a exceção de pré-executividade e o mandado de segurança, no caso de descumprimento do art. 572 do CPC.

No processo trabalhista, para propositura da rescisória é necessário um depósito prévio no valor de 20% sob o valor da causa, salvo miserabilidade jurídica do autor. (devido à título de multa caso a ação seja, por unanimidade, declarada inadmissível ou improcedente – revertido à parte contrária).

> ***Art. 836.*** *É vedado aos órgãos da Justiça do Trabalho conhecer de questões já decididas, excetuados os casos expressamente previstos neste Título e a ação rescisória, que será admitida na forma do disposto no Capítulo IV do Título IX da Lei no 5.869, de 11 de janeiro de 1973 – Código de Processo Civil, sujeita ao depósito prévio de 20% (vinte por cento) do valor da causa, salvo prova de miserabilidade jurídica do autor.*
>
> ***Parágrafo único.*** *A execução da decisão proferida em ação rescisória far-se-á nos próprios autos da ação que lhe deu origem, e será instruída com o acórdão da rescisória e a respectiva certidão de trânsito em julgado.*

O depósito prévio também não é exigido da massa falida (IN 31/07 do TST)

> ***Art. 488.*** *A petição inicial será elaborada com observância dos requisitos essenciais do art. 282, devendo o autor:*
>
> *I. Cumular ao pedido de rescisão (juízo rescindendo), se for o caso, o de novo julgamento da causa (juízo rescisório);*
>
> *II. Depositar a importância de 5% (cinco por cento) sobre o valor da causa, a título de*

multa, caso a ação seja, por unanimidade de votos, declarada inadmissível, ou improcedente.

Parágrafo único. *Não se aplica o disposto no II à União, ao Estado, ao Município e ao Ministério Público.*

Lei 9.028/95 - Art. 24-A. *A União, suas autarquias e fundações, são isentas de custas e emolumentos e demais taxas judiciárias, bem como de depósito prévio e multa em ação rescisória, em quaisquer foros e instâncias.*

Legitimidade para propor a ação rescisória:

Art. 487. *Tem legitimidade para propor a ação:*

I. Quem foi parte no processo ou o seu sucessor a título universal ou singular;

II. O terceiro juridicamente interessado;

III. O Ministério Público:

a) Se não foi ouvido no processo, em que lhe era obrigatória a intervenção;

b) Quando a sentença é o efeito de colusão das partes, a fim de fraudar a lei.

O TST entende que a legitimidade do MP para propor ação rescisória existe em qualquer das hipóteses do art. 485 do CPC, mesmo que não tenha atuado no processo que deu origem a sentença rescindenda.

SUM-407 *Ação rescisória. Ministério público. Legitimidade "ad causam" prevista no art. 487, Iii, "a" e "b", do cpc. As hipóteses são meramente exemplificativas.*

A legitimidade "ad causam" do Ministério Público para propor ação rescisória, ainda que não tenha sido parte no processo que deu origem à decisão rescindenda, não está limitada às alíneas "a" e "b" do inciso III do art. 487 do CPC, uma vez que traduzem hipóteses meramente exemplificativas.

Competência*:* A competência originária será do próprio Tribunal prolator da decisão que se busca rescindir. Caso a decisão seja oriunda de Juiz de 1ª instância, a rescisória será de competência do TRT.

SUM-192 *Ação rescisória. Competência e possibilidade jurídica do pedido*

I. Se não houver o conhecimento de recurso de revista ou de embargos, a competência para julgar ação que vise a rescindir a decisão de mérito é do Tribunal Regional do Trabalho, ressalvado o disposto no item II.

II. Acórdão rescindendo do Tribunal Superior do Trabalho que não conhece de recurso de embargos ou de revista, analisando arguição de violação de dispositivo de lei material ou decidindo em consonância com súmula de direito material ou com iterativa, notória e atual jurisprudência de direito material da Seção de Dissídios Individuais (Súmula nº 333), examina o mérito da causa, cabendo ação rescisória da competência do Tribunal Superior do Trabalho.

III. Em face do disposto no art. 512 do CPC, é juridicamente impossível o pedido explícito de desconstituição de sentença quando substituída por acórdão de Tribunal Regional ou superveniente sentença homologatória de acordo que puser fim ao litígio.

IV. É manifesta a impossibilidade jurídica do pedido de rescisão de julgado proferido em agravo de instrumento que, limitando-se a aferir o eventual desacerto do juízo negativo de admissibilidade do recurso de revista, não substitui o acórdão regional, na forma do art. 512 do CPC.

V. A decisão proferida pela SBDI, em sede de agravo regimental, calcada na Súmula nº 333, substitui acórdão de Turma do TST, porque emite juízo de mérito, comportando, em tese, o corte rescisório.

Segundo o TST, são cabíveis honorários advocatícios na Ação Rescisória:

SUM-219 *honorários advocatícios. Hipótese de cabimento.*

II. É cabível a condenação ao pagamento de honorários advocatícios em ação rescisória no processo trabalhista.

Hipóteses

Art. 485 *do CPC A sentença de mérito, transitada em julgado, pode ser rescindida quando:*

I. Se verificar que foi dada por prevaricação, concussão ou corrupção do juiz;

São crimes previstos no Código Penal, denomina-se como "juiz peitado" aquele que profere uma decisão com esses vícios.

Concussão - Art. 316*, CP - Exigir, para si ou para outrem, direta ou indiretamente, ainda que fora da função ou antes de assumi-la, mas em razão dela, vantagem indevida.*

Corrupção passiva - Art. 317*, CP - Solicitar ou receber, para si ou para outrem, direta ou indiretamente, ainda que fora da função ou antes de assumi-la, mas em razão dela, vantagem indevida, ou aceitar promessa de tal vantagem.*

Prevaricação - Art. 319, CP *- Retardar ou deixar de praticar, indevidamente, ato de ofício, ou praticá-lo contra disposição expressa de lei, para satisfazer interesse ou sentimento pessoal.*

Não há necessidade de que o Juiz haja sido condenado em processo criminal (independência entre as esferas civil e criminal).

Entretanto, a decisão proferida na Justiça Criminal poderá influenciar na rescisória:

Condenação criminal → por tal fato já estar provado, não poderá ser negada a inexistência do crime para negar-se a oposição de ação rescisória.

Absolvição do magistrado por inexistência material do delito → Não cabe rescisória.

Absolvição por qualquer outro motivo (ex. Falta de provas) → Tribunal poderá apreciar livremente a rescisória.

II. Proferida por juiz impedido ou absolutamente incompetente;

Nesse caso, haverá apenas o juízo rescindente (desconstituição do julgado). Os autos serão remetidos para o juízo competente ou imparcial apreciar.

→ **Não cabe em caso de suspeição.**

Arguição de incompetência absoluta em rescisória dispensa o prequestionamento.

OJ – SDI-2 - 124*. Ação rescisória. Art. 485, Ii, do cpc. Arguição de incompetência absoluta. Prequestionamento inexigível: Na hipótese em que a ação rescisória tem como causa de rescindibilidade o inciso II do art. 485 do CPC, a arguição de incompetência absoluta prescinde de prequestionamento.*

III. Resultar de dolo da parte vencedora em detrimento da parte vencida, ou de colusão entre as partes, a fim de fraudar a lei;

→ **Dolo:** parte vencedora agiu com deslealdade e má-fé ou de alguma forma impediu ou dificultou a atuação processual do vencido ou ainda tenha induzido o magistrado a erro.

Súmula nº ***403 do TST*** *ação rescisória. Dolo da parte vencedora em detrimento da vencida. Art. 485, III, do cpc:*

I. Não caracteriza dolo processual, previsto no art. 485, III, do CPC, o simples fato de a parte vencedora haver silenciado a respeito de fatos contrários a ela, porque o procedimento, por si só, não constitui ardil do qual resulte cerceamento de defesa e, em consequência, desvie o juiz de uma sentença não-condizente com a verdade

II. Se a decisão rescindenda é homologatória de acordo, não há parte vencedora ou vencida, razão pela qual não é possível a sua desconstituição calcada no inciso III do art. 485 do CPC (dolo da parte vencedora em detrimento da vencida), pois constitui fundamento de rescindibilidade que supõe solução jurisdicional para a lide.

→ **Colusão:** Autor e Réu usam o processo para praticar ato simulado ou fraudatório da lei.

OJ-SDI2-94 *ação rescisória. Colusão. Fraude à lei. Reclamatória simulada extinta. - A decisão ou acordo judicial subjacente à reclamação trabalhista, cuja tramitação deixa nítida a simulação do litígio para fraudar a lei e prejudicar terceiros, enseja ação rescisória, com lastro em colusão. No juízo rescisório, o processo simulado deve ser extinto.*

IV. Ofender a coisa julgada

Cabível quando for proposta novamente uma ação idêntica (mesmas partes, pedido e causa de pedir) a outra já decidida (trânsito em julgado).

Em dissídio coletivo só é gerada coisa julgada formal. Desse modo, a decisão em ação de cumprimento (em face de uma sentença normativa que a modifica) não enseja rescisória. (Súmula 397 do TST)

V. Violar literal disposição de lei

A violação tem que ser literal, caso haja interpretação controvertida nos Tribunais, não cabe rescisória (O marco divisor quanto a ser ou não controvertida é a data em que a matéria discutida for incluída em Orientação Jurisprudencial (OJ) do TST.)

SUM-83 *Ação rescisória. Matéria controvertida*

I. Não procede pedido formulado na ação rescisória por violação literal de lei se a decisão rescindenda estiver baseada em texto legal infraconstitucional de interpretação controvertida nos Tribunais.

II. O marco divisor quanto a ser, ou não, controvertida, nos Tribunais, a interpretação dos dispositivos legais citados na ação rescisória é a data da inclusão, na Orientação Jurisprudencial do TST, da matéria discutida.

A ação rescisória calcada nesse inciso exige prequestionamento, segundo entendimento do TST (Súmula 298).

→ **Prequestionamento:**

SUM-298 *Ação rescisória. Violência de lei. Prequestionamento.*

I. A conclusão acerca da ocorrência de violação literal de lei pressupõe pronunciamento explícito, na sentença rescindenda, sobre a matéria veiculada.

II. O prequestionamento exigido em ação rescisória diz respeito à matéria e ao enfoque específico da tese debatida na ação e não, necessariamente, ao dispositivo legal tido por violado. Basta que o conteúdo da norma, reputada como violada, tenha sido abordado na decisão rescindenda para que se considere preenchido o pressuposto do prequestionamento.

III. Para efeito de ação rescisória, considera-se prequestionada a matéria tratada na sentença quando, examinando remessa de ofício, o Tribunal simplesmente a confirma.

IV. A sentença meramente homologatória, que silencia sobre os motivos de convencimento do juiz, não se mostra rescindível, por ausência de prequestionamento.

V. Vão é absoluta a exigência de prequestionamento na ação rescisória. Ainda que a ação rescisória tenha por fundamento violação de dispositivo legal, é prescindível o prequestionamento quando o vício nasce no próprio julgamento, como se dá com a sentença "extra, citra e ultra petita.

A expressão lei não alcança acordo coletivo, convenção coletiva, portaria, regulamento de empresa, súmula ou OJ.

OJ-SDI2-25 *ação rescisória. Expressão "lei" do art. 485, V, do cpc. Não inclusão do act, cct, portaria, regulamento, súmula e orientação jurisprudencial de tribunal.*

Não procede pedido de rescisão fundado no art. 485, V, do CPC quando se aponta contrariedade à norma de convenção coletiva de trabalho, acordo coletivo de trabalho, portaria do Poder Executivo, regulamento de empresa e súmula ou orientação jurisprudencial de tribunal.

A rescisória calcada nesse inciso exige a indicação do dispositivo de lei tido por violado.

Súmula nº ***408 do TST*** *- Ação rescisória. Petição inicial. Causa de pedir. Ausência de capitulação ou capitulação errônea no art. 485 Do cpc. Princípio "iura novit curia":*

Não padece de inépcia a petição inicial de ação rescisória apenas porque omite a subsunção do fundamento de rescindibilidade no art. 485 do CPC ou o capitula erroneamente em um de seus incisos. Contanto que não se afaste dos fatos e fundamentos invocados como causa de pedir, ao Tribunal é lícito emprestar-lhes a adequada qualificação jurídica "iura novit curia". No entanto, fundando-se a ação rescisória no art. 485, inc. V, do CPC, é indispensável expressa indicação, na petição inicial da ação rescisória, do dispositivo legal violado, por se tratar de causa de pedir da rescisória, não se aplicando, no caso, o princípio "iura novit curia".

VI. *Se fundar em prova, cuja falsidade tenha sido apurada em processo criminal ou seja provada na própria ação rescisória;*

É necessário que a decisão esteja baseada nessa prova falsa.

VII. *Depois da sentença, o autor obtiver documento novo, cuja existência ignorava, ou de que não pôde fazer uso, capaz, por si só, de lhe assegurar pronunciamento favorável;*

Não trata-se de documento cronologicamente novo. Esse documento já existia, mas a parte não sabia de sua existência ou não podia fazer uso dele.

A Súmula 402 do TST diz que a Sentença Normativa proferida ou transitada e julgada depois da sentença não é documento novo que viabiliza o corte rescisório, assim como também não pode embasar a rescisória em Sentença Normativa preexistente, que a parte não a exibiu por negligência.

Súmula nº 402 do TST - Ação rescisória. Documento novo. Dissídio coletivo. Sentença normativa: Documento novo é o cronologicamente velho, já existente ao tempo da decisão rescindenda, mas ignorado pelo interessado ou de impossível utilização, à época, no processo. Não é documento novo apto a viabilizar a desconstituição de julgado:

a) Sentença normativa proferida ou transitada em julgado posteriormente à sentença rescindenda;

b) Sentença normativa preexistente à sentença rescindenda, mas não exibida no processo principal, em virtude de negligência da parte, quando podia e deveria louvar-se de documento já existente e não ignorado quando emitida a decisão rescindenda.

VIII. Houver fundamento para invalidar confissão, desistência ou transação, em que se baseou a sentença;

Desistência gera a extinção sem julgamento do mérito e não enseja rescisória. Os doutrinadores interpretam que esse dispositivo referiu-se na verdade à renúncia, essa sim suscetível de corte rescisório.

A confissão que enseja o corte rescisório, nesse caso, é a confissão real, que foi gerada em razão de erro, dolo ou coação. A confissão ficta decorrente da revelia não viabiliza o corte rescisório

Súmula nº 404 do TST *- Ação rescisória. Fundamento para invalidar confissão. Confissão ficta. Inadequação do enquadramento no art. 485, Viii, do cpc:*

O art. 485, VIII, do CPC, *ao tratar do fundamento para invalidar a confissão como hipótese de rescindibilidade da decisão judicial, refere-se à confissão real, fruto de erro, dolo ou coação, e não à confissão ficta resultante de revelia.*

IX. Fundada em erro de fato, resultante de atos ou de documentos da causa;

§ 1º Há erro, quando a sentença admitir um fato inexistente, ou quando considerar inexistente um fato efetivamente ocorrido.

§ 2º É indispensável, num como noutro caso, que não tenha havido controvérsia, nem pronunciamento judicial sobre o fato.

A decisão tem que ser fundada em erro de fato, provado por mero exame dos documentos juntados à rescisória. Não pode ter havido controvérsia nem pronunciamento judicial sobre o fato.

OJ-SDI2-103 *Ação rescisória. Contradição entre fundamentação e parte dispositiva do julgado. Cabimento. Erro de fato: É cabível a rescisória para corrigir contradição entre a parte dispositiva do acórdão rescindendo e a sua fundamentação, por erro de fato na retratação do que foi decidido.*

OJ-SDI2-136 *Ação rescisória. Erro de fato. Caracterização: A caracterização do erro de fato como causa de rescindibilidade de decisão judicial transitada em julgado supõe a afirmação categórica e indiscutida de um fato, na decisão rescindenda, que não corresponde à realidade dos autos. O fato afirmado pelo julgador, que pode ensejar ação rescisória calcada no inciso IX do art. 485 do CPC, é apenas aquele que se coloca como premissa fática indiscutida de um silogismo argumentativo, não aquele que se apresenta ao final desse mesmo silogismo, como conclusão decorrente das premissas que especificaram as provas oferecidas, para se concluir pela existência do fato. Esta última hipótese é afastada pelo § 2º do art. 485 do CPC, ao exigir que não tenha havido controvérsia sobre o fato e pronunciamento judicial esmiuçando as provas.*

Prazo - deve ser proposta no prazo decadencial de dois anos do trânsito em julgado da decisão.

SUM-100 *Ação rescisória. Decadência:*

I. O prazo de decadência, na ação rescisória, conta-se do dia imediatamente subsequente ao trânsito em julgado da última decisão proferida na causa, seja de mérito ou não.

II. Havendo recurso parcial no processo principal, o trânsito em julgado dá-se em momentos e em tribunais diferentes, contando-se o prazo decadencial para a ação rescisória do trânsito em julgado de cada decisão, salvo se o recurso tratar de preliminar ou prejudicial que possa tornar insubsistente a decisão recorrida, hipótese em que flui a decadência a partir do trânsito em julgado da decisão que julgar o recurso parcial.

III. Salvo se houver dúvida razoável, a interposição de recurso intempestivo ou a interposição de recurso incabível não protrair o termo inicial do prazo decadencial.

IV. O juízo rescindente não está adstrito à certidão de trânsito em julgado juntada com a ação rescisória, podendo formar sua convicção através de outros elementos dos autos quanto à antecipação ou postergação do "dies a quo" do prazo decadencial.

V. O acordo homologado judicialmente tem força de decisão irrecorrível, na forma do art. 831 da CLT. Assim sendo, o termo conciliatório transita em julgado na data da sua homologação judicial.

VI. Na hipótese de colusão das partes, o prazo decadencial da ação rescisória somente começa a fluir para o Ministério Público, que não interveio no processo principal, a partir do momento em que tem ciência da fraude.

VII. Não ofende o princípio do duplo grau de jurisdição a decisão do TST que, após afastar a decadência em sede de recurso ordinário, aprecia desde logo a lide, se a causa versar questão exclusivamente de direito e estiver em condições de imediato julgamento.

VIII. A exceção de incompetência, ainda que oposta no prazo recursal, sem ter sido aviado o recurso próprio, não tem o condão de afastar a consumação da coisa julgada e, assim, postergar o termo inicial do prazo decadencial para a ação rescisória.

IX. Prorroga-se até o primeiro dia útil, imediatamente subsequente, o prazo decadencial para ajuizamento de ação rescisória quando expira em férias forenses, feriados, finais de semana ou em dia em que não houver expediente forense. Aplicação do art. 775 da CLT.

X. Conta-se o prazo decadencial da ação rescisória, após o decurso do prazo legal previsto para a interposição do recurso extraordinário, apenas quando esgotadas todas as vias recursais ordinárias.

Rescisória - Prazo decadencial de 2 anos para propositura. Conta do imediatamente subsequente ao do trânsito em julgado da decisão.

Colusão das partes - prazo para MP conta da ciência da fraude.

O prazo para contestação da Ação Rescisória varia de no mínimo 15 e de no máximo 30 dias, sendo fixado pelo relator (Art. 491 do CPC). (Fazenda Pública e MP prazo em quádruplo).

Prazo para contestar a Rescisória - 15 a 30 dias. (Fazenda Pública e MP = prazo 4x).

Na ação rescisória a revelia não produz confissão ficta

SUM-398 Ação rescisória. Ausência de defesa. Inaplicáveis os efeitos da revelia: Na ação rescisória, o que se ataca na ação é a sentença, ato oficial do Estado, acobertado pelo manto da coisa julgada. Assim sendo, e considerando que a coisa julgada envolve questão de ordem pública, a revelia não produz confissão na ação rescisória.

O ajuizamento de ação rescisória não impede o cumprimento da sentença ou acórdão, mas a jurisprudência têm admitido pedido liminar visando a suspender a execução.

SUM-405 Ação rescisória. Liminar. Antecipação de tutela:

I. Em face do que dispõe a MP 1.984-22/2000 e reedições e o artigo 273, § 7º, do CPC, é cabível o pedido liminar formulado na petição inicial de ação rescisória ou na fase recursal, visando a suspender a execução da decisão rescindenda.

II. O pedido de antecipação de tutela, formulado nas mesmas condições, será recebido como medida acautelatória em ação rescisória, por não se admitir tutela antecipada em sede de ação rescisória. (mas o art. 489 do CPC agora diz que pode ser concedida tutela antecipada na ação rescisória, para o fim de suspender a execução da sentença – alguns entendem que essa súmula esta revogada).

→ **Outras súmulas importantes:**

Quando for recorrer da decisão proferida em rescisória (recurso ordinário), o depósito recursal só é exigido se ela for julgada procedente e houver condenação em pecúnia.

SUM-99 Ação rescisória. Deserção. Prazo: Havendo recurso ordinário em sede de rescisória, o depósito recursal só é exigível quando for julgado procedente o pedido e imposta condenação em pecúnia, devendo este ser efetuado no prazo recursal, no limite e nos termos da legislação vigente, sob pena de deserção.

SUM-365 Alçada. Ação rescisória e mandado de segurança: Não se aplica a alçada em ação rescisória e em mandado de segurança.

Não cabe rescisória para impugnar sentença que homologa arrematação ou adjudicação.

SUM-399 Ação rescisória. Cabimento. Sentença de mérito. Decisão homologatória de adjudicação, de arrematação e de cálculos

I. É incabível ação rescisória para impugnar decisão homologatória de adjudicação ou arrematação.

II. A decisão homologatória de cálculos apenas comporta rescisão quando enfrentar as questões envolvidas na elaboração da conta de liquidação, quer solvendo a controvérsia das partes quer explicitando, de ofício, os motivos pelos quais acolheu os cálculos oferecidos por uma das partes ou pelo setor de cálculos, e não contestados pela outra.

Rescisória de rescisória - Somente se o vício nascer na rescisória, não cabe para rediscutir o acerto da decisão proferido na anterior.

SUM-400 Ação rescisória de ação rescisória. Violação de lei. Indicação dos mesmos dispositivos legais apontados na rescisória primitiva

Em se tratando de rescisória de rescisória, o vício apontado deve nascer na decisão rescindenda, não se admitindo a rediscussão do acerto do julgamento da rescisória anterior. Assim, não se admite rescisória calcada no inciso V do art. 485 do CPC para discussão, por má aplicação dos mesmos dispositivos de lei, tidos por violados na rescisória anterior, bem como para arguição de questões inerentes à ação rescisória primitiva.

SUM-401 Ação rescisória. Descontos legais. Fase de execução. Sentença exequenda omissa. Inexistência de ofensa à coisa julgada

Os descontos previdenciários e fiscais devem ser efetuados pelo juízo executório, ainda que a sentença exequenda tenha sido omissa sobre a questão, dado o caráter de ordem pública ostentado pela norma que os disciplina. A ofensa à coisa julgada somente poderá ser caracterizada na hipótese de o título exequendo, expressamente, afastar a dedução dos valores a título de imposto de renda e de contribuição previdenciária.

SUM-406 Ação rescisória. Litisconsórcio. Necessário no polo passivo e facultativo no ativo. Inexistente quanto aos substituídos pelo sindicato

I. O litisconsórcio, na ação rescisória, é necessário em relação ao polo passivo da demanda, porque supõe uma comunidade de direitos ou de obrigações que não admite solução díspar para os litisconsortes, em face da indivisibilidade do objeto. Já em relação ao polo ativo, o litisconsórcio é facultativo, uma vez que a aglutinação de autores se faz por conveniência e não pela necessidade decorrente da natureza do litígio, pois não se pode condicionar o exercício do direito individual de um dos litigantes no processo originário à anuência dos demais para retomar a lide.

II. O Sindicato, substituto processual e autor da reclamação trabalhista, em cujos autos fora proferida a decisão rescindenda, possui legitimidade para figurar como réu na ação rescisória, sendo descabida a exigência de citação de todos os empregados substituídos, porquanto inexistente litisconsórcio passivo necessário.

Litisconsórcio na Ação Rescisória:

→ Polo passivo - Necessário (obrigatório);

→ Polo ativo - Facultativo (opcional).

O sindicato que atuou como autor e substituto na reclamação trabalhista tem legitimidade para ser réu na rescisória, não precisa citar todos os empregados substituídos, uma vez que, nesse caso, não existe o litisconsórcio passivo necessário.

SUM-409 Ação rescisória. Prazo prescricional. Total ou parcial. Violação do art. 7º, xxix, da cf/1988. Matéria infraconstitucional: Não procede ação rescisória calcada em violação do art. 7º, XXIX, da CF/1988 quando a questão envolve discussão sobre a espécie de prazo prescricional aplicável aos créditos trabalhistas, se total ou parcial, porque a matéria tem índole infraconstitucional, construída, na Justiça do Trabalho, no plano jurisprudencial.

SUM-411 Ação rescisória. Sentença de mérito. Decisão de tribunal regional do trabalho em agravo regimental confirmando decisão monocrática do relator que, aplicando a súmula nº 83 do tst, indeferiu a petição inicial da ação rescisória. Cabimento: Se a decisão recorrida, em agravo regimental, aprecia a matéria na fundamentação, sob o enfoque das Súmulas nºs 83 do

TST e 343 do STF, constitui sentença de mérito, ainda que haja resultado no indeferimento da petição inicial e na extinção do processo sem julgamento do mérito. Sujeita-se, assim, à reforma pelo TST, a decisão do Tribunal que, invocando controvérsia na interpretação da lei, indefere a petição inicial de ação rescisória.

__SUM-413__ Ação rescisória. Sentença de mérito. Violação do art. 896, "A", da clt - é incabível ação rescisória, por violação do art. 896, "A", da clt, contra decisão que não conhece de recurso de revista, com base em divergência jurisprudencial, pois não se cuida de sentença de mérito (art. 485 do CPC).

Exercícios Comentados

01. Com base no que dispõe a CLT sobre a ação rescisória e à luz do entendimento do TST sobre a matéria, assinale a opção correta.

a) Por falta de previsão legal, a ação rescisória é incabível no âmbito da justiça do trabalho.

b) A ação rescisória é cabível no âmbito da justiça do trabalho e está sujeita ao depósito prévio de 20% do valor da causa, salvo o caso de miserabilidade jurídica do autor.

c) É admissível o reexame de fatos e provas do processo que originou a decisão rescindenda mediante ação rescisória fundamentada em violação de lei.

d) É dispensável a prova do trânsito em julgado da decisão rescindenda para o processamento de ação rescisória, mesmo porque é admissível a ação rescisória preventiva.

RESPOSTA. "B". Segundo o Art. 836 da CLT. A letra "A" está errada, pois a CLT possui algumas disposições sobre a rescisória, aplicando subsidiariamente o CPC nas partes omissas. A Letra "C" está errada na rescisória calcada nessa hipótese, não é admitido o reexame de fatos e provas – Súmula 410 do TST. A letra D está errada, pois a comprovação do trânsito em julgado é requisito indispensável para o ajuizamento e processamento da ação rescisória. Além disso, é inadmissível ação rescisória preventiva – Súmula 299 do TST.

02. (CESPE) Assinale a opção correta com relação à ação rescisória.

a) A ação rescisória trabalhista não está sujeita ao depósito prévio.

b) É indispensável ao processamento da ação rescisória a prova do trânsito em julgado da decisão rescindenda; por isso, caso não seja juntado o documento comprobatório à inicial, caberá o seu indeferimento imediato.

c) É juridicamente impossível o pedido de rescisão de julgado proferido em agravo de instrumento que, limitando-se a aferir o desacerto do juízo negativo de admissibilidade de recurso de revista, não substitua o acórdão regional.

d) Na análise do prazo decadencial, o juízo rescindente deve basear-se na certidão de trânsito em julgado juntada com a ação rescisória.

e) A ausência de defesa na ação rescisória acarreta revelia.

RESPOSTA. "C". CERTO Súmula 192 do TST. A letra "A" está errada. O ajuizamento de Ação Rescisória exige o depósito prévio de 20% sobre o valor da causa, salvo miserabilidade jurídica do autor, massa falida ou outras exceções legais.

A letra "B" está errada. O indeferimento não é imediato, o relator abre um prazo de 10 dias para que a parte comprove o trânsito em julgado. Caso não o faça no prazo, nesse caso ela será indeferida (Súmula 299 do TST). Letra "D" O juiz não está adstrito à certidão de trânsito em julgado, ele pode formar sua convicção sobre a antecipação ou postergação do "dies a quo" do prazo decadencial por meio de outros elementos (Súmula 100, IV, do TST). A letra "E" está errada. A revelia na ação rescisória não acarreta confissão ficta, nela, ataca-se a sentença, ato oficial do Estado, protegida pela coisa julgada, envolve matéria de ordem pública (Súmula 398 do TST).

Mandado de Segurança

É uma ação que tem por objetivo proteger **direito líquido e certo**, não amparado por habeas corpus ou habeas data, sempre que, **ilegalmente ou com abuso de poder**, qualquer pessoa física ou jurídica **sofrer violação ou houver justo receio de sofrê-la** por parte de **autoridade**, seja de que categoria for e sejam quais forem as funções que exerça. (Lei 12.016/09)

→ **Observações:**

> Visa a proteger direito líquido e certo;

> Natureza residual (não amparado por habeas corpus ou habeas data);

> Sofre violação ou estive sobre ameaça de sofrer;

> Pode ser utilizado por pessoa física ou jurídica;

> A lesão ou ameaça de lesão tem de partir de autoridade pública (qualquer categoria e qualquer função exercida).

__Lei 12.016/09- art. 1O - § 1º__ Equiparam-se às autoridades, para os efeitos desta Lei, os representantes ou órgãos de partidos políticos e os administradores de entidades autárquicas, bem como os dirigentes de pessoas jurídicas ou as pessoas naturais no exercício de atribuições do poder público, somente no que disser respeito a essas atribuições.

Não admite dilação probatória, a prova deve ser documental e pré-constituída.

__Súmula nº 415 do TST__ - mandado de segurança. Art. 284 Do CPC. Aplicabilidade: Exigindo o mandado de segurança prova documental pré-constituída, inaplicável se torna o art. 284 do CPC quando verificada, na petição inicial do "mandamus", a ausência de documento indispensável ou de sua autenticação.

Como o mandado de segurança envolve apenas matéria de direito e toda prova ser documental e pré-constituída, não haverá o efeito de presunção de veracidade caso a autoridade coatora não preste as informações devidas (revelia).

Tem natureza residual, isto é, ele não pode ser utilizado contra:

> Ato que pode ser atacado por recurso administrativo com efeito suspensivo (independente de caução);

> Decisão Judicial que caiba recurso com efeito suspensivo;

> Decisão judicial com trânsito em julgado.

__Lei 12.016/09 - Art. 5º__ Não se concederá mandado de segurança quando se tratar:

I. De ato do qual caiba recurso administrativo com efeito suspensivo, independentemente de caução;

II. De decisão judicial da qual caiba recurso com efeito suspensivo;

III. De decisão judicial transitada em julgado.

***Súmula 267 do STF** – Não cabe mandado de segurança contra ato judicial passível de recurso ou correição*

***SUM-33** mandado de segurança. Decisão judicial transitada em julgado: Não cabe mandado de segurança de decisão judicial transitada em julgado.*

Prazo: decadencial, de **120 dias**, contados da ciência do ato ilegal.

→ **Competência:**

> Ato do Juiz ou de Desembargador do TRT → TRT;

> Ato de Ministro do TST → TST;

> Ato de auditor fiscal do trabalho ou MPT → Juiz de 1ª instância.

***SUM-201** recurso ordinário em mandado de segurança: Da decisão de Tribunal Regional do Trabalho em mandado de segurança cabe recurso ordinário, no prazo de 8 (oito) dias, para o Tribunal Superior do Trabalho, e igual dilação para o recorrido e interessados apresentarem razões de contrariedade.*

Antecipação da Tutela:

> **Dada na sentença**: não cabe MS, pois dessa decisão cabe Recurso Ordinário. (Se quiser efeito suspensivo tem que utilizar uma Ação Cautelar).

> **Dada antes da sentença**: Pode ser utilizado o MS, pois, nesse momento, não existe recurso próprio. Entretanto, se após impetração do MS for proferida sentença, ele perde seu objeto.

***SUM-414** Mandado de segurança. Antecipação de tutela (ou liminar) concedida antes ou na sentença*

I. A antecipação da tutela concedida na sentença não comporta impugnação pela via do mandado de segurança, por ser impugnável mediante recurso ordinário. A ação cautelar é o meio próprio para se obter efeito suspensivo a recurso.

II. No caso da tutela antecipada (ou liminar) ser concedida antes da sentença, cabe a impetração do mandado de segurança, em face da inexistência de recurso próprio.

III. A superveniência da sentença, nos autos originários, faz perder o objeto do mandado de segurança que impugnava a concessão da tutela antecipada (ou liminar).

Conceder uma liminar ou homologar acordo feito pelas partes não são condutas obrigatórias do juiz, assim, não existe direito líquido e certo a ser tutelado pelo mandado de segurança.

***SUM-418** Mandado de segurança visando à concessão de liminar ou homologação de acordo: A concessão de liminar ou a homologação de acordo constituem faculdade do juiz, inexistindo direito líquido e certo tutelável pela via do mandado de segurança.*

→ Penhora em dinheiro:

> Na execução definitiva - Não viola direito líquido e certo, não cabe MS.

> Na execução provisória - Depende. Se foram nomeados outros bens, a penhora em dinheiro fere direito líquido e certo, cabendo MS.

***Súmula nº 417 do TST** - Mandado de segurança. Penhora em dinheiro*

I. Não fere direito líquido e certo do impetrante o ato judicial que determina penhora em dinheiro do executado, em execução definitiva, para garantir crédito exequendo, uma vez que obedece à gradação prevista no art. 655 do CPC.

II. Havendo discordância do credor, em execução definitiva, não tem o executado direito líquido e certo a que os valores penhorados em dinheiro fiquem depositados no próprio banco, ainda que atenda aos requisitos do art. 666, I, do CPC.

III. Em se tratando de execução provisória, fere direito líquido e certo do impetrante a determinação de penhora em dinheiro, quando nomeados outros bens à penhora, pois o executado tem direito a que a execução se processe da forma que lhe seja menos gravosa, nos termos do art. 620 do CPC.

Para impetrar mandado se segurança é obrigatória a presença de advogado.

***SUM- 425** JUS POSTULANDI Na justiça do trabalho. Alcance: O jus postulandi das partes, estabelecido no art. 791 da CLT, limita-se às Varas do Trabalho e aos Tribunais Regionais do Trabalho, não alcançando a ação rescisória, a ação cautelar, o mandado de segurança e os recursos de competência do Tribunal Superior do Trabalho.*

***OJ 140 da SDI-2** Mandado de segurança contra liminar, concedida ou denegada em outra segurança. Incabível. (Art. 8º da lei nº 1.533/51) (Dj 04.05.2004)*

Não cabe mandado de segurança para impugnar despacho que acolheu ou indeferiu liminar em outro mandado de segurança."

***OJ 56 da SDI-2** Mandado de segurança. Execução. Pendência de recurso extraordinário (inserida em 20.09.2000): Não há direito liquido e certo à execução definitiva na pendência de recurso extraordinário, ou de agravo de instrumento visando a destrancá-lo.*

***OJ 54 da SDI-2** Mandado de segurança. Embargos de terceiro. Cumulação. Penhora. Incabível (nova redação) - dj 22.08.2005: Ajuizados embargos de terceiro (art. 1046 do CPC) para pleitear a desconstituição da penhora, é incabível a interposição de mandado de segurança com a mesma finalidade.*

Exercícios Comentados

01. (FCC) Considere as seguintes assertivas a respeito do mandado de segurança:

I. O jus postulandi das partes, estabelecido na CLT, alcança o mandado de segurança de competência do Tribunal Superior do Trabalho.

I. No caso de tutela antecipada concedida antes da sentença, caberá a impetração do mandado de segurança, em face da inexistência de recurso próprio.

II. Em regra, a antecipação da tutela concedida na sentença comporta impugnação pela via do mandado de segurança.

De acordo com o entendimento Sumulado do Tribunal Superior do Trabalho está correto o que se afirma APENAS em:

a) I e II.

b) I e III.

c) II.

d) II e III.

e) III.

RESPOSTA. "C" (Súmula 414). Como não existe recurso próprio para impugnar concessão de tutela antecipada antes da audiência, o meio próprio a ser utilizado é o mandado de segurança. A opção "I" está errada. Para impetrar mandado de segurança é obrigatória a presença de advogado (Súmula 425 do TST). A opção "III"está errada (Súmula 414). Nesse momento existe recurso próprio (recurso ordinário), caso a parte queira obter efeito suspensivo ao RO.

Inquérito Judicial para Apuração de Falta Grave

É uma ação do empregador contra o empregado estável, visando rescindir o contrato de trabalho, uma vez que a despedida desses empregados não pode ser feita diretamente.

→ Atualmente usado apenas no caso de:

> Dirigente sindical;

> Empregado público celetista concursado (quando não houver previsão legal de procedimento administrativo ou sindicância administrativa para apuração de falta grave);

> Nos raros casos de portadores da antiga estabilidade decenal.

Prazo: Decadencial, apresentado dentro de 30 dias da suspensão ou da data em que o empregado poderia ser suspenso (suspensão do empregado não é requisito).

→ **Competência: Varas do Trabalho.**

Cada parte pode arrolar até seis testemunhas.

> ***Art. 853 CLT*** *- Para a instauração do inquérito para apuração de falta grave contra empregado garantido com estabilidade, o empregador apresentará reclamação por escrito à Junta ou Juízo de Direito, dentro de 30 (trinta) dias, contados da data da suspensão do empregado.*

Exercícios Comentados

01. (CESPE)O inquérito deve ser instaurado contra o empregado garantido com estabilidade no prazo decadencial de noventa dias, a contar da suspensão por falta grave.

ERRADO. - O prazo decadencial para instaurar inquérito judicial para apuração de falta grave é de 30 dias contados da suspensão ou da data em que poderia ter suspenso o empregado.

Dissídio Coletivo:

A CF/88 deu legitimidade aos sindicatos para representarem a categoria nas questões administrativas e judiciais, sendo obrigatória a participação deles nas negociações coletivas de trabalho.

Já no art. 114, abre-se a possibilidade de nomeação de árbitros para solução do impasse, o que raramente ocorre na prática. Assim, recusando qualquer uma das partes a negociação coletiva ou a arbitragem, elas podem, de comum acordo, ajuizar dissídio coletivo.

> ***CF – Art. 114 § 1º*** *- Frustrada a negociação coletiva, as partes poderão eleger árbitros.*
>
> ***§ 2º*** *Recusando-se qualquer das partes à negociação coletiva ou à arbitragem, é facultado às mesmas, de comum acordo, ajuizar dissídio coletivo de natureza econômica, podendo a Justiça do Trabalho decidir o conflito, respeitadas as disposições mínimas legais de proteção ao trabalho, bem como as convencionadas anteriormente.*
>
> ***§ 3º*** *Em caso de greve em atividade essencial, com possibilidade de lesão do interesse público, o Ministério Público do Trabalho poderá ajuizar dissídio coletivo, competindo à Justiça do Trabalho decidir o conflito.*

Podem ter por objetivo a interpretação e aplicação da legislação existente (conflitos jurídicos ou de direito), ou podem visar à criação de novas condições de trabalho (conflitos de interesse ou econômicos). Nesse último caso, existe o exercício do Poder Normativo pela Justiça do Trabalho.

> ***OJ 07 da SDC*** *- dissídio coletivo. Natureza jurídica. Interpretação de norma de caráter genérico. Inviabilidade: Não se presta o dissídio coletivo de natureza jurídica à interpretação de normas de caráter genérico, a teor do disposto no art. 313, II, do RITST.*

Poder Normativo da Justiça do Trabalho: Por meio do dissídio coletivo será proferida uma sentença normativa, estabelecendo normas gerais e abstratas que devem ser obrigatoriamente observadas pelas partes integrantes do dissídio. A sentença normativa opera apenas no vácuo deixado pela lei, ela não pode contrariar as disposições legais existente (limites na lei).

Sobre a questão do comum acordo para o ingresso do dissídio coletivo de natureza econômica: Há vários entendimentos, para alguns, ele deve ser prévio, para outros, ele equivale a uma ausência de oposição. Em vários julgados, o TST tem entendido que o requisito do comum acordo pode ser preenchido no curso do processo, inclusive de forma tácita, devendo a ausência do mesmo ser invocado pelo próprio suscitado, sob pena de preclusão. (Se a outra parte não impugnar o dissídio coletivo pela ausência de comum acordo no momento oportuno, entende-se que o comum acordo foi dado de forma tácita).

→ Legitimidade:

> **Associações Sindicais** (Sindicato → Federação → Confederação);

> **Ministério Público** (no caso de greve em atividades essenciais);

> **Presidente do Tribunal** (divergente – para muitos ele perdeu essa legitimidade);

> **Competência:** será do TRT ou do TST, caso o conflito se estenda a mais de uma região.

> ***Art. 856*** *- A instância será instaurada mediante **representação escrita** ao Presidente do Tribunal. Poderá ser também instaurada por **iniciativa do presidente**, ou, ainda, a requerimento da **Procuradoria da Justiça do Trabalho, sempre que ocorrer suspensão do trabalho**.*
>
> ***Art. 857*** *- A representação para instaurar a instância em dissídio coletivo constitui prerrogativa das associações sindicais, excluídas as hipóteses aludidas no art. 856, quando ocorrer suspensão do trabalho.*
>
> ***Parágrafo único****. Quando **não houver sindicato representativo** da categoria econômica ou profissional, poderá a representação ser instaurada pelas **federações correspondentes** e, na falta destas, pelas **confederações respectivas**, no âmbito de sua representação.*
>
> ***Art. 858*** *- A representação será apresentada em tantas vias quantos forem os reclamados e deverá conter:*
>
> ***a)*** *Designação e qualificação dos reclamantes e dos reclamados e a natureza do estabelecimento ou do serviço;*
>
> ***b)*** *Os motivos do dissídio e as bases da conciliação.*
>
> ***Art. 859*** *- A representação dos sindicatos para instauração da instância fica subordinada à **aprovação de assembleia**, da qual participem os associados interessados na solução do dissídio coletivo, **em primeira convocação, por maioria de 2/3** (dois terços) dos mesmos , ou, em **segunda convocação, por 2/3 (dois terços) dos presentes**.*

Audiência será marcada dentro de 10 dias. Em caso de instauração *ex officio*, será designada dentro do prazo mais breve possível.

As partes são intimadas para se pronunciarem sobre as bases de conciliação. (Então, como não há contestação, não há que se falar em revelia).

*Art. 860 - Recebida e protocolada a representação, e estando na devida forma, o Presidente do Tribunal designará a audiência de conciliação, **dentro do prazo de 10 (dez)** dias, determinando a notificação dos dissidentes, com observância do disposto no art. 841.*

***Parágrafo único** - Quando a instância for **instaurada ex officio**, a audiência deverá ser realizada dentro do prazo mais breve possível, após o reconhecimento do dissídio.*

***Art. 861** - É facultado ao empregador fazer-se representar na audiência pelo gerente, ou por qualquer outro preposto que tenha conhecimento do dissídio, e por cujas declarações será sempre responsável.*

***Art. 862** - Na audiência designada, comparecendo ambas as partes ou seus representantes, o Presidente do Tribunal **as convidará para se pronunciarem sobre as bases da conciliação**. Caso não sejam aceitas as bases propostas, o Presidente submeterá aos interessados a solução que lhe pareça capaz de resolver o dissídio.*

***Art. 863** - Havendo acordo, o Presidente o submeterá à homologação do Tribunal na primeira sessão.*

***Art. 864** - Não havendo acordo, ou não comparecendo ambas as partes ou uma delas, o presidente submeterá o processo a julgamento, depois de realizadas as diligências que entender necessárias e ouvida a Procuradoria.*

***Art. 865** - Sempre que, no decorrer do dissídio, houver ameaça de perturbação da ordem, o presidente requisitará à autoridade competente as providências que se tornarem necessárias.*

***Art. 866** - Quando o dissídio ocorrer **fora da sede do Tribunal**, poderá o presidente, se julgar conveniente, **delegar à autoridade local as atribuições de que tratam os arts. 860 e 862**. Nesse caso, não havendo conciliação, a autoridade delegada encaminhará o processo ao Tribunal, fazendo exposição circunstanciada dos fatos e indicando a solução que lhe parecer conveniente.*

→ **Vigência da sentença normativa:**

A partir do dia imediato ao termo final de vigência do acordo, convenção ou sentença normativa em vigor, caso ajuizado até 60 dias antes do término.

Da data da publicação, caso ajuizada depois desse prazo.Do ajuizamento, caso não tenha AC/CC/SN em vigor.

→ **Prazo**:

O prazo máximo de vigência da sentença normativa é de 4 anos.

Em relação à integração ou não das cláusulas normativas nos contratos de trabalho, o TST alterou seu posicionamento. Num primeiro momento, a súmula 277 dizia que elas não integravam de forma definitiva os contratos de trabalho, vigorando apenas no prazo assinado.

Posteriormente, com a alteração da referida súmula, o posicionamento atual do TST é de que as cláusulas normativas decorrentes de negociação coletiva (acordos coletivos ou convenções coletivas) INTEGRAM o contrato de trabalho e somente poderiam ser modificadas ou suprimidas mediante nova negociação coletiva.

***Súmula nº 277 do TST** - Convenção coletiva de trabalho ou acordo coletivo de trabalho. Eficácia. Ultratividade: As cláusulas normativas dos acordos coletivos ou convenções coletivas integram os contratos individuais de trabalho e somente poderão ser modificados ou suprimidas mediante negociação coletiva de trabalho.*

***Art. 616, § 3º** - Havendo convenção, acordo ou sentença normativa em vigor, o dissídio coletivo deverá ser instaurado dentro dos 60 (sessenta) dias anteriores ao respectivo termo final, para que o novo instrumento possa ter vigência no dia imediato a esse termo.*

***Art. 867** - Da decisão do Tribunal serão notificadas as partes, ou seus representantes, em registrado postal, com franquia, fazendo-se, outrossim, a sua publicação no jornal oficial, para ciência dos demais interessados.*

Parágrafo único - A sentença normativa vigorará:

a) ***A partir da data de sua publicação, quando ajuizado o dissídio após o prazo do art. 616, § 3º**, ou, quando não existir acordo, convenção ou sentença normativa em vigor, da data do ajuizamento;*

b) ***A partir do dia imediato ao termo final de vigência do acordo, convenção ou sentença normativa, quando ajuizado o dissídio no prazo do art. 616, § 3º.***

Extensão: O Tribunal poderá estender a decisão a todos os empregados da empresa ou categoria profissional dentro de sua jurisdição.

→ **A extensão pode ser feita por:**

> Solicitação de 1 ou mais empregadores, ou de qualquer sindicato destes;

> Solicitação de 1 ou mais sindicatos de empregados;

> *Ex officio*, pelo Tribunal que houver proferido a decisão;

> Solicitação da Procuradoria da Justiça do Trabalho.

Para extensão, é necessário que ¾ dos empregadores e ¾ dos empregados concordem com a extensão (ou os respectivos sindicatos).

Os interessados serão ouvidos pelo Tribunal competente em um prazo de 30 a 60 dias para se manifestarem. Após ouvidos os interessados e a Procuradoria da Justiça do Trabalho, o processo será submetido a julgamento. Caso decida pela extensão, o Tribunal marcará data em que ela entrará em vigor.

Art. 868** - Em caso de dissídio coletivo que tenha por motivo novas condições de trabalho e no qual figure como parte apenas uma fração de empregados de uma empresa, **poderá o Tribunal competente, na própria decisão, estender tais condições de trabalho, se julgar justo e conveniente, aos demais empregados da empresa que forem da mesma profissão dos dissidentes.

Parágrafo único** - O Tribunal fixará a data em que a decisão deve entrar em execução, bem como **o prazo de sua vigência, o qual não poderá ser superior a 4 (quatro) anos.

***Art. 869** - A decisão sobre novas condições de trabalho poderá também ser estendida a todos os empregados da mesma categoria profissional compreendida na jurisdição do Tribunal:*

***a)** Por solicitação de 1 (um) ou mais empregadores, ou de qualquer sindicato destes;*

***b)** Por solicitação de 1 (um) ou mais sindicatos de empregados;*

***c)** Ex officio, pelo Tribunal que houver proferido a decisão;*

***d)** Por solicitação da Procuradoria da Justiça do Trabalho.*

***Art. 870** - Para que a decisão possa ser estendida, na forma do artigo anterior, torna-se preciso que 3/4 (três quartos) dos empregadores e 3/4 (três quartos) dos empregados, ou os respectivos sindicatos, concordem com a extensão da decisão.*

***§ 1º** - O Tribunal competente marcará prazo, não inferior a 30 (trinta) nem superior a 60 (sessenta) dias, a fim de que se manifestem os interessados.*

§ 2º - Ouvidos os interessados e a Procuradoria da Justiça do Trabalho, será o processo submetido ao julgamento do Tribunal.

Art. 871 *- Sempre que o Tribunal estender a decisão, marcará a data em que a extensão deva entrar em vigor.*

→ **Revisão**: Após um ano de vigência e caso haja modificação das circunstâncias que ensejaram sua elaboração (tornaram-se injustas ou inaplicáveis – cláusula *rebus sic stantibus*). Poderá ser promovida por iniciativa:

> Tribunal prolator;
> Procuradoria da Justiça do trabalho;
> Associações Sindicais;
> Empregador(*es*).

As partes serão ouvidas em 30 dias (ou a parte, no caso da outra tiver promovido a revisão).

Após ouvir a PJT, o Tribunal julgará a revisão.

Art. 873 *- Decorrido mais de 1 (um) ano de sua vigência, caberá revisão das decisões que fixarem condições de trabalho, quando se tiverem modificado as circunstâncias que as ditaram, de modo que tais condições se hajam tornado injustas ou inaplicáveis.*

Art. 874 *- A revisão poderá ser promovida por iniciativa do Tribunal prolator, da Procuradoria da Justiça do Trabalho, das associações sindicais ou de empregador ou empregadores interessados no cumprimento da decisão.*

Parágrafo único *- Quando a revisão for promovida por iniciativa do Tribunal prolator ou da Procuradoria, as associações sindicais e o empregador ou empregadores interessados serão ouvidos no prazo de 30 (trinta) dias. Quando promovida por uma das partes interessadas, serão as outras ouvidas também por igual prazo.*

Art. 875 *- A revisão será julgada pelo Tribunal que tiver proferido a decisão, depois de ouvida a Procuradoria da Justiça do Trabalho.*

No entendimento do TST, a sentença normativa faz apenas coisa julgada formal, não ensejando ação rescisória.

SUM-397 *ação rescisória. Art. 485, lv, do cpc. Ação de cumprimento. Ofensa à coisa julgada emanada de sentença normativa modificada em grau de recurso. Inviabilidade. Cabimento de mandado de segurança: Não procede ação rescisória calcada em ofensa à coisa julgada perpetrada por decisão proferida em ação de cumprimento, em face de a sentença normativa, na qual se louvava, ter sido modificada em grau de recurso, porque em dissídio coletivo somente se consubstancia coisa julgada formal. Assim, os meios processuais aptos a atacarem a execução da cláusula reformada são a exceção de pré-executividade e o mandado de segurança, no caso de descumprimento do art. 572 do CPC.*

Cumprimento das decisões: Empregados ou Sindicatos poderão apresentar reclamação à Vara do Trabalho (Ação de Cumprimento).

Ela não comporta execução, para que a decisão seja cumprida, faz-se necessária a propositura dessa ação.

Sentença normativa não comporta execução. Para fazer com que ela seja cumprida, utiliza-se a Ação de Cumprimento.

Ação de Cumprimento

Ação destinada ao cumprimento das cláusulas constantes da sentença normativa e dos acordos e convenções coletivas de trabalho.

Ela pode ser proposta pelo sindicato ou pelos próprios trabalhadores quando o empregador não cumprir espontaneamente a sentença normativa. Na ação de cumprimento não podem ser discutidas matérias de fato ou de direito já apreciadas na decisão.

Art. 872 *- Celebrado o acordo, ou transitada em julgado a decisão, seguir-se-á o seu cumprimento, sob as penas estabelecidas neste Título.*

Parágrafo único *- Quando os empregadores deixarem de satisfazer o pagamento de salários, na conformidade da decisão proferida, poderão os empregados ou seus sindicatos, independentes de outorga de poderes de seus associados, juntando certidão de tal decisão, apresentar reclamação à Junta ou Juízo competente, observado o processo previsto no Capítulo II deste Título, sendo vedado, porém, questionar sobre a matéria de fato e de direito já apreciada na decisão.*

→ **Competência: Varas do Trabalho (1ª instância)**

Não há necessidade do trânsito em julgado para sua propositura.

SUM-246 *Ação de cumprimento. Trânsito em julgado da sentença normativa - É dispensável o trânsito em julgado da sentença normativa para a propositura da ação de cumprimento.*

→ **Ação de cumprimento :** Pode ser proposta antes do trânsito em julgado.

Prazo Prescricional: é de dois anos do trânsito em julgado da sentença normativa.

SUM-350 *Prescrição. Termo inicial. Ação de cumprimento. Sentença normativa - O prazo de prescrição com relação à ação de cumprimento de decisão normativa flui apenas da data de seu trânsito em julgado.*

Exercícios Comentados

01. FCC) Considere as seguintes assertivas a respeito da revisão da sentença normativa:

I. A revisão de sentença normativa poderá ser promovida por iniciativa do Tribunal prolator, do Ministério Público do Trabalho, dos sindicatos ou de empregador ou empregadores interessados no cumprimento da decisão.

II. Decorrido mais de seis meses de sua vigência, caberá revisão das decisões que fixarem condições de trabalho, quando tiverem sido modificadas as circunstâncias que as ditaram.

III. No pedido de revisão não é possível o acréscimo de novas condições de trabalho que não foram objeto do dissídio originário.

IV. A revisão será julgada pelo tribunal que tiver proferido a decisão, depois de ouvido o Ministério Público do Trabalho.

Está correto o que consta APENAS em:

a) III e IV.
b) I, II e III.
c) I e III.
d) I, III e IV.
e) I, II e IV.

RESPOSTA. "D". (I) (art. 874 da CLT). (II) Para revisão é necessário que tenha decorrido 1 ano da vigência (art. 873 da CLT). (III) No pedido de revisão somente é possível a revisão das condições do dissídio original. (IV) (art. 875 da CLT).

POR QUE ESCOLHER O ALFACON?

Plano de Estudos

O plano de estudos é uma estratégia idealizada pela equipe AlfaCon para fazer com que você consiga focalizar o que é mais importante para a sua preparação. O direcionamento correto que o plano de estudos fornece é a chamve para você maximizar seu desempenho em provas de concurso.

Videoaulas + PDF

Videoaulas sincronizadas com o material em PDF. O AlfaCon utiliza uma metodologia de ensino inovadora que proporciona ao aluno o aprendizado por diversas mídias.

Cusos Regulares, Exercícios, Eventos e Simulados

O curso regular direciona você para a parte teórica das disciplinas dos editais. Com as turmas de exercícios, você aprenderá a técnica coreeta para resolver as questões de provas. Com os Eventos, você relembra os tópicos mais importantes. Finalmente, os simulados proporcionam o treino necessário para ter um bom desempenho na prova.

Comodidade e flexibilidade no seu ritmo.

Estude online, faça seu próprio horário, e avance de acordo com seu tempo de aprendizagem.

VENHA FAZER PARTE DESSE TIME VENCEDOR!

APROVAÇÕES AlfaCon Concursos Públicos

1051 classificados Banco do Brasil

348 classificados na PF

CAIXA **235** 1/4 das vagas na CEF

1257 1/3 das vagas nacionais - PRF

404 1/3 dos classificados no TJ-SP

155 2/3 das vagas DEPEN

Entre agora no site:
www.alfaconcursos.com.br

Abril EDUCAÇÃO

AlfaCon Concursos Públicos